林崇德文集

爱新觉罗·毓嶦题签

第一卷◎

林崇德心理学
文选（上）

林崇德文集

北京师范大学出版集团
BEIJING NORMAL UNIVERSITY PUBLISHING GROUP
北京师范大学出版社

林崇德

　　1941 年 2 月生，浙江宁波象山人，北京师范大学资深教授。中国心理学会前理事长，在教育部等单位学术兼职 26 种，并在多所高校任兼职或客座教授。获省部级以上学术奖励 28 项，并先后获中青年有突出贡献专家（1994）、全国劳动模范（2000）、全国"十佳师德标兵"（2001）、全国优秀教师（2006）、全国优秀科技工作者（2012）、国家杰出科技人才（2014）、北京市人民教师（2017）和当代教育名家（2017）等荣誉称号。

总 序

————

　　1960 年，我毕业于上海市上海中学，因为受上海市劳动模范、我的班主任孙钟道老师的影响，我也想当一名像孙老师那样的好老师，成为一名教育家。于是，我在填报高考志愿时，把 23 个志愿全部填成了师范院校，并以优异的成绩考入第一志愿北京师范大学，成为教育系首届心理专业的学生。我为什么要选学心理学？其实我当时对心理学一窍不通，只是朴素地想到，当老师必须从学生心灵入手。在我朦胧的认识中，心理学似乎就是一门研究心灵的学问。今天，"林崇德文集"（以下简称"文集"）就体现了"教育"和"心灵"这四个字。

　　1965 年，是中国心理学从初步繁荣走向全面停顿的转折之年，也是我大学毕业之年。学习了 5 年的心理学已无用武之地，我被分配到北京从事基础教育，先后在 2 所基础薄弱校任教，一干就是 13 年。可能受当年的"志愿"影响，我对当中小学教师无怨无悔，全身心投入：当好班主任；教好课；做好校办厂厂长；主持好学校的教育教学工作。在这 13 年的基础教育工作中，我最大的感受是：教书育人是有规律的，其核心问题是如何架起师生之间的心灵桥梁。应该说，我这 13 年干得不错，"文化大革命"结束后的第二年，即 1977 年，在教育走上正轨的时刻，我被评为北京市朝阳区优秀教师。1978 年，北京师范大学心理专业恢复招生，但心理学教师极端缺乏。母校想起了当年的"好学生"，要调我回母校重操旧业。为振兴中国心理科学，时代呼唤我归队，我只能含泪离开已让我深爱的基础教育界。在回母校时，我带回了 5 篇在中小学工作之余收集数据并撰写完成的研究报告，涉及聚焦先天与后天关系的心理发展规律的双生子智能与性格研究、儿童青少年数学能力发展及其思维结构的研究、品德不良中学生心理追踪研究等。经我恩师朱智贤教授(以下简称"朱老")的推荐,我竟然成为 1979 年中国心理学会恢复活动后首次学术大会上的报告人之一,我报告的主题是智能发展及其结构问题。我对品德研究的论文则由中国心理学会秘书长、中国科学院心理研究所所长徐联仓先生向全国人大常委会彭真同志(后来任全国人大常委会委员长)推荐,彭真同志责成教育部等单位为我召开了一次研讨会,该文成了我的成名作。虽然这些作品在今天的"文集"中已显示不出水平,但毕竟是我对教育与心理学研究的开始。在这初入杏坛心灵的交响乐中,我深深地体会到三点:儿童青少年身心发展是有规律的,它是基础教育工作的出发点;中小学是一块心理学研究难得的实验宝地;儿童青少年心理发展将成为我终身研究的重点。

对一个高校教师来说,他的成长离不开师长的培养;而他自己能否培养出国家所需要的人才又是衡量其素质的根本标准。我的"文集"体现了上靠恩师、下靠学生的一种传承。我的心理学功底是北京师范大学心理专业的老师们给的。当年的北京师范大学心理专业名家多,按照专业课程的开设次序,彭飞、张厚粲、朱老和章志光等教授先后给我们上课,可以说我今天的讲课风格是他们讲课特点的综合体现。当然,对我系统培养、扶植的是我的恩师朱老。朱老是一位学术大师、是中国发展心理学的奠基者,他对我人品上的最大影响有两点:一是对国家的忠诚和对党的热爱;二是他的创新精神。如原杭州大学老校长陈立教授给朱老一封信中所言,"新中国成立后,心理学界能就一方面问题成一家之言者,实为少见。老兄苦心深思,用力之勤,卓有硕果,可谓独树一帜"。"文集"不仅反映了我对朱老事业的继承,也展现了我的具体研究。从思维认知到品德社会性,从非智力因素到心理健康,从教师心理到学生发展核心素养,等等,我的研究内容来自自己的课题,我主持过国家自然科学基金、国家社会科学基金、教育部和科技部等 20 多个大大小小的项目。谁来操作完成呢?是我的弟子们。在科研中,他们展示了品格、智慧和才干,使我萌生了培养出超越自己、值得自己崇拜的学生之信念。我的学生俞国良教授鼓励我创建一个学派,我说已经形成了。从朱老到我,从我到董奇教授,我们已经有了一个较庞大的团队,我们围绕着教育与心理发展的主题,做了许多颇有影响的心理学科建设工作，是否已成为与众不同的学派，我不想妄加评判。我的"文集"只不过是这个团队的一部分成果。

有人问我，"文集"有什么特点？我不想对它做过多的自我评价，只是想表达我在追求"六个坚持"。

一是坚持走心理学研究中国化的道路。心理学是科学，科学无国界。但心理学研究人的心理，人的心理往往又打着文化的烙印。中国人的心理既具有全人类性，又体现中华文化的特点。因此中国心理学必须立足中国、借鉴国外、挖掘历史、把握当代、面向未来，着力走心理学研究中国化的路子，在指导思想、学术体系、研究方法、话语体系等方面充分体现中国特色、中国风格和中国气派。这当然是我的理想，尽管现实离理想还有很大的距离，但我坚信，通过几代中国心理学家的不断努力，是能够实现这个目标的。而"文集"正体现了我在心理学研究中国化上的一些努力：努力研究中国的现实问题；努力借鉴国外理论方法的同时，积极地挖掘本土的智慧与方法论；努力建立我们自己的知识体系。我深深地体会到，越是民族的东西，越能在国际刊物上发表，即越能走向国际，实现国际化。

二是坚持科学的精神。什么叫科学？它是指运用范畴、定理、定律等思维形式反映现实世界各种现象的本质和规律的知识体系（《辞海》定义）。从我 1960 年考入北京师范大学学习心理科学那天算起，正好是一个甲子，我和心理学打了 60 年的交道，我热爱几乎用毕生来研究的心理学。我懂得在心理学研究中科学精神的重要性。而"文集"则体现了我在心理学研究中重视的几个原则：重视实事求是、注重客观标准、相信事实、强调实践，主张在中国实践中研究心理学；重视以定性分析和定量分析作为研究心理学的方法，不仅要运用心理统计学，还要涉及模糊数学和数理逻辑，这应该引起我们心理学界的注意，至少它是一个方向，因为心理现象具有模糊性，讲究范畴，惯用推理；重视国际化，强调开放体系，尽管我走的是心理学研究中国化的道路，但我从来不否认国外交流，也从不承认终极真理；重视科学的自由探索，我们这代心理学学者，曾经历过对某种心理现象研究的禁区，我提倡中国心理学百家争鸣、百花齐放，有一定权威的心理学家更要谦虚谨慎，聆听各家的意见，切忌盛气凌人、以势压人、一人说了算。

三是坚持正确的指导思想。我出身贫寒，从高中到大学，都是靠人民助学金维持生活、完成学业的。我的座右铭是"忠诚于党的教育事业"。我的最大信仰是毛泽东同志指出的"领导我们事业的核心力量是中国共产党，指导我们思想的理论基础是马克思主义"。这应该是我们的根本意识形态，是核心价值观的精髓。因此，我把辩证唯物主义作为自己对心理学研究的指导思想。对这个观念，我是不会动摇的。而"文集"也体现了这种观点，尽管我做得还不够好。我赞同唯物辩证的心理发展观：和任何事物一样，心理处于发展变化之中；引起这种心理发展变化的有外因也有内因，外因必须通过内因而起作用；心理的发展变化，既有量变又有质变，量的积累是质的发展变化之基础。与此同时，我也赞同辩证唯物的心理反映论，即我协助恩师朱老提出的实践反映论，它强调实践反映人的认识，具有决定性、社会性、主体性、发展性、能动性和系统性等特点。

四是坚持系统的原则。受唯物辩证法的方法论以及现代系统论的影响，我比较喜欢整体性或系统性的原则或原理。事物是以系统形式存在的有机整体，是由要素以一定结构组成的，是具有不同于要素功能的系统，是由不同层次的等级组成的开放系统，它处于永不停息的自组织运动之中，有其产生、发展和消亡的过程。这个原则给我两点启发：人及其心理发展是一个系统或一个有机的整体；任何一项心理学具体研究都是一个整体或由各种环节构成的一个系统。这个原则促使我追求系统整合的心理学观。"文集"正体现了这个原则。系统观使我懂得教育与心理发展是一个系统工程，是一个多历程、多形态、多成效、多争议的自然和社会现象；系统观促进我构建了诸如思维结构、品德结构和学科能力结构等心理学知识体系；系统观成全我完成20多项重要的心理学和教育学的研究项目。

五是坚持理论联系实际。理论联系实际既是我们党和国家倡导的三大工作作风之一，又是科学技术和学术研究必须遵循的一种良好风范。在我从事的心理学与教育学界，理论联系实际不仅是朱老一贯的主张，也是国际心理学和教育学研究发展的一种新趋势。例如，"生态化运动""教育行动研究"等，是发展心理学和教育心理学研究领域出现的一种强调在活生生的自然与社会的生态环境中，研究被试心理特点的普遍倾向。因此，坚持理论联系实际是我在研究中的一个重要原则，它使我懂得：没有心理学理论的指导，就不可能深入研究一系列相关的现实问题，即使研究了也水平有限；如果没有扎实的实践基础，研究了半天也是空泛无味，没有应用价值，也不可能有进一步的创新价值，更重要的是广大老师、百姓不买账，所以我在理论联系实际上不偷懒、不懈怠。而"文集"则体现出我在这方面的收获。如果说今天我在心理学界与教育界有一定的知名度和影响力，是因为我在大大小小的项目研究中坚持了理论联系实际的研究作风。我还要指出的是，我的不少课题成果汇聚到"文集"中，靠的是众弟子的力量、团队的力量、各相关课题组的力量！应该特别提到的是董奇和申继亮等教授的辛勤投入，没有他们，哪能有在全国26个省、自治区和直辖市坚持20多年（1978—2002年）的学习与发展、教育与发展的实验研究。从这些研究中获益的中小学教师超万人，学生超过30万。

六是坚持作品的独立性。"文集"由2本论文选和11本著作（合并为10卷）组成，构成12卷，除了学术论文和研究报告有合作的成果之外，其他著作都是"独作"，因为我不想收集合著、主编作品和译作。只有"独作"才能更好地代表我的观点。

"文集"终将出版，让我衷心地感谢最关心我的母校——北京师范大学，感谢我的好友、著名书法家启骧先生为"文集"题写书名，感谢协助我搞科研、出成果、辛苦付出的每一位团队成员和课题组成员，感谢北京师范大学出版社及相关的编辑们（我在各卷中将向具体人员致谢）！

著　者

2020 年 4 月 20 日于北京师范大学

前　言

──────

　　2012年承蒙人民教育出版社的关心，出版了《林崇德心理学文选》上、下两卷，上卷是学术论文，下卷是研究报告。这次北京师范大学出版社出版我的"林崇德文集"，《林崇德心理学文选》上、下两卷成为"林崇德文集"的两本入选论著。

　　《林崇德心理学文选》的来龙去脉我已在原书的出版前言中表达，这次《林崇德心理学文选》入"林崇德文集"，我有何要表达的想法呢？我想起了我在《心理科学》2011年第1期谈过的一段感想，《心理科学》主编李其维教授把它定题为《"顶天立地"的中国心理学，明天会更美好！》，今天我就把它作为《林崇德心理学文选》入"林崇德文集"的感言或再版前言。

"顶天立地"的中国心理学，明天会更美好！

　　时光荏苒，岁月有痕。在寅去卯来之际，《心理科学》新开辟一个"会士寄语"专栏。这似乎应得上清人李渔一句话，"人惟求旧，物惟求新"。它使我们感受到刊物主事者们的良苦用心：一方面，既为我们这些年长者留有一个可发发议论之所，似乎表达了某种"念旧"考虑；另一方面，又鲜明地体现了他们求新、求变的理念——在一份纯学术的刊物上，允许有一些稍稍"务虚的"文字出现并为专栏如此命名。因此，当主编其维兄命我为第一期的"会士寄语"作文的时候，我觉得"感谢不若从命"，于是也来说上几句。这些话多数我曾在2010年上海年会的开幕式致辞中提及，今借此机会稍作重复，或许并不为过。

　　目前，中国心理学在历尽坎坷后正呈现蓬勃生机，面临着"走向世界、服务社会"的大好机遇。在科学的大家庭中，心理学的地位特殊，使命重大。尽管有了改革开放 30 多年来的研究积淀，但是我们和国际心理学发展还有差距，这要求中国心理学家更应关注与世界交流，更应在国际上进一步提升"自我形象"，为我国正在科学发展观引领下的社会主义政治、经济、文化、教育等诸方面的建设提供更优质的服务。从总体战略高度来看，在"十二五"期间，我国心理学应在以下几个方面寻求更大突破：

首先，应努力实现以"学科"为导向的研究模式向以"问题"为导向的研究模式的转变，开展跨学科、跨地区、跨院校的系统性和综合性研究。心理学应与神经科学、人文科学、社会科学、教育科学、数理科学、医学科学和生命科学等其他学科融合，以推动自身的发展。在过去二三十年里，传统的"以学科为导向、条块分割的研究模式"对心理学发展的制约作用越来越凸显，而"以问题为导向"的跨学科心理学研究趋势也日益更趋明显。为了解决某个特定的研究或现实问题，整合使用不同研究范式、不同的研究方法和技术，或者由来自不同学科的研究者以各自的方法和方法论就共同关心的心理问题，协同攻关、共享研究成果。最近几年，心理学工作者连续获得国家重大课题，这是十分可喜可贺的事。

其次，应进一步加强研究方法的现代化。心理学发展的每一次重大突破都受益于研究方法的创新与现代化，因此，要实现中国心理学逐渐达到世界一流研究水平，必须加强研究方法的现代化，进一步加强各类现代化研究技术设备平台的建设（如认知神经科学的最新研究设备，检测人类基因序列的最新技术等），注重提高最新研究方法的掌握（如最新的统计测量理论与方法等），注重最新研究思路的应用（如脑—基因—行为等多种手段相结合的研究思路）。只有这样，心理科学的发展才会"百尺竿头更进一步"，才会有"无限风光，任人涉略"。

再次，要重视应用开发，提高心理学科为社会服务，尤其是满足国家和社会发展重大需求的水平与能力。随着我国社会经济水平的不断提高，对心理学科提出了越来越多的需求：建设和谐社会，需要和谐心理；让人们有尊严的生活，离不开提高人民的主观幸福感；提高全民人口素质，尤其是促进未成年人的素质，离不开心理研究揭示的学习和心理发展规律的支持。科学心理学的发展取决于社会的认同。只有为社会提供更多服务，社会才会承认心理学的价值。心理学会有多大发展，归根结底，取决于其研究成果为社会生活提供帮助和服务的数量和质量。让我们为实现这一目标矢志不渝，共同努力。

最后，我想强调：促进和加速中国心理学的发展，离不开队伍的建设；而队伍建设的核心不外乎"和谐"和"人才"两要点。"和谐"是我们事业成功的基础，"家和才能万事兴"。作为一个不大学科的中国心理学，心理学工作者更应该强调和谐。让社会和谐，首先应从我们心理学工作者的队伍做起。和谐凝聚力量，和谐才能成就伟业！至于在"人才"建设上，我衷心期望，中国心理学界能不断涌现大批有创新精神的顶尖心理学家。对年轻的人才要进得来、留得下、用得好。以德才兼备，以学术水平优劣而非其他标准来衡量年轻学者，这才是对人才的真正尊重！如此，则我们的青年心理学工作者幸甚！我国的心理科学事业幸甚！

以上诸点，虽不足以成为中国心理学"顶天立地"的充分条件，但至少也是其不可或缺的必要条件。所谓"顶天"，即与国际心理学接轨；所谓"立地"，则是为中国当前的社会发展服务、为中国人民谋福祉！"路漫漫其修远兮，吾将上下而求索"，愿与全国心理学同仁共勉！

在《林崇德心理学文选》上、下两卷入"林崇德文集"的过程中，因我不想增大篇幅、增加字数，于是就有了重新审读、调整内容、增删论文等繁重工作，这些工作均由我的弟子贾绪计博士完成。他用认真、严谨、规范、刻苦的治学态度，帮助我对《林崇德心理学文选》上、下两卷做了修正、变动和调整，我认为这样使《林崇德心理学文选》上、下两卷能编入我的更新成果，更能表达我的学术观点。感谢责任编辑齐琳对本书做了细致的编辑，黄四林、张叶、明桦等做了不少润色与校对的工作。于此向绪计等一并表示衷心的感谢！

著 者

2019 年 6 月 6 日于北京师范大学后主楼

原版前言

————

　　我与心理学已结下 50 余年的不解之缘。1960 年 8 月我考入北京师范大学，成为第一届心理学专业的学生。从 1960 年起，半个多世纪来，我的命运与中国心理学的命运难舍难分，即使在中国心理学惨遭破坏、被迫停顿的时期，我还是坚信心理学是科学，正如心理学泰斗陈立先生于 1979 年对我所作评价中提到的，我"在'文化大革命''斗批改'的夹缝里，冒着心理学已被打成'伪科学'的危险，坚持于自己所从业的基础教育实践中偷偷地进行心理学的研究"。就这样，我终于在 1978 年"重新归队"时带回了 5 篇研究报告，并应邀在"文化大革命"后首届中国心理学学术大会(1979 年)上报告了自己的这些研究，得到了心理学界的认可，特别是得到了很多学界前辈的鼓励。作为人民教育出版社策划的"中国现代心理学家文库"的一种，《林崇德心理学文选》(以下简称《文选》)可以被视为我学习和从事心理学研究 50 余年的总结。

　　据我在读的博士生统计，有我作为署名作者或署名作者之一的心理学学术论文(含研究报告)迄今有 450 多篇。要出版为《文选》，其意是指《文选》中的理论文章和研究报告必须是从我众多已公开发表的论文中挑选出来的。那么，我按哪些原则来挑选论文呢？从"学术道德"的要求出发，我坚持选择三类文章：一是自己独立完成的文章，这类文章应占入选文章的一半；二是自己作为第一作者与学生合作的文章；三是体现自己学术观点，自己是研究的真正主持者或指导者且署名为"通讯作者"的文章。因为研究报告往往是某课题的成果，而有研究课题就有研究的团队，所以研究报告的署名也常常有多位研究者。我要求我的学生罗良、张梅、刘春晖和张萌等按这三条标准精心挑选,他们选出 160 多篇文章。对于独立完成的文章好处理;但与我团队成员,特别是与学生合作发表的文章,相关的学生都希望被选进《文选》,表现出深厚的师生情谊。然而,《文选》篇幅有限,最后按内容再次筛选,确定入选的文章为 120 篇(含由英文译为中文的文章 8 篇)。这些文章分为两个部分:理论论文与研究报告各占一半,组成上、下两卷;上卷侧重理论论文,下卷侧重研究报告。这里必须指出的是,《文选》整理过程中所选的文章原则上都保持原汁原味,体现当年的观点或历史面貌;但为了读者阅读便利,对个别地方进行了处理。例如,每一篇文章后面,尤其是研究报告后面所附的参考文献,因照顾《文选》的篇幅,做了很大的删减;但是,在正文中所引作者的名字都保留了下来。

我的学术水平有限,"文选"所选文章尽量遵循"顶天立地"的原则,做到"矮子里边拔将军"。所谓"顶天",是能与国际心理科学前沿接轨,因此我们选择了一些反映国际心理学进展或与重大选题相关的文章;所谓"立地",则是要为我们国家与社会发展的需要服务,因此我们选择了应用性较强、能反映我们为社会现实服务且产生了一定影响的文章或课题报告。尽管离真正的"顶天立地"有差距,但我们尽力了。《文选》能否代表中国现代心理学家的水平,只能请广大读者来评议了。

在整理《文选》时,我从自己发表在 SCI 或 SSCI 收录刊物的近 30 篇英文文章中,选出了 8 篇并由英文译为中文,以增强某一领域研究的丰富性。在上卷中有 2 篇。一篇发表在 1988 年的 *School Psychology International*(《国际学校心理学》)上。它是 1987 年我在挪威召开的国际学术会议上,用辩证唯物主义观点论述我国儿童青少年品德发展的一次演讲。另一篇是代表自己学术思想的思维结构观,于 2003 年在 *Theory & Psychology*(《理论和心理学》)上发表。2006 年英国著名学术出版集团 SAGE Publication 网站发布的数据表明,这篇文章跻身该杂志创刊 17 年以来所有 600 余篇论文"被阅读次数最多的 50 篇文章"排行榜,最好的排名曾到第 5 位。在此排行榜中,这是唯一由中国心理学家撰写的论文。在下卷中有 6 篇,这些文章都发表在影响因子较高的杂志上,其中 *NeuroImage*(《神经成像》)的影响因子已达 6.8,而且这些研究报告都有较高的引用率,其中我的弟子李红教授与我合作的研究报告已被国际同行引用 37 次。

最后，我还要提及我的弟子辛自强教授，他对我的《文选》作了评介；我的弟子李庆安教授不仅将本书目录翻译成英文，而且认真地核对了一遍全书的参考文献；北京师范大学发展心理研究所办公室人员陈若夷和我的学生刘国芳等花了一个多月的时间为我这么多文章做了转换格式和整理工作；众弟子积极、主动地提供与我一起合作的研究成果；人民教育出版社及该社的郭戈研究员、魏运华编审、刘立德编审、诸慧芳编审、刘捷编审等对本书的编辑、出版给予了大力支持和帮助，付出了艰辛的劳动。所有这些，都令我感动。于此一并表示衷心的感谢！

著　者

2012 年 9 月 10 日于北京师范大学

目录 | CONTENTS

评　论

面向教育实践的心理发展理论
——再论林崇德教授的学术思想*

辛自强

　　林崇德教授自 1960 年考入北京师范大学成为我国第一届心理学专业的学生起，其命运就与中国心理学的命运捆绑在一起了。在此后半个多世纪的心理学学习、教学和研究中，他在诸多领域进行了探索，研究主题既包括思维、记忆、创造性这些认知过程及与其有关的认知神经科学问题，还涉及社会性、品德发展、心理健康等非智力因素，以及学科能力、教师素质、学生核心素养等众多教育应用领域，而且在每个领域都有独到的理论建树，在每个领域都有丰硕的实证研究成果。这些理论文章和研究报告不仅丰富了我国心理学的思想宝库，引领了不同领域的实证研究，也对教育实践和教育改革产生了重要影响。因此，试图从他发表的数百篇文章和出版的几十部著作中概括出其全部学术思想，工作量浩大且并非易事。

　　我之前曾经尝试过这一工作，在 2006 年发表《从心理学理论到教育实践——林崇德学术思想简介》一文，后来该文修订后收录于 2012 年出版的《林崇德心理学文选》中并作为开篇文章。如今林崇德教授虽然已近 80 岁高龄，但一直笔耕不辍，仍不时发表一些重要文章，而且最近十年他还承担了一些重大项目，开展诸如学生发展核心素养等方面的研究，成果直接影响我国当前的教育改革。因此，我们需要继续跟随他的脚步不断前进。本文将在之前文稿的基础上大幅修订，补充评介他的近期成果，重新发掘一些他之前的学术思想，以便勾勒其学术思想大厦的概貌，并简

　　* 本文原载于《中国教育科学》2019 年第 6 期。本文作者现任中央财经大学社会与心理学院院长、教授、博士，主要从事经济心理、社会心理、发展心理研究；兼任教育部心理学类专业教指委委员、中国心理学会经济心理学专业委员会主任、中国社会心理学会社会心理服务专业委员会主任等职。

要说明这些理论观点的意义和影响。对这样一位中国心理学家的思想评介，可以折射出中国心理学发展的脉络，展现一名学者的探索精神与社会担当。

一、思维结构理论

思维结构理论最初是林崇德教授早年在中学从教期间（1965—1978 年）在教学实践中提出来的。正如心理学泰斗陈立先生在 1979 年评介的那样，林崇德"在'文化大革命'斗批改的夹缝里，冒着心理学已被打成'伪科学'的危险，坚持于自己所从业的基础教育实践中偷偷地进行心理学的研究"。就这样，1978 年他"重新归队"时，带回了 5 篇研究报告。1979 年在中国心理学会"文化大革命"后第一次学术年会上，他在他的恩师朱智贤教授的推荐下，向大会做了《儿童青少年数概念与数学能力的发展与培养》的报告。在该报告中他提出了思维结构理论的初步想法。在朱智贤教授的指导下，他逐步完善了这个理论。在 1982—1984 年，他对该理论进行了量化验证。在后来出版的《思维发展心理学》（1986 年），《学习与发展》（1992 年初版，1999 年、2003 年两次修订再版），《教育与发展》（2003 年初版，2013 年修订再版），《我的心理学观——聚焦思维结构的智力理论》（2008 年）等专著和一系列论文中，他进一步阐述并完善了自己的思维结构理论，为人类认知或智能研究提供了重要的理论框架。

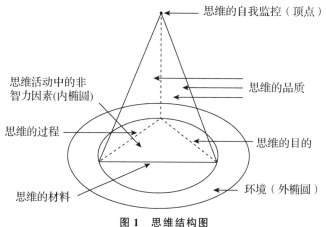

图 1　思维结构图

在该理论中，个体思维结构（见图 1）可以从智力的目的、过程、材料、品质、监控和非智力因素六个方面加以说明。个体认知能力的发展，就是指其认知能力整体结构的变化，主要体现为这六个方面的逐渐"完善过程"。

思维结构理论认为，思维是人类智力的核心，思维的目的性是人类智力的根本特点之一，它反映了人类智力的自觉性、有意性、方向性和能动性。从过程的角度看，智力活动包括确定目标、接受信息、加工编码、概括抽象、操作运用、获得成功这样一系列的环节。从材料的角度看，包括感性材料（如感知觉、表象）和理性材料（如语言、数、形）两类。从品质的角度看，包括深刻性、灵活性、独创性、批判性和敏捷性五个方面。在思维结构中，还有一个发挥着自我意识功能的监控结构，负责对智力活动进行定向、控制和调节。最后，该理论还认为，非智力因素（如动机、兴趣、情感、意志、人格等）对智力活动有重要影响。

林崇德教授认为，不能将智力与能力绝对分开，智能是人在适应环境的过程中，成功地解决某种问题（或完成任务）且表现出良好适应性的个性心理特征。不管是智力还是能力，其核心成分都是思维。思维活动受到非智力因素的影响以及自我监控系统的调节和指导，通过一系列心理过程操作各种材料，以达成认知和适应环境的目的，在这个过程中表现出的思维品质则体现了人们智力的个体差异。

思维结构理论的提出对全面、系统地理解智力或认知的本质提供了理论框架，由此激发出了大量的实证研究和理论探讨。一方面，林崇德教授在国家自然科学基金心理学重点课题"儿童认知能力发展与促进（1998—2002 年）"等项目的支持下，结合自己及其指导的博士或硕士研究生完成的一系列实验研究成果对上述理论观点进行了不断的验证和丰富；另一方面，国内心理学界同行对该理论也进行了一些验证和拓展研究。此外，该理论还引发了国际同行的学术兴趣。例如，林崇德教授等人于 2003 年在国际著名的《理论和心理学》（Theory & Psychology）杂志以"智力结构与多元智力"为题发表论文，介绍了自己的思维结构理论并对加德纳多元智力理论进行了批判。该文为国内外很多认知心理学家和理论研究者所称道和引用，据 2006 年年底的数据，该文章在该杂志自创刊至 2006 年的 17 年来的所有六百余篇论文中跻身"被阅读次数最多的 50 篇文章"的第 5 位，而且这是上榜文章中唯一由中国心理学家撰写的论文。

二、认知神经科学研究

除了开展行为层面的实验研究，林崇德教授还就思维、记忆等认知过程的生理基础问题进行了一系列的认知神经科学研究。从 20 世纪 90 年代起，与我国的认知神经科学研究同步，林崇德教授带领弟子结合新兴的脑科学研究技术(如 ERP、fM-RI)，从脑功能定位、关键期和可塑性等方面对不同年龄群体的脑与认知问题进行了研究，研究内容涉及思维的执行功能、监控、加工速度、注意、记忆等方面。这方面的 20 多篇研究报告大多发表在国内外高端杂志上，其中一些杂志的 SCI 影响因子超过 7.0。

综观这些研究报告，可以看出林崇德教授课题组在认知神经科学研究方面的一些特点。第一，多样化的被试群体。被试既包含儿童与青少年，又有一般成人，还包含特殊人群。例如，课题组对羽毛球运动员预期球的运动轨迹的神经机制研究，就因为特殊的被试群体而别具特色。第二，不断更新的技术手段。课题组早期曾使用脑电超慢涨落分析技术(ET)进行青少年智力、记忆的发展研究；2004 年之后逐渐使用学界更广泛应用的技术手段，如脑电波(EEG)、事件相关电位(ERP)、功能性磁共振成像(fMRI)技术，开展了对抑制、工作记忆、情绪等课题的研究。第三，广泛的研究内容。课题组除了用认知神经科学技术探讨心理学的传统课题之外，还探讨了一些新的问题，如女性识别负性情绪优势的神经机制、大脑内侧额叶负波在最后通牒任务中所受不同情绪状态的影响。

林崇德教授不仅自己带着年轻的研究生直接开展认知神经科学的研究，还全力支持一些早期弟子开展认知神经科学实验室方面的建设。在董奇教授和同事及弟子们一起创办"学习与认知神经科学国家重点实验室"的过程中，他都是最坚定的支持者，并担任了这个国家重点实验室的学术委员会委员。此外，他对原西南师范大学李红教授的实验室建设工作，也同样给予大力支持。

大力发展认知神经科学研究是件好事。然而，林崇德教授也不忘给过火的实验室建设热潮"提个醒"。在 2000 年前后,国内很多高校都想去买事件相关电位、核磁共振等仪器,大兴实验室建设热潮(实际上到今天也大抵如此)。在这个背景下,林崇德教授提出要考虑投资效益和"有条件就上,没有条件也不必要勉强去创造条件"的观点。他认为不能搞"唯仪器论",心理学可以研究相关的生理机制问题,但作为一个学科不能"生理学化"。2005 年 10 月,在拥有 2000 多名代表的中国心理学会第十届学术大会上,他做了《中国心理学研究的十大关系》的特邀报告。报告深入分析的"十大关系"之一就是"自然面和社会面的关系"。从心理学来看,研究自然面主要是要从脑定位(在脑的什么部位"唤醒"什么样的意识状态)、关键期(年龄特征)和可塑性(环境与脑机制的发展变化)三方面入手;然而在研究心理的自然面的过程中,仍然要强调的是心理本体。心理虽然是脑的机能,有其相应的神经活动,但是心理的内容及其脑机制发展趋势还受社会环境的制约。他明确提出,"在今天,我们不探索自然面是一种落后的表现,但忽视社会面也是一种不科学的表现"。他不断呼吁,"认知神经科学"不能丢掉"认知"(即心理)的主题,否则就变成了纯神经科学的研究。

不光是研究内容的问题,认知神经科学研究当前在方法论层面仍有一些难以克服的不足。一是目前绝大部分这方面的研究提供的都是"相关"层面的数据,无法推测"认知"和"神经"之间谁是因、谁是果;二是技术的进步无法掩盖理论的薄弱,所谓的一些大脑激活区域的差异或 ERP 成分的不同往往是因为人们对智力概念的理解不同,而选用了不同的实验材料和测试手段造成的,这类研究未必能深化理论认识。

三、创造性理论

近几十年来,我们国家对创新体系、创新教育、创新人才等问题格外关注,提出了建设创新型国家的目标。实际上,林崇德教授很早就从心理学的角度关注这方面的问题,从与智力关系的角度研究了创造性。例如,前述思维结构理论,说明个体思维品质的重要指标之一就是独创性或创造性。对此,20 世纪 80 年代以来他就在其思维品质理论中进行过论述和实证研究。基于对过去百余年有关创造性研究文献的深入分析，他认为：所谓创造性，就是根据一定目的，运用一切已知信息，产生出某种新颖、独特、有社会或个人价值产品的智力品质。

关于创造性人才的培养，林崇德教授提出了"创造性人才 = 创造性思维 + 创造性人格"的观点。他认为：培养和造就创造性人才，不但要重视培养创造性思维，而且要特别关注创造性人格的训练；不能简单地将创造性视为天赋，而更重要的要看后天培养的结果；不要把创造性教育仅仅局限于智育，而是将其作为整个教育的整体任务。创造性人才的培养离不开创造性教育和创造性学习。创造性教育是指在创造型学校环境中，由创造型教师通过创造性教学方法培养出具有创造性素质的学生的过程。在这种创造型教育环境下，学生要进行创造性学习，其特征是发挥学生的主体性、重视学习策略、倡导学会学习和高效率学习。

2003—2016 年，林崇德教授连续承担了教育部的重大攻关课题，探讨拔尖创新人才的特点和发展规律，以及创新人才与教育创新的关系，又在上述观点的基础上进一步从理论到实证，从研究到应用，从实验室研究到跨文化比较等多层面探讨创造性的本质和创新人才的培养问题。例如，从 2006 年到 2009 年，课题组通过对 34 位自然科学拔尖创新人才(主要是两院院士)和 36 位社会科学拔尖创新人才的深度访谈，研究了这些拔尖创新人才的思维特征、人格特征、成长历程和创造性成果的获得过程。此外，课题组还设计并应用创造性人才的筛选工具，比较了中外(中、英、日、德)青少年创新能力的差异。

林崇德教授在进入 21 世纪后对创新人才的研究获得了很多重要成果，这在他2018 年出版的《创造性心理学》中得到了集中体现。例如，课题组探讨拔尖创新人才的特点和发展规律后发现：对自然科学领域的拔尖创新人才，有两个方面的心理特征在科学创造中起重要作用，一是"成就取向/内心体验取向"，二是"主动进取/踏实肯干"；对人文社会科学与艺术领域的拔尖创新人才，其人格特征有两个核心类别，即积极的自我状态与良好的外界适应力；对杰出的民营企业家，创造性特征的心理结构则可分为四个维度，即创造性基础素养、创造技能与品质、个性与品德、创造性驱动。这些关于创造性人格或非智力因素对创造性成就作用的观点都是有鲜明原创性的发现,对我国创新人才的培养,对国家创新体系的建设都有着重要意义。

四、学科能力理论及应用研究

林崇德教授心理学理论的最大特点之一就是其实践性和应用性,即理论来自教育实践并且容易为一线教育者把握和应用。20 世纪 80 年代以来,他一直在其关于思维结构等方面的理论体系下进行应用研究。

首先,他在自己的思维观和智能观基础上提出了学科能力观。他认为,促进学生的智能,应具体表现在培养其学科能力上。于是率先提出,所谓学科能力,通常有三个含义:一是学生掌握某学科的特殊能力;二是学生学习某学科的智力活动及其有关的智力与能力的成分;三是学生学习某学科的学习能力、学习策略与学习方法。任何一种学科能力,不但体现在学生有某学科的一定的特殊能力,而且有学科能力的结构;而这种结构,不但有常见的某学科能力的表层表现,而且有与非智力因素相联系的深层因素。具体说,语文能力可以看作以语文概括为基础,将听、说、读、写 4 种语文能力与 5 种思维品质组成 20 个交结点的开放性的动态系统;数学能力可以看作以数学概括为基础,将 3 种数学能力(运算能力、空间想象能力与逻辑思维能力)与 5 种思维品质组成 15 个交结点的开放性的动态系统。

其次,他把思维品质训练视为培养智能的"突破口"。为此,在整个教学实验过程中,结合中小学各学科的特点,他制定了一整套培养学生各种思维品质的具体措施。例如,在 20 世纪 80 年代,林崇德教授主要通过三类手段狠抓中小学生的思维品质的培养:一是直接抓实验中小学;二是使用突出思维品质的数学、语文等各科教材;三是使用突出思维品质训练的数学、语文等各科的练习手册。通过实验班和对照班的比较,几乎在每所参与实验的学校,各个学科的思维品质训练都取得了突出的成效。他还认为,若从思维的发展来说,既要发展学生的抽象逻辑思维,又要发展他们的形象逻辑思维和动作逻辑思维,总之,要发展学生的逻辑思维能力。因此,在实验过程中,根据不同的学科特点,他提出了发展各种逻辑思维的要求。

最后，他提出了"通过非智力来培养智力"的观点。他认为一个学生的成才，不仅依靠智力因素，还依靠非智力因素，因为非智力因素对智力的培养有动力作用、定型作用和补偿作用。在教改实验中，主抓了发展兴趣、顾及气质、锻炼性格、养成习惯四项措施，在实践中取得了良好的效果。

一方面，林崇德教授从事学科能力发展的基础理论研究。他招收博士生长期有两个方向：一个是认知发展，这个方向招收的往往是心理学科班出身的学生，毕业后多从事心理学本身的教学和研究；另一个则是学科能力发展，招收了很多在高校从事语文、数学、英语、物理、化学、历史等学科教学论研究的学生，这些博士生将心理学和本学科的教育思想结合，在学科能力的结构与发展研究方面做出了突出成果，很多人成为各自领域的全国领军人才，推动了学科教育的发展。

另一方面，林崇德教授特别重视面向基础教育的应用研究，将自己的思维理论和学科能力理论直接应用到提高中小学教育的质量上去，先后在全国 28 个省、自治区、直辖市建立了 3000 多个实验点，积极地为基础教育做贡献，在国内外教育界赢得了崇高的声望。例如，美国《肯特信使报》1987 年 7 月 8 日的文章把他与美国当代大教育家斯波克（B. Spock）相媲美，称他为中国的教育改革家。原国家教委老领导何东昌同志曾表扬他的实验研究为理论与实际、普及与提高、专家与群众、基础研究与应用研究相结合的典范（1993 年）。许嘉璐副委员长也肯定了他在实验点的数量，质量，规模（中小学一起抓，并进行多门课程的改革）等方面的成绩，并指出这样的研究在国内也是唯一的（1998 年）。《中小学管理》杂志 1996 年第 12 期以6000 多字的篇幅誉其为"中国基础教育的播火者"。

五、品德发展与心理健康研究

如前所述，从智力结构理论的角度来看，非智力因素因对智力活动有重要影响而被包含于该理论中。不仅如此，林崇德教授重视并直接研究了非智力因素的主要内容，如社会性、品德、心理健康等，特别是在后两个方面成果尤多。

首先，对品德心理的研究。林崇德教授在对心理学进行研究的早期，就是从青少年品德问题着手的。从 1979 年开始，他先后对 100 名品德不良的学生进行了多年追踪，结果发现其中 29% 的人走上了犯罪道路，其余的被试大多可以改正错误成为有用之才。这一研究的发表，在当时就产生了很大的社会影响。1989 年林崇德教授出版了《品德发展心理学》，系统阐述了自己关于品德及其发展的观点。接下来的几年他又以"离异家庭子女心理的特点"为题，开始探讨家庭破裂对子女心理，特别是思想品德的影响；概括这方面研究成果的十余篇论文也产生了较大反响。基于对学生品德发展的研究，林崇德教授后来在 2008 年《我的心理学观——聚焦思维结构的智力理论》一书中强调德性是非智力因素的核心，并提出了关于个体品德或德性培养的独特思路。例如，他认为以"校风"为核心的学校精神是学生德性发展的基础，可以从认知和社会认知入手培养德性，从行为习惯入手培养德性。除了关注学生品德的发展与培养，他还非常重视教师品德或师德的养成，因为这对学生品德发展有重要影响。

其次，对心理健康问题的研究。林崇德教授认为心理健康是学生德性的重要因素之一，重视德育工作，就要重视心理健康问题。在 20 世纪 80 年代初，国内还很少有人讨论心理健康教育问题，林崇德教授已在 1983 年出版的专著《中学生心理学》中较早提出了在学校开展心理卫生和心理健康教育的设想。在 1999 年出版的那本深受中小学教师喜爱的《教育的智慧》一书中，他不仅分析了目前学生在心理健康方面存在的问题及原因，还提出了心理健康的标准以及心理教育的原则等，最后明确指出教师应该"当好学生的心理保健医"。随着该书的畅销以及林崇德教授在众多场合的演讲与宣传，对于很多基础教育工作者而言，书中这些观点已经深入人心，有力地推动了我国心理健康教育的开展。林崇德教授还是我国中小学心理健康教育的亲历者和见证者，长期以来在教育部中小学心理健康教育专家指导委员会任职，担任过主任和名誉主任，直接参与了有关政策的制定，并为广大中小学心理健康教育实践提供专业指导。通过这些著作和他的经历可以发现，他关于心理健康和心理健康教育一直坚持如下观点和做法：一是认为学生中心理健康是主流，要坚持正面教育并与国际上新兴的"积极心理学"思想接轨；二是主张"和谐心理"是心理健康教育的指导思想；三是他亲自参与教育部中小学心理健康教育纲要的制定，提出了心理健康教育的原则、内容、途径和方法；四是坚持人文关怀原则，并投入对社会的处境不利群体、儿童青少年中的处境不利群体和灾后群体的心理疏导工作。

六、教师素质与师德理论

在 20 世纪 80 年代的大量教育实验中以及对学生发展的研究中，林崇德教授发现学生成长与发展的关键是教师，教师素质的高低是决定教育质量优劣的关键，于是从实践层面率先提出了"教师参加教育科学研究是提高自身素质的重要途径"。教师参与教科研使自己的教育教学由"经验型"向"科研型"转化，变"教书匠型"教师为"专家型"教师，这是提高自身素质的重要途径和方法。进入 90 年代后，他又在理论层面和其弟子一起探讨教师素质问题，经过 10 余年的研究在国内掀起了教师研究的热潮。

什么是教师素质？根据多年来理论研究和实验研究的结果，林崇德教授等人认为，所谓教师素质，就是教师在教育教学活动中表现出来的、决定其教育教学效果、对学生身心发展有直接而显著影响的心理品质的总和。

教师素质在结构上至少应包括以下成分：教师的职业理想、教师的知识水平、教师的教育观念、教师的教学监控能力，以及教师的教学行为与策略。其中，职业理想是教师献身于教育工作的根本动力；教师的知识水平(包括本体性知识、实践性知识和条件性知识)是其从事教育工作的前提条件；教师的教育观念(如教学效能感)是其从事教育工作的心理背景；教学监控能力是教师从事教育教学活动的核心要素；教学行为是教师素质的外化形式。

20 世纪 90 年代之后的 20 年内，他在北京师范大学发展心理研究所(近年改称"研究院")以上述理论观点为指导，围绕教师素质与学生发展的关系问题开展了众多研究，形成了关于教师素质结构的理论观点，研究成果产生了广泛的影响。甚至可以说，当时与目前国内关于教师研究的繁荣局面在很大程度上受到了这些工作的推动。除了发表大量的科研报告外，林崇德教授等人还提出了成套的教师训练方案，这些方案成为教师教育的重要参照依据。

在教师素质的诸多重要成分中，林崇德教授一直重视师德问题。他认为，师德是指教师在从事教育活动中所形成的比较稳定的道德观念、情感体验和行为规范的总和，它是调节教师自己身与心、教师与学生、教师与教师群体以及与社会之间相互关系的道德准则和人格力量，是一定社会、一定时代或一定阶级(阶层)对教师职业道德行为的基本要求和概括。从构成要素来看，他认为师德包括四个方面：敬业爱岗、热爱学生、严谨治学、为人师表。作为一个学术领域也好，作为教师素质的一个内容也好，他一直在强调师德问题的重要性，他曾花了一年多时间，于2001年主编出版了近百万字的《师德通览》。

对于他而言，"师德"还有特殊的意义。"学为人师，行为世范"是北京师范大学的校训，曾经作为师大学子而后又一直作为师大教师的林崇德教授一直在用实践和行动诠释着这句校训。换句话说，"师德"不仅是他研究的领域和理论上的主张，还是他作为人民教师所践行的崇高道德原则。2001年他被评为"全国师德标兵"，就是最好的说明。后来，在全国优秀教师师德报告会上，他一句话道出了师德的本质："师爱是师德的灵魂"。大中小学教师都要有爱的教育。师爱是教育的灵魂，是教师教育学生的感情基础。师爱在性质上是一种只讲付出不计回报的、无私的、广泛的却没有血缘关系的爱，是一种严慈相济的爱。"严在当严处，爱在细微中"，这是对他最恰当的写照。他甘当人梯，一方面无私地关爱着自己的学生，无微不至地关怀着每个学生，另一方面在"为人"和"学问"上严格要求自己的学生。就是用这种严慈相济的爱，他把一批批青年学子造就成在学术上或在岗位上出类拔萃的人才，也实现了他培养"超越自己，值得自己崇拜的学生"的教育理想。

他不仅是"师德"和"师爱"的典范，还是"爱师"的模范，他对自己的恩师朱智贤教授无比敬爱和尊重。他认为："尊重老师，不应仅仅是生活上的关心、照顾，最重要的是继承和发展老师的学术思想。否则，就说不上是真正的尊师。"他先后协助朱老主持了两项国家级重点科研项目，主编了两部大型工具书；又和朱老一起撰写《思维发展心理学》和《儿童心理学史》两部专著。朱老去世后，他又多次主持修订了朱老传世著作《儿童心理学》，将朱老过去的学术思想系统化。朱老逝世10周年时，他几经努力，全力操持，终于为恩师出版了《朱智贤全集》。

这样敬重自己的老师又如此关爱学生的人，自然值得崇敬。"师爱牵游子"，林崇德教授送到国外留学的学生或访问学者，都会在这种师爱的感召下按时回来报效国家，这就说明了"爱"的力量，这就是"师德"的作用。

七、学生发展核心素养理论

对学生发展核心素养的研究，是要科学地回答我国教育的人才培养规格问题，即解决教育的目的问题。林崇德教授在这方面的思考，更早时候就开始了。例如，1999 年他在山东师范大学召开的"中英国际教育大会"上作大会发言时，曾提出"融合东西方教育模式，培养 T 型人才"的观点。他认为西方教育重视培养学生广阔的知识面、创造力、适应性、独立性和实践能力，而东方教育重视培养学生精深的知识、逻辑思维、理解能力、统一规范和集体主义精神。西方教育者这一"横"与东方教育这一"竖"结合起来可能更有利于培养优秀人才，尤其是创造性人才。实际上，他从事的心理发展与教育研究的整个事业，都要不断探索人的发展特征和教育目标问题。无论是思维结构理论、学科能力理论，还是品德和心理健康理论等，都是在某一角度刻画人类心理发展的本质。

为了准确回答我国教育"培养什么样的人"这一问题，2013 年受教育部的委托，林崇德教授承担了"21 世纪学生发展核心素养"重大攻关项目，经过 3 年艰苦的研究工作，课题组在 2016 年 9 月 13 日召开了中国学生发展核心素养研究成果新闻发布会，全面公布了包括 3 大领域 6 种素养 18 个要点的中国学生发展核心素养（见图 2）。学生发展核心素养，主要是指学生应具备的、能够适应终身发展和社会发展需要的必备品格和关键能力。课题组用图 2 的结构刻画了 21 世纪人才培养的目标和规格，形成了中国学生发展核心素养体系。中国学生发展核心素养以培养"全面发展的人"为核心，分为文化基础、自主发展、社会参与 3 大方面，综合表现为人文底蕴、科学精神、学会学习、健康生活、责任担当、实践创新 6 大素养，具体细化为国家认同等 18 个基本要点。各素养之间相互联系、相互补充、相互促进，在不同情境中整体发挥作用。该课题成果集中体现在 2016 年出版的《21 世纪学生发展核心素研究》一书以及众多文章中。

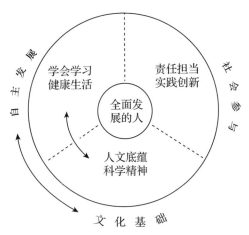

图 2　中国学生发展核心素养的框架

这一重大成果实际上是林崇德教授之前对心理发展与教育长期的研究在应用层面的集大成之作。中国学生发展核心素养体系的确定,其难度和复杂度远远超过任何一项单一的心理学学术研究,因为这一体系的研发根本出发点是将党的教育方针具体化,落实立德树人根本任务,培养全面发展的人,提升我国 21 世纪人才的核心竞争力。简言之,其定位之高,决定了研究的难度之大。为此,课题组必须坚持正确的、明确的研究原则:其一,构建中国化的学生发展核心素养体系过程中始终将坚持正确的政治方向作为研制的总遵循,坚持以马克思主义为指导,明确人才培养的目标指向;其二,充分体现社会主义核心价值观,系统落实党的教育方针,细化人才培养目标的具体要求;其三,传承中华优秀传统文化,凸显人才培养的民族底色;其四,洋为中用,批判性吸收核心素养国际研究的构建方法与合理成分。

这一成果公布后,产生了重大影响,成为我国教育改革的思想基础之一。中共中央、国务院 2019 年印发的《中国教育现代化 2035》中就指出,要"明确学生发展核心素养要求"。如今,这一成果正在被作为研究学业质量标准、修订课程方案和课程标准的依据,在学科教育中不断得到实践。一位心理学家研究的现实价值可以何其宏大?我以为,这一项目堪称典范。

八、理论心理学的探索

在评述林崇德教授学术思想的时候，有一个非常重要而又往往不为人意识到的重要领域，那就是理论心理学的研究。在很多人的印象里，林崇德教授的名字往往与"发展心理学"与"中小教育改革"等联系在一起，而好像很少与"理论心理学"研究相联系。但实际情况是，他在这方面作了很多探索，而且我个人以为这些都非常重要。

首先，对发展心理学基本理论问题以及元理论问题进行了系统探讨。朱智贤教授和林崇德教授合著的《儿童心理学史》（1988），是国内关于发展心理学历史方面最早的权威著作。该书侧重于历史事实与线索的系统梳理，深入述评了各派各家的理论主张，其中还包含了关于发展研究的四大基本理论问题（如先天与后天关系、年龄特征与个体差异等）的探讨。该书为国内儿童心理学历史与理论的教学和研究奠定了基础。此后，他一直致力于思考发展心理学学科的基本理论和元理论问题，通过不同时期发表的一系列论文不断总结学科演进中的成败得失，促进学科的健康发展。这方面的重要论文如《试论我国儿童心理学前进的道路》（1985）、《坚持在教育实践中研究儿童心理学与教育心理学》（1985）、《从儿童心理学到发展心理学》（1994）、《发展心理学的现状与展望》（1998）、《发展认知神经科学的研究进展》（2006）、《中国发展心理学 30 年的进展》（2009）、《发展心理学的现实转向》（2010）等。

其次，对整个心理学研究和学科发展中面临的重大问题进行探索。例如，林崇德教授于 2005 年发表的《试论发展心理学与教育心理学研究中的十大关系》一文不但在发展与教育心理学领域，而且在整个心理学界引起了很大反响。在这篇论文中，他论述了自然面与社会面、国际化与民族化、基础研究与应用研究、继承与发展、整体研究与局部研究、个人研究与合作研究、现代化手段与常规研究、实验研究与史论研究、定性与定量研究、普及与提高十个方面的关系。在 2005 年 10 月召开的第十届全国心理学学术大会上，作为大会特邀主题报告人，他又宣讲了该文的主要观点，引起了众多与会者的共鸣。实际上，他 1993 年就当选中国心理学会常务理事，后又长期担任中国心理学会的领导工作，这些理论观点已经通过各种方式对我国心理学的学科发展产生了深远影响。

最后，旗帜鲜明地坚持心理学研究的中国化思路。林崇德教授坚持了前辈学者潘菽教授、朱智贤教授等人"心理学研究中国化"的思想。早在 1985 年他在《心理发展与教育》创刊号上就发表了《试论我国儿童心理学前进的道路》一文，探讨"心理学研究中国化"的问题；1989 年提出了心理学研究中国化的途径：摄取—选择—中国化。在 2010 年发表的《发展心理学的现实转向》一文中，他与笔者进一步探讨了心理学研究的中国化问题，在文中明确地提出了中国化与国际化的关系，并指出，如果不能在世界背景下建立我们自己的知识传统，中国的心理学不可能在国际上有自己的地位。要建立我们的知识传统，必须强调研究的中国化。而且我们必须警惕以"国际化"或"与国际接轨"的名义，把中国完全变成西方理论和方法的试验场，更不能把自己变成西方同行的中国数据的收集员。

在 2019 年国务院学位委员会心理学学科评议组等四家联合主办的"第三届中国特色心理学智库建设高峰论坛"上，林崇德教授总结到，心理学研究中国化的含义有三：一是要研究中国现实的问题；二是要在借鉴来自国外科学心理学的理论和方法论的同时，充分挖掘本土的智慧、方法论与研究方法；三是建立中国的心理学知识体系，特别是理论体系。就像维果茨基因为充分吸收了俄罗斯民族的文化和知识传统以及马克思主义，才提出了影响全世界的社会历史文化学说一样，中国要产生享誉世界的心理学家，也必须扎根中国的知识传统和现实土壤。要贯彻中国化的思想，心理学家应该具体做到如下几点：必须把马克思主义作为研究的指导思想；要用系统的观点来安排心理学的研究课题；在中国文化和现实中研究中国人的心理，尤其要重视应用研究；组织各方面的人才，融合多学科的知识，共同研究心理学。唯其如此，方能形成心理学研究的中国特色、中国风格、中国气派。

九、学者的国家使命

就林崇德教授的学术思想而言，除了学术本身的思想外，学术之外的另外一种思想也同样值得挖掘，这就是"学术报国、服务人民"的学者良知和学术使命。正因为如此，他才旗帜鲜明地坚持心理学研究的中国化，坚信中国化的研究更能服务国家和人民。

林崇德教授似乎并不只是把学问当成个人兴趣所致的事情，而始终怀抱以学术报效国家的责任感和使命感。具体的学问本身可能不一定必须讲政治，但作为学者不能不讲政治——学者做学问是要服务于国家和人民的。2008 年汶川地震后，年近古稀的他再次"披挂上阵"，领导年轻心理学工作者一起进行了地震幸存者的震后心理创伤及恢复规律的研究，为国家的震后救援特别是心理援助提供直接的帮助。他曾长期关注普通中小学生的心理健康问题，在国家需要的时候，他毫不犹豫地挑起重担。2009 年 10 月他领衔主持的教育部哲学社会科学研究重大课题攻关项目"灾后中小学生心理疏导研究"获得批准，使他对灾害心理学的研究和实践得以延续。同样在 2009 年，他承担了"金融危机背景下大学生经济信心的重建与就业能力的提升"这一关于"国际金融危机应对研究"的应急课题，积极为国家决策提供研究依据。

林崇德教授的内心有着强烈的"科技强国"的梦想。国务院制定发布的《国家中长期科学和技术发展规划纲要(2006—2020 年)》，希望到 2020 年之前我国能够建成创新型国家，促使科学技术突飞猛进地提高。心理学是研究人的，科技发展的首要条件是人才，特别是拔尖创新人才，因此，研究拔尖创造性人才成长的心理学规律就成了他责无旁贷的事情。2003 年、2011 年他先后承担主持的两项教育部哲学社会科学研究重大课题攻关项目，都是关于创新人才的研究。2013 年，年逾七旬的他再次接受教育部的委托，承担"21 世纪学生发展核心素养"的重大攻关项目，同样是出于对我国在国际人才竞争中所面临压力的忧虑以及对未来人才强国的深切期待。老骥伏枥，其志必在千里。

十、总结：心理学学术思想的大厦

综上所述，笔者从八个方面简要介绍了林崇德教授的学术思想，并单列一方面介绍了其治学精神——学者的国家使命。如果我们把这些方面连在一起看，就可以看出其间的层次与联系,以及整体特点(见图3)。

　　一方面,理论研究、应用研究、教育实践研究、教育政策研究等不同层次的工作综合进行。在基础理论层面上是对理论心理学、一般心理学实体理论的研究,其中,前者的代表是对发展心理学和整个心理学科的元理论研究,尤其是心理学学研究的中国化思想,后者的代表是思维结构理论(包括对思维的认知神经科学研究)、创造性理论、品德发展理论、教师素质理论等。在应用研究层面,主要是结合教育实践问题,将心理学理论研究的成果转化成或融合进有关教育和学习的理论,形成学科能力理论、创造性学习理论、心理健康理论、师德理论等。在教育实践层面的工作包括进行思维发展的教育改革实验(主体是智育实验),开展创新人才培养、德育以及心理健康教育的实践探索,提出教师教育方案。近年来,林崇德教授汇聚对学生发展长期的理论研究、应用研究与教育实验成果,在教育政策研究层面,完成了中国学生发展核心素养理论这一个人学术生涯集大成的成果。此外,他还紧密结合国家和社会发展的紧迫需要开展面向现实或实际问题的研究,如开展震后心理健康研究并实施对灾区学生的心理援助,在国际金融危机爆发后开展对大学生经济信心、职业决策效能感的研究,这些研究有重要的政策咨询价值。

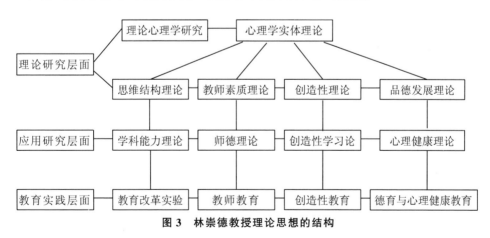

图3　林崇德教授理论思想的结构

　　另一方面,各层次、各方面的研究相互影响、相互促进。例如,思维结构理论可以作为学科能力理论的基础,而后者又成为教育改革实验的直接理念;反过来,在实践中发现促进学生发展的关键是教师素质,能激发对教师素质结构的研究。类似地，创造性问题解决最初在思维结构理论中有所涉及，然后拓展成专门的创造性研究领域，引申至拔尖创新人才心理特征研究及创新人才培养；心理健康研究则与品德心理研究密切相关，并分别服务于心理健康教育和德育实践。如上所述，林崇德教授汇聚个人学术生涯的几乎所有成果，升华为中国学生发展核心素养理论，成为当代教育改革的政策思想来源之一。这样，各个层面的成果可以相互转化，各方面的工作可以相得益彰。

林崇德教授的理论是"面向教育实践的心理发展理论"，其学术思想的核心是"心理发展与教育"：一方面是围绕学生心理的发展开展研究并建构心理发展理论，具体领域包括认知（如思维、创造性、学科能力）与非认知（如品德、社会性、心理健康等）两大方面；另一方面是基于心理发展规律探索教育应用问题，围绕学生智育、德育，以及创新人才培养开展教改实验工作，建构教育理论。上述两大方面，最终在中国学生发展核心素养理论中完成了升华，该理论描述了中国学生在教育和教师影响下应该达成的理想发展目标。

林崇德教授的学术思想有两个鲜明特点。其一是重视理论建构。君子立言，学者成名成家的标志是有一家之言，有自己的理论观点和理论体系。林崇德教授从早年提出思维结构理论开始，就一直注重理论体系的建构，最后形成了自己学术思想的恢宏大厦。其二是鲜明的现实应用性。他对学生心理发展的研究始终是基于中国的教育实践。在教育应用场景下，探讨学生心理发展规律，并将规律应用于教育实践和教育政策设计，从而让心理学的研究有持久的生命力。这种"面向现实的"心理学研究，是有真正学术价值、学科担当、学者使命的研究。这两个特点，即理论建构和现实应用，应该是我国，乃至所有心理学研究要追求的两个特色，是有担当精神和国家使命的学者所应追求的学术特色。

参考文献

[1] Lin Chongde, Li Tsingan. Multiple intelligences and the structure of thinking[J]. Theory & Psychology, 2003, 13(6): 829-845.

[2] 林崇德, 罗良. 认知神经科学关于智力研究的新进展[J]. 北京师范大学学报(社

会科学版)，2008(1)：42-49.

[3]林崇德，辛自强. 发展心理学的现实转向[J]. 心理发展与教育，2010(1)：1-8.

[4]林崇德. 21世纪学生发展核心素养研究[M]. 北京：北京师范大学出版社，2016.

[5]林崇德. 创造性心理学[M]. 北京：北京师范大学出版社，2018.

[6]林崇德. 构建中国化的学生发展核心素养[J]. 北京师范大学学报(社会科学版)，2017(1)：66-73.

[7]林崇德. 教育与发展——兼述创新人才的心理学整合研究(修订版)[M]. 北京：北京师范大学出版社，2013.

[8]林崇德. 林崇德心理学文选(上卷)[M]. 北京：人民教育出版社，2012.

[9]林崇德. 论学科能力的建构[J]. 北京师范大学学报(社会科学版)，1997(1)：5-12.

[10]林崇德. 融东西方教育模式，培养"T"型人才[J]. 北京师范大学学报(社会科学版)，2001(1)：5-11.

[11]辛自强. 从心理学理论到教育实践——林崇德学术思想简介[J]. 国家教育行政学院学报，2006(2)：8-13.

[12]辛自强. 改变现实的心理学：必要的方法论变革[J]. 心理技术与应用，2017(4)：245-256.

[13]朱智贤，林崇德. 思维发展心理学[M]. 北京：北京师范大学出版社，1986：38-39.

第一编

心理学的
基本理论

心理学的基本理论研究分两种，一种是专门从事心理学理论的研究，例如，中国心理学会有一个"理论心理学与心理学史分会"的分支机构，那里集中了一批专门研究心理学理论的心理学家；另一种是一些非专门研究理论的心理学家，他们在自己所从事的心理学领域中，根据自己研究的成果，对相关心理学的基本理论有感而发，或有时上升到理论心理学来发表观点。我属于后一种。我长期从事发展心理学的研究，只是研究时间长了，研究问题多了，于是对心理学的一些重大问题发表自己一点看法。尤其是 1993 年我当选为中国心理学会常务理事，后又进入学会的领导层，对中国心理学发展的大事不得不表明一些态度，这就是我对心理学的基本理论的探讨。

在中国心理学会第十三届学术大会上的致辞[*]

各位代表、各位来宾、各位朋友：

大家好！

在江南金秋送爽、瓜果满仓的季节，在全国人民欢庆上海成功举办全球瞩目的第四十一届世界博览会后，我们今天又齐聚在这美丽撩人的黄浦江畔，隆重召开第十三届全国心理学学术大会。请允许我代表中国心理学会和第十三届心理学学术大会组委会向来自全国各地的心理学界同人，向我国港澳台地区的心理学家，向包括国际心理科学联合会主席西尔伯艾森（Rainer K. Silbereisen）先生和前主席欧沃米尔（J. Bruce Overmier）先生在内的海内外朋友表示热烈的欢迎，向全力筹备本次大会的上海师范大学领导及心理学界同人的辛勤工作表示衷心的感谢！

本次学术大会的主题是"走向世界，服务社会"。之所以选择这个主题不仅是因为大会举办地是上海，是开放的国际大都市，更是因为心理学发展在历尽坎坷后正呈现蓬勃生机。所谓"人逢喜事精神爽"。在科学的大家庭中，在改革开放 30 多年来研究积淀的基础上，心理学界更应关注与世界的交流，更力求在国际水平上进一步提升"自我"，更热切期待为我国正在科学发展观引领下的社会主义政治、经济、文化、教育等诸方面的建设服务，为中国人民谋福祉。

在上海召开这次全国心理学学术大会，让我浮想联翩。我情不自禁地联想起上海三所大学里为中国心理科学的发展呕心沥血、作出杰出贡献的几位心理学大家。国际著名的心理学家郭任远先生在美国加州大学获得博士学位，1923 年回国，1924—1926 年任复旦大学副校长，1925 年在复旦创立心理学系并筹建了国内第一个心理学院。学院大楼子彬院当时在世界上是继巴甫洛夫心理楼和普林斯顿心理楼之

---

* 本文系作者 2010 年 11 月 20 日以理事长的身份于上海举行的中国心理学第十三届学术大会上的致辞。

后的第三座心理楼。章益先生于 1943—1949 年荣任复旦大学校长，后又去山东师范大学任教。他曾对教育心理学及心理学史的研究做出杰出贡献。1952 年复旦心理学院并入华东师范大学。华东师范大学有"五虎将"：张耀翔先生毕业于清华大学，留学于美国，曾在北京师范大学、华东师范大学等多所大学任教，是中国心理学会的创始人；萧孝嵘先生是佩少将军衔的心理学家；左任侠先生是皮亚杰的同事，是我国首批博士研究生导师；谢循初先生是西方心理学史和理论心理学的学术带头人；胡寄南先生是我国基础心理学的重要奠基人之一。上海师范大学廖世承先生先后在国立师范学院、华东师范大学、上海师范学院担任过校长或副校长，也是我国教育心理学的奠基人；李伯黍先生是我国研究德育心理学的著名学者；吴福元先生是著名的智育心理学家。

我们缅怀这些在上海工作过、为中国心理学作出杰出贡献的心理学大家，我们要向他们学习，学习他们走向世界、振兴中华、服务社会的奋斗精神，学习他们把自己与中国心理学命运紧密联系的爱国精神，学习他们为中国心理科学事业鞠躬尽瘁、死而后已的奉献精神。

先人已逝，后人当自强不息。

为更好地促进我国心理学科的发展，从总体战略高度来看，在"十二五"期间，我国心理学应该在以下三个方面寻求更大的突破。

第一，实现以"学科"为导向的研究模式向以"问题"为导向的研究模式的转变，开展跨学科、跨地区、跨院校的系统性和综合性研究。强调心理学要与神经科学、人文科学、社会科学、教育科学、数理科学、医学科学和生命科学等其他学科的融合，大力推动心理学发展。在过去二三十年里，传统的"以学科为导向、条块分割的研究模式"对心理学发展的制约作用越来越凸显，而"以问题为导向"的跨学科心理学研究趋势也日益明显。为了解决某个特定的研究或现实问题，整合使用不同的研究范式、不同的研究方法和技术，或者由来自不同学科的研究者以各自的方法和方法论就共同关心的心理问题，协同攻关，共享研究成果。

第二，进一步加强研究方法的现代化。国际心理学发展的每一次重大突破都受益于研究方法的创新与现代化，因此，要实现中国心理学逐渐达到世界一流研究水平，必须加强研究方法的现代化，进一步加强各类现代化研究技术设备平台的建设（如认知神经科学的最新研究设备、检测人类基因序列的最新技术等），注重提高最新研究方法的掌握（如最新的统计测量理论与方法等），注重最新研究思路的应用（如脑—基因—行为等多种手段相结合的研究思路）。只有这样，心理科学的发展才会"百尺竿头更进一步"，才会有"无限风光，任人涉猎"。

第三，着重加强应用，提高心理学科为社会服务的能力，尤其是满足国家和社会发展重大需求的能力。随着我国社会经济水平的不断提高，对心理学科提出了越来越多的需求：建设和谐社会，需要和谐心理；让人们有尊严地生活，离不开提高人民的主观幸福感；提高全民人口素质，尤其是提高未成年人的素质，离不开对心理研究揭示的学习和心理发展规律的支持。我始终坚信，科学的心理学的发展取决于社会认同，只有为社会、为公众提供更多的服务，社会才会承认心理学的价值，才会给心理学更大的发展空间和更多的机会。心理学有多大发展，归根结底取决于其研究成果为社会生活提供的帮助和服务的数量与质量。让我们矢志不渝，共同努力！

最后，我要强调，中国心理学的发展，和谐是基础，人才是关键。

"家和万事兴"。我认为当前中国的心理学还只是一个小的学科，心理学研究工作者应该强调和谐，坚持团结，心往一处想，劲往一处使，为了中国心理学发展的大业，不计较个人恩怨得失。和谐才能凝聚力量，和谐才能成就伟业。

在中国心理学发展的过程中，人才是关键。我衷心地期望，中国心理学界能够涌现一大批有创新精神的顶尖心理学家。我们建议，对年轻人才要进得来，留得下，用得好。以德才兼备和学术水平优劣来衡量年轻学者，而决不能靠关系！只有这样才能使中国心理学"顶天立地"。所谓"顶天"，即与国际心理学接轨；所谓"立地"，则是为中国当前的社会发展服务，为中国人民谋福祉。

"路漫漫其修远兮，吾将上下而求索。"愿以此与全国心理学同人共勉！祝全体与会代表身体健康，工作顺心，生活美满，万事如意！

预祝大会圆满成功！

心理学研究的中国化问题*

《心理发展与教育》1985 年第 1 期，曾发表了我的一篇《试论我国儿童心理学前进的道路》的文章。在那篇拙作里，我首次提出了儿童心理学乃至心理学研究中国化的问题。所谓"中国化"，其含义有三：一是要研究中国现实的问题。心理学作为一门科学，研究的对象属于"共性"，但心理学又作为一门"人"学，人的社会性与其所在的社会现实，尤其是与文化等"个性"或"特殊性"联系在一起，离开了这个个性或特殊性，就无所谓共性或一般性。二是研究中国文化的问题。中国心理学家要在借鉴来自西方的理论和方法论的同时，充分挖掘本土的智慧和方法论，越是民族的东西，就越具有国际化。三是建立中国自己的知识体系，特别是理论体系。中国心理学家必须充分尊重自己的文化传统和知识体系，才能为世界心理学的发展做出自己的贡献。

一、两种需求

对于心理学研究的中国化问题，目前有两种需求，构成了两股推动的力量，一是中国社会的需求，二是科学发展的需求。换句话说，这两种需求，势必成为促进心理学研究中国化的条件，从而推动心理学研究的中国化。

社会需求是推动学术研究及其水平发展最强有力的因素。心理学研究的中国化必须要有其社会基础。心理学要在中国现实获得蓬勃的发展是党的十一届三中全会以来的必然要求。自 1978 年党的十一届三中全会后，举国上下逐步出现了以经济建设为主导代替了以阶级斗争为纲的局面。坚持改革开放，坚持民主法治，坚持人

---

* 本文部分内容原载于《心理发展与教育》1989 年第 4 期。

的因素第一，坚持在党领导下全社会共同建设。在中国，社会建设、经济建设和政治建设，国家变革、社会变革和文化变革，都要求关注国民心态和人的素质，特别是心理素质。于是整个社会对心理学提出了强大的现实需要，要求心理学必须具有更强的"现实性"和"应用性"，切实把学术研究与社会现实需求结合起来，在中华民族伟大复兴的过程中发挥更大的作用。当然，社会对任何一个学科的需求总是与某个学科的付出、应用或服务是相辅相成的。过去，心理学在中国的发展为什么缓慢？因为心理学的研究严重地脱离中国社会现实，没有为中国社会实际提供应用服务，从而导致中国的广大人民群众不了解心理学，中国社会也不会对心理学产生强烈的需求。1982年，罗大华教授和我率北京心理学会讲学组到南京为全国公检法系统人员讲犯罪心理学，其间我们去拜见了心理学前辈高觉敷教授，高老一段语重心长的教诲至今还在耳边回荡：中国心理学为什么那么容易被"一风吹"、被批判打倒？除了有极"左"思潮外，主要原因是我们的心理学理论严重脱离实际。如果我们不能很好地纠正，若干年后还会有像姚文元这样的政治骗子出来说话，心理学在中国"九分无用、一分歪曲"。1978年以后，心理学在中国走上繁荣之路，中国心理学工作者参与解决涉及国计民生的一系列重大社会问题，在教育、工业、体育、法制、医学等诸多领域做出贡献，中国社会必然向心理学提出了更多更大的需求。强大的社会需求，产生出社会力量，推动心理学更深入地发展，这就产生出中国心理学界的"顶天立地"理念。所谓"顶天"，即强调广泛开展国际心理学的交流、合作和接轨研究，逐步踏上国际前沿，解决科学领域中的基本问题；所谓"立地"，则强调不断面向中国社会现实，面对国家的需求解决实际问题。不管是"顶天"还是"立地"，我国心理学的发展道路的根本在于中国的国情、中国的现实和中华民族复兴的需求。

科学发展的需求是推动学术研究及其水平发展的内在因素。心理学研究的中国化也有其自身的力量。科学是没有国界的，在中国，心理学要发展，必须受国际心理学的制约。科学又是由某一个国家的研究人员所继承与创新的，在中国，心理学要发展，决不能永远在别国后边"人云亦云，鹦鹉学舌"。1949年前学西方，1949年后学苏联，1978年后又学西方的局面要逐渐改变。对任何一个先进国家的心理学的研究思想、方法和成果，我们必须要继承和吸收；与此同时，我们也要提出自己的观点，创新精神是心理学科学发展的动力。以"信息加工论"为旗帜的认知心理学，作为一个有独自特点的新学派登上了20世纪后半叶的国际心理学的历史舞台。直到20世纪80年代初，中国相当多的心理学家还认为其是国际心理学的未来。这种观点是否正确，我们不想评论。1984年，我的恩师朱智贤教授和我写了一篇文章《认知心理学与信息加工理论》，后编入我们师生俩合著的《思维发展心理学》里作为第二章"思维发展研究史评述"中的第七节(朱智贤，林崇德，1986)。我俩从现代科学的进展、认知因素与非认知因素的关系、感性与理性研究的新突破、应用计算机模型新的方法等多方面论述了认知心理学的贡献，同时我俩又从人的心理实质、能否揭示认知因素与非认知因素的辩证关系、是否缺乏心理的生理机制探讨、科学方法论等方面提出了批评。我俩最后指出，"对心理学的一些新的学派，要从科学现实和哲学观点两方面进行检验。对新学派'视而不见'是错误的，但盲目夸大也同样是错误的"(朱智贤，林崇德，1986)。我们的观点在当时我国心理学界自然也曾引起一番争议，然而这毕竟是件好事。科学的发展需要争鸣、辩论和批判，科学追求的是真理。现在国内外心理学界几乎很少将认知心理学视为"国际心理学的未来"。在心理科学的研究中，我们不能因与国际接轨，就把国际上所有新的学派及其观点都视为神圣不可评论的经典；我们不能因国际化，就把中国完全变成西方的或苏联的理论和方法的试验场；我们不能因跨文化研究，就把自己变成别国同行的中国数据的采择者。中国心理学家必须有自己的观点、思想和创见，一定要在世界背景下建立自己的知识体系和话语体系，中国心理学一定能在国际心理学界树立自己的地位。

这就是心理学研究中国化的背景和任务。

二、四个层次

最近，有幸拜读台湾大学杨国枢教授的论文《心理学研究的中国化：层次与方向》(1988)，我感慨很多。看来，海峡两岸的心理学家都在主张我们的心理学研究要落实到中国化的问题上。故于此就这个问题我想再来叙上几句。

杨国枢教授从四个层次,讨论了心理学研究中国化的方向与尝试:①重新验证国外的研究发现;②研究国人的重要与特有现象;③修改或创立概念与理论;④改变旧方法与设计新方法。他指出:"科学的心理学在中国已有半个世纪的历史,但中国心理学者的研究大都停留在学习与模仿的阶段,而未能在上述四个层次有所突破。这主要是因为中国心理学者对西方心理学的发现、理论及方法依赖太重,以致丧失了中国化的反省与自觉,当然无法产生创新超越的信心与行动。这种情形对中国心理学研究品质的提高极为不利,凡我国同人应当深自觉醒,及早在研究工作上努力中国化,以缔造更有价值的研究成果。"

这段话包含许多意义,批评、希望、论证、建议,语重心长,使我在感情上有很大的共鸣。严格地说,我们大陆的心理学工作者,在心理学中国化上做出了很大的努力。但停留在向西方学习模仿阶段者有之;缺乏中国化的反省与自觉者有之;创新超越的信心与行动不够者更有之。然而,对心理学的中国化工作,我们毕竟下了功夫。具体的做法,和台湾地区的心理学工作者有类似之处,和杨国枢教授提到的台湾地区心理学者尝试的"四个层次"大致相吻合。这里,仅以由朱智贤教授主持的国家重点科研项目"中国儿童青少年心理发展特点与教育"为例,试加阐述。现在,世界各国特别是发达国家都把儿童青少年心理发展问题作为战略问题来研究,叫作"发展科学",而我们没有中国人心理发展特点的文献资料。"六五"和"七五"期间,在朱智贤教授领导下,全国心理学界上百位专家学者有计划地开展了这项研究,经过七八年的艰苦努力,在理论探索和实验研究方面取得了可喜的成果。在一定意义上说,这个课题组的工作,正是在上述四个层次上的一些突破。

第一,重新验证国外的研究发现,对比国内外儿童青少年心理发展的异同点,揭示中国儿童青少年心理发展的特点。20世纪70年代末,李伯黍教授同他的合作者,在柯尔伯格(L. Kohlberg)对儿童青少年道德判断发展研究的基础上,参照柯尔伯格的研究方法,围绕儿童青少年道德判断发展这一课题进行了一系列的调查研究工作,并在国内15~18个地区开展了全国性的协作研究。他们的研究范围已经涉及的有:①儿童青少年对行为责任的道德判断,其中包括儿童青少年对行为原因和后果的道德判断，对动机意向和财物损坏、人身伤害和财物损坏的道德判断，对成人惩罚行为性质的道德判断等研究；②儿童青少年道德观念的发展研究，其中包括儿童青少年的占有观念、友谊观念、公正观念、集体观念、惩罚观念等的发展研究；③影响儿童青少年道德判断的外部因素，其中包括短期训练对儿童青少年道德判断的影响等研究；④儿童青少年道德发展的跨文化研究，包括 9 个少数民族地区儿童青少年与汉族儿童青少年道德判断发展的比较研究。这些研究不仅验证了柯尔伯格的研究发现，更重要的是揭示了中国各族儿童青少年道德判断发展的一些规律，以及特定的文化背景、道德训练对儿童道德判断发展的影响，为我国的儿童青少年道德教育提供了科学的实证资料，同时也可供道德哲学进行理论思考。以中国儿童青少年为研究对象，重新验证外国心理学研究的结果，是发展心理学研究中国化的第一步，也是最起码的工作。这个工作是不可缺少的。研究中当然可以发现共性，但对于中国儿童青少年而言，外国的研究结果未必具有有效的可概括性。这种个性或特殊性的表现，正是我们必须深入探索的中国儿童青少年心理发展的一个重要特点。

第二，研究中国人特有和重要的现象，也就是揭示在中国文化、经济和政治背景下心理发展的规律，特别是在当前社会条件下心理的特点。在现阶段比较典型的是独生子女心理发展特点的研究。随着"一对夫妇最好只生一个孩子"宣传工作的开展，以及计划生育和控制人口增长政策的逐步落实，我国独生子女在儿童的中的比例趋于急剧增长。独生子女人数的增多，不但引起了家庭结构的变化，而且也会给家庭、学校和整个社会带来教育上的一系列新问题。吴凤岗先生牵头的家庭教育中的儿童青少年心理学问题的分课题组，对独生子女心理及其家庭教育的心理学问题，展开了一系列的研究。另一个有价值的是学生语文能力的研究，《心理发展与教育》1988 年第 1 期发表的吴昌顺先生的《"中学生语文能力发展与培养"实验课题阐述》和樊大荣、耿盛义两位校长的《小学生语文能力发展与培养》，反映了我们课题的协作组在揭示中国学生语文能力特点方面的尝试。在世界各国语言中，中国语文具有特色。中国人掌握语文的特点，中国语文对中国人的思想与行为的影响等问题，是中国比较特殊的心理现象。研究中国文化、经济和政治背景下各种心理发展的特点，是心理学研究的中国化中的一个重要方面。

第三，修改心理学的旧概念与旧理论，创立心理学的新概念与新理论，以适用于中国人心理的特点，其最高要求是我前边提到的建立知识体系。韩进之教授及其领导的协作组，在这方面做了有益的尝试。不管是西方心理学还是苏联心理学，大都将自我意识理解为自我认识，即对人与对己的认识。西方通常叫它为"自我概念"（self-concept），苏联尽管重视"自我意识"（самосознание）一词，但实际上将其理解为一种对自我的认识（意识）。韩进之教授等人在其研究中，将自我意识理解为以自我的认识（自我评价）、情感（自我体验）和意志（自我控制）三种心理活动为成分的心理结构，并系统地研究了我国学前儿童、中小学生、大学生的自我意识发展的趋势及特点。这项研究初步建立了中国人自我意识发展的总趋势和知识体系，丰富了我国心理学的内容。由此可见，在儿童心理学的领域中，有许多国外的概念与理论有待我们修改，以使其更能适用于中国；也有许多国外心理学家未曾留意的领域，可以由我们做创造性的探讨，以建立新的概念与理论体系。

第四，在研究方法上的改进和创新，积极寻找适合于我们国情的研究方法。我同意杨国枢教授（1988）的一个观点："方法论与研究方法都可能受到不同社会文化背景的影响，但是实际上后者因社会文化而不同的情况，则远比前者为多"。在朱智贤教授领衔的课题组中，我们在心理学的研究方法的改进和创新上是下了功夫的。首先是在方法论上，我们是有别于其他国家的心理学的。①坚持正确的哲学方法论，即强调研究方法要以辩证唯物主义作为向导。②坚持正确的科学方法论，用系统的观点看待自己研究的问题，而不是用孤立地、以偏概全地解释研究结果。③具体方法适合具体课题，有的课题需要采用更多的社会科学的方法，有的课题需要采用更多的自然科学的方法，有的课题需要采用综合的方法，我们的大多数分课题都采取多样的、综合的方法，这样更能保证科学性。④我们对具体方法的运用，从拟定课题，到进行设计，再到取得和解释结果，都坚持了理论联系实际的方针。在一定程度上说，我们遵循的方法论，保证了我们的心理学研究成果的中国化。同时，在具体研究方法上，我们也是有所改进和创新的。尽管我们的方法没有超出观察、实验、谈话、问卷等一般国外心理学研究方法的范围，但不管在内容上还是形式上，我们都做了改进和创新。例如，我们在 10 个省(自治区、直辖市)青少年的理想、动机、兴趣的研究中采用的是问卷法，但在具体的设计上，我们使用的是投射法，使试题有情有趣，既让被试乐于配合，又不使他们了解我们的意图，较顺利地开展了研究，并获得了一定的结果。又如，我们在 23 个省(自治区、直辖市)开展的青少年的思维研究中，其中一个分研究是测定被试的辩证思维发展的特点，量表的内容全是新的，没有一道试题是重复或模仿国外的。改进和设计心理学的研究方法，使其适用于对中国被试的研究是完全必要的。尤其是随着科技的发展和国家经济实力的壮大，像脑电波、事件相关电位和核磁共振等现代化的研究技术将会在我国心理学研究中得到广泛的应用，我们也期待着中国出现更多采用这些新技术的高水平研究。当然，中国心理学家所设计的新方法，其适用范围未必只限于中国人，将来也有可能被国外的心理学家所采用。

海峡两岸的心理学家按照彼此相融相似的原则，在自己课题组的研究中展示了我国心理学工作者在心理学的中国化过程中，已做出了较大的努力。

三、基本途径

心理学中国化的途径是什么？我想用 7 个字来概括，这就是：摄取—选择—中国化。这就是说，在学习外国心理学的过程中，我们既不能全盘西化，又不能照抄苏联，正确途径应该是做到摄取—选择—中国化。

对待外国的心理学资料，必须重视，应当摄取其中的营养，用以发展自身。我们要承认，我国心理学的研究，与国外心理学是存在差距的。在 1985 年发表的那篇拙作中，我从研究课题、研究方法学、具体研究方法和研究手段、工具 4 个方面找了差距，这里不再赘述。这些差距存在的原因是十分复杂的。首先，科学心理学诞生在西方，后经德、法、英、美、苏等国家的心理学家的努力，在 100 多年里发展较快，这些国家的科学心理学基础较好。其次，发达国家重视心理学的研究。例如，在美国、德国的大学里，心理学系是大系，是普遍设立的系，于是人才济济。再次，科学技术设备条件的先进是发达国家的心理学进展快的物质基础。最后，在应用上做出成绩，使心理学普及有了群众基础。例如，与心理健康、心理卫生有关的学校心理学（School Psychology），是以学习有困难的学生或问题儿童青少年为对象的。由于它在实际应用中做出了成绩，因此它的发展相当快。有差距就得学习，就得引进，就得摄取其中的营养。但是，任何一个国家的心理学都有一种地区性的文化特色，都含有它的特殊因素。因此，外国的心理学资料，绝非全都是我们摄取的对象。

在摄取外国的要素时，绝不能全盘照搬，而要适当地加以选择。所谓选择，意指批判地吸收。一提起批判，人们往往和"左"的思潮联系在一起。其实不然。批判地吸取是各国心理学或心理学派发展的常事。霍尔（G. S. Hall）对普莱尔（W. Preyer）、皮亚杰（J. Piaget）对鲍德温（J. M. Baldwin），乃至现代认知心理学对行为主义和格式塔学派等，都是采取选择的态度，即批判地吸收的态度（朱智贤，林崇德，1988）。我们在摄取外国心理学的要素时，也应该持这种分析、批判和选择的态度。中国人与外国人既有共同的心理特点，即存在普遍性；又具有其各自不同的特点，即存在特殊性。例如，我们自己测定到认知思维发展的一些特征，与国外资料所列的特征就有出入。又如，我们所获得的中国被试道德观念的特点及其内容，与国外研究中所见的事实就存在明显的差异。如果照搬外国心理发展的特征，势必失去客观性、真实性，也会影响到我们心理学的科学性。

我们中国人，既然有着本民族的特点，这就导致外国心理学资料被摄取之后，要经过一个中国化的过程，与中国的特殊性相融合。不管我们学习西方还是学习苏联，最终目的还是搞中国化的心理学研究。无论是西方还是苏联，他们心理学所研究的问题、所建立的理论、所采用的方法，都有其特殊的社会文化、经济和政治的背景。在社会背景不同、条件相异甚至不具备、语言表达方式有别的情况下，套用同样的理论、采用相似的方法，往往会事倍功半。我们应该看到，在我国心理学界，有不如国外的先进条件的一面，也有优越于国外条件的一面。在外国心理学界，基础好、底子厚、设备先进固然是其进展快的重要原因，但其也有不足之处。例如，一般说来，西方心理学的特点是百家争鸣、思想活跃、注意定量分析和定性分析相结合，但往往失之众说纷纭、莫衷一是；苏联心理学的特点是有正确的认识论和方法论作为指导，同时又能有系统、有计划地联系本国的实际，但常常失之思想不够活跃，比较呆板、僵化（近年来好些）。这就要我们做到扬长避短，也就是说，我们首先应当从方法论的角度来分析它们各自的特点，以便在学习和研究时能取其所长、去其所短。在这个基础上，我们在研究中国人心理的时候，应加入中国文化和现实的想法和看法，使中国的国情，即文化、经济、政治因素不知不觉地融入自己的研究，并且在理论和实践上都能推陈出新、有所突破。这样，便是心理学研究的中国化。只要我们从中国的实际出发，积极地创造条件，不断地采用现代化的研究手段，那么，经过 10 年、15 年甚至 20 年的努力，我们坚信中国心理学能进入国际心理学先进水平的行列。总之，中国的心理学要注意咀嚼和消化摄取外国要素，使之与中国民族、中国文化、中国人民的实际相融合，形成当代中国心理学的模式和各类学派，建立起我们自己的心理学知识理论。

但是，心理学研究中国化的目的，并不是要建立"中国心理学"。即使我们有时也提出要建设中国特色的心理学，也绝非要开创一种纯"本土心理学"。如上所述，心理学是一门科学，科学是没有国界的。中国心理学家所做的一切努力，是为世界心理科学做贡献。然而，这和提出心理学中国化的设想并不矛盾。正如杨国枢教授（1988）所指出的："各国心理学研究的本国化，目的在使每个国家的心理学者在研究工作中更能做到'受研究者本位'的地步，以使各国之研究都能准确的发现其本国人民的心理与行为法则。以不同社会的人之确实法则为基础，才能进而建立更高层次之心理与行为的可靠法则。只有遵循这种途径，才能彻底发现不同社会文化背景下人类心理与行为的殊相与共相，从而建立具有广阔外在效度的心理学法则。也就是说，心理学研究的目的，不是要建立割地自居的本国心理学，而是要建立更为健全的世界心理学"。今天，心理学研究的中国化不是多了，而是太少了。我们大力地提倡中国化，中国心理学家应该对世界心理学做出创新与贡献。

四、几点体会

在心理学的中国化工作中，中国心理学家已做出了一定的努力，大家都有不少感受。我这里就几个"宏观"问题，提 4 点体会。

第一，必须坚持辩证唯物主义的方法论。应该肯定，在自中华人民共和国成立以来的 40 年中，中国心理学工作者基本上是以辩证唯物主义为指导思想的。可是，随着西方心理学的引进，有些同志对我们长期坚持的方法论持怀疑的态度。这种倾向对心理学研究中国化是十分不利的。对于心理学研究为什么必须坚持辩证唯物主义指导思想和哲学方法论，朱智贤教授已做了精辟的论述(朱智贤，1987)。我不想于此再展开说明了。

第二，要用系统的观点来安排心理学的研究课题。为什么优秀科学工作者的研究一个接一个，而没有经验的人则接受一个任务才考虑一个题目，做完了这个题目就不知下一步做什么了呢？这当然有不少原因，其中能否带有开拓性的战略眼光深入有关领域的实践之中，去发现科学发展的生长点，或看准有希望的方向抓住不放，确是一个重要的因素。这里，从一般科学方法论来看，需要有系统方法。前面提到的朱智贤教授主持的国家重点研究项目"中国儿童青少年心理发展特点与教育"就是一项综合性心理发展的系统工程，它在系统而全面地研究中国儿童青少年心理发展正常值的方面，为我们做出了榜样。

第三，在中国文化和现实中研究中国人的心理。坚持在中国文化和现实实践中研究心理学具有深远的战略意义，它贯彻了理论联系实际的原则。要坚持心理学应用的要求，让心理学各项工作都密切地结合中国社会建设和社会需要的实际，特别是经济、政治、文化、科学、教育诸工作实际的需求，并为之有效服务。

第四，组织各方面的人才、融合多学科的知识，共同研究心理学。这里的关键是提出以问题为研究导向，开展心理学的科研协作。首先，国内心理学工作者在自愿、平等、互利、协商原则下，开展校(单位)际协作，取长补短，互通信息，各地取样，共同突破一个课题。例如，我们参与的国内 10 个省(自治区、直辖市)在校青少年理想、动机、兴趣特点的研究，23 个省(自治区、直辖市)在校青少年思维发展的研究，15 个省(自治区、直辖市)在校青少年情感和意志发展的研究，29 个省(自治区、直辖市)离异家庭子女心理特点的研究等。其次，组织与心理学有关的多学科专家来共同研究，适当招收其他学科(数学、医学、语言、生物、电子计算机和教育专业等)对心理学感兴趣的本科生为研究生。我们在这方面做了一些尝试，获得了一定的效果。最后，积极开展与国外学者的合作研究，跨文化地探索共同感兴趣的心理学的问题，这不仅促进了学术交流，而且也为中国心理学的研究走向世界展示我们的实力做出了努力。所有这些都是强调以问题为导向的跨学科、跨地区、跨国界的研究。

总之，立足中国，借鉴国外，挖掘历史，把握当代，关怀人类，面向未来，着力走心理学中国化的路子，在指导思想、学术体系、研究方法、话语体系等方面充分体现中国特色、中国风格、中国气质。

参考文献

[1]杨国枢. 心理学研究的中国化：层次与方向 ［M］//张人骏. 台湾心理学. 北京：知识出版社，1988.

[2]朱智贤，林崇德. 思维发展心理学 ［M］. 北京：北京师范大学出版社，1986.

[3]朱智贤，林崇德. 儿童心理学史 ［M］. 北京：北京师范大学出版社，1988.

中国心理学研究中的十大关系[*]

《心理发展与教育》杂志创刊已 20 周年了，作为国内唯一的发展心理学与教育心理学的学术刊物，在同行的支持下，经历了风雨的洗礼，不仅成为一本国内外公开发行的全国核心期刊，而且成了影响因子在国内心理学刊物中为前三名的发表源。作为主编，我对此当然有一定的喜悦之感，但更多的是感激之情。在此，让我代表编委会感谢所有关心《心理发展与教育》成长的学术界、教育界的同行、作者和广大读者。

20 年前，我在《心理发展与教育》创刊号上，发表了一篇《试论我国儿童心理学前进的道路》的拙文，提出了一些自己的想法。孰对孰错，让 20 年的"过去"去评判，"旧事"就不必重提了。我所从事教学与研究的领域是心理学学科。今天，借纪念《心理发展与教育》20 周年之际，想再来谈一些理论问题，我拟命题为"十大关系"，旨在以发展心理学与教育心理学为例，对中国心理学的发展提出自己的浅见。

一、自然面与社会面的关系

心理是脑的机能，脑是心理的器官，心理的内容取决于现实，现实世界既包括物理世界，又包括社会世界，这就构成心理学两个研究方面：自然面和社会面。

随着认知神经科学的发展，心理学必然深入研究大脑；随着正电子发射断层扫描（PET）、功能性磁共振成像（fMRI）、计算机控制的断层扫描（CT）、脑电图（EEG）和事件相关电位（ERP）等技术的进步，心理学也必然积极参与揭示脑的生物物理与生物化学机能的研究。于是，心理界呈现一种大家都来购置现代器材，都来

---

　* 本文原载于《心理发展与教育》2005 年第 1 期，原标题为《试论发展心理学与教育心理学研究中的十大关系》。

探索心理的大脑奥秘的现象。这当然是件好事，说明研究手段正趋向现代化，但也必然引起一些心理学家开始担忧我国心理学的这种追求和时尚。他们认为这是心理学纯生理学化的倾向。尽管这种担忧大可不必，然而，却给心理学研究提出了一个严肃的课题：如何处理好"自然面"与"社会面"的关系。

心理是自然面与社会面的统一，我们决不能因为某人研究某一个方面而视其为科学与不科学、先进与落后、前进与后退。为此，我认为必须处理好研究中自然面与社会面的关系，必须坚持三点。首先，我们研究自然面，主要是三个方面：一是脑定位；二是关键期；三是可塑性。其次，在具体研究方法上，允许从不同层面上去分析：既可以从分子细胞上，即微观水平上展开研究；又可以从全脑宏观水平上进行研究；还可以更多地从行为科学角度对心理发展和心理规律进行研究。最后，在今天，我们不探索自然面是一种落后的表现，但忽视了社会面也是一种不科学的表现。在强调探索自然面的研究同时，必须重视社会面的研究，因为心理学强调人类发展过程是社会化的过程。终生教育是青少年的社会化，特别是成年人的继续社会化和再社会化的过程。在自然面与社会面的关系中，心理学到底采用什么方法，要根据具体课题要求来决定，即具体问题具体分析。只要揭示心理的实质和规律，哪种方法都是科学的。

二、国际化与民族化的关系

中国的心理学是由西方传入的。有人查阅和搜集到 1900—1918 年翻译过来的心理学书籍有 30 本，约从 20 世纪 20 年代以后，心理学译著开始越来越多。在我国心理学的发展中，1949 年之前主要是学习西方；1949—1965 年主要是学习苏联。1978 年后的 20 多年，在改革开放的国策下，中国心理学空前活跃：一是队伍逐步扩大；二是积极开展学术活动，科研成果越来越多；三是冲破禁区，深入研究心理学的各个领域；四是广泛开展国际心理学的交流与合作研究。1999 年，科技部在制定 2010 年科技发展规划时把心理学纳入国家优先发展的 18 个领域；2004 年我国在北京成功举办了有 6000 多名代表参加的第 28 届国际心理学大会。这两件大事都说明中国心理学开始进入鼎盛时期。

中国心理学的国际化，是提高我国心理学学术水平的基本决策。这里的国际化，既包含着与国际同行交流、合作，又必须坚持国际心理学研究标准并和国际接轨。在具体措施上，要认真地找出我们与国际心理学的差距，进而努力缩短这种差距；要踊跃地在国际心理学学术杂志上发表学术论文和研究报告，以此作为检验学术水平的一个指标和展示学术成果的一个窗口；要积极利用"走出去、请进来"的方式，参加或举办国际学术会议与论坛，以密切我们与国际同行之间的关系；要畅通人员交流渠道，创造条件，能派得出，又能回得来，使更多心理学家逐步了解什么是真正的国际化的水平；要购置新资料，购买新仪器，以提高知识水平，改善研究条件。

我们在坚持国际化的同时，必须坚持民族化，这是建设具有中国特色的心理学的根本出路。其理由有四。一是在科学心理学传入中国之前，中国早已有心理学思想，包括发展心理学与教育心理学思想。例如，"多元智力"（Multiple Intelligence）类似于3500年前我国的"六艺"；"研究性学习"（Inquiry Learning，又译为探究性学习）和《礼记·中庸》篇中强调的"博学之、审问之、慎思之、明辨之、笃行之"相似。二是中国人口众多，有自己独特的文化背景，我们在强调心理现象共性的同时，有必要关心一下中国人心理本土化和民族化特点的研究。三是改革开放以来，中国心理学家做了大量的研究工作，也建立大量的心理学知识体系，并在第28届国际心理学大会上崭露了头角，显现出一种越是民族化的东西，越能走向国际化的趋势。四是跨文化研究永远是科学心理学发展的一条途径，只有跨文化的比较研究，才能探索人类心理的共性。

三、基础研究与应用研究的关系

心理学家在面对心理学问题时，会表现出两种不同的研究旨趣：理解与应用。这便是两种不同的研究类型：基础研究与应用研究。

一方面，应该看到，基础研究也好，应用研究也好，对于发展心理学与教育心理学来说都是必要的。二者有着各自独特的目标：基础研究回答的是心理发展、教与学相互作用基本规律，即"是什么"的问题，寻求的是发展心理学与教育心理学所需的描述、预见、干预，特别是解释性的知识；应用研究则侧重于回答现实社会生活和教育实践中心理发展变化的"应该"问题，旨在从发展心理学与教育心理学角度提供解决实际问题的行动建议或指导。二者也有着不同的价值：基础研究奠定心理学的理论基础，彰显的是学科的学术价值；应用研究则维系着学科与社会现实的联系，凸显学科在实际中的存在价值与生命力。同时，基础研究与应用研究不能相互取代。基础研究所提供的描述、预见、干预、解释性的知识固然是解决实际问题的理论基础，但当运用于实际问题时，必然遭遇从"一般"到"个别"或从"抽象"到"具体"的差异问题。此外，任何基础研究均不可避免地渗透着研究者的价值观，将基础研究成果应用于实际问题的解决就等于将某一整套价值观运用于实践，而这种价值观却有可能与实际问题解决所需价值观格格不入。所有这些，就决定了应用研究不可能是基础研究在实践中的简单延伸。今天，心理学应重视国家需求和具有重要行业影响的应用性课题。

另一方面，还应看到，基础研究与应用研究也是相辅相成、互相促进的。基础研究所获得的成果无疑能帮助从事应用研究的心理学家预见、发现并深入理解实际问题，并为应用研究所寻求的行动建议或改进措施提供有益的启示。应用研究也能为基础研究提供新的有待解决的课题，积累必要的事实材料，为基础研究所寻求的"大理论"建构提供相关的"小理论"。特别是，由于应用研究维系着心理学同实际问题的联系，因此它的发展还能给整个学科当然也包括基础研究赢得更多来自社会的物质与精神的支持。从事基础研究的心理学家为赢得社会的支持，会自觉地思考其理论成果的实践蕴含，甚至直接从事基础理论的应用研究；从事应用研究的心理学家也会因相关基础理论的缺乏而从事一定的基础研究。这样，就形成了基础研究与应用研究相互渗透，你中有我、我中有你的局面。有鉴于此，在发展心理学与教育心理学领域，两者均应互相关注、互相借鉴、互相支持；切不可顾此失彼，更不可夜郎自大，坐井观天；切不可有重基础研究轻应用研究或重应用研究轻基础研究的偏向。

四、继承与创新的关系

随着经济和科技水平的不断提高，心理学得到了世界各国政府和学术界的高度重视，所涉及的范围和内容不断扩大，研究方法与思路不断更新。然而，在发展的同时，有关心理过程中所产生的新问题不断涌现，这就要求心理学的研究者和实践者不断总结以往经验，并在此基础上不断探索和寻找新的理论，提出新的措施。因此，继承与创新已经成为当前心理学研究的主旋律。

我们需要继承。推陈出新中蕴含了丰富的哲理。没有坚实地推陈，就不可能有效地出新。在强调创新精神的同时，出新之前的推陈过程更为重要。所谓推陈，实质就是继承，就是要将以往所取得的研究成果以及研究过程中所获得的宝贵经验加以科学归纳和总结。在今后一段时期内，行为主义理论、皮亚杰认知发展阶段理论、格式塔学习理论、布鲁纳认知结构理论、班杜拉社会学习理论等，仍将成为我们研究的理论基础和重要内容，并对以后的研究产生不可忽视的影响。在总结理论的同时，也涉及对研究方法的秉承。到目前为止，发展心理学与教育心理学方法论已经历了哲学思辨阶段、实证阶段以及数字化和信息化阶段。教育强调以客观实验数据为基础来进行理论上的分析与探索并逐步向自然科学靠拢，包括构造主义所采用的内省法，行为主义所主张的实验法、观察法和测量法，精神分析学派的临床分析法等。目前应用较多的借助于计算机软件的多元统计分析等，都是心理学要继承的方法。

在强调继承的同时，更应当注重理论和方法的创新。继承的目的在于创新，而创新应当以解决在新时期出现的新问题为最终目标。今天发展心理学与教育心理学面临着时代进步所产生的诸多新问题的挑战。例如，互联网在线心理、网络教育与青少年犯罪、社会结构变化与青少年思想道德品质的培养、环境意识与可持续发展、单亲或再婚家庭子女的心理健康、素质教育与青少年儿童创造力的培养等。对于这些新时代背景下产生的新问题，仅仅依靠以往的理论与方法可能难以对这些现象的特点和规律进行全面的描述和科学的解释。因此，只有通过理论和实践的创新，才能深入理解和准确揭示问题的本质，从而制定出有效的干预措施，以满足时代发展的需要。创新应当突出体现在方法层面上，尤其要从行为遗传、认知、生理等多角度对多种研究手段和方法综合运用；与此同时，创新还应当体现在对不同学科和理论的吸收、借鉴和整合上。

五、整体研究与局部研究的关系

整体和部分的关系上升为普遍的研究方法，就是整体（综合）研究和局部（分析）研究。发展心理学与教育心理学的整体研究，主要是研究心理的整个面貌和整体结构。当然，作为发展心理学与教育心理学的研究对象，对这些内容既可以进行全面的、整体的研究，也可以进行对某一个问题、某种关系或某一方面的研究，即进行局部研究。局部研究，就是对心理发展和教育发展中某一个别的、局部的、比较小的问题进行比较深入的研究。

局部研究和整体研究既有区别，又有联系。整体研究可以为人们提供对心理较全面的认识。具体到发展心理学研究中，整体研究可以认识到个体心理发展的全过程或全貌，便于找出心理发展一般性的规律，以及它和教育工作的关系。然而，这种类型的研究内容比较复杂，要求研究者必须有理论上和研究设计上全面的准备和保证实验研究的信效度。否则，研究者容易顾此失彼，不一定能充分而深刻地看到发展的全貌。更严重的是有可能由于实验步骤不统一，或实验受到其他无关变量的干扰等因素，从而得出错误的结论。局部研究便于对某一心理机能进行比较专深的研究。整体研究与局部研究有着密切的联系。简言之，局部研究不是割裂整体、孤立地进行的，而是在整体框架指导下的研究；整体研究也并非面面俱到，全面开花的大杂烩，而是在局部研究的基础上，从纷繁复杂的现象中排除非本质的东西，抓住现象之间本质联系和关系的研究。因此，在具体的心理学研究中，不能只注意一方面而忽视另一方面。例如，行为主义只注重分析刺激—反应，而忽视了意识，从而不能从总体上把握人的行为和心理；格式塔理论能够从总体上把握知觉的整体性，但由于缺乏分析，因而对人类的认知活动规律也还仅是一种较笼统的猜测。尤其是面对心理学派系林立、众说纷纭的状况，就更需要用系统的方法论，来描述和解释人的心理这个本身就具有系统性的研究对象。

当今的科学发展表现出在高度分化、高度专门化基础上的高度整体化的特征，从这个意义上说，心理学及其分支学科，如发展心理学与教育心理学领域中交叉学科的出现，正是由科学发展的大趋势所决定的，体现了横向整体化的特点。同时，发展心理学与教育心理学研究重点的变化直接指向人类的具体实践领域，把基础研究和应用研究更紧密地结合起来，体现了纵向整体化的特点。

六、个人研究与合作研究的关系

从研究人员的角度来说，任何一个心理学的研究可以是个人独立进行的，也可以是几个人或多数人合作进行的。

我们认为，一个心理学家应该能独立设计搞研究。他的学术水平越高，通过个人的设想就能越好地对于某一问题进行创造性的探索。从这个意义上说，个人研究是合作研究的基础。但是，个人的研究的取样代表性往往不够理想，在人数或是地区上，有时有一定的局限性。合作或集体搞研究，特别是全国性的研究，取样广、被试多、有代表性。如 20 世纪八九十年代中期，以中国科学院心理研究所为核心的认知发展研究协作组、由北京师范大学发展心理研究所牵头的青少年思维研究协作组等，都是全国性的合作。但这种合作研究，不能统一深入，研究的统计数据结果也比较粗糙。

我认为，在今天，个人研究和合作研究都应该进行。前者可以往纵深发展；后者不仅是对前者具有促进作用，而且能得到前者某一方面发展的一般性的特征。当然，我们并不否定以往的合作研究，因为合作研究也有一个加深和提高质量的问题。但长期追踪、深入某个发展心理学与教育心理学问题反复解剖、细致分析，并且运用现代化设备，往往不是靠一个庞大协作组能够解决的。然而，我这么说，并不是要取消合作研究，恰恰相反，个人研究和合作研究相结合，有利于促进发展心理学与教育心理学的发展。在一个合作团体中，成员之间密切配合，知识和能力相互补充，研究过程中往往能碰撞出耀眼的思想火花，提出新的科学问题、研究思路或方法。因此，合作研究有利于开辟新的认识领域，促进心理学的新发现。

这里我还要指出一点，心理学的学科发展不仅体现在研究领域的拓展和深入、研究方法的创新，而且也体现在科研人才的培养和发展上，这样才能保证学科旺盛的生命力和创新精神。随着科研课题的复杂化和难度的提高，在一个结构合理的合作群体里，一般都有一个或几个学术带头人。在他们的指导和培养下，整个研究团体能接触到学科的前沿，不仅硕果累累，而且人才辈出。在这里，我殷切地希望心理学领域的学术带头人，把学术梯队建设看作自己学术生命的延续，甘当人梯，大力地扶植年轻学者，以完善与发展自己领衔的创新团队。

七、现代化手段与常规研究的关系

发展心理学与教育心理学可以采用一般研究技术。观察、谈话、测验、作业式实验以及闻名国际的皮亚杰的临床研究方法，就属于这一类。依靠这些常规研究手段，发展心理学与教育心理学取得了很大的成绩。

由于现代科学技术手段的发展，很多研究者在发展心理学与教育心理学某个课题的研究中，采用了现代化的技术装备，如录音、录像、电子计算机、现代化观察室、脑成像实验中心等，这对于深入研究某些课题是有帮助的，特别是电子计算机系统和录像系统，近20年在发展心理学与教育心理学研究中用得较为普遍。计算机系统在发展心理学与教育心理学实验中，一是用于操作实验，控制刺激，记录反应；二是用于建立数据系统，存储数据；三是用于对实验结果的数据进行分析和统计处理。录像系统主要用于对师生的活动、行为的观察和记录，以及事后深入细致的分析。

也在近20年里，如前所述的认知神经科学研究仪器，如眼动仪(用于认知研究)，四视野速示器(用于认知研究)，16导生理记录仪(即多导仪，用于情绪研究)，诱发电位仪(用于注意研究)，行为分析系统软件(用于观察室里研究)等，在心理学研究领域中运用得越来越广泛。

又是近 20 年来，自动化、数字化、网络化和信息化越来越成为现代化的标志。数字化信息技术成为先进生产力的重要指标，并与心理学研究方法和手段相融合。统计软件开发越来越多，使得心理学的测量和实验数据的搜集和分析更加准确、快捷，实验设计与控制更为全面和科学。

如果有条件，在我国的心理学的研究中采用上述现代化的实验手段和统计方法是必要的。这不仅使研究更细致、深入，缩短时间，提高实验的精确度和科学水平，提高工作效率，而且能使我们对某些本来难以研究或不可能研究的课题开展研究。当然，对这些我们是倡导采用的，而且在自己的研究中已经广泛使用。但我们也认为，过分强调这些条件，认为没有这些装备和方法就不能取得研究的积极成果，也是片面的。使用哪些仪器装备，应该由单位研究特色来决定。

八、实验研究与史论研究的关系

任何一位优秀的心理学家，都强调实验研究。上面谈到的基础研究与应用研究，都是以实验研究为前提的。发展心理学与教育心理学中的教育实验研究，主要是指对教育现象有控制观察的研究。但由于教育现象的复杂性，很难像对自然界进行实验研究那样的控制，所以，教育实验研究控制的程度不如对自然界进行实验研究那么严格。可是，既然属于实验研究，它也讲究控制性，为的是科学性。发展心理学与教育心理学的实验研究的描述、解释、预测和控制功能，要从研究目的、研究原则、选择类型、变量控制和具体方法等方面表现出来。

发展心理学与教育心理学也有许多理论问题值得我们去探索，这就形成史论研究。实验研究是史论研究的基础，史论研究是实验研究的升华。1882 年，德国心理学家普莱尔的《儿童心理》一书问世，标志着科学儿童心理学的诞生。后几经变革，1957 年美国心理学年鉴用"发展心理学"代替了"儿童心理学"的概念。在发展心理学的理论研究中，除了我们所坚持的先天与后天、内因与外因、教育与发展、年龄特征与个性差异 4 个关系之外，当前发展心理学理论发展也很快，例如，在智力发展中，出现了卡罗尔(J. B. Caroll)的智力发展的三层级理论(Three Stratum Theory of

Intelligence），出现了斯腾伯格（R. J. Sternberg）的"成功智力"、加德纳的"多元智力"、珀金斯（D. Perkins）的"真智力"、塞西（S. J. Ceci）的"智力的生物生态理论"和梅耶尔（J. D. Mayer）与戈尔曼（D. Goleman）的"情绪智力"等理论。教育心理学什么时候诞生，这在国际上是有争议的。苏联认为最早正式的教育心理学著作是卡普切列夫（П. Ф. Каптерев）1877 年的《教育心理学》（*Педагогическая Психология*）；但西方一般认为桑代克（E. L. Thorndike）首先建立教育心理学，他的《教育心理学》（*Educational Psychology*）于 1903 年问世，奠定了教育心理学的基础。教育心理学中理论很多，仅学习领域就涉及刺激—反应理论、认知学习理论和人本主义学习理论，涉及有关记忆、学习迁移和学习动机等方面的学习规律。随着信息社会的到来，终身学习的理念越来越深入人心，于是出现了自我调控学习、学习风格和内隐学习等学习研究的新进展。所有这些，都说明发展心理学与教育心理学的研究中，史论研究的必要性。

九、定性与定量的关系

定量研究采用源自自然科学的研究方法，力图保证所研究问题与结论的客观性、可靠性和概括性。这种研究取向认定事实是独立于研究者而存在的，是客观的；研究者应该与所研究的问题保持距离，其自身的价值取向不能变成研究的一部分；研究本身是一种演绎思维的过程，它源于研究的理论与假设，并且以一种因果的顺序被检验，其目标是检验一个理论的概括性，使人们能够运用理论了解并预测某些现象。定量研究的方法通常包括实验研究、准实验研究和调查研究。

定性研究旨在从不同的角度来了解个体或社会的现象，这种研究通常在现象发生的真实环境中进行，借以把握该现象的整体轮廓。这类研究者认为，在给定的情境中存在多种事实，要在研究中反映这种多样化的认识；研究者应该参与到所研究问题之中，研究过程是研究者与所研究问题的互动过程；问题的含义有其背景特点，不能将问题与具体的环境剥离开来，注重在更大的背景和脉络中来解释事实；这类研究遵循归纳推理的过程，研究者对所研究现象或问题没有预设的理论与假设，理论的出现来自被试所提供的信息；研究的目标在于揭露存在于所研究现象中的理论，并从不同的角度检验其准确性。定性研究的常见方法包括个案研究、人种学研究以及现象学研究等。

虽然有些研究者强烈地坚持其中一个而否定另一个，但近年来，越来越多的研究者开始强调这两种研究取向的结合，并探索可能的结合途径。在国际上已有人提出了使这两种研究取向结合的"多方法三角测量"（cross-method triangulation）的观点，一个典型的应用就是在效度研究中的"多特质多方法模型"（multi-trait multi-method matrix）。另外，又有人提出了两种可能的结合方式：系列组合（sequencing combination）和混合组合（hybrids）。前者指在研究的不同阶段采用不同的研究方式，如发展一个量表，在开始阶段采用访谈法获得被试对所研究的特质的可能的反应，对这些反应进行归类后，再形成标准化的问卷，获得定量数据；后者指研究所采用的方法本身同时包含定量和定性的成分，如关于评分者一致性问题的研究，其研究方法就同时包含定量和定性的成分。我希望我国心理学界的研究者，积极探索定量与定性两种研究取向的结合点，以便使研究更科学、更有说服力。

十、普及与提高的关系

在当前的心理学的研究中，"普及与提高"的关系尤其突出。随着时代和社会发展的需要，个体心理与行为发展的性质、特点、任务、内容和结构发生了深刻变化，要求研究者对此做出更好的解释和预测，同时也要求所有社会成员更好地了解和认识这些心理特点和规律，以便更好地适应社会。这样便涉及心理学知识的普及与自身研究水平的提高。

在贯彻落实《中共中央国务院关于进一步加强和改进未成年人思想道德建设的若干意见》和《中共中央国务院关于进一步加强和改进大学生思想政治教育的意见》中，各类学校要做好学生的德育工作；在基础教育新课改中，课程改革者要涉及并运用心理学的概念；在"振兴教育、教师为本"的前提下，要为教师教育提供心理学理论依据和实验依据；在培养与造就高素质创造性的人才时，必须进行创造性教育和创造性学习；在大中小学校心理健康教育和社会各界心理卫生的普及中，要科学地理解心理健康，积极地开展心理健康的教育；离异家庭子女的问题也越来越多，要纠正他们的情绪、适应、学习、思想道德和智力问题；独生子女是在特殊的家庭背景下成长的，应该把他们中间存在的消极性格变为积极性格；我国在"未富先老"的条件下进入老龄化社会，要防止老年心理危机，促使老年人健康生活，安定社会秩序……

所有这些现实问题，需要向全社会不断普及心理学科学知识，使心理学广泛应用于心理健康、学校教育、体育运动、人员选拔、技术培训、人力资源开发、组织文化建设、广告与营销、产品设计、司法工作等领域，促进人类的文明和进步。同时也要求心理学研究工作者对人的心理现象以及社会、自然关系中的心理活动特点和规律展开更为深入的研究，以提高自身的学术水平。从中可见，心理学的艰巨任务和广阔前景。

心理和谐是经济发展方式转变与自主创新的保证[*]

  党的十七届五中全会强调，要推进科技进步，努力提高自主创新能力，为加快转变经济发展方式提供重要支撑。这是建设创新型国家、促进国家发展战略的核心，是提高综合国力的关键，是应对国际经济形势深刻变化的必然选择；而经济发展方式的转变与自主创新，需要一个民主、和谐的环境。这就是党中央提出的建设和谐社会的要求。党的十六届四中全会第一次明确提出，共产党作为执政党，要"坚持最广泛、最充分地调动一切积极因素，不断提高构建社会主义和谐社会的能力"。为此，在 2010 年 10 月于福州召开有 6000 多代表参加的第十二届中国科协年会的主题为"经济发展方式转变与自主创新"。

  在和谐社会的大环境下，如何从心理学的角度促进经济发展方式的转变，更好地进行自主创新人才的培养，这是一个值得探讨的问题。心理和谐是构建和谐社会的重要保证，也是经济社会和谐发展的基础。党的十六届六中全会《中共中央关于构建社会主义和谐社会若干重大问题的决定》中首次阐述了社会和谐与心理和谐的关系，并指出："注重促进人的心理和谐，加强人文关怀和心理疏导，引导人们正确对待自己、他人和社会，正确对待困难、挫折和荣誉。加强心理健康教育和保健，健全心理咨询网络，塑造自尊自信、理性平和、积极向上的社会心态。"从中可见，心理和谐是社会和谐的人的基础，也必然构成经济发展方式转变与自主创新的精神基础和人文保证。

---

  * 本文由作者在第十二届中国科协年会心理学分会上的报告修改而成，后载于《北京师范大学学报（社会科学版）》2011 年第 1 期，收入本书时有所修改。

一、心理和谐是经济社会和谐发展的基础

和谐，意指协调与调和，主要指的是处理与协调好各种各样的关系。和谐社会指处理与协调好三个空间关系：自我关系、个人与他人关系和个人与社会的关系。心理和谐指心理和衷共济，是社会和谐的保证。一个人如果能够经常处于正确对待自己、他人和社会，正确对待困难、挫折和荣誉的心理健康状况，那么他就拥有和谐心理。从心理和谐的角度说，围绕和谐社会的三个空间关系，我们必须处理、协调好以下六大关系：人与自我的关系，人与他人的关系，人与社会的关系，人与自然的关系，软件与硬件的关系以及中国与外国的关系。正确处理这六大关系是建构中国和谐社会的基础，也是经济社会和谐发展的保障。

人与自我的关系。心理和谐首先要求处理好人与自我的关系，人与自我的关系主要涉及自我修养的准则。每个人心理和谐是以自我和谐为基础的。信心是人与自我关系的首要因素，它是指相信自己的愿望或预料一定能够实现的心理。对于个人甚至于国家说来，信心是事业成功的保证，是自我成长的动力。难怪党和领导同志一再强调国家发出"我们有信心、有能力、有条件"建设社会主义强国。心理学中有一个名词叫"自我效能感"，意思是人们对自己是否能够成功地进行某一成就行为的主观判断。自我效能感的增加保证了人对自我的认同，进而使人能更好地完成自己的工作，完善自我和发展自我。自我效能感在某种程度上可以用信心来表示。一个人对自身能力的肯定，对达成某一结果的预期越准确、越自信，那么他就越能发挥自身的潜力。

人与他人的关系。人与他人的关系又称为"人己关系"，包括友朋、同伴、同事、敌我、同志、亲子、上下级、长幼等关系。心理和谐要求人们正确对待自我与他人的关系，形成良好的人际关系。良好的人际关系是和谐社会的一个重要特征，也是人与社会和谐的重要组成部分。它促使个体对群体产生归属感，在心理上产生安全感，继而达到自身的心理和谐状态。正因为有了归属感和安全感，人们才能更好地进行沟通，才有利于建设高效率的团队并进行团队合作，从而发挥每个人的创

造潜力。从团队之间的角度考虑，为了保证经济社会和谐发展，必须防止违背道德的经济竞争模式，形成和谐、良性的竞争方式。因此，努力营造一种理解、友爱、多赢的经济发展人际环境是正确处理人与他人的关系、促进经济社会和谐发展的必要条件。

人与社会的关系。心理和谐不仅要求人们正确地对待自己、他人，还要重视与社会的关系。这种关系即"群己关系"，包括个人与国家、民族、阶级、政党、社团、集体等的关系。爱国主义是人与社会关系的核心，同时必须指出，"爱国"与"爱党"具有一致性。因为爱国者一定希望祖国繁荣富强，而引领国家走向繁荣富强的是伟大的中国共产党。中国共产党之所以赢得人民的拥护，是因为党在革命、建设、改革的各个历史时期，总是代表着中国先进生产力的发展要求，代表着中国先进文化的前进方向，代表着中国最广大人民的根本利益，并通过制定正确的路线方针政策，为实现国家和人民的根本利益而不懈奋斗。因此，只有处理好人与社会的关系，才能对国家、政党和政府产生信任感，自身才能更好地达到心理和谐的状态，从而为建设和谐的经济社会贡献自己的力量，发挥出最大的创造潜力为国家服务。

人与自然的关系。人与自然的关系，主要涉及人类对自然进行认知和自然环境对人的心理及其发展产生影响的问题。粗放式的经济发展方式存在明显的问题，如过度消耗资源造成资源紧缺、污染环境导致生态环境恶化等，这些都反映出人与自然关系的不和谐。如果我们持续处于这种人与自然不和谐的状态，那么最终人与他人的关系、人与社会的关系也将受到影响，不仅人们的心理和谐难以达到，建造和谐社会的目标也将难以实现。因此，正确地处理好人与自然的和谐关系，有效地、合理地利用自然，开发自然，才能促使经济发展方式的转变，从而达到"天人合一"的境界。达到这一境界有助于我们快速转变经济发展方式，创建和谐社会。

软件与硬件的关系。这实际上是一种主观努力与客观条件的关系，一种内因与外因的关系。北京师范大学可能是全国师范大学中占地面积最小的一所学校，从而使硬件设施受到一定的限制，但在全国高校排名榜上，我校总能在第八到第十名浮动。原因在哪里？因为我们加强了软件建设，提高了教学和科研的软实力，突破了硬件限制，正确地处理了硬件与软件的关系。从中我体会到坚持以人为本的原则和调动人的积极性的重要性，也体会到充分利用心理和谐在提高创新能力中的重要作用。只有心理和谐了，人们才能潜心学术，发挥主观能动性。处理好软件与硬件的关系，有利于营造鼓励创新的环境，以便培养造就世界一流科学家和科技领军人才，使创新智慧竞相迸发、创新人才大量涌现，使我国科技软实力大幅度提高，形成和谐社会。

中国与外国的关系。这是个外交问题，不是心理学问题。我们应该看到今天的世界极不太平，从中国经济社会和谐发展的角度来讲，我们需要一个和谐世界。中国与外国的关系主要涉及中国与外国的外交关系。中国从来就追求睦邻关系，这是中华文化的传统。我们致力于推动不同文明友好相处、平等对话、发展繁荣，共同建构一个和谐世界。也就是说，推动建设和谐世界，是中国坚持走和平发展道路的必然要求，也是实现和平发展的重要条件。基于"和谐世界"的理念，我国提出了"和谐外交"的政策。这一政策主张通过国际合作解决各国的共同问题，主张增强联合国的作用，致力于确立新的国际政治经济秩序。它体现了我国目前在处理与外国关系上的态度，正是在这种和谐外交的方式下，才有可能建立和谐世界，从而在和谐的大环境中保证中国经济社会的发展、实现富国强民的目标。

二、心理和谐为经济社会和谐发展提出了新的指标体系

当我们谈到经济社会和谐发展时，仅仅用国内生产总值（GDP）和国民生产总值（GNP）作为衡量指标够不够？答案是否定的。尽管 GDP 和 GNP 能够从某种程度上反映经济发展的水平，但在建设和谐的经济社会的过程中，仅仅关注生产总值是不够的，更要结合一系列的人文指标，才能更好地、综合地评价经济社会和谐发展的程度。一个和谐的经济社会不仅需要对经济发展的速度和水平进行测量，更要结合对人类发展的人文和社会因素进行客观的评价和衡量。国际社会从 20 世纪 60 年代以后，就不断地提出一系列的人文指标，心理和谐则要求人们重构关于中国经济社会和谐发展的指标体系。目前，与心理学直接相关的心理和谐所涉及的指标，主要

指以下有利于评价社会发展和人类健康幸福的指标。

（一）人类发展指数

人类发展指数的目的在于展示一个国家是如何使其国民长期享受健康生活的，它由寿命、受教育程度以及生活水平三个指标构成。寿命以出生时的预期寿命来测量；教育程度以成人的识字率（占 2/3 权重）和国民受教育的平均年限（占 1/3 权重）来测量；生活水平以真实的人均 GDP 来测量，不过，这必须通过购买力加以矫正（Lind，2004）。如果一个国家或地区的人类发展指数大于 0.80，则说明该国家或地区处于高层次的人类发展水平；如果处于 0.50 ~ 0.79，则处于中等层次的人类发展水平；如果低于 0.50，则处于低层次人类发展水平。联合国开发计划署《2009 年人类发展报告》数据显示，自改革开放以来，中国的人类发展指数稳步提升，增长了近 50 个百分点，是世界平均增长水平的两倍。这说明我国人民生活水平逐步提高，生活质量有了很大改善。这既是经济社会和谐发展的表现，又成为促使经济和谐发展的个人因素的基础。

（二）幸福指数

发达国家的经验证明，越是经济发达的社会，越要考虑到主观幸福感，GDP 和 GNP 等经济指标并不足以评价个人和国家真正的幸福感。自此，幸福指数逐渐成为评价一个国家国民幸福程度的重要指标。作为一个非常重要的非经济因素，幸福指数是社会运行状况和民众生活状态的"晴雨表"，也是社会发展和民心向背的"风向标"。近年来，我国心理学界也开始重视幸福指数的研究。幸福指数的基础是社会把以人为本作为核心理念。我们国家努力的方向是走共同富裕的道路，促进人的全面发展，提高人民的生活水平。可是，有些地区片面追求总量增长，牺牲环境，浪费资源，甚至直接损害劳动者和人民群众的合法权益。结果是经济增长速度上去了，但人民的收入并未相应地增加，有些生活质量反而下降，幸福感反而降低（马丽，2009）。这一矛盾就是旧有的经济发展方式与人民幸福指数的矛盾，正确解决这一矛盾的做法就是转变旧有的经济发展方式，走可持续发展的道路，建立和谐的经济社会环境。

(三)信任指数

信任是对国家、对政府、对社会的一种深信并敢于托付的指数,通常有以下三种含义。一是指信奉:相信、崇奉并奉行某项原则;二是指信仰:对某人或某种主张、主义、宗教极度相信和尊敬,以此作为自己行动的榜样或指南;三是指信念:是指带有情感色彩的确信的认知。共同的理想信念是构建社会主义和谐社会的重要思想基础,坚定理想信念能够激励人们为构建社会主义和谐社会贡献力量(运新宇,2006)。据《参考消息》报道,美国民意调查显示,86%的人失去了对奥巴马政府的信任。信任指数取决于党和国家领导人的威望。我国近几年来多灾多难,每当灾情发生后,党和国家领导人总是冒着生命危险,最早到达受灾最严重的地方,如此关心民生的行动怎能不让群众信服?当然,对国家、对政府和对社会的信任指数也与一个国家的清廉指数有关。我国的清廉指数排名尽管逐年上升,但并不太高。这使我们深感惩除腐败任重道远,事实上腐败也是一个重大的全球难题。

(四)儿童青少年发展指数

2001 年,联合国儿童基金会制定了一个衡量儿童发展的综合指标,目的是促进 0~8 岁儿童发展,充分开发他们的认知、情感社会和体能等方面的潜力。2004 年后,联合国儿童基金会对 0~18 岁儿童青少年开展了较全面的研究。儿童和青少年是社会的未来,是国家未来的栋梁,因此确保他们健康快乐成长也成为和谐社会建设的一个重要任务。北京师范大学董奇教授和我主持了科技部立项的科技基础性工作专项重点课题"中国儿童青少年心理发育特征调查",项目的研究成果为我国儿童青少年认知健康与心理健康保障工作提供了可参照的科学标准,获得了中国儿童青少年的发展指标。在国际上,还有一个儿童青少年风险指数,可以作为一个反证,列入儿童青少年发展指数中。其内容是指一个国家的儿童青少年总数与经历风险,如身体残疾、营养不良、心理障碍、性别歧视、家庭暴力和同伴欺辱等因素的儿童青少年数量的相对比例数。量化儿童青少年发展指数,降低儿童青少年的风险指数是当前社会发展的一个重要发展方向。只有他们健康地成长，才能为经济社会的和谐发展贡献自己的力量。

(五)教育发展指数

根据《国家中长期教育改革和发展规划纲要(2010—2020年)》的有关条款，我们把教育发展指数理解为一个国家或一个地区各级各类教育事业发展部署与安排的指标。重要任务是根据一定时期内国家和地方经济与社会发展战略，综合考虑经济与社会发展的需要和可能提供的条件，以及教育发展现状，确定教育发展的指导思想、目标、任务、规模、结构、投入，规定教育发展的各项指标。《国家中长期教育改革和发展规划纲要(2010—2020年)》提出，到2020年，我国要基本实现教育现代化，基本形成学习型社会，进入人力资源强国行列。这就要求我们在"十二五"期间大力发展教育，提高对教育的投入，解决教育公平问题。教育是一个国家发展的保障，办好教育也是心理和谐的和谐经济社会的一个重要支柱。

三、心理和谐为自主创新营造了文化氛围

当前，我国正处在加速转变经济发展方式、建立和谐经济发展社会的关键时期，如何更好更快地完成这一重要任务，关键一点是要提高自主创新能力。创新是心理学研究中颇为重要的概念。在心理学界，innovation(创新)和creativity(创造性、创造力)是同义语。不管是创新还是创造性，都在强调一种精神。它是一个民族进步的灵魂，是一个国家兴旺发达的不竭动力。创新或创造力的含义是，根据一定的目的，运用一切已知信息，产生出某种新颖、独特、有社会意义或个人价值的产品的智力品质(朱智贤，林崇德，1986，2008)。创新或创造力的实质是主体对知识经验或思维材料高度概括后集中而系统的迁移，进行新颖的组合分析，找出新异的层次和交结点。概括性越高，知识系统性越强，减缩性越大，迁移性越灵活，注意力越集中，创造性就越突出。提高国家的自主创新能力，关键是大力度培养创新型或创造性人才。

从创新或创造力的实质出发，创新人才的结构既包含创造性思维，即智力因素，也包含创造性人格，即非智力因素。创新人才思维的表现主要有以下五个特点：一是新颖、独特且有意义的思维活动；二是在成分上为思维加想象；三是有"灵感"表现；四是分析思维和直觉思维的统一；五是辐合思维和发散思维的统一。创造性人才不仅要具备创造性思维，更要具备创造性人格。国际上对创造性人格提法有不少，主要集中地将创造型人格概括为五个方面，即①健康的情感；②坚强的意志；③积极的个性意识倾向；④刚毅的性格；⑤良好的习惯。由此可见，培养和造就创新人才，不仅要重视培养创造性思维（智力因素），也要特别关注创造型人格（非智力因素）的训练。自主创新或创造性的发展，不仅要考虑创造性人才的结构，而且要考虑创新或创造性环境。正如中央人才工作协调小组所指出的，要进一步营造鼓励创新的环境，努力造就世界一流的科学家和科技领军人才，注重培养一线的创新人才，使全社会创新智慧竞相迸发，各方面创新人才大量涌现。

从创新的含义到创造性人才心理结构与创造性环境的探讨，我们从中能够看到，心理和谐与社会和谐是自主创新的关键。原因有以下几点。

第一，营造和谐的、具有创造性的文化氛围，就是营造创新的环境。它有利于人们创新意识、创新活动和创新才干的发展。这就要求提高认识和内化创造力，使创新意识深入人心，形成支持型环境气氛，呈现创造性环境气氛，激发人们的创造热情。要营造鼓励科技创新的社会氛围就必须大力倡导和弘扬崇尚创新、鼓励创新的精神，为造就一支浩浩荡荡的创新型科技人才队伍、建设创新型国家提供强有力的文化支撑。要在全社会培育创新意识，大力提倡敢于创新、敢为人先、敢冒风险的精神，营造鼓励人才干事业、支持人才干成事业、帮助人才干好事业的良好社会环境。只有文化氛围鼓励创新，社会环境是和谐的，人们才能处理好人与社会的关系，才能对国家、政党和政府产生高度信任，才能充分发挥自身的自主创新能力，从而涌现出更多具备自主创新能力的人才。

第二，智力是创造力必要的条件，但不是充分的条件。智力高的人群比智力较低的人群在创造力的潜能上要大，然而智力高的人未必有创新的意识和创造的能力。这取决于其他内部因素或外部因素，这种外部因素中最主要的是有和谐心理，如积极的兴趣和爱好、创新的动机和成就感、多样化的经历、挑战性的经历等。外部因素包括导师或类似导师人的指引、交流和合作的气氛、亲人的鼓励作用、有利于个体主动性发展的成长环境、有利于产生创新性观点的研究环境等，这些都是影响和谐心理产生的外部因素。外部因素只有适合创造力潜能的开发，才能和内部因素一起促进创造力的培养。

第三，构建新型的人际关系，促进创造性人际关系的形成。包括树立民主型的领导方式，改善领导与被领导的关系，构建"你—我"型的朋友关系，改善人—己关系；积极开展团队合作，强调团队精神，培养团队内良好的同伴关系，以有利于自主创新的发展。这与前面所讲的人与他人的关系紧密相连，只有完成和谐的团队建设，保证每位成员的心理和谐，才能最大限度地发挥成员的自主创新能力，为和谐社会发展打下良好的基础。

第四，健全创新组织管理制度。营造鼓励和谐的、创新的环境，包括重视科技人员(含高校教师)的管理，给这些人群足够的研究时间和空间保证；重视在科研经费的管理中，给研究人员充分的经费保证，这样能够确保研究人员专心研究学术，从而有利于创造力潜能的激发；实行分层管理，消除人事管理中"一刀切"问题对创造力不利的影响；形成创新评价制度，解除当前贯彻创新教育理念的束缚。

第五，如何培养自主创新人才呢？"百年大计，教育为本。"这就需要我们开展创新教育，通过创新教育培养出大批符合创新型国家需要的人才。坚持心理和谐的创新教育，应提倡融东西方教育模式为一体，培养"T"型人才。"T"型人才是世界公民最优秀素质的表现，也是21世纪我国创新教育的根本目标。图1是经我们修订

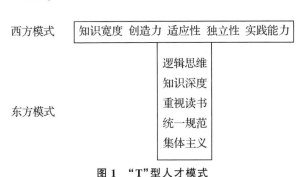

图1 "T"型人才模式

的"T"型人才模式，"横"代表西方的教育观念、教学方法、教学模式；"竖"代表东方的教育观念、教学方法、教学模式。对东西方教育应坚持扬长避短，学贯中西（林崇德，2001），这是实施创新教育的重要途径。

四、"人文关怀、心理疏导"的心理和谐方法为经济社会发展与自主创新扫除了障碍

我们要"注重人文关怀和心理疏导，用正确方式处理人际关系"。人文关怀是关心、爱护、尊重人；心理疏导是遵循人的心理活动规律，通过解释、说明、沟通等方式，疏通人们的心理障碍。人文关怀侧重满足人们多层次、多方面的感受和需求，心理疏导则侧重解决人们的心理障碍问题。二者相辅相成，互为补充。注重人文关怀和心理疏导，帮助人们解除思想困惑、疏导情绪，有助于缓解人的心理压力、促进人的心理健康和心理平衡（梁艳，2009）。这两种都是建设心理和谐的方法，只有正确运用这两种方法，才能为经济社会发展与自主创新扫清人们心理上的障碍。心理和谐则要求我们从人文关怀和心理疏导的角度关注中国社会面临的现实问题，加大对一些特殊群体的关注，关注他们多层次的心理、情感需求。只有通过人文关怀和心理疏导的方法实现和谐心理，才能为经济社会发展与自主创新扫除各种障碍。

今天，特别需要"人文关怀"哪些群体呢？

一是应重视学生的心理行为问题。作为教育工作者，我们把关注焦点首先集中在学生的心理行为问题上。当今社会，随着竞争压力逐年增大，学习压力也随之增大，学生经常会出现一些心理行为问题。这主要表现在三个方面：①人际关系的问题；②学习问题，如考试焦虑、厌学情绪等；③自我问题，青春期处于整合自我同一性的时期，因此个体会对自我存在的价值产生疑问，可能随之出现情绪问题。这些都需要教育工作者和心理学工作者通过正确的引导，帮助学生不断避免和克服上述心理行为问题。解决学生心理行为问题，不仅有利于清除学校创新的障碍，而且也是为培养创新人才在做奠基工程。

二是要重视具有严重的心理障碍症的人群。在社会上，人文关怀的重点是做好高校毕业生、进城务工人员、就业困难人员就业和退伍转业军人的就业安置工作，解决他们一系列的心理问题，只有这样才能保障和改善民生，促进社会和谐进步。与此同时，对于社区来说，我们特别要给患抑郁症的人以人文关怀，要和医生配合，防止患者产生自杀的倾向；对于学校来说，我们特别要对有抑郁倾向的青少年给予人文关怀，做好这些青少年的预防、咨询和初步治疗工作。

三是关怀儿童青少年中的特殊群体。儿童青少年中的特殊群体，主要有以下几种。①留守儿童青少年：20世纪八九十年代以来，在农村剩余劳动力涌向城市的同时，很多人把孩子留在了农村，并托付他人代为照看，形成了中国特有的一个新的处境不利群体。在缺乏父爱或母爱的家庭环境中，如何使留守儿童青少年保持心理的和谐与健康，摆脱孤独感等，这些都向我们提出了新要求和新挑战。②流动儿童青少年：进城务工人员进城的同时把孩子也带进城里，这些进城的儿童青少年，构成了另外一个新的处境不利群体。如何使流动儿童青少年更好地适应城市生活、融入社会及他们的教育安置问题，都向我们提出了新要求。③离异家庭儿童青少年：这是父母婚姻破裂导致家庭解体后出现的特殊社会群体。当前，离异家庭儿童青少年的心理发展和教育已成为一个世界性的社会问题。④贫困儿童青少年：虽然我国经济得到了飞速发展，但贫困人口问题仍然是当今面临的重要社会问题。由此产生了两类贫困儿童青少年，城市内的贫困儿童青少年和农村的贫困儿童青少年。这就要求我们积极促进教育公平，大力加强素质教育，更加注重教育的普惠性，推动公共教育资源向贫困地区倾斜。⑤艾滋致孤孤儿：由于父母双方或一方感染艾滋病毒而成为孤儿的群体。关于中国艾滋致孤孤儿的研究还较少，因此，应加强对这一群体的研究，促使他们的身心健康发展。这是体现和谐社会人文关怀的一个重要方面，不仅是心理学工作者应尽的义务，而且是在为建设良好经济社会环境做保障工作。

四是注重灾后受灾群体的心理疏导。举国震惊的"5·12"汶川特大地震、"4·14"玉树地震以及"8·7"舟曲特大泥石流等自然灾难，给广大人民群众造成了难以平复的心理创伤。在党中央、国务院的领导下，我国很好地对受灾群众进行了心理疏导和干预工作，尽可能将灾难带来的影响降到最小、减少心理疾病的发生以及对心理社会功能的后遗影响。如何分阶段地对受灾人群进行适当的心理干预？北京师范大学心理学工作者承担了教育部重大社科攻关项目，深入研究、积极工作，为的是更好地为社会实施人文关怀提供科学的依据。

人文关怀和心理疏导的最好手段是开展心理健康教育。

心理和谐是建设与发展和谐社会的基础，积极开展心理健康教育是呵护和促进心理和谐的重要途径。心理健康，意指一种良好的心理或精神状态。心理健康的概念既代表心理健康，也表示它的相反方向——心理问题。我国围绕着心理健康开展的教育称为心理健康教育。心理和谐对中国心理学提出了开展心理健康教育的更高要求，为此，我们在实际工作中，更要注意以下几个方面。

一是健全心理健康教育网络。心理学要注重开展如何健全心理健康教育网络的研究，改变过去那种零散的、无体系的心理咨询的局面，从而发挥心理健康教育网络的整体功能。心理健康教育网络不仅要在学校建立，更要深入社区，深入各大企事业单位，这样才能小网成大网，从而更好地开展心理健康教育，构建和谐社会。根据北京师范大学的经验，一个完善的、系统的心理健康教育体系应该包括工作网络、教育网络和服务支持网络。工作网络分为三级：第一级工作网络是心理辅导指导委员会及其下设的专业机构，负责制定心理健康教育的相关方针和政策；第二级工作网络由心理辅导人员构成，他们在接受了专门培训后与咨询者的直接接触，了解问题，做出预防和预警；第三级工作网络由专门的心理咨询组织以及其他各级各类组织构成，强化功能，普及心理健康知识。教育网络根据教育对象的不同也分为三级：第一级教育对象是正常的、健康的个体，目的是提高其心理素质；第二级教育对象是轻度心理障碍的个体，这类群体能认识到自己心理异常，且多数人能主动寻求帮助和治疗；第三级教育对象是具有严重心理障碍的个体。服务支持网络包括建立专门的心理健康网站，建立心理健康论坛，建立心理健康教育网站大联盟和心理健康总论坛。总之，这三个部分构成一个有机整体，相互配合，在社会上形成一个完整而高效的心理健康教育体系和结构，从整体上维护人们的心理健康（林崇德，2007）。

二是处理好教育模式与医疗模式的关系。教育模式主要是针对不严重的心理问题，通常采用心理辅导或心理干预就能产生较好的效果；而医疗模式主要是在医院中进行的，针对一些较为严重的心理疾病，如精神分裂症等，通过药物治疗达到一定的效果。教育模式与医疗模式相辅相成，辩证统一。

三是关注职业倦怠。职业倦怠是指从事高强度、高人际接触频率的人员(如警察、医生和中小学教师等)所产生的情绪衰竭、去个性化和个人成就感低落的症状(Richard & Philip, 2004)。随着社会工作压力的不断加剧和生活节奏的不断加快，职业倦怠现象有愈演愈烈之势，这势必会成为形成和谐心理、建设和谐社会的一个重要阻碍。职业倦怠会给个体、家庭和组织带来消极的影响，也不利于个体自主创新能力的培养，还会阻碍经济发展方式的转变。因此，开展职业倦怠的咨询、干预和安慰措施的研究，不仅有利于构建个人的和谐心理，而且有助于构建和谐社会。

在经济发展方式的转变与自主创新的过程中，会有一系列来自客观或主观的障碍。心理和谐的方法(人文关怀和心理疏导)会帮助我们克服障碍，形成创新型氛围，保证我们尽快完成经济发展方式的转变和自主创新的发展，从而营造一个创新型的、和谐的社会环境，培养出更多的具有创新性的、心理和谐的创造型人才。

参考文献

[1]林崇德. 融东西方教育模式，培养"T"型人才[J]. 北京师范大学学报(社会科学版)，2001，37(1)：5-11.

[2]林崇德. "心理和谐"是心理学研究中国化的催化剂[J]. 心理发展与教育，2007，23(1)：1-5.

[3]林崇德. 我的心理学观——聚焦思维结构的智力理论[M]. 北京：商务印书馆，2008.

[4]Lind N. Values reflected in the human development index [J]. Social Indicators Research, 2004, 66(3)：283-293.

中国心理学的 30 年[*]

1978 年中国共产党第十一届三中全会以来的 30 年，是我国改革开放的 30 年，也是我国心理学空前活跃的 30 年，更是心理学中国化的 30 年。

随着我国心理学的发展，1999 年心理学被国务院学位委员会定为一级学科，同年被科技部确定为我国 18 个优先发展的科学领域之一。我国心理学之所以能够受到重视，是因为心理学是研究人的科学，是人学，在以人为本的时代必然会受到关注；是因为我国科技界、学术界要与国际接轨，而心理学在发达国家是一个优先发展的学科；是因为心理学有它的实用意义，在发展经济的和谐社会中有着它的价值。

30 年来，在党的领导下，中国心理学坚持了辩证唯物主义的指导思想，坚持了理论联系实际的学风，坚持了洋为中用、古为今用的原则，取得了长足的发展。

一、中国心理学的学科建设

中国心理学家大约有 80% 在高等师范院校工作，在师范院校里，又有 70% 以上的心理学家是搞发展心理学和教育心理学的。1978 年以后，学位制度逐步健全和心理系纷纷建立，经过 30 年的发展与壮大，中国心理学现已拥有初具规模的队伍。从 1981 年全国的 5 个系扩展到今天 203 所高等院校设有心理学系或心理学专业，并拥有相应的心理学的教学和研究队伍。

1979 年，中国心理学会的会员处于重新登记之中，登记的人数有 1000 左右，到今天中国心理学会已经拥有 7000 多会员。学科建设需要设备，30 年来心理学研

---

[*] 本文原载于《光明日报》2008 年 12 月 20 日，收入本书时有所修改。

究的常规仪器在不断更新。目前，现代化研究手段只要国际上有的，我们国家几乎都逐步具备，很多高校和研究机构都添置了各种探讨脑机制的先进的仪器设备，如PET、ERP和fMRI等。1981年我国心理学有4个二级学科的博士点。30年来随着学科建设的深入，我国心理学目前已经有了21个博士点，其中有9个一级学科的博士点；有7个二级学科已经成为国家重点学科，北京师范大学心理学科还成为一级国家重点学科；有4个学校建成教育部人文社会科学心理学重点基地。

二、学术活动空前高涨

1979年，逐步恢复功能的中国心理学会在天津召开了学术大会，与会的仅有100多人，而从20世纪90年代后，每4年一次的心理学大会参会人数从500多人发展到1000多人再到2000多人；从2007年开始，中国心理学会每两年举行一次心理学大会。2007年的会议收到了3000多篇学术论文的摘要，2800多位国内外代表参加了会议。

为什么心理学的学术活动越来越高涨？这是由于随着学术研究的发展，30年来，心理学的研究课题越来越多。国家自然科学基金支持的心理学项目从20世纪80年代的每年三四项到近几年的每年30多项，年年都有重点课题；教育部人文社会科学基金支持的心理学项目从80年代末的每年几项到2008年的近40项，平均每年有两项重大攻关课题。研究的成果通过科学论文、研究报告和学术专著来发表。要发表研究成果就需要有学术刊物，80年代初，心理学只有《心理学报》和《心理科学》两个杂志，并且都是季刊；目前，心理学已有8个国家核心杂志，不少杂志已经成为双月刊，《心理学报》已经成为月刊。每年出版的心理学著作和教材其数很难统计，但是有一个数据非常明显，1979年全国只有3本心理学教材，可是最近一个"五年规划"仅被评为国家级规划心理学类教材的就有40多种。随着学科建设的深入和学术活动水平的提高，经中国心理学家们的努力，北京师范大学和中国科学院建起了两个心理学的国家重点实验室，还有8个学校分别建立起了教育部或所在的省(自治区、直辖市)的重点实验室。

三、心理学的国际化与中国化

1979 年以后，中国心理学往何处去？这是摆在中国心理学发展路上的一个严肃问题。有志气的中国心理学家提出了心理学国际化与中国化相结合的道路。30 多年来，中国心理学在国际心理学界逐步树立了自己的威信。第一，随着改革开放的深入，20 世纪 70 年代末 80 年代初就有一批心理学家走了出去，加入了国际心理科学联合会(以下简称"国际心联")。1984 年，荆其诚先生当选为国际心联少有的执委，1992 年当选为国际心联副主席(第 25 届)。接着张厚粲教授和张侃教授分别于 2000 年和 2008 年当选为国际心联的副主席(第 27 届和第 29 届)。第二，2004 年中国心理学会在北京成功举办了第 28 届国际心理学学术大会，与会的代表超过 6000 人，国际心联主席和欧美几国的心理学会的理事长都称赞这次大会是一次最好的大会。第三，有一批高质量的学术论文在国际心理学杂志上发表。我们自己也有一篇文章在国际理论心理学杂志上发表，成为其创刊 17 年来 600 多篇文章中阅读量和引用率最高的 50 篇文章之一，排名第 5。在国际化的同时，我国心理学家坚持走中国化的道路，其途径是摄取—选择—中国化。其趋势：一是重新验证国外的研究发现，对比国内外人类心理发展的异同点，揭示中国人心理发展的拐点；二是研究中国人心理发展特有的和重要的现象，揭示在中国文化、经济和政治背景下心理发展的拐点，如汉字认知的研究；三是修改心理学的旧概念与旧理论，创立心理学的新概念与新理论，以适用于中国人心理发展的拐点；四是在研究方法上的改进和创新，积极寻找适合我国国情的研究方法。

四、心理学的应用

随着我国社会经济水平的不断提高，社会对心理学科提出了越来越多的需求：建设和谐社会，需要和谐心理；让人们有尊严地生活，离不开提高人民的主观幸福感；关注民生，需要重视人民的精神健康、人口老龄化、群体事件中的社会心态以及重大事件的预警或干预问题；提高全民素质，尤其是促进未成年人的素质，离不开心理学研究揭示的学习和心理发展规律的支持。科学的心理学的发展取决于社会认同，只有为社会、为公众提供更多的服务，社会才会承认心理学的价值，才会给心理学更大的发展空间和更多的机会。心理学有多大发展，归根结底，取决于其研究成果为社会生活提供帮助和服务的数量与质量。

实现以问题为导向的研究模式，开展校校协同、校企协同、校地协同、校所（如中国科学院心理所）协同等系统性的和综合性的研究，强调心理学要与神经科学、人文科学、社会科学、教育科学、数理科学、医学科学和生命科学等其他学科的融合，大力推动心理学向前发展。以问题为导向协同创新的心理学研究日趋明显。为了解决某个特定的研究或现实问题，整合使用不同研究范式、不同的研究方法和技术，或者由来自不同学科的研究者以各自的方法论就共同关心的心理问题协同攻关，共享研究成果。例如，董奇教授主持的"中国儿童青少年心理发育特征调查"和张侃教授主持的"国民重要心理特征调查"两项科技部国家科技基础性工作专项，就是心理学中协同创新研究可喜的开端，显示了中国心理学界具有解决重大问题的能力。

五、我国心理学的声望不断提高

30年来，中国心理学的应用面逐步在深入，在扩大。第一，因为心理学工作者大部分在师范院校，所以促使心理学要为教育服务，为教育改革提供心理学的依据。例如，探索了教师的心理素质问题，直接就教师教育的问题开展了一系列的课题研究；探索了学生的道德发展、智力发展问题，围绕着教育质量的提高开展了一系列的工作。第二，深入研究创造性人才的心理结构，揭示创新精神和创新能力的实质，制定了测试创造性人才的量表，提出了创新教育的理论与实践措施，为我国建成创新型国家提供了心理学的研究基础。第三，在运动、军事、航空、工业、旅游等领域，我国的心理学家进行了深入的探讨。例如，陕西师范大学游旭群教授和中国南方航空集团有限公司、海南航空控股股份有限公司等多家航空公司结合，研究了选拔飞行员的心理标准问题，受到民航局的高度重视，并将其标准投入使用。第四，在落实中共中央提出的"社会和谐"和"心理和谐"的过程中，做了大量的有益的工作。我们曾在某次全国政治协商会议上的发言中提出，"心理和谐"要求人们重构关于中国经济社会和谐发展的指标体系：人类发展指数、幸福指数、儿童青少年发展指数和教育发展指数。这不仅引起了与会者的高度重视，也引发了北京、上海和深圳的一些学者对幸福指数的深入研究。第五，在心理卫生、心理健康和临床心理学的研究中取得了可喜的成果。尤其是在汶川特大地震后的抗震救灾的过程中，我国大批心理学工作者深入灾区，在从心理救助到心理援助的过程中发挥了积极的作用。

经过 30 年的发展，尽管我国心理学取得了较大的进步、产生了较为广泛的影响，但是我们也应该看到目前的研究仍存在一些不足，尤其是与以美国为代表的发达国家的心理学研究存在较大差距。这需要我们继续努力推进心理学的中国化，更好地服务于我国的经济、社会发展。

第二编

PART 2

发展心理学的
变迁与展望

我长期从事发展心理学的研究与教学工作，对发展心理学的变迁与进展比较熟悉，有时也被兄弟院校心理学单位邀请去讲述这些问题。时间长了，不仅仅只停留在"变迁"与"进展"的问题上，也会形成自己的一些粗浅观点，谈起了"展望"的问题，为的是中国发展心理学建设的需要。

追求创新是中国发展心理学研究的必由之路

——纪念朱智贤教授逝世 20 周年*

　　1991 年 3 月 5 日，我国著名心理学家朱智贤教授驾鹤西游，至今已经 20 周年。朱智贤教授的学生，乃至心理学界都在筹划相关的纪念活动。我想深切缅怀朱智贤教授的最佳体现就是将他的学术思想传承下去，不断发扬光大。朱智贤教授学术思想的核心是什么？创新！早在 1982 年 10 月，杭州大学（今浙江大学）原校长陈立教授收到朱智贤教授（以下简称"朱老"）的《儿童发展心理学问题》一书后，给朱老写了一封热情洋溢的回信。信中有这么一段话："新中国成立后，心理学界能就一方面的问题成一家之言者，实属少见。老兄苦心深思，用力之勤，卓著硕果，可谓独树一帜。"这"独树一帜"就是创新。朱老在中国发展心理学史上有若干个"第一"。例如，他出版了新中国第一部儿童心理学著作（20 世纪 60 年代初，中宣部决定邀请三位教授主持编写高校心理学教材，其中朱老独立完成了《儿童心理学》一书）；主持了第一个"中国儿童青少年心理发展与教育"的国家哲学社会科学重点科学研究项目；创办了我国第一个发展心理学研究所——北京师范大学儿童心理研究所；创办了我国第一本发展心理学与教育心理学的学术期刊——《心理发展与教育》；培养了我国（不含港澳台地区）第一位教育学（心理学）博士；最早（1978 年）提出坚持在教育实践中研究中国化的发展心理学；不仅是中国心理学会发展与教育心理学专业委员会的主持人，而且以中国教育学会副会长的名义成立了中国教育学会儿童与教育心理学分会；等等。毫无疑问，朱老是中国发展心理学的奠基者。

　　朱老的学术思想既有时代性，更有前瞻性。2010 年 11 月 2 日，我在上海召开的中国心理学会第十三届学术大会开幕式上的致辞中提出，为更好地促进我国心理

＊　本文原载于《心理发展与教育》2011 年第 2 期。

学科的发展，从总体战略高度来看，在"十二五"期间，我国心理学应该在以下三个方面寻求更大突破：第一，实现从以学科为导向的研究模式向以问题为导向的研究模式的转变，开展跨学科、跨地区、跨院校的系统性和综合性研究；第二，进一步加强研究方法的现代化；第三，着重加强应用，提高心理学科为社会服务的水平，尤其是满足国家和社会发展的重大需求。这三个突破的提出当然是时代的需要，是基于国内外最新的文献、学术动向和我国科学技术新的战略要求提出的。这三个方面也正来自朱老一贯的学术思想。当然，朱老的学术思想绝不仅仅体现在这三个方面，他还有难能可贵的指导思想和理论思维。在这里我想着重谈谈朱老在学术思想上的创新。下面从四个方面来简述朱老的学术思想，特别是发展心理学的学术思想。

一、用辩证唯物主义的观点探讨心理发展的基本理论问题

朱老是一位坚持辩证唯物主义和历史唯物主义哲学思想的马克思主义心理学家。2010 年《中国哲学年鉴》有一篇《朱智贤的心理学哲学理论思想及其形成和发展》的论文(赵璧如，2010)，正说明了他的辩证唯物主义的哲学观。朱老推崇皮亚杰，主要是推崇皮亚杰有着唯物辩证法的心理学思想。朱老对人类心理发展基本规律的认识也来自其辩证唯物主义的哲学观。

朱老坚持辩证唯物主义哲学观，突出表现在他提出的"先天与后天""外因与内因""教育与发展"和"年龄特征与个体差异"的四个关系上。人的心理发展是由先天遗传决定的，还是由后天环境、教育决定的？这在心理学界争论已久，在教育界及人们心目中也有不同的看法。朱老从 20 世纪 50 年代开始，一直坚持先天来自后天、后天决定先天的观点(朱智贤，1979，1982；林崇德，2002)。首先，他承认先天因素在心理发展中的作用，不论是遗传因素还是生理成熟，它们都是人类心理发展的生物前提，提供了这种发展的可能性；而环境与教育则将这种可能性变成为现实性，决定着人类心理发展的方向和内容。朱老不仅提出这个论点，而且还坚持开展这方面的实验研究。我对双生子的智力、性格的心理学研究，正是朱老指导的结

果；我的研究材料完全证实了朱老的理论观点(林崇德，1981)。环境和教育不是机械地决定心理的发展，而是通过心理发展的内部矛盾起作用。朱老认为，这个内部矛盾是主体在实践中，通过主客体的交互作用而形成的新需要与原有水平的矛盾。这个矛盾是心理发展的动力。有关内部矛盾的具体提法，国内外心理学界众说纷纭。但目前国内大多数心理学家都同意朱老的提法，这是因为他提出的内部矛盾揭示了这个问题的实质。他解决了"需要"理论、个性意识倾向理论、心理结构(原有水平)理论等一系列的理论问题。人类心理如何发展，向哪儿发展？朱老认为，这不是由外因机械决定的，也不是由内因孤立决定的，而是由适合于内因的一定外因决定的。也就是说，心理发展主要是由适合于主体心理内因的那些社会条件和教育条件来决定的。从学习到心理发展，人类心理要经过一系列的量变和质变的过程。在教育与发展的关系中，如何发挥教育的主导作用？这涉及教育要求的难度问题。朱老提出，只有那种高于主体的原有水平、经过他们主观努力后能达到的要求，才是最适合的要求。如果苏联维果茨基文化历史发展学派提出的"最近发展区"是阐述心理发展的潜力的话，那么朱老的观点则指明了挖掘这种潜力的途径。朱老还指出，儿童与青少年心理发展的质的变化，就表现出了年龄特征。心理发展的年龄特征，不仅有稳定性，而且也有可变性。在同一年龄阶段中，既有本质的、一般的、典型的特点，又有人与人之间的差异性，即个别特点。

当然，对上述四个问题的分析和阐述在中外发展心理学史上有过不少，但像上述那样统一地、系统地、辩证地提出，还是第一次；1962 年出版的朱老的《儿童心理学》，既有上述的四种理论，又从两个主要部分(认识过程和个性)与四个方面(环境条件、生理发展、动作发展和言语发展)全面而系统地论述了儿童青少年心理发展，这在中国发展心理学史上也是第一次。因此，正如《中国现代教育家传》(1986 年)中所说，朱老的这些探索为建立中国科学的儿童心理学奠定了基础。朱老于 1979 年和 1981 年分别在美国心理学界和教育界对他所提出来的人类心理发展的基本规律做了阐述，给国际心理学同行留下了较为深刻的印象。美国发展心理学家坎波斯(J. Campos)教授和日本发展心理学家东洋先生还曾多次提及此事。

二、主张组织各方面的人才，融合多学科的知识，系统地研究心理学

朱老赞赏皮亚杰的国际发生认识论研究中心，认为皮亚杰的杰出贡献给予人们一个启示：在科学技术突飞猛进的时代，如果要使发展心理学与教育心理学有所突破、有所前进，光靠心理学家自己工作是不够的，应该组织交叉学科的人才来共同研究心理学。他指出，在目前的条件下，集合各类专家来研究心理学是有一定困难的，可是有两个方面是可以做到的。一是组织与心理学有关的多学科专家来研究。例如，组织与发展心理学有关的专家，共同探讨儿童青少年身心发展的问题。在他担任中国儿童发展中心(CDCC)的专家委员时，他积极主张发展心理学家和其他专家共同探索儿童青少年身心健康监测等课题。二是心理学专业招收研究生时，适当招收学习其他学科(数学、医学、语言、生物、电子计算机和教育等)对心理学感兴趣的本科生。他指出，心理学的研究队伍应该是一个相当复杂的科学家组织，应该是具备文理知识、既懂理论又会动手的研究集体；把心理学作为一门交叉科学来研究，这是实现我国心理学现代化的一项重要的战略措施。朱老也认为，融合多学科交叉研究心理学，并不排斥一个单位或一个学派有一个统一的学术思想。否则，很难开展步调一致的研究，更不能形成独立的心理学派。朱老这么说的，也这样做的。

朱老这些思想与最近出版的《儿童心理学手册》(*Handbook of Child Psychology*)(第六版)的观点是一致的。从20世纪30年代起，美国每9~16年就修订一次《儿童心理学手册》。该手册第四版出版于1983年，第五版出版于1998年，第六版出版于2006年3月。通过新近版本与1970年版的比较，我们发现一些急剧的扩展与变化。最明显的变化是：在20世纪80年代中期已处于支配地位长达半个世纪的行为主义学派的学习理论、精神分析学派的人格发展理论以及皮亚杰的认知发展理论等，正在经受严重质疑。20世纪80年代的最大特色是它是发展心理学历史上一个重要的转折时期。正如最近出版的《儿童心理学手册》(2006年的英文版，可参考2009年的中译本)所揭示的：在这个时期，一个支离破碎的领域，正在让位于一系列新颖

而强有力的理论模型，这些理论模型涉及多种影响水平上的多种相互作用的变量和维度。当前发展心理学最大的特点是，强调该学科与心理学的其他分支学科及其他学科的联系。神经心理学、社会心理学、教育心理学、健康心理学、临床心理学、生物学、儿科学、社会学、人类学及其他学科，既推动了发展心理学的发展，又给发展心理学提供了重要思路。

从朱老的学术思想到最新的《儿童心理学手册》的观点都让我们体会到：要实现从以学科为导向的研究模式向以问题为导向的研究模式的转变，开展跨学科、跨地区、跨院校的系统性和综合性研究；要强调心理学与神经科学、人文科学、社会科学、教育科学、数理科学、医学科学和生命科学等其他学科的融合，大力推动心理学向前发展。在过去二三十年里，传统的以学科为导向、条块分割的研究模式对心理学发展的制约作用越来越凸显，而以问题为导向的跨学科心理学研究趋势日益明显。为了解决某个特定的研究或现实问题，需要整合使用不同的研究范式、不同的研究方法和技术，或者由来自不同学科的研究者以各自的方法和方法论就共同关心的心理问题，协同攻关，共享研究成果。

三、进一步加强研究方法的改革和现代化

朱老曾指出，心理科学，包括发展心理学的研究水平，直接取决于研究方法。而研究方法的每一次重大突破都受益于研究方法的创新与现代化。如果说我国心理与教育科学目前的研究状况还不能很好地解决社会发展带来的各种复杂问题，与国际发展水平还存在一定差距，那么，研究方法上的问题是一个重要原因。而研究方法的问题，又直接与我们长期以来对研究方法本身的重视、探讨不够有直接的关系。因此，应重视和开展对心理与教育科学研究方法的专门探讨（朱智贤，林崇德，董奇，申继亮，1991）。

朱老主张方法的变革应主要从研究方法的整体性和现代化来进行。在方法整体性方面，朱老又从研究内容的整体性和研究技术的整体性来加以论述。他在谈论研究内容的整体性时指出，认知心理学强调儿童认知发展的研究，精神分析学派强调

儿童情绪发展的研究，行为主义强调儿童行为发展的研究，我们则要强调心理整体发展的研究（朱智贤，1979）。早在 20 世纪 60 年代初，在他发表的《有关儿童心理年龄特征的几个问题》（《人民日报》1962 年 3 月 13 日）一文中，就首次提出系统地、整体地、全面地研究儿童心理的发展。他反对柏曼（L. Berman）单纯地以生理发展作为年龄特征的划分标准，反对斯特恩（W. Stern）以种系演化作为年龄特征的划分标准，反对皮亚杰以智力或思维发展作为年龄特征的划分标准。他提出在划分儿童心理发展阶段时，应该主要考虑两个方面：一是内部矛盾或特殊矛盾；二是既要看到全面（整体），又要看到重点。这个全面或整体的范围是什么？他认为应包括两个主要部分和四个有关方面。两个主要部分是认识过程（智力活动）和个性品质；四个有关方面是：心理发展的社会条件和教育条件，生理的发展，动作和活动的发展，言语的发展。朱老的观点在当时为我国心理学界广泛引用。不少心理学家在此基础上写了论文，加以发挥和阐述。与此同时，他还注意研究技术的整体性，强调在人类心理发展的研究中把观察法，调查法，实验法（自然实验法、教育实验法、实验室实验法）等加以综合应用以获得综合化和整体化的效应。朱老十分重视心理学研究方法的现代化，在观察的过程中，为了更准确地研究儿童青少年的心理特征，他早在 20 世纪 80 年代就主张照相、摄像、录音、计算机技术和脑科学现代仪器的统一使用。在实验条件的建设上，他一直重视北京师范大学心理学实验室的现代化。我想董奇教授之所以能在北京师范大学建起了"学习与认知神经科学"的心理学国家重点实验室，在一定意义上也是受朱老的影响。此外，朱老十分重视方法论的建设，他多次谈到我们不仅要重视心理学的具体研究方法，而且要重视研究方法的方法学建设。早在 1978 年前后，朱老就主张心理学家要学好辩证唯物主义的"普遍联系"和"不断发展"的观点及系统科学（包括"三论"：系统论、控制论、信息论和"新三论"：耗散结论、协同论、突变论）的理论。在他的《心理学的方法论问题》的论文中，他在反复阐明重视整体性的同时，更强调要对研究方法的哲学观和系统观进行方法学的探讨（朱智贤，1987）。

为此，从朱老的学术思想和最新的心理学研究方法的趋势来看，我想进一步强调研究方法的改革和现代化。一是提倡研究方法学的问题；二是推进研究体制的更新，包括发展心理学研究的横向整体化(如不断形成新的交叉学科、把发展心理学的研究向人生两极延伸等)和发展心理学研究的纵向化(如人脑研究、电视与人的发展研究、计算机辅助教学研究等)；三是重视系统化的研究，如综合化研究、跨文化的研究、生态化取向的研究、纵向与横向相结合(或聚合交叉)的研究；四是进一步加强研究方法的现代化。要实现中国心理学逐渐达到世界一流研究水平，必须加强研究方法的现代化，进一步加强各类现代化研究技术设备平台的建设(如认知神经科学的最新研究设备、检测人类基因序列的最新技术等)，注重提高最新研究方法的掌握(如最新的统计测量理论与方法等)，注重最新研究思路的应用(如脑—基因—行为等多种手段相结合的研究思路)。只有这样，心理科学的发展才会"百尺竿头、更进一步"，才会有"无限风光、任人涉猎"。

四、强调坚持理论联系实际，积极走发展心理学的中国化的道路

朱老曾多次动情地说："当我们翻开美国儿童心理学与教育心理学，除了引用瑞士心理学家皮亚杰的理论之外，几乎全部是美国自己的研究材料；当我们打开苏联的儿童心理学与教育心理学，书中有一种强烈的俄罗斯民族自豪感，使我们觉得是在'挑战'，似乎唯有它们的研究材料才是最科学的；然而当我们看一下自己的儿童心理学与教育心理学，简直令人惭愧。我们有的研究报告，从设计到结果，几乎全是模仿外国的。如此下去，哪天才能建立起我们自己的儿童心理学与教育心理学？中国的儿童与青少年及其在教育中的种种心理现象有自己的特点，这些特点，表现在教育实践中，需要我们深入下去研究。"可以说，这是最早倡导发展心理学中国化的思想。

朱老指出，坚持在实践中，特别是在中国教育实践中研究儿童心理学与教育心理学，是我国心理学前进道路上的主要方向。朱老反对脱离实际地为研究而研究的风气，主张研究我国儿童从出生到成熟过程中的心理发展特点及规律。他说中国儿童与青少年，与外国的儿童与青少年有共同的心理特点，即存在普遍性，又具有其不同的特点，即有其特殊性，这是更重要的。只有我们拿出中国儿童与青少年心理

发展的特点来，才能在国际心理学界有发言权。因此，他致力于领导着跨"六五""七五"规划的国家级重点科研项目"中国儿童心理发展特点与教育"的课题，迎着重重困难，一项一项地突破，填补了许多空白。中国发展心理学一大批名家，如韩进之、丁祖荫、李伯黍、沈德立、黄仁发、孙昌识、郑和钧、史慧中、吴凤岗等都是朱老主持的课题组的成员。董奇教授与我主持的新世纪的科技部重点项目"中国少年儿童心理发育的研究"正是对朱老课题的继承和延续。朱老主张将儿童心理学与教育心理学的基础理论与应用结合起来研究，也就是说，他不仅提倡在教育实践中研究儿童心理学与教育心理学，而且主张在教育实践中培养儿童与青少年的智力和个性。他积极建议搞实验教育与教学。我正是在他的支持下，自 1978 年开始，开展了"中小学生能力发展与培养"的研究，从一个实验班开始，最后发展到全国24 个省(自治区、直辖市)3000 多个实验点，并被列为教育部多个五年规划期间的重点科研项目。这样就将心理学的基础理论的研究和应用研究在教育实践中统一起来了(林崇德，2008，2017)。

朱老上述思想与《儿童心理学手册》(第六版)的观点也是一致的。《儿童心理学手册》中明确提出了"应用儿童心理学"，并列出了以下三大方面及更具体的 24 个题目。①教育实践中的研究进展与应用。这包括学前儿童发展与教育，早期阅读评估，双语人、双文字人和双文化人的塑造，数学思维与学习，科学思维和科学素养，空间思维教育，品德教育，学习环境。②在临床中的应用。这包括自我调节和努力的投入，危机与预防，学习困难的发展观，智力落后，发展心理病理学及其预防性干预，家庭与儿童早期干预，基于学校的社会和情感学习计划，儿童和战争创伤。③在社会政策和社会行动中的应用。这包括人类发展的文化路径，儿童期的贫困，反贫困政策及其实行，儿童与法律，媒体和大众文化，儿童的健康与教育，养育的科学与实践，父母之外的儿童保育：情境、观念、相关方法及其结果，重新定义从研究到实践(林崇德，辛自强，2010)。

从朱老的学术思想到《儿童心理学手册》都使我们认识到：当前应着重加强应用，提高心理学科为社会服务的水平，尤其是要满足国家和社会发展的重大需求。我国社会经济水平的不断提高，对心理学科提出了越来越多的需求：建设和谐社会，需要和谐心理；让人们有尊严地生活，离不开提高人民的主观幸福感；提高全民素质，尤其是提高未成年人的素质，离不开心理研究揭示的学习和心理发展规律的支持。我始终坚信，科学的心理学的发展取决于社会认同，只有为社会、为公众提供更多的服务，社会才会承认心理学的价值，才会给心理学更大的发展空间和更多的机会。心理学有多大发展，归根结底取决于其研究成果为社会生活提供帮助和服务的数量和质量。让我们矢志不渝，共同努力。

1991 年 3 月 5 日朱老逝世后，我曾写了一副挽联：

　　学识贯古今斗室耕耘著作等身传不朽

　　师谊如父母教坛授业恩深似海艺煦风

为了"传不朽""艺煦风"，使恩师的学术思想永远留在人间，在纪念朱老逝世 20 周年之际，我要强调以下四点。

一是朱老是坚持辩证唯物主义的指导思想、坚持理论联系实际的研究方向、坚持洋为中用和古为今用方针政策、坚持心理学的中国化的典范。他的心理学思想是他长期坚持上述根本研究原则的结果。中国心理学建设必须要有指导思想。

二是朱老在学术上有其独特的系统主张和观点。①这种主张和观点是在西方和苏联的心理学中博采众长，广泛地吸收了营养，并且在他自己或他所领导的心理学，特别是发展心理学与教育心理学的实验研究中加以提炼而来的。②这种主张和观点涉及心理学的研究对象和任务，心理发展的基本理论（或基本规律）和研究方法等一系列重大理论和实践问题。③这种主张和观点已在朱老自己或他所领衔的大量论著中表达出来，自成创新体系。它不仅表现在基础理论上，而且表现在以这种理论作为指导已获得的一大批实验研究和应用研究的成果上。这在国内教育界产生很大的影响，并也逐步扩大影响至国外。朱老是中国发展心理学奠基者。

三是朱老特别重视中国发展心理学的学科建设和队伍建设。他指出，学科建设的关键是队伍建设。在队伍建设上，他主张学术梯队建设是老一辈学者学术生命的延续。从中可以看出，中国心理学的发展需要大批的国际、国内人才。心理学应该积极为如何又好又快地培养我国经济发展急需的人才服务。我们建议，对年轻人才，要进得来，留得下，用得好，德才兼备，以学术水平优劣来衡量年轻学者，而决不能靠关系！只有这样才能使中国心理学"顶天立地"。

四是朱老的独特的心理学思想、观点、体系为我国的一个心理学派的建立奠定了基础。作为中国心理学家，我们在国际上成百上千的心理学派面前，不能只是采取单纯引用、学习、借鉴的做法，我们应有志气、有能力建立我们自己的学派，显示中国特色、中国风格、中国气派，且越多越好，为繁荣中国心理学事业做贡献。

朱老独树一帜的心理学思想，说明朱老是我国发展心理学历史的里程碑。朱老精神永垂不朽。

参考文献

［1］林崇德．我的心理学观——聚焦思维结构的智力理论［M］．北京：商务印书馆，2008.

［2］林崇德，辛自强．发展心理学的现实转向［J］．心理发展与教育，2010(1)：1-8.

［3］赵璧如．朱智贤的心理学哲学理论思想及其形成和发展［M］．中国哲学年鉴．北京：哲学研究杂志社，2010.

［4］朱智贤．儿童心理学［M］．北京：人民教育出版社，1979.

［5］朱智贤．儿童发展心理学问题［M］．北京：北京师范大学出版社，1982.

发展心理学的现状与展望*

回顾发展心理学的发展历程，我们可以发现，从 1882 年普莱尔出版《儿童心理》算起，在 100 多年的历程中，发展心理学取得了长足的进步，特别在近二三十年来，发展心理学的发展更为迅速，其突出的标志就是从传统对儿童青少年的研究，扩展到对个体生命全程心理发展规律的探索。可以说，发展心理学是当今心理学领域中最具活力的研究领域之一。对此，我们可以从以下几个方面进行一个简单的梳理。

一、发展心理学研究内容的进展

(一)从研究儿童到研究生命全程

发展心理学的研究有一个发展的过程。在个体心理发展的研究中，儿童期(包括青少年)是被研究较多且较早的部分，这个部分构成了儿童心理学的主要内容。人们提出毕生心理发展的时间较晚。近几十年来，在西方特别是在美国，关于个体从出生到衰老整个发展时期的心理发展的研究报告和著作越来越多，发展心理学的发展十分迅速。从研究儿童到研究生命全程，发展心理学大致经历四个时期。

1. 科学儿童心理学的诞生

在西方，儿童心理学研究可以追溯到文艺复兴以后的一些人文主义教育家，如夸美纽斯(J. A. Comenius)、卢梭(J. J. Rousseau)、裴斯泰洛齐(J. H. Pestalozzi)、福禄培尔(F. Fröebel)等人的工作。他们提出尊重儿童、了解儿童的教育思想，为儿童心理学的诞生奠定了最初的思想基础。达尔文的进化论思想则直接推动了儿童发展

＊ 本文在《北京师范大学学报(社会科学版)》1998 年第 1 期同名论文的基础上修改而成。

的研究。达尔文根据长期观察自己孩子的心理发展的记录写成的《一个婴儿的传略》一书是儿童心理学早期专题研究成果之一,它对促进儿童发展的传记法(或日记法)研究有重要的影响。

科学儿童心理学产生于 19 世纪后半期。德国生理学家和实验心理学家普莱尔是儿童心理学真正的创始人。他对自己的孩子从出生到 3 岁每天进行系统观察,有时也进行一些实验性观察,最后把这些观察记录整理成一部名著《儿童心理》于 1882 年出版。它被公认为第一部科学的、系统的儿童心理学著作。为什么说普莱尔是科学儿童心理学的奠基人呢?这是由下边四个因素共同决定的。这四个方面是缺一不可的。①从时间上看,《儿童心理》一书于 1882 年出第一版,1884 年出第二版,是儿童心理研究这类著作中较早出版的一本。②从写作的目的和内容上看,普莱尔之前的学者不完全是以儿童心理发展作为科学研究的课题,即使像达尔文那样的科学家,其研究的目的也主要是为进化论提供依据,其研究内容主要也是从进化论角度加以论述的。普莱尔则不同,他写书的目的则是研究儿童心理的特点,即将儿童的体质发育和心理发展分别加以专门的研究,他也正是从这个角度来展开他的研究内容的。因此,从一开始他的《儿童心理》就是作为一个组成儿童心理学的完整体系出现的。③从研究的方法和手段上看,普莱尔对其孩子从出生直到 3 岁每天做有系统的观察,并进行心理实验。这些方法有霍尔强调的使用反应时间、心理程序和证明感知觉之间关系的内省法,即科学心理学的实验研究。普莱尔把他的观察、实验记录整理出来,撰写了专著,这属于儿童发展心理学的工作。④从影响上看,《儿童心理》一问世就受到国际心理学界的重视。各国心理学家都把它看成儿童心理学的最早的经典著作,先后被译为 10 种文字出版,推广到全世界,儿童心理学研究也随之蓬勃地发展起来。因此,其价值是可贵的,其影响是深远的。

2. 霍尔将儿童心理学研究的年龄范围扩大到青春期

1904 年,霍尔出版了《青少年:它的心理学及其与生理学、人类学、社会学、性、犯罪、宗教和教育的关系》(此书译名为《青少年心理学》,其缩写本被李浩吾译为中文于 1929 年由世界书局出版,译名为《青年期的心理与教育》),从此确定了儿童心理学研究的年龄范围,即儿童心理学研究儿童从出生到成熟(青少年期或青春期）各个阶段心理发展的特征。尽管普莱尔是儿童心理学的奠基人，但是他的《儿童心理》主要研究学龄前的儿童，特别是婴儿期儿童的心理特点，对较大年龄儿童少年或青年的研究几乎是空白的。可是霍尔就不同，霍尔先是研究儿童，后来发展到研究青少年。他的《青少年心理学》的问世，意味着现代儿童心理学研究范围的确定。当然，霍尔也是最早研究老年心理的心理学家，他于1922年出版了《衰老：人的后半生》一书，但霍尔没有明确提出心理学要研究个体一生全程的发展。

3. 精神分析学派最先研究个体一生全程的发展

在西方，精神分析学派率先对个体一生全程的发展进行了研究。精神心理学家荣格（C. G. Jung）是最早对成人期心理开展发展理论研究的心理学家。荣格认为，人的发展主要是心灵的发展，观念变化的呆滞意味着人生的惶惑或死亡。他重视潜意识、发展心灵的平衡力量和精神整体，以求人生未来幸福的金钥匙。荣格对个体全程发展，特别是对成人期心理发展研究开始于世纪20年代20年代，形成一定理论是在30年代。他的发展观主要涉及三个方面。一是提出前半生与后半生分期的观点。他提出生命周期的前半生和后半生，其间人格沿着不同路线发展，25岁后至40岁是分界年限，前半生比后半生的人格要显得更向外展开，致力于外部世界。二是重视"中年危机"。大约在40岁时，个人曾经感到永远不变的标准和雄心壮志失去了意义。于是，人开始感到压抑、呆滞和紧迫。中年生命以精神转变为标志，开始由掌握外部世界转入集中到自己的内心。内心促使人去听从意识，去学习还没有被认识的潜力。三是论述了老年心理，特别是阐述了临终前的心理。老年人企图理解面临死亡时生命的性质，死后生命应该是自己生命的继续。埃里克森（E. Erikson）正是在荣格研究的基础上，才将精神分析学派创始人弗洛伊德（S. Freud）的年龄阶段划分到青春期扩展至老年期。

4. 发展心理学著作的问世

美国心理学家霍林渥斯（H. L. Hollingworth）最先提出要追求人的心理发展全貌，而不满足于孤立地研究儿童心理，并于1930年出版了《发展心理学概论》一书，这是世界上第一部发展心理学著作。他不仅研究人类心理的发展和成长，而且研究其衰退的现象，甚至死后遗留的影响。他将人生划分为10个阶段，他的书从一问世就成为一部正统的发展心理学著作。

与此同时，另一位美国心理学家古迪纳夫（F. L. Goodenough）也提出了同样的观点，写出了在科学性与系统性上超过霍林渥斯的著作的《发展心理学》。该书于1935年出版，1945年再版，曾经畅销欧美。古迪纳夫认为，要了解人的心理必须全面研究影响产生心理的各种条件和因素，要把心理看作持续不断的发展变化的过程。不仅研究表露于外的行为，而且研究内在的心理状态；不仅研究儿童和青少年，而且研究成人和老年；不仅研究正常人的心理发展，而且研究罪犯和发育不足群体的心理发展。所以，古迪纳夫主张对人的心理研究要注意人的整个一生，甚至还要考虑到下一代。

从1957年开始，美国《心理学年鉴》用"发展心理学"作为章名，代替了惯用的"儿童心理学"。从此，发展心理学成为心理学的一个重要分支，而儿童心理学则成了这个分支的一个亚分支。

（二）重视成人（尤其是老年人）心理发展的研究

近几十年来，心理学界对发展心理学开展了较深入的研究，特别是对成人心理发展进行了有创新意义的研究。

对成人期的问题，尤其是对老年的研究特别活跃。这是因为：人口老龄化的需要；成人期生活危机研究显示出重要性；儿童心理学家的技术、概念与理论对成人期研究的作用。对成人期的研究强调"生活事件"，即社会与教育条件或环境。老化过程研究的自变量越来越多，从而在更大范围的背景中来考察老化过程，分析生理因素、社会因素等变量占认知如记忆因素之间的复杂的相互影响的关系。例如，对记忆终生发展的研究，特别是中老年记忆的研究，是发展心理学研究中最为活跃的一个课题，但是研究者的分歧却相当大。近几十年来，心理学家从生命全程发展观出发对中老年记忆变化展开了全面的研究，涉及记忆过程——信息编码、储存、提取和恢复等的年龄特征；涉及各种类型的记忆，如瞬时记忆、短时记忆和长时记忆等的年龄特征；涉及记忆材料，如文章、故事的时间、地点、人物、情节的加工模式。

关于成人期思维或认知能力的研究，较多集中在成人，特别老年人日常问题的解决能力上；成人期思维或认知形式，较多表现出从辩证到无矛盾的发展形态。持这种观点的代表人物之一是里格(K. F. Riegel)。他认为皮亚杰的思维发展阶段理论是一种"异化理论"。是说皮亚杰用同化—顺应这一矛盾很好地解释了儿童认知发展问题，但随年级升高，发展的辩证特征越来越不明显了，以致到最后阶段，思维是一种形式化了的无矛盾的思维发展模式，辩证基础不复存在。因此里格提出应该用辩证运算来扩展皮亚杰的认知发展阶段，并强调矛盾的作用。里格的理论影响很大，许多成人心理学家对后形式运算的研究都受到他这种观点的影响，柏斯彻思(M. A. Basseches)在里格的基础上提出了辩证图式。

对成年人特别是老年人的认知问题的内在特征研究，重视社会认知、伦理认知或道德认知，以及自我概念的研究。阿蒙(C. Armon)在柯尔伯格的儿童道德发展阶段理论的基础上，研究了5~72岁被试的道德认知，提出了三种水平七个阶段的新观点，即前习俗水平：激进的自我主义阶段，工具性自我主义阶段；习俗水平：情感的相互关系阶段，个体性阶段；后习俗水平：主观主义—相对论阶段，自律阶段，普遍的神圣论阶段。洛文杰(J. Loevinger)认为"自我是个过程，努力去控制、去整合、去弄懂经验并不是自我的某种功能，而是自我本身"。她通过研究，概括了自我发展的六个水平：冲动水平；自我保护水平；遵奉者水平；公平或良心水平；自主水平；整个水平。自我概念的研究范围很广，研究自我概念发展方面的成果也很多。

在上述研究的基础上，西方国家出版了大量关于毕生发展或生命全程发展心理学的著作。有影响的心理学家有贝尔特斯(P. B. Baltes)，他分别于1969年和1972年在西弗吉尼亚大学组织了三次毕生发展心理学学术会议，会后出版了三部论文集《毕生发展心理学：理论与研究》(1970)、《毕生发展心理学：方法学问题》(1973)和《毕生发展心理学：人格与社会化》(1973)。1978年以来，他担任了《毕生发展与行为》一书的主编。1980年，贝尔特斯等人在美国《心理学年鉴》上发表了一篇评价毕生发展心理学的文章，提出了人生全程研究及其理论发展的原因：一是第二次世界大战前开始的一些追踪研究的被试已进入成人期；二是对老年心理的研究推动了成人期心理学的研究；三是许多大学开设了毕生发展心理学的课程，推动了毕生发展心理学的研究。20世纪80年代以来毕生发展心理学著作有三种命名的方式：一种叫生命全程或毕生发展心理学（Lifespan Developmental Psychology）；一种叫人类发展（Human Development：A Lifespan Approach）；还有一种叫人类毕生发展，又译个体生命全程发展（Lifespan Human Development）。1992年冬，我们从美国三所大学查到38本20世纪70年代以来出版的毕生发展心理学著作，将其归为12个类别：①发展心理学或毕生发展心理学概论；②发展心理学的历史和理论研究；③发展心理学方法论的研究；④认知毕生发展的心理学研究；⑤人格、道德或社会性毕生发展的心理学研究；⑥关于干预（intervention）问题的毕生发展心理学；⑦关于心理咨询与治疗问题的毕生发展心理学；⑧关于毕生发展的病理学探讨；⑨人类发展与文化（或社会）；⑩人类发展与终生教育；⑪非常规环境的毕生发展心理学；⑫代际关系的毕生发展心理学。此外，还有大量的分阶段，如成人早期、成人中期、老年心理的著作。发展心理学正是在这近几十年的广泛研究中发展起来的。

二、发展心理学研究体制的进展

考察一门学科的发展变化，必须从其总体结构或研究体制处着眼，才可辩证地把握学科发展的全局。在考察发展心理学研究体制的进展时，我们可以从横向和纵向两个角度加以分析。

（一）发展心理学研究体制的横向整体化变化

所谓发展心理学研究体制的横向整体化，主要涉及发展心理研究的广度与范围问题。近几十年来发展心理学研究体制的横向整体化变化，主要表现出两个特点：其一，发展心理学领域中不断产生新的交叉学科；其二，发展心理学的研究范围越来越向个体生命的两端延伸。

1. 新的交叉学科不断出现

近年来，在发展心理学研究领域，许多新的交叉学科纷纷出现。这种现象的产生既有深刻的历史原因，也有特定的现实背景。从历史原因上说，人类对世界的把握存在两种形态：一种是整体化的综合性把握；另一种是个别化的分析性把握。这两种形态是相互依赖、辩证统一的。作为人类对世界认识的结晶，当今的科学发展表现出在高度分化、高度专门化基础上的高度整体化的特征，新兴的边缘学科或交叉学科的出现便是这种特征的具体体现。从这个意义上说，发展心理学领域中交叉学科的出现，正是由科学发展的大趋势所决定的，是发展心理学研究深化的必然结果。从现实背景来看，实践是推动学科发展、促进学科进步、产生新的学科的内在源泉和根本动力。随着社会经济的发展，人类文明的进步，"认识自己"逐步成为人类共同的梦想，保持良好的心态、精神愉悦，成为现代人共同的需求，这也是发展心理学研究的范围不断扩展、新兴交叉学科不断出现的外在原因。

发展心理语言学(Developmental Psycholinguistics)就是近年来在发展心理学领域中出现的一个新的交叉学科。发展心理语言学这个概念由美国心理学家麦克尼尔(D. McNeill)在1966年首次使用并做了理论阐述。从那时起，经过近30年的发展，这门学科已经逐渐成熟，成为一门基本独立于心理语言学的学科，为个体心理发展研究开辟了一个新的研究思路。这个学科的产生源于乔姆斯基(N. Chomsky)的心理语言学。在20世纪六七十年代，部分发展心理学家有感于乔姆斯基理论的局限，对乔姆斯基的理论在两个方面进行了重大的修改：①把以句法为核心转变为以语义为核心，认为语义是儿童语言的中心成分；②改语言的先天获得性为社会制约性，认为儿童的语言发展是受社会背景制约的。由此，发展心理语言学逐渐独立于心理语言学而成为独立的交叉学科。也正因如此，发展心理语言学主要研究两方面的问题：其一为儿童早期言语的内容及其背景；其二，个体早期言语的社会化问题，并形成了一些颇富新意的理论。

发展心理生物学(Developmental Psychobiology)是发展心理学与心理生物学的结合。它正式形成的标志是1968年美国一批心理学家创办的《发展心理生物学》杂志。从那时起至今，发展心理生物学已由萌芽状态逐渐发展成型，成为发展心理学领域中的一个独具特色的专门学科。它围绕个体生命全过程中的行为、心理形成的基础展开研究，其研究内容主要包括四个方面：第一，乳儿的能力；第二，智力的遗传性问题；第三，气质的生物学基础；第四，非人类种系的智力水平问题。这类研究有四个主要特点：①与进化论和遗传学密切相关，这个学科的研究者基本上接受了达尔文的进化论思想，有的人还接受了胚胎学家的复演说观点；②深受现代心理生物学对亲子关系研究的影响，这种研究为发展心理生物学带来了独特的观念和方法；③神经科学的一些研究方法促进了发展心理生物学的发展，如对大脑神经系统的理化分析、对未成熟动物的药物学和神经系统发展的解剖学研究等方面的方法，都已运用到发展心理生物学之中；④重视对早期经验的研究，这一学科的研究者普遍承认早期经验在个体发展过程中的重要作用，力图探寻早期经验与个体发展之间的因果作用模型。

除了上面提到的发展心理语言学和发展心理生物学之外，近几十年来，发展心理学领域还出现了其他一些交叉学科，如发展心理学与心理病理学相结合而产生的发展心理病理学（研究诸如口吃、遗尿、多动症和夜游症等问题），与社会心理学相结合而出现的发展心理社会学（突出地研究社会性发展、社会化等问题），等等。这些新的交叉学科的出现，使发展心理学的研究呈现出非常繁荣的景象。

2. 发展心理学的研究范围向人生的两端延伸

在 20 世纪六七十年代之前，人们更习惯地称发展心理学为儿童心理学，那时，发展心理学的研究重点集中在儿童期、青少年期。然而，近几十年来，发展心理学家已经以个体生命的全过程为研究的对象，人们对个体从胎儿期直到衰老、死亡的发展历程进行了深入的研究。在研究的重点上，突出地强调研究个体早期和中老年期的心理特点。

近年来，许多发展心理学家将研究的重点转向个体的早期阶段。他们采用精心设计的现代化方法，着力研究婴幼儿认知能力的表现与发展、社会性的表现与发展、环境与早期智力发展、早期情绪社会性发展的关系、早期心理发展的关键期等问题，使这方面的研究日益繁荣起来。

对个体中老年期研究的重视，直接源于发展心理学中生命全程观的影响。"生命全程观"作为一个术语，出现于 20 世纪 40 年代，但直到 90 年代，它才逐步发展并确立为一种关于人类心理发展的观点和理论，成为发展心理学的主流趋势。之所以如此,原因有三。第一,社会发展的需求。随着社会的进步,人类的生活质量不断提高,老年人的数量剧增,老龄问题成为一个全人类面临的重大问题,要求心理学家对此做出自己的贡献。第二,学科发展的需求。随着发展心理学的发展,其研究范围不断扩展,对中老年的研究就成为必然。第三,邻近学科,如老年学、社会学、人类学等的发展,对此有很大的促进作用。正因如此,发展心理学家们就中老年期的各个方面的问题进行了深入的探讨,并形成了许多极具特色的研究和理论。

(二)研究体制的纵向整体化变化

所谓发展心理学研究体制的纵向整体化变化,是指发展心理学研究重点的变化。近年来,这种变化直接指向人类的具体实践领域,人们逐渐把着眼点转向发展心理学的应用方面,努力更多地解决实践中的问题,并取得了一定成绩。这其中尤以下列方面为代表:①对胎儿发育和优生问题的研究;②早期智力、早期经验及早期教育的研究;③儿童社会性发展的研究;④青少年生理变化的心理适应问题的研究;⑤中老年智力特征的研究;⑥中老年心理疾病的预防与治疗的研究;⑦个体性别化的实现问题的研究;⑧电视与儿童发展的研究;⑨计算机辅助教学对儿童发展的影响的研究;⑩人脑及其发展的研究。当然,上述十个方面只是我们的看法。在此,我们仅介绍其中的两个方面。

1. 电视与儿童发展的研究

自 20 世纪 50 年代电视进入人们的日常生活以来,它对儿童的认知、学习行为及社会性发展产生了深远的影响。早期有关的研究(e. g. Bandura,1963;Corteen & Williams,1986;Winn,1977)偏重于调查电视对儿童社会行为及学业成就的影响。这些研究表明,电视对儿童的学习和社会性行为的影响有好有坏,不能一概而论。考虑到电视对儿童发展的潜在影响而精心制作的电视节目,对儿童的社会性行为和学习有积极的促进作用。近年来,这方面的研究趋于揭示儿童收看电视的认知机制及其发展特点(Anderson,et al.,1976,1981;Collins,et al.,1982;Lorch,et al.,1979;Wright,et al.,1984),其中,儿童对电视信息的注意和理解已成为研究的中心内容。对于儿童注意和理解电视信息的心理机制,研究者提出了两种理论假设,即被动反应理论和主动加工理论（Anderson & Lorch，1983）。持被动反应理论的研究者（e.g. Singer，1980）认为，儿童对电视的注意主要受电视呈现的知觉特征的影响，儿童对电视的注意实际上是一种习惯化的反应，他们只能产生低水平的被动加工，而不能产生真正意义上的理解；而持主动加工理论的研究者（e.g. Lorch，1979；Smith，et al.，1987）则认为，儿童能对节目中可理解的信息进行积极而主动的加工和理解，儿童在电视面前并不是一个被动的接受者，决定儿童对电视信息加工的因素是儿童的认知能力、兴趣以及电视信息的可理解性，儿童能够运用他们的知识和经验对电视信息进行主动加工，并产生儿童化的理解。洛奇（Lorch，1981）对这两种理论进行了整合，区分了在电视节目中存在的两种信息：一种是显性信息，即电视节目直接呈现给人们的感觉信息；一种是隐性信息，即电视节目背后需要经过思维加工的信息。人们对前一种信息的获得是通过被动反应理论可以得以解释的，而对后一种信息的获得则可用主动加工理论来解释。据此，胡斯顿和莱特（Huston & Wright，1989）认为，儿童对电视信息的加工既可以是被动的，也可以是主动的，这主要依赖于儿童接受的节目的特点。

2. 计算机辅助教学对儿童发展的影响的研究

以计算机为基础的信息技术引入教育，被视为教育手段现代化的主要趋势和进入信息社会必不可少的条件。几十多年来，教育研究人员、计算机教育专家对于计算机应用于教育教学工作，特别是计算机辅助教学（CAI）对学生学习过程的影响进行了大量的研究。在20世纪80年代初，许多研究者乐观地预计，由于计算机技术的飞速发展，计算机进入中小学将使现有的教育体制发生革命性的改变。然而，时至今日，这种变革却未见端倪。客观地说，和传统教学手段相比，计算机辅助教学在信息的呈现、个别化教学、即时反馈、人机对话以及学生参与教学等方面具有一些潜在的优越性。但是，这种优越性的发挥还有赖于其他条件的完备，技术的发展仅仅为教学改革和学生认知技能的训练提供了较为优越的物质手段。克拉克（Clark，1994）指出，媒体只是一种传递教学工具，它本身并不能影响学生的成绩，真正影响成绩的是工具所传递的内容。库立克（Kulic，1987）曾对有关计算机辅助教学效果的研究进行了元分析（meta-analysis）。他得出结论说，计算机辅助教学的不同效果取决于学生的年级水平、能力水平和呈现的教学类型。现在总的看来，计算机辅助教学与传统教学相比好坏参半，这主要受学生的特点、学习内容的性质与难度、软件的特点、软件类型以及教师使用计算机辅助教学的方法等因素的影响。因此，设计出符合学生学习规律、便于教师使用的计算机辅助教学系统，将是计算机辅助教学进一步发展的关键所在。

三、发展心理学研究方法的进展

近年来，随着发展心理学研究的不断深入，以及现代科学技术和社会的迅速发展，发展心理学的研究方法有了较大的变化，这些研究方法上的进展又加速了发展心理学研究的不断深入。我们可以从以下几个方面来说明这些研究方法上的进展。

（一）系统科学原理成为发展心理学研究的方法论基础

所谓系统科学原理是指系统论、控制论、信息论、协同论、突变论和耗散结构理论的基本思想和方法。尽管这些理论产生的时间和所关注的问题不同，但它们的许多基本概念、思想和方法却是相通的，其实质是各有侧重地探讨系统的结构、功能及其变化发展趋势。具体地说，系统科学方法是指按事物本身的系统性，把研究对象作为一个具有一定组成、结构和功能的整体来加以考察的方法，即从整体与环境、整体与部分、部分与部分之间的相互联系、相互制约、相互使用的关系中综合地研究特定对象及其发展的方法。这样，由系统科学理论而发展起来的系统科学方法就具有了普遍的方法论意义，成为其他学科研究的方法学的基础性依据，发展心理学也不例外。

我们认为，系统科学方法对发展心理学的指导作用至少包括三个方面。首先，系统科学原理有助于建立科学的个体心理发展观。系统的方法要求将个体的心理看作一个有机的系统，这个系统一方面是一个更大的系统的子系统，另一方面本身就包含着许多子系统及不同层次、不同水平、不同序列的亚系统。高层的系统整合着子系统，但不是子系统特点的机械相加。作为一个开放系统，个体的心理通过信息的组织、转换和自我调节，不断地从无序到有序，再到无序，又从无序经过涨落到更高的有序状态而向前发展着。这样就使得个体的心理发展表现出整体性、结构性、层次性和动态性的特点。其次，系统科学原理有助于我们确立科学的研究思路。从系统科学的角度来看，任何事物都不是孤立存在的，而是在与其他事物的相互作用中存在并确立自己的位置的。在心理学的传统研究中，人们崇尚精确的实验设计、严格控制的实验方法，但这种研究倾向对于作为复杂系统的人类的心理结构而言，弊端是显而易见的。正因如此，近年来，在心理学，特别是发展心理学领域内，兴起了生态化运动(the ecological movement)，强调在个体心理发展的真实情境中研究个体心理发展的规律，这可以说是系统科学原理在发展心理研究中的突出体现。最后，系统科学原理对发展心理学研究的方式和方法有重大的影响。从研究方式上说，考虑到个体心理系统的从属与包含关系，对发展心理学的研究仅仅靠心理学的研究方法是远远不够的，必须借用其他学科的研究方法，与其他学科联合共同探讨个体心理发展的规律；从研究方法上说，单变量的设计、单方法的运用，显然不足以探讨个体心理发展的规律，采用多变量综合设计、多方法综合运用成为发展心理学研究的共同趋向。

（二）发展心理学研究思路的生态化取向

强调研究的生态化是 20 世纪 70 年代末以来在西方发展心理学与教育心理学领域出现的一个新趋势。生态化运动是强调在现实生活中、自然条件下研究个体的心理与行为，研究个体与自然、社会环境中各种因素的相互作用，从而揭示其心理发展与变化的规律。从生态学的观点来看，个体是在真实的自然和社会环境中成长起来的，其心理发展要受到多种因素的影响，这些因素之间又是相互作用、相互影响的，是一个完整的系统。个体心理发展的水平、特点和变化，都是该系统中各因素相互作用的综合结果。实验室实验由于情境系人为创设，且变量被严格控制，孤立考察某个或某些因素对个体心理发展的影响，因而难以揭示自然条件下个体的真实心理和行为。为此，就要求对个体心理发展的研究离开实验室，走向现实环境，把实验室研究固有的严格性移植到现实环境中去，在其中揭示变量之间、现象之间的因果关系。正是在生态化趋势的影响下,发展心理学家创造了许多先进的研究设计方式和研究方法,这其中最典型的当属准实验设计方法。

准实验设计方法主要是由库克和坎贝尔(Cook & Cambel, 1968)发展起来的。所谓准实验设计,是指在现场情境中不能用真实验设计选择样本、控制实验情境或处理有关变量,但可以用真实验设计的某些方法来计划收集资料。准实验设计在某种程度上满足了对个体发展研究的生态化要求,其适应范围更广,更能反映个体心理发展的实际情况。因而,这种设计思想一经出现,就为广大研究者所重视,纷纷在自己的研究中加以运用。目前,准实验设计已经发展出多种类型,如非等组比较组设计、间隔时间序列设计、轮组设计等,而且还在不断发展和完善之中。当然,这并不是说这种设计方式已经尽善尽美,这种设计方式本身还存在一些问题,有待人们进一步地去完善。

(三) 研究方式的跨学科与跨文化特点

发展心理学的研究对象是个体的心理发展,而个体的心理发展所涉及的文化是纷繁复杂的。对个体发展问题的研究常常不是发展心理学一门学科所能承担和解决的,因此,从多学科的角度研究个体心理发展的规律,探讨发展中的各种现象,解决发展中的各种问题,就成为近年来发展心理学研究的一个新特点。分析起来,这种跨学科的方式有两种不同的水平。其一,发展心理学与心理科学领域内的其他有关分支学科协作。这种心理学多分支协同的研究方式,使心理学各分支之间形成相互联系、补充和促进的动态过程,大大推进了发展心理学的发展。其二,发展心理学与心理学领域之外的各有关学科协作。发展心理学研究所涉及的许多课题,除需要与心理学内部各分支学科加强协作之外,通常需要与心理学领域之外的相关学科加强合作研究。以对老年期智力特征的研究为例,这是一个涉及心理学、哲学、老年学、思维科学、病理学、神经解剖学、生理学等诸多学科的综合性课题,仅靠发展心理学一门学科是很难完成的。

随着发展心理学研究的深入和发展,研究者越来越重视不同文化背景对个体心理发展的影响,从而寻求不同社会文化背景中不同年龄个体行为表现和心理发展的类似性和特殊性，即探讨哪些心理发展规律是在特定文化背景中存在的，哪些心理发展规律是在各文化背景下均普遍存在的。作为研究方式的一种新趋势，跨文化研究涉及如何根据不同文化类型进行实验设计、被试取样、研究和统计方法的选择以及研究结果的推论等一系列特殊的问题，因而对这些问题的研究已经成为发展心理学研究方法的重要内容。有关人类个体发展的跨文化研究，极大地丰富了发展心理学研究的成果，对于解释人类心理和行为的起源及其发展过程、弄清影响个体心理发展的各种因素及其需要程度、探讨个体心理发展的规律及其适用范围、建立发展心理学理论等都有重要意义。对于发展心理学研究者来说，跨文化研究也促进了发展心理学家的合作与交流，这对发展心理学的发展也是大有裨益的。

(四)研究方法的综合化与研究手段的现代化

个体心理发展的复杂性决定了其研究方法的复杂性。近年来，发展心理学研究的方法上出现了综合化的特征，具体表现在以下方面。①强调采用多种方法去研究、探讨特定的心理发展规律。在发展心理学中，可采用的研究方法很多，每种方法都有其优缺点。过去，人们在研究具体问题时，常采用并满足于单一方法，这样就难以得出全面的、准确的结论，弄清心理发展的真实规律。近年来，研究者逐渐将多种方法综合使用，以提高研究结果的可靠性。②强调和大量使用多变量设计。传统的发展心理学研究较多地采用单变量设计，其弊端是显而易见的。近年来，随着统计方法和手段的进步，越来越多的研究注意采用多变量设计，以揭示个体心理发展各个方面的相互联系、影响个体心理发展的各种因素及其相互作用的机制。③强调采用综合设计方式。在个体发展心理学研究中，纵向设计和横向设计是两种最基本、最常用的设计类型。近年来，在越来越重视纵向设计的同时，研究者探索将这两种设计形式结合起来，构成所谓聚合式交叉设计。这种设计既可以在较短时间内了解各年龄阶段个体心理特点的总体状况，又可以从纵向发展的角度认识个体心理特征随年龄增长而出现的变化和发展，还可以探讨社会历史因素对个体心理发展的影响。④注重将定量分析和定性分析结合起来。近年来，研究者在重视定量分析的同时，开始注意定性分析的作用。他们首先对个体心理发展的事实、不同年龄个体心理活动的状况进行充分的观察和了解，由此对其性质和意义做出定性分析，然后对定性分析的结果按一定维度进行编码，进行定量化的研究。这样，就加深了对个体心理发展的过程、特点和性质的认识，获得了较为全面的数据资料，挖掘出了这些数据资料背后的深层含义。

随着科学技术的迅速发展，发展心理学的研究手段和技术也日益现代化。在目前相关的发展研究中，录音、录像、摄像设备以及各种专门化的研究工具和手段（如视崖装置、眼动仪、多导仪等）得到了大量的运用。计算机的广泛使用更为发展心理学的研究开辟了广阔的途径。研究手段和研究工具的现代化，大大地提高了发展心理学研究的精度与科学性水平。以计算机为例，它在发展心理学中的应用是极为广泛的。我们把计算机在发展心理学中的应用功能概括为四个方面。①控制研究过程，如用来呈现刺激，控制其他仪器，对被试反应进行自动记录等。②处理、分析研究数据，这是最普遍的用法。它一般体现为两个方面：一是运用数据库管理系统对研究数据进行管理，如用 FOXBASE 数据库等；二是采用统计分析软件包对数据进行统计分析，常见的统计软件包有 SPSS（Statistical Package of Social Science）、SAS（StatisticaI Analysis System）等。③模拟心理过程。在发展心理学中，研究者运用计算机技术和信息加工理论，对被试的特定心理过程进行模拟，试图对难以进行直接观察的心理活动进行分析，在实际中应用较多的是功能模拟和思维模拟。④作为训练工具。这方面最有代表性的当属计算机辅助教学和计算机辅助学习（CAL）。除了这四个方面的作用之外，在发展心理学研究的其他方面，计算机也发挥着越来越重要的作用，心理测验的计算机化便是一个例证。

(五) 重视纵向研究

在发展心理学研究的设计上，有横断研究的设计和纵向研究的设计。前者是指在同一时间内对某一年龄(年级)或几个年龄（年级）的被试的心理发展水平进行测查并加以比较。其优点是取样大、省时、省力、省钱，其缺点是结果粗糙难以确定因果关系。后者是在较长的时间内，对被试的心理发展进行的定期研究，也叫作追踪研究。其优点是能系统、详尽地了解心理发展的连续性和量变质变的规律，缺点是有因时间长而丢样本、增加无关变量等问题的出现。目前国际心理学界重视纵向研究，甚至于一些重要学术刊物不愿刊登横断研究的成果。为什么呢？因为纵向研究是连续性与不连续性的研究，只能揭示因果关系的研究，是重视发展机制探讨的研究，是能扩大研究范围的研究，是善于运用现代化技术手段的研究。当然，纵向研究也有其缺点，所以发展心理学有时会采用克服纵向研究时间长的毛病又保持横向研究适应性强的长处的方法，这就是上面提到的聚合交叉设计，但国际上更多的还是提倡和重视纵向的研究。

(六) 研究结果的数量化特征

自科学心理学诞生以来，数量化一直是心理学家孜孜以求的梦想，但在过去，由于受各种条件的限制，心理学研究的数量化特征并不明显。随着科学技术特别是应用数学的发展，20 世纪 70 年代以来，发展心理学研究的数量化程度越来越高，成为发展心理学研究的一大特点。我们曾将这种数量化特征归纳为四个方面。①在发展心理学研究中大量采用多元统计分析。一方面，这是由个体心理结构的复杂性、影响因素的多样性等所决定的，是生态化趋势的要求和反映。另一方面，计算机的出现对于发展心理研究中的多变量设计和多元统计分析技术的采用，起了关键性作用。没有计算机，靠人工是很难完成多元统计分析任务的。②建立模型成为许多发展心理学家的"点金术"。近年来，验证型多元统计技术的出现为人们提供了一种检验其合理性的研究方式，并成为一些研究者常用的研究方式。翻阅发展心理学的权威杂志，采用路径分析或 LISREL 技术验证模型的文章数量越来越多。③数学领域的一些先进的方法或思想日益得到广泛的使用，如模糊数学方法和拓扑原理在发展心理学中的使用。④用数量化的方法改进定性分析，使定性分析更严谨、更具有可比性。这其中典型的例证就是元分析技术的出现与运用。

由此可见，数量化已经成为发展心理学研究的一个重要特征。它对发展心理学的研究水平的提高，对发展心理学的深入确实起到了重要的推动作用。当然，我们也注意到，心理规律的复杂性决定了完全数量化的不可能性，某些过分追求统计复杂化的倾向是应当引起人们重视的问题。

四、对发展心理学未来的展望

我们从研究内容研究体制和研究方法三个方面对发展心理学的近况做了总结后，发展心理学的未来发展方向问题便自然而然地摆在我们面前。对此，我们将从两个方面来回答。

(一) 对发展心理学前途的看法

要回答这一问题，我们首先要清楚发展心理学乃至心理学的现状及其存在的价值。从心理学的现状来看，有一部分人认为心理学已经发展到成熟阶段，可以像物理学那样进行严格的实证研究了(Simon, 1986)；有一部分人则认为心理学是一门危机学科(Leahey, 1980)，研究者各行其是，互不沟通，缺乏统一的思想和衡量标准。为此，他们认为，心理学应当着手理论的整合(Gilgen, 1980)或回到哲学心理学中去(Misiak, 1973)。我们认为，心理学的现状既不那么悲观，也并不如有些人所说的那么乐观。以平常心来看，经过一百多年的发展，心理学确实有了很大的发展，但现在还不能说心理学已经发展到了成熟阶段，这还有待心理学家们共同努力。那么，这种努力的必要性有多大呢？这就要求我们了解心理学存在的价值。我们认为，发展心理学存在的价值至少表现在三个方面。首先，从人类存在的角度说，"认识自己"是永恒的追求。早在古希腊时代，苏格拉底墓碑上就刻有"认识自己"这句名言。从哲学的角度讲，认识世界、认识自己是人类存在的根本目的之一。其次，从人类本能的角度说，"发展自己"是根本需求。使自己更好地发展、与社会协调相处，是人类共同的需要。如何更好地实现这一需要，是发展心理学家的工作重点。最后，大量的现实问题需要发展心理学家去解决。社会的发展一方面提高了人们的物质文明程度；另一方面使个体与环境之间的冲突加剧，心理上的不适应感越来越多。如何进行心理调适，是社会对发展心理学家的要求。由此，我们可以得出结论，发展心理学的前途是光明的。

当然，虽然发展心理学的前景是令人乐观的，但我们还必须重视几个不稳定因素。①过分追求数量化和抽象化的倾向。这种倾向的极端化就是所谓数字游戏，本身很简单的东西结果被装扮得很神秘。②研究的内容过分琐碎，仅凭研究者的个人兴趣。③缺乏理论的整合，只有散在的材料。这些问题如不认真注意解决，就有可能对发展心理学的发展产生不良的影响。

(二) 发展心理学的未来走向

这是一个非常富有挑战性的问题，在此，根据长期的理论和实证研究，从以下四个方面阐述我们的看法。

1. 发展心理学研究中思维方式的变革

如前所述，近年来发展心理学出现了迅猛的发展，这一点突出表现在研究体制和研究方法的进步上。这种进步必然带来发展心理学家的思维方式上的变革，那些适应于静态的封闭体制的思维方式必然向反映整体化趋势的新的思维方式发展，研究者的思维方式将由原来的以还原论和决定论为代表的牛顿—笛卡尔范式向系统论、相对论和辩证法的方向过渡。这种思维方式的变化必将引起发展心理学研究体制和研究思路的更大范围的发展。思维方式的变革历来与科学的体制的突破相呼应。正如库恩(Kuhn, 1968)所说，新范式的出现将给科学带来革命性发展。

那么，发展心理学研究的思维方式将向何方变化呢？我们认为变化至少包括以下三个方面。①从以实体为中心的研究思路过渡到以系统为中心的研究思路。发展心理学以往的研究多是把个体心理看成是一个一成不变的实体或元素，而忽略了其系统性、层次性和动态性。其结果是把复杂的问题简单化，把变化的问题静止化，把立体的问题平面化，甚至线性化。这可能是过去发展心理学发展缓慢的根本原因。科学技术的发展带来的发展心理学研究体制的变化，使系统论的思想必然成为研究者主要的思维方式。采用系统论的思维方式，研究者们就可以对个体的心理实质有更深入、更科学的认识，用系统论的原理指导发展心理学的研究将会得出更为合理的结论。可以预见，系统论原理将成为发展心理学研究者的指导思想。②从对心理现象的唯一性确证过渡到对多样性和不确定性的接受与容忍。把心理当作一个实体来看待时，它的值就是单一的，即在某种特定的背景下，某心理现象具有唯一性,不存在"既 A 又 B"的状况,其典型的表现就是行为主义的心理观。根据这种观点,我们了解了一个行为的状况时,就等于探测到这个行为所代表的心理的本质。但这种唯一性并不是人类心理现象存在的真实状况,个体的心理更多地表现为多样性和不确定性。把系统论原理引入发展心理学的研究之后,研究者们逐渐接受了心理现象的系统性、层次性、动态性和不确定性的特征,开始把发展心理的研究放在一个更广阔的背景中,认真地考虑不同因素、不同结构之间的交互作用,以及个体心理的变化与发展的过程。③在考察心理现象的因果关系时从直接的单一线性联系过渡到多维线性联系,甚至非线性联系。因果关系是整个自然科学赖以存在的基石,自然科学研究的根本目的之一便是探讨事物之间的因果关系。传统的发展心理研究中所探讨的因果关系是直接的单一线性关系,最典型的是行为主义心理学的 S-R 公式。随着发展心理学研究的进展,特别是把系统论原理引入发展心理学研究之后,人们普遍认识到心理现象间不存在单一线性关系,任何心理现象都是系统活动的产物,它们之间的因果关系是非线性的,或至少是多元线性的因果关系。现在在发展心理学研究中流行的多元统计分析就是以多元线性模型为其基本假设的。相信在不久的将来,在发展心理学的研究中,还会出现非线性的分析手段。

2. 发展心理学研究方法的趋势

我们曾在发展心理学研究方法的进展中总结了五个方面的进展,这五个方面将在未来得到进一步的发展。我们要特别强调其中的三个方面,即现场研究的大量采用,研究方法综合程度的进一步提高,研究手段更加现代化。这里,我们仅对现场研究做一点简单的说明:随着生态化运动的兴起,在发展心理学的研究中,现场研究又重新受到重视;可以预计,现场研究(包括自然观察和现场实验)将会得到进一步的发展。在自然观察方面,由于观察手段的不断更新,研究者可以越来越精确地记录观察对象的行为;加上观察理论的日益成型,观察设计的日益精确,使得自然观察在未来发展心理学研究中仍是主要的研究方法之一。现场研究部分地吸收了观察法和实验室实验法的优点,克服了两者的不足,因此,在未来会被广泛地使用。当然,现场研究本身并不是完美无缺的,在未来仍需进一步发展。

3. 发展心理学研究内容的趋势

关于未来发展心理学的研究内容，我们可以用一句话来概括，即研究选题的应用性倾向越来越明显，发展心理学家越来越多地参与到社会生活中去。具体地说，在早期研究中，胎儿发育与优生问题的研究继续得到加强，早期智力开发问题仍是发展心理学家研究的重点问题；在对学龄儿童的研究中，对儿童社会关系的研究、独生子女的心理特点与教育的研究、儿童问题行为的预防与矫正的研究、计算机辅助教学对儿童发展的影响的研究等，将是发展心理学家需要着力研究的课题；在对青少年期的研究中，影响青少年道德形成的因素及道德教育的研究、青少年生理变化的心理反应的研究等将成为研究的重点内容；在对成人期的研究中，发展心理学家将着重探讨社会生活事件对个体心理发展的作用、成年人心理健康的状况与特点、成年人对压力事件的应对机制等问题；在对老年期的研究中，发展心理学家将着重研究老年人的生理老化及其对心理发展的影响、影响老年人衰退的各种因素、老年人的孤独问题、老年人的心理保健问题等。应用性研究多了，为社会服务得多了，发展心理学也就有了更广的群众基础和更高的群众声望。

4. 发展心理研究中更大范围的整体化趋势

当前发展心理学最大的特点是强调该学科与心理学的其他分支学科以及其他学科的联系。神经心理学、社会心理学、教育心理学、健康心理学、临床心理学、生物学、儿科学、社会学、人类学以及其他的学科，既推动了发展心理学发展，又给发展心理学提供了重要思路。

有人预言，21 世纪将是心理学起主导作用的世纪。这对于心理学家来说确实是极富吸引力的。我们有必要认真地思考一下，心理学要成为世纪的带头学科，需要具备什么条件呢？我们认为，心理学要成为世纪的带头学科，就必须在更大范围内实现整体化。我们首先来看这种变化的必要性，从社会发展和人类文明进步的角度说，当物质文明发展到一定水平后，必然要求精神文明的同步发展。人类发展至今天，物质文明已经达到了很高的水平，但精神生活却远远滞后。据 1996 年 9 月 1 日《参考消息》报道，在全世界 50 多亿人中，有 15 亿人患有或曾患有这样或那样的精神疾病。我们必须指出，这个数字有夸大的倾向，但也使人猛醒，如何更好地调节个体的心理健康水平,成为全人类共同面临的重大课题。这个课题理应由心理学家来主要承担。因此,21世纪是心理学的世纪,这句话是有其合理性的。然而,我们承担得起这个艰巨的任务吗?就现有的心理学研究水平而言,它和社会对心理学的期望还有很大距离。要承担起这个任务,心理学必须进行自我改革,加速发展,实现心理学更大范围的整体化。从可能性上看,实现更大范围的整体化是有可能的。首先,经过一百多年的发展,心理学的各个研究领域都积累了相当丰富的资料,为更大范围的整合提供了基础;其次,科学技术的发展为心理学的整合提供了方法论上的借鉴和启发与技术手段上的充实;最后,近年来,心理学特别是发展心理学领域内已经出现了整体化的趋势,这为心理学在更大范围内实现整体化提供了有益的预演。因此,发展心理学在更大范围内的整体化发展是有其必然性的。

参考文献

[1]朱智贤,林崇德. 发展心理学研究方法 [M]. 北京:北京师范大学出版社,1991.

[2]Anderson D R & Bryant J. Childrens' understanding of television [M]. New York:Academic Press,1983.

[3]Collins W A. Interpretation and inference in children's television viewing [M]. New York:Academic Press,1983.

[4]Hustion A C & Wright J C. Children's processing of television:the information functions of format features [M]. New York:Academic Press,1983.

[5]Simonson M R, et al. Educational computing foundations [M]. 2thed. New York:Micmillan College Publishing Company,1994.

坚持在教育实践中研究儿童心理学与教育心理学[*]

一

　　儿童心理学与教育心理学的研究方法是一个有机的整体。它应该包括两大系统：一是儿童心理学与教育心理学的研究方法，二是它们的方法学。前者以儿童心理发展与教育过程中所包含的种种心理现象为研究的对象。后者则以其研究方法为研究的对象。两者之间相互联系，相互制约，相互促进，共同影响儿童心理学与教育心理学研究的科学水平的高低。从目前的情况来看，我们所做的工作大都集中在前者，而对后者则几乎没有给予重视和研究。这是值得注意的。为什么儿童心理学与教育心理学研究方法的探讨显得如此重要呢？这是因为研究方法如同生产工具标志着人类认识自然、改造自然、征服自然的水平的高低一样，代表着科学研究水平的高低。一部儿童心理学或教育心理学的历史，同时也是一部它们的研究方法论的历史。新理论的提出、新成果的取得，无一不与研究方法上的改革、创新密切相关。现在，我国儿童心理学与教育心理学研究水平不高，常常与研究方法的水平有很大关系；而在研究方法上存在的问题，又直接与我们在研究方法学方面重视和研究不足相联系。目前，国外对方法学的研究是比较重视的，不少学者专门从事这方面的研究工作。相反，我们在这方面的工作却比较薄弱。当前，科学技术的迅速发展，无论在理论上、方法上，还是在专门技术设备等条件方面，都为我们提供了使用的可能性。儿童心理学与教育心理学研究上的资料，正反经验和具体的方法（如观察法、实验法、调查法、临床法等）也足可以供我们总结。因此，我们相信，只

---

　　* 本文原载于《北京师范大学学报(社会科学版)》1985 年第 1 期，收入本书时有修改。

要对研究方法和方法学的工作予以高度的重视，就一定能在不远的将来弥补一个个空白，为提高整个儿童心理学与教育心理学的水平做出贡献。

完整的儿童心理学与教育心理学的研究方法和方法学，应该根据当代科学技术发展的特点、趋势，根据整个心理学发展的历史经验和趋势，特别是根据我国儿童心理发展与教育过程中各种心理变化的特点，探讨如何建立儿童心理学与教育心理学研究方法的科学体系。这里，我们认为借用现代科学技术使其研究方法现代化，总结其研究方法的历史演变，指出其研究和研究方法上可能的、有前景的研究领域和发展趋势，归纳概括出各种科学方法固然是重要的。然而，改变今天儿童心理学与教育心理学的现状，必须坚持在教育实践中研究具有我国特色的，且能做到理论联系实际的儿童心理学与教育心理学，这是探讨我国儿童心理学与教育心理学的方向和出发点，也是建立科学的研究方法和方法学的核心问题。

坚持在教育实践中研究有五个方面的好处。

第一，有利于建立起具有中国特色的儿童心理学与教育心理学，克服"拿来主义"。当我们翻看美国的儿童心理学与教育心理学研究，除了引用瑞士心理学家皮亚杰的理论之外，几乎全部是美国自己的研究材料；当我们打开苏联的儿童心理学与教育心理学书籍时，书中有一种强烈的俄罗斯民族自豪感，使我们觉得是在"宣战"，似乎唯有他们的研究材料才是最科学的；然而，当我们看一下自己的儿童心理学与教育心理学，简直令人惭愧。我们有的研究报告，从设计方法到结果，几乎全是模仿外国的。如此下去，哪天才能建立起我们自己的儿童心理学与教育心理学。中国的儿童青少年及其在教育中的种种心理现象有自己的特点，这些特点表现在教育实践中，需要我们深入下去研究。

第二，有利于应用，克服心理科学脱离实际的倾向。我国著名心理学家高觉敷曾提出一个耐人寻味的问题：在我国，心理学为什么那样容易"被一阵风吹垮""被一棍子打死"呢？当然原因是复杂的。"左"倾路线的干扰，确实给我国心理学事业造成了灾难，但根本的原因是缺乏广泛的、雄厚的群众基础。因此，我们的研究要联系教育实际，特别是深入教育实践第一线，要提倡应用，特别是要服务于提高儿童青少年的品德和智力。

第三，有利于探讨儿童青少年心理发展的特点和各类学科心理学的规律。例如，儿童青少年心理发展规律之一——教育与发展的辩证关系，如果不坚持在教育第一线进行自然实验，想获得科学的结论是十分困难的。又如，中小学教育界提出了如何培养数学能力和语文能力的问题，这是很有价值的问题。然而，现有的儿童心理学与教育心理学，特别是学科心理学却缺乏这方面的合适资料。因此，诸如"数学教学心理""语文教学心理"等的建设，必须深入教学第一线进行实验研究才能顺利完成。

第四，有利于引进现代化技术手段，克服单纯的问卷、测验等保守方法的使用倾向。心理科学要现代化，在研究技术手段上，没有电子计算机系统和录像系统甚至脑成像技术是不行的。儿童心理学与教育心理学要合理灵活地使用这些现代化技术手段，必须深入教育实践了解被试，在长期追踪和教育性实验中，选择典型进行录像追踪研究，并编好程序送电子计算机处理研究结果。

第五，有利于坚持实践—认识—再实践—再认识的研究途径，克服经院主义的研究风气。目前我们的研究中，闭门造车的风气还是很浓的。研究者不了解儿童青少年的实际，也不了解教育实践；研究的课题凭主观臆断，过狭又过偏；发表的文章，不仅实际工作者认为不符合实际，而且专业理论工作者也感到莫名其妙。这种经院主义的研究成果，脱离教育实践，毫无应用价值，对心理科学的基础理论建设也没有什么意义。只有在教育实践中，坚持理论来自实践又指导实践的途径，才是科学研究的正确道路。

二

教育实践是儿童心理学与教育心理学研究课题的主要来源。科学地选题是科学研究的前提。科学研究是人类获取新认识的一种认识过程，这种认识过程具有探索性。探索可能是成功的，也可能是失败的，这里有一个能否科学地选题的问题。任何研究课题既规定具体题目和具体内容又有长远与眼前、全局和局部关系的问题。为什么优秀科学工作者的研究一个接一个，而没有经验的人则接受一个任务才考虑一个题目，做完了这个题目就不知下一步做什么了呢？这当然有不少原因。其中带有开拓性的战略眼光深入有关领域的实践之中，去发现科学发展中的生长点，或看准有希望的方向抓住不放，是一个重要的因素。有一定科学理论造诣的人深入实践，可以发掘出"取之不尽、用之不竭"的课题。

儿童心理学与教育心理学的研究课题来源虽多，但总的说来不外乎来自理论方面和实践方面，而更多的来自实践，特别是教育实践。这里，我们丝毫不排斥根据前人的和自己的理论来选题，但教育实践的需要是儿童心理学与教育心理学科学研究选题的一个主要源泉。

目前，教育实践向智力的发展与培养研究提出了许多亟待解决的课题。在这些课题中，有五个方面更为重要。其一，开展教育与智力发展辩证关系的研究。这个问题不仅是当前教育实践迫切要求研究的课题，而且也是心理学的基础理论"教学与发展"的一个重大课题。苏联心理学家赞可夫对此进行了数十年的研究工作，并取得突破性成就。他认为，"教学与发展的问题是教育学的核心问题之一，它同教育科学的一系列其他重大问题都有这样或那样的联系"(《教学与发展》前言)。赞可夫的成就正是他和他的助手坚持在教育实践中研究的结晶。其二，开展辩证思维发展与培养的研究。以往心理学家(包括皮亚杰)认为思维发展经历了感知运动、前运算、具体运算和形式运算四个阶段。形式运算是思维发展的最高阶段。然而我们研究发现，人的抽象逻辑思维并不都是处于同一层次之上的，有形式逻辑思维与辩证逻辑思维。深入教育实践探讨辩证思维的发展与培养的问题，无论对实践还是对理论建设都是有意义的。其三，开展思维品质的特点与培养的研究。思维品质不仅是区分超常、正常和低常智力的指标，而且也是开发智力和培养智力的突破口，过去我们曾对此进行了论证(林崇德，1984)，这里不再赘述。其四，开展认知与非认知因素之间辩证关系的研究。教育实践告诉我们，要从整个心理活动的全貌去探讨学生的认知或智力发展的状况，割裂开认知与非认知(情感、意志、动机、兴趣和性格等)的关系，单纯地去探索认知的、智力的特点，必然要走进死胡同。其五，开展以语文、数学、外语三科为核心的各类学科心理学的研究。我国是人口大国，中小学生数以亿计，我们的教师整天从事着各科教学。然而，我们还没有一本自己的学科教学心理学书籍，连像样一点的语文能力和数学能力培养的心理科学依据都拿不出来，这与我们这样的大国是很不相称的。

同样的，教育实践向品德的发展与培养研究也提出了大量亟待解决的课题，其中四个方面更为突出。其一，关于道德认识、道德情感、道德意志行为之间的辩证关系的问题。在我国的品德心理研究资料中，关于道德认识的占绝对的优势，但关于道德情感和道德意志行为的研究却寥寥无几。品德发展质变的主要标志不在于认识，而在于行为习惯的变化。因此，品德研究要突破，不能靠蜻蜓点水式的研究，必须要深入教育实践。其二，如何树立道德信念和恢复党的思想政治教育的崇高威信之间关系的问题。我们把道德知识变成个人行动的指南与原则，坚信它的正确性，并引起种种的情感体验，就出现了道德信念。道德信念是道德动机的高级形式，它可以使学生的道德行为表现坚定性与一贯性，从而成为品德形成中的关键因素。学校思想政治教育遇到的种种困难，如何恢复我们党的思想政治教育的崇高威信呢？开展道德信念的研究是一个重要的途径。其三，理想、动机、兴趣的发展及其相互关系的问题。绝大多数中学面临着如何调动学生学习积极性的问题。这首先应该抓理想，抓方向；要进行理想教育，其中重要的一条是激发中学生的学习动机；不激发学习动机，学习就无动力，任何理想教育也都会落空。要激发学习动机，培养良好的兴趣就显得格外重要，因为兴趣是学生学习的内在"激素"。因此对理想、动机、兴趣的发展及其相互关系的研究是有重大意义的。其四，青少年不良品德及违法犯罪的问题。第二次世界大战以后，青少年品德不良和违法犯罪滋长蔓延，已成为国际性的社会问题。我国在20世纪80年代也开始觉察到青少年品德不良和违法犯罪的严重性。品德不良和违法犯罪是个社会问题，但其中也有大量的心理学的问题。深入教育实践研究青少年品德不良和违法犯罪的心理特点，可以为挽救那些心理畸形发展的孩子提供一些心理科学的依据。

这些课题，是我国当前儿童心理学与教育心理学带有方向性的和根本建设性的重要研究内容。对这些课题的深入探讨，将出现一个接一个的题目。如果我们对这些问题有一定程度的解决，那么我国的儿童心理学与教育心理学的建设将会呈现崭新的面貌。

当然,我们强调研究课题主要来自实践,但并不排斥理论。来自实践的课题选定后,仍需查阅文献,学习有关的理论。这是因为:一则可以避免与前人的研究完全重复;二则可以吸取别人的研究经验,以便更好地确定研究范围,设计研究方案;三则可以发现相关联的问题,以便研究时一并解决;四则可以获得一些对比性资料,以助研究成果的解释。

三

在教育实践中研究儿童心理学与教育心理学,有助于我们对各种研究类型的选择。在研究之前,常常由于研究的时间、被试、研究人员以及研究装备等条件的不同,而有不同的研究类型。选择研究类型和安排好研究中的一系列技术措施,是进行研究工作时应当考虑的重要问题。

(一)纵向研究和横断研究

从研究时间的延续性来说,心理学研究可以区分为纵向研究和横断研究。

纵向研究就是在比较长的时间内,对被试心理进行有系统的定期的研究,也叫作追踪研究。这种研究要求在所研究的发展时期内反复观察和测定同一组的个体。因此它的优点是能系统地、详尽地了解心理发展变化的连续过程和量变质变的规律。但纵向研究却用得不多,其原因有三:第一,取样的减少。随着研究时间的延续,被试可因各种原因而失掉;第二,反复测定,可能影响被试的发展,影响他们的情绪,从而影响到某些数据的确切性;第三,时间限制的普遍性,即长时期追踪,要经历时代、环境变化的动荡而普遍地导致变量的增多。

横断研究就是在同一时间内对某一年龄(年级)或几个年龄(年级)的不同被试的心理水平进行测定并加以比较。这种方法的优点是能够在短时间内找出同一年龄(年级)或不同年龄(年级)心理变化的不同水平或特点,并从中分析出发展规律。但它毕竟时间短,不系统,比较粗糙,因而不能全面反映问题,或不能获得全面的、本质的结论。

如何在研究中使这两种研究方法扬长避短呢？根本的出路是深入教育实践，在教育实践中灵活地运用纵向和横断两种研究方法，使其互相配合，取长补短，并考虑多种变量，特别是教育因素的影响，这就是我们提出的动态研究方法（林崇德，1981）。我们对小学儿童数学运算中思维品质的发展与培养的实验研究，就采用了动态方法研究。我们认为，靠静止的、一两次或几次的横断测定的研究是不十分可信的。必须把横断研究和纵向研究结合起来，使整个研究处于动态之中，即考虑到教育与心理发展的辩证关系，特别是通过教育在儿童青少年心理发展中的主导作用和决定性影响来研究他们心理发展变化，既分析他们心理发展的一般趋势，又分析他们的潜力和可能性，这样才能揭示他们心理发展与培养的真正的实际，获得实事求是的可靠的数据。

(二)个案研究和成组研究

从被试选取说，可以对一个或少数几个被试进行个案研究；也可以将一组或多数被试当作一个组群进行研究。个案研究的优点是便于对被试进行比较全面深入的考虑；缺点是代表性比较小，因而在一定程度上影响科学性。成组研究因为取样较多，可以进行统计处理，科学性比较强，但不利于进行个别深入的研究。

是采用个体的或少数的个案研究好，还是采用集体成组研究好？这在国际心理学界是有争论的。深入教育实践，在教育实践中研究就会使我们认识到，心理活动既是复杂的，又是发展着的。在心理发展变化的研究中，被试的年龄越大，人数越应该多一点。相反地，被试的年龄越小，特别是学龄前儿童心理的研究，更需要用个案研究的方法。同时，教育实践给我们提出了更重要的问题是在研究中要考虑到这两种研究的结合。特别是在个性（品德、性格等）的研究中，更应提倡将这两种方法有机结合。既用个案法，做详细的追踪研究，又对带集体性、成组的"个案"做统一分析。我们把这种研究方法叫作集体性、系统性个案分析法。我们曾用了10年的时间，系统地追踪100名品德不良的青少年，逐个建立个案，并做了统计处理，研究了他们心理发展变化的趋势。用同样的方法我们曾研究了一个正常教学班的学生，不仅获得了科学研究的资料，而且也使被试班级年年被评为先进班集体。我们认为，在复杂心理活动，特别是对个性的研究中，这是一个好方法。这种方法的好处有三：其一，集体性、系统性个案分析是"仔细的"、系统的个案分析和集体材料的结合，既有纵深研究，又有可靠的概括性。其二，复杂的心理活动，特别是个性，不是一两个刺激就能引起一个反应。集体性、系统性个案研究时间上较长，工作较细，能反映出在教育条件下心理活动的变化过程，有较高的科学性。其三，集体性、系统性个案分析法，采用的是心理学综合研究法，它综合地使用观察、调查、谈话、作品分析和教育性的自然实验，是一个比较全面且行之有效的办法。

(三)个人研究和集体研究

从研究人员说，心理学的研究可以是个人独立进行研究，也可以是几个人或多数人协作进行研究。这两者各有优缺点。

我们认为，一个心理学工作者应该独立设计搞研究。他的学术水平越高，通过个人的设想越能更好地对某一问题进行创造性探索。但是，个人研究取样的代表性往往不够理想，在人数或在地区上有时有一定的局限性。集体搞研究，取样多，被试多，有代表性，但研究工作不够深入，研究方法比较简单，研究的统计数据、结果也比较粗。因此我们认为个人研究和集体研究都应该进行，前者可以往深发展，后者可以取得一般性、广泛性的资料。

我们在教育实践中进行研究是采用个人研究和集体研究结合的形式，专业工作者和教育实际工作者结合为一个研究集体。这样，既有专业工作人员独立的、创造性的设计，又有实际工作者大量的取样，使研究不管从数量上还是从质量上都获得提高。近几年来，我们坚持与教育实际工作者相结合共同开展实验研究，从一个实验班发展到近百个实验班；从对小学儿童数学能力发展的探讨，扩展到研究中小学语文、数学、外语等多种能力发展和培养的实验，并初见成效。我们体会到，坚持在教育实践中研究，研究队伍越来越大，我们的路将越走越宽。

(四)常规研究和采用现代化手段的研究

儿童心理学与教育心理学的研究可以采用常规研究技术，如观察、谈话、测验式的实验、作业式的实验等。皮亚杰的研究方法，就属于这一类。他依靠这些常规研究手段，取得了很大的成绩。

随着现代化科学技术的发展，很多心理学家在研究中都采用了现代化的技术装备，如录音系统、录像系统、电子计算机、现代化观察室、实验室等。这对儿童心理学与教育心理学的研究是有帮助的，特别是电子计算机系统和录像系统的应用。计算机系统在心理学实验中，一是用于操作实验，控制刺激，记录反应；二是用于建立数据系统，存储数据；三是用于分析实验结果的数据和统计处理。录像系统主要用于对儿童青少年的活动、行为的观察、记录，及以后的深入细致的分析。如果有条件，在研究中采用这些现代化的实验手段是必要的，这不仅使研究更细致、更深入，缩短时间，提高实验的精确度和科学水平，提高工作效率，而且使某些本来难以研究或不可能研究的课题能够展开。对这些技术手段，我们是提倡采用的。

有人将采用现代化手段的研究和坚持在教育实践中研究对立起来，这是没有必要的。现代化技术手段，如录音、录像和电子计算机，照样可以应用于教育实践的现场，因为儿童青少年的心理在社会的活动中会自然地表现出来。在自然性的教育、实际的场所，能了解他们真实的心理活动的各种表现，使研究具有客观性和实践性。即使现代化技术手段仅限于实验室使用，不能用到教育实践中，我们可以将实验室实验结果与教育性自然实验结果相对比，互相补充，相辅相成，这又有什么不可以的呢？要是没有现代化装备，是否在教育实践中搞研究水平就低了呢？也不见得。没有这些设备，我们也可靠常规研究手段取得研究的积极成果。

四

儿童心理学与教育心理学研究的基本方法有观察法、实验法及其他一些辅助性方法。教育实践中的研究方法应以自然实验为主要形式。

自然实验兼有观察和实验室实验的优点。它的一大特点就是把实验研究和日常活动密切结合。也就是说，自然实验是在日常的教育活动的情况下，对某些条件加以必要的控制和改变而进行观察。这是把研究跟一定的教育和教学过程结合起来，从而研究儿童青少年在一定的教育和教学条件影响下的某些心理活动形成和发展的规律。这样,自然实验的优越性也获得了显示:①它进行起来比较生动和自然,而且所得的结果比较切合实际,也容易将研究的成果付诸实践;②可以扩大被试的数量,在统计上可以获得比较可靠的结论;③不受实验室条件的限制,使研究工作开展得比较方便和灵活。

我们认为,在一定意义上说,自然实验是儿童心理学与教育心理学研究的主要方法。它主要从以下两个方面来研究心理的发展变化。

一是研究各种心理活动发展的趋势与等级(水平)。例如,为了研究思维过程的发展变化,选出各种对象——性质、颜色、几何图形等,进行比较、概括。又如,在学习活动中,可以显露出儿童青少年思维品质的速度、灵活程度、深刻程度、独创程度和批判程度等方面的个体智力特征或差异。

二是研究各种心理活动,特别是良好的个性品质和智力或能力的培养,揭示教育与心理发展的辩证关系。在采用自然实验研究心理活动及培养时,一般都要把被试划分为若干组,至少是两个等组:一个作为实验组,另一个作为控制组。控制组要完全保持正常的情况,毫不受实验因素的影响,其功用只是为了实验之后和实验组进行对照或比较。例如,我们在小学儿童思维品质培养的实验研究中(林崇德,1983),首先确定了实验班与控制班,这两种班的被试均系就近入学,都是从儿童一入学就开始追踪研究。研究前进行智力检查及语文与算术两种考试,成绩都无显著的差异(经过 x^2 考验,$p > 0.1$),组成一一对应等组;使用教材相同(都是全国通用教材);在校上课,自习时间相同,学生家长职业、成分大致相仿,没有发现存在任何特殊的家庭辅导或增加练习量的现象。所不同的是实验班的教师能与我们积极配合,突出教学方法的改革,以利于实验班儿童在运算中思维品质的培养;而控制班按照一般的教学方法进行,即不使用实验班的教学方法。通过几年的实验,实验班不仅与控制班在思维品质方面显示出显著的差异,而且有的实验班学生在不留家庭作业的情况下利用三年或四年的时间就完成了小学数学课程,且以 93 分或 94分的成绩完成了升初中的试题。近年来,我们的中小学语文能力培养实验班,通过贯彻以阅读为中心,抓好写作能力发展的三个阶段,不仅在听、说、读、写的能力上超过同年级的控制班，而且能提前完成语文的教学任务。从中看出：在教育实践中进行研究使用合理的教育措施，把握客观因素的辩证关系，能挖掘儿童青少年智力的巨大潜力，并促进教学质量的提高。

我们提倡自然实验作为主要研究方法，但并不排斥其他方法，特别是实验室实验。自然实验和实验室实验往往要相互配合，交替使用，这才组成完整的实验法。实验法对儿童心理学与教育心理学的研究工作具有特殊的功用。在内容上，研究者可以主动地创造一定的条件，观察被试心理活动的一系列外部变化，而不是被动地等待某种心理过程的偶然发生；在研究过程中，研究者可以创造性地使用一定的设备、措施，以避免意外条件的干扰作用；在结果方面，研究者可以比较精确地获得可靠的资料，以便对心理发展变化的特点、条件、原因及差异进行系统的分析。

上面，我们从四个方面谈了自己在教育实践中研究儿童心理学与教育心理学的一些不成熟的看法。我们认为，如果儿童心理学与教育心理学乃至整个教育科学的研究与教育实践相脱离，不去为提高教育与教学质量服务，将无益于教育的改革，也会失去科学研究的意义和价值。

再论坚持在教育实践中研究儿童心理学
与教育心理学 *

《北京师范大学学报》1985 年第 1 期曾发表我的《坚持在教育实践中研究儿童心理学与教育心理学》一文。两年来，我曾征求心理学界和教育界一些同行的意见，又阅读了一些新资料，继续深入实际做了一些实验研究，有些新的认识，想再做些补充。

一

坚持在教育实践中研究儿童心理学与教育心理学，是国际儿童心理学与教育心理学研究的一个新趋势。现代儿童心理学与教育心理学的研究，是以科学方法的发展为基础的。其实质是在于关心严格研究的客观性，强调准确地观察事件、行为和语言，从而更科学地分析心理、意识的特点。儿童心理学与教育心理学的研究方法处于不断演变中。追溯既往历史，它的发展经历了哲学思辨到经验描述，再到科学实验三个阶段。今天，儿童心理学与教育心理学的研究，正处于新时代的开端，儿童心理学和教育心理学的研究能更客观、更真实，即能连接儿童与青少年真实的世界。

在西方心理学界，出现一种叫作生态学运动。所谓心理学研究的生态学运动，是指儿童心理学与教育心理学研究领域中出现的一种强调在活生生的自然与社会的生态环境中研究被试心理学特点的普遍倾向。

我们知道，20 世纪 60 年代兴起了实验儿童心理学和实验教育心理学。随着现

* 本文原载于《北京师范大学学报（社会科学版）》1987 年第 1 期。

代科学技术的迅速发展和研究技术的改进，许多原来运用在成人和低等动物身上的严格的实验室方法，也运用到了婴儿身上。实验室实验是在特别创设的条件下进行的，可以严格地、有效地控制各种条件与变量，并能有目的地改变其中一个作为实验变量的条件，从而去考察由此引起的心理或行为的变化。研究中还可以充分利用仪器设备，准确地记录条件与反应改变的情况，因此，它可以确定事物之间的因果联系，结果精确且易于检验。无疑，实验室实验广泛运用于儿童心理学与教育心理学研究，无论对于儿童心理学与教育心理学学科本身的建设还是对于提高其研究的科学水平，都起了积极的推动作用。然而，随着研究的增多，实验室实验固有的缺陷也日益显露出来，也就是研究情境的人为性与客观实际相脱离，由此，其研究结果的有效性和普遍性也受到严重影响，难以说明实际生活中儿童与青少年心理变化的特点和水平。对此，西方不少心理学家做了评价。布朗芬布伦纳（U. Bronfenbrenner）自 1979 年起已经评论了这种研究，他表示："强调严格可以获得优美的实验设计，但给研究范围带来了局限性。"这个局限性是从许多这类实验中，包括非家庭的、非学校的、人为的和缺乏生活的，以及所谓概括为别的背景困难的无用行为而得出来的。麦卡尔（R. B. McCall）也有说服力地指出，我们理论和研究的结果，必须冲出实验室的围墙："如果我们不是在对真实家庭、真实学校和真实环境中对真实被试生长的研究，那么我们的知识还有什么价值呢？"类似的陈述在社会性和品德研究、复杂的心理现象研究，及环境与教育领域研究中是屡见不鲜的。

儿童与青少年是在实际自然与社会生态环境中成长起来的，而不是在实验室中成长起来的。他们的心理发展不可避免地会受到社会环境中各种因素的影响，而这些因素之间又是相互作用、相互影响的，是一个完整的系统。儿童与青少年心理发展水平、特色和变化，都是该系统中各因素相互作用的综合效益。因此，在儿童心理学与教育心理学的研究中，只有将儿童与青少年放到现实的社会环境中加以考察，从他们和社会的相互作用中、从社会环境中各因素的相互作用中加以分析，才能真正揭示他们心理变化的规律。对此，西方心理学界的研究者们已予以了高度的重视。他们普遍认为，只有走出实验室，到现实生活中去，在真实的社会环境、学校环境和家庭环境中研究儿童与青少年心理发展和变化，才能保证儿童心理学与教育心理学的研究结果有较高的生态学效度，即接近现实生活中儿童与青少年的实际，才有较高的应用价值。这样，便形成了一种强调从生态学角度研究儿童与青少年心理发展和变化的普遍思想倾向，而研究方法、研究技术和研究手段的发展和提高，则使这一思想倾向变为现实。目前，在儿童心理学与教育心理学的各个研究领域中，特别是在社会性和品德的研究领域中，密切结合儿童与青少年生活、学习实际进行的现场研究、自然实验及较高水平的观察方法应用越来越普遍，日益成为重要研究方法。由于实验研究设计水平的提高和有关统计方法的改进，使得其研究结果既切合实际，有较高的生态学效度，也具有较高的科学性。

结合教育实践研究儿童心理学与教育心理学，并使其成果为教育实践服务，这是苏联心理学一个重要的、普遍的指导原则。20 世纪 60 年代至 80 年代，苏联心理学界组织普通心理学、年龄(即儿童)心理学、教育心理学等领域的专家，用人际关系层次测定的观点，对个体获得系统的(个性的)特征的规律性、人格化过程的规律性，从理论和实验两个方面进行深入的综合研究。在艾利康宁(Д. Б. Элъконин)的"年龄阶段—主导活动类型"的理论和包若维奇(Д. Э. Божович)的"活动—动机系统"的理论指导下，对年龄(儿童)心理学与教育心理学进行了富有成效的研究，这些研究的一个重要特点是与教育实践相联系，并强调应用。深入教育实践研究年龄(儿童)心理学与教育心理学的主要方式是进行教育实验或自然实验。赞可夫(Л. В. Занков)的"教学与发展"实验就是一个杰出的代表，他的实验时间长达 22 年(1955—1977 年)，其研究规模扩及 8 个加盟共和国及俄罗斯联邦共和国 52 个州，共 1200 个教学班；其影响相当大，为发展性教学提供了科学依据。

由此可见，坚持在教育实践中研究儿童心理学与教育心理学，是一个国际性的课题；这个课题的提出及随之积极的行动，是儿童心理学与教育心理学研究的一个必然趋势。

二

坚持在教育实践中研究儿童心理学与教育心理学，其方法和手段决不会落后。

随着现代科学技术的发展，心理学的研究方法也在进步。结合教育实践进行的研究，或生态学运动，特别是自然实验的方法及其手段当然也趋于现代化。其表现为以下四点。

(一) 强调两种效度

现代儿童心理学与教育心理学的重要进展之一，是强调研究的内部效度和外部效度。

所谓内部效度，就是一项研究得出行为变化产生于操作变量的变化的结论的确定性程度。研究表明，影响一项研究的内部效度因素是的很多的。①历史因素，即任何发生于前测和后测之间的非实验变量的环境事件，都可能引起前测行为和后测行为的变化。②测量因素，即重复测量或参加测验，可能引起行为方面的一些意外变化。③测量手段因素，任何测量手段方面的变化，如观察者的精确性、测验的效度、计时器校准等可能随时间变化而引起反应分数的变化。④统计回归，即从数理统计原理可以预知，在前测时处于高低分两个极端的被试在后测中会向中间移动，从而影响实验结果。⑤选择因素，即实验前两组之间的任何原有的差异都可能影响实验结果的可靠性。⑥选择—成熟相互作用，即实验前未对被试进行随机分组，而这些被试在前后测的时间间隔内的成熟水平不同，从而影响实验结果。⑦处理扩散，即不同处理组中的被试相互交往，使实验效果减弱，对照组受到影响。⑧处理的补偿平衡，即当一种实验处理被试如有用的或所期望的东西时，实验情境外的人可能不适当地为其他被试提供类似的经验，从而影响实验效果。

所谓外部效度，就是指研究结果的一般化(普通化)到其他情境或总体的程度。研究表明，影响外部效度的因素主要有很多。①对测量的敏感性，如为确定被试初始水平而进行的前测，可能改变被试对实验变量的敏感性，并不适当地改变行为操作，从而影响研究结果。②处理间的交互作用，如果一个被试接受两种以上处理，则先前处理可能影响随后处理。③选择—处理的交互作用，选择一个实验的被试的程序可能有利于或不利于一些被试，因此处理效果可能就不能概括其他团体。④背景—选择的交互作用，在一个实验情境中证实的一种操作变量的效果，在另一背景中可能失真。⑤历史—处理的交互作用，当实施的实验处理与一些无关的环境互相重合时(如在一个节日前的一天研究儿童)，则可能使实验结果的一般化程度受到影响。⑥实验者效应，即实验者身上的一些特点或行为会影响被试，从而影响实验结果。

要考虑这些标准的合理使用，必然要引起实验室实验研究如何跟自然实验相结合、相统一的问题，必然会走向教育实践，去研究真实且活生生的儿童与青少年。

由于强调在教育实践中研究，特别是自然实验研究的内部较度和外部效度的问题，因此研究者日益增加了对影响内部效度和外部效度因素的了解和在实验设计中为克服这些因素而采取了种种有效措施。这使得整个研究的科学水平会有一个普遍的提高。

(二)注意准实验的设计

我们提倡在教育实践中研究儿童心理学与教育心理学，主张在儿童与青少年的实际环境、学习情境和生活现场中的研究其心理特征及变化规律。由于现场或实践中的研究有许多优于实验室研究的特点，结果接近实际、真实，有较高的应用价值，因而其作用越来越大。现场研究或在教育实践中研究的广泛运用，与实验设计技术，特别是库克和坎贝尔提出的准实验(quasi-experimentation)设计技术的发展是分不开的。

众所周知，儿童与青少年的心理特征及在教育过程中的种种心理现象，同教育实践、社会环境、文化背景是密切相连的。如果在研究中排除了客观因素的巨大影响，就不可能得出符合实际的真实有效的结论，从而使儿童心理学与教育心理学失去生命力；而在错综复杂的客观现实因素的影响下，进行严格控制变量的实验又是极其困难或不可能的。此外，任何一门科学都力求探明自变量和因变量之间的因果联系，而探明因果联系的最有效手段正是科学实验。放弃了实验，也就是放弃了因果分析的最有力工具。这样，心理学的研究就处于两难的境地之中，为摆脱这种两难的境地，于是诞生了准实验设计思想和具体方法。

准实验设计，是指在实际情境中不能用真正的实验设计来控制无关变量，但可以使用真正实验设计的某些方法来计划收集资料，获得结果。准实验的条件控制不如实验室实验严格。它是不可能在实验室的条件下进行的，所以研究者必须对哪些变量是影响结果的无关变量有一个清楚的认识。由于准实验所运用的是现成的群体，其主要特点是被试不是被随机地安排到不同条件之下去的，因此它一般不涉及控制组，而较多地运用已经形成并可作为研究对象组合的比较组。准实验设计类型有不少种，如非对等的比较组设计，不加处理的比较组的先后测设计、间隔时间序列设计、重复处理实验设计和循环法(轮组)设计，等等。

当然，准实验设计还存在不少局限性，有待研究时注意并加以克服。但它作为一种新的方法论思想和研究技术，已显露出它的生命力，其本身也会在实践中日渐成熟和完善。

(三) 观察手段的改进

在教育实践中研究儿童心理学与教育心理学离不开观察法，自然实验以自然观察作为重要的手段。

观察是一门专门的技术。一个完善的观察要求研究者必须注意到：明确目的，了解意义，情境自然，客观进行；善于记录，便于整理；正确理解，做出由表及里的分析。随着科学技术的发展，在观察中为了更精确地研究被试的心理特点、变化，研究者总是采用一系列观察的手段，如照相、录音和摄像等。

近一二十年，观察方法(手段)的复杂化已经在急剧性的提高。20世纪60年代末的应用行为分析运动和20世纪70年代末的研究者重视操作生态结构之后，现代观察法出现了三个特征：①观察的规则和程序越来越复杂和详细；②重视信度、效度的统计，从而提高了观察内容及其数据的可信性；③观察器材越来越现代化。这样，就提高了研究的严密性和正确性。

坚持在教育实践中研究儿童心理学与教育心理学，必然要进行现代自然实验研究，应用现代化的观察手段，这是科技发展的必然趋势。在教育实践的研究里，在现代自然实验研究中，许多心理学家采用了现代化的技术装备，如录音系统、录像系统、电子计算机等，特别是录像系统、电子计算机系统与认知神经科学技术。录像记录的最大长处在于其为研究者提供了把握特定事件并能对它重复观察的可能性。由于使用电子计算机和专门为现代观察研究设计的自动记录仪器、分析仪器，因此测量指标及数据很快地被研究者所掌握。这样，就有利于对被试的活动、行为、言语的观察和记录，及事后的深入细致的分析。从而促使儿童心理学与教育心理学的研究手段现代化。

(四)重视因素分析

现代科学方法一个重要目的是分辨因果关系。按传统方法，心理学研究的结论按实验操纵的意思，将观察数据最初做描述归类，充其量做些有启发性情境归类。坚持在教育实践中研究儿童心理学与教育心理学，由于突出其真实性，因此问题就复杂了。

在儿童心理学与教育心理学的研究中，影响被试的心理发展变化的因素不是单一的，而是多种多样的。具体包括遗传因素，生理成熟因素，营养因素，社会、学校、家庭等环境、教育因素，实践活动等客观因素，以及内部矛盾或动力的主观因素等。其中每一个因素又可以分为许多不同的方面。所以，传统的儿童心理学与教育心理学研究在取用单因素分析方法进行统计处理时，总是要通过控制所研究的某一因素以外的其他因素，来考虑该因素对被试心理变化的影响。然而，这种单一因素分析法在儿童心理学与教育心理学研究中却存在严重的缺陷，影响了研究结果的正确性、科学性。其一，变量的控制有时是不可能的；其二，从系统论整体观的角度来看，有时变量的控制是无意义的或是错误的；其三，从整体观看，影响心理变化的各因素的不同组合，也可能会使某一影响因素产生不同的作用。因此，孤立地考察某一因素，有时是没有意义和价值的。

在教育实践中研究儿童心理学与教育心理学，如用现代自然实验研究时采用的统计技术应该是因素分析。因素分析是一种统计技术。它的目的是从为数众多的可观测的变量中概括和推论出少数的因素，用最小的因素来概括和解释最大量的观测事实，从而建立起最简洁、最基本的概念系统，指出事物之间最本质的联系。因素分析的方法是很多的，主要有多因素的回归分析、判别分析、聚类分析和正交试验等。由于因素分析所需的庞大繁多的计算非人力所及，致使已有半个多世纪历史的因素分析长期得不到广泛的运用。然而，随着电子计算机技术的发展，因素分析技术也得到了较大发展。结合教育实践所研究的现代心理学，如在自然实验中，因素分析技术已获得初步的应用。

由此可见，是否在教育实践中研究儿童心理学与教育心理学，同研究的方法和手段的水平高低，是两回事。随着科学技术的发展，只要引入儿童心理学与教育心理学里边来，坚持在教育实践中也照样可以应用，这样也必然地使结合教育实践的研究水平水涨船高。因此，如果有条件，在儿童心理学与教育心理学的研究中，采用上述种种现代化手段是必要的。它不仅使研究更深入、细致，缩短时间，提高教育实践中研究课题的科学水平，提高工作效率，而且能使我们对某些本来难以研究或不可能研究的课题开展研究。对这些，我们是应当提倡采用的。

然而，这里有两个倾向必须克服。一个是过多地强调上述的条件，以为没有上述的条件，就不可能取得教育实践研究(如自然实验研究)的积极成果。这是不对的。因为在目前的条件下，儿童心理学与教育心理学还离不开常规研究。另一个是忽视实验室的实验研究，似乎只要我们坚持在教育实践中研究，就可抛弃实验室实验。这也是错误的。因为实验室实验是儿童心理学与教育心理学的一种重要方法，有些课题必须通过实验室实验进行研究。在教育实践中进行研究应该和实验室研究统一起来。我主张把在教育实践中所研究的一些关键的课题引入实验室，以提高其严密性和精细性。

<h1 style="text-align:center">三</h1>

坚持在教育实践中研究儿童心理学与教育心理学要有切实可行的实验措施。

要使儿童心理学与教育心理学的研究成果作为教学和教育工作的科学依据，一个关键的问题是，要有促进儿童与青少年心理发展的教育实验的措施。

在这个方面，上面曾提到的赞可夫为我们树立了典范。赞可夫的发展性教学是一项坚持在教育实践中进行的儿童心理学与教育心理学的研究。他的研究的出发点是对传统教学理论的批判，因为传统教学的重点，只是放在如何使儿童掌握现成的知识及概念上，而不重视学生的智力发展。针对传统教学中存在的实际问题，他开始教学实验的研究。他的实验研究的核心问题是发展问题，他强调"应当系统地、有目的地在学生的发展上下功夫"。他写道："教学的安排好比是'因'，而学生的发展进程好比是'果'。"赞可夫是按照三条线索来研究儿童与青少年心理、智力发展的，这就是：观察力、思维能力和实际操作能力。他强调在各科教学中要始终注意发展学生的逻辑思维，培养学生思维的灵活性和创造性。赞可夫的教学实验的主要思想是，以最好的教学效果来达到学生最理想的发展水平。体现这一思想并指导各科教学工作的是五条教学论原则，即高难度、高速度、重理性、理解学习过程、对于学困生要下功夫。伴随着这五条原则的是一系列的具体措施。赞可夫通过心理学实验，培养了一大批骨干教师，且对苏联的学制进行了改革。赞可夫在教育实践中所进行的儿童心理学与教育心理学的研究之所以成功，与他所制定的五条教学论原则及其措施是分不开的。

我们一直在从事中小学生语文能力与数学能力发展和培养的实验研究。这正是在教育实践中所研究的儿童心理学与教育心理学的一个课题。这个课题能够被推广，特别是小学语文能力与数学能力发展和培养研究已进行了多年，且有 20 多个省、自治区、直辖市的合作者，是因为我们的实验研究有统一的要求、方法、原则和措施。

第一，语文改革突出听、说、读、写能力的培养。在充分而全面认识语文的教学目的的基础上，抓好阅读这个中间环节，抓好作文教学的三个阶段 [口头表达阶段，从说到写、从读到写（仿写）两个过渡阶段，独立写作阶段]；处理好德、智、体、美、劳的关系，逻辑思维与形象思维的关系，听、说、读、写的关系。在语文能力培养的实验研究中，我们从增加信息量、增大密度、加快节奏、变通教法、讲求效果入手，并采取具体措施，即从课时安排、教材处理、教法运用、听说训练、读写训练、课外阅读、课外小组、课外活动 8 个方面对中小学生的语文能力加以训练。

第二，数学改革突出思维品质的培养。在充分而全面认识数学的教学目的基础上抓好以概括为基础的开放性结构系统的数学能力的培养，也就是把数学能力看成三种能力（运算能力、空间想象能力和逻辑思维能力）与五种思维品质（敏捷性、灵活性、深刻性、独创性和批判性）的统一整体来培养。在数学能力培养的实验研究中，我们注意抓以下几点。①激发动机，发挥学生的主观能动性，使学生产生学习数学的需要，因此在实验班的数学教学中，注意讲清目的，使用讨论式和启发式教学方式。②重视概括能力的训练，将数学的概括能力作为数学能力的基础来培养，因此在实验班的数学教学中，注意抓小结、系统化和结构化。③把思维品质作为数学教学的突破口，认真找思维品质的具体表现，如一题多解、一题多变（灵活性），善于提出独特、新颖的解题方法（独创性），正确而迅速地运算（敏捷性）等。④与"双基"（基本概念、知识，基本技能、技巧）教学结合起来，使智力有其知识、技能的基础。

为什么在教育实践中研究儿童心理学与教育心理学要有切实可行的措施呢？因为在教育实践中研究的方法一般以自然实验为主要形式，在采用自然实验研究心理活动及其培养时，通常都要把被试划分为若干组，至少是两个组：实验组与控制组。实验组正是用一定的切实可行的措施进行实验研究。实验组与控制组最后的差异正是说明实验措施的功能，从而说明合理适当的教育措施，把握客观诸因素的辩证关系，挖掘儿童与青少年心理发展变化的潜力，并服务于教育和教学，促进教学和教育质量的提高。

上面，我又从三个方面补充了坚持在教育实践中研究儿童心理学与教育心理学的理由。我始终认为，如果儿童心理学与教育心理学乃至整个教育科学的研究与教育实践相脱离，不去为提高教育水平与教学质量服务，将无益于教育的改革，也会失去科学研究的意义和价值。

发展心理学的现实转向[*]

一、引言

早在几十年前，朱智贤教授（1979，1982）在其《儿童心理学》这部经典教材及其他著作中就指出："我国儿童心理学是正在发展中的科学。我国儿童心理学工作者的总任务是：在儿童实际工作者和儿童理论工作者共同努力下，建立一个既能吸收、融合古今中外一切优秀的实践经验和科学理论，又能有效地为我国各项儿童事业服务的、具有中国特色的、现代化的儿童心理学。"朱智贤教授在这段关于学科任务的纲领性论断中，突出强调了理论与实际结合的重要性，强调了儿童心理学为中国社会现实服务的应用性质。改革开放以来，我国的儿童心理学或发展心理学事业不断繁荣，然而，离真正完成朱智贤教授所确定的任务还有很长的路要走。我们特别忧心的是，当今发展心理学研究中一些不妥的观念和做法，可能会让这个学科偏离正确的道路。比如，学术研究日益"书斋化"而缺乏对社会现实的关照；研究问题日益"书本化"而少有生活气息；一些学者以"国际化"或"与国际接轨"的名义而无视中国的实际和本土轨道；在研究方法上过分追求"量化"而使研究近似数字游戏；很多研究貌似"精细化"而实则是"碎片化"。在这种背景下，要实现朱智贤教授所确立的学科任务或目标，我们认为当前尤其应该强调发展心理学的现实转向：中国的发展心理学必须面向中国的社会现实需求，面向各种实际问题的解决，加强应用研究和研究成果的应用。

---

[*] 本文原载于《心理发展与教育》2010 年第 1 期，另一作者为辛自强。

二、发展心理学现实转向的国际学科背景

儿童心理学自诞生至今已经跨越了一个多世纪的时间,其间,在研究对象上实现了由单纯的儿童研究向毕生发展研究的转换,从而演变成为今天的发展心理学。当前国际上发展心理学出现了一些新的趋势:一是强调以问题为导向的跨学科研究;二是应用发展心理学的崛起。

在过去几十年里,这种以问题为导向的跨学科研究趋势日益明显。在儿童心理学诞生后的半个多世纪里,关于心理发展的研究基本上囿于各个心理学流派的框架从各自方向分别向着学术高峰攀登,机能主义、精神分析、行为主义、皮亚杰学派等,都曾各领风骚几十年。20 世纪 50 年代到 80 年代,研究者才开始意识到并试图整合不同学派的范式,这一时期突出的理论成果就是各个"新"学派的出现,如新精神分析、新皮亚杰学派等。然而,这种整合基本上还是心理学内部的整合。最近这几十年,整合的范围已经远远超出了心理学本身,开始了真正的跨学科整合。比如,结合生物学、神经科学等学科研究心理发展的生理机制,将最早在物理学和生态学领域使用的动态系统方法整合到对儿童动作的研究中。对心理发展的跨学科研究,推动了发展科学的形成,这是以心理发展为研究对象的由诸多相关学科组成的学科群。

可以这样说,在一百多年的学科历史中,心理的发展研究经历了三个阶段:儿童心理学时期(1882 年到 20 世纪中期)、发展心理学时期(20 世纪中期到 20 世纪 80 年代)、发展科学时期(20 世纪 80 年代末至今)。毫无疑问,发展心理学是发展科学的核心学科,但只把发展研究定义为"(发展)心理学"已经不适应当前的学术发展趋势。所以,强调发展科学是当前的潮流。目前,各种以"发展科学"为题的刊物和大部头著作纷纷出现。例如,国际上已经有多种著名的发展科学刊物,如 1998 年在美国创办的《发展科学》(*Developmental Science*),2007 年创办的《欧洲发展科学杂志》(*European Journal of Developmental Science*),以及 1978 年由国际行为发展学会创办的《国际行为发展杂志》(*International Journal of Behavioral Development*),都是发

展科学方面的权威期刊。此外,以发展科学为题的著作更是不计其数。

发展科学的研究特别强调跨学科整合,这种整合本质上是以问题为导向的方法论整合:为了解决某个特定的研究问题,不同范式、不同的方法和技术被整合使用;或者,来自不同学科的研究者以各自的方法和方法论就共同关心的心理发展问题协同攻关。随着跨学科整合的深入,发展心理学已经从纯粹的心理学分支,演变成了庞大的发展科学。但无论方法上如何整合,发展心理学始终围绕着与心理发展有关的问题开展研究,强调以多种方法的综合使用来解决问题。也就是说,"问题"是方法整合的目的,决定着整合的方向。

出于整合的需要,当前很多发展心理学研究机构都突出强调了跨学科性质,或者重新组建跨学科的发展科学研究机构。例如,在美国,以北卡罗来纳大学为核心,集中杜克大学、北卡罗来纳州立大学等多所大学的学者,组建了强大的"发展科学研究中心"。目前该中心有 100 余名来自各种学科背景的发展科学家,在世界范围内有巨大的学术影响。再如,英国的伦敦大学学院的发展科学系是一个独特的跨学科组织,由来自如下领域的发展科学家和临床学家组成:发展实验心理学、神经心理学、心理语言学、认知神经科学、发展病理心理学,其学科目标是推进关于人类发展的理解,并将发展研究成果转化为社会应用。

由此可见,国际范围内本学科的基本趋势是:以发展心理学为核心,集中各相关学科专家开展跨学科的发展研究,强调研究为应用服务。这种跨学科的研究通常是问题导向的,这里的"问题"既包括比较纯粹的学术问题,如如何刻画动作,认知演变的动态过程(如非线性演化、自组织临界性);也包括解决共同关心的社会现实问题,如在美国集中了心理学、教育学、数学、神经科学等不同学科的专家共同探讨美国儿童数学能力发展和教育问题(因为美国在这方面落后于很多国家)。总之,在发展科学领域真正能推动跨学科整合研究的问题,必然是这个学科的基本理论问题或者是重大社会现实问题。

社会现实的强大需求推动了应用发展心理学,乃至应用发展科学在美国和其他发达国家的兴起(Lerner, Fisher & Weinberg, 1997;Nakazawa & Shwalb, 2005)。美国对应用发展科学(applied developmental science)的内涵有一个基本的界定。所谓"应用"是指为个体、家庭、行动者和政策制定者直接提供有效建议;"发展"是指人类个体在毕生发展过程中所发生的系统性、连续性的变化;"科学"是指通过一定的研究方法系统地收集可靠的、客观的信息,收集的这些信息能够用来验证理论和应用的效度(张文新,陈光辉,林崇德,2009)。这是目前对应用发展科学的一种较为权威的界定。目前这一学科领域已经有了专门的学术刊物,如 1980 年创办的《应用发展心理学杂志》(*Journal of Applied Developmental Psychology*)和 1997 年创刊的《应用发展科学》(*Applied Developmental Science*)。由此可见应用发展研究领域的繁荣之势。

最新版本的《儿童心理学手册》(2006 年的英文版,可参考 2009 年的中译本)增新的内容,也可以反映出学界对应用发展研究的重视。自 20 世纪 30 年代起,美国每 10 年左右就修订一次《儿童心理学手册》,其第四版出版于 1983 年,第五版出版于 1998 年,最新的第六版于 2006 年 3 月出版,如今该手册已经成为国际发展心理学界最权威的巨著。与 1970 年版相比,新近版本出现的明显变化之一就是大幅增加了应用发展心理学的内容,它涉及以下三个方面。

第一,教育实践中的研究进展与应用。它包括:①学前儿童发展与教育;②早期阅读评估;③双语人、双文字人和双文化人的塑造;④数学思维与学习;⑤科学思维和科学素养;⑥空间思维教育;⑦品德教育;⑧学习环境。

第二,在临床中的应用。它包括:①自我调节和努力的投入;②危机与预防;③学习困难的发展观;④智力落后;⑤发展心理病理学及预防性干预;⑥家庭与儿童早期干预;⑦基于学校的社会和情感学习计划;⑧儿童和战争创伤。

第三,在社会政策和社会行动中的应用。它包括:①人类发展的文化路径;②儿童期的贫困及反贫困政策与实行;③儿童与法律;④媒体和大众文化;⑤儿童的健康与教育;⑥养育的科学与实践;⑦父母之外的儿童保育:情境、观念、相关方及结果;⑧重新定义从研究到实践。

上述三个方面的应用发展研究的内容,在《儿童心理学手册》里面占有 200 多万字的篇幅,在体例和内容上的这种增新,明确反映了实践的需求以及儿童心理学乃至发展心理学自身对应用研究的日益重视。

综上所述,目前国际(特别是美国)发展心理学领域的基本走向已经非常明确,那就是强调以问题为导向的跨学科研究，在侧重研究基本理论问题的同时，比以往更加关注教育、临床、社会层面的重大现实问题，突出强调应用研究，从而有了跨学科的发展科学、应用发展科学的定位。理解国际上本学科的发展趋势，对于我们如何定位国内的发展心理学研究肯定是有启发意义的，但这并不意味着"简单地"与国际接轨，而不考虑中国的现实。

三、当代中国背景下发展心理学现实转向的条件

对科学研究的推动，来自两股力量，一是社会力量，二是科学力量（Cairns & Cairns，2006）。在美国和某些西方发达国家，发展心理学新趋势的出现是这两股力量推动的结果，我们可以按照类似的逻辑来分析当代中国背景下发展心理学现实转向的条件是否具备。

首先来看社会力量。社会力量包括多重含义，最重要的是社会需求。社会需求是推动学术发展最强有力的因素。恩格斯曾指出：社会一旦有技术上的需要，则这种需要就会比 10 所大学更能把科学推向前进。这句话深刻地揭示了社会需求与科学技术发展的关系。那么，当代中国是否对发展心理学研究有强大的现实需求呢？新中国成立以来，已经积累了丰厚的物质基础，人民的温饱问题已经基本解决，目前正在全面推进小康社会的建设。当前人民大众的心理需要、自身发展的需要已成为最突出的需求，国家建设的核心目标之一是促进社会公平、和谐发展和人民福祉。可以说，在我国，国家、社会和文化的变革对发展心理学提出了强大的现实需求。和谐社会的建设，要求关注心理的和谐发展；创新型国家的建设，要求研究如何开发国民的创造潜能；国家对民族团结的重视，要求我们探究民族心理与国家认同问题；随着老龄化社会的到来，老年心理问题日益突出；民众对教育改革的强大呼声，也要求我们把教育建立在坚实的心理发展规律研究基础上；在很多领域突出的社会问题（如群体性事件、网络成瘾），都要求我们关注国民心态和心理素质问题。由此可见，我国社会文化的变革要求发展心理学必须具有更强的现实性和应用性，切实将学术研究和社会现实需求结合起来，参与解决涉及国计民生的一系列重

大社会问题，促进全民族和每个人的健康发展，在中华民族伟大复兴的过程中发挥更大作用。

强大的社会需求，必然催生另一股社会力量，那就是机构的力量：一方面是面向儿童、个体发展的服务机构（如学校、医院、福利院、咨询中心等）；另一方面是高校、科研院所及各种官方和民间的研究机构。服务机构市场的扩大，必然要求发展心理学科研机构给予更多的智力支撑；而研究机构在学术研究的定位上，不仅强调"顶天"，即走在国际学术前沿，解决科学领域中的基本问题，而且更加强调"立地"，即面向社会现实，解决实际问题。

这两个方面机构的力量不仅彼此影响，甚至还直接交叉。凯恩斯（Cairns，2006）在分析儿童心理学诞生的背景时，就指出除了科学的力量之外，在19世纪末直到第一次世界大战前，西方社会在教育、医疗、社会工作等职业领域对儿童研究产生了强大的需求，以儿童为服务对象的庞大的职业人员群体不仅做具体的服务工作，而且很多人还直接参与了儿童心理学的学术研究。正是在这个意义上，当前应用发展科学的崛起不是对已有发展心理学研究的完全批判，而是对发展心理学应用研究的回归。实际上，那些历史上早期的发展心理学家主张在自然情境中研究儿童，既重视知识的科学化整合，又重视知识在实践中的应用（张文新，陈光辉，林崇德，2009）。在当今中国，与个体心理发展有关的服务机构和研究机构都已经得到了比较充分的发展，它们将是直接推动发展心理学现实转向的两股机构力量，成为这种转向的体制保障。尤其值得一提的是，在中国，从事发展心理学研究的主要学术力量来自大学。目前，大学除了强调"纯粹学术"的定位外，也日益鼓励教师和科研人员的社会担当，鼓励他们为政府提供政策咨询、为企事业单位和各种社会组织提供智力服务。由此，将有力推动发展心理学研究的现实转向。

随着全社会对心理学的需求日益增加，党和政府已经清楚地意识到心理学对于国家和社会发展的重要意义。2006年10月11日中国共产党第十六届六中全会通过的《中共中央关于构建社会主义和谐社会若干重大问题的决定》明确提出了在我国建设和谐社会的战略规划，并指出要"注重促进人的心理和谐"。发展心理学工作者，应该也必须和全体心理学同人一起努力研究和谐社会建设中与心理学有关的大量应用课题。

除了社会需求的推动外，科学发展还有其自身的逻辑。就中国的发展心理学研究而言，在目前经济全球化的背景下，它必然受到国际上的研究趋势的影响，中国的发展心理学研究者必然也必须吸收该领域国际上的研究思想、方法和成果。也就是说，直接"进口"或"拿来"的部分，将在中国的发展心理学中占很大的比重。但是，我们必须警惕以"国际化"或"与国际接轨"的名义，把中国完全变成西方理论和方法的试验场，更不能如某些研究者那样把自己变成西方同行的中国数据收集员。因为如果不能在世界背景下建立我们自己的知识传统，那么中国的心理学就不可能在国际上有自己的地位。要建立我们的知识传统，必须强调研究的"中国化"，其含义有三：一是要研究中国现实的问题；二是要在借鉴来自西方的理论和方法论的同时，充分挖掘本土的智慧和方法论；三是建立我们自己的知识体系，特别是理论体系。关于中国化的问题，我们曾经反复讨论过（林崇德，1985，1989，2002），这里不再展开。但这里要强调的是，中国的心理学研究者必须充分尊重自己的文化知识传统，才可能为世界心理学的发展做出自己的贡献。就像维果茨基因为充分吸收了俄罗斯民族的文化和知识传统及马克思主义，才提出了影响全世界的社会历史文化学说一样，中国要产生享誉世界的发展心理学家，必须扎根于中国的文化知识传统和现实土壤。可见，做出现实的转向，是发展心理学学科自身发展逻辑的要求。

改革开放以来，中国的发展心理学队伍不断壮大，研究者的学术素养日益提高，在某些领域开始积累自己的研究资料，这都为将来研究水平的跃升创造了可能，也才有可能在服务中国社会和人民大众的过程中做出更大贡献。比如，在教育领域的应用发展心理学研究已经有良好的传统。在 1978 年以来的历次教育改革及素质教育实施过程中，已经有大批发展心理学家参与其中，他们开展了一些卓有成效的应用发展心理学的研究工作，这里列举有代表性的"五家"（林崇德，1999）。①中国科学院心理研究所刘静和教授领导的"现代小学数学教学实验"研究。在研究儿童数概念、类概念、乘除概念的基础上系统地探讨了儿童对部分与整体关系的认知发展，总结出部分与整体关系认知的 12 项指标，从而进一步明确提出了重新构建现行教学大纲范围内的小学数学知识结构以塑造儿童良好认知结构的心理学思想。他们在此基础上编写的《现代小学数学》1~10册影响甚广。②中国科学院心理研究所另一位教授卢仲衡先生。他提出并运用心理学原则编写了自学辅导教材，包括课本、练习册和测验本，以便学生自学与练习、教师批改与检查。他依据教学目的、过程和学习的心理发展特点，制定出自学辅导教学的原则，并以这些原则作为教与学的基本方法或指导原则。③华东师范大学邵瑞珍教授的"学与教"的研究。其课题组有选择地对国外某些有重要影响的理论做了比较系统的研究。在此基础上结合我国中小学实际，开展了一系列促进学生心理发展的"学与教"应用性研究。④北京师范大学冯忠良教授的"结构化—定向化"教学思想。他认为教育系统中的心理学核心问题是学生能力与品德的心理结构的构建问题。这些心理结构的形成，是依据有目的、有计划的经验传递，按确定的方向和要求(定向)构建起来的。依据结构化—定向化教学思想开展的一系列干预实验，有效促进了学生的心理发展。⑤我们关于"中小学生心理能力发展与培养"的教学实验。我们已在全国的26个省、自治区和直辖市设立了3000多个实验点，通过20多年的实验研究形成了自己"学习与发展"和"教育与发展"的理论体系，并获得了中小学生智能发展与培养的一些规律性的结论。虽然有上述代表性的应用研究，但我们不得不指出，当前对发展心理学应用研究的重视程度仍有待加强，发展心理学领域的研究者，特别是年轻研究者必须做出更加现实的转向。

四、发展心理学的现实转向：内涵与原则

基于上述对发展心理学国际学科背景及中国社会现实和研究状况的分析，我们提出当前发展心理学研究应该做出更加现实的转向：发展心理学研究中国化，中国化的发展心理学必须面向中国的社会现实需求，面向各种实际问题的解决，加强应用研究和研究的应用。社会现实需求是确定学术问题的参照系，我们的研究不能只是"书本上来，书本上去"，研究应该有解决实际问题的价值或可能性。为此，应该特别加强应用发展心理学的研究，并将研究成果积极地推广应用到社会生活的各个

领域。

长期以来，发展心理学工作者比较强调基础研究，而相对忽视应用研究。其实，基础研究与应用研究各有侧重，并不能相互取代。基础研究所提供的描述性、预见性、解释性知识固然是实际问题解决的理论基础，但当运用于实际问题时，必然遭遇从一般到个别或从抽象到具体的巨大差异。此外，任何基础研究均不可避免地渗透着研究者的价值观，将基础研究成果应用于实际问题的解决就等于将某一整套价值观运用于实践，而这种价值观却有可能与实际问题解决所需价值观格格不入。所有这些都决定了应用研究不可能是基础研究在实践中的简单延伸。这就需要从事应用研究的发展心理学家在深入理解基础研究成果的实践意涵的同时，必须紧扣实际问题的特点，运用相关科学方法开展扎扎实实的应用研究。虽然构筑发展心理学学科基础理论大厦的任务还得由基础研究者担任，但应用研究也能为基础研究提供新的有待解决的课题，积累必要的事实材料，为基础研究所寻求的"大理论"提供相关的"小理论"。特别是，由于应用研究维系着发展心理学同实际问题的联系，它的发展还能给整个学科当然也包括基础研究赢得更多来自社会的物质与精神支持。总之，要营造基础研究与应用研究相互渗透，你中有我、我中有你的局面。在发展心理学领域，从事基础研究也好，从事应用研究也好，均应互相关注，互相借鉴，互相支持，切不可顾此失彼，更不可夜郎自大，坐井观天；切不可有重基础研究轻应用研究或重应用研究轻基础研究的偏向；切不可在研究中只顾个人兴趣而不考虑社会现实的要求，更不能将研究做成抽象的数字游戏，将本身很简单的常识现象神秘化。

这种面向现实的应用研究必须遵循如下原则。

第一，对心理的发展开展跨学科研究。作为应用发展科学的研究，从研究范式上突出强调学科交叉性、跨学科性。发展研究不仅是发展心理学这一学科的事情，研究内容也不仅是狭义的心理发展。所有关心发展问题的学科都可以做出贡献。所谓"发展"涉及起源、形成、维持、顺序、变化等与时间维度有关的所有现象。当前发展研究必须突破传统的心理学范式，在更广泛的学科交叉背景下，探讨生理发展与心理发展的关系、社会发展与心理发展的关系、种系进化与心理发展的关系、环境变迁与心理发展的关系。生物学、生态学、神经科学、发展社会学、语言学、人类学等很多学科都涉及人类心理发展问题。广泛的学科交叉，本身就便于研究成果在这些不同学科和社会领域的应用。因此，应该在发展科学的旗帜下融合不同学科和范式的研究，避免定位于单一的发展心理学的狭隘视野。

第二，理论工作者和实际工作者两支队伍"跨界"合作。朱智贤教授（1979）早就强调"儿童实际工作者和儿童理论工作者共同努力"。如今与心理发展有关的服务行业和研究机构，这两支队伍的力量都非常强大。我们建议实际工作者应有更多的理论考量，理论工作者要多考虑为实际应用服务。以儿童心理咨询为例，全国有无数的从业者，然而，我们不仅应该注重咨询实践，还要注重对咨询模式的概括和理论的提升，建立有中国特色的咨询理论体系。类似，其他领域的实际工作者也可以开展行动研究及各种类型的研究。理论工作者既要研究社会生活实际中的学术问题，也要参与对各心理学有关行业的实践智慧的现场研究。如果两支队伍能够打破界限和成见紧密合作或结合，肯定有利于本土知识体系的建立，并有助于解决实际问题。

第三，综合考虑发展规律的普遍性和文化特殊性。发展心理学的研究，主要是与年龄联系起来，揭示各年龄阶段心理的发展性变化，以探讨发展中什么在变、发展性变化的实质是什么以及具体的发展性变化如何构成心理发展的完整面貌。然而与年龄相关的应用课题实在是太多了，且不说儿童青少年发展变化涉及的应用课题，以及目前老龄化问题带来许多热门的应用课题，就拿 18~60 岁成人期"生活事件"变化来说：就业、恋爱、结婚、养育、教子、离婚、退休、丧偶等，其质量好坏、能否适应，无不与发展心理学的应用课题有关。在探究这些方面的发展规律时，我们必须既要考虑发展规律的普遍性，又要考虑其文化的特殊性。发展总是与年龄有关的，如同美国学者埃尔德（Elder，2002）指出的那样，我们不仅要强调个体的生理年龄，还要强调社会和历史意义上的年龄，而后者能体现社会历史文化意义上的发展规律。以就业为例，就产生了很多应用性课题，如考察初次就业年龄的意义及就业时机、就业类型的社会制约性、就业有关的生涯规划和辅导。诸如此类的课题都应该为发展心理学家所关注，这方面的研究不仅可以揭示普遍的发展规律，而且会揭示发展的文化特殊性。

第四，"求真"与"至善"的结合。如同前文所述，发展心理学有两种不同的研究类型：基础研究与应用研究。二者有着各自独特的目标：基础研究回答的是心理发展"是什么"的问题，寻求的是发展心理学所需的描述、预见，特别是解释性的知识；应用研究则侧重于回答现实社会生活和教育实践等过程中心理发展变化的"应该"问题，旨在从发展心理学角度提供解决实际问题的行动建议或指导。二者也有着不同的价值：基础研究奠定着发展心理学的理论基础，彰显的是学科的学术价值，以"求真"为导向；应用研究则维系着学科与社会现实的联系，凸显着学科在实际中的存在价值或生命力，以"至善"为导向。基础研究与应用研究不能相互取代，而是相辅相成，互相促进的（林崇德，2005）。基础研究是"求真"的过程，它关乎事实、规律的发现；然而应用发展科学的研究不仅关心"实然"的问题，也关心"应然"的问题。研究的应用是为了维持内心与社会的和谐，促进个体素质与民族素质的提高。这种研究不仅要找到科学规律，而且要探究如何使心理发展臻于"至善"。为此，我们不仅要研究科学规律本身，而且要研究科学规律的应用规律。

第五，开展以现实问题为导向的研究。研究始于问题，这种问题要么是真正的学术问题，要么是实际问题，只有能提出并解决问题的研究才是好的研究。前文曾提及应用发展科学的研究通常是以问题为导向的研究，进一步讲，这种"问题"更应该是社会现实问题。由于中国社会的发展日益与心理和心理学有关，作为发展心理学的专业人员必须勇于面对各种现实的、实际的问题，而不能只满足于对国外理论的修修补补，不能满足于实验室精巧的控制。如果我们的研究工作不考虑生态效度，不考虑现实的需求，对于国家和社会的发展而言这个学科就是无足轻重的，我们永远只是个旁观者，而不会成为社会责任的担当者。

五、我国当前发展心理学应用的重大领域

当前发展心理学应用的领域很多，限于篇幅，这里主要谈四个领域。

第一，素质教育需要发展心理学的应用研究和研究成果的应用。我们今天实施

的素质教育，要以创新精神为核心，以德育为灵魂，以课堂教学为主渠道，全面贯彻国家的教育方针，培养学生德、智、体、美、劳等方面的素质。素质教育的推进是由国家和社会决定的，而不能由发展心理学来决定。但在实施素质教育的过程中，我们不能不考虑发展心理学的应用问题：德育工作如何有效开展、创新教育怎样才能获得期待的结果、课程如何安排、教材怎样编写，等等。所有这些问题的回答都要考虑到儿童青少年的心理发展特征和规律，以及不同年龄(年级)儿童青少年的接受能力和心理需求。只有将发展心理学的科学理念和研究成果应用到素质教育的实践中，素质教育才能有效培养学生的素质，推动人的发展，进而推动社会进步。

前文提到的"五家"都结合心理发展规律，开展了旨在培养中小学生素质的应用研究。当前，依然有很多研究者坚持在教育领域开展发展心理学的应用研究。他们不仅关注传统上一直作为重点的能力、品德发展的培养研究，而且随着时代变化提出并研究了一些新的应用发展心理学课题，如情感发展与情感教育、信息技术背景下的学习、校外环境中的心理发展与教育、教师生涯与教师素质提高等。我们认为这类应用研究都有重要的现实意义，应该大力加强。我们不仅要直接开展这类应用研究，而且要善于结合儿童青少年发展规律为教育部及各级教育管理部门提供政策咨询和建议。

第二，在心理健康教育和心理咨询领域开展发展心理学的应用研究。什么是心理健康？心理健康，意指一种良好的心理或精神状态。心理健康的概念既正面代表一种良好状态，也表示它的相反方向——心理问题。我国大中小等各级各类学校，主要从促进心理健康的角度开展心理健康教育，当然也涉及对心理问题的辅导和咨询；而在更广泛的社会层面，主要涉及的是对各种心理问题的咨询与治疗。

尽管我国大中小学生群体中心理健康的是主流，然而，许多问题不容乐观，尤其是在学习、人际关系和自我等方面都存在这样那样的问题。令人担心的是，有关的一系列横断历史研究(辛自强，池丽萍，2008)显示，随着社会变迁，特别是社会问题的增多，在过去的一二十年里，我国青少年的心理健康水平在下降：一方面那些消极的心理特征，如心理问题、焦虑水平、抑郁水平等逐渐增多或增高；另一方面那些积极的心理特征，如自尊水平却逐渐下降。目前，全国的大中小学都在开展心理健康教育，然而如何更有效地提高学生的心理健康水平，仍是摆在教育者和教育主管部门面前的棘手问题。无论是日常的心理健康教育，还是针对个别学生的心理辅导，都是一门科学性、专业性很强的工作。在目前一线专业师资匮乏的情况下，教育部成立了中小学心理健康教育专家指导委员会，试图吸纳更多的心理学专家和教育专家参与这项工作。可见，学校心理健康教育，将是发展心理学、咨询心理学、临床心理学等领域专家一起开展应用研究的广阔舞台。相比于学校心理健康教育工作对发展心理学的需求，社会上的需求则更加巨大。如今各种名目的心理咨询师令人眼花缭乱，所开展的咨询和治疗实践更是有待规范和加强，这都需要开展大量的应用研究工作。

第三，社会和谐需要发展心理学的应用研究。建设和谐社会，自然包括促进心理的和谐，而且心理和谐是社会和谐发展的保证(林崇德，2007)。我们可以从积极和消极两个方面来谈与和谐社会建设有关的应用发展心理学课题。从积极的角度看，要建设和谐社会就是提高国民心理素质，促进民众心理和谐，在这方面如下一些突出的问题值得研究：社会与人类进步的发展指标、民族心理与国家认同、国民道德素质和德育体系、健全人格及生涯规划、社会变迁背景下的心理变迁、环境变化背景下的心智进化、促进心理发展的社会政策设计、社区治理与心理健康促进等。发展心理学研究者不仅要开展个体心理发展的研究，还要开展群体心理的社会发展研究。这方面的研究将可能把发展心理学推向关乎国家发展的更重要的战略地位上。比如，以往各级政府政绩的考核主要侧重经济方面(如 GDP 增长率)，而心理和谐要求人们重构关于中国经济社会和谐发展的指标体系。这些指标分别是人类发展指数、主观幸福指数、教育发展指数(林崇德，2007)。这些有关国民素质与心理和谐方面指标的提出，将有力推动各级政府切实贯彻党的"以人为本"的方针。

从消极方面来看，要建设和谐社会，就要减少不和谐、不健康的心理和行为。各种各样的不健康行为不仅危及个体身心健康，也危及社会稳定，增加了犯罪风险。这些不健康的心理行为包括：吸烟、吸毒、酗酒、网瘾、赌博、性与艾滋病、抑郁、自杀、攻击、犯罪，等等。发展心理学研究者应该结合卫生学、流行病学、临床医学、社会学、犯罪学等不同学科的力量，就这些行为问题开展研究，促进民众心理健康，减少不良行为，维护社会和谐与稳定。

第四，其他很多领域都需要发展心理学的应用研究或研究成果的应用。比如，对老年心理的应用研究和干预工作。中国正在步入老龄化社会，截至 2008 年年底，全国 60 岁以上老人有 1.6 亿，到 2015 年会突破 2 亿。有西方学者预言，对中国增长有利的人口趋势会在 2010—2020 年达到顶峰，之后就开始走下坡路，特别是在 2035 年之后。届时，中国老龄化的速度会比美国更为严重，其情形会与今天的欧洲和日本更为类似。总之，老龄化会带来一系列社会问题和心理问题，如"未富先老"、机构养老、老年心理健康、认知老化、毕生发展和终身学习等，这些问题都有待从事老年心理发展研究的学者去探究。在我国社会转型过程中，不仅老年人，儿童青少年的发展也面临着许多有"中国特色"的实际问题或与社会热点有关的问题，如独生子女的教养、离异家庭子女的成长、隔代抚养、网络成瘾、转型期的诚信问题、高考心理、农村留守儿童青少年的发展、进城务工人员子女教育问题等（林崇德，2007）。此外，以儿童为对象的广播影视、图书报刊、玩具教具等很多产业领域也都需要开展儿童心理学或者发展心理学的应用研究和研究成果的实际应用。总之，我们应该做出现实的转向，因为"广阔天地，大有可为"。

主要参考文献

[1]林崇德. 发展心理学 ［M］. 杭州：浙江教育出版社，2002.

[2]林崇德. 试论发展心理学与教育心理学研究中的十大关系 ［J］. 心理发展与教育，2005(1)：1-6.

[3]辛自强，池丽萍. 社会变迁中的青少年 ［M］. 北京：北京师范大学出版社，2008.

[4]朱智贤. 儿童心理学 ［M］. 北京：人民教育出版社，1979.

[5]朱智贤. 儿童发展心理学问题 ［M］. 北京：北京师范大学出版社，1982.

[6]Damon W & Lerner R M. 儿童心理学手册 ［M］. 林崇德，李其维，董奇，主持翻译. 第六版. 上海：华东师范大学出版社，2009.

第三编

PART 3

儿童青少年心理发展理论

儿童心理学中的儿童（child）原指从出生至成熟（0~18岁）的个体，这是国际的科学界定。然而，1957年，美国《心理学年鉴》中用"发展心理学"代替了"儿童心理学"，意指毕生心理研究。在社会上，因儿童往往指孩子，为了便于理解，于是儿童心理就被写成儿童青少年心理；国外也是，他们有时干脆写成"婴儿（infants）、儿童（children）和青少年（adolescents）心理"。儿童青少年心理发展的理论，由朱智贤教授概括为先天与后天的关系、内因与外因的关系、教育与发展的关系、年龄特征与个体差异的关系。尽管国内外发展心理学有不同的看法，但我认为从发展规律上，还是未脱离这四种关系。如何深入揭示这四种关系，就需要继承与创新、改革与发展了。

试论我国儿童心理学前进的道路[*]

儿童心理学是心理学的一个分支，它是研究儿童与青少年心理发展的基本理论和发展过程或阶段中的各种心理特点及其规律的科学。

研究儿童心理学对哲学认识论的研究具有重大意义。列宁曾指出：儿童智力发展史是"构成认识论和辩证法的知识领域"之一。更重要的是：儿童心理学能为教育工作、儿童医疗卫生、儿童文艺、广播电视等社会实践领域提供儿童心理发展方面的基础科学知识。

儿童心理学的重要性，决定了我们探讨我国儿童心理学前进道路的必要性。什么是我国儿童心理学前进的道路呢？我们认为，在辩证唯物主义和历史唯物主义的指导下，实现儿童心理学服务于国家与社会需求，实现儿童心理学自身的现代化，就是我国儿童心理学前进的道路，也是心理学研究中国化的道路。这是相互联系、彼此制约、相辅相成和不可割裂的两个方面。

一、坚持在教育实践中研究儿童心理学

坚持在实践中，特别是在教育实践中研究儿童心理学，是我国儿童心理学前进道路的主要方向。正如朱智贤教授（1962）所指出的："儿童心理学的研究应当密切结合我国儿童教育事业中所提出的实际问题来进行。在研究过程中应当注意更多地通过实际来进行，而不是脱离实际地为研究而研究。"

儿童心理学一般以从儿童出生到青年初期心理的发生、发展为研究对象。儿童心理发展的各个不同时期内品质的特点，是在一定的社会和教育条件下形成的。因

＊ 本文原载于《心理发展与教育》1985年第1期（创刊期），收入本书时略微修改。

此，研究我国儿童从出生到青年初期心理发展的特点及规律，无疑地应该在我国教育实践中进行，应该让中国儿童与青少年自己来"说话"。

坚持在实践中研究儿童心理学具有深远的战略意义，它贯彻了理论联系实际的原则，让儿童心理学各项工作都密切地结合中国社会主义现代化建设的实际，特别是教育工作实际，并为之有效服务。根据近年来的研究工作，我们感到其重大作用体现在以下几点。

一是有利于儿童心理学研究的中国化，克服"拿来主义"。当我们翻开美国的儿童心理学书籍时，除了引用瑞士心理学家皮亚杰的理论之外，几乎全部是美国自己的研究材料；当我们打开苏联的儿童心理学书籍时，书中有一种强烈的俄罗斯民族自豪感，使人们觉得他们在向国际心理学界"宣战"，似乎唯有他们的研究材料才是最科学的；然而，当我们看一下我国的儿童心理学书籍时，则有点令人惭愧。我们有的儿童心理学研究报告从设计方法到结果，几乎全是模仿外国的。如此下去，我们就不可能建立起立足自己的研究数据与研究资料的儿童心理学。中国的儿童与青少年，与外国的儿童与青少年既有共同的心理特点，即存在普遍性；但更重要的是具有其不同的特点，即有其特殊性。越是民族的东西，越能走向国际。如果我们不能在世界背景下建立我们自己的知识传统，中国的儿童心理学就不可能在国际上有自己的地位。要建立我们的知识传统，必须强调研究的中国化。如果照搬外国儿童与青少年心理发展的年龄特征，势必失去客观性、真实性，也会影响到我们儿童心理学的科学性。中国儿童与青少年心理发展的特点，正表现在教育实践中，它需要我们深入地进行研究。

二是有利于选择合理的研究课题，克服科学研究的盲目性。儿童心理学的研究课题来源虽多，但总的说来，不外乎来自理论方面和实践方面，更多的是来自教育实践。这里，我们丝毫不排斥根据前人的和自己的理论来选题，但教育实践的需要是儿童心理学研究的一个主要源泉。为什么优秀科学工作者的研究一个接一个，而没有经验的人则接受一个任务才考虑一个题目，做完了这个题目就不知下一步做什么了呢？这当然有不少原因，其中带有开拓性的战略眼光深入有关领域的实践之中，用系统的观念去发现科学发展的生长点，或看准有希望的方向抓住不放，确是一个重要的因素。有一定科学理论造诣的人深入实践时，他可以发掘"取之不尽，用之不竭"的课题。当前，教育实践正渴望我们提供大量的有价值的儿童心理发展的科学依据，同时也为我们提出了一系列带有方向性和根本性的重要研究内容。近些年，我们看到：在儿童思维发展上，辩证思维与创造性思维的发展，教育与智力发展的关系，认知发展与非认知因素的关系及思维品质的发展与培养都是亟待解决的课题；在儿童品格发展上，道德认识、道德情感、道德意志行为的发展及其相互关系，理想、动机、兴趣发展及价值观的特点及其相互关系，青少年不良品格的发展特点及防治等也是亟待解决的课题。对此，我们在另一篇文章中已略做讨论(林崇德，1985)，这里不再赘述。对这些课题的深入探讨，将出现一个接一个的题目。如果我们对这些问题有一定程度的解决，那么，我国的儿童心理学，不论在理论建设上，还是对实践的作用上，都将会呈现一个崭新的面貌。

三是有利于应用，克服心理科学脱离实际的倾向。儿童心理发展的年龄特点及规律是教育工作的出发点，教育实际需要儿童心理学。如果儿童心理学专业工作者不了解教育实际，就难以了解教育实践中儿童真正的心理特点；如果实际工作者不了解儿童心理学，就无法自觉地应用儿童心理学的原理，儿童心理学则缺乏广泛的、雄厚的群众基础。然而，目前儿童心理学和教育实际存在严重脱离的现象，这与实现儿童心理学为国家和社会需求服务的宗旨是不相称的。在提倡应用和提倡儿童心理学理论联系实际方面，美国心理学家杜威(J. Dewey)坚持了8年的教育实验、苏联心理学家赞可夫近20年的教学实验都为我们树立了榜样。我们在杜威、赞可夫等人实验精神的启发下，在朱智贤教授的指导下，自1978年以来，从1个实验班开始，先后在二十几个省(自治区、直辖市)建立了3000多个实验班。我们研究了中、小学生在运算中思维品质的发展和培养的规律，研究了中、小学生在语文学习中听、说、读、写能力的发展和培养的规律。对我们说来，在实践中研究儿童心理学获得了一些初步的成果；对实际工作者说来，由于他们采用了合理的教育措施、把握了学生心理发展的特点、把握了主客观因素的辩证关系，因此就能挖掘出儿童青少年智力的巨大潜力，从而能减轻学生的负担，提高教育的质量。我们在教育实践中进行研究的做法，得到了社会舆论的广泛支持。在有关部门为推广实验成果而举办的两期讲习班上，就有各地 2300 多名教育行政部门的领导、中小学校长、教师和心理学专业工作者参加。这给了我们莫大的鼓舞。我们从中体会到：为服务于国家和社会需求培养合格的人才服务，我们的研究要密切联系教育实际，特别是深入教育实践第一线，要提倡应用，特别要注意提高儿童与青少年的思想品德和知识能力。

四是有利于坚持实践—认识—再实践—再认识的研究路线，克服"经院主义"的研究风气。目前，在儿童心理学的研究中，"闭门造车"的风气还是很浓厚的。一些研究者由于未深入地了解儿童与青少年的实际，研究的课题只凭主观臆断，往往失之过狭或过偏；发表的文章，不仅使实际工作者感到不符合实际，而且使专业理论工作者也感到莫名其妙。这种经验主义的研究，由于脱离教育实践，不仅没有应用的价值，而且对心理科学的基础理论建设也没有什么意义。因此，坚持在教育实践中研究，坚持理论来自实践又指导实践的途径，才是科学研究的正确道路。

总之，为了实现儿童心理学为国家和社会需求服务、为研究的中国化做贡献，为了儿童心理学自身的建设，我们必须深入教育第一线，竭尽全力以提高儿童心理学的科学水平和实际价值。

二、加强儿童心理学本身的现代化建设

我们强调理论联系实际，强调应用，并不是放弃基础理论的建设，"决不意味着把研究工作局限在很狭小的'实用'范围内，更不是排斥那些跟实际相结合的理论问题的研究"（朱智贤，1962）。儿童心理学是一门基础科学，其理论建设与实验研究决不能被忽视。今天，儿童心理学建设中的另一根本任务是实现其本身的现代化。

如何实现儿童心理学本身的现代化呢？我们认为，以下三个问题是应当被重现的。

（一）找出差距

要找出我国儿童心理学研究与国外儿童心理学研究的差距，需要积极地、有的

放矢地开展各项工作，以逐步地缩小这种差距。

我们与国外儿童心理学，特别是美国儿童心理学(Mussen，1982)的差距主要表现在以下四个方面。

1. 研究课题上的差距

研究课题上的差距主要包括研究的年龄范围、研究的具体内容及其深度、理论研究和应用研究等方面的差距。美国儿童心理学有大量的从出生到青少年期的各类资料，其范围广、有深度，且出现了许多新的进展。例如，对婴儿或早期认知的研究发展得很快。20世纪60年代以前，关于婴儿认知能力所知不多，20世纪60年代以后，由于范茨(R. L. Fantz)、吉卜逊(E. J. Gibson & J. J. Gibson)等心理学家的开创性工作，采用了新的研究技术和指标，如注视时间、动作表现、物体辨别等，获得了一系列新的成果。又如，儿童社会性发展研究受到重视，如依恋(attachment)问题，像社会行为、道德行为、反社会行为或攻击行为、两性问题、同伴关系、师生关系、自我意识发展等研究也都受到重视。再如，从实际应用方面说，出现了一些新的领域，像儿童电视、电影研究，儿童学习研究，儿童心理卫生研究，等等。相比之下，我们还缺乏关于中国儿童心理发展的年龄特征的完整而有系统的科学资料，在这方面存在较大的差距。

2. 研究的方法学方面的差距

在儿童心理学研究的方法学方面，我们同欧美国家存在一定的差距。美国20世纪20年代之后就开始注重研究科学化，经过半个世纪，已发展出专门研究心理学研究方法(当然包括儿童心理学研究方法)的方法学，包括设计、测量、统计和评价等。在设计、测量、评价方面，他们专门研究各种方法的科学性、科学化问题，分析其利弊并提出解决办法。例如，时间中断性实验设计、回归实验设计及发生理论、项目反应理论、微观发生学设计、行为遗传学研究等，都是在分析过去已有实验、发现传统测量理论不足的基础上提出的，从而使各种设计、测量、评价技术日益科学化、精确化、客观化。在统计上，由于有电子计算机这个有力工具，可以大量采用因素分析方法，从整体上探讨各种因素对心理发展的影响。总之，国外是比较重视儿童心理学研究的方法学的，也有不少人专门研究这方面，且出了专著；而我们在这方面的工作却较为薄弱，几乎没有人研究，这是我们研究水平提高不快的原因之一。

3. 具体研究方法上的差距

从儿童心理学的具体研究方法上看，我们与国外也是有差距的。这个差距不在于采用的是观察法、谈话法、问卷法、临床法还是实验法，而在于各种方法运用的水平。例如，国外有不少经过多次修订、经广泛应用被证明有较好信度、效度的儿童心理发展量表，也有一些高水平的、高技术手段的、有较大影响的实验研究等。我们在这方面还有待于积极努力。

4. 研究手段、工具的差距

由于现代科学技术的发展，西方心理学家在儿童心理学的研究中，采用了现代化的技术装备，如录音技术、录像系统、电子计算机、现代化儿童观察室、脑成像实验室等，这对于深入研究心理的发展是有帮助的，特别是广泛使用的电子计算机系统和录像系统。计算机系统在心理学实验中，一是用于操作实验，控制刺激，记录反应；二是用于建立数据系统，存储数据；三是用于分析实验结果的数据和统计处理。录像系统主要用于儿童与青少年的活动、行为的观察和记录，及事后的深入细致的分析。采用现代化的研究手段和工具，不仅能提高实验的精确性和科学水平，提高工作效率，而且能使某些本来难以研究或不可能研究的课题(如脑机制、遗传与基因等)被研究。在这个方面，尽管我们也开始采用，但差距还是较大的。

我们认为，我们与发达国家儿童心理学研究的差距是存在的，然而这并不是很难消除的。科学技术设备条件的先进固然是发达国家儿童心理学进展快的重要原因，但西方儿童心理学也有其不足之处，从基本理论方面来说，他们的研究进展并不大。了解上述情况，目的是使我们知己知彼，做到心中有数。我们社会主义国家有着建立以马克思主义为指导的心理学和儿童心理学的优越条件。只要我们从本国的实际出发，积极地创造条件，不断地采用现代化的研究手段，坚持"摄取—选择—中国化"的研究途径，那么，经过 10 年、15 年，甚至 20 年的努力，我们坚信中国能进入国际儿童心理学先进水平的行列。

（二）融合多学科知识

我们要组织各方面的人才，融合多学科的知识，来共同研究儿童心理学。众所周知，皮亚杰及其领导的日内瓦学派的儿童心理学研究，在国际心理学界、教育界及哲学界影响极为深远、广泛。他的发生认识论是他基于对儿童心理发展的长期研究和对其他学科认识论的研究而提出来的一种关于认识论的独特理论（朱智贤，1962）。他的理论融合了生物学、逻辑学、心理学、哲学、认识论和信息科学诸方面的理论。他于1955年创建了日内瓦"发生认识论国际研究中心"，并自任研究中心主任。这个中心集合各国著名心理学家、逻辑学家、控制论学者、发生认识论学者、语言学家、数学家和物理学家来研究儿童认识的发生发展问题，已先后出版了《发生认识论研究报告》三十余卷，在国际学术界有很大的影响。皮亚杰晚年出版的《发生认识论》（1971）与《结构主义》（1971）两书成为国际上研究儿童心理发展理论的重要著作。

皮亚杰及其日内瓦学派的杰出贡献，使我们深受启发：在科学技术突飞猛进的时代，要使儿童心理学有所突破、有所前进，仅靠儿童心理学家独自的工作是不够的，应该组织各方面的人才，融合多学科的知识，共同研究儿童心理学。

当然，在我国目前的条件下，集合各类专家来研究儿童心理的发生和发展是有一定困难的，但有两个方面是可以做到的。一是组织与儿童有关的多学科专家，共同探讨儿童身心发展的问题。例如，中国儿童发展中心就有一个专家委员会，其中包括儿童心理学家、儿童教育家、儿科专家、营养专家、卫生保健专家、神经科学专家、信息技术专家等，他们共同探索儿童身心健康监测等课题。二是儿童心理专业招收研究生时，应适当招收其他学科的对儿童心理学感兴趣的本科毕业生，也可让儿童心理学专业的研究生选学第二、第三专业，学习其他学科知识。这样，在有条件的单位，就逐渐地建立起一支拥有多学科知识、人才的儿童心理学研究队伍。我们认为后一个方面更适当，更具有现实性，更能发挥积极性。这样做就可避免"近亲繁殖"，从而更有利于儿童心理学的发展。

总之，儿童心理学的研究队伍应该是一个相当复杂的科学家组织，应该是具备文理知识、既懂理论又会动手的研究集体。把儿童心理学作为一门边缘科学来研究，是实现我国儿童心理学现代化的一项重要措施。

(三)大力开展儿童心理发展的研究

我们提倡大力开展儿童心理发展的研究，不断地提高研究质量，逐步地建立起具有我国特色的、有系统的儿童心理学的体系。研究课题不外乎两个方面，一个是监测儿童心理发展的正常值，另一个是进一步探索儿童心理发展的规律问题。

1. 关于儿童心理发展的监测问题

如上所述，至今我们尚未有关于中国儿童心理发展的年龄特征的系统资料或基本发展指数。因此，对我国儿童心理发展的监测工作是十分必要和非常迫切的。

为了提高监测的水平，我认为应该考虑以下几点。

(1)制定儿童心理发展的参数和指标。要使监测客观、可靠，首先应有合理的参数和指标。有关儿童心理发展的参数，在国际上并不统一。我们认为应将儿童心理发展的量变和质变、发展速度、发生发展的时间、稳定性与可变性、整体发展与单项发展以及个体特点六个方面作为发展的参数。按照儿童心理发展的参数，为每项监测的课题逐一制定客观的指标。

(2)采用动态的研究方法。我们认为，靠静止的、一两次或几次的横断测定的研究是不十分可信的；必须把横断研究和纵向研究结合起来，采用聚合交叉设计，使整个研究处于"动态"之中，即考虑到教育与心理发展的辩证关系，特别是通过教育在儿童与青少年心理发展中的主导作用和决定性影响来研究他们的心理发展变化。既分析他们心理发展的一般趋势，又分析他们的潜力和可能性。这样才能揭示儿童与青少年心理发展与培养的真实情况，获得实事求是的可靠的数据。

(3)个案研究和成组研究相结合。我们认为，在监测儿童复杂的心理活动的研究中，特别是个性(品德、性格等)的研究中，更应提倡个案研究和成组研究相结合。既用个案法，进行详细的追踪研究，又对带集体性的、成组的个案进行统一分析。我们把这种研究方法叫作集体性、系统性个案分析法。我们认为它是研究复杂心理活动的行之有效的办法。

(4)常规研究和采用现代化手段的研究相结合。儿童心理研究可以采用一般研究技术，如观察、谈话、实验等。皮亚杰的研究就属于这一类，他依靠这些常规研究手段取得很大的成绩。与此同时，尽快地采用现代化的技术设备，是实现儿童心理学现代化不可缺少的一个方面。我们主张将两者统一起来，把现代化手段充实到常规的研究中去，使常规研究焕然一新。

(5) 全面地安排课题。要取得我国儿童心理发展的正常值，就要全面地、合理地安排课题，逐步获得检测的结果。例如，儿童认知发展问题，个性发展问题，动机、目的、兴趣、意志等主观能动性的问题，早期发展与早期教育问题，教育内容、教育方法现代化与儿童心理发展问题等，都是具有战略性的问题，要积极而深入地开展研究。

2. 进一步探索儿童心理发展的规律问题

研究儿童心理发展的基本理论问题是十分重要的。因为科学的任务就是发现事物的客观规律并为实践服务。探索儿童心理发展规律的理论课题，是实现儿童心理学现代化不可缺少的一个环节。要完整地、正确地掌握儿童心理发展规律，必须处理好如朱智贤教授提出的先天与后天(即心理发展的条件)的关系问题，内因与外因的关系(即心理发展的动力)问题，教育与发展的关系(即心理发展的量变和质变)问题，年龄阶段特点与个别特点(即心理发展的阶段性与个体差异)问题。这些问题在我国儿童心理学界已被越来越多的人所重视。

总之，我们前面谈了两个问题，一个是儿童心理学的理论联系实际的问题，另一个是儿童心理学自身现代化的问题，也就是中国化的问题。这两个问题是统一的，在实践中建设儿童心理学是儿童心理学本身现代化的基础，只有实现儿童心理学本身的现代化，才能够更好地实现儿童心理学为国家和社会需求服务。

主要参考文献

[1] 林崇德. 坚持在教育实践中研究儿童心理学与教育心理学 [J]. 北京师范大学学报(社会科学版)，1982，19(1)：16-22.

[2] 皮亚杰. 发生认识论 [M]. 王宪钿，译. 北京：商务印书馆，1981.

[3] 朱智贤. 儿童心理学 [M]. 北京：人民教育出版社，1979.

儿童与青少年心理发展的动力 *

　　儿童与青少年人数几乎占人口总数的三分之一，认识和揭示儿童与青少年心理发展的规律，是做好教育工作的前提。在儿童与青少年心理发展的基本规律中，心理发展的动力是其中重要的一个课题。欧美和苏联心理学家对此曾有一系列的探讨和争论。20 世纪 60 年代初，我国心理学界也对这个问题展开了热烈的讨论。分歧尽管存在，结论却越来越明朗化。1979 年后，我国心理学界开始重新重视对这个问题的研究。1979 年在中国心理学会第二届学术年会上，朱智贤教授做了《关于儿童心理学研究中的若干问题》的报告，指出必须根据辩证唯物主义观点和实验材料阐明儿童心理发展的动力（内因）和外部条件（外因）的辩证关系（《发展心理、教育心理论文选》）。之后，出现了不少对这个问题的新见解和新观点，虽然众说纷纭，却是十分活跃。

一、儿童与青少年心理的内部矛盾是心理发展的动力

　　我认为，探讨心理发展动力问题，必须坚持将辩证唯物主义哲学思想作为指导，必须正确理解内因和外因的辩证关系。唯物辩证法的宇宙观主张把内因和外因结合起来，既从事物的内部，也从一事物和他事物的关系中去考察和研究事物的发展。内因是事物发展的根据，它决定事物的性质，决定事物发展的方向，它是推动事物发展的根本动力。按照唯物辩证法的观点，儿童与青少年心理发展的动力乃是其心理的内部矛盾。20 世纪 60 年代参与讨论的心理学工作者大都坚持这种看法。我认为今天仍应坚持这种观点。

---

　　* 本文原载于《北京师范大学学报（社会科学版）》1983 年第 1 期，收入本书时有修改。

然而，有人提出了不同的见解。1979 年，有人说这是束缚人们头脑的"唯内因论"。1980 年，有人提出"综合动力论"，他们从"不仅内因、内部矛盾是具体事物的重要发展的动力，而且外因、外部矛盾也是重要发展的动力"出发，认为"在儿童生活实践基础上，诸外部矛盾和诸内部矛盾所构成的'矛盾系统'就是儿童心理不断向前发展的总动力"。

我认为这种"综合动力论"尽管有积极的一面，特别是把心理发展的内部矛盾与外部矛盾联系起来，并揭示了两者的因果关系，有一定可取之处；然而，从哲学的观点来分析，它却不符合唯物辩证法对内外因辩证关系的理解。首先，事物发展的动力在于内因，正如列宁在《哲学笔记》中所强调的，从物质世界"自己"的运动中找发展的原因和动力；发展的动力源泉就在物质世界"内部"。这就是说，具有什么样的内因，事物才可以发生什么样的质变；不具备那样的内因，事物就不可能发生那样的质变。从无数教育实践和心理学的实验研究中都可看到，相同的教育或教学条件会产生不同的结果；一种实验性的教育或教学措施对于一部分学生而言可能是良好的条件，对于一部分学生可能不起什么作用，而对于第三部分学生可能是不良的刺激；同样受到某些不良社会因素的影响，一些相同地区、学校甚至同一家庭中的青少年，有的走上违法犯罪的道路，有的就不会，有的却成为与违法犯罪行为斗争的积极分子……这些情况正说明任何环境和教育等外部条件都要通过儿童与青少年心理的内因才能起作用。儿童与青少年心理的内部矛盾或内因是他们心理发展变化的根据和动力，决定着他们心理发展的方向和性质。

我们肯定内因是心理发展的动力，并不否定外因在心理发展上的作用。环境和教育等外因，是儿童与青少年心理发展不可缺少的条件，这主要表现在三个方面。第一，它是促使心理发展的可能性变为现实的必要条件。在心理发展中，遗传的、生理的因素是心理发展的生物的、物质的前提，为儿童与青少年心理发展提供了可能性。环境和教育则决定着心理发展，将上述的可能性变为现实性。第二，它加速或延缓心理发展的进程。心理发展中由于外因的作用、影响的不同，进程的速度就不同。学龄初期儿童思维发展的关键年龄一般在四年级，如果教育得法可以提前到三年级；如果教育不得法，可能拖到五年级。第三，它使心理发展显示出一定的具体的形式和个别差异。我们在研究中看到，从气质的自然性质而言，它是性格的基础。气质本身并无好坏之分，它在人的社会活动中表现出来并获得一定的社会意义，成为人的性格特征。例如，胆汁质的人性子急，在社会活动中可以表现为勇敢，也可以表现为冒失；多血质的人灵活，可以表现为活泼机智，也可以表现为动摇、"冷热病"；黏液质的人迟缓，可以表现为镇定、刚毅，也可以表现为顽固、呆板；抑郁质的人表现为多虑、爱好思索，也可以表现为怀疑心重。由此可见，同样的气质可以成为积极的性格特征，也可以形成消极的性格特征。这是由环境和教育所致而形成的不同形式和个别差异。总之，环境和教育等外因在心理发展过程中起着非常重要的作用，是不可缺少的条件。

但是，环境和教育等外部条件的作用不管有多大，都毕竟只是一种条件，是心理发展的一种外因。环境、教育不通过心理发展的内部矛盾，不对心理发展的内因关系施加影响，是不可能起作用的。如果心理发展中不存在某种特定的内因，那么无论多好的环境条件或教育措施，都不能使儿童与青少年心理发生某种特定的质变。因此，外因绝不是事物发展的动力，环境和教育也不能列入心理发展的动力。"教育万能论"者之所以站不住脚，正是他们认识不到这一原理，这应引起我们的重视。美国的行为主义心理学家华生（J. B. Watson）曾经说："给我一打健全的儿童，我可以用特定的方法任意加以改变，或者使他们成为医生、律师……或者使他们成为乞丐、盗贼……"他提出"S-R"（"刺激—反应"）公式，认为人的心理行为是由刺激、反应构成的，给什么刺激就有什么反应；看到什么反应，就可以知道个体受到什么刺激。但具有讽刺意义的是，他的儿子却没有按照他的意愿成为他希望的某种人物。儿童与青少年的心理发展是十分复杂的，必须用唯物辩证法的内因与外因关系的观点去分析，不能机械地看问题。外因是心理变化的条件，它通过加强或削弱心理内部矛盾的某一方面，促进心理的发展。由此，我们应该坚持两点：一是在心理发展中，内外因必须统一，共同促进心理的发展，正如现代生态心理所说的，人类行为乃是个体内在因素与外在环境相互作用的结果，即行为（behavior）是个人（person）与环境（enviornment）的函数：$B = f(P \cdot E)$；二是心理发展的内因即内在因素是其发展的动力。

二、什么是儿童与青少年心理的内部矛盾

我认为，探讨心理发展动力问题，必须要考虑到动机系统和普遍原理。所谓考虑到动机系统，即涉及心理发展的动力时，要考虑到引起心理活动和各种行为的一系列动机；所谓考虑到普遍原理，即谈论心理发展的动力时，要考虑到能普遍地反映各种心理现象(心理过程和个性心理特征)的主要矛盾。

既然儿童与青少年心理发展动力乃是其心理的内部矛盾，那么，儿童与青少年心理的内部矛盾是什么呢？如果考虑到动机系统和普遍原理，我赞同朱智贤教授于20世纪60年代提出的并在讨论中获得普遍理解的观点，即在儿童与青少年主体和客观事物相互作用的过程中，亦即在儿童不断积极活动的过程中，社会和教育向儿童与青少年提出的要求所引起的新的需要和其已有的心理水平之间的矛盾，是儿童与青少年心理发展的内因或内部矛盾。这个内因或内部矛盾也就是他们心理发展的动力。简言之，儿童与青少年在活动中产生的新需要和原有心理水平构成的矛盾，是他们心理发展的动力。这里，一是动力产生于活动、实践之中，统一于活动、实践之中，并实现于活动、实践之中；二是新的需要是这对矛盾的活跃的一面；三是新的需要能否获得满足，关键在于原有的心理水平。我这里还要强调，"新的需要与原有心理水平的矛盾"，不仅是人的心理发展的动力，而且也是社会发展的动力。

(一)在实践活动中，主观和客观的矛盾是心理发展内部矛盾产生的基础

心理现象中的矛盾是客观过程中的矛盾的反映，但人对这些客观的矛盾不是机械地反映的，而是在人的能动的实践活动中，在主观和客观的矛盾过程中，反映到人的主观上来的。也就是说，任何反映都是在实践、活动中进行的。只有实践、活动才构成主客体的矛盾，才能反映主体活动领域内的现实。离开了实践、活动，就不会有心理的源泉。

对儿童与青少年来说，如果不研究他们和外界的联系，特别是和人的联系，不研究他们的活动，就无从说明心理的起源和发展。同时，心理、心理发展，是在个

体和外部世界相互作用的外部活动、实践中逐步内化而成为内部的心理活动的。这里，在实践、活动中，主观和客观的矛盾是心理发展内部矛盾产生的基础；心理发展的内因或动力正是在这种实践、活动中逐步发展起来的。在儿童与青少年心理发展的各个阶段，都有一种主导活动，例如，游戏是幼儿的主导活动，学习是中小学生的主导活动，毕业离校的青年以工作、劳动为主导活动。这种主导活动就是心理发生和发展的最重要的基础，直接决定着心理发展的方向、内容和水平。

我们强调实践活动中主客观的矛盾是心理发展内部矛盾的基础，并不等于说它们就是心理发展的内因或动力。我认为，有人把"主体和客体的矛盾"归结为"心理现象本身所具有的内在的普遍的基本矛盾"是不确切的。如果主客体是内部矛盾，那势必把客观现实说成心理的一个矛盾方面，这不仅违背了唯物主义反映论的基本原理，而且也从根本上取消了心理发展还存在内因和外因的区别，心理发展还有什么外因可谈呢？

（二）需要在人的心理内部矛盾中代表着新的一面，它是心理发展的动机系统

马克思和恩格斯指出：任何人不管做任何事，都出于自己的需要。他们又说：人们习惯于从自己的思想，而不是从自己的需要出发来解释自己的行为（当然，这种需要也是反映在人脑中的，是意识到的），这样一来，久而久之便发生了唯心主义的世界观。可见，所谓需要，也是一种反映形式。任何需要都是在一定生活条件下，即在一定社会和教育的要求或自身的要求下产生的对于一定客观现实的反映。需要这种反映和一般反映的共同之处是"能被人意识到的"；和一般反映的不同之处，在于需要是心理活动的动机系统，它引起了主体的内外行动。

由于需要这种反映形式的重要性，长期以来，一直受到心理学家的重视。1938年摩莱（H. Mtorry）在其所著的《人格的探索》中列举了二十余种人类需要。在这基础上，马斯洛（A. B. Maslow）在1943年出版的《调动人的积极性的原理》一书提出了"需要层次系统"这一理论。需要层次系统把人类的多种多样的需要按照它们的重要性和发生的先后次序分成五个等级：生理需要，安全需要，社交需要，尊敬需要，自我实现需要。①生理需要。这是人类最原始的基本需要，如衣、食、住、行以及延续后代等，它是人类生存的基础。②安全需要。摆脱各种危险，获得健康，希望解除严酷监督的威胁等，都属于安全需要。③社交需要（或爱的需要）。它是指希望伙伴、同事之间关系融洽或保持友谊和忠诚，或希望得到爱情。④尊敬需要。这是指自尊和受人尊敬，对名誉、地位和欲望，个人能力、成就，要求被人们承认等。⑤自我实现需要。实现个人理想抱负，这是需要层次系统中最高的一种需要。满足这种需要，要求最充分地发挥一个人的潜在能力。马斯洛认为，上述需要的五个层次是逐级上升的。当下一级的需要获得相对满足以后，追求上一级的需要就成为驱使行为的动力。但是，如果满足了高级需要，却没有满足低级需要时，个体可能牺牲高级需要，而去谋取低级需要，甚至去铤而走险。我们认为，马斯洛的需要层次系统理论，尽管有值得借鉴的地方，但根本的一点是忽视了人的主观能动性，忽视了在一定条件下通过思想教育，改变需要主次关系的可能性。

如何理解需要的实质及其在心理发展上的作用呢？

首先，需要的分类尽管复杂，但不外乎两种：从其产生上分类，需要可以分为个体的需要和社会的需要，前者系因个体的要求而产生，后者系因社会的要求而产生；从其性质上分类，需要可以分为物质方面的需要和精神方面的需要。这两种分类是交错的。不管采用哪种分类方法，人的需要总是带有社会性的，个体的需要和社会的需要，物质方面的需要和精神方面的需要，其相互之间是制约的，因此，人的需要又是带有主观能动性的。

其次，需要可以表现为各种形态，动机、目的、兴趣、爱好、理想、信念、世界观等。在个性方面，这些形态就形成个体或个性意识倾向性。某种原始性需要的表现形式，可能是高级需要的表现形式的发展基础，但反过来，高级需要的表现形式往往支配和抑制了低级需要的表现形式。例如，人们为了实现理想、信念及事业等，往往牺牲了某种生理需要和安全需要。可见，需要的主次关系是可以变化的。

最后，需要在人的心理发展中，经常代表着新的一面、比较活跃的一面。客观事物总是在不断变化，主客观的关系也在不断发展，于是人的需要也会随之变化，起着动机系统的作用。马克思主义经典作家在谈到需要的作用时，着重指出它的动力性，动机的进程在很大程度上是以需要的动力性为转移的。马克思和恩格斯说："事实上人类从开始就以这样一种方式，即攫取外界客体为自有来满足自己的一定的需要。"他们还指出：已经得到满足的第一需要本身，满足重要的活动和已经获得的为满足需要的工具引起新的需要。可见，需要在主客观矛盾中产生于客观现实，由适应来满足这种需要，一种需要满足了，又会产生另一种需要，由此推动人的心理及行为的发展变化，如图 1 所示。

图 1　需要的产生

(三) 原有心理水平，即原有的完整心理结构是过去反映活动的结果

心理是人脑在实践活动中对客观现实的反映。通过反映，一定的心理水平就形成了。昨天还是客观的东西，通过主客体的矛盾，就可能被反映成为今天的主观的东西；同样，今天作为客观的东西，通过实践活动，也可能被反映成为明天的主观的东西。这种反映的结果，逐步构成人的心理的完整结构。完整的心理结构是一个十分复杂的整体，它大致由下列成分组成，代表着当时的心理发展水平：①心理过程，即认识、情感和意志过程的发展水平；②个性特征，即能力、气质和性格的发展水平及表现；③知识、技能与经验的水平；④心理发展中年龄特征及其表现；⑤当时的心理状态，即注意力、心境、态度等。

我们平时说，教育工作必须要从学生的实际出发，就是要从上述的完整的心理结构出发，这样才能做到有的放矢、"一把钥匙开一把锁"。原有的心理水平，即原有的完整心理结构是一个统一整体，它代表着人的心理活动中旧的一面、比较稳定的一面。但是，不应该将原有的心理水平看成是保守的。任何人原有的完整心理结构，都有积极的因素，同时也存在不足或有待于发展的方面。

（四）新的需要和原有心理水平的对立统一构成儿童和青少年心理发展的内部矛盾和活力

儿童与青少年在实践活动中，产生了各种新的需要，必然与原有心理水平或结构构成新的矛盾。双方互相依存，也互相转化。矛盾双方是同一的，又是斗争的。其结果不外乎两种，一种是新需要为原有的心理水平即完整结构所同化，且趋于一致，促使心理在原有水平的基础上发展；另一种是新需要被原有心理水平即完整结构所否定、排斥，使心理保持原有的水平。是第一种状况好还是第二种状况好，要看其内容和心理发展的方向。例如，新的求知欲需要形态，促使主体在原有水平上去学习探索，获得知识，发展智力，这有利于儿童与青少年的心理健康发展，但是吃喝玩乐的需要促使青少年的原有心理水平获得"同化"，往往使他们走向歧途。又如，正确的思想教育的要求激发学生积极上进的新的需要，但原有心理水平中却有攻击性行为留下的伤痕，这可能否定新的需要。这种对原有水平的保持，说明这个学生未能进步。但是与此相反，健康的原有心理水平抵制社会上不正之风的侵蚀所激起的各种需要，这种原有"本色"的保持则意味着进步。

总之，新的需要与原有心理水平所组成的矛盾是十分复杂的。在社会和教育的影响下，在儿童与青少年的活动中，他们所产生的新需要同原有心理水平的对立统一确实是普遍存在的。正是这个矛盾的运动，推动着儿童与青少年的心理不断变化发展。因此，这个矛盾是儿童与青少年心理发展的动力。

（五）在活动中产生的新需要与原有心理水平的矛盾是心理发展的主要矛盾

在儿童与青少年心理发展进程中，不论是认识、情感、意志等心理过程或是它们互相之间的关系，还是能力、气质等个性特征或是它们之间的关系，都充满着无数对错综复杂的矛盾。如何处理众多心理发展的矛盾呢？心理发展中矛盾再多、再复杂，也总是以在活动中产生的新需要与原有心理水平这一主要矛盾的运动变化为转移的。

有人说，分析与综合是心理发展的动力。分析与综合既是一种生理现象，又是一种心理现象。它在心理现象中主要表现在认识过程。把它列为心理发展的内部矛盾中的一种表现形式是可以的，但要列为心理发展的主要矛盾就不妥了。

有人坚持"认知"和"应动"为心理发展的内部矛盾或动力。揭示认知内在的矛盾，认知与注意、记忆、学习的关系，以及认知与行为、语言的关系，对心理发展的内因的研究是有一定价值的，我们自己也从中受到启发。认知和应动也确实是一对矛盾。关键是如何解释"应动"。如果它指的是语言和行为，那么认知与应动的矛盾仅仅是认知过程与行为的矛盾，只是心理发展诸矛盾中的一对。类似的认知与情感的矛盾，认知与意志的矛盾，情感与意志的矛盾等，也都是心理发展中的内部矛盾，但都不是心理发展的主要内部矛盾。如果应动指的是实践活动，那就不是心理内部矛盾讨论的范围了。

1989 年产生的进化心理学提出社会压力和适应是人的心理机制进化的动力。"压力变动力"似乎是常识。然而，有机体自身生存和环境的压力是需要的源泉，只有把压力变成需要，才能产生动机，由这种动机系统选择目标导向和原有心理水平或结构构成矛盾，形成内心的冲突，寻找适应的行为，自我完善心理状态，推动心理发展。我们并不否定社会压力和适应在产生内部动力中的作用，但是它们两者的关系本身还不是真正的动力。

由上所述，既要考虑到动机系统，又要对各种心理现象有普遍意义，那么，儿童与青少年心理发展的动力，应该是在活动中产生的新的需要和原有心理水平的矛盾。因为它体现了心理发展内外因的辩证关系，揭示了动机系统产生的基础与缘起，表现出新旧"反映"（心理现象）之间的对立统一，而且能够解释心理过程和个性特征等一切心理现象发展变化和"新陈代谢"的基本原因。

青少年期身心发展特点*

2004 年 2 月，中共中央、国务院发布了《关于进一步加强和改进未成年人思想道德建设的若干意见》。这对于我国 3.67 亿 18 周岁以下的未成年人思想道德的建设而言，无疑是一个重要的纲领性文件。这个文件体现了党中央、国务院对未成年人的高度重视和深切关怀。那么，什么是未成年人？该文件中的未成年人，一般指18 周岁以下的中小学生，相应地，该文件所涉及的心理问题和行为问题，主要是出自中学阶段的青少年。

根据发展心理学，十一二岁至十四五岁的初中阶段相当于少年期，十四五岁至十七八岁的高中阶段相当于青年初期。两者合在一起，即十一二岁至十七八岁阶段，就成为青少年期(adolescence)。那么，青少年的身心发展有何特点呢？国际心理学的文献往往从青少年的生理发展、认知发展和社会性发展三个方面讨论这个问题。例如，由帕帕利亚(Papalia)等人(Papalia, Olds, & Feldman, 2004)合著的《人类发展》(*Human Development*)第 9 版，即 2004 年修订版，也基本沿袭了这个模式。同样，我国发展心理学对青少年特点的研究，也是围绕这三个方面的特点展开的(林崇德，2002)。

本文的目的是分析和讨论青少年生理、认知和社会性发展的变化特点，为未成年人尤其是青少年思想道德建设的对策提供心理学依据。

一、青少年期的生理发展变化

青少年期的生理变化，是由于青少年正处于青春发育期(adolescence puberty)。

---

* 本文原载于《北京师范大学学报(社会科学版)》2005 年第 1 期，本文另一作者为李庆安，收入本书时有修改。

青春发育期这个阶段，既不同于童年期，又不同于成人期。它的最大特点是生理上的蓬勃成长和急骤变化。个体从出生到成熟，其生理发育时快时慢。有两个阶段处于增长速度的高峰期(peak period)，一个是出生后的第一年，另一个就是青春发育期。科学上称其为"人生的两次高峰"。

青春发育期生理上的发展变化是多种多样又十分显著的，但归结起来，不外是身体外形、生理机能和性的成熟三类变化，总称为"三大变化"。这三大变化都具有可塑性。如果将 20 世纪 90 年代研究指标和 60 年代研究指标相比，我国青少年的身高不仅增高了 2.1cm，男女青少年性成熟的平均年龄提前了近 2 岁，而且脑电波 α 波的发展也明显超过 60 年代的水平。就平均频率而言，90 年代 6 岁被试 α 波的平均频率就达到了 60 年代 10 岁被试的发展水平；9~10 岁的被试则达到了 12~13 岁被试的发展水平。由此可见，随着社会的进步、经济的发展和生活水平的提高和儿童青少年的各项生理指标都表现出超前趋势。

(一) 身体外形的剧变

身体外形的剧变是青春发育期最明显的特点，也是青春期生理发育的外部表现，既包括身高、体重的变化，又包括第二性征的出现。

身体迅速地长高，是青春发育期身体外形变化最明显的特征，称为青春期生长陡增(puberty growth spurt)，或简称生长陡增(growth spurt)。在青春发育期之前，个体平均每年增高 3~5 厘米；但在青春发育期，每年长高少则 6~8 厘米，多则 11~12 厘米。男女青少年在身体长高的变化上是不一样的，到青春发育的前期就发生了明显变化。女孩从 9 岁开始，进入生长发育的陡增阶段，11~12 岁时达到了陡增高峰；而男孩的这一过程，要比女孩晚将近 2 年，11~12 岁才急起直追，终于在 14 岁前后又超过了女孩。身高长到一定的年龄就不再上长了。女性一般长到 19 岁，至多长到 23 岁；男性一般长到二十三四岁，有的甚至长到 26 岁。

在青春发育期，体重也在迅速增加。此前，儿童每年体重增加不超过 5 千克。到了青春发育期，体重增加十分明显，每年可增加 5~6 千克，突出的可增加 8~10 千克。男女青少年体重的增加也有差异。10 岁之前，男女体重相仿。10 岁之后，女孩领先发育，体重增加。一般情况下，两年之后男生赶上女生。

第二性征(又称次性征，secondary sex characteristics)是指性发育的外部表现。男女性的第二性征是有区别的，一般地说有如下的表现。男性的第二性征表现为喉结突起，声音变粗，起始于13~15岁，19岁以后几乎所有男性的喉结突起且声音变粗；上唇出现密实茸毛或唇部有须，额两鬓向后移，男青少年为此感到自豪，认为这是男子汉的象征；男性在十四五岁，阴毛、腋毛先后出现。女性的第二性征表现为声音变尖；乳房发育，约半数从10岁开始；骨盆逐渐长得宽大，臀部变大；阴毛、腋毛先后出现，出现时间比男性约晚一年。

青春期身体外形的剧变，对青少年的心理发展作用很大。最突出一点是带来成人感(feeling of being an adult)。青少年认识到"自己已经长大了"，意识到自己开始不再是"小孩子"，增强了他们自我意识的一些新体验，所以产生了"我是成人了"的成人感。人格的发展速度加剧了。但由于生理发展迅速，心理发展往往跟不上相应的变化，所以青春期发育初期，即初中生或少年期，行为举止常常显得笨拙，并造成心理上的"笨拙感"。身体外形的变化，也造成某些青少年心理上一些不正常的变化。我们需要注意他们的心理卫生，特别是美感的卫生。有的女青少年因发胖而发愁；有的男青少年为自己胡子的茂密而顾虑重重；有的女青少年因胸部丰满感到难为情而束胸或穿紧身衣，影响肺部、乳房的发育；有的男青少年为显得利落而紧腰，爱把腰带勒得紧紧的，影响内脏(如胃、肝、脾等)的发育；不少青少年认为自己已经长大了而开始抽烟和喝酒，有的甚至上瘾成习惯；等等。为此，我们要科学地进行有关的心理健康教育，要合理地引导、告诫正在发育的青少年注意身心健康，让身体各部分都能得到充分的发育；让青少年知道抽烟喝酒对于身心健康是极为有害的，应该坚决杜绝。

(二)生理机能，特别是脑和神经的变化

体内的器官和组织各有各的机能。到青春发育期，体内各种生理机能迅速增强，并逐步趋向成熟。体内的器官和组织有八大系统。对心理有决定意义的是脑和神经系统。心理是脑的机能，也是高级神经活动的机能。脑和神经系统的发育变

化，是心理发展的直接前提和物质基础。青春发育期脑和神经系统的发育有什么特点呢？

青春发育期脑和神经系统的发育变化主要表现在五个方面。一是脑重量的增长。12 岁少年的脑平均重量达到 1400 克，成人脑重量平均为 1400 克。可见，到青春发育前期，青少年的平均脑重已经和成人的差不多了。二是脑容积的变化。10 岁儿童平均脑容积是成人的 95%，12 岁少年接近成人的容积。可见，到青春发育前期，青少年的平均脑容积就几乎达到成人水平。三是脑电波的发展。脑发育在"质"上主要是通过 α 波（频率 8~13 周/秒）与 θ 波之间的对抗而进行的，对抗的结局是 θ 波逐渐让位给 α 波，13~14 岁是显著加速期，它标志着除额叶以外，几乎整个大脑皮质的 α 波与 θ 波对抗的基本结束。四是神经系统的结构和机能的发育。到青春发育前期，神经系统的结构基本上和成人没有什么差异了。此时，大脑皮质的沟回组合已经完善分明，神经元细胞也完善化和复杂化，传递信息的神经纤维的髓鞘化基本完成，保证信息传递畅通，不互相干扰。五是兴奋和抑制的平衡。十四五岁大脑机能其他部分发育逐步趋于成熟，而兴奋和抑制过程还在进一步趋于平衡，特别是内抑制发育有待进一步成熟。到十六七岁后，兴奋和抑制能够协调一致，脑和神经系统基本上成熟了。

青春发育期脑和神经系统，从结构到机能上的一系列的发展变化，奠定了青少年的心理发展，特别是逻辑思维发展的物质基础。青春发育期脑和神经系统的发育成熟，为青年初期即高中阶段心理成熟提供了生理机制。尽管如此，脑和神经系统只有到 20~25 岁以后才完全成熟，与成年一模一样。因为在脑下部有一个小小的腺体，叫作脑下垂体，和长在颈部喉线的甲状腺，及长在肾脏上面的肾上腺，在 20~25 岁之前的青春发育期间都分泌出激素，促使全身组织迅速发育，但也加强了脑和神经系统的兴奋性，因而使青少年的情绪容易激动，也容易疲劳。由此可见，脑和神经系统的基本成熟为青少年心理基本成熟提供了可能性。但青少年毕竟处于从不成熟到成熟的过渡阶段，脑和神经系统都有待进一步加强锻炼。因此，开展心理健康教育，妥善引导青少年合理安排作息时间，兼顾学习与娱乐，注意劳逸结合，对他们身心健康与成长是非常必要的。

(三)性器官与性功能的成熟

生殖器官在青春发育期以前几乎没有什么发展,因此很少引起人们的注意。但随着青春发育期的到来,由于性激素的作用,生殖器官开始迅速发育,并完成了性器官与性功能的成熟。对于男女青少年来说,性器官和性功能的成熟,体现着各自不同的特点,但都对身心的发展变化带来一系列具有深远意义的影响。

女性生殖器官的发育,一般从 10 岁左右开始。先是外生殖器的改变,继而阴道深度增加。月经初潮(menarche)是指女孩第一次来月经(menstruation),标志着性发育即将成熟,是女性青春发育期来临的信号。月经初潮的前后,还伴随着相当大的全身变化。女孩对自己月经初潮的日子记得很清楚,这有一定的心理影响。月经初潮到来的年龄,国内外及各地区并不相同,一般在 10~16 岁。在发达国家或地区,月经初潮年龄提前,平均为十二三岁;也有的国家或地区,平均为十四五岁。男性生殖器的成熟比女性晚。10 岁以前睾丸只是缓慢成长;到 13 岁,它才活跃,到 15 岁,睾丸的重量接近成人。首次遗精(seminal emission)意味着男性生殖腺开始走向成熟,性机能成熟,能够产生精子。首次遗精的年龄不同国家与地区也是不相同的,一般在 12~18 岁。经济发展、生活水平提高使首次遗精年龄提前。

性成熟(sexual maturity)在青少年心理发展上起很大的作用。青少年开始意识到自己向成熟过渡,同时使他们产生对性机能的好奇心与新颖感,并逐渐产生性意识。此时,青少年在感情上愿意接近异性,但在行动上又故意疏远,处于一种矛盾的心理状态。不管是男性还是女性,都已开始意识到两性的关系,促进他们对于异性"兴趣"的发展,使他们产生新的情绪和情感体验。例如,他们开始"爱美",注意自己的外表仪容,出现爱照镜子、追求打扮的现象。我们要了解性成熟给青少年心理带来的变化,要对他们进行必要的性知识的教育,不应该过于强调生理学因素,而应该更多地启发他们的人生观修养和道德意识,自然地引导男女青少年之间建立团结友爱的群体关系,组织丰富多彩的文体活动,尽量避免不良刺激的影响,把他们的精力引导到学习活动中去,以培养健康的心理和良好的道德品质。

二、青少年认知的发展

在认知心理学里，认知、思维、智力被看作同义词。随着青少年身心发展日趋成熟，社会交往日益丰富，学习内容和要求日渐复杂，这种主客观条件的变化，不仅为他们的认知发展创造了更为有利的条件，而且也对其认知发展提出了更高的要求，于是青少年认知的发展也必然会出现新的特征。

对于青少年认知发展的研究，国际上更多的是强调皮亚杰的形式运算(formal operation)。皮亚杰认为，到了 11～15 岁，青少年的思维能力超越了只感知具体事物，表现出能进行抽象的形式推理，这就进入了形式运算思维阶段。所谓形式运算，就是可以在头脑中把形式和内容分开，可以离开具体事物，根据假设来进行逻辑推演的思维。20 世纪七八十年代后，新皮亚杰学派从现实与可能、经验—归纳与假设—演绎、命题内与命题间、组合与排列、逆向性与补偿作用、信息加工策略、巩固与稳定七个方面来比较童年期(小学阶段)与青少年期(中学阶段)的具体运算与形式运算的差异。

青少年认知发展到底有哪些特点？按我们自己的研究，可以将其归纳为三个方面。

(一) 整个青少年阶段，抽象逻辑思维处于优势的地位

什么叫抽象逻辑思维？一般认为，它是一种通过假设的、形式的、反省的思维，这种思维具有五方面的特征。一是通过假设进行思维。思维的目的在于解决问题，问题解决要靠假设。从青少年期开始，思维者通过假设进行思维，按照提出问题、明确问题、提出假设、检验假设的途径，以实现课题的目的。二是思维具有预计性。思维的"假设"必然使主体在复杂活动前，先有了诸如打算、计谋、计划、方案和策略等预计因素。从青少年期开始，个体在思维活动中就表现出这种"预计性"。三是思维形式化。从青少年期开始，在环境，特别是教育条件的影响下，思维的成分中逐步地由具体运算思维占优势发展到由形式运算思维占优势，这就是形

式化。四是思维活动中自我意识和监控能力的明显化。从青少年期开始，反省性（introspection）、监控性（monitoring），即元认知（metacognition）的思维特点越来越明显。五是思维能跳出旧框框。任何思维方式都可以导致新的假设、理解和结论，其中都可以包含新的因素。从青少年期开始，由于上述五个变化，思维必然更有新意，即跳出旧框框。于是从这个阶段起，创造性思维获得迅速发展，并成为青少年思维的一个重要特点。

青少年抽象逻辑思维的发展有一个过程。少年期的思维和青年初期的思维是不同的。在少年期的思维中，抽象逻辑思维虽然开始占优势，可是在很大程度上还属于经验型（experience type），他们的抽象逻辑思维需要感性经验的直接支持。而青年初期的抽象逻辑思维，则属于理论型（theoretical type），他们已经能够用理论做指导来分析、综合各种事实材料，从而不断扩大自己的知识领域。青年初期的思维过程既包括从特殊到一般的归纳过程，又包括从一般到特殊的演绎过程，也就是从具体提升到理论再用理论指导去获得知识的过程。从中我们可以看出青少年思维的过渡型，即由经验型向理论型的转化，于是，抽象与具体获得了高度的统一，抽象逻辑思维也获得高度的发展。

这种转化的关键期在八年级，即十三四岁。从八年级开始，青少年的抽象逻辑思维即由经验型水平向理论型水平转化。到了高中二年级，十六七岁时，这种转化初步完成。这意味着青少年的思维或认知趋向成熟。所谓思维成熟，主要表现在以下三个方面：①各种思维成分或认知成分基本上趋于稳定状态，基本上达到理论型抽象逻辑思维的水平；②个体差异水平，包括认知风格、思维方式等，都趋于定型；③成熟前，思维或认知发展变化的可塑性大，成熟后可塑性小，与其成年期的思维或认知水平基本上保持一致，尽管还会也有一些进步。

青少年阶段处于抽象逻辑思维的发展特点，构成我们工作的出发点。八年级是青少年认知或思维发展的一个转折点，它既可能成为学生学习成绩分化的认知基础，又可能成为引起学生思想道德变化的认知机制。重视八年级的教育教学工作是非常关键的。高中一年级的认知或智力表现和学习成绩变化的可塑性还是较大的，道德认识和思想变化也是起伏不定的，而高二、高三的学生则比较稳定。因为高中二年级是认知发展的成熟期，所以抓住成熟前的各种认知、思维能力的提高是相当重要的。

(二)青少年辩证思维的发展

所谓辩证思维，就是反映客观现实的辩证关系，自觉不自觉地按照辩证法去进行思维。辩证思维是人类思维的最高形态。在人类认知或思维发展的过程中，形式逻辑思维(上述的抽象逻辑思维主要是从形式逻辑思维角度上来分析的)和辩证思维都是十分重要的，但在认知或思维发展心理学中，对后者的研究显然是不够的。在国际上，最早对儿童青少年的辩证思维发展进行心理学研究的是皮亚杰。从1928年研究儿童"左右"概念发展特点起，他先后研究了儿童"长短""大小""兄弟"等概念，并做了辩证思维发展的解释。中国心理学界较早地对这个问题进行研究的是朱智贤教授；20世纪80年代后，我们对中小学生辩证思维展开的系统研究，也是他领导的工作。形式逻辑思维和辩证思维尽管有一致性，但两者的区别很多。从思维的过程，即从思维心理学的角度来分析，它们是人的理性认识发展的两个阶段。前者是完整的表象过渡为抽象的规定阶段，其基本特征是在反映客观现实的基础上，以感性认识为前提，建立上升式抽象，在形式逻辑法则的支配下，坚持固定分明的界限，坚持思维的确定性、无矛盾性和论证性。后者是抽象的规定在思维中导致具体的再现的阶段，其基本特征是以形式思维为基础，在对立统一规律的指导下，溶解形式思维固定分明的界限，使认识与客观现实相吻合，所以它是理性认识的高级阶段。

我们曾设计并参与研究的全国23个省(自治区、直辖市)在校青少年辩证思维的调查，包括辩证思维的概念、判断、推理三个部分。通过研究，我们看到青少年辩证思维的发展，明显低于如上所述的形式逻辑思维，即抽象逻辑思维的发展水平。被试的平均分数都比较低，七年级和九年级被试得分的正确率分别为37.94%和45.28%，高二年级被试的正确率也刚刚超过50%。但是，各年级辩证思维能力都在发展，年级间存在显著的差异(p值均小于0.01)。青少年的辩证思维是怎样发展的？我们的研究发现：七年级学生在小学的基础上，已经开始掌握辩证思维的概念、判断、推理等各种形式，但水平较为低下，仅仅是个良好的开端；九年级学生正处于迅速发展的阶段，这是个重要的转折时期；高二学生得分的正确率已超过半数，这表明他们的辩证思维已趋于优势地位，但谈不上成熟（离成熟指标——统计上的第三四分点，即75%还有一定的距离）。青少年在掌握辩证思维的概念、判断和推理的三种形式中，其发展趋势既有一致性，又有区别性：辩证概念和辩证判断的发展似乎是同步的，在每个年级两者几乎都处于同一发展水平。辩证推理的发展则远远落后于前两者，即使到了高二阶段，其正确率也远远地不足一半（仅37.10%）。这既表现了这三种辩证思维形式的发展概况，又说明辩证思维诸成分发展明显地存在不平衡性。

青少年辩证思维发展，固然是由中学阶段知识学习所奠定的基础，然而，由于它是认识或思维发展的高级阶段，发展的滞后性也是必然的。青少年辩证思维发展的不足，不仅影响其看问题的方法，即影响思想方法的全面性，易带盲目性，而且也影响他们的人生观和世界观的形成。在他们的心目中，什么是正确的幸福观、友谊观、英雄观、自由观和价值观都还是个谜。所以，加强对他们辩证思维技能的训练，对于他们形成科学的人生观和世界观具有重要的意义。

（三）青少年思维品质的矛盾表现

思维的发生和发展服从于一般的、普通的规律，又表现出个性差异。这种差异表现为个体思维活动中的智力特征，这就是思维品质（thinking traits），又叫思维智力品质（intelligence traits of thinking）。思维品质的成分及表现形式有很多，如独立性、广阔性、灵活性、深刻性、创造性、批判性、敏捷性等。在不同的年龄阶段，思维品质的各成分及表现形式体现着不同的发展水平，这就构成了思维的年龄特征。青少年期思维品质的最突出特点是矛盾表现。

由于社会对青少年有独立思考的要求，青少年思维品质的发展表现出新的特点，最为突出的是，独立性（independence）和批判性（criticism）有了显著的发展。但他们对问题的看法还常常是只顾部分，忽视整体；只顾现象，忽视本质，即容易片面化和表面化。这里，我们常常会发现和提出两个问题，一是青少年为什么有时要

"顶撞"成人？二是青少年看问题为何容易具有片面性和表面性？这是思维品质矛盾交错发展呈现出的问题。

从中学阶段开始，青少年思维的独立性和批判性有了显著的发展。青少年由于逐步掌握了系统知识，开始能理解自然现象和社会现象中的一些复杂的因果关系，同时由于自我意识(self-consciousness)的自觉性有了进一步的发展，常常不满足于教师、父母或书本中关于事物现象的解释，喜欢独立地寻求或与人争论各种事物、现象的原因和规律。这样，他们独立思考的能力就达到了一个新的、前所未有的水平。有人说，从少年期开始，孩子进入一个喜欢怀疑、辩论的时期，不再轻信成人，如教师、家长及书本上的"权威"意见，而且经常要独立地、批判地对待一切。这确实是中学阶段的重要特点之一。青少年不但能够开始批判地对待别人和书本上的意见，而且开始能够比较自觉地对待自己的思维活动，开始能够有意识地调节、支配和论证自己的思维过程，这就使青少年在学习和生活上有了更大的独立性与自觉性。我们应该珍视他们这种思维发展上的新的品质。因为独立思考能力是一件极为可贵的心理品质，绝不能因为他们经常提出不同的或怀疑的意见，就认为他们是故意"反抗"自己，因而斥责他们，甚至压制他们。当然，这不是说，我们允许青少年随便顶撞师长，而是说，我们要正确地对待这个年龄阶段心理发展的特点。我们要启发青少年在积极主动地思考问题的同时，还要尊重别人，懂得文明礼貌，学会以商量的态度办事。对那些确实无理顶撞的言行，我们也要适当给予批评。

青少年看问题容易片面化和表面化，这是其年龄阶段的一个特点，是正常的现象。青少年开始能够逐步地比较自觉地对待自己的思维活动，开始能够有意识地调节、支配、检查和论证自己的思维过程，这使他们在学习上和生活上有更大的独立性和自觉性。然而，青少年思维的片面性与表面性的表现是各种各样的：有时表现为毫无根据地争论，怀疑一切，坚持己见但又常常论据不足；有时表现为孤立、偏执地看问题，如把谦虚理解为拘谨或把勇敢理解为粗暴、冒险；有时明于责人而不善于责己；有时好走极端，往往肯定一切或否定一切。在学习上也有同样情况，以致产生公式主义和死守教条的毛病。青少年在独立思考能力发展上的这些缺点，是与他们的知识、经验不足以及辩证思维尚未发展成熟相联系的。我们一方面要大力发展他们的独立思考的能力，随时加以引导、启发；另一方面，还要对他们在独立思考中出现的缺点给予耐心、积极的说服教育。对他们的缺点采取嘲笑或者斥责的态度是不正确的；同样的，采取放任不管的态度或者认为年龄大一点自然会好起来的想法，也是不正确的。

三、青少年的社会性发展

近几十年发展心理学的进展表现出一个明显的趋势，即重视主体社会性发展的研究，强调教育可以帮助个体社会化(socialization)。社会化是个体掌握和积极再现社会经验、社会联系和社会必需的品质、价值、信念及社会所赞许的行为方式的过程。社会化的过程正是在一定社会环境中，个体通过接受教育而在生理和心理两个方面的发展，形成适应社会的人格并掌握社会认可的行为方式的过程。社会化过程包括学习、适应、交流，人类个体借以发展自己的社会属性、参与社会生活的一切过程。人类在社会化的过程中，学会基本技能，掌握社会规范，确立生活目标，形成社会技能，培养社会角色。教育帮助受教育的个体社会化，使有些社会化过程中的青少年完成基础教育阶段的学习，这就是青少年的社会化；有些社会化过程贯穿于个体的一生，这就是成年人继续社会化或再社会化。社会化过程中心理的发展则是社会性的发展。它包括社会认知、社会交往、性别角色差异、亲社会行为、依恋和自我等方面的发展。

(一)青少年社会性发展的主要表现

青少年期的生理、认知、情感和品德的发展变化，决定着这一时期的社会性发展。青少年社会化的任务表现在以下六个方面。

1. 追求独立自主

由于成人感(feeling of being an adult)的产生而谋求获得独立(independence)，即从他们的父母及其他成人那里获得独立。

2. 形成自我意识

确定自我(ego),回答"我是谁"这个问题,形成良好的自我意识。

3. 适应性成熟

所谓适应性成熟(sexual maturity),指适应那些由于性成熟带来的身心的,特别是社会化的一系列变化。

4. 认同性别角色

获得真正的性别角色(sexual role),根据社会文化对男性、女性的期望而形成相应的动机、态度、价值观和行为,并发展为性格方面的男女特征,即所谓男子气(或男性气质,masculinity)和女子气(或女性特征,femininity)。这对幼儿期的性别认同(sexual identification)说来是个质的变化。

5. 社会化的成熟

学习成人,适应成人社会,形成社会适应能力。价值观、道德观的成熟是社会化成熟的重要标志。

6. 定型性格的形成

发展心理学家常把性格形成的复杂过程划分为三个阶段:第一阶段是学龄前儿童所特有的、性格受情境制约的发展阶段;第二阶段是小学儿童和初中的少年所特有的、稳定的内外行动形成的阶段;第三个阶段是内心制约行为的阶段,在这个阶段里,稳固的态度和行为方式已经定型,因而性格的改变就较困难了。

(二)青少年友伴关系的发展

在处于过渡期的复杂的青少年阶段,同辈群体既可能是青少年重要的情感支持源,又可能是令教师和父母忧虑的行为的压力源。如前所述,青少年的生理结构正在发生巨大的变化,当他们与同龄人相处的时候会感觉到自在得多。青少年常常挑战成人的标准和权威,当他们咨询同伴的意见之后,他们挑战的信心得到进一步加强,因为他们的同伴也处于相似的境地。青少年开始质疑他们的教师、父母是否足以成为其行为的榜样,然而,他们并不能确信自己的行为是否足以同其教师、父母相媲美,于是,他们转而向其同伴寻求答案。同辈群体是青少年情感的来源、同情的来源、理解的来源、道德指南的来源；同辈群体也是青少年实验的场所，获得自主权的场所，独立于教师、父母的场所；此外，同辈群体还是青少年形成亲密关系的场所，在这里他们能够"演练"成人世界的亲密关系。一般而言，同伴的影响，在12~17岁达到最高峰，在15~18岁开始出现下降的趋势。少年期与同伴的依恋未必预示着麻烦，除非依恋程度强到足以让他们宁可放弃家规，放弃作业，放弃自己的才能，也要赢得同伴的认同和欢迎。在社会测量研究中，研究者往往要求青少年们提名他们最喜欢的和最不喜欢的同学。这类研究发现，个体在同辈群体中的地位分为五种类型：受欢迎者(受积极提名次数很多的青少年)，遭拒绝者(遭消极提名次数很多的青少年)，被忽视者(被积极提名和消极提名次数均极少的青少年)，被争议者(被积极提名和消极提名次数均很多的青少年)和平常人物(被积极提名和消极提名次数均居平均数附近的青少年)。哈齐克里斯托(Hatzichristou)和霍普夫(Hopf)1996年的研究表明，存在适应问题最大者当推遭拒绝者群体；此外，他们在学习上也存在困难，考试成绩较低。遭拒绝的男孩具有攻击性和反社会性；遭拒绝的女孩往往怕羞、孤单、不快乐，其自我概念也是消极的。从中学时代起，在被忽视的群体中，男生多于女生；该群体的亲社会性程度低于平常人物群体，然而，其学习上的困难则多于后者，学习上的许多困难导致他们消极的自我概念。对于遭拒绝和遭忽视的群体来说，从小学阶段到初中阶段的过渡和从初中阶段到高中阶段的过渡，似乎都是极其艰难的时光。就被争议的群体而言，教师的评价和学生的评价大相径庭。教师看不到他们的行为问题，也许是由于他们学习成绩不错的缘故；同学则认为，被争议的男生具有攻击性、反社会性。当然，他们也是"领袖人物"，这也许是由于同辈群体敬重和接受男生的攻击性的缘故。其同伴们，特别是在小学阶段，往往认为，被争议的女生势利、傲慢，这可能反映了这个年龄的女生有结成小圈子的倾向。在中学阶段，这种女生比从前受欢迎一些，而且也是被当作领袖人物(Papalia，2004)。

对于青少年来说，家庭关系、师生关系和友谊关系是最重要的三大社会关系。较之家庭关系和师生关系，友谊关系更具平等性。友谊关系的建立是以选择和承诺为基础的。友谊关系不如家庭关系那样稳定。青少年已经开始意识到友谊关系的特征，及保持友谊关系的决定因素。在青少年争吵的时候，愤怒的成分减少了，他们能够更加公正地解决与朋友、家庭成员之间的冲突。这也许是由于他们能够意识到，太多的冲突会使他们失去友谊。青少年通常会选择与他们相似的同学为友，朋友间的相互影响又使他们更为相似。同一个朋友圈的青少年的学习态度和学习成绩都较为相似，在同辈群体中也处于相似的地位(Papalia，2004)。

在个体的毕生发展中，无论是友谊的强度和重要性程度，还是与朋友共聚的时光数量，最突出的莫过于青少年时期。友谊更具交互性。从青少年早期开始，个体在亲密和支持方面开始更多地依赖于朋友，而不是教师、父母，他们之间共享的秘密也多于更小时候的朋友之间。对亲密、忠诚和共享的重视，标志着青少年的友谊向成人式友谊的过渡。青少年期的特征之一是"封闭性"(closure)，即内心世界逐步复杂化，从开放走向封闭，即开始学会不轻易表露内心活动。然而，如非向某人倾诉内心世界的"秘密"不可时，这个人不是父母而是同性朋友。青少年朋友之间亲密程度的加强，不仅反映了其认知的发展，而且反映了其情绪的发展。这个时候，青少年更善于表达其思想与情感。他们也更善于顾及他人的观点，因而也更善于理解朋友的思想与情感。青少年向朋友倾诉秘密的过程，是探索其自身情感的过程，是定位其人生坐标的过程，是确认其自我价值的过程。

发展亲密关系的能力同心理适应能力和社会能力的发展都有很大的关系。一般来说，友谊关系稳定、亲密和具支持性的青少年，自我概念积极，学习成绩优秀，人际关系良好，往往不会与他人敌对，往往不会有焦虑感和压抑感。实际上，友谊与适应之间是一种相辅相成的关系：良好的友谊促进适应能力的发展，良好的适应能力又反过来推动着良好的友谊关系。

(三)青少年道德品质的发展

在整个中学阶段，青少年的品德即道德品质，迅速发展，青少年处于伦理观形成的时期。在少年期品德形成的过程中，伦理道德观已开始形成，但在很大程度上表现出两极分化的特点。青年初期的伦理道德观带有很大程度的成熟性。青少年初期的个体可以比较自觉地运用一定的道德观念、原则、信念来调节自己的行为，伴之而来的是世界观的初步形成。

1. 青少年品德的特征

青少年个体的伦理道德行为是一种以自律为形式、以遵守道德准则并运用原则、信念来调节行为的道德品质。这种品德具有以下六方面的特征。

(1)青少年能独立、自觉地按照道德准则来调节自己的行为。伦理是指人与人之间的关系及必须遵守的行为准则。伦理是道德关系的概括,伦理道德是道德发展的最高阶段。从中学阶段开始,青少年个体逐渐掌握这种伦理道德,而且还能独立、自觉地遵守道德准则。我们所说的独立性就是自律,即服从自己的人生观、价值标准和道德原则;我们所讲的自觉性,也就是目的性,即按照自觉的道德动机去行动,以便符合某种伦理道德的要求。

(2)道德信念和道德理想在青少年的道德动机中占据重要地位。中学阶段是道德信念和理想形成,并开始用道德信念和理想指导自己行动的时期。这一时期的道德信念和理想在青少年个体的道德动机中占有重要地位。青少年的道德行为更有原则性、自觉性,更符合伦理道德的要求。这是人的人格或个性发展的新阶段。

(3)青少年品德心理中自我意识的明显化。孔子说过"吾日三省吾身",意思是我每天都会多次反省自己。从青少年品德发展角度来理解,这是提倡自我道德修养的反省性和监控性。这一特点从青少年期开始就越来越明显,它既是道德行为自我强化的基础,又是提高道德修养的手段。所以,自我调节品德心理的全过程是自觉道德行为的前提。

(4)青少年道德行为习惯逐步巩固。在中学阶段的青少年品德发展中,逐渐养成良好的道德习惯是道德行为训练的重要手段。因此,与道德伦理相适应的道德习惯的形成,是道德伦理培养的重要目的。

(5)青少年品德发展和世界观的形成是一致的。青少年世界观的形成与道德品质的发展有着密切联系。一个人世界观的形成是其人格、个性、品德发展成熟的重要标志。当他们的世界观萌芽和形成的时候,它不仅受主体道德伦理价值观的制约,而且又赋予道德伦理以哲学基础,因此,两者是相辅相成的,是一致的。

(6)青少年品德结构的组织形式完善化。青少年一旦进入了伦理道德阶段,他们的道德动机和道德心理特征在其组织形式或进程中，就形成一个较为完善的动态结构。其表现有三。其一，青少年的道德行为不仅按照自己的准则规范定向，而且通过逐渐稳定的个性，产生道德的和不道德的行为方式。其二，青少年在具体的道德环境中，可以用原有的品德结构定向系统对这个环境做出不同程度的同化，随着年龄的增长，同化程度也在增加，还能做出比较完整的道德策略；同时能把道德计划转化为外观的行为特征，并通过行为所产生的效果达到自己的道德目的。其三，随着青少年反馈信息的扩大，他们能够根据反馈信息来调节自己的行为，以满足道德的需要。

2. 青少年品德处于动荡性向成熟性过渡的阶段

(1)少年期品德发展的特点具有动荡性。从总体上看，少年期的品德虽然具备了伦理道德的特征，但仍旧是不成熟的、不稳定的，具有较大的动荡性。少年期品德动荡性特点的具体表现是：道德动机逐渐理想化、信念化，但又有敏感性、易变性；他们道德观念的原则性、概括性不断增强，但还带有一定程度具体经验的特点；他们的道德情感表现得丰富、强烈，但又有好冲动且不拘小节的表现；他们的道德意志虽已形成，但又很脆弱；他们的道德行为有了一定的目的性，渴望独立自主地行动，但是愿望与行动又有一定距离。所以，这个时期既是人生观开始形成的时期，又是容易发生两极分化的时期。品德不良、走歧路、违法犯罪行为多发生在这个时期。其原因是前文曾经论述的三个因素：第一，生理发生剧变，特别是外形、机能的变化和性发育成熟，然而心理发育却跟不上生理发育，这种状况往往使少年期容易产生笨拙感和冲动性。第二，从思维品质发展方面分析，少年期的思维易产生片面性和表面性。因此，他们好怀疑，反抗，固执己见，走极端。第三，从情感发展上分析，少年期的情感时而振奋、奔放、激动，时而又愤怒、怄气、争吵、打架，有时甚至会泄气、绝望。总之，他们的自制力还很薄弱，易产生动摇。我们应从各个方面帮助他们树立正确的观点，特别是人生观、价值观和道德观，以便他们做出正确的抉择。

(2)青年初期是品德逐步趋向成熟的阶段。这个时期的品德发展进入了以自律为形式、遵守道德准则、运用信念来调节行为的品德成熟阶段。所以，青年初期是走向独立生活的时期。成熟的指标有两个，一是能较自觉地运用一定的道德观点、原则、信念来调节行为；二是人生观、世界观初步形成。这个阶段的任务是形成道德行为的观念体系和规则，并促使其发展进取和开拓精神。

然而，这个时期不是突然到来的。八年级是中学阶段品德发展的关键期，继而在初中升高中时，品德开始向成熟转化。其实在八年级之后，一些少年在许多品德特征上已经逐步趋向成熟。但在高中初期，个体却仍然明显地保持许多少年期动荡性的年龄特征。所有这些都是我们在进一步加强和改进未成年人，特别是青少年思想道德建设中应该重视的问题。

主要参考文献

[1]林崇德. 发展心理学［M］. 杭州：浙江教育出版社，2002.

[2]林崇德. 教育与发展——创新人才的心理学整合研究［M］. 北京：北京师范大学出版社，2002.

[3]Hatzichristou C & Hopf D. A multiperspective comparison of peer sociometric status groups in childhood and adolescence［J］. Child Development，1996，67：1085 - 1102.

[4]Papalia D E，Olds S W & Feldman R D. Human development［M］. 9th ed. New York：McGraw-Hill，2002.

在多变世界中的品德发展：中国的观点[*]

在中国，儿童和青少年人口超过两亿五千万。全国有 10 万多所中学，承担了约 4700 万中学生的教育工作；有约 88 万所小学，承担了约 14000 万小学生的教育工作；还有约 12 万所幼儿园，承担了约 11400 万名学龄前儿童的教育工作（幼儿园仅承担了一半的学龄前儿童，因为 3 岁以下的儿童都在托儿所）。儿童和青少年的数量如此庞大，因而品德发展受到了广泛的关注，也被看成是在教育工作中需要优先考虑的问题。

中国是一个有着古老文明和深沉文化底蕴的国家，中国人赞美勤劳、勇敢、尊重和照顾他人。新中国成立后，政府号召儿童和青少年爱祖国、爱人民、爱劳动、爱科学、爱护公共财物。这"五爱"道德规范成为品德教育的主要内容。每年的六一儿童节，国家都会号召社会大众为儿童提供一个榜样。当然，这并不是一年只有一天的例行公事，也不是只有这一天公民才帮助儿童和青少年发展品德品质。我们期待着全社会都来关注德育，把以德为首带入全国的教育实践中。因此，国家政策强调儿童青少年在接受关爱的同时也应该接受品德教育。

在中国的发展与教育心理学中，最重要的当代理论和应用的研究，包括儿童和青少年认知与品德发展，都源于朱智贤教授。他的理论从辩证唯物主义的哲学观点出发，概括了儿童和青少年心理发展的四个基本规律：①遗传、环境和教育对心理发展的作用和要求；②心理的发展的动力，即心理发展的内外因关系；③教育和心理发展之间的关系；④心理发展的年龄特征和个体差异（朱智贤，1962）。我们将把这些观点和自己的具体研究运用到品德发展上，并做进一步论述。

---

* 本文原系 1987 年 6 月 7 日在挪威"儿童发展"国际大会上所做的报告，后载于《国际学校心理学》（*School Psychology International*）1988 年第 1 期，由林琳将其英文译为中文，收入本书时有修改。

一、品德发展的条件

我们做了大量的研究，特别是关于双生子和独生子女的研究，这样能更好地理解遗传、环境和教育在品德发展上的贡献。

(一) 遗传对品德形成的影响

遗传在健康心理方面的效果具体体现在两个方面：第一，遗传通过个体本身的素质影响智力的发展；第二，遗传通过气质类型的机制影响人格的形成。气质类型和儿童青少年的道德发展是相关联的，我们的团队研究发现，对健康心理而言，遗传是生理和物质的基础。遗传毫无疑问地影响了道德发展。

(二) 环境和教育对品德发展的决定性效果

生物因素提供了品德发展的可能性，环境和教育则把这种可能性转变为现实性。自新中国成立以来，我们国家发生了翻天覆地的变化。随着政治和社会环境的变化，儿童和青少年的品德观也产生变化。以人际关系为例，20 世纪 50 年代"人帮人"，60 年代"人斗人"，70 年代以自我为中心，80 年代我们又开始关注良好的人际关系。虽然这只是一个简单的"社会诙谐语"，但这种观点的确表明社会环境对道德发展的决定性作用。

目前，对我们的专业人士和整个国家来说，关注的问题是如何给不断成长的儿童和青少年提供最优化的环境。我们的国家一直致力于为儿童和青少年的健康茁壮成长创造优质的环境。由于社会的努力，儿童和青少年居住和学习的环境已经有了很大的改善。但这远远不是终点，他们的环境会进一步得到改善。

优化儿童的成长环境，最先考虑并且最重要的是家庭和学校的责任。家庭是儿童和青少年成长的摇篮，学校是他们学习的平台。近些年来，中国的大多数父母高度地重视家庭教育，他们认为训练儿童比教育儿童更重要，认为智力比品德更重要。许多教师盲目要求学生在考试中得高分从而进入更好的大学，忽略了思想品德教育，结果使儿童和青少年不得不承担过重的学习负担。

社会有责任优化儿童和青少年的成长环境。儿童无形中会受到他们所见所闻的影响，因此，我们有责任为儿童和青少年创造一个健康文明的社会环境。进一步说，文化产业的工作、电影和电视产业、报纸和杂志都应该有意识地尽最大地努力给儿童和青少年提供精神食粮，从而消除不良的品德影响。

我们的研究比较了120组独生子女家庭儿童和非独生子女家庭儿童(从幼儿园到中学)，结果显示在品德发展方面，虽然独生子女家庭和非独生子女家庭的儿童在总体上有相似的特征。然而，和非独生子女家庭儿童相比，独生子女更加任性，缺乏同情心，浪费，独立性较差。这可能是独生子女环境产生的结果，父母典型溺爱和过分迁就他们唯一的孩子(林崇德，1982)。

计划生育对国家发展来说是一个重要的政策。因此，独生子女的品德发展在教育系统内，特别是在家庭教育中开始扮演一个重要的角色。我国也正在努力去改善独生子女的教育。例如，家长学校提供场所使父母学习到合适的教育自己孩子的方法，至今为止，结果是令人满意的。

二、品德的发展的动力

我们强调在品德发展中环境和教育对儿童和青少年的影响，但这并不是说环境和教育会机械地决定儿童和青少年的发展，而是说它们是品德发展的外部因素。外因必须通过内因起作用，合理而良好的环境和教育是适合儿童和青少年品德发展的内因变化条件，否则教育和环境不能成为决定性因素。对此我们称之为内部矛盾和品德发展的动力观。我们相信唯物辩证法动力观能把内部因素和外部因素联合起来。那究竟什么是品德发展的内部因素或动力呢？我们认为儿童和青少年的动力发展是品德发展中新的需要与原有水平的矛盾，这就是内部矛盾或动力。

需要是对社会道德需求的一种反映，需要是品德发展的内部源泉，也就是说，需要会影响品德结构的每种成分(道德认识、道德情感、道德意志和道德行为)和品德范畴中每个要素(良心、责任心、义务、荣誉和幸福感等)。儿童青少年原有的品德水平和其新需要产生矛盾构成品德发展的动力。由此说来,对教育者而言,理解儿童青少年的需要和原有水平有利于品德的发展,并且能使儿童青少年发挥他们的主动性。需要表现出内部矛盾新颖活跃的一面,原有水平表现出内部矛盾稳定的一面。从关注这对矛盾出发,我们的国家致力于教育出有理想、有道德、有文化、有纪律的新一代公民。

原有的心理水平表现为:品德结构,智力结构,知识、技能和经验,人格特质,生理成熟和当前的心理状态(如态度、情绪和注意力等)。在品德教育中,要求我们尤为关注这些因素及其相互作用。在我们的国家,幼儿园、小学、中学乃至工读学校都尽最大努力关注了以上这些因素。这里我还要介绍一下工读学校,它们是为品德不良的儿童和青少年创办的。在这些儿童和青少年的教育中,教育者尊重他们,为他们提供缺失的温暖,根据他们现有的心理水平和品德结构给予指导。这样的教育有一个显著积极的效果,就是防患于未然,保护儿童和青少年远离犯罪的道路,给予儿童和青少年健康成长的机会。我们国家大部分省区市都有这样的工读学校。对北京的工读学校 1955—1966 年的纵向研究表明,超过 1200 名有问题行为的学生在此就读过,其中超过 80% 的学生都能健康成长,他们当中的相当一部分已成为军官、工程师、教师和艺术家(林崇德,1984)。

这种在新的需要和原有的心理水平之间的矛盾是儿童和青少年品德发展的动力,那么,一位教育者怎样做才能处理好这种矛盾?我们在研究中,发现学生的新需要往往来自教育者的要求。我们指出最关键的是对学生品德教育的要求必须是合适的,也就是说,过高或过低的要求都不适当。高于学生的原有水平,经过学生主观努力后可以达到的要求,才是最合适的教育要求。

三、教育和品德发展的辩证关系

伴随着从数量到质量的细微的适应,从教育到道德发展的道路一直在延伸。道德是一个综合的结构,如图 1 所示。

图 1　道德结构

对于儿童和青少年来说，通过教育了解品德系统，并且从中获得品德经验是很重要的。瑞士的皮亚杰和美国的柯尔伯格都曾经表述过，认知能力是道德发展的一个准则。我们从研究中也已经发现，经过教育，儿童与青少年逐步领会道德知识、掌握道德经验。这里的道德知识和道德经验，从内容上说，有思想方面的，有道德规范体系方面的，等等；从形式上说，有基本道德知识(包括基本道德概念)，有行为规范的表现及练习。领会和掌握道德知识经验，是从教育到品德发展的中间环节，这对品德发展来说，是一个量变的过程，这是品德发展的质变的基础，可以用图 2 表示。

图 2　品德发展

从图 2 中看出，品德发展决不能停留在道德知识经验的领会和掌握上。也就是说，品德的发展不光是指道德知识的增多和道德认识的提高，而是指在道德动机作用下的道德认识、情感、意志和行为的全面发展。这里更重要的是提高道德行为水平，形成道德信念和道德习惯。因此，教育的目的，不仅仅是使学生领会和掌握道德知识经验，更重要的是发展品德的整体结构。这样，才算在某个阶段上完成了品德发展的质变过程。

由知识经验的领会和掌握而引起品德的发展，是一个由量变到质变的过程，其中要经过很多的阶段。我们在培养儿童与青少年的品德的实验研究中看到，品德整体结构的发展是在掌握和运用道德知识、练习和重复道德行为的过程中完成的。如果一个儿童或青少年不学习道德知识(如法律知识),不练习道德行为规范,他的品德是得不到发展的。道德知识、认识和训练是品德发展的基础。也就是说,儿童与青少年的品德是在他们的"知"的反复提高和"行"的反复训练中逐步发展起来的,并须经过一个又一个阶段。可见,儿童与青少年品德水平取决于:一是他们所领会的道德知识(或道德认识);二是他们对正确行为规范要求的不断练习。前者的要求是背诵和理解,以铭记在心中,后者的要求是形成良好的习惯。品德发展的每一个阶段的特征,都集中地体现在道德行为习惯的变化上。德育的目的是什么?简单地说,就是养成良好的习惯。习惯是由于重复或练习,而巩固下来,并变成需要的行为方式。在中小学教育工作中,人们之所以要强调抓好"班风""校风",就是因为要求班集体、校集体的成员,在一定的时间或一定的场合内,都会自然而然地按照既定的、正确的行为规范行动。社会学所强调的某个民族的道德风俗,也正是这个民族长时期中所形成的道德行为习惯。因此,良好习惯的形成,是一个人的完整品德结构发现中质变的核心。

总之,我们应该将教育中儿童与青少年接受道德知识和思想,接受道德行为和习惯的训练,都看作其品德的一个局部的、小的变化或量变的过程,是比较明显的、稳定的品德质变的基础。教育的任务就是用知识武装儿童与青少年的头脑,引导他们有的放矢地大量练习、实践,使知识经验不断"内化"和"动力定型化",即变成他们的信念、理想和行为习惯,且能自行迁移,形成"自动化"的活动,从而促进他们的品德的质变,并完善地表达发展参数。

四、品德发展的年龄特征

道德发展的年龄转折点是整个心理发展年龄特征的一部分。中国许多心理学家研究品德发展,他们研究的年龄特征多种多样,在这些研究中,我们觉得有三项有较大影响。

第一,李伯黍(1985)的道德判断发展的研究。这项研究使用的是柯尔伯格的道德困境范例。

第二，李怀美(1986)的三个道德的基本元素的研究(道德认知、道德情感和道德意愿)。

第三，北京师范大学儿童心理研究所开展的研究。这项研究强调动态性质，即用一种系统化的方法把教育融进发展，应用纵向研究和交叉研究定义道德发展的综合结构(林崇德，1986)。这种方法显示，中国儿童和青年的品德发展经历了从出生到成熟的六个阶段。

阶段一(0岁至1岁)，主要是适应性时期。这个时期孩子不可能有道德认识，也不可能有意识地做出什么道德行为。这个阶段的儿童需要的是有规律的满足和舒适的照料，缺少社会性。这个阶段的儿童主要任务是适应社会现实。

阶段二(1岁至3岁)，主要是品德萌芽阶段，也是两义性为标准的阶段。儿童经常把"好"和"坏"两种意义作为品德判断和行为的标准。此时，儿童不可能掌握抽象的道德原则，其道德行为极不稳定。这个阶段的主要任务是理解"好"和"坏"两类简单的规范，并做出一些合乎成人要求的道德行为。

阶段三(3岁至6岁或7岁)，主要是情境性品德发展时期。这时道德行为的动机往往受当前的刺激(及情境)所制约，道德认识还带有很大的具体性、情绪性和受情境的暗示性。这个阶段的主要任务是开始接受系统而具体的道德品质教育。

阶段四(6岁或7岁至11岁或12岁)，主要是品德发展协调性阶段。此时出现比较协调的外部和内部的动作，道德知识系统化，并形成相应的行为习惯；言行比较一致，动机与行为也比较一致；随着年龄的递增和道德动机的发展，言行一致和不一致的分化逐步增大。这个阶段的主要任务是发展道德信念，以提高道德行为的思想境界。

阶段五(11岁或12岁至14岁或15岁)，主要是动荡性品德发展时期。这个阶段的少年处于人生的十字路口。一方面，这个时期是道德信念和道德理性形成的时期，是世界观萌芽的时期，是开始以道德信念和理想来指导自己的行为的时期。另一方面，这个时期又是心理的发展跟不上生理迅速成熟的时期，是逆反心理、对抗心理出现的时期，是幼稚和成熟、冲动和控制、独立和依赖错综并存的时期。因此，少年期是两极分化严重的阶段。这个阶段的主要任务是处理好过渡时期的各种矛盾。

阶段六(14岁或15岁至17岁或18岁),主要是初步成熟阶段。成熟的指标,一是较自觉地运用一定的道德观点、原则、信念来调节行为,二是世界观、人生观的初步形成。这个阶段的任务是形成道德行为的观念体系和规划,并促使青少年发展进取和开拓精神。

以上谈到的适应性、两义性、情境性、协调性、动荡性和初步成熟性,反映了中国儿童和青少年品德发展六个阶段的主要特点,即一般的、典型的、本质的特征。这六个阶段不应该被看成按固定次序的阶段,它们是交错和联系的,在一个阶段之初,可能保存着大量的前一阶段的年龄特征;在一个阶段之末,也可能产生较多的下一阶段的年龄特征。

我们研究确信品德发展关键期的存在。通过研究,我们发现5.5岁到6岁、9岁到10岁、13岁到14岁,是品德发展变化的关键时期(林崇德,1986)。例如,小学中的"乱班"正是三年级的现象,中学生品德的两极分化正是八年级的现象。我们的中小学和幼儿园的教育工作,要适应儿童和青少年这种心理发展的关键年龄的质变特征,采取适当的措施,做到有的放矢。

主要参考文献

[1]傅安球,林崇德.怎样教育独生子女[M].北京:科学普及出版社,1982.

[2]林崇德.中学生心理学[M].北京:北京出版社,1983.

[3]林崇德.品德发展心理学[M].上海:上海教育出版社,1988.

[4]朱智贤.儿童心理学[M].北京:人民教育出版社,1962.

基础教育改革心理学研究 30 年*

1996 年第 12 期《中小学管理》杂志发表了特约记者肖杨的一篇报道，题目为《中国基础教育的播火者——记北京师范大学发展心理研究所所长林崇德教授》，其中肖杨写道"基础教育改革心理学研究遍布全国 26 个省、区、市 3000 多个中小学实验班，从黑龙江五常县到广东随溪县，从上海市黄浦区到新疆天山脚下，从内陆河南偃师市到沿海浙江瑞安市频频地传来喜报，几乎每一个实验班的教学质量都提高了，学生过重的负担减轻了，出现了全面发展、学有特色的景象"。这是事实。又过了 12 年，隐含在其中的不仅是教育现象，而且也检验了我所坚持的心理学观和教育观。

一、思维品质的培养

教育界对我的基础教育改革心理学研究 30 年的称谓是"从事思维品质培养的 30年"。思维品质原先在《普通心理学》的思维一章中是可有可无的智力品质，可我于 1978 年 9 月，在北京市 124 中学的一次报告中提出了思维品质的培养是发展智力和能力的突破口的观点，同年 10 月，我在北京市朝阳区幸福村学区开始了思维品质发展与培养的实验。从小学数学到中学数学，从小学语文到中学语文，我以培养中小学生数学能力与语文能力为基础，用数学的语言和语文的语言对思维品质做了具体的表述。

思维是智力与能力的核心，作为个性心理特征的智力与能力是分层次的。如何确定一个人的智能是正常还是超常或是低常的呢？这主要由智力品质来决定。智力

---

* 本文原载于《教育研究》2009 年第 4 期。

品质是在智力活动中，特别是思维活动中智力与能力在个体身上的表现，因此它又叫思维的智力品质或思维品质，其实质是思维的个性特征。它体现了每个个体思维水平、智力与能力的差异。它是区分一个人思维乃至智力层次、水平高低的指标。因此，在智力与能力的培养上，我们往往要抓学生的思维品质这个突破口，做到因材施教。美国圣约翰大学的周正博士使用其智力(认知)发展量表，在我们坚持训练学生思维品质的实验点——天津静海县一所偏僻农村小学测了学生的时空和速度等智力发展水平，然后与北京市一所名校的学生相比较，发现该实验点农村小学生的成绩略高于相比较的城市被试，但无显著差异。最后，他又对比了美国一城市被试的成绩，发现实验点农村小学生的成绩不仅高于美国被试，而且有显著差异。从中可以看出，思维品质训练的确是发展学生智力的突破口，且训练时间越长，效果越明显。这个研究的部分结果，被有影响力的美国教育心理学教科书引用。

思维品质的成分及其表现形式很多，主要包括敏捷性、灵活性、创造性、批判性和深刻性五个方面。在一定意义上说，思维品质是智力与能力的表现形式，智力与能力的层次离不开思维品质，集中表现在上述五种思维品质上。这五种思维品质，是完整的思维品质的组成因素，它们之间是相互联系、密不可分的。我的博士生李春密教授的博士论文就涉及思维品质的变化和完善过程，其研究数据表明：学生的深刻性品质得分最高，反映了深刻性是思维品质的基础，这是逻辑抽象思维发展的必然趋势；学生的创造性品质得分最低，说明了创造性的思维品质的发展较其他品质要迟、要慢，且难度最大。为了清楚地看出各品质之间的相关性，李春密把各品质之间的相关系数表示成相关矩阵，结果表明：敏捷性与其他品质的相关系数最高，说明敏捷性主要由各品质所派生或所决定；灵活性、批判性与创造性的相关系数很高，证明发散思维或灵活性是创造思维的前提或表现，创造程度与批判程度具有高相关；深刻性与创造性的相关系数低，说明抽象逻辑思维未必都能产生创造性思维，同样说明创造性思维也未必都来自抽象逻辑思维，因为创造性思维也来自形象逻辑思维。所有这些理论，既为基础教育改革的研究提供了理论依据，又在教改实验中更趋完善。

二、概括的训练

在朱智贤教授与我合著的《思维发展心理学》中，我们把"概括"视为思维的首要特征。所谓"概括"，就是在思想上将许多具有共同特点的事物，或将某种事物区分出来的一般的、共同的属性或特点结合起来。概括的过程，就是把个别事物的本质属性推及为同类事物的本质属性的过程。这个过程也就是思维由个别通向一般的过程。在 30 年基础教育改革心理学研究中，我把学生概括能力的培养视为发展其智能的基础。

从理论上说，概括是人们形成或掌握概念——思维细胞的直接前提。学生掌握概念的特点，是直接受他们的概括水平高低所制约的。概括是思维活动的速度、灵活迁移程度、广度和深度、创造程度等智力品质或思维品质的基础；概括是一切科学研究的出发点，是掌握规律的基础，任何科学研究的结论都来自概括。

从教学实践上说，学习和运用知识的过程是概括的过程。知识迁移的实质就是概括。没有概括，学生就不可能掌握知识，运用知识；没有概括，就难以形成概念，由概念所引申的公式、法则、定理、定义就无法被学生掌握；没有概括，学生的认知结构就无法形成，通过学习形成在意义上、态度上、动机上和技能上相互联系着的越来越复杂、越抽象的模式体系就会发生困难；没有概括，学生就很难形成学科能力，因为任何一门学科能力都是通过概括表现出来并形成起来的。以语文学科的听说读写能力为例：听的关键是"听得好"，即会听，听得准确，抓住别人讲话的中心，理解所听内容的实质，这是"听"的概括能力的表现；说的关键是"说得清"，即掌握准确、鲜明、生动的口语表达特点，做到词达意明、层次分明、说到"点子"上，这是"说"的概括能力的表现；读的要素较多，分析课文，即分析段落层次、提炼中心思想、掌握文章脉络是读的重点，它正是以学生的概括能力为基础；写作能力发展也是一个概括化的过程，中小学生从"说"到"写"，从"读"到"写"(仿写)的两个过渡，都要通过书面语言条理化地、生动地表达出事物内在联系。这里就有一个综合的、提炼的过程，即概括过程。数学能力也是以概括为基础的。数学能力在一定意义上说就是对数学知识的概括能力，所以中学数学特级教师李观博先生在课堂里进行基本概念的讲授时，强调数学概括能力的训练：重要的数学概念反复出现，反复巩固，以便学生合并同类项；用简洁、明白和通俗易懂的语言，引导学生一步步深入地概括；引导学生读书，在读书中慢慢地理出头绪，以提高数学概括能力。

由此可见概括在思维过程中的地位及概括能力在现实中的作用和重要性。正因为如此，概括也成为思维乃至智力训练的重要方面。我在基础教育改革心理学研究中强调，把训练学生的概括能力作为发展学生思维乃至智能的一个重要环节，积极引导学生通过观察或语言，描述概念与知识所提供的感性材料；分清事物的本质特征或属性；给各类概念做解释或下定义；对已有的概念逐级归类组成新的概念。

三、学科能力的提出

我在基础教育改革心理学研究中，深入地探索了中小学生学科能力，并在自己的专业中最早招收学科能力发展与促进方向的博士生。学科能力是学生的智力、能力与特定学科的有机结合，是学生的智力、能力在特定学科中的具体体现。学科能力又是衡量学生的智能乃至心理发展的一个重要的指标，是当前学科教育改革的一个中心问题。同时，学科能力也是一个被研究者长期忽视的问题。

任何一种学科能力，不仅体现在学生有一定的某学科的特殊能力，而且有着学科能力的结构。这种结构，不仅有着常见的某学科能力的表层表现，而且有着与非智力因素相联系的深层因素。

我在考虑一种学科能力的构成时，是从以下三个方面来分析的。

第一，某学科的特殊能力是这种学科能力的最直接的体现。要探索一种学科的学科能力，就要揭示这种学科的特殊性，找出最能直接体现这种学科的特殊要求与特殊问题的一般能力。在与语言有关的语文、外语两种学科能力中，听、说、读、写四种能力是其特殊的表现，只不过母语与外语在内容与形式上有着差异罢了。在任何一种语言中，听、说、读、写都互为前提。在"听、说"与"读、写"的关系中，听、说是口头语言的理解与表达；读、写是书面语言的理解和表达。口头语言和书面语言各具特点：口头语言生动、形象、活泼，口头语言表达要求思路敏捷、灵活；书面语言简练、严谨、规范，书面语言表达要求思路严密、有条理。但它们又是相关的，口头语言是书面语言的基础，书面语言又可提升口头语言。在听、读与说、写的关系中，听、读是说、写的前提，说、写也是听、读的前提。因为听、读是"输入""吸收"和"内化"；而说、写则是"输出""应用"和"外化"。这一进一出、吸收和应用、内化和外化，是辩证的统一。与数学学科有关的特殊能力，首先是运算(数)的能力和空间(形)的想象力。同时，数学是人类思维的体操，数学的逻辑思维能力也应该是数学学科的特殊能力。运算不仅是指数或数学运算，还包括各种数学式子和方程的变形，以及极限、微积分、逻辑代数的运算等；空间想象包括对空间观念的理解和对二维、三维空间几何图形的运动、变换和位置关系的认识，以及形象结合、代数问题的几何解释等。这两种能力的核心和基础是数学的逻辑思维能力，它包括数或数学的概念、判断、推理等基本思维形式及比较、分类、概括、类比、归纳与演绎、分析与综合等思维方法。运算、空间想象和数学中逻辑抽象思维，共同构成数学能力的一般能力系统。每门学科都有特殊性，所以要揭示每门学科能力的特殊表现。例如，自然科学学科(物理、化学、生物等)要涉及实验能力，思想政治课学科须有观点采择和明辨是非能力，等等。所有这一切有关能力，体现了某一学科的特殊能力，并成为这种学科能力结构的表层成分。

第二，一切学科能力都要体现智力与能力的特点。我在教育改革实验中，强调概括能力的基础作用，强调思维品质的参与结构。人的思维是语言的思维或理性的思维。语言有两种功能，一是指示性，二是概括性。正因为如此，人类通过语言—思维达到交际的目的；人类把一般的联系或某一类从个别属性中分出以后，借助于概括性的词，思考着一般的联系或某一类事物；人类在思考一般联系和某一类事物的同时，用语言去揭示内在异同点，加以系统化。例如，生物学界的门、纲、目、科、属、种就是思维借助于语言对生物知识系统化的结果，于是概括成为科学研究的关键机制。在学科能力的结构上，概括有三个重要表现：一是掌握概念，尤其是科学的概念，因为掌握概念是在概括的基础上形成的；二是形成概念—判断—推理，且越来越多地使逻辑思维形式趋向成熟和完善；三是借助内部言语，使概括不断深化、内化和减缩化，在思想深处越来越多地"存储"类化、减缩化、密集化的知识系统。学生的学科能力正是其在获得学科知识的基础上通过概括化(或类化)而形成的。抓住了概括能力，也就抓住了学科能力的基础与核心问题。学科能力的结构，应有思维品质参与。任何一种学科的能力，都要在学生的思维活动中获得发展。因此，一个学生某学科能力的结构，当然包含体现个体思维的个性特征，即个体思维品质。离开思维品质，无所谓学科能力可言。于是，我们详细展示了数学、语文两科中各种特殊能力的思维品质表现。根据上面两点考虑，我才把语言能力看作以语言概括为基础，将听、说、读、写4种语文特殊能力与上述5种思维品质组成20个交结点的开放性的动态系统；把数学能力看作以数学概括为基础，将运算能力、空间想象能力和数学逻辑思维能力与5种思维品质组成15个交结点的开放性的动态系统。

第三，按大学科分类，学科可归纳为理科与文科，这相应地与抽象逻辑思维和形象逻辑思维、认知和社会认知紧密地联系。一般说来，理科的学科能力，更多地与抽象逻辑思维、与认知相联系；文科的学科能力，更多地与形象逻辑思维、与社会认知相联系。至于大学科下属的具体学科，当然大致要和大学科的思维或认知成分相对应，但具体学科可以具体分析，包括交叉学科，更有其特殊性。不过，抽象逻辑思维与形象逻辑思维、认知与社会认知却体现着建构不同学科能力中思维或认知成分的特色。

综上所述，我获得学科能力的四个特点：学科能力以学科知识为中介，学科能力是一种结构，学科能力具有可操作性，学科能力是稳定的。正是从这四个特点出发，在基础教育改革心理学研究中，我把学生学科能力的发展视为培养其智力与能力的标志。

四、非智力因素的提高

北京通县(现通州区)第一中学、第二中学和第六中学三所学校1986年招收的新生，入学考试的最低成绩分别为 193 分、185 分和 121.5 分(满分为 200 分)；智商测定分别为 114.5、104.8 和 87.79(正常智商为 90~100)。通县六中狠抓学生非智力因素的培养，加上其他实验措施，经过三年的努力，在初中毕业升高中的"中考"时，名列全县第二，仅次于通县一中。智商不满 90 的学生跻身于智商超过 110 学生的行列，做到了智力有所发展，学习能力明显进步，学习成绩极大提高。1994 年，通县六中被评为北京市中学"特色校"。这里不难看出教师在学生智力发展中的主导作用，及从非智力因素入手来训练学生智力与能力从而提高教育质量的重要性。这也是我主持的全国 26 个省(自治区、直辖市)各实验点的一个共同的突出的措施，即抓学生的非智力因素或非认知因素的培养。由此，我获得一个结论：一个学生的成才，不仅要依赖于智力因素，而且更重要的是要依靠非智力因素或非认知因素。

非智力因素是指与智力、能力有关的一切非智力(认知)、非能力的心理因素。非智力因素是一个整体，具有一定的结构和功能。非智力因素的结构，包括以下五个方面：一是与智力活动有关的情感因素，我们在研究中抓学生的情感强度、情感性质和理智感(或求知欲)的培养；二是与智力活动有关的意志因素，我们在研究中重视学生目的性(自觉性)、果断性、坚持性(毅力)和自制力培养；三是与智力活动有关的个性意识倾向性因素，即需要的形态，我们在研究中抓学生理想、动机和兴趣的培养；四是与智力活动有关的气质因素，我们在研究中重视学生心理活动的速度、强度和灵活程度问题；五是与智力活动有关的性格因素，我们在研究中重视学生的态度特征、意志特征和理智特征。个体是否勤奋，将是直接影响一个人是否有成就的关键。

从非智力因素与智力因素相互作用的关系来看，非智力因素在学生智力发展和学习活动中，起到三个方面的作用。一是动力作用，它是引起智力与能力发展的内驱动力。在研究中我们看到，优秀学生并非个个都有天赋，他们出色的成绩多数来自学习的动机系统，包括强烈的求知欲、学习兴趣，以及由此产生的学习主动性和积极性。所以，我们在研究中重视学生兴趣的激发和学习动机的培养，以及积极情感的调动等诸多方面。二是定型作用，良好的智力与能力的固定化，往往取决于学生原有的意志、气质、认知方式等非智力因素及智力与能力的各种技能重复练习的程度。三是补偿作用，即非智力因素能够补偿智力与能力的某方面的缺陷或不足。"勤能补拙"的事例在我们教学中是屡见不鲜的，学生在学习过程中的责任感、坚持性、主动性、自信心和果断性等性格特征，以及勤奋、踏实的性格特征，都可以使学生确定学习目标，克服因知识基础较差而带来的智力与能力上的弱点。在基础教育改革心理学研究中，我十分重视对中小学生非智力因素的培养。它使优秀学生"锦上添花"，给暂处后进的学生增加信心和动力。于是，我们对实验班教师的要求是掌握非智力因素概念的性质，并要求他们培养学生非智力因素时，重视从整体性出发。我们在学生非智力因素的培养上，还提出四条主要措施，即发展兴趣、顾及气质、锻炼性格、养成习惯。

五、智能发展模式的创新

基础教育改革心理学研究的目的是提高中小学生的智力与能力。智力与能力的发展，是发展心理学的主要研究课题。皮亚杰认知发展理论的一般观点，认为是单维发展途径：直观行动思维（或感知动作）智力阶段—具体形象思维（或前运算思维）阶段—抽象逻辑思维阶段。当然，抽象逻辑思维又可以包括初步抽象逻辑思维（或具体运算思维）、经验型的抽象逻辑思维、理论型的抽象逻辑思维（后两种或叫作形式运算思维）。这种途径主要的特点是替代式的，即新的代替旧的，低级的变成较高一级层次的，如图 1 所示。

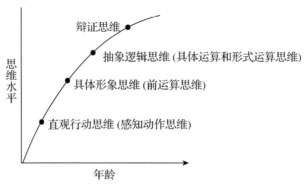

图 1　替代式的思维发展模式

当然，这样分析有一定道理。但是，它也有一个难解之处，这就是如何揭示这些包括思维在内的智力与能力之间的关系。我在基础教育改革心理学研究的基础上，提出了智能发展的一个新途径，如图 2 所示。

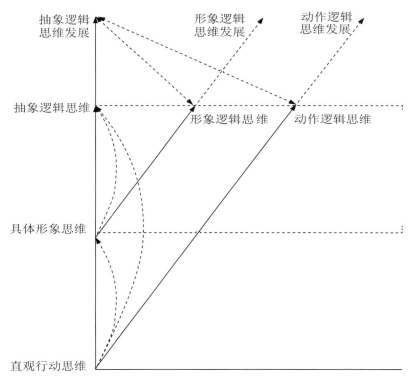

图 2　思维发展模式

在个体发展的进程中，最初的思维是直观行动思维或感知动作认知。直观行动思维在个体发展中向两个方向转化：一是它在思维中的成分逐渐减少，让位于具体形象思维；二是向高水平的动作逻辑思维(又叫操作思维或实践思维)发展。动作逻辑思维以动作或行动为思维的重要材料，借助于与动作相联系的语言作物质外壳，在认识中以操作为手段，来理解事物的内在本质和规律性。这种思维在人类实践活动中也有重要的意义。例如，运动员的技能和技巧的掌握，某种操作性工作的技能及其熟练性，就需要发达的动作逻辑思维或操作思维作为认识基础。

具体形象思维是以具体表象为材料的思维。它是抽象逻辑思维的直接基础，通过表象概括，发挥言语的作用，逐渐发展为抽象逻辑思维。具体形象思维又是形象思维或言语形象思维的基础，通过抽象逻辑成分的渗透和个体言语的发展，形象思维本身也在发展着，并产生着新的特质。所以，形象思维又叫形象逻辑思维。形象逻辑思维，即形象思维以表象、想象和联想为思维的重要材料，借助于鲜明的、生动的语言作为物质外壳，在认识中带有强烈的情绪色彩的一种特殊的思维活动。形象逻辑思维一方面是具体的、活生生的、有血有肉的、个性鲜明的形象，另一方面又有着高度的概括性。

在实践活动和感性经验的基础上，以抽象概念为形式的思维就是抽象逻辑思维。这是一切正常人的思维，是人类思维的核心形态。抽象逻辑思维尽管也依靠动作和表象，但它主要以概念、判断和推理的形式表现出来，是一种通过假设的、形式的、反省的思维。抽象逻辑思维，就其形式来说，就是前面已经提到过的形式逻辑思维和辩证逻辑思维。前者是初等逻辑，后者是高等逻辑。两者既有区别又有联系，是相辅相成的。

综上所述，各种思维形式之间的关系并不是简单的替代关系，而是替代与共存辩证统一的关系。所以，我在基础教育改革心理学研究中提出，必须重视各种逻辑思维的发展。这就是说，在教学实践中，既要发展学生的抽象逻辑思维，又要培养他们的形象逻辑思维和动作逻辑思维，任何一种逻辑思维能力都不可偏废。此事被实验学校推行实施，也引起学术界的重视。

六、教师教育的研究

我在大量教育教学改革的研究成果中发现，学生成长与发展的关键是教师，教师素质是决定智能培养与训练效果的关键。因此，我研究基础教育改革也必然要研究教师：研究教师素质的构成，研究教师素质与学生素质的关系，研究提高教师素质的有效途径。

基础教育改革实验是中小学教师执行一定实验措施的实验，是依靠教师并控制教师某些教育行为的实验。干预成功，实际上是一种教师教学教育改革的成功。课题组在全国许多所中小学组织了教育教学实验。我在小学的教育教学实验中，主要通过三种手段抓小学生思维品质的培养：一是直接抓实验小学，对实验班教师进行指导和培训；二是让实验班教师使用思维品质的载体——我们课题组编写的数学、语文两种教材；三是使用突出思维品质训练的数学、语文两科的练习手册。例如，北京的琉璃厂小学是我们直接抓的一个实验点，教师按照课题组的要求进行思维训练，不仅对小学生思维品质的提高有显著影响，而且全面提高了教育质量，使该校成为北京市对外开放的教育科学研究先进校。与小学不同，中学的教育改革课题组在吴昌顺、孙敦甲的带动下，主要依靠各个实验点的教师有意识、有目的地在学科教学中促进学生的思维结构与思维品质的发展，进而提高智力水平和学习成绩。例如，江苏省扬州中学的沈怡文校长曾带领多个学科教师按思维教学的要求，使实验班学生的语文、历史、英语、物理、生物成绩和学科能力都显著地超过了对照班。由此可见，基础教育改革研究必须依靠教师，只有提高教师的素质，让教师掌握干预措施，才能保证教学教育实验的成功。

教师素质是指教师在教育教学活动中表现出来的、决定其教育教学效果，对学生身心发展有直接而显著影响的思想和心理品质的总和。我的学生申继亮教授和辛涛教授帮助我构建了教师素质结构的五种成分：教师的职业理想、知识水平、教育观念、教育监控能力及教师的教育教学行为。为了简化起见，我把教师素质的这五个成分又概括为三个方面：教师的师德、教师的知识和教师的能力。我认为培养学生思维品质的教学"干预实验"的成果，反映了实验点教师的师德、知识和能力的水平。

在基础教育改革心理学研究中，我又提出了"如何提高教师素质"的问题，这成了我国最早涉及"教师教育"的理论和实践问题之一。提高教师素质的途径有很多，我于1984年8月在中国教育学会学术大会的讨论会上提出，"教师参加教育科学研究，是提高自身素质的重要途径"。在那次会上我递呈大会的录像带展示了4位实验教师培养小学生敏捷性、灵活性、深刻性、创造性4种品质的成果，提供了20个实验班和20个对照班在4种品质上不同的数据。在一定程度上，这20位实验班的教师参与了我们思维品质培养的实验，即参加了教育科学研究实验。从中我认识到，教师之所以要参加教育科学研究，是因为通过参加教育科学研究，可以学习教育理论，不断掌握教育规律；可以了解国内外教育发展的趋势，不断地与先进思想接轨，更新自己的教育观念；可以明确教育改革的实质，更好地当好教改骨干；可以提高他们的教育科研意识，改变他们的角色。因此，教师参加教育科学研究是非常必要的，我们课题组的经验证明教师参加教育科学研究也是完全可能的。30 年来，参加我们课题组的中小学教师已有上万名，他们与我们一起培养学生的思维品质，发展学生的智力与能力，并发表了 400 多篇研究报告，其中 10% 以上的文章发表在中文核心期刊上。与此同时，所有研究报告几乎都突出一条：实验学校学生思维品质乃至智力提高了，学习成绩超过了相邻学校或非实验点班级的学生。我和这些中小学教师一起完成了从"七五"到"十五"期间(1985—2005 年)全国教育科学规划的国家重点或教育部重点项目。

从 30 年的研究中我得出的结论是：教育是一种传承文化、培养人才的社会活动，教育目的在于促进人的发展和社会的发展。教育的实质到底是什么？我是搞发展心理学的，从自己的专业出发，我认为教育就是发展。作为从事教育工作的教师，促进人发展了，推进社会发展了，搞的就是好教育、出色的教育、成功的教育；否则，就没有搞好教育。

主要参考文献

[1]李庆安，吴国宏. 聚焦思维结构的智力理论——林崇德的智力理论述评 [J]. 心理科学，2006，29(1)：216-220.

[2]林崇德. 智力活动中的非智力因素 [J]. 华东师范大学学报(教育科学版)，1992(4)：65-72.

[3]林崇德. 论学科能力的建构 [J]. 北京师范大学学报(社会科学版)，1997(1)：5-12.

[4]林崇德. 学习与发展——中小学心理能力发展与培养 [M]. 北京：北京师范大学出版社，1999.

[5]林崇德. 教育与发展——创新人才的心理学整合研究 [M]. 北京：北京师范大

学出版社，2004.

［6］林崇德. 培养思维品质是发展智能的突破口［J］. 国家教育行政学院学报，2005(9)：25—30.

［7］朱智贤，林崇德. 思维发展心理学［M］. 北京：北京师范大学出版社，1986.

［8］Anita W. 教育心理学［M］. 何先友，等，译. 第十版. 北京：中国轻工业出版社，2008.

第四编

PART 4

德育心理学
与非智力因素

我主要从事思维与智力的研究，鉴于社会上学生教育需要，我于 20 世纪 80 年代中后期在研究智育心理的同时开始研究德育心理，重视以德育为先的教育原则，并于 1989 年由上海教育出版社出版了《品德发展心理学》。鉴于智力（认知）培养中，非智力因素（或非认知因素）的作用不亚于智力因素本身，所以我在思维与智力培养研究中，十分重视非智力因素的作用。在商务印书馆出版的《我的心理学观》一书中，我把德性看作非智力因素的核心，把非智力因素的培养看作一条新的德育途径。与此同时，我与我的学生俞国良教授提出了学术界、教育界尚未提过的"学校精神及其实质"的议题。

学校精神是学校建设的基石[*]

学校精神（school spirit），作为多学科的研究对象，是一所学校整体精神面貌的体现，是一扇直接反映社会心理特征的窗口，其核心内容和具体表现形式是校风。学校精神是一所学校生存和发展的基础，培养和造就良好的学校精神，是学校各项工作的出发点和归宿点。以我高中母校为例引入这个问题吧！1957年暑假，我考入上海市上海中学，编入高一（6）班。上海中学是一所1865年创建的老校，它坚持"明、严、实、高"的校风，带动了"严谨、创新"的教风和"严实、奋进"的学风，形成了"精研、勤学、团结、进步"的优良传统和学校精神，深刻激励了一代又一代人的成长、奋进，由此也成为今天"全国一流、国际知名、教育高质、管理高效"的示范校。在这种学校精神的作用下，通过种种的影响机制，上中闻名于上海乃至全国。上海中学影响我的首先是学校精神。在校期间，我们学生在学校精神的影响下，追求品德高尚、知识丰富、身心健康的在校表现；学校要求我们学生确立远大的目标，在思想上灌输一流的意识、时代的意识、国际的意识，使我们具有爱国心、责任心、适应性和创造性，最终成为各行各业的优秀人才。正因为如此，上海中学的校友中有现任或曾任省部级以上领导100多位，两院院士50多位以及中国人民解放军将军30多位……这都要归功于学校的精神。更多的校友是在各自的岗位上做出出色的成绩，做出杰出的贡献。每逢"五""十"校庆日，都会有5000～10000位校友来向母校汇报自己成长的经历，大家称其为"上中情结"。

世界各国的政治、经济、军事竞争，归根结底在于教育竞争，教育竞争又在于人才规格、质量的竞争，而人才培养需要良好的心理环境和心理氛围，需要各级各类学校精神的熏陶。研究表明，形成良好的学校精神，是提高学校整体办学水平和

---

　　[*]　本文是由2003年7月26日在"教育与发展"课题组骨干培训班上的演讲内容改编而成的；早先曾发表在《北京师范大学学报（社会科学版）》1996年第1期，另一作者是俞国良。收入本书时有修改。

教学质量的一个重要途径。这里，我以河北省一所学校为证：学校精神是学校经过长期发展积淀而形成的，良好的学校精神可孕育出一流的学校。正因为弘扬"不甘落后、勇于争先的拼搏精神，敬业爱岗、无私付出的奉献精神，精诚合作、互帮互助的团队精神，求真务实、勇于探索的创新精神，不屈不挠、狭路相逢勇者胜的亮剑精神"，才成就了今天快速可持续发展的河北省石家庄市第十七中学。近年来，该学校先后被授予"全国优质品牌学校""国家教育质量管理示范基地""全国教育网络安全和道德教育科研示范单位""全国教育科学'十五''十一五'课题先进单位""中国师德建设示范单位"等荣誉称号。

因此，从心理学和教育学视野探讨学校精神的内涵、特点、功能、机制、形成和发展的过程、现状及其优化，具有十分重要的理论意义和实践价值。我们课题组研究它，正是由于这个意义和价值取向。

一、学校精神的内涵

从心理学和教育学的思维和视野出发，学校精神就是学校群体在长期的教育教学实践中积淀下来的、共同的心理和行为中体现出来的群体心理定势和心理特征，其核心内容和具体表现形式是校风。对上述定义有几点要加以说明。

第一，学校群体包括教育者和受教育者，以及其他的教育辅助人员，是学校全体成员的集合。学校精神的形成和发展有赖于全校师生的共同努力。

第二，学校精神是一种群体心理定势，指的是学校群体在相对稳定环境中形成的心理倾向性。

第三，学校精神的形成有一个过程，需要经过全校师生的共同努力，是他们共同的心理行为中积淀下来的个性心理特征。

由此，我们可以把学校精神划分为两个层次：一是学校的一般精神，即各级各类学校带有的普遍性的、重复出现的和相对稳定的精神心理状态，如团结友爱之风、艰苦奋斗之风、勤奋好学之风、为人师表之风等。校训是学校精神的凝练表达，校训中传递的价值信念体现着中华民族的优秀传统文化和时代精神，体现着一所学校的精神内涵。因此,在学校的一般精神层面,不同学校之间的校训会或多或少地带有普遍的、相似的学校精神。无论是复旦大学的"博学而笃志,切问而近思",还是中山大学的"博学,审问,慎思,明辨,笃行"都给世人留下了深刻印象,这些校训内容包含浓厚的中华传统文化色彩,体现出学校间的、具有普遍性的精神心理状态,具有高度的一致性。二是一所学校区别于其他学校的独特个性,这是一所学校最具特色、最明显、最富有典型意义的精神特征。它在长期的办学过程中逐步形成,并体现在学校日常工作的各个方面,影响全校师生员工的心理和行为,构成该学校鲜明的个性心理特点。学校精神的形成是一种潜移默化的、渐进的过程,渗透在学校工作的方方面面。江苏省启东中学办学近 80 年,在充分发挥学生个性特长、促进素质全面发展方面进行了大胆的探索和实践,取得了显著的成绩,形成了鲜明的办学特色和具有鲜明个性与时代特征的学校精神——自信自强、为国争光的志气,锲而不舍、顽强拼搏的意志和勇于进取、勇攀高峰的精神。学校精神作为一种观念形态,属于上层建筑的范畴。它作为一种心理力量,是无形的、看不见的;但它作为一种规范力量,又是有形的、摸得着的,常常以校风的形式表现出来;它作为潜在的教育力量,给师生的心理和行为以极大的影响。学校精神在学校教育过程中发挥着特殊的背景作用,是社会规范和社会风气所不能替代的。

良好的学校精神是一种潜在的心理力量。它作为学校中普遍认可、接受和推崇的风尚、习惯、准则,一方面以制度规范形式依存于校风,另一方面又以价值观念形式存在于个体身上,体现在学校全体成员的个性心理特征上,即校风的人格化。一所学校的学校精神一旦形成,便可以振奋人的情绪,激励人的意志,调节人的心理,规范人的行为,使学生的学习动机、学习需要、学习态度、学习方法,教师的教学思想、教学态度、教学风格以及领导和干部职工的行为作风都出现一个良性循环,进而使整个学校的校风,以及校风统辖下的学风、教风和管理作风都有一个较大的改观。校训又是学校精神的高度概括。不仅大学有校训,不少中小学也有校训。诸位,您的学校有校训吗?校训既展示了一所学校的文化底蕴和精神风貌,又陶冶了全体师生的理想情操和价值追求。"人生在勤"作为山东省济南市历城第二中学的校训,激励和鞭策着学校的领导勤政、教师勤恳、学生勤学,用孜孜不倦的人生态度展示着学校良好的精神面貌。其校风"勤朴中和、志行高雅"，教风"博学谨业、修己立人"，学风"勤学善思、知礼乐行"都是以"勤"为主线，与"人生在勤"的校训一脉相承，奠定了独特的文化根基，成为历城二中人不断取得辉煌成就的永恒动力。

作为培养和造就人才的"工厂"，目前学校的根本任务就是培养 21 世纪人才。为了实现这个目标，形成和发展良好的学校精神是基本条件。因此，努力提高学校整体心理素质和教育科研质量，并在此基础上创造一个严谨治学、勤奋求实、自强不息、积极创新、上水平、做贡献的心理氛围，是目前学校教育的根本任务，也是校风建设的主要内容。在这个意义上，探讨学校精神的心理内涵就显得非常必要。我们认为，学校精神主要包括以下六个方面。

第一，爱国爱民、爱家爱校的理想观。这不仅是一种政治理想，也是个人理想系统中的最高层次，它决定并形成了师生的调节、支配其作为活动的配置结构系统中的价值定向体系；作为一种个性倾向性，这一体系又会影响师生学习、生活、工作的态度及心理面貌，是他们心理或行为的动力系统。比如，同济大学自 1907 年建校伊始，便与国家命运、民族复兴紧紧联系在一起。其校训"同舟共济"除了有"协力同心、共渡难关"的含义之外，也包含着人与自然要和谐发展、经济社会要可持续发展的意思，它是同济大学自身办学历程和同济人家国情怀的生动写照。

第二，开拓进取、创造革新的能力观。这种积极向上的心理气氛，是广大师生努力教学，勤奋学习，积极工作，培养开放意识、艰苦奋斗精神及独立思考、敢于创新的科学精神所必不可少的心理力量。请允许我来介绍被誉为"创新人才的摇篮"的武汉大学。在改革开放初期，它就走在时代大潮的最前沿，原校长刘道玉率先推行学分制等一系列改革。2004 年，武大首创以"质量"和"创新"为中心的研究生质量教育培养模式。今日武大注重对学生进行创造、创新、创业的"三创"教育，培养具有国际竞争力的拔尖创新人才。这正是校训"自强、弘毅、求是、拓新"所承载的武大精神的生动体现，激励着全体师生不断开拓创新。

第三，勤奋刻苦、严谨求实的人格观。勤奋刻苦是一种非智力因素，属于个性心理特征的范畴，它不但是走向成功的必由之路，也是我国学校教育的优良传统。

从古之车胤囊萤、孙康映雪、江泌映月，到今天发奋图强、为中华崛起而学习，这一传统源远流长。一丝不苟地治学处事，尊重真理，坚持真理，不慕虚名，不尚空谈，踏踏实实，实事求是，是贯彻一切从实际出发的思想方法和工作方法的保证。我很欣赏西南交通大学，它的前身是我中学期间曾向往并要报考的唐山铁道学院。唐山铁道学院在 20 世纪六七十年代之前是全国最好的铁道学院。我因为受班主任影响立志当老师而放弃了报考这所大学。它的 16 字校训"精勤求学、敦笃励志、果毅力行、忠恕任事"，浸润着中华传统文明的养分，是学校师生做人、做事的指引。作为今天中国轨道交通事业发展进程中最为重要的、影响最大的一所高等学府，西南交通大学有力地支撑了中国轨道交通事业从弱到强的历史性跨越，诞生了中国轨道交通发展史上的多个"中国第一""世界第一"。这一切，皆源自西南交大人对精勤求学、忠恕任事的执着坚守，以及对弘文励教、交通天下的不懈追求。

第四，团结合作、友爱互携的人际观。唯有团结合作，才能将群体凝聚成一个坚强的整体，才能充分发挥群体的整合力量，使人际关系融洽，使生活在群体中的每一个成员都体会到群体的温暖和力量并在互帮互学的心理氛围中共同提高。比如，北京市丰台区第八小学在长期的发展过程中，形成了一套和谐共处的学校精神体系，其"和谐共成长，特色促发展"的办学理念和目标，以及"心稳志恒，明礼尚和"的特色校训，就是倡导个人与学校、领导与教师、教师与教师、教师与学生之间要和谐相处，共同发展。

第五，遵纪守法、文明待人的道德观。文明守法、尊师爱生、尊老携幼、勤俭节约、注重公德、爱护公物、文明礼貌等，是对公民的基本要求，也是现代人的基本素质。把这项工作做好了，师生的日常行为规范就落到了实处，同时也为树立文明的校风奠定了基础。大家熟悉的北京景山学校的校训是"明理、勤奋、严谨、创新"，这简洁的语言概括了景山学校的学校精神，其"明理"内涵丰富：政治方面要明党的基本路线之理，坚定爱国、建国、报国信念；做人方面要明文明礼让、尊师爱生、遵纪守法、助人为乐之理；事业方面要明艰苦奋斗、拼搏求实、敬业奉献之理。总之，就是倡导一种遵纪守法、文明待人的道德观。

第六，民主意识、学术自由的思维观。从历史上看，蔡元培先生任北京大学校长时提出的"思想自由、兼容并包"的学术风气曾受到各界的称赞，给当时的新文化运动和北京大学带来了生机勃勃的学术空气和民主空气，为新思想、新学科、新一代人的成长铺就了丰厚的温床。在今天改革开放的社会环境下，我们有更为有利的教学条件和学术条件。因此，民主治校、民主建校、民主管校、学术自由、心理优化有了充分的保证。请诸位来看中央民族大学的校训："美美与共，知行合一"。这中间的"美美与共"，其实就是其学校精神的体现，它倡导的就是一种兼容并蓄、交叉融合并崇尚创新意识的教学和学术研究思想。

总之，尽管不同国家、不同历史时期的教育目标有所不同，但是作为对师生精神心理素质的要求，学校精神的心理内涵大体一致，并表现在形形色色的教育活动中。前面提到的武汉大学，历经三个不同时期形成了有代表性的校训。从国立武昌高等师范学校的"朴、诚、勇"、国立武汉大学的"明诚弘毅"，到改革开放时期的"自强、弘毅、求是、拓新"，其精神内涵一脉相承，而又闪烁着时代光辉。研究表明，课堂特征和课程安排作为学校特质、校风的具体方面，反映了学生的能力、兴趣，教师的教学方法及学校精神和学校伦理，这些因素均会影响教师和学校的决策。可见，学校精神是一所学校办学指导思想和培养目标的集中体现，是一种"随风潜入夜，润物细无声"的教育力量。谁都知道清华大学的校训："自强不息，厚德载物"。这个校训是清华大学精神的集中体现，随着时代发展，清华大学以此校训为核心不断升华精神境界，延续着雪耻图强的爱国奉献精神、严谨求实的科学求真精神、海纳百川的包容会通精神和人文日新的追求卓越精神，为国家和人类文明创造着骄人业绩。截至2011年清华百年校庆，从这里走出了465位院士、受国家表彰的23位"两弹一星"功臣中的14位。

毋庸置疑，学校精神的核心和具体表现形式是校风，而校风又与学风、教风紧密相关、密不可分，均属社会风气的范畴。在各级各类学校中，教师的教学、科研活动水平，学生的学习活动水平，教师和学生的学术活动水平，在很大程度上取决于学风、教风的优劣。我们认为，教风是学风的基础，学风是受教风影响的必然产物，学风、教风是校风的直接反映和结果，而校风是学校精神的核心内容，学校精神是学风、教风、校风的总括和最高表现形式。北京化工大学在长期的发展过程中，形成了一套具有自己特色的学校精神体系。"团结奉献，艰苦奋斗，务实力行，博学创新"是该校精神体系的基础，"宏德博学，化育天工"的校训是其核心和灵魂，"团结、勤奋、严谨、活泼"的校风、"严谨治学，求真务实，教书育人"的教风、"求真务实，笃行求知，博学创新"的学风是学校精神体系的具体体现。学风、教风和学校精神相互影响，相互作用，相互制约，并呈一种螺旋式上升的趋势。学风、教风、校风影响学校精神的内容和形式，学校精神决定师生社会化发展的方向和水平。咱们再一起来看：广东省中山市西区昌平小学以"团结互助、传承美德、勤劳为公、锐意进取"为学校精神，以"文明、守纪、健美、创新"为校风，以"不断进步、追求卓越"为校训，以"立志、传美、兴中华"为校歌，以"育心育人，质量攀升"为教风，以培养学生"两有、两会"(即有民族精神，有个性，学会求知，学会做人)为办学目标，使全校师生在积极行使权利的同时履行自己的职责，为学校这个大家庭贡献力量，使每个人都获得进步和发展。

二、学校精神的特点和功能

学校精神作为学校中师生精神生活的存在方式，作为意识对物质的能动作用，对学生的个性社会化发展，以及形成一个规范化的教育、心理环境具有重要作用。这是由学校精神本身具有的特点决定的。

(一)学校精神的特点

一般说来，学校精神具有以下几个特点：

第一，同一性。学校精神的同一性是指一所学校对校风要求的一致性。校风是学校群体共同的心理特征，是学校中的每个成员都必须具备的。不同的学校、不同的群体可以有不同的表现形式，但其内涵及要求是一样的，没有高低、宽严之分，否则就会造成学校系统内部的无序状态，从而导致混乱，造成内耗，使良好的校风难以形成，即使形成了也难以发挥作用，这就是学校的管理必须全面、彻底的理论依据。学校精神的同一性特点还涉及对学校领导和教师的要求必须跟学生一致，要求学生做到的，教师要先做到；要求教师做到的，学校领导要先做到。这样，学校的全体成员才能按校风的要求自觉执行，并按照校风的标准去规范自己的思想和行为。此外，我们必须重视学校和社会的接轨。研究指出，学校和大众媒介对学校精神的一致性理解，是学校和社会进行联系的基础。

第二，层次性。学校精神的层次性是指在同一水平上的多样性。每所学校都是由学校领导、教师、学生、职工等不同群体组合起来的大家庭。在这个大家庭中，每个个体的角色和职能有所不同，校风要求在他们身上的体现也应有所不同，因而形成内涵相同而表现形式各异的领导作风、教风、班风和学风。它们在学校精神的总目标、总框架下相互作用，不断强化，体现了具体目标的可操作性和针对性，同时也体现了各种子目标间的相互影响、相互制约性。例如，领导作风和教风作用于学生造就了班风和学风，而班风和学风又反作用于领导作风和教风，要求学校领导和教师在日常生活中以身作则、树立榜样，这样循环往复以至无穷，从而构成了一个连续的、开放的循环系统，这一系统的整体效应就是学校精神。

第三，效应性。学校精神作为学校全体成员的价值观和共同信念，当然得到了学校全体成员的认同和支持，对在其中学习生活的各个成员都发生了有效影响，对他们的言行举止都具有无形的约束作用。研究表明，学校的舆论工具（如广播、墙报、黑板报、报纸刊物等）通过对一些特殊事件中表现出来的学校精神的宣传，可激发师生的情感倾向。谁要违背学校精神与校风背道而驰，谁就会受到群体舆论的谴责和批评，在情感上受到孤立，这促使个体的思想和行为与学校精神、校风保持一致。因此，学校精神对学校全体成员具有监督和制约作用。就其影响方式而言，既有有形的、直接的一面，又有无形的、潜移默化的一面，这种强制性与非强制性力量的结合，使学校精神发挥作用时更具效力。

第四，个别性。不同学校的学校精神存在差异，这种差异不但表现在校风的具体表述上，而且也表现在校风的性质和发展方向上。校风的差异来源于学校群体意识、价值观念的差异。不同学校所具有的群体意识的倾向不同，使该所学校在办学方向和教育目标一致性的同时，具有自己的特色，体现了自己所特有的精神面貌。因此，各个学校都有体现自己特点的校风，从而构成了各级各类学校求实务新、生动活泼的局面，这是其个性心理特征的体现。

可见，学校精神作为一所学校心理面貌和办学水平的反映，是该所学校师生需要、理想、信念、情操、行为、价值观和道德观水平高低的标志。良好的学校精神使学校群体朝健康的方向发展；相反，不良的学校精神则会起一种消极作用。

(二)学校精神的功能

我国各级各类学校的社会主义性质，决定了各所学校的学校精神具有下列功能。

第一，驱力功能。学校精神可以振奋人的情绪，激励人的意志，成为师生员工心理和行为的驱动力。这种驱动力不但表现在他们各种道德观念、价值观点的确立和行为方式的选择，总是参照着一定的学校精神所包含的价值取向上，同时也表现在他们的人生观、世界观的形成以及个性社会化的发展，也总是参照着一定的学校精神中所包含的规范准则上。无论在道德品质上，还是在行为方式上，学校精神都会成为一种无形的巨大推动力，影响着教师和学生的心理和行为。同时，优良的学校精神，能帮助生活在其中的全体成员对各种价值标准进行分析、判断，然后做出正确的选择，使每个成员的道德观、价值观等都与学校精神的要求相统一。

第二，凝聚功能。良好的学校精神具有内聚力，把群体中每个成员的力量都凝聚在一起，从而产生一种强大的"向心力"。研究者通过对一组具有良好学校精神的大学生和另一组中等城市的市民代表实施内聚力测验，结果表明，前者比后者具有更强的凝聚力，对此的知觉也达到了更高的水平。一般地说，学校中各个成员对一些重大事件与原则问题都保持共同的认识与评价，彻底地从情绪上加入群体生活，从情感上爱护自己所属的群体。这种认同感和归属感，使群体中的各个成员为了达到共同的目标，都齐心协力，服从大局，服从群体。每个成员对学校群体都有强烈的义务感和责任感，具有强烈的主人翁意识和荣誉感，觉得自己的进退荣辱都与群体息息相关，整个群体成员互帮互学，共同进步。因此，一个具有良好学校精神的学校，校风就是无声的命令，随时随地把师生聚合在自己的旗帜下，团结战斗，出色地完成群体交给的各项教育任务、教学任务和学习任务。

第三，熏陶功能。陶行知先生曾说过，熏染和督促两种力量比较起来，尤其是熏染最为重要。这不但是经验之谈，更是一条重要的心理原则。一个学校，一旦形成了优良的学校精神，就会对生活和工作在其中的师生产生潜移默化的影响。青少年某些优良品德行为是什么时候、在什么地方、用什么方式形成的，往往很难说清楚。但心理学常识告诉我们，这是"社会认同"的结果。为什么一届又一届不同时代、不同经历、不同个性的学生，都能从本校的学校精神、校风中受到陶冶和启迪，甚至终身受益、铭志不忘呢？我们认为这绝不是偶然的，一个重要的原因就是学校精神具有熏陶作用。对学生、教师和家长的调查表明，综合性的活动项目(如校风宣传日、艺术体育活动周、野外考察和参观访问等)能使学生的社会需要在不同年级间进行传递，同时有利于学校精神和伦理道德观的内化。从社会心理学角度看，一个学校的校风决定了该校群体的心理定势，群体中的多数成员在不知不觉中形成了一致的态度、共同的行为方式，而个体的态度在群体中存在类化现象，无论是个体的理想、需要、价值观，还是个体的人际关系、社会行为，都要受到群体的影响。学校群体中多数人的一致态度，必然成为影响学校所有成员的巨大力量，使态度不同的个体改变初衷，使行为方式不同的个体抑制其违反群体行为规范的行为，从而与周围的心理环境协调起来。

第四，规范功能。一所学校如果有井然有序的教学环境，团结紧张、严肃活泼的校风校纪，优美整洁、文明礼貌的客观环境，严谨刻苦、锲而不舍、孜孜不倦的心理环境，对学生的成长进步，无疑起着很大的促进作用，而这种促进作用是学校各项规章制度所无法企及的。因为规章制度更多的是着重于抑制方面，而学校精神的促进作用会使师生产生积极向上的力量，形成对学校所有成员有巨大感染力的心理气氛，对于一切与学校精神相反的错误思潮、不良心理与行为，具有无形而实在的抵制作用。同时，优良的学校精神一旦树立，就会成为一股巨大的心理力量，当个体表现出符合群体规范、符合群体期待的行为时，群体就给予肯定和强化以支持其行为，从而使其行为进一步"定型化"，积极地按学校精神的要求去自觉地维护校规、校容和校貌。一所学校蓬勃向上、勤奋学习、互帮互学的精神和风气，必然会使一部分学习马马虎虎、吊儿郎当的学生，因为受到环境的无形约束，而抑制自己的不良行为。教育实践经验告诉我们，许多学习不良儿童就是在良好的学校精神环境中受到熏陶、规范和进而转化的。因此，一个精神爽、风气正的群体，犹如一座春风化雨的熔炉。

你们想了解一下上海中学精神在我身上发挥的作用吗？上海中学精神的基础是德、智、群、体、美"五育"。有的老师问，这不是我国台湾的教育目标吗？其实大家不了解，德、智、群、体、美是 20 世纪 30 年代上海中学提出的对学生的基本要求，每位进入上海中学的学生都要根据这个学校目标来做，这五个目标是谁提出的呢？是 20 世纪 30 年代沈亦珍校长提出来的，40 年代这位沈校长辞去上海中学的校长职务，到欧洲去讲学，后来他到了我国台湾，曾受聘担任台湾地区的教育行政部门的负责人。是他把上海中学的这个"五育"的要求带到我国台湾，台湾地区的教育目标就是这样来的。

上海中学对学生的要求是"德、智、群、体、美"，它贯彻的是明理、严格、求实、高质的校风。学生进入这个学校以后都寄宿，严格按照德、智、群、体、美五个方面的要求努力上进，全面发展。上海中学讲"德"，不仅在政治课上讲，而且校长几乎每个星期给我们做时事报告、政治报告，引导我们有崇高的理想、有爱国心、遵守社会道德规范。在"智"，也就是学习方面，上海中学抓得非常紧。那里的毕业生考大学，除了当时因为特殊原因而"落榜"外，基本上都能够上大学。今天，如果说我在学术上有一定贡献的话，那都得益于上海中学"智育"帮我养成的严谨治学的习惯。上海中学重视"群"，今天，我在中国心理学界和教育界的人缘、人气和人脉，包括在多人差额的选举中高票当选了中国心理学会第 10 届的理事长，这无不与上海中学的"群"的要求相联系。上海中学特别重视"体"，即身体锻炼。它有一个有 400 米跑道的大操场，北面两个食堂之间还有一个类似的操场可以活动，学校还有非常高级的体育馆。我在学校的严格要求下，高中一年级已经通过了当时国家为中学生制定的二级劳动卫国制度，就是现在最高一级的体育达标。我们班有好多同学成为运动员，我自己在田径、举重、划船等项目上也取得了一定的成绩，比如跑百米，12 秒 6 是三级运动员的标准，怪我是"八字脚"，只能跑到 12 秒 9；举重项目上我也差那么一点点就能成为最轻量级的三级运动员，进入北京师范大学后我成为学校举重校队队员。至今我已年过古稀，身体尚可支持工作，这要归功于上海中学体育锻炼的"老底"。当然，在这样的学校里学习是非常艰苦的。我们早晨起来先是进行早锻炼，锻炼完以后上早自习。早自习是 50 分钟，主要用于学外语。早自习以后去吃早饭，吃了早饭以后是 4 堂课。中午休息半小时到一小时，下午两堂课，两堂课以后又让我们到操场锻炼，锻炼回来再做作业，做一小时作业以后，大概晚上 6 点吃晚饭。吃完晚饭以后，休息一会儿又有两堂课的晚自习，大概晚上 9 点钟回宿舍睡觉。晚上 10 点以后一律熄灯、睡觉，以保证 8 小时的睡眠时间。总之，在我的记忆中，在上海中学每天的生活非常有规律，最终形成井然有序的教育环境。团结、紧张、活泼的校风、校纪，优秀、整洁、文明、礼貌的客观环境，严谨、刻苦、锲而不舍、孜孜不倦的学习风气，无疑都对我们学生的终生成长、进步起到促进的作用。这种作用是学校一般工作、规章制度无法替代的。

三、学校精神发挥作用的机制

从社会心理学角度考察，学校精神是通过学校的客观环境和人际环境而对学校所有成员产生心理影响的。比如，领导作风中的"民主治校、严于律己、宽以待人"，就会形成一种宽松的心理气氛和融洽的人际关系；教风中的"严谨治学、为人师表"，就会形成榜样学习和观察学习的范型；学风中的"勤奋好学、文明礼貌、求实求真"，能够使学生生活在一个积极向上、利他行为占优势的群体环境中。所有这些都是优良校风的核心内容和学校精神的不同表现形式。它通过师生员工的内化机制，成为他们内部稳定的心理特质，同时使个性得到全面发展，在社会化过程中成为一名合格的社会成员，这是一个学校文化移入的过程。一言以蔽之，学校精神对学校成员的作用，就是个体社会化的过程，是群体心理定势的形成过程。学校精神对人的影响力正是如此，它通过感染、模仿、暗示等心理机制，使学校的全体成员在不知不觉中接受影响，引起个人心理和行为的变化，以求与学校精神趋于一致，达到个人心理风格与群体心理定势的融合。

(一) 感染

感染是学校精神发挥作用的情绪基础。所谓心理感染,指的是参加共同活动的人们在直接接触的条件下,在多次相互增强情感影响所取得的效果基础上,进行情感相互影响的过程。它主要通过"心理情绪"的传递表现出来,即对某一行为模式无意识的掌握。研究表明,一个冷漠的教育心理气氛,对师生的影响就是如此。学校精神就是通过不随意知觉传递他人行为的种种状态与方式,使生活在学校群体中的每个成员都感受到、体验到这种"心理情绪",并产生一种情绪评定。在学校的人际交往过程中,这种情绪评定成为相互间情感影响的重要媒介,使群体中的每个成员将群体意识、群体心理状态非证明、非逻辑地直接移植到自己的心理系统内部,与自己本来所固有的思维方式、价值体系和行为模式等发生交互作用,从而对学校精神的影响力有一个基本的取舍态度。但此时学校精神中的各个要素,还远远没有成为个体稳定的心理特征,更没有在个体的行为中直接表现出发挥作用的痕迹,它仅仅是一种选择、评定和投射的过程。因此,从这个意义上可以说,学校精神的作用仅是一种社会心理环境的作用。

(二) 模仿

模仿是学校精神发挥作用的认知基础。模仿就是对别人的行为或群体心理状态的不自觉的仿效,依照他人的行为使自己的行为方式达到与所依照者相同的过程。当然,这种仿效不是对外部特征的一时一地地简单接受,而是个体再生产被显示行为的特点和模式。群体规范和价值就是通过认知,进而模仿而产生的,学校精神也是通过模仿而对群体成员发挥作用的。因此,模仿是学校精神发挥作用的认知基础,而榜样又是模仿的关键。学生最敏感的是学校领导和教师的言行举止,它们是正价效应还是负价效应,直接取决于学校领导和教师的"角色扮演"。研究表明,学校领导、行政人员在促进学校精神发展,给学生提供良好榜样等方面起着重要作用,特别是学校领导义不容辞负有培养和发展学校精神的重担。以身作则、言传身教、身体力行的表率作用是最具说服力、吸引力和感染力的教育,直接影响到良好校风学风教风的建立,影响学校精神在整体上对青少年学生的作用效果。社会心理学认为，模仿作为一种相符行动，是由非控制的社会刺激所引起的，而不是通过学校或群体的命令发生的。模仿者与行为榜样者的行为往往一致，不仅能再现他们的外部特征和行为方式，而且会形成新的精神价值——心理、兴趣、个性倾向以及行为风格等，这正是学校精神发挥作用的心理效果和行为效果。

(三) 暗示

暗示是学校精神发挥作用的意识基础。暗示是一种心理影响作用，指人们为了实现某种目的，用含蓄的、间接的方式，对别人的心理或行为发生有目的、没有论证的影响。暗示是感染的一种，同时又伴随着模仿。其特点表现为，一是暗示过程具有单方向的倾向；二是不需要证明和逻辑推理以直接移植心理状态的途径发生作用，其影响是非理性的，主要是情绪与意志的影响。暗示是学校精神发挥作用的重要意识基础，只有通过与学校精神相互联系着的不断的暗示，个体的心理才能不断得到调整而趋同于群体心理，群体心理也因之得到加强、巩固，并根植于每个个体之中。研究指出，学生应参加学校活动，如早晨课间操的总结、参观校史纪念馆、帮助孤寡老人、打扫教室卫生、维护公共卫生、遵守学校规章和课堂纪律及学生辅导员制度等，均可用来培养学生的学校精神，使他们在活动中潜移默化地受到积极影响。在学校各项活动中，学校精神总是通过一系列含蓄间接的方式向学生辐射各种信息，以此来引导和规范他们的行为，使他们的行为与学校精神的要求保持一致。一所学校优良的学校精神，就是通过这种积极暗示，使青少年学生把潜意识与意识结合起来，接受学风、教风、校风和学校精神的影响。

(四) 从众

从众是学校精神发挥作用的行为基础。从众是个体在群体压力下，放弃自己的意见，转变原有的态度，采取与大多数人一致的行为，主要表现为对群体的行为、心理的顺从。社会心理学家认为，从众行为是由于在群体一致性的压力下，个体寻求的一种试图解除自身与群体之间冲突、增强安全感的重要手段。从众现象发生的前提是存在实际或想象的约束力，促使个体采取符合群体要求的行为和态度，并且不仅在行动上表现出来，而且也有可能改变初衷。当学校精神以群体压力的形式表现出来时，很容易引起自己的意见与群体意见不一致的情况，从而引起内心冲突，但为了不担风险，并实现归属感和安全感的需要，个体有时虽然内心仍有顾虑，但在行动上却表现出从众。因为个体一般不愿意因为自己的心理和行为与群体相左，而感到群体的压力或遭到群体抛弃。相反，他们很可能根据群体规范、群体舆论或群体中大多数人的意向制定行动策略，设法与群众保持一致，以求得心理上的安全感。因此，学校精神发挥作用时学生在行动中所表现出来的从众，是学校精神作用的行为基础。但是，应当注意，对于学生在某种学校精神的压力下发生了某些行为上的变化，我们还不能掉以轻心，他们的深层心理意识如何，还有待于进一步考察。从众行为既有积极的一面，又有消极的一面，因此我们必须正确对待。对优良的学校精神要进行大力宣传，造成一种群体舆论，使学生感到有一种无形的压力，从而产生从众行为。这样的从众行为，对学生的发展成长是极为有利的。

(五) 认同

认同是校风发挥作用的价值基础。一切文化的发展和更新换代都是由认同开始的，学校精神的形成和保持，是以群体成员在认识、情感和行动上的一致为标志的。对美国芝加哥地区的优秀学校调查表明，这些学校注意发展学生的特质和创设良好的心理环境，以此来推动学校精神的优化。在学校各项工作中，领导、教师和学生均紧紧围绕学校精神的宗旨，开展工作和进行学习、教学，从而使整个学校群体在认识、情感和行动上保持了一致性。认同包括对原来学校精神的认同和对形成发展中学校精神的认同，它是保证学校群体的整体性、一致性的重要心理基础。个体对他人、群体和组织的认同，使个体培养了对群体的认同感、光荣感、自豪感，使个体与群体融为一体，不可分离，从而自觉地、心甘情愿地保持和维护学校精神。特别是，学生一进入学校，就开始了一个有特定文化氛围、特定校风规范的群体生活。在这里，他们的行为和思想都受到一定程度的限制。一段时间后，当学生具有抑制能力时，对学校精神的认同就由强制性变为选择性，他们按照自己的意愿选择学校精神中的各种构成元素来作为自己心理和行为的参照系。因此，培养学生对学校精神的认同意识，除了要求学校精神本身的目标明确、具有吸引力外，还应着重抓好班集体建设，在每个班级中都形成团结友爱、互帮互学、奋发向上的心理气氛，以优良的班风为学校精神发挥作用准备前提和条件。同时，学校还应注意通过学校光荣传统教育，以及校庆活动、校友返校、校友事迹介绍、传达社会对本校的反馈信息等环节，不断激发学生对学校精神的认同感。

(六)强化

学校精神有时还通过强化的手段发挥作用。强化是一种使心理品质变得更加牢固的重要方法。学校生活中的每一个实际情境和每一种活动，都能对学校精神发挥强化作用，学校精神也常常通过强化手段来对学生施加影响。一个学校要形成和发展良好的学校精神，仅仅停留在思想教育和口头上的宣传是不够的，还应该落实到具体的制度性措施中，使学校成员与学校精神相符合的行为得到正强化，而与学校精神背道而驰的不良行为受到负强化。学校特别要重视在社会心理背景下的学校精神教育，使精神因素变成可见的、可感的、现实性的因素，这是有利于心理变化的情境条件。例如，开展社会调查的实践活动，重视德、智、体、美诸方面的全面发展，并使之制度化；建立严格的学校规章制度、课堂学习纪律，教室、寝室、图书馆学生准则，以及必要的校园公约、守则等，都是实现学校精神心理强化的有效手段。学校精神形成和发挥作用的关键是长期坚持，这就要求不断强化、不断创设和保持情境条件。

我是北京师范大学的学子，又是北京师范大学的教授，我在北京师范大学学习、工作几十余年，深深体会到了贯穿百年师大学校精神的一条红线，始终是教学子如何做人，这是这所百年名校根深叶茂的根本。北京师范大学的前身——京师大学堂在创办初期，一位学堂监督曾经做了最短的就职训词："诸生为国求学，努力自爱。"这和后来北京师范大学坚持"学为人师，行为世范"的校训和校风是同一意思。这个校训和校风，通过感染、模仿、暗示、从众等途径使在这里奠定了爱国进步、诚信质朴、求真创新、为人师表的人生基石的 10 余万名毕业生中出了许多著名的教育家、政治家、科学家、艺术家，它所培养的人民教师遍布全国。由此，北京师范大学不仅成为中国教师教育的"排头兵",而且也为创"综合性、有特色、研究型的世界一流大学"奠定了基础。

四、学校精神形成和发展的过程

对学校精神的理论探讨,在我国还没有得到过真正的重视,从心理学和教育学角度的阐述更属凤毛麟角。尽管各个学校大都有自己所要求和遵循的学校精神,并在实践中对此进行了许多卓有成效的工作,但是很少有人把学校精神摆到理论高度上来认识,也很少有学者把它作为一个重要理论课题加以探讨。于是,在学校教育工作者心目中,学校精神成为一个没有理论意义的教育实践而普遍受到冷遇,有时谈到它,也仅仅是为了装饰门面或出于教育实践的需要。在这种情况下,讨论学校精神形成和发展的心理过程显得更为重要。一般说来,学校精神的形成大致可分为孕育期、整合期、内化期和成熟期四个阶段,且各阶段互为前提,相互影响和相互作用。

(一)孕育期

孕育期是学校精神逐渐形成的阶段。在这一阶段中,学校必须优化学校精神赖以形成的心理环境,明确校风的具体要求,并采取种种措施使这种要求为学校全体成员所接受。因此,在此阶段纪律教育起着十分重要的作用。研究表明,对执行纪律的相互监督,可以促进学生的情感发展,整合学习气氛,改善纪律环境,建立良好师生关系,充分发挥教师主导作用,培养教师的进取心和事业心,最后达到提高学校精神的目的。严格的规章制度和组织纪律,为学校精神的形成提供了保证。但是,在这个阶段中纪律和规章制度对学校成员来说是外来的,带有强制性成分,学校群体必须为自我实现而斗争,其最大特点是群体的行为规范准则与个人需要不适应的矛盾。为了解决这个矛盾,首先要加强宣传,形成舆论,以增加全体成员对学校精神的正确认识。此间,学校应特别注意校史教育、学校传统教育,形成学校群体的向心力,建立作为学校一员对该群体的荣誉感和自豪感,特别要使新成员适应学校群体的要求和纪律,改变他们原来的与学校的行为规范和准则不符的行为和习惯。这个工作进行得如何,直接影响学校精神孕育中"胎儿"的质量与规格。此时,我们可以运用心理定势的原理,切实做好一年级新生及其他新学员的"第一印象"的工作,达到"先入为主"的教育效果,同时,还要努力优化校内外环境。学校精神的形成和发展取决于学校内外部环境的共同作用,但对学校来说,所能创设和优化的是学校内部的心理环境。这个过程要使学校多数成员明确学校精神建设的具体要求,并根据这些要求优化学校内部的教育、教学环境和条件,包括美化校园环境、改善教学条件、完善规章制度、优化教学计划和教学大纲、优选专业和思想品德教育的教材、改善德育工作的条件等,以此来建设良好的教育和心理环境,为学校精神的进一步整合打下扎实的基础。

(二) 整合期

在学校师生员工思想上有一个学校精神的心理定势后,接下来的工作便是进行整合。以学校群体中一部分已接受学校精神要求的师生为骨干,向其余成员提出这种要求。由于这一阶段的特点是有一部分先进分子已为学校精神所同化,因此我们就可以以这些人为榜样,对多数人的心理起到一种示范作用。有效地运用这种有利因素,通过这些骨干力量做多数人的转化工作,这是教育者的一个重要任务。研究表明,要使学校成为一个优秀群体,除了需要家长和学校所在社区的支持外,还有一个重要的方面是通过各种活动来建立教师的年度目标,发挥教育者的主导作用,从而来培养和发展学校精神。这要求我们利用和强化管理的力量,使这些人对学校精神的要求虽不能做到心悦诚服,但能做到依从,并由依从向认同、整合转化,产生一种归属感。此时,学校要强调榜样和观察学习的作用,领导要以身作则,教师要身体力行,同时仍要辅之以一定的行政管理手段。实际上,学校大多数成员在少数骨干的影响和行政措施的"胁迫"下,再加上学校的各种规章制度,他们虽然接受了学校精神的某些要求,但并不是完全自觉自愿的,他们的内心仍会有一定的压抑,甚至矛盾、冲突,这是"产前阵痛"的阶段,需要教育工作者做耐心细致的思想工作和声势浩大的宣传工作,把学校全体成员的心理和行为都整合到学校精神的旗帜下，按照学校精神的要求来规范和约束自己的心理和行为，从而使整合阶段的时间大为缩短，为学校精神的内化期和成熟期做好准备。

（三）内化期

在经过整合期的"阵痛"后，学校良好的心理气氛已成为影响整个群体生活的一种规范力量。学校群体的大多数成员开始接受校风的要求，接受学校精神的监督和规范，并且成为自觉的行动和习惯，此时已不再感到心理上的压抑。但我们还需要对部分人做些工作，并且这种工作需要长期坚持，把多数人的意识和行为逐步扩展为全体成员的意识和行动，形成学校群体的非正式规范和行为准则，并在此基础上发展一致的群体舆论，使群体具有较大的凝聚力。例如，美国芝加哥教育部门的研究指出，文艺体育各种竞赛中的啦啦队等活动，师生共同对此认真计划，有效组织和投入情感，在活动中建立和增强群体认同感、自豪感和荣誉感，可为培养学校精神服务。总之，在这个群体中生活的所有成员，会自觉不自觉地、有意识无意识地受到潜在的影响，并努力与群体保持一致，逐渐形成自觉自愿的行动和习惯，使群体目标、要求和准则与个人人格体系融为一体。这个工作主要不是依靠外力，而是依靠群体的全体成员来做，耐心地等待他们"觉悟"，因此要接近他们，用自己的模范行为影响他们，促使其自觉转化。在这个阶段，可依靠群体规范、舆论和内聚力，产生一种无形力量，迫使学校的所有成员在学校精神面前"就范"。此时，学校精神作为一种规范力量，教育环境已基本形成，学校的规范和准则不再作为主要力量发挥作用，而是潜在地起到一种辅助和监督作用。

（四）成熟期

这是学校精神形成和发展的最高阶段和理想境界。此时，学校精神的要求已成为学校群体中多数成员的自觉行动，在群体中形成了一种具有心理制约作用的行为风尚，他们已将学校精神的要求彻底内化为自我要求，不需要更多外来的强制力量。对太平洋地区一些明星学校的研究表明，这些学校均具有高水准的学校精神。在这个阶段，学校群体中各个成员的思想和行动，不仅不"越雷池半步"，而且处处事事以学校精神的标准来检查自己的行为。群体已真正成为教育的主体，并且每个成员都具有自我教育和自我管理的能力。这时，我们可以说，良好的学校精神已深入人心、蔚然成风了。这主要表现为全体成员对学校精神的认识明确清晰，具有共同的目标、情感、意志和信念，并且团结一致、同心同德，为完成学校群体所面临的各项任务而协同作战。以教师科研为例，这个阶段的学校精神可从下面几项具体指标中略见一斑：①人均科研课题数；②人均科研课题费；③人均科研成果数；④人均科研成果获奖数；⑤人均对学校重大事件参与数。一个具有良好学校精神的集体的上述各项指标均较高，且教师以追求上述目标为己任。同时，在这个基础上产生了一支具有模范带头作用的党团干部和学生干部的骨干队伍，他们不但以身作则、身体力行学校精神的要求、准则，而且带领全体成员一道前进，维持和保证本校学校精神的独立性和完整性。

我们大家可"解剖"一下任何一所优秀学校，其学校精神的形成和发展过程，大致都经历了这四个阶段，最后成为高质的名校。例如，80年的办学历程为四川巴中市巴州区第一小学积攒了厚重的学校精神和文化底蕴。学校坚持"以人的全面发展为基础，促进学校和谐发展""教育品位在于做人求真，教育激情在于点火创新"的办学理念，立足"把学校建成质量一流、管理一流、有人气、有品位、有特色的省级示范校和国家级实验校"的办学目标和"把学生培养成人格健全、个性鲜明、潜能发挥、学有所为的具有综合素质的现代社会人"的育人目标，将"敬岗奉献、自强不息、点火创新"的学校精神贯注在学校工作的方方面面，通过让教育理念动态激活、让文化植根于育人厚土、让思想闪耀理性之光等举措，全面提升育人质量，铸造了学校教育品牌。

五、学校精神的现状及优化

我们课题组如何促进各个参与校的学校精神的建设？

目前，一些学校普遍对学校管理工作和学生的品德教育工作感到困惑，许多教育工作者对校风的滑坡、学校"无精神"现象深感忧虑。为了改变这种状况，学校精神已到了非抓不可的地步了。在国外，一些有识之士也倡导各级各类学校要重视学校精神的建设。美国佛罗里达州还就此展开了讨论。在建设校风、培养学校精神时，必须确定其基本原则和依据。学校精神是由办学目标、教育规律及本校的具体条件所决定的，同时，还要体现办学的指导思想和客观规律以及本校的特色和个性。在此基础上，我们可以来讨论建设优良学校精神的具体措施。

(一) 以教风为突破口，切实抓好教风

教风建设要"爱字当头，耐心疏导"。热爱学生是教师做好教育工作的重要条件，只有热爱学生、关心学生，才能更好地教育学生，调动和激发他们的学习自觉性和积极性。在这个过程中，教师对学生要进行耐心疏导，切勿用"管、卡、压"的办法对待学生；即使是对犯了错误的学生，也要耐心教育、以诚感人、以情动人。此外，为了建设良好的教风，教师还要严于律己，以身作则，要求学生做到的自己要先做到，起到表率和模范带头作用，形成严谨治学、严谨治教、为人师表的良好教风。

(二) 健全学校规章制度，优化教育教学环境

学校精神的形成需要有目的地、有计划地进行培养，更要长期坚持，这就需要健全行之有效的学校规章制度，特别是对学校的公共场所，如"三堂"(课堂、食堂、会堂)"一室"(寝室)，制定详尽的管理细则，并发动学生参与管理。学校要经常加以督促、检查、总结、评比，使学校环境整洁、优雅，催人奋进，使全体师生在优化的校园环境中努力地工作和学习。

(三) 加强思想教育，培养积极的学校良好的气氛

一所学校要树立良好的学校精神，必须对全校师生加强思想教育，加深他们对培养学校精神的重要性和迫切性的认识。要把学校精神与爱国主义、社会主义、群体主义、艰苦奋斗的教育和劳动技术教育结合起来，把学校精神与理想教育、"四有"教育、革命传统和道德风尚教育结合起来，培养全体师生的责任感、自觉性和荣誉感，造就一种健康的教育气氛。研究指出，积极的学校气氛有利于创设良好的

心理环境,有利于造就优秀学生。这种气氛又可以通过培养师生的信念和价值观来实现。良好的学校气氛需要依靠师生的共同努力。

(四)切实而有效地抓好班风建设

班风是校风的重要体现,在建设班风过程中,教师应该"目标明确,计划周密",班级要根据学校整体建设规划制定出本班的落实措施,使全班同学明确班风建设的目标,并把这些计划落实到具体行动中。一项对学校纪律气氛的调查表明,学生、教师、家长和学校管理者都希望有一个令人满意的、稳定有序的学习环境。这就需要从班风抓起。

(五)寓校风建设于教育、教学活动中

校风的形成和发展要依靠坚持不懈的精神,一点一滴地培育起来。研究表明,教师教学风格在某种程度上反映了该校的校风和学校精神。因此,我们有必要寓教风建设于多种多样的教育、教学活动中,不断把校风建设作为思想品德教育的重要手段,同时,在课堂教学过程中,利用各个学科的特点把校风的主要内容融于其中,使学生在不知不觉中接受校风的熏陶,并且为校风注入新的内容,充实新的时代精神,使校风的要求真正成为青少年学生的自觉行动。此外,学校还要有意识有计划地开展一些巩固、发展校风的具体活动,如结合清明节祭扫烈士墓、请英雄模范人物做报告、军民共建精神文明等开展重大节日纪念活动,及穿校服、唱校歌、举办校史展览、举行校庆、校友返校活动等,使校风建设与具体的各项活动联系起来,增加师生对所在学校的荣誉感和自豪感。

(六)领导带头,齐抓共管,综合治理

提倡一种好风气、培养学校精神,往往需要人们的相互配合。学校领导、教师的文明行为,对学生的影响是巨大的,广大学生往往是用学校领导和教师的行动来判断其所讲的道理和价值的。研究表明,培养良好的校风和学校精神,学校领导是关键。学校管理者在创设良好的教育气氛,改善学生作业和行为状况中起着重要作

用。教师认为，如果校长支持他们的工作，他们就能创造一个更好的学术环境、更有效地工作；校长应该平易近人，能赢得教师的信任，能处理疑难问题，并给教师更多的自由。另外，学校还要充分发挥辅导员、班主任、政治教师的作用。学校领导的很多决策、意图都要通过他们去贯彻、执行，因此，既要放手让教师们大胆工作，多出智慧，又要对教师们的工作给予及时的帮助和指导。

(七)建立学校、家庭、社会立体化教育网络

在良好学校精神的形成过程中，学校教育是主体，社会教育是学校教育的外部环境、是学校教育的延伸，家庭教育则是学校教育和社会教育的基础和依托。我们要把三者有机结合起来，相互配合，相互支持，相互沟通，协调同步，以发挥最佳整体效益。以社会文化环境而言，要整顿清理文化市场，提供丰富健康的精神营养品，兴建健康有益的青少年活动场所，并采取相应的措施和政策促进文化科技的社会化，为学校提供活动场所和实践基地。同时加强学校同社区的联系，形成有效的普法治安网络，宣传舆论网络和实践教育网络，使社会主流文化和学校精神相吻合，促进社区文化对学校精神的影响力。与此同时，以学校为阵地，举办各种层次、各种类型的家长学校、家长委员会、咨询站等，加强学校和家庭之间的联系沟通。无论在教育目的上、过程上还是手段上，双方都要步调一致，相互促进，形成一股教育的合力。由学校组织，邀请宣传、司法、公安、文化、劳动、人事、科技、团队、妇联和有关学术团体及专家，组成一个学校、社会、家庭的协调机构，调动各方面力量，发挥群体优势，进行宏观指导，制定目标、规划和实施方案，建设一支强有力的骨干队伍，共同为良好学校精神的形成和发展添砖加瓦。

总之，良好的学校精神，不是靠几个人的努力能办到的，也绝不是靠"管、卡、压"的办法能实现的，它是一项依靠学校全体师生的综合工程。这样，在社会文化"大气候"的配合下，学校内部的校园文化"小气候"就会发生很大的改观，使广大师生提高治学、治事、律己、交友、待人处世及礼仪等方面的修养，确立坚定正确的政治方向、高尚的道德情操、文明的行为举止、严谨刻苦的学习态度、无私奉献和踏实忘我的工作作风。这是学校精神的宗旨，也是其终极目标！

论品德的结构*

一、关于品德结构的不同见解

什么是品德的结构，国内外心理学家还没有统一的看法。这里，就几个主要的观点，作个概括的介绍。

(一)由"三分法""二分法"和"四分法"引申出来的品德结构

在心理学史上，特滕斯(Tetens)在沃尔夫(C. Wolf)的官能心理学的基础上，创始了认识、情感和意志的"三分法"。康德(I. Kant)是特滕斯的三分法的继承者，他以"知""情""意"为纲的《纯粹理性批判》《判断力批判》《实践理性批判》哲学著作，不仅构成了他的"批判哲学"的体系，而且也构成了他的心理学的体系。从此，"知""情""意"就被确定为心理结构的主要成分，即所谓心理过程的"三要素"或三种心理过程，而对"知""情""意"三要素的揭示，也构成了心理学的主要内容。

在这种三分法的基础上确定的品德结构，就是把品德看成是道德认识、道德情感和道德行为的统一体。目前国际流行的心理学文献，也大都采用这种观点，正如美国品德心理学家雷斯特(T. R. Rest)所指出的："纵观品德的研究，一般都是将它分为道德观念、道德情感和道德行为。"美国传统的品德心理学持这样的观点；苏联的品德心理学基本上持这样的观点；我国教育心理学界大都也持这样的观点。

心理学中的"二分法"，即把心理看作由认识和意向(或认识和行为)两种成分所构成的整体。实际上，二分法仍包含三种心理成分，提出二分法的心理学家并不

---

* 本文原载于《北京师范大学学报(社会科学版)》1988 年第 1 期。

否定情感成分的存在，只不过在情感的归属上与三分法有点差异。

在这种二分法基础上确定的品德结构，往往将品德看成道德知识和道德行为的统一体。苏联的一些教科书就是这么分析的。美国有些品德发展心理学家的研究，主要也是围绕着道德认知和道德行为的发展而开展的。

所谓"四分法"，只是将"意志"过程分为"意志"和"行为"两种成分，于是心理结构则成为"知""情""意""行"的统一体。这种四分法，在普通心理学里并不常见，然而在品德心理学中还是比较流行的。

在这种四分法基础上所确定的品德结构，所包含的是道德认识、道德情感、道德意志和道德行为四种成分。这种提法，在我国较为多见，尤其在教育学的德育心理理论中更为多见。这不仅反映了我国心理学家对"意志""行为""习惯"等心理现象的见解，而且也体现了我国心理学家对中国古代心理学思想的继承。例如，韩进之教授等人编著的《德育心理学概论》，就充分肯定"古代孔丘在他言论中所述的'知'、'情'、'意'、'行'四种成分"的正确性，强调"品德的基本心理结构应该包含道德认识、道德情感、道德意志和道德行为四种成分"。这里，作者既对品德结构的四种成分做了科学的分析，又批判继承地分析了孔子的《论语》中所包含的丰富的"知""情""意""行"的品德结构的心理学思想和教育思想。

品德结构的"二分法""三分法"和"四分法"，只是对于界定不同的研究起了作用，按本质而言，这种成分的划分并不存在实质性的区别。其共同的一点就是强调心理结构，强调的是心理过程，都认为品德是由知、情、意三种心理过程的道德成分所组成的，品德心理学应该分别从认识、情感、行为（包含意志训练、行为表现及习惯养成）三个方面研究品德的形成和发展。

我们同意这样的观点：品德心理学所说的品德结构，主要是心理结构，即品德活动的结构。但是，单纯地从知、情、意三种心理过程去把握品德是不够全面的。因为品德作为个性的一个特殊形式，它不仅仅包含知、情、意、行诸方面心理过程或特征的成分，而且还有以需要为基础的意识倾向性或动机系统；品德不仅仅有许多因素构成的静态支架，而且有定向、操作、反馈等活生生充满社会性的动态结构。因此我们要更全面地分析品德的结构。

(二)从分解特定道德行为的构成因素分析的品德结构

美国品德心理学家雷斯特在总结品德研究的基础上，从分解特定道德行为的构成因素出发，注意各种行为的内部过程与外观行动的联系，特别是重视道德情感在道德行为中的作用，进而提出了品德结构的问题(《品德，道德行为及其发展》，英文版，1984)。雷斯特指出，品德的主要成分有以下四种。

1. 理解道德情境

这包括道德敏感性(对自己的行动对别人权益产生什么影响敏感的能力)和道德推理能力(推断别人思想情感的能力)。雷斯特举了四个品德心理学的实验结果来说明这一成分：①对情境含混不清的被试较对情境有清晰了解的被试的助人行为要少；②在对别人的需要和利益敏感性方面有着明显的个体差异；③发育到一定年龄之后才能推断别人的要求和利益，才能够推断一个人的行为将如何影响另一个人；④移情在品德中是一个重要因素。

2. 寻找出适当的道德行为途径

这就是确定怎样的行为途径才是道德的，即在这一道德情境中应该做什么。这一过程涉及的主要是与道德判断有关的问题。雷斯特在解释这一成分时，认为有两种理论是可以考虑的。一种是来自社会心理学的社会常模理论。这一理论假定了许多常模，如社会责任感、公道、平等互助等，在一定的道德情境中，一个人应该做些什么是由常模决定的。另一种是认知发展理论。这种理论认为道德发展就是对社会规则的性质功能和目的理解能力的发展，公正观是一个核心概念。每个发展阶段都有一个采取行动的假设的框架，在具体的情境中，儿童青少年依据已有的"框架"寻找行为途径。

3. 决定道德行为的计划

这里包括行为决策过程的描述，道德动机的激发和斗争。具体地说，当一个人意识到许多不同的可能行为结果时，许多动机就被激活了，但是不同的动机可因具体情况改变而相互取代，在动机取代过程中，主体甚至出现这种情况：宁可牺牲自己的利益或忍受痛苦，也要选择道德动机。这里必然会出现一个问题：什么东西激发主体的道德行为？对此，雷斯特归纳为如下的八个方面：①人的道德行为是由于进化使利他主义变成了可遗传的东西；②良心，即羞愧、罪过感等激发起主体的道德行为；③强化和模仿；④对合作意义或人际关系的理解；⑤移情或同情心是利他动机的基础；⑥对那些比自己更伟大的事物的敬畏和遵从，如对国家或集体的献身精神等；⑦对自我完整的关心和对个人社会地位的体验；⑧关心集体和集体生活的经验。

4. 执行并实施道德行为的计划

它包括设想各种阻碍和想象不到的困难，克服挫折、抗拒诱惑等。这种成分的核心是自我力量或自我调节技能。研究表明，同处于柯尔柏格道德发展第四阶段"法律与秩序"实验的被试中，测得自我力量较强的人比自我力量较弱的人更少有欺骗行为，因为自我力量强者具有信念的力量；自我力量弱的人虽有同样的道德信念，但不能照自己的信念行事。

雷斯特强调他的品德结构模型不是一种线性的决策模型。也就是说，主体的行为在一定时间内不一定要从一种成分依次转入另一种成分。尽管四种成分之间存在一种逻辑顺序，但每一种成分会由于正负反馈回路作用而相互影响着。

雷斯特的品德结构四成分论注意各成分的相互联系和相互制约，较全面地考察了道德行为，这是有参考价值的，但也有其局限性。它是从分析特定道德行为的构成因素入手的，那么这种分析只是共时性的分析，而没有考虑到发展，没有注意到品德结构的历时性的分析。这种理论在解释具体道德情境中人的行为时是可取的，但在解释道德行为产生的根本决定性原因时是有困难的。

(三) 从价值概念与结构概念联系中研究的品德结构

西方认知心理学派的品德心理学，特别是柯尔伯格的品德心理学，比较重视品德价值观的研究。我国心理学家李伯黍教授及其研究生们也提出了"道德价值结构"。这些都是品德结构理论体系的新设想。他们都认为，道德价值是人们关于自身道德观念、道德行为对于社会和人的意义的衡量。当一个人接受某一道德规范时，说明他已经赋予它以一定的价值，以致外部的道德规范就成为个体的道德价值观念。个体的道德价值观念不是彼此孤立的，而是以结构的形式有机地联系在一起的。

1. 道德价值结构的形式与内容

他们借鉴美国心理学家吉尔福特（J. P. Guilford）的智力三维结构模型，把道德价值结构分为形式与内容两个维度。形式就是皮亚杰和柯尔伯格所提出的原始水平、习俗水平和原则水平三个发展层次，内容包含尊老、集体、真诚、律己、报答、责任、利他性、平等八个基本范畴。道德价值内容，即道德价值观念，它要比道德价值形式复杂得多，因为它直接受不同文化背景的影响。一个价值观念的形成必须包括选择、赞赏和行动三个过程。影响其价值变化的因素有经验、平衡化和道德价值结构的发展水平。

2. 道德价值结构与道德决策

他们认为，个体在进行道德决策时，必然会遭到不同的道德行为途径。他对这些道德行为途径所赋予的价值是以他的稳定的道德价值结构为基础的。希尔（P. Hill）曾提出一个一般的决策过程，包括明确问题、确认途径、量化途径，应用决策手段、决策实施等过程。

根据这个模式，道德价值结构论者认为，道德价值结构是以一个整体参与决策的。当然，在不同情境下，价值结构的不同部分又发生不同的作用。

道德价值结构理论有许多可取之处：一是它重视品德结构的价值观念；二是从品德的形式和内容二维角度来分析品德的结构及其成分；三是注意伦理学的道德规范、道德范畴和心理结构相结合；四是从动态的、发展的方式去讨论品德结构，在科学性上有一定的突破。道德价值结构理论对道德心理结构本身的论述还不够；对从道德价值到道德动机转化问题，尚待进一步分析。

此外，还有其他一些关于品德结构的研究。例如，苏联维列鲁学派的心理学家提出各种活动是一种阶梯式的层次关系的个性（品德）结构。又如，美国人本主义（Humanistic）心理学家罗基奇（M. RoKeach）认为品德是由 18 种终极性目标即终极性价值（terminal values）和相对地达到这目标的 18 种方法即工具性价值（instrumental values）所组成的。将 18 种终极性价值排列一下，再将 18 种工具性价值排列一下，就会呈现不同的特点；也就是说，不同年龄和不同职业的排列都不会是相同的。

所有这些都是从不同方面探讨了品德结构，因此都是很有意义的。

二、品德结构及其组成因素

品德结构是人的道德活动特征的整体，它是一个系统。

在辩证唯物主义的普遍联系和永恒发展思想的指导下，根据系统科学的原理，我们认为在品德结构的研究中，应该有下列具体的原则作依据。

第一，品德，是人的心理这个大系统下的一个子系统。人是处于多系统的交叉点上，人的心理又以实践活动为基础。因此，品德结构必然要：①从属于社会系统，并体现"实践—认识—再实践—再认识"的辩证唯物主义的原理；②从属于自然系统，受着物理、生物(如生理、神经和脑活动的规律)因素的制约；③从属于心理系统，反映主体的心理过程和个性特点。

第二，品德本身包含着许多子系统及不同层次、不同水平、不同序列的亚系统，高层的系统整合着子系统，但不是子系统特点的机械相加。在分析这些子系统的时候，必须体现如下特点。①品德的子系统反映了品德成分的不同侧面，它要依靠一系列的客观条件，又有内部的动力；它要借助于知、情、意、行诸因素为材料，又要体现这些因素的相互关系和联系。②品德的子系统是复杂的，有定向，有操作，有反馈，有自我监控或自我调节，有个性意识倾向性与个性心理特征，成分繁多，形态丰富。③品德的子系统分深层结构与表层结构。前者指品德的内部联系，后者指品德的外部联系，两者互为前提，但前者往往制约后者，只有通过后者才能认识前者。④品德的子系统有着一定的循序性，它反映品德形成和发展要经过由易到难，由低到高，由原始性到社会性，由他律到自律，逐步成为多种联系的整体。

第三，品德的形式和品德的内容是统一的。品德心理学主要研究品德的心理活动，即上述心理存在的方式及组织形式，但也要研究品德的内容和决策，即要考虑到伦理的道德规范和道德范畴。形式和内容是同一事物的两个不同方面，内容是事物存在的基础，形式是事物存在的方式。内容总是一定形式的内容，形式也总是一定内容的形式。没有内容就无所谓形式，没有形式的内容也是不存在的，内容和形式是统一不可分的。尤其是以社会性为显著特性的品德，离开了道德价值观念，就无法谈论一个人的道德面貌。因此，在讨论品德结构时，既要考虑心理因素，又要注意伦理结构，以获得完整的品德的系统性结构。当然，品德心理学研究道德内容、价值和决策时，主要是从品德的心理活动的形成、发展及规律方面研究，而不能代替伦理学和思想教育的工作。

第四，品德的结构是发展变化或运动的，动态的。它是一个开放系统，是通过信息变换的、自控的、有组织、自我调节的系统；是从无序到有序，再到无序，又从无序经过涨落到更高的有序状态的不断向前发展的过程。可见，品德及其结构的发展，存在阶段性特征。因此，品德结构的研究应该将共时性和历时性统一起来，采用静态和动态相结合的原则。也就是说，既要研究静的结构，分析品德结构的组成因素；又要研究动态的结构，探讨不同时期（阶段）不同品德结构的发展变化。

第五，由于品德结构的统一性与差异性，品德是各成分相互联系又相互矛盾的统一体；同时它们的发展还有差异性，这种品德的多水平、多层次、多序列的多测度性，就使品德发生、发展不是单测度决定，不是服从于线性决定论，而是服从于辩证决定论的。因此，在对品德结构的研究中，要考虑到品德结构形成的多端性，测定的多方面性。单测度的结果，往往难以把握品德发展的整体性。例如，认知发展论者强调研究认知，精神分析论者强调研究情绪，行为主义者和社会学习论者强调研究环境和行为，尽管这些学派在品德及其结构的研究中都做出了贡献，但是，这种单纯地从品德结构的任一侧面研究品德的发生、发展，都不可能揭示其规律性，不可能对其有全面的、整体的了解。

综上所述，我们认为，品德结构是个多侧面、多形态、多水平、多联系、多序列的动态的开放性的整体和系统。

根据上述原则，从心理学的角度来看，品德结构尽管复杂，但主要包括以下三个子系统：一是品德的深层结构和表层结构的关系系统，即道德动机系统和道德行为方式系统；二是品德的心理过程和行为活动的关系系统，即道德认识、道德情感、道德意志和道德行为的品德心理特征系统；三是品德的心理活动和外部活动的关系及其组织形式系统，即品德的定向、操作和反馈系统。

下面作一些简要的分析。

(一)品德的动机系统

道德动机是引起道德行为的内驱力量。

品德，首先是社会性很强的有意识、有目的的活动，任何道德行为方式举止都有其产生的根源，这就是道德动机。在研究一个人的行为举止时，必须揭示其动机。只有这样，才能判断这种行为举止的实质，才能预见这种行为举止重复的可能性，才能分析这种行为举止的价值。从结构成分的观点来看，道德动机是品德的深层结构，道德行为方式则是品德的表层结构。前者是品德的内在的动力系统，后者则是品德的外部联系。前者制约后者，但只有通过后者才能揭示前者。只有认识了道德动机，才能防止一些不道德行为的产生，才能鼓励另一些道德行为的发展。

道德动机系统，即品德的意识倾向性，它是需要的表现形态。如普通心理学所述，个性积极性的源泉是各种不同的需要。在需要中对个性生存条件的依赖性，从其积极性方面来看就是动机系统。动机，这是与满足某些需要有关的活动动力。如果需要是人的各种积极性的实质、机制，那么动机就是这种实质的具体表现。作为个性的一个特殊形式的品德，它的动机系统就是与道德有关的需要的具体表现。作为动机系统的需要，它可以表现为各种形态；那些与道德有关的兴趣、欲望、信念、理想、世界观等，都是道德动机系统中的组成因素，其中核心的因素是道德信念和道德理想。可是，目前有人理解道德动机是道德认识和道德情感，认为当道德认识和道德情感成为推动个人产生道德行为的内部动力时，它们便成为道德动机。我们则认为，道德认识和道德情感之所以产生道德行为，是因为它们与需要发生了关系，留下了需要的烙印。离开了需要这种个性积极性的源泉，任何道德认识和道德情感都会在道德行为中失去其意义。

道德动机是作为品德结构的一个子系统，它本身又包含许多不同层次、水平、序列的亚系统。道德动机可以是直接的，也可以是间接的；可以是具体的，也可以是抽象的；可以是正确的，也可以是错误的；可以是随意的，也可以是不随意的；

可以是为个人的，也可以是为他人的或是为社会的；可以是必然的，也可以是偶然的；等等。制约一个人的某种道德行为，往往不是单个动机因素，而是一个动机系统。然而，各种动机在谱系品德结构中，其层次和作用并不一样。在众多的动机成分中，必定有一种或几种占优势或占核心的动机，这种动机往往是动机斗争的获胜者，它领衔着整个动机系统，从而决定某种道德行为，甚至形成一个人的品德。

(二)品德的心理特征

品德是个人依据一定的道德规范在行动时表现出来的某些稳固的心理特征。这个完整的心理特征，包含一定的道德认识、道德情感、道德意志和道德行为四种成分。这四种成分既有相对的独立性，又是相互联系的，组成了品德的心理特征的子系统。

1. 道德认识

道德认识是对于道德规范和道德范畴及其意义的认识，它是人的认识过程在品德上的表现，一般称为品德的理智特征。

道德认识表现在两个方面，一是道德思维发展的水平；二是道德观念变化的程度。前者主要表现为道德认识的形式，后者则主要体现为道德认识的内容。道德认识，首先表现在道德知识、道德判断和道德评价上。在一定意义上说，这乃是道德思维水平的反映；同时，人的思维能力的高低，也往往影响到道德认识的水平。道德思维的发展既反映了时代特点、阶级特点和社会特点，也反映了不同社会中人类共同的道德规范。认知发展论者认为儿童和青少年的品德发展，与其认识活动及其发展水平密切关联，认为他们的品德发展是思维结构的一种自然变化过程。这里，认知发展论者看到道德认识在品德发展中的地位，无疑是正确的；但是，他们将品德发展和思维结构发展几乎等同起来，这未免言过其实了。实际上，道德思维的发展，反映了品德发展在认识方面的数量和质量上都存在一个从未知到已知、从不成熟到成熟的过程。道德认识，也表现在各种道德范畴的观念，特别是道德是非观念上。道德观念的发展，正是主体对诸如善恶、良心、荣誉、义务、幸福、正直、节操等道德范畴的认识的变化。

2. 道德情感

道德情感是直接地与人所具有的一定道德规范的需要相联系的一种体验。当人的思想意图和行为举止符合一定社会准则的需要时，就感到道德上的满足；否则，就感到悔恨或不满意。道德情感是人的情感过程在品德上的表现，一般称为品德的情感特征。

道德情感也表现在两个方面，一个是道德情感的形式，二是道德情感的社会性内容。如果以道德情感和道德认识的关系为指标，那么道德情感的形式可以分为三种：第一种是直觉的情绪体验，它是由对某种情境的感知而引起的，对于道德规范的意识往往是不明确的；第二种是道德形象所引起的情绪体验；第三种是伦理道德的情感体验，它是由道德认识所支配，清晰地意识到道德要求和道德伦理。道德情感的形式本身又是比较复杂的子系统，每一种形式都有程度、水平和等级问题。激发某种形式的道德情感，既决定于刺激强度，又决定于主观需要的状态。如果以道德情感的社会内容为指标，那么道德情感可以表现在不同的方面，如爱国主义情感、劳动情感、集体荣誉感、义务感、正义感、责任心，等等。

3. 道德意志

道德意志是一个人自觉地克服困难去完成预定的道德目的任务，以实现一定道德动机的活动。道德意志是调节道德行为的内部力量，它是人的意志过程或主观能动性在品德上的表现，一般称为品德的意志特征。

道德意志主要表现在道德意志的品质和言行一致性的两个方面。道德意志的品质又包括道德行为的自觉性、果断性、坚持性和自制力。这些品质不仅保证主体道德行为的目的性、毅力的实现，而且也能作为区分人与人之间道德意志好坏的指标。言与行关系的统一，是道德意志行为发展的重要方面。这是已被研究证明了的。首先，儿童青少年年龄越小，言行越一致，随着年龄的增长，言行一致和不一致的分化就越大。这是由于年龄越小，行为比较简单，比较外露，他们还不善于掩蔽自己的行为；而年龄越大，行为则越复杂，也日益学会掩蔽自己的行为。很显然，这里调节、控制行为的正是道德意志。其次，儿童言行脱节往往出自只会说、不会做的原因，这说明他们还不善于用道德意志调节自己的言行，造成道德认识是一回事，道德行为却是另一回事。

4. 道德行为

道德行为是在一定道德意识支配下所采取的各种行为。人的道德面貌是以道德行为来表现和说明的，也就是说，道德行为是一个人道德意识的外部表现形态，一般称为品德的行为特征。

道德行为主要包括道德的行动技能和道德习惯两个成分。道德的行为技能，即道德行为方式方法，主要是通过练习或实践而掌握的。在一个人品德的发展上，逐步地养成道德习惯是进行道德训练的关键。道德行为有两种表现：一种道德行为是不稳定的，有条件性的；另一种道德行为，或是良好的，或是不良的，但它是一种无条件的自动的带情绪色彩的行为。前一种是不经常的道德行动，后一种则形成了道德习惯。良好的道德行为习惯，能使品德从内心出发，不走弯路而达到高境界；不良的道德行为习惯，会给改造不良品德工作带来困难。从系统科学的观点来看，道德习惯是一种能动的自组织过程。一定的道德环境使个体品德达到一个临界状态，品德系统的相变(质变)特点由道德习惯这种序参量决定。在客观的道德环境的作用下，主体的道德习惯往往将一些单个的行动协同起来，自动地做出一系列的道德行为。可见，道德习惯是一种自动化道德行动的过程，它是一个人由不经常的道德行动转化为品德的突破点，是品德发展的质变的指标。要通过一系列的模仿、无数次的重复、有意识的练习及与坏习惯做斗争等实践活动来培养儿童青少年的良好道德习惯。良好道德习惯的形成，是品德培养的最重要的目的。

以上这些品德的心理特征是彼此联系、不可割裂的一个整体。在一个人的品德发展中，每一个特征都是不能被忽视的。缺乏正确的道德认识，道德行为容易产生盲目性；没有良好的道德情感，就不能产生积极的道德态度；失去坚定的道德意志，就无法调节道德情感和行为，知与行也难以一致；若无恰当的道德行为，道德认识、道德情感、道德意志就无法表现。可见，这四个特征是相互制约的。

(三) 品德的组织形式

品德的组织形式或进程是一个动态结构，它包含定向、操作和反馈系统。

1. 品德的定向系统

品德的定向系统，不仅指主体对道德规范的意识、定向或注意，以提高道德活动的自觉性和正确性；而且指主体是一个积极的个性，具有个性的积极性，他能意识到自己在一定道德环境中的地位和作用，具有一定的动机、定向和行为方式。由于有了品德的定向系统，主体是社会道德的积极活动者。

品德的定向系统是社会道德规范在个体身上内化而形成的。这种内化表现为个体的社会化。所谓社会化就是个体在实践活动中，在环境和教育影响下，不断掌握社会经验和道德规范，形成与社会相一致的个性特征，并取得社会成员资格的成长过程，也可以说是个体不断纳入社会关系系统的过程。外部的社会道德规范以直观形象的或间接抽象的、语言的或非语言的、简单的或复合的等多种方式作用于个体；个体在与其他社会成员交往过程中，通过一系列心理活动把外部的这些作用转化为认识性的、情绪体验性的和意志性的经验或子系统，并形成具有个性特色的意向倾向子系统，即道德需要子系统，用以指导和调节自己的行为。正如朱智贤教授所指出的，一个人出生以后只有天然的神经类型，还没有稳定的个性……儿童的个性最初是受外部事物制约的，是受个体的生理需要制约的。因此，他的行为只能从属于当前的直接愿望。在儿童青少年身心发展的基础上，在环境和教育的影响下，他才形成是非观念、道德理想、道德信念、道德原则和观点，以致开始形成初步的有系统的人生观和世界观，他的行为逐步由服从当前的直接愿望发展到能够服从远大的理想、信念、道德原则和观点。

在一定的道德环境中，逐步形成起来的品德的定向系统按照一定序列表现出它的功能，并在明确道德问题、确认道德途径、做出道德决策、实施道德计划四个方面起定向作用。这些作用决定了品德的目的性和方向性，制约了品德发展的水平，影响着道德行为的产生。品德的定向系统的作用，是在品德的操作系统中发挥作用的。

2. 品德的操作系统

操作系统是个体在具体的道德环境中，产生道德行为的一系列内部和外部过程组成的一个系统。它包括同化、外化和具体化三个过程。

（1）同化道德环境。当个体面临具体的道德环境时，把当前道德环境的内容纳入主体已经具有的品德的定向系统中，行为定向系统对进入的信息进行加工。若符合原道德经验（即原心理水平），就把同化的结果转化为具体的道德动机。若不符合原道德经验，要么停止活动，不产生相应的道德动机；要么根据反馈信息修改原品德的定向系统，产生新的定向系统。同化道德环境又可分为如下三个过程：一是认知当前情境，把自己纳入人际关系系统；二是认知情境结果与品德的定向系统联系的过程；三是自我设想过程。

（2）外化过程。同化过程是把外部具体的道德情境转化为一系列内部过程，那么这一系列内部过程怎样转化为外部的行为呢？这就是外化过程。这外化过程一般又包括以下四个过程。一是明确道德问题。道德行为是一个人理解和解决道德问题的有目的的活动，它总是在一定道德需要的作用下，从指向道德活动对象开始的。二是确认道德途径。一种道德途径的确认，主要取决于道德动机的斗争的状况和道德习惯的作用的程度，在这两个因素的支配下，主体确定怎样的行为途径才是道德的。三是做出道德决策。一个道德活动往往由三个变量组成：人、任务（或目标）和策略。决策问题或策略问题，是品德水平的直接体现，是道德行为的基础。四是实施道德计划。体现品德价值的，最终是从具体的道德计划到道德行为的实现。实施道德计划是付诸道德行动的前提。

（3）具体化过程。具体化过程是把外化过程产生的内部的结果转化为外部的行为，通过行为产生的社会效果达到自己的道德目的。但是不是所有情况下的外化过程的结果都能具体化，常常有知行脱节现象。知行脱节说明即使儿童有道德认识，甚至有道德动机时，不一定都有相应的道德行为，他的道德动机可能会被其他动机取代，从而做出违反原动机的行为。道德行为的核心是自我调节技能，自我调节技能水平高低直接影响到个体能否按原则制订的行为计划去行动，而自我调节技能的水平又直接取决于品德的定向系统的发展水平。

操作系统的同化、外化、具体化三个过程只是按道德行为产生过程的时间顺序的逻辑分析，并非在具体道德情境中个体都要通过每一环节的细小过程。这里要对具体道德问题作具体的分析。操作系统的三个环节是相互联系的，同化与外化是具体化的基础，具体化产生的影响对前二者又有反作用。这种联系和相互影响表现为在操作过程中伴随有反馈调节现象。

3. 品德的反馈调节系统

这种子系统在个体产生道德行为、达到目的过程中是客观存在的，而且是不可缺少的。个体根据反馈信息来不断调节自己的行为，使之符合道德规范，满足道德需要。

品德的反馈调节系统的分类尽管复杂，但从其信息的来源上分类，可以分为自我反馈和他人反馈。前者是个体在活动中，根据对自己或他人行为影响及其后果的认识来调节自己的行为。后者又叫"镜像自我"，它是通过别人的态度和评价，并通过别人的态度和行为按角色期望不断调节自己的行为或塑造自己。另外，反馈从其在行为产生过程中发生的时间上分类，又可以分为预期反馈和倒摄反馈。前者发生在行为具体化之前的环节中，在主体同化道德环境之后，在道德动机驱使下制订行动计划时对行为后果的设想，并根据设想的行为结果来确定行动计划。后者多发生在具体化过程中，主体已形成的行为产生了影响，通过他人的评价反作用于主体，使主体调节自己的行为。无论是自我反馈或他人反馈，还是预期反馈或倒摄反馈，都必须通过自我意识才能达到调节行为的作用。而如何调节行为取决于反馈性质和自我意识水平；反馈的性质决定于品德的定向系统对环境的加工，如果外部道德要求与定向系统一致则产生正反馈，加强行为动机，否则减弱或消除行为动机。

品德结构的组织形式中的三个子系统相互联系，相互制约，构成了一个较大的系统；同时，这个系统又与外在的道德环境发生联系，构成了一个更大的系统。

青少年品德特点与道德教育*

我教了大半辈子的书，从中小学教到大学，我只希望一条：学生能立德树人。11～18岁的年龄段，是人的一生中很关键而有特色的时期，是一生中的黄金时代的开端。整个青少年阶段的特点很多，我们将它概括为过渡性、闭锁性、社会性和动荡性四个特点。青少年一般是中学生，他们的品德正是在外部和内部的交互作用下逐步发展起来的。也就是说，青少年的学习活动、社会生活和生理变化引起其品德发展的种种新需要，并和他们已经达到的原有心理水平、品德结构之间产生矛盾，构成中学阶段品德发展的动力。在教育的影响下，在小学阶段品德发展的基础上，由于这对矛盾的不断产生和解决，就推动他们品德不断地向前发展。而掌握青少年品德发展的特点，正是道德教育的依据。

一

关于青少年品德的研究，在国外心理学界并不统一。

在西方心理学中，弗洛伊德(S. Freud)和皮亚杰的著述对品德发展的研究产生影响最大。在他们的早期著述之后，很少有关于品德发展的著述。然而，在过去二三十年中，关于道德发展的过程有了相当多的研究，建立了相当多的理论。霍夫曼(L. Hoffman, 1970, 1980)、班杜拉(A. Bandura, 1969)、柯尔伯格(1963, 1964, 1969, 1976)、弗拉维尔(J. Flavell, 1963)、费瑟(N. Feather, 1980)、雷斯特(1986)的著作都是这方面的重要文献。

弗洛伊德根据精神分析的原理，认为品德是个体良心(超我)的一部分。于是，

---

  * 本文原载于《北京师范大学学报(社会科学版)》1990年第1期。

品德的获得被解释为超我的形成。这是恋母情绪的解除和对同性父母产生自居的结果。社会把其文化标准给了个人，使他们能获得这种自居，每个个人最终又把这些标准传给下一代。班杜拉的社会学习理论关于品德发展研究的整体，涉及了道德标准的内化，认为是模仿(而不是"自居")对道德行为的获得起作用。班杜拉把自居定义为一个连续不断的，由于直接教授及对父母和其他榜样的简单观察而产生的反应而获得并修改的过程。可是，不论是精神分析学派还是社会学习理论，对青少年阶段品德发展的研究并未有显著的成效。

在西方，对青少年品德有代表性的研究，主要是皮亚杰及其推崇者柯尔伯格的认知学派。

皮亚杰认为，11~15岁青少年的思维能力超出了所感知的具体事物，表现出能进行抽象的形式推理，这就进入了"形式运算阶段"。这时，青少年的道德通过个性的发展而表现出新的特征。在皮亚杰看来，自我的本性是自我中心的，而个性则是脱离中心的自我。皮亚杰不仅从形式思维来解释个性的形成，而且还从社会关系的发展来证明个性是社会的产物，个性的构成就是青少年加入成人社会，充当成人的角色。美国心理学家塞尔曼(R. Selman)和伯恩(D. Byrne)专门对此做了说明。儿童与青少年的角色获得分五级水平：水平0——自我中心地看待别人，或不能区分他人与自己的观点；水平Ⅰ——明显认识到外部状态和内部状态的区别，并能认识到主观内部状态中的"真正的"自我；水平Ⅱ——掌握了自己的观点和别人的观点之间的联系；水平Ⅲ——角色获得时期，这是从中学阶段开始的，此时青少年能够了解两个人的关系并同时认识到他人的主观性，中学阶段57%的被试进入这一级水平；水平Ⅳ——能够掌握自己和他人相互作用的一般的社会观点，中学阶段有21%的被试可以达到这一级水平。当然，这基本上是高中生，他们可以从不同角度来比较各种观点，认识到思想和动机等心理因素与行为效果的关系。这是对皮亚杰个性形成指标即在成人社会中取得地位、获得角色的观点的有力而精辟的实验证明。随着青少年，即形式运算阶段个性的形成，他们的道德也呈现出新的特征。在道德认识方面，青少年能够根据自己的价值标准来判断一些道德问题，并将公道原则，即公正观念的高级形式作为其道德判断的内在基础。在道德感方面，青少年借助于形式思维，进一步获得了能运用理想或超越个人价值的新境界，形成了一定的理想、观念和意识形态，爱国主义的情感也从这个阶段起才获得真正的体验；也就是说，从青少年开始，社会因素成为道德感中主要的形式。在道德行为方面，青少年运用道德理想的准则，开始指向未来，并为改造社会作道德的准备。

在柯尔伯格所提出的道德判断三水平六阶段理论中，青少年属于后三个阶段，但以第四阶段为主；16 岁以后的青年才逐步（但不是全部）达到第五、第六阶段。第四阶段的道德动机主要是充当由社会的角色、维护现有社会秩序的义务感和责任感；其道德认识是有一个较大的社会"体系"决定着一个人的个性行为；其思想倾向是以权威和社会秩序为道德的源泉。第五、第六个阶段道德的主要特征为履行自己选择的道德准则：其道德动机——同"良心"准则的内在联系，尊重所有人的权利、生活和尊严；其道德认识——道德准则与社会准则是使各种不同观点一致起来的社会契约，是可变的；其思想倾向——即使道德准则的各项标准的价值和形式是可变的，但他们仍然是普遍有效的，法律受道德支配，而不是相反。柯尔伯格认为，从第四阶段起，青少年对别人关心的范围更扩大了。权威、确立的准则及维护社会秩序成了行为范围。他们认识到正确的行为就是完成自己的义务、尊重权威、自觉地为现有社会制度献身。他们不仅自己履行义务，而且还坚持要别人也这么做。但是柯尔伯格指出，即使到了第四阶段，青少年的道德判断力仍由外部希望所决定，并没有超出常规的准则和社会希望。因此，他将第四阶段与第三阶段一起称为习俗水平或常态水平。在柯尔伯格看来，只有到了 15 岁以后，逐步进入第五、第六阶段，才能把自己置身于所处社会范围之外，努力脱离具体掌握原则的集团或个人的权威，摆脱把自己和这种集团为一体去确定有效的可用的道德价值和原则，这个阶段的道德行为有时已超越了某些规章制度，考虑得更多的往往是道德的本质。所以柯尔伯格将这两个阶段叫作"习俗后的（自主的、有原则性的）水平"或叫作"超常态水平"。

苏联心理学家对青少年心理、品德的研究，一般是分少年期和青年期两个阶段进行的。他们对青少年的心理研究，侧重于探讨这个时期的社会性和个性特点。例如，在《年龄与教育心理学》一书中，作者对少年的心理特点作如下阐述：少年期在儿童与青少年发展中的地位和意义，少年机体的解剖生理的改变，关于少年期"危机"问题的各种理论观点，进入少年期时个性的主要新成分，少年与成人的相互关系，成熟发展和形成生活价值观的方向，少年和同学的交往，少年的学习活动，少年自我意识的发展等。作者对青年初期的心理特点作如下的阐述：青年是社会心理的现象，自我意识的发展，交往和情绪生活，社会积极性和世界观的形成。这对青少年品德发展的探讨是有一定价值的。苏联心理学家对青少年品德特点的研究持有如下的几个较显著的观点。①道德过渡到真正的自律阶段，是从青少年期开始的，因为要想过渡到道德意识的更高阶段，个人的智力发展必须达到一定的水平，道德意识、自我意识的发展与抽象思维的改进是联系在一起的。②品德发展有一个成熟期，尤其是道德思维(认知)。他们通过研究指出，"成人的"最后道德准备程度，那些高年级学生(即高中生)在学校里就已经达到了⋯⋯尽管道德思维也会在后来发展，但"不会产生任何原则上崭新的东西，而只是对原有的东西加以巩固、扩大和完善"(佐西莫斯基，1973)。③少年期和青年初期的品德是有区别的，前者具有较大的冲突性，后者虽然具有较大的稳定性，但还对道德准则存在怀疑和否定情绪。这是青少年品德的内部矛盾所致。④青少年品德发展体现在动机(即"内部东西")与行动(即"外部东西")的统一上，其统一的程度往往取决于他们有没有处理类似情境的经验。⑤自我意识活动的活化作用促进青少年开始注意到道德伦理问题。少年们力图很快从头脑中抛弃和忘掉的一些个别情况，都能引起青年初期学生复杂的反省、过错感和悔恨。对自己道德品质的评价乃是青少年"自我"形象的最重要方面之一，于是盲目的自我肯定的意向就被更现实的批判的自我分析和自我教育所代替。

二

汇总我国的青少年品德发展的资料，结合我们自己的研究，我们认为，整个中学阶段，青少年的品德迅速地得到发展，他们处于形成伦理的时期。但少年期(主要是初中生)和青年初期(主要是高中生)的品德是不同的，尽管这里没有一条明确的分界线，然而区别是存在的。在少年期的品德中，伦理道德虽然开始占优势，可是在很大程度上表现出动荡性，即稳定前的两极分化的特点。而青年初期的伦理道德则带有很大程度的成熟性，他们较自觉地运用一定的道德观点、原则、信念来调节行为。同时，通过研究，我们看到从少年期开始，世界观开始萌芽，到青年初期则已初步形成。

如何分析和评价青少年品德的基本特点呢？

(一)个体的伦理道德是一种以自律为形式、遵守道德准则和运用信念来调节行为的道德品质

这种品德具有以下六个方面的特征。

1. 独立而自觉地按道德准则来调节行为

"伦理"一般指人与人之间的关系及必须遵守的行为准则。伦理的含义比道德深一层，它是道德关系的概括，所以伦理道德是道德发展的高级阶段。从青少年开始，个体逐步掌握这种道德伦理，并能够独立而自觉地遵守道德准刚。所谓独立性，即皮亚杰的"自律"，也就是服从自己的价值标准和道德原则；所谓自觉性，即目的性，也就是按自己道德动机去行动，以符合某种伦理的要求。

2. 道德信念在道德动机中占据相当的地位

青少年时期是道德信念和道德理想形成的时期，是开始以其来指导自己行为的时期。道德信念和理想的形成并成为青少年道德动机中的重要成分，这就使青少年的道德行为更有原则性和自觉性。这是人的主观能动性在道德行上的具体表现，也是人的个性发展的新的阶段。

3. 品德心理中自我意识的明显化

自我调节品德心理的全过程，是自觉道德行为的前提。古人说"吾日三省吾身"，今人说"每天在头脑中过电影"，都是在提倡自我道德修养的反省性和监控性。从青少年开始，反省性、监控性的品德特点越来越明显，这是道德行为自我强化的基础，也是提高道德修养的手段。

4. 道德行为习惯逐步巩固

个体的道德伦理必须有道德行为习惯相匹配。在青少年品德的发展中，逐步地养成道德习惯是进行道德行为训练的重要手段。与道德伦理相适应的良好的道德习惯的形成，也是伦理道德培养的最重要的目的。

5. 品德发展与世界观形成的一致性

世界观的形成，不单纯是一个认识问题，而是与道德品质密切联系着的。世界观的形成，是一个人个性、品德发展成熟的主要标志之一。青少年是世界观萌芽与形成的阶段，它既受主体的道德伦理的价值观念所制约，又赋予其道德伦理以哲学基础，两者相辅相成，具有一致性。

6. 品德结构的组织形式完善化

当青少年一旦进入伦理道德阶段，它的道德动机和道德心理特征的两个子系统在其组织形式或进程中，就形成了一个较完善的动态结构。首先，青少年不仅逐步地按自己的准则对道德规范进行定向，而且通过逐步稳定的个性产生各种道德的或不道德的行为方式。其次，青少年在具体道德环境中，能以原有的品德结构或定向系统去对这个情境作不同程度的同化，这个同化程度随年龄增加而加强，能做出道德策略，比较完整的道德策略的决定与青少年的独立性的心理发展有关。同化能具体地将道德计划转化为外观的行为特征，并通过行为所产生的效果达到自己的道德目的，青少年的外显的道德情感和行为可能与内心是一致的，也可能是不相同的，这与闭锁性的心理发展是直接相联系的。这大致在八年级以后才发展较快，这种掩饰内心的活动对小学儿童说来还是有一定困难的。最后，随着青少年的反馈信息的扩大，他们能够根据各种反馈信息来调节自己的行为，使之满足道德需要。总之，青少年进入伦理道德阶段，其品德结构日趋完善。

(二)青少年品德处于动荡性向成熟性过渡的地位

1. 少年期品德发展表现出明显的动荡性的特点

少年期的品德，从总体上来说，已初步具备伦理道德的特征，但其不成熟、不稳定，具有较大程度的动荡性。

少年期的整个品德结构处于一种内在矛盾的状态。他们的道德动机日渐信念化和理想化，但又存在易变性和敏感性；他们道德观念的原则性和概括性在增强，但又带有一定程度的具体经验性的特点；他们的道德情感表现得比较丰富且强烈，但好冲动而不拘小节，爱表现又时有假象；他们的道德意识及自制力逐步形成，但又相当脆弱，容易受外界的影响，抗诱惑的能力并不强；他们的道德行为有了一定的目的性和决策性，自尊心、自信心增强，渴望独立自主地做好事，但愿望与实际行动之间又有一定的距离；他们开始喜欢从社会意义和人生的价值方面来衡量和评价自己，但还缺乏耐心与韧性，往往时冷时热，中道易辙或半途而废。这是一个世界观、人生观萌芽的时期，又是两极分化严重的阶段，品德不良甚至违法犯罪正是从这个阶段开始。可见少年期的品德结构的内在矛盾是十分严重的，可逆性是较大的。我们将少年期品德发展特点以"动荡性"来概括，其实质正是体现心理过渡期那种半幼稚和半成熟、独立性与依赖性错综复杂，充满矛盾的特点。

少年期品德的发展，既有伦理道德的特征，又有动荡性的表现形式；既包含了正确的内容，也往往容易产生消极的因素，不太稳定。为什么会出现这种特点呢？一是生理上的原因。少年期开始进入"三大剧变"的阶段，心理的发展跟不上生理的发育，容易产生冲突性。二是思维发展的原因。少年期思维独立性和批判性有了显著的发展，但是容易产生片面性和表面性的特点。如前所述，这些理智的特点容易造成少年期怀疑和"反抗"成人，坚持己见，好走极端。三是情感发展的原因。少年期情感的两极性明显，他们很容易动感情，且情绪较强烈。他们常常因为一点小事而振奋、激动、热情奔放，或者动怒、怄气、与人争吵，甚至打架，有时又会转向反面，变得泄气、绝望。四是自我意识发展的原因。少年期对别人或对自己的品德的能力在逐步完善着，但他们的自制力还较薄弱，容易产生摇摆性。因此，由于少年期品德发展的复杂性、动荡性的一系列原因，也必然地带来了这个阶段德育工作的困难。

上述的少年期动荡性的特点，主要反映了其品德发展中行为特征或心理特征的不成熟性；但这些动荡性表现，正反映了少年期的品德具备了自觉性和独立性，反映了他们从依附性走向成熟的过渡期的特点。对比小学儿童的"协调性"品德来分析，不是后退，而是一种提高。

2. 青年初期是品德趋向成熟的开始

青年初期结束的时候，即年满 18 岁的时候，青年的身心各方面已达到了相当成熟的阶段。按照我国宪法的规定，年满 18 岁的男女青年就可以取得公民的资格，享有公民的权利和履行公民的各种义务，正式承担保卫祖国的神圣职责。这就是说，青年时期是走向独立生活的时期，是一个开始独立决定自己的生活道路的时期。然而，这个时期不是突然来到，也就是说，从初中升入高中就开始向成熟性转化。其实，在初中的后期，不少少年在许多品德特征上已逐步走向稳定；而在高中的初期，仍然明显地保存着许多少年期"动荡性"的年龄特征。

从总体来看，青年初期逐步具备了上述伦理道德的特点，进入了以自律为形式遵守道德准则，运用信念来调节行为的品德成熟期。

从小学儿童的协调性品德，到青年初期的成熟性品德，是一种在品德发展中由水平较低的稳定特点向水平较高的稳定特点的转化。前者的稳定，主要取决于外部力量，是一种存在依附性的协调；后者的稳定，则主要取决于内部的力量，是一种自觉道德行为或不道德行为的表现。这中间是一种"动荡性"的品德发展特点，它打破的是原先的平衡，过渡到新的层次的平衡。这个发展变化过程，正反映了"否定之否定"的唯物辩证法的哲理，是一种客观存在的现象，也是儿童与青少年品德发展的必然规律。

(三) 青少年品德的发展存在关键期和成熟期

我们对中学在校青少年品德发展的研究中，发现八年级是中学阶段品德发展的关键期。我们对北京市 50 个先进班集体 2250 名青少年的追踪调查结果表明，中学先进班学生品德发展的质变期所占百分数分别为：七年级下学期为 10%，八年级上学期为 54%，八年级下学期为 30%，九年级上学期为 6%。由此可见，八年级是中学阶段品德发展的质变期。调查数据还表明女生比男生大致早半年。

在同一调查中，我们发现从九年级下学期到高中二年级这一阶段是青少年品德发展初步成熟期。中学先进班品德发展初步成熟所占百分数分别为：八年级下学期为 4%，九年级上学期为 6%，九年级下学期为 38%，高一上学期为 36%，高一下学期为 10%，高二以后为 6%。

在另两个追踪研究中，我们调查了某中学几个班集体毕业前后品德发展变化的状况，结果显示个体品德发展，到九年级或高中一年级趋于稳定；高中期，学生的道德品质基本成熟。由于品德成熟前后的可塑性是不一样的，我们应抓住成熟期可塑性较大阶段，特别是少年期这一品德两极分化较大，但又有利于培养的时机。同时也要看到，在人的一生中，道德品质总是在不断发展变化的，防止良好品德者走下坡路，改造品德不良者成为新人，是高中阶段乃至毕业后的长期任务。

三

如何从青少年品德特点出发，做好青少年的德育工作，是当前教育战线的一项十分紧迫的任务；提高道德教育的科学性和效果，又是这项紧迫工作的关键性问题。要解决这个问题，我想从青少年品德心理发展的基本规律出发，提四条建议。

第一，应该将道德教育工作看成是一项全社会的工作，绝非单纯地只是视为学校的工作。品德的发展具有社会性，社会环境决定着青少年品德的内容。今天，我们一方面要看到社会主义制度是决定我国的青少年品德健康良好发展的根本因素，另一方面又要看到我们社会上有着许多不利于青少年一代品德正常发展的因素。例如，格调低劣的影视片、黄色书刊、"一切向钱看"的倾向等，这些社会问题直接影响青少年的品德和思想。另外，青少年品德不良和违法犯罪的发展趋势，特别是低龄化的事实，也提醒我们，青少年有可能被拉下水，随时滑坡失足。要净化环境，全社会来关心下一代的健康发展，大家都来做青少年的道德教育工作。

第二，应该提高青少年社会需求的水平。青少年品德发展的动力是其需求与其原有品德发展的结构、水平的矛盾。这种新需要的核心是道德信念和道德理想，它的程度和水平，既受制于青少年主体的需求倾向，又取决于教育要求的内容。当前，在加强"四个坚持"教育的前提下，对青少年的品德培养，必须加强为人民服务的教育、爱国主义的教育、劳动的教育、艰苦奋斗的教育，且把这些教育的要求，在青少年原有的品德结构及其水平的基础上，逐步地为青少年所接受，成为他们伦理道德的需要和追求；且在他们品德发展成熟中，将"心中有他人""胸中有祖国"作为其伦理道德的重要内容。

第三，应该抓好青少年品德由量变到质变转化的过程。一个好的道德行为的形成或是一个人走向反面的过程，都不是一朝一夕的事情。这就是"冰冻三尺，非一日之寒"的道理。青少年品德的发展，有一个从教育到发展、由量变到质变的过程。今天青少年中问题多，道德水平在下降，也正是由于多年来我们放松了道德教育乃至整个德育教育而逐渐演化的结果。这就要求我们要做过细的工作，使道德教育的甘露，形同涓涓的流水，浸润青少年的心田，以便促使他们在品德的"质"上有一个"飞跃"。当前我们迫切地要抓两件事：一是坚定青少年的道德信念，形成他们的道德理想；二是加强行为规范，即良好习惯的训练。道德习惯是一种自动化道德行动的过程，它是一个人由不经常的道德行动转化为品德的突破点，是品德发展的质变的指标。要通过一系列的模仿、数次的重复、有意识的练习及与坏习惯做斗争等实践活动来培养青少年的良好道德习惯。良好道德习惯的形成，是品德培养的最重要的目的。.

第四，应该按照青少年的年龄特征和个别差异来进行道德教育。如上所述，少年期品德呈动荡性，青年初期日趋成熟，既然有其年龄特征，就必须将这个年龄特征作为我们道德教育的出发点。与此同时，还要区别对待，对症下药，这才是有的放矢的道德教育的方法。道德教育工作是一项细致而艰巨的任务，不宜"一刀切"，不能不同年龄(年级)"一个样"。因此，青少年道德教育必须要从青少年品德发展的年龄特征出发，因材施教，"一把钥匙打开一把锁"，讲究教育技术，把道德教育工作做到青少年的心坎上。

智力活动中的非智力因素*

一、"非智力因素"概念的提出与发展

"非智力因素"这一概念，从其孕育、产生、发展到今天，已有 80 多年的历史了。它的发展大致可以分为如下三个阶段：20 世纪 50 年代以前是非智力因素研究产生阶段；50~80 年代是非智力因素研究的发展阶段；80 年代后对非智力因素研究有了新的进展。只有了解这些发展史，才能避免一些不必要的分歧。

（一）"非智力因素"概念的提出

20 世纪初，智力测验的蓬勃发展构成了非智力因素概念产生的土壤，因素分析方法在智力研究中的普遍应用，为非智力因素概念的提出与界定提供了合适的方法。

早在 1913 年，韦伯（E. Webb）对一组测验和一些评定性格特质的评价进行因素分析时，他从中抽取一个名为"W"的因素，将之称为正直性（conscientionsress）或目的的恒定性（purposeful consistency），认为它是一种与智力有关的因素。几年后在斯皮尔曼（C. Spearman）的实验室内，朗克斯（A. Lanks）和琼斯（W. Jones）也证实了另一种和智力有关因素的存在，他们将其称为"P"（perseveration），意指被试的心向或定势中表现出来的绝对变化的倾向。1921 年，布朗（W. M. Brown）曾把性格特质作为智力测验中的因素来进行议论。1933 年，卡特尔（R. B. Cattell）曾报告气质测验和智力评价之间有相关。

---

* 本文原载于《华东师范大学学报（社会科学版）》1992 年第 4 期。

1935 年，亚历山大(W. P. Alexander)在其《智力：具体与抽象》(*Intelligence*: *Concrete and Abstract*)中，详细地介绍了他对一系列言语测验和操作测验进行广泛的因素分析，并以对成就测验和学习成绩的分析为辅来探讨智力问题的研究。其结果发现，除 G 因素(一般智力)、V 因素(言语能力)和 P 因素(实践能力)之外，相当一部分的变异可由另两种因素来解释，他把这两种因素分别称为 X 和 Z 因素。X 因素是一种决定个体的兴趣、"关心"因素。Z 因素是气质的一个方面，它与成就有关系。X 因素和 Z 因素在不同测验上的荷重变异是比较大的，即使被斯皮尔曼称为 G 因素的测验，也包括一些 X 因素和 Z 因素，几乎所有的操作测验都显示出相当大的 X 因素和 Z 因素的荷重，正如所预想的，这些因素在学术成就或技术成就中起着相当大的作用。例如，在科学方面的成功，X 因素的荷重是 0.74，而 G 因素的荷重只有 0.36；在英语方面，X 因素的荷重是 0.48，而 G 因素的荷重是 0.43。由此，亚历山大推论，在某种意义上，仅用智力与能力不足是不能很好地解释学生学习失败的原因的。于是在他的文章中，首次使用了"非智力因素"一词。

在亚历山大等人的启迪下，韦克斯勒(D. Wechsler)于 1943 年提出了"智力中的非智力因素"概念。测验的直接经验使韦克斯勒越来越重视非智力因素的研究，于是他强调了"智力不能与其他个性因素割裂开来"的观点。1949 年，他再次撰文探讨了非智力因素，题目叫作《认知的、欲求的和非智力的智力》，发表在《美国心理学家》杂志上，专门就非智力因素问题进行了广泛的探讨。他认为，一般智力不能简单地等同于各种智慧能力之和，还应包含有其他的非智力的因素。根据他的观点，非智力因素主要是指气质和人格因素，尤其是人格因素，还应该包括先天的、认知的和情感的成分。一般来讲，心理学界将韦克斯勒的这篇文章，作为非智力因素概念正式诞生并开始科学研究的标志。到 1974 年，韦克斯勒对非智力因素的含义又做了进一步的说明：①从简单到复杂的各个智力水平都反映了非智力因素的作用；②非智力因素是智慧行为的必要组成部分；③非智力因素不能代替各种智力因素的各种基本能力，但对后者起着制约作用。

(二)对"非智力因素"研究的发展

20 世纪 50 年代以后，对非智力因素有了进一步发展。这表现在，不仅在心理测量领域内，心理学家继续广泛深入地探讨这一问题，在其他领域内，有关这方面的研究也日益增多。这里主要谈的是两个领域，一是发展心理学领域，二是认知心理学领域。这两个领域称非智力因素为非认知因素。因为，皮亚杰把智力、认知和思维看作是同义语。

在发展心理学领域内，关于非智力或非认知因素及其与智力的相互关系的研究是很多的，在理论上有代表性的是皮亚杰的理论。因此，我这里着重介绍他的观点。我们知道皮亚杰以研究儿童认知发展而闻名于世，但很少知道他关于非认知因素及其与智力关系的研究。其实，皮亚杰对儿童的非认知因素，特别是情感性发展及其对智力发展的影响是很感兴趣的。他在 20 世纪 50 年代做过智力与情感性相互关系的系列讲座，后来用发文汇集成《智力与情感性——在儿童发展过程中它们的相互关系》一书。该书直到 1981 年才被译成英文。这本书包括三大部分：引言，情感功能（机能）与认知机能，智力发展阶段与情感发展阶段。在前两部分，皮亚杰阐述了他对认知与非认知、智力与情感之间关系的基本看法。他认为，情感与智力的功能（机能）有关，它源于同化与顺应之间的不平衡，以提供能量而发挥作用；而认知为这种能量提供了一种结构。皮亚杰还用"个体内情感""直觉性情感""规范性情感""理想主义情感"和感知运动智力、前运算表征、具体运算思维、形式运算思维相匹配，提出平行发展理论。

认知心理学家对各种认知过程与非认知因素的关系，也进行了研究。具体的实验研究很多，我们不能在此一一介绍，仅简要介绍几位认知心理学家的观点，做点有代表性的分析。认知心理学之父是奈瑟（U. Neisscr），于 1963 年在《科学》杂志上发表了一篇《机器对人的模仿》的文章，详细论述了人工智能与人类思维之间的差异。他指出，认为机器能像人类一样进行思维的观点，是一种对人类思维性质的误解，人类思维所表现出来的发展性、情感基础、动机的多重性的三个基本的、相互联系的特点，是计算机程序不具备的。在论述后两个特点时，奈瑟提到了非认知因素。在奈瑟之后，西蒙（H. A. Simon）于 1967 年发表了《认知的动机监控与情绪监控》的文章。专门就奈瑟提出的动机与情绪在人的认知活动中的作用机制进行了阐述。认知心理学在 20 世纪 50 年代末 60 年代初诞生以后，经过 70 年代的发展，到

80 年代初，各认知活动领域的研究已积累了丰富的资料，非认知或非智力因素在认知活动中的作用也进一步明朗化。诺曼(D. A. Norman)提出的"关于认知科学的 12 个问题"是有代表性的。这 12 个问题是：信念系统、学习、意识、记忆、知觉、操作、技能、思想、语言、情绪、发展、交互作用。这 12 个问题构成了认知与非认知因素关系的基本框架。

(三) 非智力因素概念研究的发展趋势

智力与非智力因素关系的研究，越来越受到人们的重视。在这一领域内，研究发展的新趋势可归纳为三个方面。

一是建构理论模型。在过去的几十年内，心理学家对非智力因素与认知活动的关系进行了大量的研究，积累了丰富的资料，为建构理论模型奠定了基础。心理学家们开始试图提出种种理论模型，来解释非智力或非认知因素与认知活动的关系。例如，关于情绪与记忆相互关系的理论，比较有影响的有记忆与情绪的联想网络理论。这种理论是在语义网络模型基础上提出来的，认为一些网络节点可以引起情绪反应，不同情绪在记忆中有不同的节点或单元。

二是各国普遍重视。除美国以外，苏联对非智力因素问题也较为重视。H. 克列依切斯、A. 科瓦列夫、И. 米亚西舍夫和 B. 安纳耶夫等在智力、能力与非智力的关系方面都做了一些研究。在我国，最先使用"非认知因素"概念的是朱智贤教授，他于 1982 年在一篇文章中提出了这个概念。后来他与我合著的《思维发展心理学》(1986 年)中，仍使用"非认知因素"，我们将它作为思维结构的一个成分。《心理学大词典》(1989 年)里未出现这个概念，确实是我们工作的疏忽，朱智贤教授生前曾就此事追问过我。第一次使用"非智力因素"概念的我国心理学家是燕国材教授，他于 1983 年 2 月 11 日在《光明日报》发表了《应重视非智力因素的培养》一文，在我国心理学界和教育界产生很大的影响，受到理论工作者和实际工作者的高度重视。

三是密切联系实际。随着教育改革的深入进行，非智力因素问题在实际教学中日益突出。如何根据理论研究成果来指导教学，把研究结果应用于教育实际，这是各国心理学家所面临的新问题。在这种社会需要下，已有不少的尝试，诸如情感教学、审美教学等。美国著名心理学家特维克（C. S. Dweck）在 1987 年 8 月向我声明，她是搞"非智力因素"或"非认知因素"研究的。她请我捎回其于 1986 年 10 月在《美国心理学家》杂志上发表的动机过程对学习影响研究的文章，以介绍她的观点。在那篇文章中，她提出适应性动机与不适应性动机；比较了学习目标与作业目标；肯定了能力与动机相关的问题，强调了非智力因素的动机的影响作用。

二、非智力因素的含义与结构

在西方心理学界，尽管对非智力因素的概念有着不同的界定，但有一个共识，即都同意非智力因素或非认知因素的科学概念提出者韦克斯勒的观点，认为非智力因素是智力活动中的非智力因素，非认知因素是认知活动中的非认知因素。

但是到目前为止，我国关于非智力因素的定义尚无统一看法，对非智力因素包括的成分也有不同的见解。例如：①非智力因素即人格因素（赵中天，1983）。②广义的非智力因素是指智力因素之外的一切心理因素，狭义的非智力因素是指动机、兴趣、情感、意志、性格（燕国材，1984）。③非智力因素就是个性结构中，除智力因素以外的心理因素，主要包括兴趣、需要、动机、情感、意志、性格、气质、态度、理想、信念、价值观等（庞霭梅，1988）。④非智力因素就是不直接参与但却制约整个智力或认知活动的心理因素（丛立新，1985；吴福元，1986；杨滨，1987）。⑤非智力因素是指智力活动中表现出来的，与决定智力活动效益的智力因素相互影响的心理因素构成的整体（申继亮，1990）；等等。

如何界定非智力因素的概念，我想应该考虑三个前提，一是这个概念提出者的原意，二是国际心理学界运用的惯例，三是非智力因素或非认知因素的实质。在这三个方面，至今有几点是可以统一的：①强调智力活动中的非智力因素或认知活动中的非认知因素，即从智力因素与非智力因素的关系来界定非智力因素；②着重从人格（个性）方面来分析非智力因素；③从非智力因素在智力活动中的影响、效益和地位来认识非智力因素。正因为如此，朱智贤教授与我于 20 世纪 80 年代初在合著

《思维发展心理学》时，才把非认知因素，即非智力因素列为思维结构的一个成分。

在这个前提下，根据上述的有关非智力因素的界说，我认为非智力(或非认知)因素，是指除了智力因素与能力因素之外的又同智力活动效益发生交互作用的一切心理因素。它有以下特点。①它是指在智力活动中表现出来的非智力因素，而不包括诸如豪爽、大方、热情等与智力活动无关的心理因素。也就是说，它不是指智力因素之外的一切心理因素，而是指在智力活动中、除决定智力活动效益的智力因素之外的一切心理因素。②非智力因素是一个整体，具有一定的结构和功能。③非智力因素与智力因素的影响是相互的，而不是单向的。④非智力因素只有与智力因素一起才能发挥它在智力活动中的作用。

从以上对非智力因素的界定和分析，可以看出非智力因素的结构。除心理过程的认识过程中的种种心理现象(属智力或认知范畴)和个性心理特征中的能力外，其余的一切现象，只要它在智力活动中表现出来，且决定智力活动的效益，均可被称为非智力因素。就是说，非智力因素是指与智力、能力活动有关的一切非智力(认知)、非能力的心理因素。一般来讲，非智力因素的结构包括以下五个方面：①情感因素；②意志因素；③个性意识倾向性；④气质；⑤性格。具体分述如下。

(一)与智力活动有关的情感因素

首先是情感强度。情感强度对智力活动或智力与能力操作的影响是明显的。研究表明，情感强度差异同智力操作效果之间呈"U"字相关。过低或过高的情感唤醒水平，都不如能够导致较好操作效果的适中的情感唤醒水平。适中的唤醒水平是一种适宜的刺激，它既可以诱发个体积极主动地同化客体，又保证了智力与能力活动的必要的活动与背景，因此，适中的情感强度可以导致良好的操作效果。

其次是情感性质。情感性质与智力、能力的关系，表现在两个方面。一是产生增力与减力的效能，即肯定情感有利于智力与能力操作，否定情感不利于智力与能力操作；积极情感能增强人的活力，驱使人的积极行动，消极情感则能减弱人的活力，阻抑人的行动。二是情感的性质对智力与能力操作效果的影响，与情感的性质同智力与能力操作加工材料的性质是否一致有关。例如，被试在愉快的情况下，容易记住令人愉快的事情；在不愉快的情况下，容易记住令人不愉快的事情。

最后是理智感。人在智力活动中，对于新的还未认识的东西，表现出求知欲、好奇心，有新的发现，会产生喜悦的情感；遇到问题尚未解决时，会产生惊奇和疑虑的情感；在做出判断又觉得论据不足时，会感到不安；认识某一事理后，会感到欣然自得；等等。

(二) 与意志活动有关的意志因素

意志最突出的特点，一是目的性，二是克服困难。它在智力与能力活动中，既能促使认识更加具有目的性和方向性，又能排除学习活动中的各种困难和干扰，不断地调节、支配个体的行为指向预定的目的。根据这一点，与智力活动有关的意志因素，主要是意志品质，即一个人在生活中形成比较稳定的意志特点，它包括意志的自觉性、果断性、坚持性和自制力。

(三) 与智力活动有关的个性意识倾向性因素

个性意识倾向性的成分很多，与智力活动有关的因素主要是理想、动机和兴趣。

对学生来说，理想的种类及表现形式也很多，而与智力活动有直接关系的是成就动机。成就动机是追求能力和希望取得成功的一种需要，是以取得成就为目标的学习方面的内驱力。它以对未来成就和成功的坚定不移的追求为特点。成就动机层次有高低。成就动机层次高的学生往往根据学习任务和未来的目标确定远大而又现实的理想，并且表现出较大的毅力。他们能自我认识到自己的能力，学习中能做到不浅尝辄止，并有高度的自尊心。

心理学家研究学生的学习动机，主要涉及五个问题：动机的性质、种类、功能、过程和差异。在智力活动中，学习动机具备以下功能。①唤起。动机是唤起和推动各种智力活动的原动力，它具有引起求知行为的始动功能及指导、监控求知行为的功能。②定向。动机给求知行为或智力活动的客体添加上一定的主观性，具有维持求知行为或智力活动达到目标的志向功能。③选择。动机使主体只关注有关的刺激或诱因，而忽视不相干的刺激或诱因，主体便可以预计其行为结果。④强化。动机使主体对自己的反应加以组织和强化，以便使其求知行为或智力活动能够顺利进行。⑤调节。动机使主体随时改变求知行为或智力活动，以达到预期的目的。

兴趣是一种带有情感色彩的认识倾向，它以认识和探索某种事物的需要为基础，是推动人去认识事物、探求真理的一种重要动机，是学生学习中最活跃的因素。有了学习兴趣，学生在学习中产生很大的积极性，并产生某种肯定的、积极的情感体验。

(四) 与智力活动有关的气质因素

气质特点对智力活动的影响，主要表现在它能够影响活动的性质和效率。与此影响有关气质因素，主要包括以下两个方面。

一是心理活动的速度和灵活性。不同气质类型的人，其心理活动的速度和灵活性是不同的。有的气质类型的人，心理活动的速度较快，而且灵活性也较高，如多血质和胆汁质；而有的气质类型的人，心理活动的速度较慢，而且也不灵活，如黏液质。心理活动速度的快慢和灵活性的高低，必然影响到人的智力活动的快慢和是否灵活。这就是说，速度和灵活性这两种气质，影响到智力活动的效率。

二是心理活动的强度。心理活动的强度，主要表现在情绪感受、表现强弱和意志努力程度。不同气质类型的学生，在这两方面有不同的表现。多血质、胆汁质类型的人，情绪感受、表现较强烈，而他们的抑制力又差，使得他们很难长时间地集中注意于某种智力活动，较难从事需要细致和持久的智力活动；而黏液质、抑郁质的人，其情绪感受表现较弱，但体验深刻，能经常地分析自己，因此，他们较适合于从事那些需要细致和持久的智力活动。

(五) 与智力活动有关的性格因素

首先是性格的态度特征。个体对待学习的态度与智力活动有着密切的联系。个体对待学习是否用功，是否认真，对待作业是否细心，对待问题是否刻苦钻研，等等，一句话，个体是否勤奋，将直接影响到智力活动成果的好坏。

其次是意志特征。除了上述的意志品质对智力活动影响之外，学生的性格意志特征，还集中表现在是否遵守纪律、有无自制力、有无坚持性和胆量大小四个方面，这四个方面对智力活动也有很大影响。

最后是性格的理智特征。这主要讲个体的智力差异在性格上的表现。①思维和想象的类型不同，如有艺术型、理论型和中间型的区别。类型的不同，其智力活动的侧重点、方式及结果都会有所不同。②智力品质的差异，如思维的敏捷性、灵活性、深刻性、独创性和批判性等方面所表现的差异。这些差异也会直接影响到个体的思维活动。③认知方式的不一样，如场独立性（field independence）与场依存性（field dependence）这两种个性（人格）形态。认知方式使个体在对信息和经验进行积极加工过程中表现出个性差异来。

由此可见，我们是从智力中的非智力因素来分析非智力因素的结构和功能的。

三、非智力因素的作用与培养

学生的学习活动是智力因素与非智力因素，即认知因素与非认知因素的综合效益，学生学习成绩不仅与其智商高低有关，而且与其非智力因素的优劣有着密切的关系。为此，要提倡非智力因素或非认知因素的培养。

要培养非智力因素，首先要了解非智力因素对智力与能力发展的作用。上面我们在分析非智力因素结构成分时，已经分析了非智力诸因素的功能。这些功能在一定意义上就是作用，如果我们归纳一下这些功能，可以概括出非智力因素在智力活动中对智力的发展起动力作用、定型作用和补偿作用。所谓动力作用，是指学生的需要及其表现形态，如理想、动机兴趣等组成个性意识倾向性，以及情绪、情感等因素，是引起学生学习从而促使其智力与能力发展的内驱力。所谓定型作用，是指把某种认知或行为的组织情况越来越固定化。在学习中，良好的智力与能力的固定化，往往取决于学生主体原有的意志、气质等非智力因素及各种技能的重复练习的程度。智力与能力正是有效地认识客观事物和顺利地进行实际活动的稳固的心理特点的综合。所谓补偿作用是指非智力因素能够弥补智力与能力的某方面的缺陷或不足。学生的性格在这方面的作用是比较突出的，比如，他们在学习过程中的责任感、坚持性、主动性、自信心和果断性等性格特征，勤奋、踏实的性格品质，都可以使学生克服因知识基础较差而带来的智力与能力上的弱点。"勤能补拙"的事例在学习中是屡见不鲜的。

要培养非智力因素，就要掌握非智力因素概念的性质。和"智力因素"一样，"非智力因素"也是一个中性的心理学概念。这类概念说明一种心理现象，包含着水平、等级和品质的差异。所谓培养，无非是为发展奠定基础。目前教育界有人担心，非智力因素有好多因素，每一种因素有着不同的性质，有的还有"好坏"之分，提出"培养非智力因素"，且不是好坏不分了吗？其实，这种担心是没有必要的。平时我们常说"培养智力"和"培养能力"，其实，智力与能力也有高低之分、聪明笨拙之分和品质好坏之分，等等。例如，同样是灵活性，可能是"机灵"，也可能是"滑头"。但这丝毫不意味着提"培养智力""培养能力"不应该。这里的培养，意味着提高、发展和矫正。同样的，非智力因素，几乎每种因素都有一个水平、等级和品质问题，非智力因素的培养也意味着提高、发展和矫正，即发展其良好品质的成分，矫正其不良品质的因素。作为一个中性的心理学概念的非智力因素，它的培养就是强调扬长避短，以利于主体的学习活动乃至智力与能力的发展。

要培养非智力因素，应重视从整体性出发。从理论上来说，可以分析非智力因素具体成分的功能；从实际上来看，非智力因素是一个结构，非智力因素和智力又是一个结构，构成一个整体。在智力活动中，尽管也存在某一种因素起的作用大一点另一因素起的作用小一点的情况，但是，影响智力活动效益的是非智力因素的整体效应。因此，对非智力因素和智力因素在智力活动中效益应该采用综合评价，即特定评价与客观评价相结合，总结性(效果)评价与过程评价相结合，专项评价与模糊评价相结合。例如，我们在研究学生的智力与非智力因素在学习中的作用时，在对实验结果进行处理前，首先对各项因素进行量比，求出其模糊值。量比是根据参与"评定(法)"的专家(10名，其平均值)经验进行的。需要量比的方面，一是智力因素与非智力因素在学习中的各自作用(权重)，二是确定各项智力因素在智力方面的各自权重和各项非智力因素在非智力方面的各自权重。我们根据诸项因素综合起来的状况来培养非智力因素。虽然，在培养非智力因素的实验基础是进行多因素的分析。因为非智力因素是一个多因素的结构，在培养实验过程中存在许多问题：变量的控制有时是不可能的；有时变量的控制是无意义的；从整体观看，在智力活动中，影响智力效益可能是各种非智力因素的不同组合，也可能会某一影响因素产生不同的作用。所以，我们对各种非智力因素都予以重视，且要从整体性出发加以培养。

要培养非智力因素，尽量做到对具体的非智力因素进行具体而谨慎的分析。在我们从事的教改实验中，主要抓住四个方面，即发展兴趣、顾及气质、锻炼性格、养成习惯。从非智力因素的正式提出起，心理学界历来重视发展学生的兴趣。任何有成就的人都热衷于自己的事业或专业，甚至达到了入迷的程度。天才的秘密就在于强烈的兴趣和爱好，从而产生无限的热情，这是勤奋的重要动力。因此，应当把学生的兴趣作为正在形成某种智力与能力的契机来培养。我国教育界出现的"快乐教育""愉快教育"等，尽管分歧很大，但是它们有一条很重要措施——从发展学生兴趣入手——是值得肯定的。要发生学生兴趣，应该处理好理想、动机、兴趣三者之间的关系，应该培养师生的感情，应该提高教学水平引发学生兴趣，应该引导学生将广泛兴趣和中心兴趣相结合；只有这样，才能使学生产生良好的学习兴趣，且作为其智力活动的自觉动力和追求探索的倾向。气质在智力活动中的作用并无水平高低之别，每种气质在智力活动中都能获得其应有的地位。例如，胆汁质的人性急，在智力活动中可以表现为迅速、强度大，也可以表现为冒失、不正确、缺乏计划性；多血质的人灵活，在智力活动中可以表现为发散性强，善于求异，也可以表现为动摇、受暗示性突出；黏液质的人迟缓，在智力活动中可以表现为正确、有条理、镇定，也可以表现为呆板、缺乏灵活性；抑郁质的人多虑，在智力活动中可以表现为好思索、深钻研、具有深刻性，也可以表现为疑心重、拿不定主意、退缩性强。由此可见，同样的气质，可以成为积极的思维特征，也可以助长不利的智力与能力因素的形成。所以，在非智力因素的培养中，应该顾及学生的气质。对智力与能力有明显作用的性格特征是勤奋。"天才等于勤奋"，这是十分有道理的一个"等式"。勤奋往往和踏实、自信、坚韧、刻苦联系在一起，构成主动学习、坚持学习、顽强学习的学习品质。勤能获取知识，发展智能；勤能补拙，克服心理能力上种种不足之处。我们在教改实验中相当重视勤奋，并要求实验班教师抓住"勤奋"学习的良好的性格特征，进行有目的的培养；通过大量的强化训练，使学生形成"勤奋"特征的习惯。习惯不只表现在行为上，而且也表现在智力与能力中。从系统科学的观点来看，习惯是一种能动的自组织过程。一定的环境使个体心理能力达到一个临界状态，智力与能力的相变(质变)特点习惯这种参序量是决定因素之一。所以，智力与能力培养的智育过程，离不开良好学习习惯和智能，特别是技能习惯的形成。为此，我们要按照年龄特征制定学生学习习惯养成的要求；要训练必要的学习习惯；要严慈相济；引导学生有目的地进行良好学习行动和心智技能的训练；要使形成良好的学习习惯、掌握学习方法和培养思维品质有着一致性。

总之，应该在智力活动中或认知活动中培养非智力因素或非认知因素，从非智力或非认知因素入手来培养智力或发展认知。

参考文献

[1] Piaget J. Intelligence and affectivity：their relationship during child development [M]. Oxford, England：Annual Reviews, 1981.

[2] Simon H A. Motivational and emotional controls of cognition [J]. Psychological Review, 1967, 74(1)：29-39.

[3] Wechsler D. Cognitive, conative and nonintellective intelligence [J]. American Psychologist, 1950, 5(3)：78-83.

对"非智力因素"争议问题的几点看法[*]

    "非智力因素"(nonintellective factors),又称非认知因素(noncognitive factors)。它既是一个理论问题,又是一个现实课题,是一个既特殊又普遍而严峻的问题。说它特殊,是因为"非智力因素"的提法往往会使人产生误解,似乎给人一种这个概念提法不科学的印象;说它普遍,是因为它与智力因素相对应,参与人们的智力活动与思维活动,每个人对此都有所经验,有所认识;说它严峻,是因为对"非智力因素"的认识与理解正确与否,直接关系到我国教育的成败和我们所培养人才的素质与规格的优劣。因此,教育理论界就此进行讨论、争鸣是一件很有意义的事情。实际上,这场争论的焦点在于对"非智力因素"问题的理解和认识上。

一、"非智力因素"争议拙见

    国内关于"非智力因素"的争议,始由上海师大燕国材教授 1983 年 2 月 11 日在《光明日报》发表的《应重视非智力因素的培养》一文引起,此后一发不可收,许多学者竞相参与讨论,莫衷一是。但综观各家之说,我们发现很多争论的焦点集于概念的定义上,对此,我们以为提出以下几个问题对于加深人们对"非智力因素"的认识和理解是有帮助的。

(一)"非智力因素"的首倡者

    一般地说,在我国教育界、心理学界,"非智力因素"与"非认知因素"的提法是等同的。我国最早使用"非认知因素"概念的是朱智贤教授,他于 1982 年在一篇

---

  * 本文原载《中国教育学刊》1994 年第 2 期.本文的另一作者为俞国良。

文章中提出了这个概念,后来他在《思维心理学》(朱智贤,林崇德,1986)中,仍使用"非认知因素"这一概念,并把它作为思维活动的一个成分。第一次使用"非智力因素"概念的是我国心理学家燕国材教授。教育实践已经证明,提倡重视青少年学生的"非智力因素"有它的积极意义,且这场争论本身就是一个最好的注脚。因此,燕国材教授提出"非智力因素"这一概念,功不可没。

(二)"非智力因素"概念的性质

与"智力因素"一样,"非智力因素"是一个中性的心理学概念。这类概念说明一种心理现象,包含着水平、等级和品质的差异。所谓培养,无非是为发展奠定基础。目前教育界有人担心,非智力因素有许多成分,每一种成分有不同的性质,有的还有"好""坏"之分。提倡"培养非智力因素"是否意味着"好""坏"不分呢?其实,这种担心大可不必。因为心理品质的培养,就意味着提高、发展和矫正。同样,"非智力因素"的各个成分都有一个水平、等级和品质的问题,"非智力因素"的培养,也意味着提高、发展和矫正,即发展其良好的品质的成分,矫正其不良品质的因素。作为一个中性的心理学概念的"非智力因素",它的培养就是强调扬长避短,以促进主体的智力与思维的发展为主旨。

(三)"非智力因素"概念的使用

毫无疑问,"非智力因素"具有特定含义。有的人在使用时,把这一概念无限扩大,这是我们不敢苟同的。我们认为,使用这一概念应有几个条件作为前提。第一,"非智力因素"主要是相对于智力因素而言的,离开了比较的对象,就会出现"皮之不存,毛将焉附"的情况。第二,在使用此概念时,不能割断历史,"非智力因素"的概念从孕育、产生、发展到今天,已有80多年历史,对这段历史的了解,有助于我们更好地使用这一概念。第三,使用这一概念关键要看用得是否妥当,能否被人们理解并接受。第四,我们提倡对"非智力因素"进行实验研究,并在研究中不断完善和发展它,对此,我们已经做了一些工作(在原国家教委两项有关"中小学生心理能力发展与培养"的实验中,全国26个省、自治区、直辖市各实验点的一个

共同的突出措施，是抓对学生非智力因素或非认知因素的培养）。在上面三个前提
条件下，我们就会产生一些共识，这是学术研究的基础。

至于国内有代表性、权威性的工具书《心理学大词典》（朱智贤、林崇德，1989）
中未收入这个词条，这是我们工作的疏忽，并非由于"非智力因素"不是一个科学
概念。

二、非智力因素研究的追溯与展望

心理学家以智力概念为参照提出"非智力因素"概念，是 20 世纪 30 年代的事
情。当时，由于智力测验的研究和蓬勃发展，形成了非智力因素概念产生的土壤，
而因素分析方法在智力研究中的普遍运用，则为非智力因素概念的产生与发展提供
了坚实的方法论基础。它的发展大致可以分为三个阶段。

第一阶段：20 世纪 50 年代以前——"非智力因素"研究产生阶段。这个问题，
早期有代表性的研究是韦伯（1913）关于性格性质的因素分析研究，布朗（1921）以性
格特质作为智力测验中的因素的研究，以及卡特尔（1933）的气质测验和智力评价的
相关研究等。但第一个正式提出非智力因素问题的是亚历山大，他在《智力：具体
与抽象》（1935）一文中，详细介绍了有关研究，并把影响智力因素的 G 因素（一般
智力）、V 因素（言语能力）和 P 因素（实践因素）以外的其他因素命名为 X 因素和 Z
因素，将这两个因素总称为个性（人格因素），并在自己的著作中首次称其为"非智
力因素"。受亚历山大等人的启发，韦克斯勒提出了"智力中的非智力因素"概念，
此后并就此问题专门撰文《认知的、欲求的和非智力的智力》（1949）进行探讨。一般
说来，心理学界将韦克斯勒这篇文章的发表，作为非智力因素概念正式诞生和科学
研究的标志。

第二阶段：20 世纪 50 年代至 80 年代——"非智力因素"概念研究的发展阶段。
20 世纪 50 年代以后，心理学家不仅在心理测量领域，而且开始从认知心理学和发
展心理学领域对此进行研究。认知心理学之父奈瑟发表了题为《机器对人的模仿》的
文章，详细论述人工智能与人类思维的差异（1963）。他认为人类思维的基本特征之

一是认知活动的情绪基础和人类动机的多重性、目的性。实际上,这里所涉及的就是非智力因素问题。此后,西蒙发表了《认知动机监控与情绪监控》一文(1967),专门就奈瑟提出的动机与情绪在人的认知活动中的作用机制进行了阐述,并提出了动机和情绪行为与信息加工行为相互关系的理论。西蒙之后,诺曼提出了"关于认知科学的 12 个问题"(1948),认为这 12 个问题(信息系统、学习、意识、记忆、知觉、操作、技能、思想、语言、情绪、发展、交互作用)构成了认知因素与非认知因素关系的基本理论框架。在发展心理学理论领域内,关于非智力或非认知因素及其与智力的相互关系的研究是很多的,但在理论上独成一家之说的是皮亚杰的理论。他在 20 世纪 50 年代曾用法文汇成了一本讲演集《智力与情感性——在儿童发展过程中它们的相互关系》(1950 年法文版,1981 年英文版)。他认为情感与智力的功能(机能)有关,它源于同化与顺应之间的不平衡,以提供能量而发挥作用;而认知为这种能量提供了一种结构。这个观点为以后的非智力因素研究提供了一个新的视野。在其他一些领域,如社会心理学、教育心理学等对此都有所研究,其基本观点都是强调情绪、动机等因素在人类心理活动中的重要作用。

第三阶段:20 世纪 80 年代以后——"非智力因素"概念研究的发展与走向。过去的几十年里,心理学家对非智力因素与认知活动的关系作了大量的研究,积累了丰富的实证材料,为进一步建构非智力因素的理论模型奠定了基础。现在,心理学家试图提出种种理论模型,来解释非智力或非认知因素与认知活动的关系。例如,关于情绪与记忆相互关系的理论,比较有影响的有记忆与情绪的联想网络理论。这种理论是在语义网络模型基础上提出来的,认为一些网络节点可以引起情绪反应,不同情绪在记忆中有不同的节点或单元。另一方面,国外非智力因素的研究开始密切联系实际,特别是教育实际。在教育实践的呼唤下,各国心理学家已有不少尝试,诸如情感教学、审美教学、潜在课程、愉快教学等。在这方面,美国心理学家特维克的动机过程对学习影响的研究有较大的价值(C. S. Dweck,1987)。她从非智力因素角度出发,提出适应性动机与不适应性动机,比较了学习目标与作业目标,肯定了能力与动机相关问题,由此来强调非智力因素的动机影响作用,这是值得借鉴的。此外,苏联心理学家对非智力因素问题也较为重视。H. 克列依切斯、A. 科瓦列夫、И. 米亚西舍夫、B. 安纳耶夫和 H. 克鲁切茨基等在智力、能力与非智力的关系方面都做了研究。这说明，重视非智力因素研究是一种必然的发展趋势，是各国日益高涨的教育改革实践向心理学家提出的严峻挑战。对此，我们应该义不容辞地担负起时代赋予我们研究非智力因素的重任。

三、非智力因素的含义与结构探析

国外心理学界尽管对非智力因素的概念有着不同界定，但有一个共识，即都同意韦克斯勒的观点，认为非智力因素是智力活动中的非智力因素，并在这个共识下展开研究。在我国，自 1983 年燕国材教授倡导重视非智力因素研究以来，许多心理学家对智力活动中的非智力因素进行了研究。例如，情绪对智力操作的研究(孟昭兰等，1984，1985，1987)；小学生不同情绪状态下对记忆情绪词的影响(李山川等，1987)；非智力因素对学生学业成绩的普遍影响(丛立新，1985)；动机强度对思维活动的影响(陈英和，1985)；等等。一些实际工作者也开始在教育活动中重视学生的非智力因素的培养，并取得了良好效果。这些为进一步开展非智力因素研究奠定了基础。

但我国目前关于非智力因素的定义尚无统一看法，对其包括的成分理解也不同。这里略举几种有代表性的见解：①非智力因素即人格因素(赵中天，1983)；②广义的非智力因素是指智力因素以外的一切心理因素，狭义的非智力因素是指动机、兴趣、情感、意志、性格(燕国材，1984)；③非智力因素就是个性结构中，除智力因素以外的心理因素，主要包括兴趣、需要、动机、情感、意志、性格、气质、态度、理想、信念、价值观等(庞靄梅，1988)；④非智力因素就是不直接参与但却制约整个智力或认知活动的心理因素(丛立新，1985；吴福元，1986；杨滨，1987)；⑤非智力因素是指智力活动中表现出来的，与决定智力活动效益的智力因素相互影响的心理因素构成的整体(申继亮，1990)；⑥非智力因素即价值性心理因素(马兆掌，1992)。

理论界认识上的混乱，导致一些实际工作者对此问题的理解也不同。例如，有的教师把热情、大方等与智力活动无关的心理因素也列为非智力因素。理解上的偏颇，会导致对学生的非智力因素培养失去"准星"。然而，究竟应怎样认识非智力因素并给它下一个确切的定义？我们认为应遵循几条原则：一是这个概念提出者的原意，二是国际心理学界运用的惯例，三是非智力因素或非认知因素的实质。然后才有可能考虑确定非智力因素概念的前提条件。

第一，非智力因素应是一个集合性的概念。笼统地讲非智力因素显然于事无补，对学校教育的实际也缺乏指导意义。在理论上，人们往往把非智力因素划分为兴趣、需要、动机、情感、意志、性格、气质、态度、价值观等。如果这种划分是为了研究需要，尚能使人接受；如果是为了培养学生的非智力因素需要，则往往会产生事倍功半的效果。从一个总和中分离出来若干个成分，并加以片面强调，即使它是矛盾的主要方面，也不足以反映非智力因素概念的全貌。

第二，非智力因素是各个心理层面交互作用的产物。在非智力因素概念中，这种思想应该有所体现。就非智力因素中的个性和情感层面来说，人们很难确定某个学生的智力活动受情感影响，而另一个学生的智力活动受个性影响。因这两者是交互作用的关系，是一个统一的整体具体表现在青少年学生的智力活动过程中。如果割裂两者的关系，就很难对非智力因素有一个完整的了解，非智力因素的培养也就无从谈起。

第三，非智力因素是以智力作为参照系并通过与智力活动比较而言的。因此，其内涵的确定具有一定的人为因素。在界定其概念时，一定要把非智力因素与智力因素结合起来加以界定。如果割裂它们的关系，就很难对非智力因素的概念有一个完整的认识。

第四，非智力因素的形成和发展是一个复杂的过程，它应是非智力因素各个心理层面融合、积淀的结果。一名优秀的学生也许具有较强的选择能力和抵制不良影响的防御能力，因而其非智力因素发展得较好；而一名落后生则情况刚好相反。如果针对某一特定年龄的儿童青少年来说，他身上所具有的"配置"（这里借用社会心理学的术语，主要指心理特征和行为表现）也肯定包括非智力因素的融合与积淀。从理论上说，青少年学生的非智力因素是后天学习得来的，而非先天具有的。这是一种唯物主义的世界观和方法论。

鉴于上述理由，我们以为在非智力因素概念上，至少有以下几点可以统一：①强调智力活动中的非智力因素或认知活动中的非认知因素，即从智力与非智力因素的关系来界定非智力因素；②着重从人格（个性）方面来分析非智力因素；③从非智力因素在智力活动中的影响、效益和地位来认识和理解非智力因素。鉴于上面有关非智力因素的界说，我们认为，非智力（或非认知）因素，是指除了智力与能力之外又同智力活动效益发生相互作用的一切心理因素。这样定义，我们已经澄清了一些理论是非问题，同时也比较客观地反映了国内外心理学家对此的研究成果以及我国教育的实际。关于上述定义，我们还想做几点解释。①非智力因素是指在智力活动中表现出来的非智力因素，不包括诸如豪爽、大方等与智力活动无关的心理因素。也就是说，它不是指智力活动以外的一切心理因素，而是指在智力活动中影响决定智力活动效益与智力活动有关的一切心理因素。②非智力因素是一个整体，具有一定的结构和功能。③非智力因素只有与智力因素一起才能发挥它在智力活动中的作用。

我们认为，非智力因素的结构包括以下几个方面。①情感过程。情感是一种对智力与能力活动有显著影响的非智力因素，它包括情感强度、情感性质、理智感等成分。②意志过程。意志既可作为心理过程影响智力活动，又可作为一种性格特征影响智力与能力。这里尤指意志品质，如意志的自觉性、果断性、坚持性和自制力等。③个性意识倾向性。个性意识倾向性成分很多，与智力活动有关的因素，主要是理想、动机和兴趣。在非智力因素的诸多成分中，目前研究得最多的是个性意识倾向性。④气质。气质特点对智力活动、思维活动的影响，主要表现在它能够影响活动的性质和效率。与此影响有关的气质因素，主要包括心理活动的速度或灵活性与强度两个方面。⑤性格。在人的智力与能力发展中，要形成稳定的智力品质，性格是一项重要的非智力因素。在性格的各个成分中，与智力活动和思维活动相关的主要是性格的态度特征、意志特征和理智特征。

四、非智力因素的教育功能与培养策略

我们以为,要培养和发展青少年学生的非智力因素,首先要了解非智力因素对智力与能力发展的作用,即非智力因素的教育功能。就中小学教育来说,非智力因素在智力活动中对智力因素发展的教育功能可以概括为动力功能(指学生的需要及其表现形态,构成学生智力与能力发展的内驱力)、定型功能(指把某种认知或行为的组织情况越来越固定化,成为学生智力与能力发展的黏胶剂)和补偿功能(指非智力因素能够弥补智力与能力的某方面的缺陷或不足,成为学生智力与能力发展的辅助、补充和调节器)。非智力因素的这几类功能在教育实践中屡见不鲜。例如,"勤能补拙"是强调性格的作用,"因材施教"是侧重个性(人格)的影响,如此等等。然而,究竟如何才能有效地培养主体的非智力因素呢?

我们认为,应重视从整体性出发。从理论上考察,可以分析非智力因素具体成分的功能;从实践来看,非智力因素是一个结构,非智力因素和智力又是一个结构,形成一个整体。因此,在智力活动中,影响其活动效益的是非智力因素的整体效应。所以,对非智力因素和智力因素在智力活动中的效益应采取综合评价,即特定评价与客观评价相结合,总结性(效果)评价与过程评价相结合,专项评价与模糊评价相结合。因为非智力因素是一个多因素结构,在培养、实验过程中存在许多问题:变量的控制有时是不可能的,有时是无意义的。从整体观看,在智力活动中,影响智力效益可能是各种非智力因素的不同组合,也可能是某一影响因素产生不同的作用。所以,我们对各种非智力因素都予以重视,且要从整体性出发去加以培养。

同时,我们认为要培养非智力因素,应该对具体的非智力因素进行具体而谨慎的分析。在我们从事的教改实验中,主要抓住四个方面,即发展兴趣、顾及气质、锻炼性格、养成习惯。从非智力因素的正式提出以来,心理学家历来重视发展学生的兴趣。应当把学生的兴趣作为正在形成某种智力与能力的契机来培养。当前在"愉快教育"的问题上尽管分歧很大,但是有一条重要措施,就是从发展学生兴趣入

手，是值得肯定的。气质在智力活动中的作用并无水平高低之别。因此，这里要注意两个问题：一是每种气质在智力活动中都应获得其固有的地位；二是同样的气质，可以成为积极的思维特征，也可以助长不利的智力与能力因素的形成。所以，在非智力因素的培养中，应该充分顾及学生的气质。对智力与能力有明显作用的性格特征是勤奋。勤奋往往和踏实、自信、坚韧、刻苦联系在一起，构成主动学习、坚持学习、顽强学习的学习品质。所以，我们在教改实验中相当重视培养学生勤奋，并要求实验教师抓住"勤奋"学习的良好的性格特征，进行有目的的培养，通过大量的强化训练，使学生形成具有"勤奋"性格特征的习惯。习惯不只表现在行为上，而且也表现在智力与能力中。科学研究和教育实践业已证明：智育过程离不开良好学习习惯和智能，特别是技能习惯的形成。为此，教育者要按照年龄特征制定对学生学习习惯的要求，要训练必要的学习习惯，要严慈相济，引导学生有目的地进行良好学习行为和心智技能的训练。

一言以蔽之，儿童、青少年非智力因素的培养，应重在兴趣、气质、性格和习惯，其中兴趣和习惯更为关键。这是我们从理论研究、实验研究和教育实践中总结出来的一条基本经验。

参考文献

［1］Neisser U. The imitation of man by machine ［J］. Science, 1963, 139：193-197.

［2］Norman D A. Twelve issues for cognitive science ［J］. Cognitive Science, 1948, 4 (1)：1-32.

［3］Simon H A. Motivational and emotional control of cognition ［J］. Psychological Review, 1967, 74(1)：29-39.

［4］Wechsler D. Congnitive, conative and non-intellective intelligence ［J］. American Psychologist, 1950, 5(3)：78-83.

第五编

心理健康教育与灾后心理疏导

1983 年，我在《中学生心理学》一书中，率先提出在学校里应重视学生心理卫生与心理健康问题。在心理健康与心理健康教育中，我坚持如下的观点和做法：一是学生的心理健康是主流，坚持正面教育并与国际上在世纪之交产生的"积极心理学"接轨；二是和谐心理是心理健康教育的指导思想；三是参与教育部中小学心理健康教育纲要的制定，提出了心理健康教育的原则、内容、途径和方法；四是坚持人文关怀原则，并投入对社会的处境不利群体、儿童青少年的处境不利群体和灾后群体的心理的疏导工作。

积极而科学地开展心理健康教育*

自 20 世纪 80 年代中期以来，我国不少省、自治区和直辖市在大中小学中开展了心理健康教育。然而，比起发达的国家，我国的心理健康教育起步迟、基础差，但发展迅速，规模又大，因此问题也频频地暴露出来。2001 年秋季，针对当时我国心理健康教育的状况，我在《中国教育报》发表了《心理健康教育路一定要走正》的文章。我想问题的症结所在是由于缺乏及时的理论探讨。所以，我建议围绕心理健康教育的目的、问题、标准、原则、途径及队伍建设六个问题，多开展一些讨论，这里，我先来抛砖引玉。

一、心理健康教育的目的

1998 年，《中共中央国务院关于深化教育改革全面推进素质教育的决定》在谈到"心理健康教育"问题时，明确地指出了心理健康教育的目的："加强学生的心理健康教育，培养学生坚韧不拔的意志，艰苦奋斗的精神，增强青少年适应社会生活的能力。"很清楚，心理健康教育主要应该从正面来论述，它的目的在于提高学生的心理素质。从中也可以看出，心理健康教育是学校教育本身的含义之一，也是推行素质教育的必然要求。

20 世纪 80 年代初，我在《中学生心理学》一书中首先提出了学校心理卫生和心理健康教育的设想，但无人响应；可到了 80 年代中后期，心理健康教育却受到空前的重视，这是为什么呢？因为心理健康教育有着时代性。在一个温饱尚未得到解决的社会，是顾不上什么心理问题的。但在发达国家或地区，心理健康教育却开展

* 本文原载《北京师范大学学报（社会科学版）》2003 年第 1 期。

得十分活跃。在我国，随着生活和工作节奏的加快、应激状态的持续、竞争压力的增大、社会阅历的扩展和思维方式的变革，人们在工作、学习、生活、人际关系和自我意识等方面都可能遇到心理失衡的现象。这些心理或行为问题，不仅在职人员有，而且学生身上也存在，于是需要对学生进行心理健康教育。

　　心理素质，主要指心理要素或因素的质量。对心理素质的分类很多，"知、情、意"是一种分类，"意识（心理）与行为"也是一种分类，强调心理有"智力因素"与"非智力因素（或人格因素）"又是一种分类。不同分类，就有不同"内容"的提法。心理健康与否，当然与这些相关的因素或内容有着密切的联系。判断心理素质是否健康有两个指标，一个是适应性指标，另一个是发展性指标。前者比较简单，一切不适应社会的现象都属于不健康。例如，学生中存在的诸如嫉妒、自卑、任性、孤僻、焦虑、逆反心理、神经衰弱、社交困难，乃至自杀、犯罪等心理问题或行为问题，都属于适应性问趣。后者却比较复杂，因为学生处于发展阶段，多数问题属于尚未发展或尚未得到发展的问题。例如，青春期的种种表现，只要在正确的教育下，通过发展就进步了，不成问题了。所以，发展性指标是分析学生心理健康教育的根本性指标。正因为有发展性指标，所以学校的心理健康教育重点应放在学生心理素质的发展上。这里的心理素质，既包括智力因素，又包括非智力因素，即人格因素。

　　近年来，越来越多的地方和学校开展了心理健康教育，社会上的一些机构也积极参与这方面工作。大家都重视心理健康教育本来是好事，但现在确实存在一种夸大学生心理不健康的比例，并以此来抬高心理健康教育的"身价"的倾向。对此，我们认为，这种做法坚决要不得，这会造成学生人人自危的负面效果，也会阻碍心理健康教育的正常开展。我们要看到广大学生的两个主流：一是学生心理健康是主流；二是有些学生由于人际关系、学业、生活环境的压力产生暂时的心理不适，需要咨询和辅导，这也是主流。因此，学校心理健康教育必须是教育模式，而不能是医学或医疗模式。从教育模式出发，学校心理咨询重点是发展性咨询，同时辅之以障碍性咨询。发展性咨询：一是需要咨询，引导学生有正确的社会需要和良好的精神需要，解决学生中无理想、无动力、无兴趣的问题；二是成长咨询，学生在不同的年龄发展阶段,会产生一些相应的心理问题,需要对其进行针对性的辅导;三是成功咨询,指导学生如何发挥自己的潜能获取学业成功和成才,我们不能单凭"智商"取人,要看到非智力因素对学生成才的影响;四是创新咨询,引导学生成为高素质、有创造性的人才。在世纪之交,西方产生了积极心理学(positive psychology),创始人是美国的塞利格曼(M. E. P. Seligman)。积极心理学是关于人类幸福和力量的科学,以研究人类的积极心理品质,关注人类的健康幸福与和谐发展为主要内容,试图以新的理念、开放的姿态诠释与实践心理学。心理和谐从内涵上说,是积极心理学的核心;从外延上说,它几乎包含了积极心理学的所有内容。我们的观点与积极心理学的观点正是遥相呼应的。

心理健康与德育工作既有联系,但又不能等同。首先,两者具有一致性。例如,上述的非智力因素或人格因素的培养,不仅是心理素质提高的要素,也是德育工作的内容;上述"不适应"的心理或行为问题,不仅是心理健康教育中预防和矫治的问题,也是德育工作中要帮助学生克服的不符合道德规范的表现。这说明心理健康教育与德育工作有着密切联系,任何一方搞好了,都有利于另一方工作的开展。与此同时,我们不能用德育工作来代替心理健康教育,也不能用心理健康教育来取代德育工作。因为学生的心理问题不能简单地归为思想道德问题。例如,人际关系的紧张、学习过程中产生的压力、自制力的薄弱等绝非用思想道德规范能够解释。同样,那些政治、思想、道德、法律上的问题也绝对不能当成心理问题来解决。从这个意义上说,我们不能用心理健康教育来替代思想政治课,也不能认为有了思想政治课,就可以不要心理健康教育了。此外,在心理健康教育中,还要防止医学化和学科化的倾向,尤其是学科化的问题,即千万不能把心理健康教育搞成心理学知识的传授和心理学理论的教育。思想政治课按"教学大纲"或课程标准是可以考试的,但我们绝不允许对心理健康教育课进行考试,因为心理健康教育注重的不仅是知识,而更重要的是实践和实效。

二、学生心理问题的表现及其产生原因

目前,学生中出现越来越多的心理健康问题,迫切需要开展和加强心理健康教

育。调查表明，他们中普遍存在如前文提到的心理问题或行为问题。在这些心理行为问题中，既有"问题"儿童青少年，也有"学校处境不利"儿童青少年。前者，通常指品格上存在问题且经常表现出来的青少年。这里，一是指品德发展上的缺点，二是指性格发展上有偏畸。这类学生在学校里，较多地表现出纪律松弛、情绪消沉、焦虑紧张，甚至于闹学、混学、逃学和辍学，等等。后者通常指智能潜能正常，但在学校中处于低下地位，实际上被剥夺了学习权利和学习可能的学生，也包括本身能力发展迟滞、学习成绩落后、行为不良等不能适应学校学习的学生和从较低水平学校转到较高水平学校时不能很快适应新条件的学生。

我们将心理健康方面存在的问题归纳为三类，一是人际关系的紧张，二是学习所造成的压力，三是在"自我"方面出现问题。北京市青少年心理咨询服务中心主任王建宗曾统计了5年中的6万多人次的热线咨询内容，把各类问题做了分析。其中人际关系方面问题占42%，学习方面问题占27%，两项占了近70%，余下的是"自我"占20%，其他方面的问题占10%；咨询者来自重点学校的占45%以上，可是重点学校在所有学校的比例仅占5%。可见，重点学校学生在心理健康方面的问题要远远超过普通学校的学生。大学生心理问题，也属于这类问题，且重点大学学生的心理或行为问题多于一般大学的学生(林崇德等，2000)。

学生的心理健康或行为问题，并非现在才有，只不过当前的问题更为严重，更为突出。原因在哪里？《中共中央关于进一步加强和改进学校德育工作的若干意见》(以下简称《意见》)指出，这主要是因为"面对新的形势和要求，学校德育工作还很不适应"。这里具体又分为外部原因和学生自身原因。

其一，外部社会原因。在新旧体制转换过程中出现了各种各样的矛盾，主要表现在以下几点。①社会上滋长的唯经济主义的影响，在学生中表现为"一切向钱看"的消极现象，不仅妨碍学生树立正确的人生观和价值观，而且也助长他们产生拜金主义、享乐主义和极端个人主义的心理。②在当前教育体制下，容易产生重智轻德、分数至上的消极现象，它往往使学生产生焦虑情绪、挫折感和人格障碍，甚至萌发"轻生"的念头。③有些家庭教育不当也会产生各种各样的消极现象。像离异家庭子女失去正常教育，易发生情绪低沉，不能适应现实生活，致使学习成绩降低、人际关系紧张，甚至使品德滑坡、人格异常。有些独生子女家庭，由于娇惯、纵容、溺爱，致使孩子任性、懒惰、独立性差、依赖性强、不够合群等毛病严重。④大众传媒中不健康的内容也是造成学生心理行为问题的重要原因。一些文艺作品、影视广播充满"拳头"加"枕头"的内容，对儿童青少年起着教唆作用，使他们心理变态，误入歧途。所有这一切，都同《意见》中指出的"增强适应时代发展、社会进步，以及建立社会主义市场经济体制的新要求和迫切需要的素质教育"相违背，都是产生"问题"儿童青少年、"学校处境不利"儿童青少年的根源。

其二，学生自身原因。学生出现心理行为问题有其自身的原因。学生心理行为问题较多的青少年期，正是心理学家所谓的"危机期"。青少年处在人生发展的十字路口，一方面，这是理想信念迅速变化的时期，是价值观、人生观、世界观从萌芽趋于形成的时期，是开始以道德意识、道德观念指导自己行为的时期。另一方面，这又是生理迅速成熟，而心理发展跟不上生理发育的青春期；逻辑思维尽管发展很快，但思维的批判性尚待成熟，容易造成主观和片面，情绪情感日渐发展，但两极性严重，自控性差，容易出现逆反、对抗心理。这是一个幼稚与成熟、冲动与控制、独立性与依赖性交错的时期。这一时期必然是两极分化严重的阶段。这个阶段的主要任务之一，是处理好幼稚向成熟、童年向青年过渡时期的各种矛盾，并使青少年日渐趋于成熟化。处理不好，必然会使青少年心理产生这样或那样的问题。

三、关于心理健康的任务与标准

从社会和谐与心理和谐的角度上说，心理健康教育的任务是促进受教育者或学生心理和谐。具体地说是处理好、协调好六种关系，这六种关系集中体现了心理健康教育所期待学生心理素质的最终要求。

一是处理、协调好人与自我的关系，提高自我修养。信心是人与自我关系的首要因素，应培养学生的自信心，养成他们自信、自尊、自立、自强的品质。

二是处理、协调好人与人的关系，提高群体意识，确立关爱他人的理念。当前应该把"孝道"和团队合作精神放在人际关系的首位。

三是处理、协调好人与社会的关系，注重青少年社会化。其中，爱国主义是人与社会关系的核心，应关注在学生社会化的过程中，促进其爱国主义的形成和发展。

四是处理、协调好人与自然的关系，注重"天人合一"的教育。应该要求学生树立良好的环境观，促进其爱护生命、爱护环境、爱护自然的品质。

五是处理、协调好硬件与软件的关系，坚持以人为本的原则。应该培养学生"人是第一要素"的思想，落实 1998 年中央文件提出的心理健康教育的目标。

六是处理、协调好中国与外国的关系。这个问题似乎太大，但我们应该培养学生强烈的中华民族的自豪感，逐步形成振兴中华的责任感，以辨别是非、理智爱国的品质。

当然，这是总的任务，下面我们还会强调以学生年龄特征作为心理健康教育的出发点。大中小学各年级各年龄阶段，应视具体水平、具体问题和具体任务做具体安排。

心理健康包括两个方面的含义：其一是没有心理障碍；其二是具有一种积极向上发展的心理状态。心理健康标准的核心是：凡对一切有益于心理健康的事件或活动做出积极反应的人，其心理便是健康的。如何确定心理健康的标准，我们认为应该把学生存在的问题作为制定标准的前提。针对上边提到的学习、人际关系与自我的三个主要问题，我们做了一些探索。对于广大学生心理健康在每个方面的具体标准，我们很难包揽无遗地逐条列出，但是从问题的正面出发，大体可概括为：一是敬业；二是乐群；三是自我修养。

学习是学生的主要活动。心理健康的学生能够在学习方面敬业，从中获得智力与能力，并将习得的智力与能力用于进一步的学习中。在学习中充分发挥智力与能力，就会产生成就感；由成就感不断产生乐学，进而会学和活学，如此形成一个良性循环。具体地说，学生学习的心理健康，表现在如下六点：成为学习的主体，从学习中获得满足感，从学习中增进体脑发展，在学习中保持与现实环境的接触，在学习中排除不必要的忧惧，形成良好的学习习惯。

人总要与他人交往，并建立一定的人际关系。学生的人际关系主要涉及亲子关系、师生关系和同伴关系等方面。学生与双亲、与教师的关系是一种垂直方向的关系，与同伴的关系则是水平的关系。每个学生总是"定格"于人际关系网络中某个特定的位置，同时又与别人发生各种方式的联系。学生处理错综复杂的人际关系的能力直接体现了其心理健康水平。学生在人际关系方面，心理健康表现为如下六点：了解彼此的权利和义务，客观了解他人，关心他人的要求，诚心的赞美和善意的批评，积极沟通，保持自身人格的完整性。

心理健康的人了解自己，并悦纳自己。"人贵有自知之明"，健康的人能正确客观地认识自我，加强自我修养，既不自卑，又不盲目自信；他们经常进行反思，看到自己的长处，更能容纳自己的不足，并寻求方法加以改进。他们常常能正确地认识、体验和控制自我。主要表现在以下六点：善于正确地评价自我；通过别人来认识自己；及时而正确地归因并能够达到自我认识的目的；扩展自己的生活经验；根据自身实际情况确立抱负水平；具有自制力。

我们从这三个方面十八点编制了心理健康测查量表，并在全国范围内逐步推开测试和使用，取得一定的效果(俞国良等，1999)。

四、心理健康教育的原则

开展大中小学生心理健康教育，要重在指导，立足于国家的教育方针，遵循学生身心发展的规律，保证心理健康教育的针对性、实践性和实效性。所以，必须坚持如下六条原则。

(一)坚持心理健康教育的科学性

心理健康教育，在发达国家一直受到重视。当前，它又被我国教育领导部门列为大中小学的教育内容，并被写进中央的文件。其如此受重视的原因之一是，心理健康教育是门科学。科学性是其灵魂，坚持科学态度是教育工作者的职业要求。所谓心理健康教育的科学性，主要有两层意思，一是理论和方法的依据是学校心理学，二是尊重学生的客观心理事实。

（二）尊重与理解学生

教师在进行心理健康教育时，必须尊重和理解学生。教师对学生的尊重就意味着信任和鼓励，有助于他们形成积极的自我观念和健康的人格。只有尊重学生，才能与学生建立良好的信任关系，才能打开师生情感交流的渠道，这样，教师才能进行心理健康教育。要对学生进行心理健康教育还必须理解学生。理解学生包括同情性理解、认识性理解两种。前者是指教师要站在学生的角度，用当事人的眼睛去看，用当事人的耳朵去听，用当事人的心去体会，设身处地地理解他们的忧伤与痛苦。后者指了解学生的心理状况、心理行为问题的实质及问题产生的原因，这样，心理健康教育才能做到有的放矢。

（三）预防、治疗和发展相结合

心理健康教育有两种目标。消极目标是预防和治疗各种心理和行为问题。积极目标是协助学生在其自身和环境许可范围内达到最佳的心理功能，使潜能得到最大程度的开发，人格或个性日趋完美。从积极的角度看，心理健康教育不仅仅针对有心理行为问题的学生，更重要的是促进每个学生最大限度地发展自己。即使从消极的角度看，上策是预防而不是治疗。

（四）全体与个别相结合

心理健康教育作为教育的一部分，应该是面向全体学生，目的在于使每个学生的心理潜能得到充分发展；当然也同时预防各种心理异常和心理问题的发生。对于较可能发生或已经发生心理行为问题的个别学生要做到个别辅导、重点治疗。另外，对于一般的日常心理健康教育，可以采取面向全体的教育方式，而对于少数需要帮助的学生则宜采取个别辅导、咨询和治疗。在个别教育中，应该针对每个学生的个性特点和个别差异，采取相应措施。在心理健康教育中，要灵活地坚持全体与个别相结合的原则。

（五）助人自助，最终达到教育目的

心理健康教育既然是教育，就必须坚持以教育为最终的最高的目标，促进全体

学生身心健康、全面发展。当然，开展心理辅导和治疗也是这个教育的一个环节，心理辅导与治疗是帮助学生自己解决问题，而不是替其解决问题。心理辅导与治疗的最终目的是助人自助，即帮助学生学会独立地解决自己面临的问题。如果教师越俎代庖，对学生应该自己做的事也加以包办，不仅无助于其心理行为问题的解决，反而会害了学生。

(六)从年龄特征出发，进行有的放矢的教育

在对大中小学生进行心理健康教育时，必须按照学生心理发展的规律从学生的年龄特征出发，做到循序渐进，设置分阶段的具体教育内容。心理健康教育，应按小学低年级、小学中高年级、初中、高中和大学五个不同的阶段，要安排针对性很强的内容。

五、心理健康教育的途径与方法

心理健康教育的主要任务有两个，一是提高广大学生的心理素质，二是克服少数学生中的心理与行为问题。针对这两个任务，有若干具体的途径与方法。

第一，要选择心理健康教育的最佳形式。大中小学开展心理健康教育的途径和方法可以多种多样，如心理卫生教育、心理咨询、诊断性评价、行为矫正、学习指导、职业指导等形式，不同学校应根据自身的实际情况选择使用最佳的形式。学校心理健康教育的形式要根据不同情况体现多样性。在小学，应以游戏和活动为主；在初中，应以活动和体验为主；在高中，应以体验和调适为主；在大学，应以调适和咨询为主。

第二，全面渗透在学校教育的全过程。在整个学校的教育过程中，不论是学科教学还是班主任(辅导员)的工作，不论是校内的教育活动还是校外的教育活动，都应注重对学生心理健康的教育，这应被视为心理健康教育的重要途径，尤其是全面渗透到学科教育的全过程。

第三，开设心理健康教育的选修课、活动课或专题讲座。这些活动包括心理训

练、问题辨析、情境设计、角色扮演、游戏辅导、心理健康知识讲座等，旨在帮助学生掌握心理健康的知识和操作技能，提高心理健康的水平。为了开设心理健康教育的选修课、活动课和专题讲座，当前，从中央级出版社到各地方出版社都在纷纷出版有关教材。在编写教材时，出现了诸多的名词、概念，由于概念不统一，成为目前一个令人关注的焦点。各地应根据教育部的文件精神，统一称为"心理健康教育"，使之规范化；所有的"教材"，必须通过教育部组织专家审定后方可使用，这样，使一纲多本更科学化、规范化。当然，心理健康教育不同于一般的教育，所编的任何一本教科书，不要满足于课堂效应，而在于针对性、实效性和实用性。

第四，提倡学校与家庭、社会"三教一体化"开展心理健康教育。必须建立学校、家庭、社会心理健康教育沟通的渠道，优化家庭和社会教育的环境。教育的环境，主要是学校。在学校、家庭和社会教育三位一体化的过程中，占主导地位的也是学校，更主要是教师。学校和教师应从实际出发，创造性地采取各种有效的方式，把与家庭、社会经常联系列入学校的工作计划，并不断总结经验，使家庭和社会教育为学校教育服务，共同发挥教育的作用。

六、学校心理学家队伍的建设

搞好心理健康教育，关键在于教师队伍的建设。我们认为，要积极开展心理健康教育的教师培训，要完善心理健康教育教师的职称评聘制度，要开展心理健康教育的活动和研究。

这里有一个基础问题，是学校心理学家队伍的建设。如果有了一支活跃在大中小学的学校心理学家队伍，他们不仅有可能带动学校心理学的工作，而且也可以作为心理健康教育教师培训工作的骨干。为此，1994 年我曾在《北京师范大学学报》发表了《论学校心理学》的文章，提出学校心理学家建设的问题。

(一)队伍建设

联合国教科文组织对学校心理学家的资格和训练提出了三项要求：①具有教学

文凭或教师资格证书；②五年以上的教学经验；③系统修完有关心理学课程(Fagan & Wise，1994)。目前，许多国家都按照这三项要求，从中小学教师(受过高等教育者)中培养学校心理学家。联合国教科文组织要求每6000~7500名中小学生中至少有一名学校心理学家，按此比例，我国至少需要2.5万至3万名心理学家。而中国心理学会会员总数才4000余人，即使全体改行做学校心理学家，也不足所需的1/6。目前大学心理系(专业)每年的毕业生只有600人上下。如果全部培养为学校心理学家，且人人健康，需要50年才能培养成功。因此，中国的学校心理学家主要应来自中小学教师。

(二)课程问题

学校心理学专业的课程由心理系或教育系开设，一般包括普通心理学、学校心理学、教育心理学(含德育和各科教学心理学)、发展心理学、各种研究方法、心理教育评价、行为治疗、会诊、咨询和职业指导，许多课程要求有特殊教育的内容。此外，要有学校实习的经历。

(三)学校心理学的目标与任务

在我国学校心理学的建设中，要强调学校心理学为学生心理健康服务的目标，抓好三项基本任务：①与学校工作相协调，向教师提供心理科学知识，便于学校开展心理健康教育，这是当前我国学校心理学的主要目标和任务；②与家庭教育相协调，帮助家长学校和家长委员会向家长提供心理学方面的建议，以使家庭教育与学校教育、社会教育融为一体，为学生提供心理卫生的良好环境；③开展学校心理学课题研究，为各种"问题"儿童青少年解决问题，以使他们增强良好的适应性。为此，普及和宣传学校心理学是极为重要的。

(四)学校心理学家的专业作用和专业培训

学校心理学家因工作性质需要似乎有点像"万金油"，然而他们确实有着广而精的专业知识和相应的技能，从事着为学校实践服务的繁重工作，尽管他们专业知识的深度和力度不一定理想。我国目前尚未有一支学校心理学家的队伍，就谈不上能发挥什么专业作用，即使依靠中小学教师作为学校心理学家队伍的来源，但专业知识和技能的培训怎么办，这是一个难题。否则，发挥其专业作用是相当困难的。为了解决这个问题，目前中国学校心理学家的培训主要依靠四方面力量及其配合：①占我国心理学家队伍70%以上的发展心理学家和教育心理学家；②探讨变态心理、临床心理的"医学"心理学家；③研究残疾、智力障碍者心理与教育的特殊教育专家；④在近年来发展较快且日趋成熟的心理测量专业的专家。这几支队伍在我国当今心理学与教育研究中实力雄厚，相当活跃。他们既可深入学校为学校实践服务，进行学校心理学课题研究，又是培训学校心理学家队伍的专业力量。在他们的努力下，在不远的将来建立起一支我国学校心理学专业队伍且积极发挥其专业作用是完全有可能的。

参考文献

[1]林崇德，辛涛，邹泓. 学校心理学 [M]. 北京：北京师范大学出版社，2000.

[2]俞国良，林崇德，王雁. 学生心理健康量表的编制研究 [J]. 心理发展与教育，1999，15(3)：49-53.

[3]Fagan T K & Wise P S. School psychology：past，present and future [M]. Bethesda，MD：National Association of School Psychologists，1994.

中学心理咨询工作核心能力研究[*]

一、问题的提出

中小学生正处于身心发展的重要时期，大量对中小学生的心理健康状况的调查研究表明，当前我国中小学生心理健康状况不容乐观。刘宗发和廖全明（2006）在综合很多研究后发现，中小学生心理问题的检出率平均达 18% 左右，且心理问题主要存在于三个方面：①人际关系失调；②学习所造成的压力；③"自我"的问题（林崇德，2003；马希良，李玉花，2006）。学生心理健康问题的客观存在和发展程度凸显了中小学心理健康教育的重要性，引起了国家的高度重视。2002 年教育部《中小学心理健康教育指导纲要》对中小学心理健康教育的指导思想和原则、目标与任务、主要内容、途径和方法、组织实施等进行了明确的规定。

基于上述状况，中小学心理健康教育迫切需要一大批具有较高专业水平的心理教师。这些教师是否具备从事心理咨询的能力，尤其是核心能力显得尤为重要。咨询能力中最为基础的部分是核心心理咨询能力（Leigh, et al., 2007），指的是从事一项特殊专业领域的工作必须具备的知识和技能。国外围绕心理咨询能力结构进行了许多研究，但有很多都是针对从业咨询人员的。例如，罗杰斯（Rogers）和庞帝罗特（Ponterotto）1997 年提出心理咨询能力包括：人际敏感的技巧，处理生态学和社会因素的能力及咨询经验。也有针对学校心理咨询与辅导制定的，如美国大学入学顾问委员会（National Association for College Admission Counseling, NACAC, 2000）对学校心理咨询人员的能力要求包括：①咨询和交流的技巧；②理解和促进学生发展和成

---

[*] 本文原载《北京师范大学学报（社会科学版）》2010 年第 6 期。本文其他作者为方晓义、王锦、赵晨、兰菁。

就的能力；③促进学生实现他们的教育潜力；④识别、尊重文化差异和特殊儿童与家庭的要求，并提供相应的服务；⑤在角色和责任的实现中提供合适的道德行为与专业指导；⑥创建、收集、分析、解释数据；⑦在促进学生满意度上担任支持和领导的角色；⑧组织、融合入学前指导、咨询成分成为完整的学校指导项目之一。在欧洲学校对心理咨询人员咨询能力要求方面：英国注重以问题解决为中心的能力；法国注重评估学生学习能力、个人自主性、促进学生学校适应等能力及具有足够的教学经历；德国强调学校心理咨询人员的"系统咨询能力"（王宏方，2002）。对于我国中小学心理教师心理咨询能力的研究，目前还基本停留在理论探讨层面，如张义泉（2005）总结认为学校心理咨询教师应该具备的心理咨询能力，包括①坚实的知识基础，②熟练的咨询技术，③高尚的职业道德。教育部中小学心理健康教育教师指导委员会 2007 年的实验工作经验交流会提出要加强对心理教师理论知识、操作技能等理论和实践能力的培训（林崇德，2008），反映出理论知识能力和实践技能对于心理教师的重要性。

虽然国外对学校心理教师能力要求对我们具有重要的借鉴意义，但是，我国的教育制度和我国中小学生的特点都与国外具有明显的差异，使得学校心理咨询呈现出不同于国外的特点，主要表现为以下两个方面。一方面是学生学习压力大。我国"一考定终身"的考试制度致使中小学生面临非常大的学习压力。安宏智（2008）对300 名中学生做了"中学阶段你最烦恼的事情是什么"的问卷调查，有 78% 学生写"害怕考试"。因此对于处理考试焦虑、激发学习动机、具有心理危机干预等相关心理咨询能力的要求就要比国外中小学心理咨询教师更高。另一方面，我国中小学生对自我价值和人际关系更为敏感。由于目前的中小学生多是独生子女，他们习惯被别人重视，习惯以自我为中心，容易"自私狭隘，自大自负"（马希良，李玉花，2006），所以在集体的环境中更容易产生与人交往的问题。北京市青少年心理咨询服务中心曾统计了 5 年中的 6 万多人次的热线咨询内容，把各类问题做了分析，其中人际关系问题占 42%（林崇德，辛涛，邹泓，2000）。因此，如何去帮助这样的学生，心理教师处理学生人际关系的心理咨询能力显得尤为重要。

此外，我国中小学心理教师自身也面临着种种困境。调查现状显示，我国中小学心理教师在师资、专业化程度和身份认同感三方面面临种种困境。首先，教师数量严重不足。理想状态是每500名学生配备1名心理教师。按照这一比例计算，我国2亿多名中小学生总共需要40万名心理教师，但目前我国的心理学工作者总数还不足4万人(廖全明，2008)。这4万人中仅有一部分在中小学供职，因此目前心理教师的数量远不能满足中小学心理健康教育的需求。其次，中小学心理教师专业化程度低。王宏方和张秀琴(2003)对中小学心理咨询教师专业背景的调查发现：有心理学专业背景的仅占18%，其他专业背景占了绝对多数。而且，这18%的教师也并非都是心理健康教育、心理咨询、辅导、训练和治疗专业出身。从中可以看出中小学心理咨询教师的专业化程度整体偏低。最后，中小学心理教师的身份认同感较低。在国外，学校心理教师拥有仅次于校长的地位(邹小英，2007)，而在我国，由于中小学没有明确的心理教师评定机制，他们往往需要和其他专业的教师一起参与评估(谢显宁，2007)。而且，学校的升学导向使得他们受重视程度远不如其他专业的教师，这种尴尬的地位使得他们往往具有较低的身份认同。如何更好地发挥心理教师的作用，保持良好的咨询状态，是我国心理咨询教师要特别注意的问题。

这些不同于国外的学校心理咨询特点，决定了我国学校心理咨询教师应具备的心理咨询能力可能会与国外不同，所以要探讨这种心理咨询能力的结构就不能照搬国外的结论，而要从我国的具体实际情况出发。目前国内对心理教师能力结构的研究基本都是理论设想，没有实证研究检验这些设想。为此，我们拟采用半结构化深度访谈的方法，对高校心理咨询教师和中学心理咨询教师进行访谈，探讨在中学从事心理咨询工作应具备哪些核心能力，并比较高校心理咨询教师与中学心理咨询教师对从事中学心理咨询工作应具备的核心能力的认识的异同。对这一问题的探讨，可以为中小学心理咨询能力的提高和高校心理咨询专业的课程建设提供有力的依据。

二、研究方法

采用半结构深度访谈法对从事中学心理咨询工作的教师应具备的心理咨询能力

进行探讨。

（一）受访者

从高校从事心理咨询教学与实践工作的教师和中学从事心理咨询的工作者两方面选取受访者。其中，高校从事心理咨询教学和实践的教师 12 名（分别以 A1 到 A12 来代表），平均工作年限为 8 年，最短的为 3 年，最长的为 14 年；中学从事心理咨询实践的教师 13 名（分别用 B1 到 B13 来代表），平均工作年限为 3 年，最短的为半年，最长的为 13 年。

（二）研究工具

在已有研究成果基础上，结合日常对中学心理咨询现状的了解，编制了在中小学从事心理咨询工作应具备的心理咨询能力的半结构访谈提纲。通过对高校从事心理咨询教师和中学心理教师（各 3 名）的预防谈后，确立了研究的正式访谈提纲。

访谈提纲内容主要包括以下几个方面。①受访者基本信息，包括受访者从事与心理咨询有关的教学和实践工作的年限，具体从事哪些方面的教学和实践工作等。②在中学从事心理咨询应具备的心理咨询能力的结构及标准，主要访谈的问题包括"您认为需要具备哪些方面的能力才能胜任中小学心理工作？""如果一个心理系本科生毕业后去中小学做心理咨询老师，您认为他必须学习哪些课程？""您认为这些课程学到什么程度，这些能力达到什么样的水平才能胜任中小学心理咨询工作？"等。③心理学专业本科生心理咨询的培养模式。主要访谈的问题有"现在您培养学生的咨询能力的方式都有哪些？您认为其中哪些比较有效，哪些对提高心理咨询能力没有效果？""您认为如何培养才能提高本科生的心理咨询能力？"在访谈时，要求访谈人员根据受访者的回答进行适当追问，以获取更为丰富的信息。本文只报告其中有关心理学专业本科生心理咨询能力结构的访谈结果。

（三）研究程序

首先，由 4 名北京师范大学心理学专业硕士生担任访谈员，在获得受访者同意后进行访谈，并对访谈进行录音。其次，由 2 名心理学专业研究生对录音材料进行逐字逐句的转录。最终转录完成的原始文本资料共 25 个访谈录音。文本资料共 23 万余字，访谈时间在 31~74 分钟。最后，采用开放编码的方法分别对教师和中学心理教师的访谈文本材料进行编码和分析，以提取访谈中提及的核心能力。

三、结果分析

对高校心理咨询教师和中学心理咨询教师的访谈结果分别进行编码分析，从而得到在中学从事心理咨询工作应具备的核心能力结构。这两部分的结果分别描述如下。

(一)高校心理咨询教师的访谈结果

研究结果表明，核心心理咨询能力的结构主要由理论知识能力、把握咨询过程能力、自我成长能力和遵守职业伦理道德能力 4 部分组成，详细描述如下。

1. 理论知识能力

从访谈结果可以发现，受访者认为理论知识能力指的是，具有心理学基本理论和方法，主要是心理咨询理论与方法的相关知识系统，它又包括心理学基本理论与方法知识和心理咨询基本理论与方法知识两个方面。

(1)心理学基本理论与方法。多数受访者提到心理学基本理论与方法应该包括普通心理学、发展心理学(特别是儿童青少年)、教育心理学，以及统计测量等方面的知识。这是做好心理咨询的基础。例如，A1 和 A12 两位受访者就明确肯定了基本理论知识对开展心理咨询工作的重要性，A1 受访者比较了非专业毕业生和专业毕业生的差别，"我毕业后的第一年不能有效应对那些孩子，但一两年之后我们就不一样了，我们能看到他们看不到的东西，能看得更深更透，这就是理论积淀和思维方式。"A12 受访者进一步地指出了心理学基本知识所涵盖的方面，她说："基本的包括普通心理学、发展心理学、教育心理学、统计测量、心理学史，这些是必须要修要懂的。"

（2）心理咨询基本理论与方法。在具备了心理学基本知识和方法的基础上，多数受访者指出要想真正做好心理咨询工作，还必须掌握心理咨询主要流派的理论和方法，熟悉个体和团体咨询的方法。例如，A12受访者说："如果你要真正地有所提升，就要对这些基本的咨询理论有很好的掌握。比如说弗洛伊德，他有很多东西，你要反反复复去理解。每个流派都有一个理论体系，用它的一套概念去阐述观点，你把这些都弄清楚了才能去运用。"

2. 把握咨询过程的能力

在这个方面，受访者提到了诸如建立关系的能力、收集信息判断问题的能力、设计并实施干预的能力，以及评估咨询效果与结束咨询等方面的能力。咨询人员在这些方面需要具有很好的能力，才能让咨询顺利开展，并有效地促使来访者发生改变。这些能力与实际的咨询过程有着密切的关系，因此，将其概括称为"把握咨询过程的能力"。

（1）建立关系的能力。受访者认为，与来访者建立关系的能力非常重要，具体指咨询人员要通过尊重、同感、真诚接纳，以及懂得与中学生的交往方式等，和来访者建立信任关系。为此，A6受访者说："对于新手，涉及怎样进行初次面谈，怎样建立好的咨询关系能力。"A11受访者说，"要在四年的学习中形成与个案沟通的能力，实质就是建立关系的能力，说白了就是表达尊重，表达感受，很好地利用身体的语言，各种各样的副语言。"还有的受访者更为具体地讲到了建立良好关系的能力，如A7受访者说："要能很快把自己的行为表现转换为小孩子能够接受的语言，小孩子能够接受的动作，小孩子能够接受的姿势，包括坐姿，大概可以说是通过角色转换和小孩子建立关系。"

（2）收集信息判断问题的能力。多数受访者都提到了收集信息判断问题的能力，他们认为咨询人员需要能够根据来访者的信息，通过一些基本的咨询技能，对来访者问题或症状的类别、性质和程度作出判断。例如，A10受访者说："通常中小学心理咨询老师在一线会接触到一些学生要自杀，有严重的抑郁症、精神分裂症、情感障碍，他们肯定是要接触到的。学生不会说我要去精神病院看医生，不会。所以他们应该要有这方面的识别能力，这个很重要。"A12受访者说："至少能够充分的判断这些学生是什么症状，比如神经症之类的，因为如果他心理咨询老师处理不了，但他可以做转介。"

（3）设计并实施干预的能力。受访者认为，在收集来访者信息的基础上，咨询人员必须有针对性地提出治疗假设，设计干预方案，并在治疗中对假设与方案进行调整。对此，A10受访者说："你要通过你评估到的一切线索，收集到的这个当事人（client）的所有的线索，然后来解释他为什么会形成今天这个问题。用你所学的理论，来推测，来构建一个模型，来解释他为什么会形成今天这个问题。你构建了这个模型以后，在这个理论的指导下去从事这个治疗，然后在实践中检验这个你构建的模型，去修正你构建的模型，然后你才能对这个来访者进行专业的治疗。"

（4）评估咨询效果与结束咨询的能力。在把握咨询过程的能力方面，受访者提到的最后一个能力就是评估咨询效果和结束咨询的能力。咨询人员需要评估干预方案的有效性，并根据咨询效果的好坏来调整咨询方案和进度，并在恰当的时候结束咨询。对此，A2受访者说："咨询人员是要对自己的咨询效果进行评估的。具体的，你可以根据来访者对咨询效果的反馈，对于咨询人员布置的家庭作业完成情况的反馈，还有就是咨询人员自己对来访者的观察，等等，去整合这些信息你就能知道你咨询达到了什么程度。"

3. 自我成长能力

受访者认为自我成长的能力主要指咨询人员对自身发展中的问题具有自我觉察和调整的能力。

（1）自我觉察能力。在自我觉察能力方面，受访者提到咨询人员需要认识自我的认知、情绪情感和人格特点，觉察自身的局限，以及这种局限对咨询的影响。例如，A12受访者就指出："做咨询对人的要求还是很高的。首先他对自我就应该有清晰的认知和体验，能够在咨询过程中时刻保持对自身的觉察。比如，来访者所述的事情勾起了我哪些情绪和感受？这些与我的自身经验是什么关系？这样才能防止咨询人员将自己的东西带入咨询中。"

（2）自我调整能力。受访者认为，自我调整的能力主要是指咨询人员能够处理自身的经验，打破自身限制，更为开放接纳，自我和谐一致。A6受访者对此的认识是："咨询人员的个人成长也蛮重要的。因为你会碰到很多个案，处理过程中你会觉得自己很辛苦，所以你要学会去调适，尤其这个问题与你自身有相似之处，你就会比较郁闷了。有时比较浅的个案，你可以解释清楚的，比较有成就感。但若是很深入的就会感到很困难。"

4. 遵守职业伦理道德的能力

有些受访者提到了遵守职业伦理道德的能力，与以前相比，这是一个很大的进步。然而，受访者在讲到此点时都比较笼统，并没有具体指出需要遵守哪些伦理道德。例如，A12 受访者说："还有咨询原则你要知道，你工作的原则、咨询人员的伦理道德这些是你要知道的。"有些受访者是在探讨应开设的课程时讲到了伦理道德的问题，如 A10 受访者指出："课程里面我还要强调一点，就是他要接受伦理学的训练。需要具备这方面的知识"。

(二)中学心理咨询教师的访谈结果

研究结果表明，中学心理咨询教师能力结构为理论知识能力(基础性理论知识和心理咨询理论知识)和咨询实践能力两部分。

1. 理论知识能力方面

(1)心理学基本理论与方法："我觉得要具有普通心理学、发展心理学、教育心理学、统计心理学、测量心理学等方面的知识。"(B1)

(2)心理咨询理论与方法："我觉得心理咨询，团体辅导的知识非常重要，团体咨询对中学还不是很重要，但班级辅导、团体辅导却是很重要的。在中学，团体辅导活动比个体咨询更为重要。"(B5)

2. 咨询实践能力方面

主要与心理咨询教师结果中把握咨询过程能力中的两个子能力相一致。

(1)建立关系能力："我觉得最重要的就是亲和力，我现在越来越感觉，学多少知识都不是最为关键的，关键的是你要有亲和的能力，这样学生才会喜欢你，才愿意接近你。"(B10)"我觉得最重要的是他要有一颗爱心，真的愿意帮助别人的热情，摆脱那种目的性，真的热爱心理咨询。"(B3)

(2)收集信息判断问题能力:"我们学校会对学生进行心理健康的测试,测试完以后,我们会给学生、老师、家长反馈结果,对那些有需要的学生,我会进行个体咨询。"(B1)"在中学来说,我觉得还有一点就是要有很好的观察能力、理解能力和洞察力,这会帮助你收集到更多的信息,帮助你判断问题。"(B8)

3. 高校心理咨询教师与中学心理咨询教师的不同

两者的不同在于:高校心理咨询教师更强调把握咨询过程能力中的"设计并实施干预的能力"和"评估咨询效果与结束的能力",还有"自我成长的能力"与"遵守职业伦理道德能力"。而中学心理咨询教师更强调理论知识能力中的"针对性理论知识"和咨询实践能力中的"针对性咨询技能"与"心理测量技能"。下面是中学心理教师有关这三方面的访谈结果。

(1)针对性理论知识。受访者认为,咨询人员需要掌握青春期心理、青春期生理健康、异性交往、亲子关系、学业问题、情绪管理、人际交往、生涯规划与辅导等有针对性的理论知识,这样才能做好中学生的心理咨询。在这个方面,B1受访者指出:"对于中学的心理咨询老师来说,教育心理学、心理咨询、团体咨询还有发展心理学都很重要,尤其是青春期这一段。记得以前读书的时候,当时学校开设的关于青春期生理、心理的课程特别少,生理、心理讲的是大脑神经,青春期的东西涉及得太少。所以我觉得可以专门开设这门课,主要就是关于青春期发展的心理学。"

(2)针对性咨询技能。受访者认为,咨询人员必须掌握专门针对中学生的心理咨询技能技巧,才能做好中学心理咨询工作。有些受访者考虑到中学生咨询工作的特殊性,专门提到了团体辅导与咨询能力的重要性,如B8受访者说:"我觉得在中学的实际工作中,团体辅导与咨询的能力特别重要,比如说怎样组织一个班级心理辅导或是咨询,这可以让更多的孩子得到帮助。"还有的受访者提到了应该针对中学生的特有问题进行咨询,如B9受访者指出:"我希望能参加关于中学生考试焦虑的培训,还有就是关于情绪调节相关的培训,这些对中学生来说非常重要。"

(3)心理测量技能。中学心理咨询教师尤为强调心理测量能力的重要性,多数受访者认为到中学从事心理咨询工作的人员必须具备能根据一定的心理学理论,使用一定的操作程序，对来访者的心理和行为进行定量分析的能力，包括做好施测前的组织和准备工作，施测中能遵循科学的程序标准化地施测，施测后能对测试结果加以全面、科学的分析和解释。而且，在很多受访者的学校，对学生进行心理健康普查和建档工作已经成为日常工作之一，因此，这项能力就显得尤为重要。例如，B1说："我们学校开学初，会对学生进行心理健康的测试，测试完以后，我们会给学生、老师、家长反馈结果，对那些有需要的学生，我会进行个体咨询。根据心理测验对学生建立心理档案。"

（三）对两部分访谈结果的整合

将高校心理咨询教师和中学心理咨询教师的访谈结果结合起来，将重叠一致的部分进行合并，同时保留各自的独特部分。其中，将"心理学基本理论与方法"改为"一般性理论知识"，与"针对性理论知识"合为"心理学基本理论与方法"；将"把握咨询过程能力""针对性的咨询技能"和"测量技能"同属于"咨询实践能力"。两部分结果结合到一起，形成最终的中学心理咨询工作能力结构，包括四大能力：理论知识能力、咨询实践能力、自我成长能力和遵守伦理道德能力（如图1所示）。

四、讨论

从高校心理咨询教师与中学心理教师的访谈结果中发现，两类人员都认为中学心理咨询的核心能力包括理论知识能力和咨询实践能力。尽管具体包含的能力内容有所差异，但是都认为这两类能力在咨询中是基础和核心。高校心理咨询教师与中学心理教师的差异在于：高校教师更倾向于咨询过程的理论架构和效果的评估，所以更强调"判断问题与症状能力"和"干预评估能力"；他们对自身咨询的觉察更敏锐，因此强调"自我成长能力"的重要性；同时要求要有"遵守职业伦理道德的能力"，说明他们对咨询的专业性和对来访者的保护性要求更高。相比之下，中学心理教师更多是从自身的从教体验来定义心理咨询能力，所以强调对中学生更具针对性的理论知识和咨询技能，以及常用于收集信息和诊断的心理测量技能。

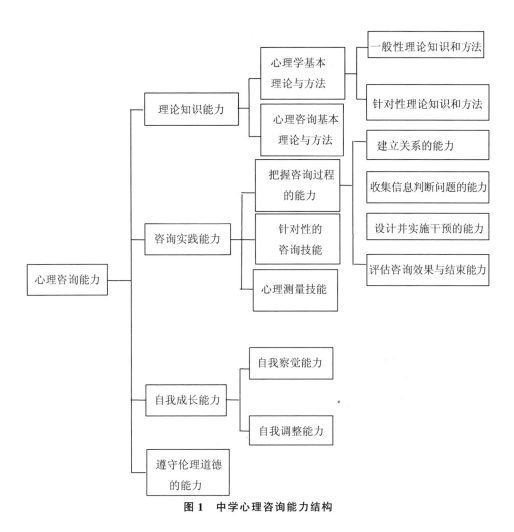

图1　中学心理咨询能力结构

因此，将高校心理咨询教师与中学心理教师的访谈结果相结合所形成的心理咨询能力结构既具有理论性和专业性的深度，也符合中学生实际的心理需求。

(一)心理咨询能力结构的全面性

与以往研究相比，本研究在心理咨询实践能力的大部分和遵守职业伦理道德能力方面具有一致性(Eriksen & McAulffe，2006；Nelson，et al.，2007)，但以往研究很少提及心理咨询理论知识能力，所以本研究得到的咨询能力结构更具有全面性。纳尔逊等人(Nelson，Johnson & Baker，1999)讨论得出婚姻家庭治疗的核心能力从介人治疗、临床评估和诊断到研究和评估系统几个主要领域的能力与本研究得到的咨询实践能力中的把握咨询过程能力和测量技能，以及遵守职业伦理道德能力相近。赫尔等人(Herr & Horan，1973)聚焦于咨询决策过程中对 10 种行为评估量表(CBE)所测评的能力，包括定义问题、解释决策制定范式、确定可能的选择方案、收集相关信息、呈现额外的相关信息、确定各种选择的好处与不足之处、确定额外的好处与不足之处、评价选项、获得最好的备选项的信息、计划与完善(Baker, et al.，1984)。这些能力也与本研究的咨询实践能力存在很大的一致性。这表明本研究得到的毕业后做中小学心理教师的本科生所应具备的心理咨询能力中包含着一般性的心理咨询能力，即作为一名咨询人员都应具备的基本的心理咨询能力。所以，得到的结构中心理咨询实践能力和遵守职业伦理道德的能力都与以往的研究相一致。

本研究更强调了心理咨询理论知识能力，仅在美国的 NCE 和 EPPP 国家心理咨询员资格认证考试对"咨询基本理论"的考查(The National Board for Certified Counselors，2005)中有相似的结论，但在其他的心理咨询能力结构测量中很少被提及。这表明我国中小学心理咨询实践中理论指导的重要性，以及高校对心理系本科生咨询能力理论修养的注重。同时这也使得本研究得到的心理咨询能力结构更具全面性。

(二)本土化心理咨询能力的特殊性

与学校心理咨询能力的研究相比(National Association for College Admission Counseling，2005)，不一致的结论体现在针对性咨询技能和自我成长能力两方面。造成这种差异的原因在于前面提到的，我国教育制度和中学生自身特点决定的心理教师心理咨询能力具有不同于国外的特殊性，造成这种差异的原因具体分析如下。

1. 针对性咨询技能

针对性咨询技能指，针对中学生心理需求的咨询理论知识和咨询技能。现阶段我国中学生基本是"90 后"的独生子女，受到家长非常多的关注和培养，承载着他们的期望；面临着很大的升学压力和激烈的社会竞争。这些都与国外的中小学生不同。

(1)升学压力要求心理教师要具备处理考试焦虑的咨询技能。

（2）独生子女的特点要求心理教师具备针对青春期心理生理问题的咨询能力。我国的独生子女在家受到更多的关注和爱护，受到父母的管教也更多，与国外学生相比，在进入青春期时可能会出现更多的叛逆、孤独等不良情绪，以及在亲子交往和同伴交往中出现问题。同时，在性教育方面，与国外相比我国要滞后一些。这就使得处于青春期的学生会对自身的生理和心理的发育，以及与性相关的问题产生很多心理困惑。比如，女孩子的月经、男孩子的梦遗，还有少女怀孕等。所以学校的心理教师要具有这方面的咨询技能，才能帮助学生顺利度过这个时期。

（3）中学生的自主需求要求心理教师要具备职业生涯规划的咨询能力。中学阶段是在各方面进行探索，尝试并面临走向独立生活道路的时候，独立自主的需求很高。尤其对于以后做什么，适合从事什么样的专业都有很多的困惑，特别在高考选专业时会有很多的迷茫。所以学校心理教师要帮助中学生在了解自己的能力、特长、兴趣和社会就业条件的基础上，确立自己的职业志向，进行职业的选择和准备，因此要具有职业生涯规划的咨询能力。

2. 自我成长能力

自我成长能力指人心理的成熟和发展，包括自我觉察和自我完善的能力。国外研究很少把自我成长能力纳入心理咨询能力的框架中，只是在咨询人员职业资格认证中需要提供自身接受咨询的次数，以此来对咨询人员的自我成长状况做出评价。但是自我成长能力不只包括接受咨询，更多的是自我的觉察和调整能力。在本研究中自我成长能力作为一种心理咨询能力的原因如下。

（1）咨询人员自我成长能力对于咨询的重要意义。越来越多的个案研究和实证研究也证明，咨询个案成功的因素在于咨询人员本身（蔺桂瑞，2002）。阿佩尔（Apell，1963）在总结自己咨询实践的基础上曾指出："在咨询过程中，咨询人员能带进咨询关系中最有意义的资源，就是他自己……更重要的是：他需要体验并且相信自己是一个有价值、有独特个性的个体，然后他才可以允许他人有此权利。"（Marshall & Andersen，1996）本研究在访谈中特别感到受访者对自我成长能力的重视，尽管自我成长不能作为一种看得见的咨询技能，但却在无形中影响着这些技能的发挥。

（2）目前我国中小学心理教师处境的要求。我国中小学心理教师面临身份认同的问题，大多数心理咨询教师对自己角色发挥效果和工作能力并不感到满意。他们的任务不明确，跟高考学科无法相比，工作变化性太大，等等（林崇德，2003）。可见，心理咨询教师角色比较混乱，身份认同感很低。这些导致他们的个人成就感降低，对工作能力不满意，这可能会产生更为严重的中小学心理教师职业枯竭现象，会对到中小学心理健康教育工作产生不良影响。所以，心理教师需要处理目前这些不利的因素，始终让自己保持乐观向上的精神状态，就必须要具备自我成长的能力。就像一位受访教师提到的"基层环境与自己设想不一致时，在逆境中如何去开创事业，在不如意的时候如何迎难而上，而不是采取逃避的态度"（A1）。所以，自我成长的能力不仅是咨询效果本身的要求，也是目前我国中小学心理教师处境的要求。因此，本研究将自我成长能力纳入心理咨询能力结构中适应我国的国情，显示了本土化的心理咨询能力的特殊性。

参考文献

[1]林崇德，辛涛，邹泓. 学校心理学 [M]. 北京：人民教育出版社，2000.

[2]林崇德. 积极而科学地开展心理健康教育 [J]. 北京师范大学学报(社会科学版)，2003(1)：31-37.

[3]林崇德. 回顾与展望——中小学心理健康教育专家委员会工作汇报 [J]. 中小学心理健康教育，2008(3)：6-7.

[4] Marrelli A F, Tondora J & Hoge M A. Strategies for developing competency models [J]. Administration and Policy in Mental Health，2005，32(5)：533-561.

试论学校心理危机干预体系的构建[*]

在风平浪静的生活下，危机似乎是很遥远的事情。但不经意间出现的一些危机事件，总是扰乱平静的生活，提醒人们危机似乎无处不在。危机一旦发生，很可能让经历危机的人们陷入心理失衡的状态，甚至带来心理创伤。

学校作为人口稳定且密集的场所，危机对其造成的影响更加广泛、持久。因此，学校需要进行积极、有效的干预，尽量将危机带来的负面心理影响降到最小。同时，学校不仅要处理好眼前所面临的危机，进行应急性援助，而且需要考虑未来如何增强"免疫力"和"抵抗力"。所以，学校要利用危机带来的机会，从危机处理到心理重建，致力于构建完善、系统的学校危机干预体系，为以后可能发生的灾难做好预防和准备。

一、心理危机与心理危机干预

心理危机指的是危机事件带来的威胁和挑战超出了人们有效应对的能力范围，使人们内心的平衡被打破，从而引起混乱和不安（Everly, Flannery & Mitchell, 2000）。地震、水灾、空难、疾病暴发、恐怖袭击、战争等危机事件都有可能导致个体内心的失衡，引发其心理危机。

危机可能会对人们造成巨大的心理影响，如创伤后应激障碍（posttraumatic stress disorder）、适应障碍（adjustment disorder）、抑郁以及焦虑等；对于儿童群体而言，可能还会出现分离焦虑、退行等行为表现。

心理危机干预就是在发生严重突发事件或创伤性事件后采取的迅速、及时的心

---

* 本文原载于《北京师范大学学报（社会科学版）》2010 年第 1 期。本文其他作者为伍新春、臧伟伟、付芳。

理干预（Everly，Flannery & Mitchell，2000）。它能帮助个体化解危机，告知其如何运用合适的方法处理应激事件，并采取支持性治疗帮助个体度过危机，恢复正常的适应水平，防止或减轻未来心理创伤的影响（Everly，Flannery & Mitchell，2000）。危机干预作为一种急性的心理处理，具有及时性、简短性、目的性和接近性等特点（Flannery & Everly，2000）。危机干预是短时、紧急的心理处理，因此要及时、简短，它更多的是一种"心理急救"（psychological first aid）；危机干预的目的性非常强，就是为了降低急性、剧烈的心理危机和创伤的风险，减少危机或创伤情境带来的直接严重后果，促进个体从危机和创伤事件中复原或康复；危机干预的接近性是指从事危机干预的人员需要积极、主动地向遭受危机的人群提供帮助，让他们知道在哪里可以获取所需的资源。

学校具有独特的社会结构，并可被看作一个独特的整体。当危机事件发生在校园时，受影响的不仅是某个或某些当事人，危机还可能会给整个学校带来混乱，破坏学校的安全与稳定，将众多学生暴露在"威胁、丧失、创伤性情境"中，破坏其"安全感和力量感"，还可能将其家庭也卷入其中（Allen，et al.，2002）。因此，学校要承担起危机干预的责任，解决师生因危机所产生的问题，保证师生的心理适应与健康成长。

二、构建学校心理危机干预体系

通常我们会认为，心理危机干预发生于危机事件之后。这是对危机干预的狭义理解。从广义上及实际效果上来说，有效的学校心理危机干预不是始于危机事件发生后的反应，而是在危机事件发生之前很早就开始了。完整而系统的学校心理危机干预体系应包括危机发生前的预防和准备、危机发生后的心理危机处理以及心理危机干预的有效性评估三个方面。有效的学校心理危机干预计划也应从这三方面着手。

（一）危机发生前的预防和准备

有效的危机反应植根于预防和准备。学校需要预防可能发生的危机；对于无法预防的则要做好准备，在平时生活中提高学生的复原力，让他们未来面对危机时能有效应对。具体而言，可以从普及性、目的性和针对性三个层面开展危机预防工作。

1. 普及性的预防

普及性的预防即形成一种安全的学校氛围，提高学生的复原力，进行安全教育，并制订学校安全计划等。其中，学校安全计划的制订尤为重要。有效应对学校危机——保护成百上千的学生和教职员工免予危险，确保其身心健康——是一项具有很强挑战性的工作。建立在预防机制上的努力是最有效的，毕竟"预防胜于治疗"。如果事先没有制订危机干预计划，很多危机干预的协调和执行工作就会变得很混乱。目前，美国有些州已经颁布了有关学校危机干预计划的法律，规定学校要为自己量身定做危机干预计划，这已经成为一个命令，而不是一个选择。我国虽然还没有制定相关的法律，但是在学校系统下事先制订心理危机预防的安全计划，做到未雨绸缪，势必成为一种趋势。

2. 目的性的预防

目的性的预防即依照特定目的，为具有某些共同特征的人员教授更为具体的干预技能。例如，为人际退缩的学生教授具体的人际交往技巧，为教师教授如何评估学生的创伤后成长等。

3. 针对性的预防

针对性的预防则更加个人化，如针对个体的一些危险性指标对其进行自杀评估，并进行有效的预防等。

(二) 危机发生后的心理危机处理

1. 确保生理需要

危机发生后，学校首先要确保学生的基本生理需要，包括提供安全的场所、必要的食物和水等；同时给学生提供相关的信息，让学生得知危机事件的始末及目前的情况。这样做，可以提高他们的安全感。只有基本的生理需要满足了，才适合进一步开展心理干预。

2. 评估心理创伤

在心理干预开始之前，首先要评估每个学生的心理创伤水平。青少年和成年人的心理需求是不同的，而且每个学生的反应可能差异很大。评估工作最好由学校内部及周边的心理健康专业人员(如学校心理教师、社会工作者及职业心理咨询师等)进行。需要评估的因素包括：危机暴露程度、对危险的知觉、个人的脆弱性(如先前的危机经历及心理健康问题)、危机反应及应对行为等。根据危机的性质，有时学校内部成员(如教职工、校长等)也需要接受评估和调查。

3. 提供心理干预并满足需要

对师生的心理需求进行评估之后，就要针对不同的干预对象及其不同需求，提供不同形式的危机干预。

(1)根据师生遭受创伤的程度和范围，在危机干预的对象方面要注意按照严重程度的不同提供不同的干预，我们称之为"分层"。分层能最大限度地利用有限的人力资源，有针对性地提供心理干预，保证干预的效果。

第一层是普及性的危机干预，提供给所有可能有心理创伤危险的学生。根据危机的性质，这个阶段的干预对象可以是整个学校的学生。主要作用在于预防危机的影响进一步恶化，给学生带来安全感，重新建立其社会支持系统。此时，教授父母和教师如何帮助学生也是非常重要的。大部分学生经过第一阶段的干预后，都会得到较好的恢复。

第二层是选择性的危机干预，提供给那些可能受到中等程度创伤的学生。他们通常只是学生中的一部分，但如果是非常严重的创伤性危机，可能也要将干预范围扩展至全体学生。这一阶段的指导性更强，如心理教育式的团体辅导、急救性质的个体和团体咨询等。心理急救能给学生一个分享经历的机会，并明确适当的应对策略，可以帮助学生减少孤独感，增加同学间的联结。

第三层是指定性的危机干预，主要提供给那些受到最严重心理创伤的个体。他们通常是危机幸存者中很小的部分，但也可能包括较大比例的学生。这个层次的心理治疗，可能需要校外的机构提供支持及辅助。

(2)何种心理干预模式最为有效，能给受创人员提供最好的帮助，一直是研究者关注的话题。目前,国外心理危机干预领域有几套比较成熟而系统的危机干预模式,这些干预模式对于如何在我国学校环境中进行危机干预具有很大的借鉴意义。

一是美国红十字会危机干预模式。美国在危机干预方面积累了大量经验,具有比较完备的心理危机干预模式。美国红十字会危机干预模式(American Red Cross,ARC)是早期在灾难背景下产生的干预模式,也是后期许多干预模式的雏形(张黎黎,钱铭怡,2004)。

ARC 提出了心理危机干预的三种常用方法:减压(defusing)、个体危机干预和分享报告(debriefing)。其中,减压通常由 1~2 名接受过专门训练的心理卫生专业人员开展,以个体或小组形式,鼓励被干预对象在相互支持的良好氛围中讨论其情感及有关事件。值得注意的是,这种方法仅局限于缓解个体痛苦的情绪,而不是一种个体治疗,不宜用来对个体进行过于强烈或过深的探索。个体危机干预是一种为减轻灾难给受害者或救援工作者带来极度痛苦的情绪而采用的一对一的干预方法。它关注"此时此地"、问题解决及建设性的应对方式,而不涉及深层次的心理分析以及人格探究。分享报告是一个系统的教育、情绪表达和认知重构的过程,较前两种干预方法更为正式和结构化,并能在灾难发生现场使用。它是一种预先设置的、以讨论为主要形式的干预方法。在这一过程中,领导者让小组成员们分享共同的经历,从而实现彼此的心理支持(Fullerton, et al., 2002)。该方式多用于灾难救援工作者,以帮助他们将灾难有关的经历从"感受""经验"上升到更深一层的"理解""认知",从而给这种经历画上句号。分享报告也能起到教育的作用,告知灾难救援工作者正常和异常的应激反应以及可运用的应对策略。

二是危机事件应激报告模式。以 ARC 模式中的分享报告为基础,米切尔(Mitchell)于 1983 年结合军事应激干预的经验,提出了危机事件应激报告模式(Critical Incident Stress Debriefing, CISD)。这种干预模式主要用来减轻心理危机和创伤带来的急性身心症状,是针对危机或创伤性事件有结构的指导性小组讨论。这种干预模式强调在"认知—情绪—认知"的框架下,小组成员一起讨论灾难时的经历。这种模式通过灾后早期的情绪宣泄、对创伤经验的描述及小组和同伴的支持,促使参加者从创伤性经历中逐渐恢复。

标准的 CISD 包括六个阶段：①介绍期，由领导者进行自我介绍，并对成员讲述会谈活动开展的程序；②事实期，领导者请每位成员依次描述事件发生时的所见所闻，帮助每个人从其自身的角度来描述事件；③感受期，每个成员描述其对事件的认知反应，进一步接近情感的表达；④症状期，领导者询问参加者是否有身体或心理症状，确定个体的痛苦症状；⑤辅导期，介绍危机后正常的反应及应激反应模式；⑥恢复期，也叫再进入期，目标是关闭创伤事件，总结会谈中涵盖的内容，回答可能的问题，评估需要进一步随访或转介的人群（Everly，Flannery & Eyler，2002）。CISD 最初用于灾难救援工作者，尔后经多次修改完善，开始用来干预遭受各种创伤的个人，成为危机干预的基本模式之一。

三是教室危机干预模式。CISD 作为一种典型的危机干预模式，得到许多学者的调整和完善，并在其基础上发展出许多不同的危机干预模式变体。教室危机干预（Classroom Crisis Intervention，CCI）就是 CISD 在学校系统下应用的范例。该模式主要是为了帮助大量因经历共同危机而受创伤的学生，对其进行心理急救（Brock，1998）。CCI 的步骤和使用方法与 CISD 非常相似，也是由六个步骤组成，包括介绍领导者及 CCI 的规则；提供事实并驱散谣言，保证学生了解创伤的事实；分享事件始末，让学生自愿分享共同的经历，感受彼此的联结；分享危机反应，让这些反应正常化；赋能（empowerment），让学生重新获得控制感；结束时需要让学生有一种"危机已经结束"的感觉。该模式一般在课堂上进行，比较强调教师在干预过程中的作用，需要教师积极主动地参与干预计划的制订与实施，起到"促进者"的作用。但是特别需要注意的是，危机中受到创伤的教师除外，因为他们自身也是受害者，需要接受心理干预后才能进入"促进者"的团队。

CCI 是为数不多的专门针对学校系统的危机干预技术，该技术秉承了 CISD 的优势：时间短，容纳人数多，效果也相对较好。师生相互分享自己的经历，有助于加强团结，驱除孤独感，共同找出可能的应对策略；而且也可以给彼此灌注乐观和希望（Brock，1998）；同时借助这种形式，告知参与者身边可得的资源，如有必要，他们可以进一步寻求一对一的帮助。该模式对我国学校心理危机干预的具体实施，有很大的借鉴意义。

危机干预的技术很多，而创伤事件及其后果的异质性使得人们难以评定哪种技术更为有效。霍布福尔（Hobfoll）等聚集了世界范围内这一领域的专家，总结了五个受到实证支持的干预原则——安全感（a sense of safety）、平静感（calming）、个体和群体效能感（a sense of self and community efficacy）、联结感（connectedness）及希望（hope）。这些原则值得在具体干预时进行借鉴，要把握好干预的灵活性和有效性（Hobfoll，et al.，2007）。

综上所述，我们可以根据师生在危机中的受创程度，提供分层干预。而在具体实施干预时，可以借鉴比较成熟的危机干预模式，如教室危机干预等；同时也要把握好危机干预的原则，灵活运用各种危机干预技术。

(三)心理危机干预的有效性评估

对于经历危机的师生进行危机干预之后，还应该定期对干预的效果进行评估，确保干预的有效性。在评估的基础上，要对学校制订的危机干预计划进行修改，收集学校内部人员、学生家长及学生的反馈，以明确什么地方做得好，什么地方需要进一步调整。除此之外，学校的行政人员必须注意，他们自己也经历了危机事件，受到危机事件的影响。因此，给包括校长在内的学校行政人员提供身心方面的照顾也非常重要。

三、建设学校心理危机干预团队

不论在何种学校危机干预的计划中，其执行者——危机干预团队都是非常关键和核心的角色。一个危机干预计划如果没有有能力的人来实施，就不会起到任何作用。

建设学校系统的心理危机干预团队，可以从微观和宏观两个层面加以考虑。微观层面主要着眼于学校内部的危机干预团队建设，宏观层面则着眼于更大区域范围和更加系统的团队建设。

(一)学校内部的心理危机干预团队

首先,要考虑成员的组成。学校内部心理危机干预团队的规模取决于学校的大小,一般是 4~8 人。团队成员的背景最好是多元的,应包含学校行政人员、学校心理咨询师、医护人员、教师及其他提供支持的人员等。除了这些常规的成员外,学校心理危机干预团队有时还包含一类特殊的人员——辅助专职人员的心理健康工作者(paraprofessionals)。危机情境,特别是发生在学校上课期间的危机情境,所造成的恐惧和混乱经常超越了学校内部工作人员的能力范围。在压力情境下,学生更可能会转向并依赖成年人,以获得安全感和心理资源。这会给学校的内部人员带来额外的压力,因为他们自身也在危机中,需要情绪支持和指导。因此,有必要寻找外部支持系统,配合学校内部人员的干预工作。辅助专职人员的心理健康工作者是有价值的资源,这些辅助者通常被称为教师助理或教学助理。一般而言,他们居住在学校所在的社区,因为自己孩子或其他家庭成员的原因对学校非常关注。这些人员可以通过筛选来确定,并且需要接受一定的培训,他们的首要任务是提升为学生所提供的服务质量。他们可以经常在教室、餐厅、公交车或操场上和学生有很多的互动,发现哪些学生存在困难,可能需要帮助,从而辅助进行危机的预防和干预。在学校危机干预团队中包含这部分人员,可以促进交流,增强团队合作,增强学校对学生及其家庭的支持。

其次,要考虑成员的职能。一般而言,危机干预团队应包括以下角色:①领导,主要负责制订计划、召集会议、监督团队和成员;②领导助理,主要是辅助团队领导,并在团队领导不在时承担责任;③媒体协调,专门负责和媒体之间的联络;④协调沟通者,主要负责建立沟通体系(Hobfoll, et al., 2007)。同时,建议有一名团队成员负责评估。其主要职责在于设计问卷并进行访谈,收集团队成员的表现及干预有效性的评估数据。当然,这一团队也可以和当地的大学或社会服务机构合作,向他们寻求咨询和指导。

最后,这些成员需要进行有效沟通与合作,才能保证工作顺利开展。美国教育部和国土安全局提出的国家突发事件命令结构(Incident Command Structure, ICS)提供了很好的范例。该结构由以下五个相互配合的成分组成(Reeves, Brock & Cowan,

2008):

——命令发布：发生紧急事件时，需要有人发布命令，指挥各部门开展工作。命令者也可以是一个领导团队。这个团队包含公共信息、安全、心理健康及负责联络的官员。

——专业支持：接到命令后，如何制订计划，具体开展工作，是专家团队需要思考的。这些思考者要迅速评估状况，决定需要，然后和具体的实施部门协调。

——具体实施：计划制订后，需要实施者落实。实施者负责落实计划，报告即时的需要，如寻找和搜救、联合、急救等，并进行心理健康干预。

——后备支持：在落实计划的过程中，需要有人配合，提供充分的人员和物质支持，保证计划的顺利执行。资源获得者获取并管理资源，包括工具、物资和设备、志愿者及沟通系统，为计划的执行提供全方位的支持。

——财政支持：在计划执行过程中，可能会涉及一些财政赔偿问题。偿还者需要理赔必要的损失。如果学校需要进行危机相关的理赔，这一机构就非常重要。

(二)学校内外联动的心理危机干预团队

学校危机干预团队建设不仅包括学校内部的人员，而且要充分利用外部资源，强调团队协作。在学校内部的危机干预团队加强配合的同时，也需要加强跨学校、跨地区的合作，从而形成一个干预网络，争取更广泛的合作和支持。具体而言，可以从以下三个水平来考虑团队的构建：

一是区域水平的团队：这是一个多元背景的团队，包括学校行政人员、心理健康人员、警察、学术研究人员、社会服务人员等。这些人员可以每个季度举行一次会议，以回顾计划、条例和政策的执行情况。同时，这个团队要为地区水平的团队提供支持和培训，扮演信息中心的角色。

二是地区水平的团队：负责监管学校水平的危机反应系统，包含主要的政府官员及心理健康人员。他们负责地区政策和程序的制定、资源调配、人员培训及督导，并在危机时为学校提供技术支持。

三是以学校为基础的危机团队：包含学校行政人员、学校护士、社工、学校心理咨询师、提供支持的人员及教师。他们要提供直接的危机干预服务和持续的咨询服务。

综上所述，危机干预团队的构建既要从微观和宏观两个层面考虑，也要兼顾具体成员的组成和职能。我国有些学校已经初步建立了这样的团队，并和当地的教科所等研究机构进行合作，做了很多预防性质的工作。这类工作在中小学校，尤其是难能可贵且非常重要的。在 2008 年汶川特大地震后，这些团队发挥了相应的功能，起到了关键的作用。我们可以在此基础上借鉴国外的经验，进一步完善危机干预团队的建设，保证团队成员各司其职，相互配合，从而及时、有效地开展心理危机干预工作。

参考文献

[1]张黎黎，钱铭怡. 美国重大灾难及危机的国家心理卫生服务系统 [J]. 中国心理卫生杂志，2004，18（6）：395-397.

[2]Allen M，Jerome A，White A，et al. The preparation of school psychologists for crisis intervention [J]. Psychology in the School，2002，39：427-439.

[3]Brock S E. Helping classrooms cope with traumatic events [J]. Professional School Counseling，1998，2(2)：110-116.

[4]Everly G S，Flannery R B & Mitchell J T. Critical incident stress management：A review of literature[J]. Aggression and Violent Behavior，2000，5(1)：23-40.

[5]Everly G S，Flannery R B & Eyler V A. Critical incident stress management（CISM）：a statistical review of the literature [J]. Psychiatric Quarterly，2002，73：171-182.

[6]Flannery R B & Everly G S. Crisis intervention：A review [J]. International Journal of Emergency Mental Health，2000，2：119-125.

简论学校心理学的研究[*]

在近 20 年心理学的学科建设中，学校心理学（School Psychology）是发展最快的领域之一。在发达国家里，作为心理学的一门应用学科，学校心理学十分热门，是最有生机、极为活跃的心理学的一个新兴分支。1915 年，美国心理学家格赛尔（A. Gesell）作为第一个学校心理学家去学校工作。1936 年，美国应用心理学会成立时，教育心理学是其中的一个分支，学校心理学则是教育心理学的一个亚分支。1945 年学校心理学成为美国心理学 19 个分支中的第 16 个分支学科。1969 年 3 月，成立了美国学校心理学会（National Association of School Psychology，NASP），会员约 400 人；到 1986 年，学校心理学会的会员增加到 9500 人。1981 年，国际学校心理学会（International Association of School Psychology）成立，有 30 多个国家参加，这些国家都在大批地培养学校心理学家。据统计，目前美国有 200 多所大学有学校心理学专业，每年毕业生约 2200 多人，在校生达六七千人。学校心理学在国际学校心理学会各成员国的学校教育中，起着不可估量的作用。所有这些都值得我国心理学界重视和借鉴。

一、什么是学校心理学

什么是学校心理学，这在国际学校心理学界并没有统一的界定。

为了搞清学校心理学的实质，我们首先必须分析下面几个问题。

第一，学校心理学家在哪里工作？学校心理学家，大部分在中小学校工作。学校心理学的"学校"，主要指的是中小学。当然，也有少部分不在中小学，而在非教

---

　　* 本文在《北京师范大学学报（社会科学版）》1995 年第 1 期、《教育研究》2001 年第 7 期发表的文章的基础上改写而成。

育系统，如政府部门、商业部门、康复中心、私人诊所等机构工作。但是，不管这些学校心理学家的具体职务是什么，他们都把注意力放在学校之外的在校儿童青少年教育上，关心其教育环境和社会生态观点，最终还是与中小学学校教育实践紧密联系在一起。

第二，学校心理学家研究与服务对象的年龄是多大？一般的说法是 5~18 岁。但提法并不统一，有的强调 6~12 岁，有的提倡 6~15 岁，有的还提出研究生、大学生都应包括在内，如在英国、苏联等国家，学校心理学家的确深入大学工作，但这不是普遍现象。最普遍的还是把研究与服务对象界定在 5~18 岁儿童青少年身上，换句话说，学校心理学家的职业重点放在中小学的情境中，所以 5~18 岁的中小学生是他们主要的研究和服务对象。

第三，学校心理学家的工作重心是什么？研究 5~18 岁中小学生的心理特点并为其服务，并非学校心理学家的专利。因为发展心理学（特别是儿童青少年心理学）和教育心理学也是将 5~18 岁中小学生的心理特点作为自己研究的对象，不过，发展心理学和教育心理学各有其重点。发展心理学研究个体心理发生、发展的特点和规律，其中儿童心理学研究 0~18 岁儿童青少年心理发生、发展的特点和规律。5~18 岁儿童心理发展的年龄特征和发展规律是儿童心理学的重要内容。教育心理学研究教育过程中的心理现象及变化的规律。这里的心理现象，重要的是学生的心理现象。5~18 岁中小学生在教育过程中的心理现象及变化，应该是教育心理学研究的重点。学校心理学的对象主要是身心有缺陷的儿童青少年和学习有困难的儿童青少年。换句话说，学校心理学家的工作重点主要放在 5~18 岁"问题"儿童青少年或学生的身上。难怪有的心理学家说，在最基本的意义上，学校心理学是一种思维方式，是一种由各种假设整合而成的思维方式，这些假设常常用来指导、理解和矫正儿童青少年的心理和教育世界。

第四，学校心理学服务范围主要涉及哪些问题？尽管各国学校心理学家的主要服务内容有所区别，但大致有六个方面是类似的。一是心理预防和心理卫生，即预防学生在校学习期间可能出现的问题，促进他们心理健康的发展。特别是在中小学衔接阶段和心理发展的敏感期或转折期，注重采取心理卫生措施，加以监督控制。

二是心理咨询。学校开展心理咨询的主要对象首先是学生，其次是家长和教师，目的是帮助学生解决心理发展中的疑难问题和各种障碍。三是诊断性评价。学校心理学家与教师、家长等一起会诊，分析学生的有关心理症状，掌握学生确切的征兆，筛选学生心理方面的问题，以便提出排除障碍的措施。四是行为矫正。对学生语言、认知、行为方面的问题进行心理学干预，相当具体地帮助道德越轨、学习困难、情绪挫折和社会性发展不适的学生获得正常的发展。五是学习指导。所谓学习指导是指为了帮助学生实现教育的价值，以教材为媒介所进行的各种活动。包括学习内容的安排、学习方法的辅导、学习成绩的评估及反馈等。特别是比较细致地帮助学生掌握学习策略和选择学习方法，使他们学会学习，进而按照良好的学习目标和学习程序进行学习，以便获得系统的知识，形成一定的能力。六是职业指导，即对学生选择适当职业进行指导。通过心理测验等了解个体的方法，以考虑学生个人的能力、性格、体力、家庭、经历等；通过调查、统计等手段，得到职业所需要的某种特长和训练，以提供有关职业方面的信息。这样，具体地帮助学生发现自己的特点，唤起他对未来的考虑，指示机会并监督其工作情形与进展，使学生得以正确选择并从事职业，以充分发挥其各种积极性。

鉴于上述，我们对学校心理学的实质可以归纳为如下几点。

——学校心理学是心理学的应用分支，是心理学与学校教育实践相结合的结果，是心理学应用和服务于中小学校的具体表现。

——学校心理学是在发展心理学、教育心理学、临床心理学、咨询心理学等心理学分支基础上发展起来的，不仅和这些分支学科关系密切，而且也是这些心理学分支融合的结果。

——学校心理学的研究对象主要是 5~18 岁的学生，尽管它也探索正常儿童青少年的心理特点，但其侧重点还是研究有身心缺陷和学习困难的所谓"问题"儿童与青少年。

学校心理学的出现与崛起，既为学生心理健康教育提供了心理科学的依据，又提供了公职人员从业的机会。学校心理学家进入学校，不仅为学生防止心理疾病、保持心理健康(mental hygiene)积极地开展了工作，而且也是学习辅导、职业指导和德育工作的一支不可缺少的力量。

二、为什么要开展学校心理学的研究

为什么要开展学校心理学问题的研究？这是由于多种原因所致。

一是社会问题。在西方，犯罪、毒品、家庭破裂困扰社会，也是众矢之的的"公害"，且成为直接影响儿童青少年心理健康的三大社会问题。以美国为例，每17分钟发生一起袭击事件；每21分钟有一人受害而死；每1分钟发生一起强奸案；每4秒钟发生一起扒窃案；每17秒钟有一起持枪抢劫案；每18秒钟有一辆汽车被盗；60%的美国人因不安全考虑限制自己的活动区域；22%的美国人因不安全而变换工作地点；13%的美国妇女曾是强奸案的受害者；受害而死的黑人比白人多6倍；13%的中学生至少有过一次受到武器威胁的经历；有10万名学生携带武器上学；16万名学生因害怕暴力而不去上课(1994年7月23日《光明日报》据1994年7月16日法国《观点》周刊资料选登)，据美国政府的调查，暴力犯罪一年可达200万起，杀人事件达24000起，离婚率高达40%。18岁以下的孩子，27%只有一个尚未结过婚的亲人，而黑人的孩子占57%(1994年8月31日日本《朝日新闻》)。社会问题，影响儿童青少年的心理健康和道德面貌，致使青少年犯罪率达45%，每年递增39%。学生问题多，需要有专人做工作，这是学校心理学家大批出现的根本原因。

二是科学发达，生活优越且教育管理不严而带来的学生问题。在发达国家，电子计算机已基本普及，计算器已成了令人不屑一顾的小玩意儿。中小学生普遍使用计算器，除日本严格禁止之外，其他国家都没有强有力的条文规定，这就导致学生不好好学习数学。美国的中小学分两类，一类是公立学校，另一类是私立学校。私立学校又分私人学校和教会学校。私立学校学费昂贵(几乎花费家长三分之一的工资)、管理严格，学生普遍学习努力、刻苦、道德面貌也较好。公立学校条件良好、免费上学、午饭一般是由学校供应，16岁以下学生上学和放学有校车接送，可是学生中却有相当一部分纪律散漫、学习放松、不遵守公德、厌学情绪突出，等等。也由于生活的优越，有的家庭对孩子溺爱而使其从小任性，不能形成控制自己行为的良好习惯，于是多动症学生比例越来越高。学生中这些问题的出现需要有人来辅导学习，矫正不良行为和矫治多动症等行为问题，这也是学校心理学家进入学校特别是公立中小学的直接原因。

三是学校咨询事业发展。心理咨询(psychological counseling)的原意是指对人们，特别是对心理失常的人，通过心理商谈的程序和方法，使其对自己与环境有一个正确的认识，以改变其态度与行为，并对社会生活有良好的适应。咨询者尽管有心理正常的人，但一般以心理失常者为主。心理失常，有轻度和重度的之分，有机能性和机体性之分。心理咨询以轻度的、属于机能性的心理失常为主要对象。心理咨询的目的是要纠正个体心理上的不平衡，使其对自己与环境重新有一个清楚的认识，改变态度和行为，以达到对社会生活有良好的适应。在中小学里，有"问题"儿童青少年，也有"学校处境不利"儿童青少年。所谓"问题"儿童青少年，通常指品格上存在问题且经常表现出来的儿童青少年。这里，一是指品德发展上有缺点，二是指性格发展上有偏畸。这类儿童青少年在中小学里，较多地表现出纪律松弛、品德不良、情绪消沉、焦虑紧张，甚至闹学、混学和逃学等。所谓"学校处境不利"儿童青少年，通常指智能潜能正常，但在学校中处于低下地位，实际上被剥夺了基本学习权利与学习可能的学生，也指本身发展能力迟滞、学习成绩落后、行为不良等不能适应学校学习的学生和由较低水平的学校转到较高水平学校时不能很快适应新环境的学生。如何通过学校创造条件、教师与家长的关心及本人的努力改变这种"问题"和"学校处境不利"的地位，使这部分儿童青少年在中小学里健康成长，学校心理咨询工作必然成为主要的途径。学校心理学家正是这种学校心理咨询的主力军。

四是危机期问题的讨论。危机期(crisis period)出自危机论(crisis theory)。它是当代西方心理学界流行的一种青少年观。该理论从西方社会生活方式特点、人际关系和家庭结构的现状所造成的反抗社会、反抗成人、蔑视法律、铤而走险的事实出发，认为个体发展到青少年期不可避免地要出现反社会行为，要和现实、成人发生冲突。危机论表现在各学派心理学家的思想上。例如，斯普兰格(E. Spranger)将青少年期比喻为"第二次诞生"；霍尔把青少年期比喻为人生航途中的"疾风怒涛"(strum and drung)般的不平静的、动荡不安的时期；勒温(K. Lewin)在阐述青少年心理特征时，认为青春期是由儿童的"心理场"向成人的"心理场"过渡的阶段，青少年在未知的环境中无法明确自己的行为方式，就成了介于儿童与成人之间的"边缘人"（marginal man）；霍林渥斯（L. S. HollingWorth）将青少年描述为摆脱依赖，要求在家庭中获得平等与独立地位的"心理断乳期"；埃里克森明确地提出，青少年发展任务是自我同一性的确立及防止自我同一性扩散，避免自我同一性危机，促进人格健康的发展。围绕"危机期"将问题提出来，这仅仅是发展心理学对青少年心理发展特征的阐述。如何开展进一步的讨论，特别是在教育实践中克服这种危机性，使青少年顺利地度过"过渡期"，那就要依靠学校心理学家来解决问题了。

因此，学校心理学是心理学为学校服务，解决学校实践问题时的产物。学校心理学家目前在中小学开展工作，出于教学、教育和咨询等目的开展个人智能的心理测验；对在校儿童青少年进行和学校教育有关的心理治疗；与教师和学校人员密切配合为学生开展心理卫生工作，使他们有最良好的社会适应（P. J. Woods，1979）。

三、如何开展学校心理学的研究

学校心理学家不仅进行应用服务，而且也从事课题研究，以提高其工作的科学性，并扩大自身的影响。

学校心理学是如何开展研究的？主要是在学校背景中，结合教师的教育和学生的学习进行研究。研究儿童青少年存在的问题：如何进行测量、鉴别和防治；分析原因是什么；如何通过教育训练促进这些儿童青少年发展。所以，学校心理学家研究的课题，主要是应用性课题。难怪有的心理学家，如巴顿（J. I. Bardon）曾建议将学校心理学改名为"应用教育心理学"或"教育者心理学"。正因为学校心理学家研究的是学校教育的应用课题，所以科研经费比较容易搞到。例如，肯特州立大学的一位学校心理学家研究如何发展以计算机为基础的小学几何教学改革，以帮助学习几何有困难的儿童发展兴趣，提高教学质量。这是一个非常小的课题，却获得了50万美元的资助。但学校心理学界有不少课题是有相当水平的，我们这里仅举四个方面来进行评介。

其一,儿童多动症矫治的研究。在西方国家,多动症(Hyperkinesis)儿童出现率比较高,不同报道有不同统计数,一般认为在 3%~10%。多动症儿童在学校成为破坏纪律、影响学习、妨碍交往的特殊学生,于是如何矫治儿童的多动症也成为学校工作者的难题。学校心理学家不同意将多动症理解为"轻微脑功能失调"(Minimal Brain Disfuction,MBD),而同意《美国精神病学会诊断与统计手册》(第三版)提法"注意缺乏障碍"(Attention Deicit Disorder,ADD)。过去,对多动症儿童采用了药物疗法,食物疗法(认为多动症儿童吃甜食太多,于是减少这类儿童吃甜食),行为纠正和奖罚方法,但效果并不佳。学校心理学家开展了"认知行为纠正"方法的研究,针对多动症儿童注意缺乏障碍,从注意入手调整其认知策略。例如,学校心理学家在多动症儿童面前呈现二幅"猫"的图画,这二幅猫图乍看起来几乎一样,但仔细观察却有多处的差别。于是学校心理学家利用多动症儿童的兴趣,让他看图,不断引导他集中注意力找出差别。又逐渐将这种效果在日常学习中去巩固,且加以鼓励。这种有利于多动症儿童改变认知策略和思维组织的方法,主要机制在于考虑到注意与认知的关系。研究证明,这种方法对所有多动症儿童都有效。学校心理学家还注意将这种方法与其他方法相结合,且减少或不用药物治疗,在教师、家长的配合下,学校心理学家帮助多动症儿童克服学习困难,获得良好的发展。

其二,父母离异子女心理特点及其良好适应性的研究。西方国家离婚率高,离婚父母抚养下的子女有一半是贫穷的,他们没有健康保险,三分之一有辍学的危险,更多的有心理上的创伤。因此,在近 20 年来,他们一直受到学校心理学家高度重视。美国学校心理学会前主席约翰·哥德堡(John Guidubaldi)领导美国学校心理学会 144 名会员,对离异家庭子女心理特点及其适应性进行了长时期的深入研究。研究表明,离婚导致了子女和父母双方的压抑和不安。离婚家庭和完好家庭的子女在社会性——情绪、在学业——智力指标上存在较明显的差异。父母婚姻状况对男孩的影响比女孩更大;特别是在较大年龄水平上,父母离婚的不利影响首先被男孩所体验到,甚至在单亲家庭生活平均 6.39 年后,离婚家庭中的男孩仍在一系列指标上表现出比完好家庭男孩的适应性较差。离婚所造成的子女适应危机不是一种暂时现象,他们不可能在父母离婚后的一两年内就逐渐适应;离婚不仅导致双亲经济和社会资助来源上的变化，而且还引起子女与双亲、同胞、亲友和同伴关系上的变化；这种变化随年龄不同而不同，随着相当长时间的流逝，并随着生活，特别是父母与子女往后生活关系的变化，才逐步开始适应现时的环境。美国学校心理学会的研究成果，引起美国政府、司法部门，甚至总统的关注。法院对父母离婚后子女归属问题、监护抚养问题、原先父母与子女关系问题等方面做出了相应的条文规定。

其三，问题儿童临床心理学的研究。近年来，学校心理学对在校儿童在发展过程中出现的一些心理和行为问题从临床心理学的角度进行了大量的研究，并且在诊断与治疗、矫正等临床实践方面做了许多有益的尝试，取得了一定的成效，有的还形成了较为系统的干预方案。学校心理学家在这方面的工作主要集中在学习困难和学校恐惧症等的诊断与矫正领域（King，1993）。学习困难是指感官和智力等方面正常，但在学习方面存在困难而导致学习结果远未达到教学目标的心理问题。其中，最为常见的是阅读困难（dyslexia）。据美国学校心理学家的初步统计，在阅读与写作过程中出现困难的学生约占学生总数的10%。对于患有阅读困难的学生，学校心理学家一般采用一些特定的智力与成就评价工具，如标准化多水平成就测量套表（Standardized Multilevel Survey Achievement Batteries），对问题所在进行评价、诊断，然后根据具体情况加以训练。其效果良好，可以使这些学生跟上正常班级的教学进度。在美国，大多数公立中小学都设有由学校心理学家主持的针对学习困难学生的特殊训练班（武杰，1990）。学校恐惧症是儿童因对离家上学极度害怕而表现出的心理和行为征兆，通常表现为腹痛、头疼、呕吐、腹泻等躯体性症状并伴随焦虑、抑郁和恐惧等心理症状。据统计，有0.4%～2%的中小学生患有学校恐惧症。学校心理学家对学校恐惧症的表现、病因及分类等问题进行了大量研究，并提出了基于经典性条件反射（系统脱敏法）及操作性条件反射的治疗程序。一般而言，治疗效果良好（Ollendick & Prinz，1993）。

其四，青少年抽烟问题的研究。青少年抽烟问题是近几年来学校心理学家较为关注的领域之一。来自不同国家的研究均已显示，青少年抽烟的人数比例在近几年里有急剧上升的趋势。许多研究已揭示，抽烟不仅对青少年的身体健康有危害，而且对青少年的学习、与父母的关系、与同伴的关系、青少年问题行为、轻微的违法犯罪行为等都有不良的影响，因此青少年抽烟成为学校心理学家致力研究和解决的问题。学校心理学家主要从认知理论和社会学习理论出发，研究了青少年抽烟行为形成和发展的原因，涉及的因素包括父母、成人及同伴的抽烟行为及对抽烟行为的态度，青少年自身的抽烟期望，与父母和同伴的关系，学习压力，自尊及自我效能感，寻求刺激、新奇及不寻常体验的愿望，抑郁及心理烦恼等，其中研究最多的是父母及同伴的抽烟行为及对抽烟行为的态度。结果发现，父母和同伴的抽烟行为及对抽烟的态度是青少年抽烟行为的预测源。父母和同伴，特别是友好伙伴的抽烟行为与青少年的抽烟行为有明显的正相关，父母和同伴的压力是青少年抽烟的重要影响因素。有些研究还特别关心随着青少年年龄的增长，父母和同伴对青少年抽烟行为的影响的相对作用。结果发现，在青少年从早期向晚期发展的过程中，父母和同伴的影响一直在起作用，只是有些研究发现同伴的作用逐渐超过父母，而有些研究发现父母与同伴的作用并没有显著差异。从研究中，学校心理学家提出了一些预防和干预青少年抽烟的措施与策略。例如，教会青少年如何面对同伴要其抽烟的压力，如何拒绝同伴的压力；通过各种途径向青少年提供有关抽烟对身体和心理健康发展造成的危害的信息，等等。这些方法在实际的应用过程中取得了很好的效果。

由此可见，学校心理学家尽管把工作重心放在应用上，特别是为中小学的服务上，但同时也做了大量的研究工作，一些学校心理学刊物，如美国的《学校心理学》（1963年创刊）和《学校中的心理学》（1964年创刊），世界性的《国际学校心理学季刊》（1980年创刊）都发表了很多有质量的研究成果，两年一次的国际学校心理学学术大会也报告了不少有分量的研究成果，这对学校心理学的科学建设是有价值的。

四、学校心理学的未来发展趋势

（一）学校心理学家的角色和功能将更明确

从国外的资料和国内近年来学校心理学的实践中我们可以看出，进入21世纪，学校心理学家在学校的教育教学中将主要扮演四种角色：学生心理卫生的保健者、德育工作的辅助者、学生学习的辅导者和学生职业选择的指导者。

第一是学生心理卫生的保健者。对学生进行心理健康教育，培养学生良好的心理素质，是学校心理学家的首要任务。不论是测量性评价、学校心理咨询，还是进行行为矫正和开展各种辅导，学校心理学家的作用都是当好学生心理的保健医生。无论是在发达国家的中小学里，还是在我国的中小学里，学生在心理健康方面都是存在问题的，归纳起来主要表现在三个方面。一是人际关系问题，如师生关系的问题、亲子关系的问题、同伴关系的问题和对异性看法的问题，等等。二是学习问题，如学习压力问题、厌学问题、学习困难问题、学习障碍问题，等等。三是自我方面的问题，如自我评价问题、自我体验问题、自制力问题，等等。人际关系问题、学习问题和自我方面的问题三者往往联系在一起，构成学生心理行为的并发症。上述问题的解决都离不开学校心理学家。

第二是德育工作的辅助者。在西方国家里，学校心理学家是学校德育工作的一支重要力量。在学校里，不仅有正面的德育工作，还有对品德不良的矫正工作。通过正面教育，培养学生各种良好的道德行为习惯，这是学校心理学家常用的办法。矫正不良的道德行为，在西方学校心理学中也很受重视，并形成了各种理论，诸如人性—生物理论、挫折—攻击理论等。学校心理学家根据自己所依据的理论，详尽分析行为困扰、父母教养方式与青少年暴力的关系，社区环境、教育与青少年暴力的关系，暴力青少年人格特质的有关因素等，按照暴力青少年情绪的稳定性、社会适应性、性格内外向性和自我反省性的特点，有的放矢地给予行为矫正。

第三是学生学习的辅导者。学校心理学家的另一个重要工作是对学生的学习进行辅导，做学生学习的辅导者。这种辅导有两个方面的含义，一是面向全体学生，对他们进行学习方法和学习策略的指导，帮助他们掌握正确的学习方法，以提高学生的学习效率，这方面的工作现在通常是由广大的中小学教师在做。二是主要针对学习障碍学生出现的学习问题进行相应的辅导与矫正。学习障碍是中小学生常见的一类问题，这类问题对学生的身心发展会产生严重的影响。通常，家长和教师会认为这类学生的学习动机不强，或者认为这类学生的智力发育有问题，而对他们采取说教、强制，甚至奚落的方法，其结果是雪上加霜，使这些学生学习兴趣全无，与其他学生的差距也越拉越大。这是学校心理学家可以也应该发挥自己职业专长的一个辅导领域。

第四是学生职业选择的指导者。初中毕业或高中毕业后，一些学生要进入社会，参加职前技术训练或直接投入社会劳动。因此，选择一个合适的职业，对于这部分学生来说就非常重要。然而，限于自我认识和社会阅历的欠缺，一些学生还不能正确地认识和选择自己的职业。如何帮助学生认清自己的职业兴趣，掌握选择职业的技巧，应是学校心理学家工作的一个重要方面。

(二)学校心理学服务的范围将进一步扩大

一般来说，学校心理学家的工作领域在学校，其服务对象是在学校学习的学生及学校教师和学生家长。最初学校心理学家的工作重点是指导教师帮助学习困难、品行不良的问题学生及存在身心缺陷的特殊学生。近年来学校心理学家的工作范围有扩大的趋势，不少国家学校心理学家的工作目标指向学校情境中的所有心理学问题。例如，帮助学业不良的问题学生，对学生的学习进行诊断评估，对教师的教学进行诊断评估，解决教师、家长在教育学生时遇到的心理学问题，为学校师生提供心理咨询，研究学校管理、课程设计中的心理学问题，协助教育管理者优化学校育人环境，等等。进入 21 世纪，学校心理学的服务范围进一步扩大，这表现在三个方面：为整个学校的学生服务，为更大年龄范围的人群服务，关心整个社会的福利。

在确定学校心理学的服务范围时，有几点必须引起注意。

首先，谨防赶潮流。学校心理学家应该避免"赶时髦"，以免频繁更换服务功能。学校心理学家应该参与到符合儿童青少年发展的潮流或运动中，同时也应坚持职业本身的宗旨。在评估领域，我们仍要注意避免赶潮流，既理解人，也理解相互作用，同时重视各种评估技术的互补性。

其次，重视学校心理学的心理健康定向。我们预计，学校心理学家将增加与心理健康有关的服务，把学校环境看作一个提高心理健康的适当场所。这样的话，学校可作为学业和个体社会化的中心。大部分学校心理学家如果没有经过大量的培训和经验将难以处理这两个领域的问题。更有可能的是学校心理学家依培训、专业和兴趣的不同而区别职位。还有可能会有更多的咨询和临床心理学家、社会工作者和学校顾问加入学校心理健康服务的领域。

最后，谨慎变革。未来学校心理学家将需要与行为改变和教育相联系的评估技术。虽然学校心理学家的主要角色是评估者，但这一角色内涵已经扩大了，并将继续扩大。大部分变革将指向干预和咨询的方向(Stoner, Shinn & Walker, 1991)。这些角色很容易与传统角色兼容，很多地方有很悠久的传统，在某种程度上几乎被所有的学校心理学家实践着，并在普通教育或特殊教育内得到扩充。此外，很多学校心理学家很熟悉一些由新方法带来的技术，它们也许会为那些有可能参加其执行的教师和支持人员的咨询进一步提供机会。

五、关于我国学校心理学的思考

发达国家学校心理学的迅速发展，促使我们思考如何在我国开展学校心理学的研究。

(一) 我国建设学校心理学的必要性

我国系统引进学校心理学并开展对学校心理学的研究还是近十余年的事情。在我国开展学校心理学的研究，既是心理科学自身建设的需要，又是教育实际的需要。我国心理学建设的任务之一是要健全心理学的各个分支。学校心理学既然是重要的心理学分支，又是当前国际心理学界与临床、咨询、工业三个心理学分支并列的具有开业资格的四大职业心理学之一，当然应为我国心理学界所重视。1993年10月，中国心理学会第六届理事会成立时，经中国科协批准把学校管理心理学专业委员会改为学校心理学专业委员会，可见我国心理学界重视学校心理学的建立和建设。教育的目标就是培养全面发展的人，人的发展包括身体的、生理的发展和心理的发展。因此，教育要促进学生身心的发展，就离不开心理健康教育。提高学生素质的教育应包括旨在提高学生心理素质的心理健康教育。由此可见，心理健康教育是教育应有的内涵之一。现在，人们逐渐达成了这样一种共识，即健康不仅包括身体健康，也包括心理健康。《世界卫生组织宪章》就开宗明义地指出："健康不仅是没有疾病和病态，而且是一种个体在身体上、精神上、社会适应性上健全安好的状态。"健康已不仅仅是传统意义上的身体健康或没有疾病，而且包含良好的精神状态、健全的社会适应能力，即身心健康。只有在基础教育中抓好学生的心理健康教育，把他们培养成身心健康的人，他们将来才能顺利适应竞争激烈的社会，并为社会做出贡献。正如教育部有关文件指出的那样，心理健康是青少年走向现代化、走向世界、走向未来建功立业的重要条件，健康心理的形成，需要精心、周到的培养和教育。目前，中小学生越来越多地出现心理健康问题，迫切需要开展和加强心理健康教育，这就要求心理学家参与去共同解决问题。

然而，我国目前还没有真正的学校心理学，即使在学校心理学方面做了一些研究的，或为中小学实践做了一些服务的，也不是专业的学校心理学家，而是发展心理学、教育心理学、咨询心理学、临床心理学、心理测量学和特殊教育等方面专家所进行的一些理论探讨和应用研究。这不仅说明我国建设学校心理学的必要性，而且也反映其迫切性。

(二)对我国学校心理学建设的设想

尽管我国古代就有心理学思想，但科学心理学来自外国。现在，为了建立和建设符合我们国情的学校心理学，也必须批判地吸收国外学校心理学的建设经验，这是形成和发展我国学校心理学的前提。

一是队伍建设。学校心理学家从哪里来？发达国家来自两个方面：一方面是现有心理学家深入学校与学校教育实践相结合，从事学校心理学课题的研究；另一方面靠大学心理系、教育系(学院)来培养。大学如何培养学校心理学家呢？联合国教科文组织对学校心理学家的资格和训练提出过三项要求：①具有教学文凭或教师合格证书；②五年以上的教学经验；③系统修完有关心理学课程。目前，多数国家都按照这三项要求从中小学教师(受过高等教育)中培养学校心理学家。例如，澳大利亚允许符合条件的教师向所在州的教育部提出申请，获准后花一年时间自费学习心理学的有关课程，并取得有关证书，即可从事学校心理学家的实践工作。联合国教科文组织要求 6000~7500 名中小学生中至少有一名学校心理学家，按此比例，我国至少需要 2.5 万至 3 万名学校心理学家。而中国心理学会会员总数才 8000 余人，这样即使全体改行成学校心理学家，也不到所需的 1/6。目前大学心理系每年的毕业生只有 300 人上下。如果全部培养为学校心理学家，且人人健康，长生不老，需要 100 年才能培养成功。因此，我国的学校心理学家只能主要来自中小学教师。

二是课程与学位。学校心理学专业的课程由心理系或教育系(学院)设置，一般包括学校心理学、教育心理学、发展心理学、各种研究方法、心理教育评价、行为治疗、会诊、咨询和职业指导，许多课程要求有特殊教育的内容。此外，要有学校实习。在多数发达国家，学校心理学家中博士占少数，多数具有硕士学位，或者是具有学士学位另加一年专门学习。这些要求，我们可以直接借鉴。我国心理学老前辈陈立教授 1992 年谈学校心理学专业培养时，对本科生的建议是：学科的内容针对性强，基础课要求面广而内容精，要根据学校心理学家的要求而突出重点，专业课要务实，力求用得着。他提出将普通心理学、发展心理学、德育心理学、各科教学心理学、教育学、医学心理学作为基础课；将学校心理学、咨询心理学、测验心理学等作为专业课；方法论(包括观察与职业指导等)则应以实习为重点。他认为学校心理学的硕士、博士学位暂时无法实行，但强调研究，认为加强科研能力的培养是当务之急。这种见解不仅与国外的经验具有一致性，而且对学校心理学中国化研究是非常有价值的。近年来，北京师范大学发展心理研究所一直在举办心理健康教育方面的研究生课程班，招收中学教师或小学中有大学学历的教师来所学习，学习课程与上述一致，但由于种种原因，课程班结业者中获硕士学位的是极个别的。

三是学校心理学的目标与任务。发达国家学校心理学的目标与任务尽管提法不同，但其实质是一致的。美国学校心理学的主要目标是，为儿童青少年提供直接和间接的心理服务，以提高他们的心理健康水平和学业成就。澳大利亚学校心理学家面临的课题是，如何提供服务、职业认可及与学校协调一致。苏联学校心理学的主要任务是，解释学生学习困难的原因，消除和预防心理发展中出现的偏向，解决各种个人问题。我国学校心理学的建设，要强调为学生心理健康服务的目标，抓好三项基本任务：①与学校工作相协调，向教师提供心理科学知识，便于学校开展心理健康或心理素质教育，这是当前我国学校心理学的主要目标和任务；②与家庭教育相协调，帮助家长学校和家长委员会向家长提供心理学方面的建议，使家庭教育与学校教育、社会教育融为一体，为学生提供心理卫生的良好环境；③开展学校心理学课题研究，为各种"问题"儿童青少年解决问题，以便增强他们的适应性。为此，普及和宣传学校心理学是极为重要的。

四是学校心理学家的专业作用和专业培训。国外强调学校心理学家在诸多方面发挥其专业作用，他们是儿童心理学、教育心理学和社会心理学等分支的专家；心理诊断、辅导和咨询等方面的专家；学科教学法专家；因材施教、灵活处理问题的教育专家；进行心理干预矫治的专家，等等。这些专业知识来自系统的专业培训。学校心理学家因工作性质需要似乎有点像"万金油"，然而他们确实从事着为学校实践服务的繁重工作，尽管他们的专业知识的深度和力度不一定理想。我国目前尚未有一支学校心理学家的队伍，就谈不上能发挥什么专业作用，即使上面提到的依靠中小学教师作为学校心理学家队伍的来源，但专业知识和有关技能的培训怎么办，这是一个难题。如果不解决，发挥其专业作用是相当困难的。为了解决这个问题，目前我国学校心理学家的培训主要依靠四方面力量及其相互配合：①占我国心理学家队伍 70% 以上的儿童心理学家和教育心理学家；②探讨变态心理、临床心理的医学心理学家；③研究残疾、智力障碍者心理与教育的特殊教育专家；④在近年来发展较快且日趋成熟的心理测量专业专家。这些队伍在我国当今心理学与教育研究中实力雄厚，相当活跃。他们既可深入学校为学校实践服务，进行学校心理学课题研究，又是培训学校心理学家队伍的专业力量。在他们的努力下，在不远的将来建立起一支我国学校心理学专业队伍且积极发挥其专业作用是完全有可能的。

(三) 科学性与实效性是当前学校心理学建设的两大支柱

我国学校心理学的建设是从学校心理健康教育入手的，起步于 20 世纪 80 年代。这些年来中小学心理健康教育的发展确实非常快，主要成果概括起来有四个方面。第一，中小学校特别是城市的中小学校越来越重视心理健康教育，各地教育行政部门领导也开始重视。第二，高校与科研工作者走向实际，与中小学心理健康教育相结合，培养了一大批从事心理健康教育的教师。第三，各地纷纷编写教材，"百花齐放"，积极进行探索和实验。第四，有相当一批学校在心理健康教育方面以预防为主，开展了心理素质的测试、心理辅导、心理矫正及建立心理咨询室等工作，并逐步走向正规化。这为我国学校心理学的发展奠定了基础。当前，从学校心理健康教育到学校心理学的建设，其关键在哪里？我们认为一是科学性，二是实效性，这可视为两大支柱。

不科学和无实效是当前学校心理健康教育的主要问题。学校心理健康教育涉及心理学的很多知识，也涉及特殊的职业道德等问题。但目前中小学校存在一些模糊认识和认识误区，主要表现在以下几点。第一，对现实中存在的心理健康问题，认识上没有一个统一的指导思想。有人把心理不健康的现象看成是中小学生当中普遍存在的问题，甚至认为心理不健康的比例在50%以上，这简直是危言耸听；也有人不重视心理健康教育，认为根本没有什么心理不健康的现象。这两方面必然导致要么把问题扩大化，要么就不重视，都不利于心理健康教育工作的深入开展。第二，误认为谁都能搞心理健康教育。其他学科都需要本体知识，好像只有心理健康教育不需要。一些人没有经过培训就上岗，致使有的人把应该为学生保密的东西到处做例子讲。第三，一些地方没有把心理健康教育当作大事对待，而是作为一种创收的手段。如果我们认识不到心理健康教育的紧迫性，又缺乏科学的态度和科学的手段，那么我们的学生心理行为问题就会越来越多。

一旦有认识误区，在实际工作中就会出现各种各样的问题。首先是不少学校不能按科学的方法来处理问题。心理健康教育本身是一门学科，必须按照科学原则实施。其次是无效性，流于形式，搞得轰轰烈烈，但不能深入学生实际，或者对学生讲得很好，但没有针对性。最后就是不懂得心理健康教育的职业道德。

现在出现了很多提法，如心理教育、心理素质教育、心理品质教育、心理健康教育等。这些提法本质上是一致的，只是各自角度不一样。在探索阶段应提倡"百花齐放"，做各种形式的尝试。现在的问题在于：一是"一纲多本"的问题，现在"本"（教材）有了，但"纲"（教学大纲）没有；二是怎么教的问题，心理健康教育有其自身的特点，最重要的还在于扎扎实实抓出实效。

提高学校心理学科学性与实效性的对策。要提高科学性，学校应首先组织从事心理健康教育的学校实际工作者认真学习学校心理学。在选择教材上，要注重教材的科学性、系统性、可操作性；在教育手段上，要根据心理健康教育的原则，以人为本，强调学生的各种心理健康和行为指标的提高；在评价方法上，要注意运用学校心理学的科学手段，如测查工具、统计技术等；在建立心理档案方面，要按科学程序进行；建立心理咨询室时，也要讲究科学性，应是典雅、温馨、安全、舒适的统一。对专业心理学家来说，应该和广大学校实际工作者一道，积极、深入、系统地开展学校心理学的课题研究，以丰富我国学校心理学的成果。要提高实效性，首先，必须以面向全体学生为主，个别辅导为辅。心理健康教育要有自己的科学方式，主要突出活动，但又不是纯粹的活动，而是通过活动让学生获得心理体验来改变自己的观念。其次，必须强调行为训练。心理健康教育只停留在说教或只灌输理论知识，而不让学生去亲身体验，是不能收到实效的。至于职业道德，几乎现在心理学方面的书后都附有职业道德标准，从事心理健康教育的教师应该以此为鉴。

我国学校心理学的发展前景是非常广阔的，但一定要结合我国国情，吸取国外的先进经验，从科学性、实效性——学校心理发展的两大支柱出发，一步一步地来。同时，这也是一个自下而上、自上而下的系统工程，需要教育行政部门、学校和教师及心理学科研工作者的共同努力。

参考文献

[1]林崇德，辛涛，邹泓. 学校心理学[M]. 北京：人民教育出版社，2000.

[2]Fagan T K & Wise P. S. School psychology：past，present and future[M]. Bethesda，MD：National Association of School Psychologists，1994.

[3]Gutkin T B. The handbook of school psychology[M]. Hoboken，NJ：John Wiley & Sons Inc，1990.

灾后中小学生的长期心理援助模式

——基于 TAT 和 SAP 的比较[*]

一、前言

　　心理干预，尤其是大规模灾难后的心理干预，不是三五天甚至三五个月就能完成的，而是需要更长时间来进行的工作。"5·12"汶川地震已经过去一年多，现阶段是灾后中长期的心理康复期，也称心理恢复重建阶段。这时候人们的生活已经逐渐步入正轨，大多数人的应激症状已经随着时间减缓或消失，但仍然有些人的症状是持续加重的。尤其对于发展中的中小学生而言，他们正处于人生观、世界观和价值观逐渐形成的时期，很多想法还不成熟、不稳定，具有较大的动荡性，灾难对他们的冲击不是短时间内就可以消除的。

　　有研究显示，目前极重灾区中小学生的问题可以概括为两个方面：一是地震直接引发的问题，如过度的恐惧情绪；二是和地震相关较小的一般行为问题，如注意力不集中、问题行为增加、学习动机下降等。这些问题的出现可能有三个方面的原因：一是这些问题在灾难前就已经存在，因为灾难的原因而激化；二是灾难的持续影响，导致学生对学习的意义、人生的价值产生怀疑，失去目标和动力，从而表现出问题行为；三是来自家长对学生学习期望的降低，认为孩子好好活着才是最重要的。很多教师认为(伍新春，侯志瑾，臧伟伟，2009)"很大一部分学生，灾难对他们的健康成长影响很大，特别是小学生和脆弱的学生。面对困难，充满希望的去生活和学习，对他们一生的成长都是非常重要的，否则他们都要带着阴影去学习、生

---

* 本文原载于《华南师范大学学报(社会科学版)》2009 年第 4 期。本文其他作者为伍新春、侯志瑾、付芳、臧伟伟。

活，对他们的成长很不利。""学生确实在心理上存在很多的问题。"

因此，从灾区中小学生自身的状况而言，他们需要长期、持久的干预，让其重拾生活的信心和勇气，让灾难成为他们成长的契机，促使他们更加珍惜生命，获得正确的人生观和价值观。同时，从教育部目前的总体规划而言，现在要做好两方面的工作：一是根据不断复课的教育教学需要，制定进一步做好和长期做好心理援助工作的专业要求和方案；二是必须储备更多的心理工作者队伍，调动各方面的积极性。储备的这支力量要按照当地的实际进展情况，陆续派出(尹晓燕，2008)。总而言之，不管是自身需要还是行政号召，对灾区中小学生的长期心理援助都势在必行。因此，在当前的状况下，怎样整合各方面的资源，运用恰当的模式给灾区的中小学生提供长期的心理援助就成为值得探讨的问题。

本文介绍了国外两种比较有借鉴意义的长期学生援助模式，在对比两种模式的基础上，结合我国的实际情况，提出了汶川地震后中小学生的长期心理援助模式。本研究不仅从理论上探讨了大型自然灾难后中小学生的长期心理援助模式问题，对以后类似状况的处理具有借鉴意义；而且结合我国目前的实际特点，对心理援助具有指导意义，具有很强的现实价值。

二、TAT 和 SAP 的内涵及比较

(一)TAT 的干预理念

TAT(Teacher As Therapist)是教师作为治疗师的简称，其理念提倡把教师当作一个提供支持的资源帮助有特殊需要的学生。这些学生通常有严重的情绪和行为障碍，导致其出现一系列的学业问题。该理念的主要目标是促进学生的心理健康，在学校里创造一个健康的环境以帮助这些学生取得进步。

这一理念目前在西方世界正在逐渐得到普遍的认可和应用。例如，以色列的学校设有专门的支持性质的心理治疗课程(therapeutic class)，用以帮助有情绪问题的学生。作为治疗师的老师要为学生提供心理健康方面的服务，通过提高其心理健康水平促进其学业表现。课程设计的框架主要借鉴心理动力学中的人际关系行为模式

及社会情境理论，让教师注重改善学生的人际关系，让学生与他人的沟通和交流更加有效，同时关注学生的情绪及表达方式。通过这种模式，为学生营造一个健康的学校环境，更好地帮助有情绪问题的学生（Manor & Margalt，1986）。

所有的作为治疗师的教师刚开始都是一般教师，经过若干年后，在他们职业生涯的某个阶段，他们转变为治疗师。一般来讲，他们既有教学的经历，也有作为治疗师的经历。在 TCT 中，大部分教师都接受过一些特殊训练，很多教师接受过不止一种的训练课程。经过培训后，这些教师负责专门的心理治疗课程，为有情绪和行为问题的学生提供服务。

美国的法利等人（Farley & Manning）也根据教师作为治疗师的理念发展了一套干预项目，让心理咨询师和学校教师合作共同帮助学生。该方案主要是通过干预教师来干预学生，即让教师、家长和咨询师合作，共同帮助有行为问题的学生。该计划被证明非常有效，并得到广泛推广。同时，以色列的研究也发现，以色列南部地区41% 的参加过治疗性课堂的学生，在传统课堂上的学业成绩都有所提高（Manor & Margalt，1986）。

（二）SAP 的实施策略

1. SAP 的目标和内容

SAP（Student Assistance Program）是学生帮助计划的简称，其目标和结构都是以20 世纪 50 年代出现的员工帮助计划（Employee Assistance Program）为蓝本而来的。该计划是由学校部门提供的服务，最初是为有酗酒、物质滥用等行为问题的学生提供的支持和咨询项目；尔后该计划经过进一步完善，发展成为用于减少学生的风险因素、促进保护性因素的支持性项目，以增强学生的内外资源，从而避免让行为问题影响其学业表现。该计划在有限的时间内，能更好地对学生进行行为干预及心理治疗，处理学生的各种行为健康问题，包括压力、抑郁反应及影响其学业的生活事件（Veeser & Blakemore，2006）。

目前，美国很多州的学校都设置了这一服务项目，针对不同的对象，每个州的内容不尽相同。一般来讲，完整的学生帮助计划包括九个部分。第一部分是校委会需要制定政策以明确学校在提供安全、健康环境方面的职责，以及澄清学生的学业表现与药物、酒精滥用，暴力事件及其他高风险行为的关系。第二部分是学校工作人员的专业发展，为学校所有的工作人员提供必要的 SAP 知识。例如，教授其降低学生风险、促进学生复原力的基本态度和技巧。第三部分是项目意识，主要是让学生、家长和有关机构了解学校对于物质滥用、暴力行为等问题的政策及有关 SAP 服务的信息。第四部分是内部转介过程，用于识别存在学业和社交问题的学生，并将其转介到问题解决和个案管理小组。第五部分是问题解决小组和个案管理，用来研究学校如何能够通过焦点解决策略为学生解决学业及社交方面的问题。第六部分是有关 SAP 的评估，用于确保 SAP 的质量不断提高。第七部分是建立学生支持小组，该部分的职责是为存在学业或社交问题的学生提供信息、支持和问题解决的技巧。第八部分是与社区机构和其他资源部门的合作，通过转介和分享个案管理的经验，在学校、家长和社区机构之间架起桥梁。第九部分是将 SAP 与校内其他计划整合，以更好地帮助学生，提高学生的学业表现和复原力，降低学生吸烟、酗酒和其他行为问题的风险。

2. SAP 的有效实施

1984 年宾夕法尼亚州在中学生群体中运用 SAP，取得了良好的效果。四年后，他们在小学生群体中实施了该计划。在实施过程中，他们选取了五个学区作为试点，每个试点学区派一支核心团队去接受培训。核心团队的成员包括一名地方官员（特设职位，保证 SAP 计划在当地能顺利开展），一名负责 SAP 计划实施的行政人员（常驻代表，负责实施该计划），相关教师、咨询师、护士及地方上负责问题行为（吸烟、酗酒等问题）的官员。培训结束后，这些团队回到自己的学校开展 SAP 工作。这一计划实施五年后，有研究者对其效果进行了评估，认为 SAP 的理念值得进一步推广。随后宾州教育部门对该计划进行完善和改良，提出了教学支持小组（Instructional Support Team，IST）计划，并在全州推广。从 1995 年开始，宾州所有的学校都要执行 IST 计划。

IST 计划的核心团队成员包括学校领导、负责培训的心理咨询师、教学支持小组教师、班主任及学生家长。对团队成员培训的内容包括五部分：如何进行合作磋商、以课程为基础的评估、教学适应、行为管理和学生援助。IST 计划的步骤包括：评估学生的行为和学业表现，设定目标并选择达到目标的策略，执行策略，效果评价。其中，家长在整个团队中发挥积极主动的作用，他们帮助小组了解可能影响孩子的压力源，协助教师和心理咨询师开展工作。

虽然所有的 SAP 计划及其变式 IST 计划具有共同一致的目标，但是实施方法却并不完全相同，所谓殊途同归。例如，在田纳西州的某大学，因为学校学生较少，而且有相当比例的学生住得离学校较远，为了教育的公平性及为学生提供全方位的服务，学校最终在健康中心的基础上，通过合同的形式把一部分服务项目交给公司来运作，通过网络咨询和电话咨询的方式为所有的学生提供服务。这种被称为"没有围墙的心理咨询"的方式，让整个学校的学生获益良多。

(三) TAT 与 SAP 的比较

TAT 和 SAP 这两种心理援助模式从不同的角度切入，为学生提供心理健康服务。二者既有差异，也有共同点。

就其差异而言，TAT 更多是一种干预理念，即通过干预教师来干预学生，从而起到事半功倍的效果。与外来的心理咨询师相比，教师是学生的重要他人，尤其是对于中小学生而言，教师对其的重要影响更是不言而喻。对于大多数学生来说，教师是他们学习的榜样。在教学过程中，教师言行一致的表达和对所教内容的身体力行，能够给学生很好的示范，让学生从中受益。该理念的灵活性很强，不同文化背景的学校可以结合自身情况运用这一理念。

相比之下，SAP 更多是从宏观上规划如何为学生提供更加全面的心理服务。其中包括对学校领导、学校心理咨询师内部力量的整合及利用外部资源，如社区资源及家长的力量，甚或是某些有实力的公司，协助学校一起做好学生的心理健康工作。其中，对实施 SAP 的人员也有比较严格的选拔和培训，并会对整个计划进行评估，以提高 SAP 的质量。简言之，SAP 的系统性更强。

但是，TAT 和 SAP 这两种模式也存在一些共同点。首先，TAT 和 SAP 的出发点和落脚点都是学生，都是为了解决学生心理健康方面的问题，进而提高其在学业方面的表现，帮助学生在健康的氛围中获得更大的成功。

其次，TAT 和 SAP 都强调从教师入手对学生进行帮助。在传统观念里，教师只是传授知识的老师，进行传统课堂的教学。但在这两种模式中，不仅是学业表现，心理方面的问题也需要教师来带动解决。教师是学校原有系统中的一部分，让他们对学生做工作会比外来的心理学工作者容易得多。从心理学的规律来看，学生对熟悉的人，特别是熟悉的、朝夕相处的教师更容易接近和接受，让教师按照专业的要求做心理援助效果会更好。许多教育家也认为，学生态度的改变主要是在于他与教师和同伴的关系。教师对学生的影响是非常巨大的，当学生觉得自己被教师肯定、欣赏时，教师可能会改变学生的命运。

最后，TAT 和 SAP 都比较强调培养学校内部的力量，让自己的教师为自己的学生提供更加全面的服务，为学生的心理健康负责。即使动用外部的力量，如大学校园中存在的外包服务，也是考虑到大学生本身已经成人的特点及他们自身的需要，而且这种模式也是对学校已有服务的补充和完善，而并非取而代之。

三、建立符合我国国情的长期干预模式

TAT 和 SAP 是值得借鉴的，但是它们毕竟是在西方文化背景下发展的干预方式，真正要运用到我国的学校，还需要结合我国的文化背景进行综合考虑。我们在调研中发现，地震灾区中小学校的心理援助状况具有如下特点：绝大多数极重灾区的中小学校都没有心理老师；大多数重灾区严重缺乏心理健康方面的资源；能够长期进驻学校进行服务的心理学队伍有限，而需要帮助的学生数量庞大；对于学校内部的老师而言，有时外来专家的直接进驻给他们的工作带来一定的压力，甚至对他们而言是一种威胁。

在国外两种学生援助模式的基础上，针对我国灾区目前的特点，我们尝试提出了"以教师作为治疗师的理念为核心，以培育学校内部力量、完善学校心理健康教育体系为重点，同时纳入家长这支重要力量"的干预模式。该模式的具体内容，可以概括如下。

(一)专家组和教练组相结合,为教师量身定做培训体系

正如前文所言,教师是学生重要的影响力量,也是学生熟悉的资源。如果把教师培育成一名介于普通任课教师和专业治疗师之间的"准专业心理师",那么这批教师将会在学生的心理健康成长方面扮演不可替代的重要角色。但我国灾区目前的教师自身压力重重,不被重视和肯定,因此,"量身定做"培训计划时,首先必须考虑到教师自身的需要,舒缓教师自身的压力。例如,帮助教师调节自身的负性情绪,澄清自己的价值观,进行生涯规划,调适可能出现的职业倦怠,调动自身的社会支持系统,发展适应环境变化的能力,学习更有效处理冲突的技能,等等。在这些培训的基础上,再教授其助人的技巧,如课堂管理、个体辅导和团体辅导、心理健康教育的学科渗透、学生问题行为的解决办法、帮助学生提高学习动机的方法、评估学生的心理状态、心理危机的干预方法等。

教师虽然能够成为有效的治疗师,但是大多数老师可能不愿意充当或者感觉有压力。他们认为治疗是需要严格专业背景和丰富专业知识的人才能做的。但是,如果不被"治疗"这个词所束缚,教师会是非常有帮助的资源。鉴于灾区支持性资源缺乏的状况,如若采用专家组和教练组相结合的方式,能最大限度地从专业上对教师予以支持。所谓专家组指在心理健康教育领域术业有专攻的学者,他们从不同角度切入,运用专家团队的力量给教师更加全面的培训和指导。但是专家的精力和时间有限,而教师需要的是更加长期的帮助,这时候就需要教练组的倾力配合。所谓教练组指具有一定知识和技能的心理学工作者,类似于体育项目中的教练,他们可以通过直接互动或网络联结的方式给接受培训的教师提供指导和支持。教练组虽然不直接处理学生的问题,但是在专业方面可以给教师出谋划策;更重要的是,教练组可以从情感和个人成长方面给教师提供长期而稳定的支持。同时,专家组也要定期给教练组提供督导,教练组如果发现一些共性的问题,也可反馈给专家,为持续的培训提供第一手资料。这样,通过这种方式就形成了以专家的"一点"带动教练的"一线",从而带动教师的"一面",最终在以点带面的层层协助下提升学生的心理健康水平。

(二) TAT 和支架式教学相结合，促进专业力量的提升

如何培养教师成为一名"准心理专业人员"，即通过有限的培训，让他们在某些方面发挥心理专业人员的作用，从而让学生发生积极的改变，是值得深入思考的问题。教师作为治疗师是一种理念，需要结合我国各个学校的具体情况灵活把握，找到适合本地区学校的可操作的干预模式。

目前灾区的学校具备专业心理工作资质的教师并不多，甚至有些匮乏。要让他们在有限的训练时间内掌握各种心理学方面的知识和技能，需要外部力量的支援。目前对灾区教师开展培训的专家大部分是外来的，专家随时会撤离，可是灾区孩子的心理重建却需要三到五年的时间，甚至更长。结合我国学校的具体情况，可以将支架式教学的理念引入培训当地教师的方案当中。也就是说，外来的专家为当地教师提供必要的支持和补充，为教师提供"支架"，使他们慢慢学会心理健康方面的知识和技能，并指导其运用所学的知识，直到教师们完全学会并能够很好地运用这些知识和技能为止。培训结束后，专家们和教练组还可以通过电话、网络的方式或是定期回访的方式持续为教师提供督导，让他们感受到支持，能够在遇到问题时及时得到帮助。支架式教学分为以下三个环节。

第一个环节是判断教师现有的发展水平，搭建支架。具体内容是：围绕教师要学习的主题，评估他们的实际发展水平及现有水平与其所要学习内容之间的关系，了解已有的培训经验及兴趣等，然后从不同角度搭建不同的脚手架。对于心理教师而言，他们具备一定的心理健康知识和专业技能，缺乏的可能是哀伤辅导、生命教育等方面的培训，评估后就可为他们搭建支架，明确其能达到的目标。而对于一般的教师而言，可能需要学习一些助人的基本知识和技能，如倾听、共情、无条件积极关注等。如何调动教师参加培训的积极性，也是培训者需要考虑的。首先，要考虑教师真正的心理需求是什么，根据他们的需求制定培训内容。其次，要让教师觉得参加培训是有意义的，让他们真正能够将所学的东西用到自己的教育工作中，达到提升学生心理素质和学业表现的目的。最后，要让参加培训的教师觉得自己在培训过程有所成长，对自己日后的生活有积极影响。

第二个环节是专家和教师共同解决问题，实施支架式教学，也就是培训的实

施。在共同解决教师面临的自身问题及学生问题的过程中，由专家提供指导和协助，教师积极主动地不断进行自我探索和发展。专家需要提供教师探索和学习过程中需要的各种资源和支持，从而有效地支持教师的主动学习。因此，在培训过程中，专家们可以提供不同的搭建"支架"的方法，如讲解、启发式提问、开放式讨论、体验式教学、对教师情感的回应、环境的设置、增加兴趣、额外的鼓励等。例如，在培训过程中，专家要敏锐地抓住教师的情绪情感状态，当教师有畏难情绪时，专家要首先对教师的这种状态表示接纳，并把这种接纳反馈给教师，给教师以理解。其次要鼓励教师表达这种情绪，并探索畏难情绪背后的原因。在整个过程中，专家始终要抱持鼓励和积极解决问题的态度，和教师共同探索，一起学习。

第三个环节是教师独立学习——撤出支架。即培训结束后，教师将所学的知识和技能运用到日常教学和工作当中。如前文所言，在教师运用知识和技能的过程中，专家组和教练组可以定期回访，或通过电话、网络沟通的方式为他们提供指导和帮助，并对他们的学习效果进行一定的评定；随着教师能力的不断提高，回访的频率逐渐减少，时间间隔逐渐拉大，即逐步将控制权交给教师，让他们自主、独立地开展心理辅导工作。

(三) TAT 与朋辈咨询相结合，增强专业力量的合作

正如上面提到的，专家毕竟是外部力量，和教师共同工作的时间有限，因此他们所能提供的支持和帮助也是有限的。但是，教师在进行心理援助的过程中，可能会遇到各种困难，作为新手的教师治疗师可能一开始会存在角色冲突或者角色焦虑（Manor & Margalt, 1986），需要即时的帮助。此时，专家往往是"远水解不了近渴"，这就只能充分利用同伴的力量，互相提供支持和帮助，即将朋辈咨询的理念与教师作为治疗师的理念相结合。

马歇尔夫（Mamarchev, 1981）认为，朋辈咨询是"非专业心理工作者经过选拔、培训与监督向前来寻求帮助的年龄相当的受助者，提供具有心理咨询功能的人际帮助的过程"。这里的"朋辈"含有"朋友"和"同辈"的意思，其中"同辈"是指"同年龄者或年龄相当者，他们通常享有共同的价值观念、经验、生活方式，具有年龄相

近、性别相同或者所关注的问题相同等特点"(陈国海,刘勇,2001)。那些从某个社会群体中选拔出来、接受特定的培训和信息、对群体中的其他朋辈提供心理援助、对其他朋辈产生积极行为影响的人被称为朋辈辅导员。朋辈辅导可以让教师们在遇到困境时相互提供倾诉、安慰和关怀等精神鼓励,帮助他们舒缓情绪;同时也可以相互提供积极的行为示范,互相学习,共同进步。这些对于教师来说是非常重要的。在教师培训中,可以让他们学会如何进行朋辈咨询,相互给予支持和帮助。

(四)培育学校内部力量,为心理健康教育提供有效保障

TAT 的理念都是把教师当成学生心理干预的重要资源,这比求助于"够不着"的专家具有更大的现实性。但是,SAP 的实践提示我们,仅有这些心理教师还是远远不够的,心理健康工作的顺利开展需要各方的配合。

因此,目前针对中小学校的心理培训也可以采取类似 SAP 的培训体系,即根据"校长—班主任—骨干教师—学生"的工作思路逐步渗透,为学生提供干预。校长作为学校的领导者,灾后要承担的责任是非常繁重的。他们既要维护学生的安全,又要保证正常的教学秩序;既要执行上级部门的命令,又要照顾教师的情绪,他们的压力可想而知。因此,有必要从校长入手,对他们进行干预,舒缓他们的情绪,释放他们的压力,振奋他们的精神。另外,在对校长进行培训时,要让他们充分了解心理健康的重要性,特别是灾后对学生进行长期心理重建的必要性及通过教师干预学生的有效性,从而在行政上为心理援助计划提供支持,使该计划能够顺利实施。对班主任和骨干教师的培训更多的是帮助他们消除灾后负面情绪,缓解自身心理压力;让他们了解心理干预的基本技术、实施原则和方法;使参加培训的教师掌握基本的学生辅导技能,丰富教师的心理保健知识,提高教师心理干预的能力。同时,可以让校长与班主任、心理教师共同合作,为学校构建出一套完整的心理健康干预体系,从而系统、有效地为学生提供长久的心理健康方面的服务。

(五)学校和家长共同工作,以发挥家长的重要作用

家长在 SAP 体系中的作用也是非常重要的。家长对于中小学生而言是重要他

人，他们的影响是不容忽视的。要想让各项计划能够有效地实施，需要考虑到家长的独特作用。家长和学校合作，才能够最大限度的发挥心理援助计划的作用。

鉴于灾区学校的家长分布比较零散，文化知识水平不是很高的状况，可以给家长进行一些相关的讲座，教授家长一些简单的知识和心理评估的方法，让家长意识到自己的作用。首先，如果家长发现自己的孩子存在一些问题，他们可以及时转介给学校内的负责教师。其次，家长可提供孩子在家的相关信息。孩子在家庭中的表现是非常重要的，家长提供的信息对于教师更好地评估学生的状况是很有帮助的。因此，家长需要配合心理援助的计划，提供自己所知的信息。同时，校内的心理援助教师还可以与家长讨论收集的信息，共同制订帮助孩子的计划。最后，让家长作为监护人，与教师一起共同为孩子的成长负责。中小学生作为未成年人，家长有权知道针对孩子的一些心理援助计划。让家长参与学生计划的所有阶段，强调家长的决策角色和责任，这对他们孩子的教育及成功解决问题都是至关重要的。

(六)行政力量和民间组织相结合，有效利用外部资源

西方社会采取的是小政府、大社会的机制，在政府救援机制之外，它们充分发挥社会其他组织机构的作用。比如，在 SAP 中，学校会和社区机构及其他民间部门进行配合，积极寻求外在力量的帮助，共同实施该计划。社区资源也是学校非常重要的支持系统，光靠学校行政的力量是不足以做好学生心理健康工作的。因此，我们需要充分利用外援，有效地对学生进行心理援助。

在我国，相关政府部门的政策会对心理援助体系的建构起到关键性的作用。选拔和培育合适的教师并进行长期的培训、对整个学校给予全方位的支持，是需要花费很多心血的。仅仅凭借专业人员的一腔热血，不足以给灾区学校培养长久可靠的力量。因此，在行政支持的基础上，还需要结合各种外部力量。针对灾区学校的长期心理干预可以充分利用外部资源，让有实力的民间组织参与。他们不仅能够带来关爱，而且能够带来一定的资源，可以起到补充政府和专业团体的作用。总之，只有在政府的主导下，调动各方积极性，才能进行长期的心理援助工作，才有利于将援助工作精细化，并将其落到实处。

参考文献

[1]伍新春,侯志瑾,臧伟伟,等.汶川地震极重灾区中小学校的心理援助现状与需求——以茂县、汶川县和都江堰市为例[J].华南师范大学学报,2009(3):110-114.

[2]Golland J H. What do teachers want(from psychoanalysts)? [J]. Journal of Applied Psychoanalytic Studies, 2004, 4(3):275-281.

[3]Mamarchev H L. Peer counseling, searchlight plus: relevant resources in high interest areas[M]. Ann Arbor, MI: ERIC Clearning House on Counseling and Personnel Services, 1981.

[4]Manor H & Margalt M. The therapeutic class teacher: A therapist or a teacher? [J]. School Psychology International, 1986, 7:83-87.

[5]Veeser I P & Blakemore W C. Student assistance program: a new approach for student success in addressing behavioral health and life events[J]. Journal of American College Health, 2006, 54(6):377-381.

第六编

PART 6

认知神经科学

认知神经科学号称为研究心智的生物学。人类的科学事业所面临的难题之一是如何认识意识、智慧与大脑的关系。30多年来，逐步发展的认知神经科学就是要为揭示这个关系做出的努力。认知神经科学十分复杂，在心理学领域，它是作为探索心理的脑或生理机制的基础工作。认知神经科学发展很快，我对认知神经科学的兴趣是来自自己学生的影响和推动。尽管自己在这方面的水平不高，但没有落后于时代要求，至少可以说我们的团队与我国认知神经科学的发展同步的。但我们对认知神经科学的研究，主要表现在实验上而不是理论探讨上。

认知神经科学关于智力研究的新进展[*]

智力研究中，多数理论都是在观察和分析人类外在行为的基础上提出的。例如，早期的特殊因素理论、二因素说，最近的多元智力理论、三元智力理论以及聚焦思维结构的智力理论等（林崇德，2004，2006），这些理论对智力的本质、结构、发展水平划分等问题进行了论述，加深了人们对智力的认识和了解，但是这些主要来自于行为观察和心理测量学上的理论，在诸多的问题上存在分歧，对智力的生理基础涉及也不多。另外，随着认知科学的发展，以"认知（智能）可计算"为核心假设的"第一代认知科学"显露出越来越多的问题，而具有诸多新特点的第二代认知科学则逐渐兴起和成熟，第二代认知科学抛弃了"认知即计算"的认知主义纲领，回归到"脑—身体—环境"相互作用的统一体，这种新的研究范式得到了国内外学术界的积极倡导［美国的莱考夫等人（Lakoff & Johnson），中国的李其维等人］。认知科学发展的趋势和智力理论本身存在的问题都对智力研究提出了新的要求，即需要从多角度、多层次对智力进行研究和理解。格雷等人提出可以从行为、生理和背景三个角度来研究智力（Gray，Chabris & Braver，2003；Gray & Thompson，2004）。我们也曾在论述心理学研究要重视处理"自然面与社会面"的关系时（林崇德，2005），提到心理学研究方法的三个层面：传统的行为研究、脑成像研究和分子细胞研究，并强调对于同一个问题要注重从多个层面进行研究。最近十几年来，对于智力的多角度、多层面研究取得了丰硕的成果，其中认知神经科学关于智力的研究尤为引人瞩目。

认知神经科学的学科概念首先由米勒（Miller）和加扎尼加（Gazzninga）在 20 世纪 70 年代后期提出（Gazzaniga，Ivr & Mangun，2002）。这一学科主要利用诸如 fMRI、PET 和 ERP 等心理物理学及脑成像技术对认知过程进行研究，通过揭示认知过程的

* 本文原载于《北京师范大学学报（社会科学版）》2008 年第 1 期，本文另一作者为罗良。

大脑机制，来验证、修改和发展已有的理论和模型，并在此基础上提出新的理论和模型。正像加扎尼加所说，"认知神经科学让很多心理学家不再把行为主义作为解释复杂认知过程的唯一出路"（Gazzaniga, Ivr & Mangun, 2002）。关于智力与大脑之间的关系，早在几百年前就引起了人们的注意。1836年，德国解剖学家蒂德曼（Tiedmann）提出的"脑袋大小和个人展现的智慧能力之间存在着不容置疑的关系"的观点进一步激起了人们对大脑与智力之间关系的探索热情（McDaniel, 2005）。但是研究正常人的大脑内部结构、生理功能与智力之间的关系只是最近几十年的事情。对智力的脑机制进行系统的研究，则主要是在认知神经科学产生之后，尤其是20世纪90年代之后的十几年。总结这些研究可以发现，它们主要围绕三个问题展开：从脑机制上寻找人类的智力为什么存在个体差异；通过分析被试完成不同任务时的大脑激活情况，来求证智力的结构；探索遗传和环境对大脑的影响，进而理解遗传、环境、大脑与智力四者之间的关系。

一、认知神经科学关于智力个体差异的研究

智力是个性心理特征，根据发展水平的不同，可以把人类的智力分为超常、正常和低常，大样本的行为研究已发现人类智力符合"中间大，两端小"的正态分布原则。那么为什么会存在这种智力水平的个体差异呢？行为成绩的差异在大脑机制上有何反映？认知神经科学从两个角度对这些问题进行了探索：①大脑结构上的差异；②大脑功能上的差异，尤其是神经效能的差异。

（一）大脑结构与智力个体差异

头大的人就一定聪明吗？为了回答这个问题，研究者想到了通过测量大脑体积，然后计算大脑体积与智力分数之间相关的办法。这种研究的基本逻辑是：对于一个健康的大脑，某一具体脑区的体积至少部分地反映了神经元的大小和数量，因此较大的体积可能意味着它具有更高的工作效率（Gong, et al., 2005）。对于大脑体积的测量，有两种方法，一种是测量头的外部尺寸，如头的周长，这种方法早期使

用比较多。很多研究表明，头的大小与智力存在相关，相关系数从 0.07 到 0.69 不等(Vernon, et al., 2000)。很显然，这种方法对头的测量是准确的，但是对脑的测量却很不准确。头的大小与脑的体积有一定关系，但却不是完全的对应，它还受到头盖骨大小、厚度的影响；另外，组成大脑的物质也不尽相同，从大的类别来分，可以分成：灰质(由神经元细胞体组成)，白质(由神经元发出的树突或者轴突构成)，另外还有脑脊液等。因此，笼统地说头的大小与智力存在关系，只能是一种粗浅的现象描述。随着认知神经科学的发展，越来越多的研究者开始采用另外一种方法对大脑的体积进行测量，即采用先进的仪器设备，尤其是核磁共振技术，测量人类脑内体积(vivobrain volume)。与第一种方法相比，这种方法不仅可以比较准确地探测大脑的整体体积，还可以探测大脑内不同物质和不同生理结构的体积，如大脑中灰质的总体体积、白质的总体体积，或者是前额的灰质体积等。因此，从 20世纪 90 年代起国际上关于大脑体积与智力关系的研究，开始广泛采用这种方法。

1993 年，安德烈亚森(Andreasen)使用核磁共振技术对 67 名正常成年人的脑内体积进行了测查，并收集了这些被试完成韦克斯勒成人智力量表时的成绩。结果发现，这些被试的言语成绩、操作成绩以及总成绩都与大脑内部体积存在显著的正相关，进一步分析发现这种相关主要反映了灰质体积与智力分数之间的关系。此后的十几年间，研究者使用核磁共振技术对人类脑内体积与智力之间的关系进行了大量研究，麦克丹尼尔(McDaniel)对这些研究(24 个研究，37 组样本，共 1530 个被试)的数据进行了元分析，得到的结果为：二者总体的相关系数为 0.33。前面已经提到，安德烈亚森等人发现大脑内部体积与智力之间的显著相关主要反映了灰质体积与智力分数之间的相关(Andreasen, Flaum & Swayze, 1993)，大脑皮层主要由灰质构成，并且又有不同的结构分区，根据表面沟回，大脑皮层分为额叶(frontal lobe)、顶叶(parietal lobe)、颞叶(temporal lobe)和枕叶(occipital lobe)四个部分，布罗德曼(Brodmann, 1909)更是把大脑皮层分为 52 个区，那么这些不同的脑区与智力之间存在什么样的关系呢？汤普森等人(Thompson, Cannon & Narr, 2001)发现额叶的灰质体积与智力分数之间存在显著的相关。中国学者更细致地对这一问题进行了研究(Gong, et al., 2008)，他采用基于体素的 MRI 形态分析技术(vovel-based Morphometry，VBM)测查了额叶的灰质密度，用体视学分析技术(stereology)测查了额叶相关脑区的体积，发现内侧前额叶皮质(medial prefrontal cortex)的灰质密度和体积均与流体智力成绩之间存在显著的正相关。这些结果说明前额叶结构的不同可能部分地解释了个体间的智力差异。

(二)神经效能与智力个体差异

当一些科学家试图从大脑结构上寻找导致智力个体差异的原因时，另外一些研究者则从大脑功能入手，对大脑功能与智力之间的关系进行研究，比较有代表性的是人类智力的神经效能假说。人类智力的神经效能说认为，与智力水平较低的个体相比，智力水平高的个体完成相同任务时，使用的神经网络或者神经细胞更少，因此消耗的葡萄糖更少，表现出更高的神经效能。海尔等人(Haier, Siegel & Neechterlein, 1988)通过 PET，测量了 8 位被试完成瑞文高级智力测验(Raven's Advanced Progressive Matrices)时的大脑葡萄糖代谢率(glucose metabolism rate)，发现瑞文测验成绩与几个脑区的葡萄糖代谢率都呈显著的负相关，相关系数从−0.44 到−0.84 不等，高智力的个体大脑葡萄糖代谢水平较低。海尔等人总结了这些研究，并在一篇文章中提到"智力不是大脑如何努力工作的结果，而是大脑如何有效率工作的结果，这种效能可能源自充分激活与当前任务相关的脑区，同时积极抑制与当前任务无关脑区的激活"(Haier, Siegel & Tang, 1992)。

海尔的理论提出后，一些研究者通过不同的技术手段对这个假设进行证明。肖索维克(Jaušovec, 2000)使用 ERP 技术对高智力水平的被试与普通智力水平的被试完成简单听觉和视觉 Oddball 任务时所诱发的脑电进行了比较分析，发现与普通智力水平的被试相比，高智力水平被试的 ERP 波形更有规则和简单，同时 P300 成分的波幅更大而潜伏期更短(P300 成分的波幅反映了认知资源投入刺激加工的水平，P300 的潜伏期是对刺激评估加工进程的一种测量)，这个结果说明高智力水平的被试在完成任务时，激活的脑区更少，但激活的脑区都是与当前任务非常相关的，且激活强度更大，认知加工的效能更高。另外一些研究表明，智力与神经效能关系受到性别、任务类型的影响。纽鲍尔等人(Neubauer, Fin & Schrausser, 2002)在一项研究中，使用波斯纳(Posner)字母匹配测验(letter matching test)中的词语、数字和空间版作为实验任务，发现对于女性被试来说，神经效能现象仅在词语任务中出现，而男性被试则只在空间任务中表现出神经效能现象。格拉本纳等人(Graber, Fin & Stipacek, 2004)发现，与女性相比，男性的智力成绩与皮层激活面积之间的负相关更明显。那么这种神经效能现象上的性别差异究竟反映了男女在智力类型上的群体差异还是反映了神经活动模式上的差异？值得进一步的探索。格拉本纳等人在研究中还发现与测量晶体智力的任务(需要自动化的技巧或者先前知识的任务)相比，被试在测量流体智力(处理和适应新情境的能力)的任务中更明显地表现出神经效能现象，格拉本纳认为这可能反映了大脑激活模式与那些独立于先前知识的能力存在更密切的关系，这种神经效能可能是智力中基本认知能力的一个指标(Graber, Fin & Stipacek, 2004)。

上面列举的研究表明大脑结构与功能上的差异是引起智力个体差异的重要原因。但是有两方面的问题仍值得进一步探究。第一，大脑结构与智力之间的关系随着年龄的变化是如何动态变化的。肖等人(Shaw, Greenstern & Lerch, 2006)在一项大样本(307人)、长时间的纵向追踪磁共振研究中发现，智力超群的被试7岁时前额叶的厚度显著薄于智力一般的被试，11岁时差异方向出现逆转，智力超群的被试前额叶厚度开始显著厚于智力一般者，到13岁时这种差异达到顶峰，此后差异开始变小。这个研究表明，智力的个体差异不能简单地用灰质的多少来解释，皮层成熟的动态属性可能与智力个体差异的关系更密切。第二，大脑结构与功能之间的关系。大部分关于灰质体积与智力水平的研究都发现，智力与整体或者与某具体脑区的灰质体积存在正相关，其基本逻辑也是较大的体积可能带来更高的工作效率。而神经效能的研究却发现，高智力水平的被试完成相关任务时，激活的皮层面积更小，总体葡萄糖代谢率低。这两种研究思路得到的结论似乎存在矛盾，要解决这个矛盾，需要把大脑的生理结构与功能结合在一起，综合利用当前的脑成像技术，进一步揭示大脑结构与其功能之间的关系。

二、认知神经科学关于智力结构的研究

智力结构一直是智力研究和理论关注的焦点问题。20世纪初提出的智力理论以解释智力有哪些平行因素构成的"因素说"占主导;到了50年代则开始强调智力是由多个因素构成的多层次结构;随着认知心理学的兴起,研究者开始以动态的视角关注智力的结构,最近20年,较有影响的智力理论则是既讲智力成分,又重视信息加工过程。与此相同,认知神经科学关于智力的研究,也一直把智力结构作为重要的研究课题,并从脑机制层面对智力究竟是"单一结构"还是"多成分结构"进行探讨,其中主张智力是"多成分结构"的心理学家,还在行为研究的基础上,对信息加工速度和工作记忆是智力的两个重要成分的假设从认知神经机制上进行求证。

2000年,邓肯等人(Duncan, Seitz & Kolodn, 2000)在《科学》上发表了利用PET技术对斯皮尔曼提出的智力"普遍因素"(G因素)神经机制的研究。邓肯选择了三种表面特征差异明显的任务(空间任务、言语任务、运动感知任务),但这三种任务都与G因素有中等偏强的相关(相关系数为0.55~0.67),实验者还设计了与上面相对应的控制任务(与G因素有较弱的相关,相关系数为0.37~0.41)。实验发现,与G因素高相关的三种任务并没有激活多个脑区,而只激活了单侧或者双侧的外侧前额叶皮质(lateral prefrontal cortex)。邓肯认为,这个结果说明了"普遍智力"可能产生于额叶的一个特定系统,这个系统在控制不同形式的活动中发挥重要作用,这为智力是单一的结构系统提供了证据。但是,其他一些采用相同实验设计的研究者(Prabhakaran, et al., 1997;Greake & Hansen, 2005;Lee, Choi & Gray, 2006)发现,被试完成智力任务时,大脑的多个脑区被激活,普拉巴卡兰等人(Prabhakaran, Smith & Desmond, et al., 1997)甚至还发现大脑后部皮层在图形推理中发挥重要作用。但格雷认为这些并不足以否定邓肯等人的发现(Duncan, Seitz & Kolodn, 2000),因为较高级的认知功能(如智力)可能本身是一个"功能模块"(functional units),它可能会激活多个脑区而不是单一脑区,但是这些被激活脑区可能处在同一网络之中,现在核心的问题是找出"普遍智力"所对应的大脑活动网络,如果能够确定这个

网络，将为智力的单一结构观提供强有力的证据。

信息加工速度一直被认为是智力结构中的一个重要成分，桑代克认为速度是智力的三个方面之一（Beck，1933）。卡罗尔（Carroll）总结了以往研究，提出信息加工速度是智力的一个重要方面（Vernon, et al., 2000）。行为实验研究信息加工速度与智力之间的关系主要通过计算任务反应时（reaction time）或者检测时（inspection time）与智力之间的相关（包括直接计算相关、回归方法或者结构方程方法）来完成。从认知神经科学角度来看，行为实验测到的信息加工速度与外周神经传导速度、大脑加工处理速度和肌肉的运动反应速度有关，其中与神经系统密切相关的是外周神经传导速度和大脑的加工处理速度。认知神经科学研究者认为通过考察这两种速度与智力之间的关系，可以更精确地揭示信息加工速度与智力之间的关系，因为这种方法减弱了肌肉运动反应的干扰，并对外周神经传导速度与大脑加工处理速度进行了分离。费农等人综合分析了十几项关于外周神经传导速度与智力之间关系的研究后，指出外周神经传导速度与智力之间的关系是不稳定的，信息加工速度和智力之间的相关与外周神经传导速度的关系不大（Vernon, et al., 2000）。与此同时，研究者利用有高时间分辨率的事件相关电位技术对大脑加工处理速度与智力之间的关系进行了大量研究，其中 P300 成分的潜伏期被当作衡量脑内信息加上速度的一个主要指标。波利克（Polich）通过一系列实验发现，使用 Oddball 范式诱发出的 P300 成分的潜伏期与通过不同方式测得的智力分数都存在显著的负相关（Vernon, et al., 2000），米勒认为 P300 的潜伏期就是一个速度指标，反应速度越快，潜伏期就越短。费农对关于 P300 与智力之间关系的不同研究进行比较后，提出 P300 潜伏期与智力之间存在较明确的关系，高智力水平的被试脑内信息加工和做出决定的速度要快于智力一般者，信息加工速度至少部分地决定了智力水平（Vernon, et al., 2000）。

工作记忆的概念产生于 20 世纪 60 年代，在巴德利（Baddeley）于 1974 年提出工作记忆的多成分模型后，迅速成为认知科学研究的焦点。随着研究的深入，一些学者提出工作记忆可能是智力结构中的另外一个重要成分。康韦等人（Conway, Kane & Engle, 1999）认为工作记忆中的注意控制是智力的基础，凯恩等人（Kane, Hambrick & Conway, 2005）通过对 10 个公开发表研究的 14 组数据进行再分析发现，工作记忆广度能够解释智力50%的变异。格雷等人(Gray, Chabris & Braver, 2003)在一项研究中, 首先让48个被试在没有fMRI扫描的情况下, 完成瑞文高级智力测验, 在有fMRI扫描的情况下, 完成用来测量工作记忆容量的N-back任务。在实验中, 格雷还设计了难度更大的"引诱"(lure)系列任务, 如在3-back任务, B-R-B-X就是一个引诱系列任务, 第二个字母B与最近呈现的一个刺激匹配, 但是第一个字母B后面的第三个字母不是B而是X, 这样第二个字母B就会起到非常强的干扰作用, 需要被试具有更强的注意控制能力。格雷分析发现, 瑞文测验成绩和引诱系列任务引起的大脑皮层活动相关非常显著, 引诱系列诱发的背外侧前额皮质(DLPFC)的信号强度可以解释瑞文测验成绩的绝大部分变异, 这个研究表明由背外侧前额皮质调节的执行注意活动在智力活动中发挥重要作用。普拉巴卡兰(1997)用fMRI作为研究手段发现, 图形推理所激活的脑区与负责空间和客体工作记忆信息的脑区有很大重合, 而分析推理所激活的脑区则与负责言语工作记忆的脑区有较大重叠, 普拉巴卡兰认为这说明智力被工作记忆系统所调节。

智力是单成分结构还是包含信息加工速度和工作记忆的多成分结构的争论还要继续, 但是这些争论并不是不可调和的。从静态的观点来看, 可能正像格雷所说, 智力本身是一个"功能模块", 从外面看是一个整体, 从里面看是由不同子模块构成, 其关键是研究清楚这些子模块之间的联系网络。而从动态的观点看, 智力活动本身是一个连续的信息加工过程, 信息加工速度可能是这个活动进行快慢的一个指标, 而工作记忆可能为这个过程提供需要的相关信息, 同时阻止和屏蔽无关信息的激活与进入。

三、认知神经科学关于遗传、环境与智力之间关系的研究

在1879年冯特创立科学心理学之前, 哲学家们就对遗传、环境与心理之间的关系展开过激烈的争论, 英国哲学家洛克提出了强调环境作用的"白板说", 法国思想家卢梭则认为要顺应天性。此后, 遗传与环境的争论逐渐实证化, 高尔顿通过对一些成功人士的研究, 论证了遗传对人发展的决定作用, 行为主义者华生则把环境

的决定作用强调到了极致。通过收养研究、双生子研究、双生子收养研究以及家谱研究，心理学家发现遗传与环境对心理的影响可能是交互在一起的，很难说哪一个起决定作用。在这些研究中，遗传、环境与智力的关系一直是被关注的核心问题。但是，这些研究对遗传、环境与智力关系的解释似乎缺少了一个连接的桥梁(如图1中A图所示)，而这个连接的桥梁就是大脑(如图1中B图所示)。之所以说大脑是连接的桥梁，一方面是因为遗传首先决定了大脑的生理结构或者以某种人类当前还没有认识清楚的形式在大脑中存在，智力活动是大脑的功能之一，遗传是通过决定大脑的结构和功能而对智力产生影响的；另外一方面是因为环境对智力的影响，也有一部分是通过改变大脑的结构或者功能来实现的，因此研究环境对大脑结构的影响，将为认识环境与智力之间的关系提供支持。认知神经科学为研究正常人的大脑提供了丰富的范式和技术手段，通过大脑这个桥梁，人类能对遗传、环境与智力之间的关系有更深入的认识。

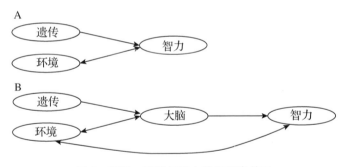

图1　遗传、环境与智力关系研究关系

汤普森等人(Thompson, Cannon & Narr, 2001)通过一项研究，证明了遗传对大脑结构和智力的影响。他们选择了三组被试：同卵双胞胎、异卵双胞胎和无关系人群，其中对同卵双胞胎与异卵双胞胎组在年龄、性别、共同生活时间以及父母的社会地位进行了严格的匹配，采用fMRI技术对这些被试的大脑灰质体积进行测量，并让他们完成智力测验。汤普森等人发现，同卵双胞胎在额叶、感觉运动区和语言区有极其显著的相关(均高于0.9)，而异卵双胞胎在感觉运动区和顶枕区有显著的相关，但在额叶部位没有发现显著的相关，汤普森认为这个结果说明额叶部分受到遗传的影响更大。实验还进一步发现，额叶灰质体积与智力分数存在显著的相关。汤普森等人的实验说明，遗传可能首先影响到了大脑的结构和功能，而大脑结构和功能上的差异导致了智力上的差异。但同时汤普森等人的实验也从另外一个角度证明了环境对大脑结构的影响，因为同卵双胞胎的基因完全相同，从理论上讲，他们的大脑结构应该完全相同，但实验仅发现在额叶、感觉运动区和语言区存在显著相关，这说明其他脑区之间的差异比较大，这些脑区的差异可以理解为是由环境因素或者基因与环境因素的交互作用引起的。

如果说汤普森等人的实验是从侧面证明了大脑结构受环境因素的影响，那么德雷甘斯基等人(Draganski, et al., 2004)则用实验直接证明了外在环境可以引起大脑结构的变化。德雷甘斯基等人把成年被试分成同质的两组，两组被试首先进行第一次 fMRI 扫描，然后其中一组接受 3 个月的 Juggle 技能训练(一种抛球游戏，规则为：左右手配合抛三个球，保持每只手里有一个球，另一个球在空中，球不落地时间越长，说明技能水平越高)，并让这组被试都成为熟练的操作者；另外一组不接受类似的任何训练。训练结束后，两个组接受第二次 fMRI 扫描。第二次 fMRI 扫描后，接受 Juggle 技能训练的这组被试不再进行 Juggle 训练。3 个月后，两组被试接受第三次 fMRI 扫描。德雷甘斯基对两组被试第一次 fMRI 的扫描结果进行了比较，没有发现任何脑区存在差异；但第二次 fMRI 扫描后却发现，接受 Juggle 训练的被试与第一次 fMRI 扫描时的大脑状态相比，颞叶中部(mid-temporal area)和左顶内沟后部(left posteriorintraparietal sulcus)的灰质出现明显的双向扩展；而第三次扫描却发现这种扩展在变小。德雷甘斯基实验说明人类的大脑结构受到外在环境的影响会发生暂时的改变。来自其他一些研究者的实验进一步揭示，如果这种外在环境持续存在，那么大脑结构可能会发生永久性改变。研究者(Bermudez & Zatorre, 2005)发现专业音乐家与业余音乐爱好者或者不懂音乐的人相比，负责听觉的脑区灰质更多，马奎尔等人(Maguire, et al., 2000)也发现出租车司机的海马体积比正常人要大。斯特恩(2002)通过对阿尔茨海默症患者研究发现，受教育水平高的被试比受教育水平低的被试在顶颞区的脑血流更明显，并提出了认知储备(cognitive reserve)的概念，认为具有高认知储备的个体具有联系更紧密的大脑网络，当某个脑区受到损伤，其他的脑区能够进行更积极的代偿，从而表现出较少的认知功能障碍。

遗传与环境是如何交互影响人的大脑结构，进而影响智力的呢？特克海默等人（Turkheimer，Haley & Waldron，2003）一项双生子行为研究发现，遗传与智力之间的关系很明显地受到家庭社会经济状态的影响，出身贫困家庭的被试，家庭环境可以解释智力变异的60%，而遗传接近于0；但对于富裕家庭的被试，则刚好相反。特克海默等人的研究表明，把个体之间的智力差异独立地分成基因和环境的影响相对于基因和现实世界之间的动态交互显然是过于简单了。普洛明（Plomin）和科斯林恩（Kosslyn）在2001年发表的《基因、脑和认知》的文章中做出推测，灰质体积与智力之间的相关并不仅仅说明了遗传的作用，部分原因是高智商的被试喜欢寻求更有挑战性的活动，进而促进了他们大脑灰质体积的增加。但大脑结构是怎么因遗传与环境交互影响而发生变化的，目前尚不清楚，需要更多的认知神经科学领域的实证研究来进行探究。

四、小结：存在的问题和未来研究方向

认知神经科学关于智力个体差异、结构以及遗传和环境影响的研究，让人类认识和理解了智力与大脑功能、结构存在什么样的关系。但是必须承认认知神经科学对于智力的研究只能算是起步，以往的研究还存在众多的问题，需要在未来的研究中加以解决，概括起来主要体现为：理论、方法和应用三大方面的问题。

(一)理论问题：智力概念与理论建构

智力研究之初，研究者就面临这一个基本问题：什么是智力。心理学史上曾就智力的属性进行过两次较大规模的讨论，涉及的智力属性共有27种之多。由此可见，很难有一个人们共同认可的智力概念。智力概念的不统一，给认知神经科学关于智力的研究带来了麻烦。因为研究者经常根据自己对智力概念的理解，选择不同的手段和材料对智力进行测量，导致了研究结果的不同（如大脑激活区域的差异或ERP成分的不同），并由此产生争论。当仔细分析一些争论的时候，发现不是被试

间的差异，也不是实验方法的不同，而是两个（或多个）研究分别在探讨不同的东西，只不过最后都冠以"智力"的概念。因此，认知神经研究者们需要对以往关于智力的研究加以分析和综合，同时进行理论建构，找出智力的核心特质，以此为基础对智力的认知神经机制进行研究，进而提出智力的神经机制模型，为进一步的智力研究提供理论基础。

(二)方法问题：相关研究与因果研究

就在邓肯等人把利用 PET 技术对智力"普遍因素"的神经机制的研究发表在《科学》杂志上的时候，斯腾伯格 2000 年在同一期《科学》杂志上发表评论性文章，严肃地指出邓肯等人除了告诉人们一个相关关系外，没有告诉我们任何信息，因为我们不知道双方谁是因、谁是果。斯腾伯格的批评尽管有些严厉和绝对，但的确指出了当前认知神经科学关于智力研究方法上的一大问题：几乎都是以相关数据的分析结果为推测依据。这一方法问题对于认知神经科学研究者来说显而易见，但又难以克服，因为认知神经科学所依赖的主要技术手段（如 fMRI、PET 和 ERP 等）在研究认知过程时，都是以相关为基础的。但是这种相关研究得到的结果并不像斯腾伯格所说的一无是处，它可以通过其他研究途径来进行验证。目前经常采用的方法是与脑损伤研究者的结果进行对比，并对结果进行解释。德雷甘斯基等人（Draganski, Gaser & Busch，2004）所做的训练研究也许为我们提供了一个更主动的方法：对被试进行有针对性的训练，然后观察训练前后大脑结构和功能的变化，这样在一定程度上可以解释大脑结构与智力活动之间的因果关系。

(三)应用问题：教育、工业与临床应用

行为实验关于智力的研究及理论，得到了广泛的应用。例如，智力测验已成为一种重要的测评工作，一些智力理论成为教育改革和思维训练的重要理论基础等。那么，认知神经科学关于智力的研究能够在哪些领域得到应用呢？现在来看，至少在教育、工业和临床三个领域有着重要的用途。其中工业领域（如人工智能）和临床领域（如阿尔茨海默病的预防等）已较广泛地利用认知神经科学对智力研究的一些成

果。但是教育领域在应用这些成果时，出现了巨大的困难。正像康奈尔(Connell)所说，教育工作者迫切地希望应用神经机制的研究成果来改进自己的教学，但却发现微观的神经加工过程与宏观的课堂教学之间隔着鸿沟，他为此提出了教育神经科学(educational neuroscience)的概念。这一概念给我们以启发，如果能够培养一批既懂认知神经科学，又知晓教育实践的教育神经科学工作者，就可以让他们探索认知神经科学应用于教育实践的途径，把包括智力脑机制研究成果在内的认知神经科学的发现运用到提高教育质量、促进人类全面发展的教育实践中去，也许会对认知神经科学关于智力的研究起到更大的推动作用。

参考文献

[1]林崇德. 关于智力研究的新进展[J]. 北京师范大学学报(社会科学版)，2004，40(1)：25-32.

[2]林崇德. 试论发展心理学与教育心理学研究中的十大关系[J]. 心理发展与教育，2005，21(1)：1-6.

[3]林崇德. 思维心理学研究的几点回顾[J]. 北京师范大学学报(社会科学版)，2006，42(5)：35-42.

[4]Gray J R & Thompson P M. Neurobiology of intelligence：science and ethics[J]. Nature Reviews，2004，5(6)：471 – 480.

[5]Vernon P A, Wickett J C & Bazana P G., et al. The neuropsychology and psychophysiology of human intelligence [M]// Sternberg R J. Handbook of intelligence. New York：Cambridge University Press，2000.

发展认知神经科学的研究进展[*]

发展认知神经科学(developmental cognitive neuroscience)是研究认知发展的神经机制、脑发育与行为能力和认知发展之间关系的科学。它关注知觉、注意、记忆、言语等认知活动在人生不同时期的特征，以及促使认知发展变化的神经机制(Munakata, Casey & Diamond, 2004)。认知神经科学和发展心理学的交叉融合渗透到该领域研究内容和方法技术、理论探索和未来趋向等诸多方面。

一、学科兴起与科学问题

传统的认知发展理论缺乏来自脑研究证据的支持。一些研究者甚至认为，认知水平上的理论建构应是独立于神经基础的。20世纪70年代后期，认知心理学家米勒和神经科学家加扎尼加提出了"认知神经科学"这一学科概念(Gazzaniga, Ivry & Mangun, 2002)。此后认知神经科学得到了长足的发展，主要研究成熟个体认知加工的神经基础，但较少探讨认知发展脑机制的问题。

发展认知神经科学的产生源于挑战人类的两个基本问题。第一个是关于心智与身体的关系问题，特别是脑的物质基础与其所支持的心理活动之间的关系，这构成了认知神经科学领域最基本的问题；第二个是关于生物组织起源的问题，如成人大脑高级的复杂结构是如何形成的。这是发展研究中的基本问题，特别强调出生后人脑的发展与认知加工的关系(Johnson, 2005)。认知神经科学和发展心理学的整合正步入前所未有的阶段，出现了交叉融合的研究趋势。已有许多研究探索并阐明了认知发展和脑发育之间的相互关系，并且比较了儿童和成人的认知能力差异及其发展

---

* 本文原载于《自然科学进展》2006年第12期，本文其他作者为王益文、陆祖宏。

的脑机制。这一交叉学科分支吸引了众多科学家的关注和参与，建立了一些专业实验室和研究机构组织。2002年以来，多种重要国际学术期刊连续出版了系列专集探讨发展认知神经科学或认知发展脑机制（Casey & de Haan，2002；Casey，Tottenham & Liston，2005；Melson，2004），该领域的多本专著相继出版（de Haan & Johnson，2002；Johnson，2005；Nelson，2001）。这一切均标志着发展认知神经科学的兴起、成长和逐渐成熟。

发展认知神经科学探讨天性与教养、发展的连续性与非连续性、领域一般性与特殊性等问题。该学科领域关注传统发展问题、发展变化的机制、发展障碍的诊断和治疗，以及传统发展领域之外的研究主题。关于天性与教养关系的问题，现在都认为两者在一定程度上互相包含。然而，遗传与环境因素在发展的过程中是如何相互作用来影响脑、心理和行为的呢？发展认知神经科学研究发现了特定的基因是如何影响突触削剪和成熟的，这影响个体从经验中获得学习的能力（Churchill，Grosssman & Irwin，2002）。反过来，经验又是如何影响基因的，基因何时、如何表达（Cancedda，Putignano & Impey，2003）。计算模型已表明，最初加工中的微小变异可能是受遗传支配的，但后来是经验导致了认知结果的巨大差异（Oliver，Johnson & Karmiloff-Smith，2000）。在实践应用上，通过研究正常和异常个体的发展，发展认知神经科学可以为发展障碍更有效的早期诊断提供科学依据。发展认知神经科学还考虑在什么范围内成人认知受领域特异系统支配。例如，新生儿偏好注视与面孔类似的图形，面孔加工系统是一种特异性的信息输入，与领域一般性系统不同，它通过学习影响特定输入系统。通过评估领域特异系统是否在早期出现，发展认知神经科学就可以回答成人面孔认知是皮层下加工还是大脑皮层特异性加工的争论。这两种可能的解释是相容的，在大量学习之前发生，支持内在的领域特异化观点；在知识技能发展后则支持领域一般性观点（Munakata，Casey & Diamond，2004）。

二、以脑成像技术为核心的研究方法

发展认知神经科学聚集了心理学、神经科学、认知科学、遗传学和社会学等学科,并融合了来自神经解剖学、脑成像、脑损伤、行为研究和习性学等领域的各种知识和信息。由于多学科的交叉研究,发展认知神经科学的研究方法包括了行为实验、神经成像技术、分子遗传学、计算机模拟、单细胞记录和神经化学实验等。特别是一些基于脑代谢、血流量或生物电活动的神经成像技术可以描绘脑激活的功能图像,极大地促进了认知功能脑机制的研究。有些成像方法,如 PET,由于其具有创伤性(要求静脉注射放射性物质)和时间分辨率较低(十几秒),在正常婴儿认知发展的研究中受到限制。ERP 和 fMRI 是发展神经机制研究中经常使用的两种技术。

分析许多脑成像研究发现,人脑皮层功能的发展反映了神经解剖区域的一个扩散网络的精细调制过程。脑成像研究一致证明了脑功能发展的一般模式(如图 1 所示),即成熟迟缓的腹侧和背外侧前额叶皮层(DLPFC)随年龄增长而激活增强;低

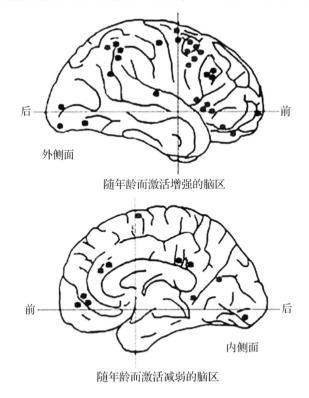

图 1　随年龄而激活增强/减弱的脑区分布

(Casey, Tottenham & Liston, et al., 2005)

级感觉区包括外侧纹状区、梭状皮层和后部顶叶区域随年龄而激活减弱(Casey, Tottenham & Liston, et al., 2005)。特定激活模式随任务要求而变化,如工作记忆任务、Stroop 任务与反应抑制任务分别激活不同的脑区。在各种范式中均观察到该模式反映了激活脑区的内部发育、精细化和预示性。年龄差异的横断研究和追踪研究发现,与任务成绩(反应时和正确率)相关的脑区,如支持高级认知能力的皮层联合区,其激活随年龄变得更为聚焦和协调,而与任务成绩和特定认知能力无关的其他脑区随年龄而激活减弱。综上所述,脑成像技术的应用使研究得以更直接地探讨认知发展的神经机制。

三、脑认知功能发展的机制

人类脑认知功能的发展可以根据各脑区的成熟顺序来进行描述,出生后脑功能通过不同脑区之间形成的动态加工模式而发展,这些加工也可以描述成人的知觉和动作技能学习。研究者总结了人类行为和脑认知功能发展的 3 种可能的解释:成熟观点、交互特异化观点和技能学习观点(Johnson, 2001, 2003)。如图 2(a)所示,成熟观点认为一个脑区的成熟使得新行为能力出现。例如,背外侧前额皮层某一区域的成熟与物体取回任务(object retrieval task)的成功执行相联系(Diamond & Goldman-Rakic, 1989)。虽然该任务需要多个脑区的激活,但只有在 DLPFC 成熟后才能导致行为的改变。如图 2(b)所示,交互特异化观点认为一种新行为能力的启动是由于已分别激活的脑区之间交互作用方式的变化。例如,DLPFC、顶叶皮层和小脑之间的交互作用模式的改变,导致物体取回任务的成功执行。与成熟观点相比较,交互特异化观点强调了多个脑区间而非单一脑区内的联结,多个脑区协同调整其功能从而导致新运算能力的出现。如图 2(c)所示,技能学习观点认为在整个人生周期中,新技能的获得过程导致皮层区域激活模式的改变。比如,对于专业技能的发展,某些技能习得区域的激活程度会逐渐下降。当成人执行一个视觉动作序列学习任务时,DLPFC 和中部额叶皮层(前补充运动区)激活减弱,同时较后部脑区(如上顶裂)激活增强(Sakai, Hikosaka & Miyauchi, 1998)。婴儿脑区在新技能习得过程中表现出相似的变化。

(一) 成熟观点

成熟观点(maturational view)将特定脑区(一般是大脑皮层)的成熟与新出现的感觉、动作和认知联系起来, 如图 2(a)所示。早期观点认为, 皮层区域神经结构的发育成熟程度可用于判断特定脑区功能启动的年龄。只有当脑区发育成熟后, 儿童才可能获得该脑区所掌管或支持的认知能力。在某一年龄成功执行新的行为任务, 这被归因于一个新脑区的成熟。根据这种观点, 脑功能的发展是神经心理学所研究情况的颠倒逆转, 不同之处是特定脑区的增加而不是损伤。前额叶皮层的发育成熟对高级认知能力至关重要。例如, 许多研究范式探查认知发展过程中的认知控制, 如 Stroop 任务和 Go/No-go 任务范式。在执行认知控制任务时, 儿童的前额叶背腹部区域经常比成人更多地明显参与。成熟认知的特征是能够过滤和抑制无关信息和行动(感觉运动过程), 保持对相关信息和行动的关注(即认知控制)。儿童过滤信息和抑制不当行动而关注适当信息和行动的能力在生命头 20 年里不断发展。个体受来自竞争资源的干扰的易感性随成熟而减小。

成熟观点看起来很有道理, 但它不能成功解释脑功能发展的某些方面。首先, 与哺乳动物相比, 人脑发育的速度相对迟缓。这使人脑更易受后天经验的影响, 从而具有更强的学习能力。根据神经解剖的标准, 前额叶皮层在整个神经系统中发育进程最长和成熟时间最晚, 十几岁时仍可观察到前额叶皮层的发育变化, 但其所支持认知能力也是最高级和最复杂的。其次, 采用 fMRI 评估行为转换过程中脑功能的活动, 发现是多个皮层区域和皮层下区域改变了其反应模式(Luna, Thulborn & Munoz, 2001), 而不是以前沉寂的一两个区域变得活跃(区域内联结性成熟)。不同脑区和不同时期的各种神经结构和神经化学测评是变化的, 所以基于年龄的神经成熟和认知活动之间的联系可能是微弱的。

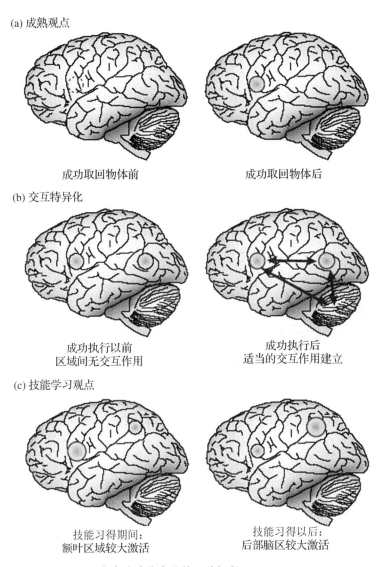

(a) 成熟观点

成功取回物体前 成功取回物体后

(b) 交互特异化

成功执行以前 成功执行后
区域间无交互作用 适当的交互作用建立

(c) 技能学习观点

技能习得期间: 技能习得以后:
额叶区域较大激活 后部脑区较大激活

图 2　人类脑功能发展的 3 种解释(Johnson，**2001**)

(二) 交互特异化观点

交互特异化观点(interactive specialization view)认为，如图 2(b)所示，出生后的脑功能发展在大脑皮层内参与一种区域间相互作用的组织模式加工(Johnson，2000)。根据这一观点，大脑特定区域的反应特性是由该区域的激活模式及其与其他区域的联结方式决定的。出生后发展中，为争取发挥新的计算能力，皮层区域的反应特性在相互作用和相互竞争中发生改变。根据此观点，某些皮层区域开始时功能较差，但随后在广泛的不同背景和任务中逐渐激活。发展中的区域间活动依赖的相互作用增强了区域的功能，它们的激活受限于狭小的情境单元。例如，一个皮层最初被各种各样的视觉物体激活，后来特异地对正立人脸反应。婴儿新行为能力的开始并不只是一个或多个脑区激活从无到有的活动，而是与跨越多个区域激活的变化相联系。与成熟观点相比，交互特异化取向认为婴儿执行行为任务时比成人的皮层激活更广泛。对于同一行为任务的成功执行，婴儿和成人会出现不同的皮层激活模式。

婴儿和成人同一行为可能受不同脑结构和通路的调节，皮层对刺激的加工在发展过程中存在动态变化。脑电实验表明，随年龄或一类刺激经验的增加，选择加工的空间部位也逐渐增多。研究字词再认发现，已知单词和控制刺激之间激活的差异最初是较大区域，当词汇量达到大约 200 个单词时，这种差异只限于左颞叶，并且与成熟的年龄无关（Neville，Mills & Lawson，1992）。与区域激活模式的变化相类似地是个体区域的改变。成人对正立面孔敏感的 ERP 成分是 N170，婴儿的激活脑区反应则广泛得多。成人对人正立面孔的 N170 的波幅和潜伏期不同于动物或倒置面孔。婴儿的 ERP 成分对正立和倒置人脸的反应类似（de Haan，Pascalls & Johnson，2002）。婴儿皮层加工中区域间的相互作用可以帮助形成区域内联系，而多个区域协作则支持同一个特定的知觉和认知功能。

（三）技能学习观点

技能学习观点（skill-learning perspective）认为，如图 2（c）所示，在婴儿新的知觉或行为能力开始时，其脑区的激活与成人复杂技能习得时相似。对于知觉的专门知识，有研究发现，对人工物体（artificial objects）认知的长期训练可导致梭状面孔区域（fusiform face area，FFA）的激活（Gauthier，Tarr & Anderson，1999），该区域以前在面孔加工中激活。这表明面孔通常激活成人该区域，不是因为它是预先就特异于面孔的，而是由于人类对这类刺激长期的特定技能训练所致。它支持婴儿面孔加工技能的平行发展说（Gauthier & Nelson, 2001）。但成人的专门技能与婴儿发展之间的类似程度仍不清楚，将来需要更细致地探索成人训练和婴儿发展中皮层激活模式的变化。技能学习理论呈现了一个贯穿生命全程的连续发展机制观点，它并不必然与交互特异化观点对立，两种观点也可能得出相似的预测结果。婴儿不是"白板"或消极学习者，尤其在脑发育的后期是积极的参与者。研究婴儿对注意新异社会刺激和事件的脑机制发现，婴儿更擅长于利用先天基础注意捕捉环境中的有关刺激。婴儿与环境的相互作用塑造了其皮层区域内和区域间的联系，最终导致高度特异化的成熟脑。

根据技能学习观点，为了判定未成熟脑在长期练习后是否和成熟脑一样进行神经活动，可以在长期经验获得前后比较成熟和未成熟脑的活动。有 fMRI 研究记录到长时间训练后，皮层初级运动区表现出快速学习效应（Karni, Meyer & Jezzard, 1995）。单一周期内的动作序列学习过程中，随着每周的训练大脑皮层表现出激活增强的效应。fMRI 的研究显示（Luna, Thulborn & Munoz, 2001），皮层活动随学习时间而增强并变得更少扩散。学习刚开始的早期阶段引起大脑初始性皮层扩散活动，随后是聚焦活动增加。这些研究表明，与成人相比，儿童在执行行为任务时脑的激活范围较多扩散。青少年的脑表现出最大聚焦活动，即使不同年龄组被试的成绩相等时也是如此。不同年龄组间脑活动的差异不能仅归因于经验，因为在没有正常刺激的情况下也是如此。这凸显了研究成熟和经验在发展中作用的一种可能途径。

认知发展神经机制的 3 种可能解释观点的区别可以通过前额叶皮层来说明。前额叶的成熟与婴儿一岁时获得"客体永久性"认知，开始能够成功伸向想要物体的能力有关。如果改换婴儿以前成功找到物体的位置，9 个月以下婴儿通常不能在短暂延迟后准确找到被隐藏的物体。年幼婴儿坚持指向前面试验中直接发现物体的位置。这种行为与额叶损伤的成人和背外侧前额叶皮层损伤的猴子所做的相似。由此认为，婴儿该区域的成熟使他们跨越空间和时间保持信息并抑制优势反应。与成熟观点相比，交互特异化观点认为，客体永久性及其外显行为的开始必将改变多重脑区间交互作用的模式。成年灵长类动物进行复杂动作技能学习任务时，前额叶皮层部分区域在动作技能习得早期阶段经常被激活，但当这种特定技能习得后的激活部位却移到较后部区域(Miller, 2000)。与技能学习观点相一致,研究发现,4个月婴儿有意的眼动与皮层活动相联系(Csibra, Tucker & Johnson, 2001)。他们在额叶部位观察到与眼动相关的电位,但在成人中一般是在后部位置观察到的,在顶叶却没有。上述3种观点并非是相互排斥的,而是可以相互补充,适用于不同的情况。

(四)总结与展望

发展认知神经科学试图解释个体的认知、情感和动作发展的相互关系及其脑内分子、化学和解剖基础。这种理解重新阐述和界定了传统发展和认知的研究主题。发展认知神经科学是认知神经科学和发展心理学等交叉融合产生的一个新学科和研究领域,其研究进展迅速且具有很大潜力,可能有如下一些发展趋势。

第一,将来的研究不应简单地孤立研究人类认知功能发展的单一方面,而应详细说明各种加工之间复杂的交互作用。关注不同水平的神经递质和脑内化学、生理和脑区结构的变化,以及它们如何影响行为和心理发展及反向作用。多层次地探讨脑发育(联结、化学和形态学)和行为以及认知能力发展(表征复杂性、维持选择性注意的能力、加工速度)之间的关系。

第二,学习与发展的脑机制及其相互关系等是重要的研究问题。学习是如何被促进的?这种学习造成的变化与自然发育造成的变化有何不同?皮层回路可能是对视觉经验学习快速可塑性的基础,而丘脑—皮层回路可能在随后巩固这些变化,从而使其变得难以逆转。知识在脑中如何组织?知识如何随发展而变化呢?知识作为一个学习系统被不断加强,早期接受的信息在后续学习中难以被改变,学习过程中比后来接受的刺激在脑中存储更牢固。为什么最高效的学习发生在发展的敏感期(sensitive periods)?此外,语法学习能力随年龄而下降(Hakuta, Bialystok & Wiley, 2003),母语音素等其他各类学习能力在出生后早期表现出最高水平的敏感性,此后呈下降趋势(Kuhl, Williams & Lacerda, 1992)。神经网络模型被用于研究敏感期的潜在机制,以确定发展中特定时间上促进学习的因素。语言学习的神经网络从小优势开始(starting small),此时工作记忆能力较少发展,可把注意力限制到语言输入的关键成分上而促进语言学习。工作记忆的容量有限性对语言加工是有利的。

第三，认知老化的脑机制也是该领域研究的重要课题。认知神经老化研究的根本目的在于理解脑与行为关系的年龄相关变化。相关研究涉及许多认知功能，如工作记忆中信息编码、保持和提取(王益文，林崇德，魏景汉，2004)，该能力随年龄增长而下降。前额叶皮层与年龄相关的变化可能影响工作记忆的这种下降。研究者(Rypma & D'Esposito，2000)采用 fMRI 研究独立工作记忆任务的编码、保持和提取成分，发现在记忆提取时年轻组背外侧前额叶皮层的活动强于老年组。年轻被试中，慢速提取者比快速者表现出较多的背外侧前额叶皮层激活，而年老者表现出相反的模式。因此，背外侧而非腹外侧前额叶皮层与年龄相关的变化可解释工作记忆因正常老化而下降的现象。工作记忆在信息提取时与年龄有关的功能变化定位于前额叶皮层(Rypma & D'Esposito，2001)。

第四，在评价发展过程中应该使用从分子到系统水平的多层次和多方面互补方法。神经的变化早于行为的改变，将 fMRI 与 EEG/ERP 的结合运用，可获得高空间和高时间分辨率，易于揭示发展的变化过程(Spelke，2002)。扩散张量成像(diffusion tensor imaging，DTI)是一种新的成像方法，提供了一种非损伤性的评估脑内联结(connectivity)的手段。该技术基于扩散特性探测白质微观结构的变化，根据白质中水分子的扩散特性受髓鞘和纤维定位规则性的影响程度来推断脑内联结的指标。DTI 与 fMRI 和 EEG 相结合，极大提高了发展认知神经科学研究的水平。例如，把神经元联结和髓鞘化与行为和神经生理学测量的相关变化联系起来，检验发展中认知和神经加工速度与效率。这提供了动态测定发展和成熟脑中功能和联结的独特能力。近红外光谱是一个有发展前景的技术，它测量微光束通过颅骨和脑组织时分散或弯曲的微小变化，这种光学成像技术可用于检测血氧变化，在研究年幼儿童时是 fMRI 的极好替代技术。除脑成像技术外，神经网络(王益文、张文新，2001)等方法对理解脑与行为的发展也具有重要作用。

参考文献

[1]王益文，林崇德，魏景汉，等．工作记忆中汉字与空间的分离及动态优势半球的 ERP 效应[J]．心理学报，2004，36(3)：253-259.

[2]Casey B J & de Haan M. Imaging techniques and their application in developmental science[J]. Developmental Science: Special Issue, 2002, 5: 265-396.

[3]Gazzaniga M S Ivry R & Mangun G R. Cognitive neuroscience: the biology of the mind [M]. 2nd Edition, New York: Norton & Company, Inc, 2002.

[4]Johnson M H. Developmental cognitive neuroscience: an introduction[M]. 2nd Ed. Cambridge: Blackwell, 2005.

[5]Munakata Y, Casey B J & Diamond A. Developmental cognitive neuroscience: progress and potential[J]. Trends in Cognitive Sciences, 2004, 8(3): 122-128.

信息保持、 短时存贮与执行控制的脑模型[*]

工作记忆(Working Memory, WM)是为完成某一任务或目标而在线(on line)保持信息, 并操作所保持信息的系统, 它在表象、言语、创造、计划、学习、推理、思维、问题解决和决策等高级认知活动中起着非常重要的作用(D'Esposito, 2001)。工作记忆的脑机制是 21 世纪认知心理学和认知神经科学的重要研究问题, 研究者已部分揭示了工作记忆的加工机制和功能定位, 但为数众多的认知与脑成像研究结论不尽一致, 甚至互相矛盾。进一步的研究面临巨大的挑战, 存在一些亟待解决的问题。一是工作记忆加工成分的大脑定位问题; 二是工作记忆的信息存贮与执行控制脑模块分离的问题; 三是工作记忆保持与操作加工的前额叶皮层(Prefrontal Cortex, PFC)背腹侧(DLPFC vs. VLPFC)分离与信息转换的问题; 四是工作记忆加工过程中大脑活动的动态时间模式问题; 五是工作记忆不同水平的加工成分与额叶皮层(Frontal Cortex, FC)不同区域的关系问题。下面结合工作记忆脑成像的研究进展和理论模型论述这些问题。

一、工作记忆成分结构模型

史密斯(Smith)和乔尼德斯(Jonides)主要采用 PET 研究了工作记忆的结构成分, 综合分析得出三点结论(Smith, 1997)。第一, 工作记忆系统存在加工空间、客体和词语信息的不同成分, 空间工作记忆多定位于右脑, 词语工作记忆多定位于左脑。第二, 词语工作记忆负荷参量任务表明, 有关成分随着记忆负荷的增加表现出某些活动的增多, 而与工作记忆无关的大脑部位未表现出这种记忆负荷效应。而且, 记

---

* 本文原载于《心理科学进展》2004 年第 5 期, 本文另一作者为王益文。

忆负荷敏感区与非敏感区激活的时间进程不同。这表明前额叶皮层的不同部位负责工作记忆可分离的加工成分。第三，至少在空间和言语工作记忆中存在可分离的成分负责信息的被动存贮和主动保持。存贮成分定位于大脑后部，保持成分定位于大脑前部。

史密斯和乔尼德斯提出了一个修正的工作记忆结构模型（an updated architecture of working memory，如图 1 所示，1997）。该模型认为，任何视觉输入都可根据信息的类型进行编码。空间信息通过"where"枕顶通路输入，客体信息通过"what"枕颞通路输入（Mishkin，Ungerleider & Macko，1983）。视觉输入的言语符号可以从视觉表征转换为语音表征。因此，输入到工作记忆中的信息就有三类——空间、客体和词语信息（spatial，object and verbal information）。三种不同的工作记忆子系统分别处理这三类信息，词语和空间保持分为缓冲存贮和复述加工两个功能，词语信息左脑单侧化，空间信息右脑单侧化。①空间信息的缓冲存贮区部分位于右脑顶叶后部区域，其复述加工通过包括前运动区在内的右脑额顶回路实现。②客体信息通过左脑的颞叶下部和顶叶后部区域实现，尚无明确证据表明客体信息存贮与复述的分离。③词语（语音）信息的缓冲存贮激活左脑顶叶后部区域，其复述加工受左脑布罗卡

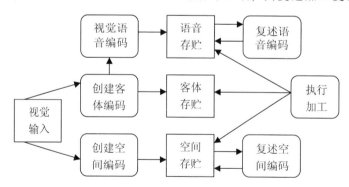

空间存贮：主要在顶叶后部（右脑单侧化）
空间复述：前运动区（右脑单侧化）
客体保持：左脑颞叶下部和顶叶后部区域
词语存贮：主要在顶叶后部（左脑单侧化）
词语复述：布罗卡区、前运动区和补充运动区（左脑单侧化）
执行加工：背外侧前额叶皮层

图 1　工作记忆加工成分结构及脑定位

（Broca）区、前运动区和补充运动区组成的额叶皮层回路调节。其他研究还表明，客体信息保持激活左脑腹外侧额叶皮层布罗德曼 47（VLPFC BA47）区，空间信息保持激活右脑腹外侧额叶皮层布罗德曼 47 区。空间信息复述激活右脑顶叶上部皮层区域，其存贮激活枕叶皮层和颞叶下部皮层，可能与视觉缓冲存贮区对应（Corbetta, et al., 1993；Coull & Nobre, 1998）。执行加工操作工作记忆中保持的信息，对工作记忆中的信息进行编码、刷新、转换和监控等，激活背外侧前额叶皮层。

该模型综合了许多工作记忆脑成像的研究成果，简明清晰且较为系统地呈现了工作记忆的结构成分及相应的大脑区域。但该模型有几个方面需要强调或说明一下。首先，该模型主要论述了工作记忆信息保持的脑机制，对执行加工的解释过于简单化。其次，该模型认为，即使输入的词语信息是视觉表征，词语工作记忆的全部输入也是严格按照语音加工的。视觉与听觉信息表征的词语工作记忆在输入上的差异一旦被减去，在激活上将没有区别（Schumacher, et al., 1996）。最后，该模型包括知觉系统和记忆表征两层成分。与大多数认知模型一致，该模型区分了知觉系统创建的初始空间（客体）表征和随后在短时缓冲区中保持的空间（客体）表征。史密斯和乔尼德斯假设，对于空间和客体信息，知觉和记忆表征通过相同的神经区域实现。如右脑顶叶后部区域实现空间缓冲区，这一区域同时也参与空间知觉；左脑颞叶下部区域参与存贮客体信息，该区域在客体知觉中也起作用（Smith, et al., 1995）。但是，这些发现不是根据同一实验内的比较得出的，结论尚不十分准确。如果被试内的实验研究能够表明知觉和短时存贮表征是受相同区域调节的，该工作记忆模型就可以不再区分知觉和记忆表征。

二、工作记忆存贮与执行加工分离模型

工作记忆是一个多成分系统，包括信息保持存贮和执行控制加工。信息保持存贮实时保持可用在线信息，包括主动复述和被动存贮两种成分，执行控制管理和监控工作记忆中信息的操作。史密斯和乔尼德斯（1999）探讨了短时贮存（short-term storage，指在几秒内主动保持有限容量信息）和执行加工分离的脑机制。研究表明，不同类型信息的短时贮存激活不同的额叶皮层。言语信息激活布罗卡区、左脑补充和前运动区域；空间信息激活右脑前运动皮层；客体信息的存贮激活前额叶皮层的另外区域。选择性注意和任务管理是两种基本的执行加工，采用 Stroop 任务和双任务对其进行研究发现，两种加工均激活前扣带回(anterior cingulate)和背外侧前额叶皮层。这说明工作记忆中信息的保持与操作存在神经解剖结构上的模块分离，保持加工激活腹外侧额叶皮层(VLPFC BA 44/45/47)，操作加工主要激活背外侧前额叶皮层(DLPFC BA 9/46)，相应的大脑皮层部位见图 2 所示的黑色大脑皮层布罗德曼分区(Brodmann Area，BA)。该模型强调保持与执行的分离，但忽视了相互协作和联系。

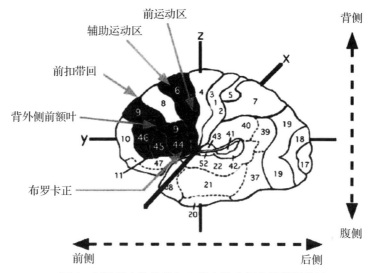

图 2　短时贮存和执行加工的大脑皮层布罗德曼分区

研究者(D'Esposito, et al., 1995)采用双任务模式探查了工作记忆执行功能的神经基础。他们采用 fMRI 比较语义判断任务(semantic-judgment task)和空间旋转任务(spatial-rotation task)单独或共同执行时大脑激活的情况。研究发现，单任务执行时主要激活后部大脑区域，没有发现额叶激活。双任务同时执行时观察到前额叶皮层布罗德曼 46 区激活，说明该区域负责在双任务协调中控制注意的快速转换。另有研究者(Rowe, et al., 2000)采用事件相关磁共振成像(event-related fMRI)研究了空间工作记忆中项目保持和指导反应的项目选择发现,保持与前额叶布罗德曼8区和顶叶内皮层(intraparietal cortex)的激活相联系,选择与背外侧前额叶皮层布罗德曼46区的激活相联系。工作记忆任务中选择项目和在意志行为任务移动中自由选择时前额叶激活,支持背侧前额叶皮层在表征选择中的作用。

三、工作记忆相对表征混合模型

前额叶皮层负责工作记忆中信息的保持和操作,腹侧前额叶在保持任务中更多激活,背侧前额叶在操作任务中更多激活,但也有保持加工激活背侧前额叶的证据。研究者(Rypma, Glover & Gabrieli et al., 1999)研究了工作记忆保持加工中额叶脑区的负荷依赖作用(load-dependent roles)。他们采用经典的工作记忆延迟反应任务。被试首先编码记忆1个、3个或6个字母,然后经过5秒延迟保持,最后判断一个探查字母是否在记忆集中出现过。与1个字母相比,当被试保持3个字母时可观察到显著的左脑尾部额下回(caudal inferior frontal gyrus)激活,限定在左脑腹侧前额叶(BA44)。当被试保持6个字母时,除额下回外,额中回和额上回(middle and superior frontal gyrus)双侧激活,可能是腹侧前额叶提供的加工资源不足因此启用了背侧前额叶。背侧前额叶的激活与工作记忆操作加工时的激活相类似(D'Esposito, et al., 1999; Owen, Evans & Petrides, 1996)。整个研究表明,虽然没有明显的操作要求,但随着保持信息量的增加,导致额叶区域广泛的扩散式参与。3个字母和6个字母条件下的额下回激活主要在左脑,这反映了材料特异性言语加工。额中回和额上回激活只在6个字母条件下出现,并且主要在右脑,这一激活反映了材料独立性的执行加工。对这些结果存在两种可能的解释。第一,腹侧前额叶和背侧前额叶都参与主动保持,但只有背侧前额叶参与信息的操作。这一观点与德埃斯波西托等人直接比较字母排序任务中信息的保持和操作的结果一致(D'Esposito, et al., 1999)。第二,在被试必须主动保持接近或超过他们记忆负荷容量信息的条件下,背侧前额叶才会另外参与调节加工策略以保持高负荷的信息。严格的保持和操作的背腹侧分离限定，腹外侧前额叶负责保持加工，背外侧前额叶负责操作加工。是否存在工作记忆保持与操作加工的额叶背腹侧分离呢？研究者(Postle & D'Esposito，2000)把工作记忆的脑定位模型划分为材料组织模型(Organization-by-material models)和加工组织模型(Organization-by-process models)两类(见表1)。他们对已有脑成像研究进行分析后发现，严格的保持与操作组织模型没有得到支持，而是发现了一个工作记忆保持活动背外侧前额叶和腹外侧前额叶的相对表征(comparable representation)。

表1 工作记忆功能的地形学组织模型总结

模型	材料组织模型
A	背外侧前额叶支持空间工作记忆，腹外侧前额叶支持客体工作记忆
B	左右半球的中部背外侧前额叶分别支持空间和客体工作记忆
C	左右半球的腹外侧前额叶分别支持空间和客体工作记忆
D	词语工作记忆主要在左脑前额叶进行加工

模型	加工组织模型
E	背外侧前额叶主要参与支持工作记忆中项目的操作
F	模型E的扩展：背外侧前额叶和腹外侧前额叶以相对排除其他加工的方式，分别支持工作记忆中项目的操作和保持(背外侧前额叶主要支持操作，腹外侧前额叶主要支持保持的双分离)

材料组织模型和加工组织模型在根本上并不矛盾，工作记忆的脑功能组织可能反映了这两种原则，它们是刻画大脑功能的两个维度。考特尼(Courtney)等人(1998)提出客体工作记忆多由额叶腹部区域调制，空间工作记忆多由额叶背部区域调制；但同时还提出，客体工作记忆可能存在前额叶皮层特异性的第二个维度——左脑主要保持分析性表征，右脑主要保持图像性表征。把信息类型(词语、客体和空间)和加工类型(保持和操作)结合起来划分，针对性地对左右脑背腹侧部位进行更为精细的考察。这样可以更准确地认识额叶在工作记忆中纷繁复杂的功能作用，促进对工作记忆脑机制的理解。

波斯特尔(Postle)和德埃斯波西托(2000)回顾和发展了其他模型(Smith & Jonides，1999)，提出工作记忆功能组织相对表征混合模型(hybrid model)。该模型较为准确和灵活地描述了工作记忆的脑机制，具体的大脑皮层部位见图 3 所示。第一，左脑背外侧前额叶皮层布罗德曼 44/45 布罗卡区支持工作记忆词语信息的保持加工。第二，工作记忆的保持加工分布广泛，除腹外侧前额叶外保持加工还可能激活背外侧前额叶。第三，空间与非空间工作记忆的保持加工分布广泛，只在腹外侧前额叶皮层前部布罗德曼 47 区出现分离，客体保持主要是左脑单侧化，空间保持主要是右脑单侧化。第四，工作记忆的操作加工主要限定于双侧背外侧前额叶皮层。

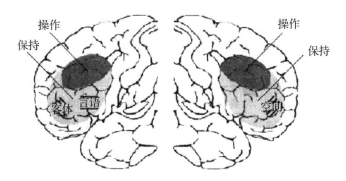

图 3　工作记忆保持与操作加工背腹侧分离的相对表征混合模型

该模型的一个重要特征是前额叶皮层的许多区域可以支持多种工作记忆加工 (D' Esposito et al. , 1999；D' Esposito, Postle & Rypma, 2000)，这也是动物研究中的一个主要发现(Chafee & Goldman-Rakic, 1998；Fuster, 1997)。例如，背外侧前额叶支持操作加工、词语保持加工、视觉空间保持加工和视觉特征保持加工。真实的加工分离倾向于表现出等级方式(graded fashion)，而不存在一个生硬的界限。

四、工作记忆加工阶段动态模型

工作记忆任务包括许多加工成分，科恩(Cohen)等人分析了 N-back 任务执行过程中的不同时段所要求的操作类型(Cohen, et al. , 1997)。图 4 表明了 N-back 任务激活的时间模式与激活区域功能是如何关联的。不同的认知功能(或加工)有不同的时间进程。N-back 任务的执行至少需要以下加工：①编码刺激，②与前面第 n 个项目进行匹配，③在比较基础上做出反应，④刷新需要保持在主动状态的 n 个项目和它们的时间编码，⑤存贮这些项目和它们的时间编码，⑥复述这些项目和编码。研究者(D'Esposito, Postle & Rypma, 2000)把延迟反应任务划分为线索(cue)、延迟(delay)和探查(probe)三个任务阶段，各阶段分别进行不同的认知加工。线索阶段编码信息，延迟阶段保持和操作信息，探查阶段提取信息和选择反应(如图 5 所示)。

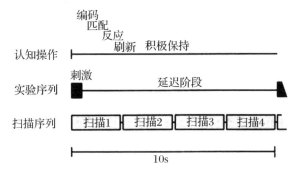

图 4 N-back 任务动态加工的认知成分

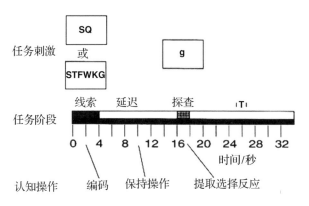

图 5 延迟反应任务动态加工的认知成分

组块设计(block design)的脑成像实验只是把工作记忆任务作为单一整体阶段扫描，未区分不同的加工阶段及相应的加工成分。此类研究发现，与低记忆负荷条件相比，背侧前额叶参与高记忆负荷条件(Manoach, et al., 1997; Rypma, et al., 1999)。这可能是由于某一或所有任务阶段参与不同加工活动的结果，具体是工作记忆任务的哪个加工阶段则不得而知。

事件相关设计(event related design)的脑成像实验对实验任务进行分阶段扫描,区分了不同的加工阶段及相应的加工成分,有利于揭示工作记忆各加工阶段的动态时间进程。事件相关 fMRI 区分工作记忆中的短暂效应和持续效应,在测量并分离加工成分(如知觉与保持、保持与操作)中可能极有价值(Cohen, et al. 1997; Courtney et al. , 1997),是工作记忆脑成像研究方法学上的一个重要进展。研究者(Rypma, D'Esposito, 1999)采用事件相关 fMRI 研究了延迟反应任务动态加工过程的大脑激活时间进程。被试在延迟阶段后保持 2 个或 6 个项目,检验与任务中单个加工成分(编码、保持或操作、提取或反应选择)相关的背侧前额叶和腹侧前额叶活动。结果发现,只有在保持任务的编码阶段,才能观察到背侧前额叶的记忆负荷增加效应,并且只存在于右脑,即右脑单侧化。这一结果说明背侧前额叶在为随后提取信息做准备的初期编码阶段中起更重要的作用,在延迟阶段并不是必需的。这可能是由于初期的信息编码需要一些认知操作,如监控工作记忆的内容,刷新和协调多种工作记忆缓存等,这些认知操作与较复杂工作记忆任务的要求相似。

研究者(D'Esposito, et al. , 2000)综合了他们的事件相关 fMRI 研究,提出了工作记忆加工阶段动态模型,分析了三个阶段加工成分及其前额叶皮层定位(如图 6 所示)。外侧前额叶皮层参与延迟反应任务执行的许多不同的认知加工,根据短暂保持和操作信息两种加工类型功能化组织。第一,在延迟反应任务开始的编码阶段,当呈现的记忆信息量接近或超过短时存储容量时(Waugh & Norman, 1965),背侧前额叶优先参与。背侧前额叶支持的加工可促进信息的有效编码。第二,在随后的延迟阶段被试不接受信息时,腹侧前额叶和背侧前额叶都参与。如果在延迟阶段要求额外操作信息,背侧前额叶更多程度地参与。第三,在探查阶段呈现刺激,当要求被试根据任务开始呈现内容做反应时,背侧前额叶再次参与。这可能是由于被试扫描了所保持的信息并选择适当动作反应。并且背侧前额叶的激活程度与扫描过程的效率有关,快速记忆扫描导致较少前额叶激活。第四,在探查阶段,如果主动干扰(Proactive Interference, PI)是以前记忆的信息,更多的左脑前额叶腹部区域参与判定这种干扰引起的冲突。

该模型阐明了工作记忆任务执行过程中前额叶功能的动态时间过程,由其可以

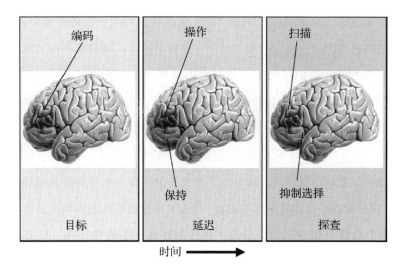

图6　延迟反应任务三阶段的加工成分及额叶皮层定位

得出一个重要结论，即前额叶的活动不能归因于一种单纯的认知操作。与猴子电生理文献相一致，人类前额叶参与几个编码和反应的相关加工，以及信息的暂时保持和操作中的记忆与控制加工过程。该模型无论在机制水平上，还是在时间水平上均比以前的模型(Petrides，1989，1994；Smith & Jonides，1999)更为精确。

　　很少有研究报告前额叶病灶性损伤(focal lesions)的病人执行延迟反应任务的情况，一些前额叶病人损伤了延迟反应任务的执行，这种损伤在病人执行分心物延迟反应任务时表现得更为突出(D' Esposito & Postle，1999)。但外侧前额叶损伤病人一般在工作记忆广度(如数字广度和空间组块广度)测验中成绩没有下降。把脑损伤数据与加工阶段动态模型相结合可以得出一些启示，进一步分析形成了工作记忆中外侧前额叶功能作用的新假设。第一，外侧前额叶对简单的工作记忆存贮不是必要的。第二，外侧前额叶，特别是背侧前额叶对信息操作可能是必要的。第三，只有从同时出现的分心刺激中保持目标信息时，背侧前额叶对信息保持才是必要的(Chao & Knight，1998)。第四，背侧前额叶在工作记忆编码加工中起重要作用(Rypma & D' Esposito，1999)。第五，外侧前额叶在延迟反应任务的探查加工中起重要作用，其中有记忆扫描(Rypma & D' Esposito，1999)和冲突解决(D' Esposito，et al.，1999)等加工成分。进一步提高研究推论能力和脑成像技术的时间分辨率，结合神经心理学研究文献的分析，可以更清楚地阐明前额叶工作记忆组织模型。

五、工作记忆额叶分区整合理论与研究展望

脑成像研究提示了工作记忆认知模型的缺陷，尤其是中央执行系统的问题。巴德利(2001)承认中央执行系统包含了过多性质不同的加工成分。已有研究发现背外侧额叶参与执行控制加工，但仅有背外侧额叶参与的执行控制加工是完整的吗？或许还有其他脑区参与执行加工？额叶作为一个整体参与工作记忆功能，背外侧额叶负责操作控制工作记忆中已保持的信息，额叶前部皮层(anterior frontal cortex)可能参与更复杂的加工活动，如在执行一个任务的同时保持另一个任务的目标和结果。但已有研究多探讨背腹侧额叶在工作记忆中的作用，对额叶前部皮层的作用探讨较少。

弗莱彻(Fletcher)和亨森(Henson)在2001年系统论述了额叶与工作记忆的关系，综合大量工作记忆脑成像研究提出了工作记忆额叶分区整合理论。他们认为，额叶的三个区域——腹外侧额叶、背外侧额叶和额叶前部皮层分别参与不同层次的工作记忆加工。除词语和空间信息加工的单侧化外，不再区分其他左右脑额叶加工的不同。工作记忆的三个加工层次功能如下：①腹外侧额叶负责输入(updating)并保持工作记忆中的信息。所有的工作记忆任务都要求被试为了做出决策而检查工作记忆的内容。为了服务于信息的进一步加工，开始的步骤包括输入新信息到工作记忆中和在线保持信息。工作记忆中的信息可以是外部提供的，也可以是从长时记忆中提取到工作记忆中的。②背外侧额叶负责选择、操作和监控工作记忆内容。较复杂的记忆任务要求选择、精炼(refinement)在线保持信息并评估信息的充分性。背外侧额叶和腹外侧额叶之间存在交互作用，腹外侧额叶负责输入信息到工作记忆，背外侧额叶监控工作记忆中保持信息的刷新，负责对顺序输入的新信息进行选择和操作。③额叶前部皮层负责选择加工、目标和子目标。背外侧额叶和腹外侧额叶之间充分地交互作用对满足任务完成的要求是必需的。但这一模式缺少元加工(meta-processes)是不完整的。额叶前部皮层参与设立目标并协调背外侧额叶和腹外侧额叶

加工以达到目标，这种更高水平的控制在被试同时执行多任务时，对任务间的转换尤为重要。某些复杂任务的成功完成，取决于几个操作间频繁转换和保持与之联系的子目标的能力（Koechlin, et al.，1999）。腹外侧额叶和背外侧额叶形成一个功能单元负责输入/保持和选择/操作/监控，额叶前部皮层的控制使这些加工间理想地转换以最优化的方式完成任务。额叶前部皮层的作用可视为第三种选择，是加工或目标之间的选择；还可以视为另一类监控：腹外侧额叶和背外侧额叶加工之间交互作用的监控（不是对保持或操作信息的监控）。另外，额叶前部皮层与背外侧额叶可能反映了不同的执行加工，额叶前部皮层与自我生成信息的监控相联系，而背外侧额叶与外部生成信息的监控相联系。

工作记忆额叶分区整合理论成立与否尚未有定论，其科学性和有效性尚需实验检验。但理论的重要价值之一在于指导并解释实验和预测结果。根据工作记忆的额叶分区整合理论，可以对研究的发展趋势做些预测：第一，正如事件相关 fMRI 所揭示的，不同额叶区域激活的时间模式不同（Veltman，2003）。腹外侧额叶和背外侧额叶根据不同任务的激活水平分离，分别反映了保持和操作要求。可以按照额叶不同区域在工作记忆中的功能从简单到复杂的原则，进一步预测不同区域激活的时间轮廓（profile）。腹外侧额叶在整个延迟阶段持续激活，背外侧额叶可能在腹外侧额叶激活后更短时段内加到（superimpose）腹外侧额叶的激活上，额叶前部皮层则可能在背外侧额叶激活后更为短暂的时段内加到额叶前部皮层的激活上。第二，腹外侧额叶、背外侧额叶和额叶前部皮层三个区域之间存在有效的联系。参与信息操作的工作记忆任务将增加背外侧额叶和腹外侧额叶间有效的联结，而含有操作特征的控制任务（如多任务转换）将增加腹外侧额叶—背外侧额叶模块与额叶前部皮层的有效联结。第三，掌管刺激间关系规则的认知活动将会激活额叶前部皮层。这些理论预测尚无实验数据验证，但为进一步的研究提供了选题和预测。

现在需要一个更为精确的认知心理学模型，指导并检验工作记忆脑成像研究。前额叶皮层根据暂时保持信息的类型和操作类型功能细分，对于工作记忆的执行控制和主动保持等加工成分至关重要。脑成像研究支持了认知心理学提出的词语空间信息存贮与复述相分离的观点。由布罗卡区、前运动区和补充运动区等组成的网络参与复述,大脑后部包括顶叶、颞叶和枕叶的部分区域参与存贮加工。存贮和复述都是词语信息左脑单侧化,空间信息右脑单侧化,支持了不同的工作记忆附属系统(语音环和视觉空间存贮)。除此之外,前运动区和顶叶后部联系皮层等其他区域组成一个神经网络,负责工作记忆功能的其他加工成分。比如,根据在线信息和存贮加工选择动作反应等。这是脑成像研究与工作记忆认知模型的符合之处。但工作记忆的中央执行系统存在加工成分细化的问题,执行控制没有明确的界定,无法阐明不同工作记忆任务中加工成分间的共同成分和差异之处。关于工作记忆的研究仍有许多悬而未决的问题,进一步研究关注工作记忆中加工不同词语材料(如汉字)的脑机制和动态进程(王益文,林崇德,魏景汉等,2004);描述执行控制动态加工与策略的神经机制(Huettel,Misiurek & Jurkowski,2004);更好地刻画支持工作记忆的大脑后部系统与前额叶的交互作用(Petrides,1994);探讨工作记忆与长时记忆脑功能的关系(Wagner,1999)等。ERP、fMRI、MEG、重复经颅磁刺激(Repetitive Transcranial Magnetic Stimulation,RTMS)等研究技术的发展及其结合应用将会推动该领域的研究,为最终揭示工作记忆的脑机制提供趋于一致的科学证据。

参考文献

[1]王益文,林崇德,魏景汉,等. 工作记忆中汉字与空间的分离及动态优势半球的 ERP 效应[J]. 心理学报,2004,36(3):253-259.

[2]Cohen J D,Perlstein W M,Braver T S et al. Temporal dynamics of brain activation during a working memory task[J]. Nature,1997,386:604-608.

[3]D'Esposito M. Functional neuroimaging of working memory[M]. Cabeza R,Kingstone A. Handbook of functional neuroimaging of cognition. London:MIT,2001:293-327.

[4]Rypma B,Prabhakaran V & Desmond J E et al. Load-dependent roles of frontal brain regions in the maintenance of working memory[J]. Neuroimage,1999,9:216-226.

[5]Smith E E & Jonides J. Working memory:a view from nneuroimaging[J]. Cognitive Psychology,1997,33(1):5-42.

人类视空间工作记忆分离的证据与机制[*]

视空间工作记忆，也叫视空间模板，主要负责产生、操作和存贮视觉映象，它是工作记忆的一个重要组成部分。当工作记忆在本质上被定义为容量有限的短时存储系统的时候，越来越多的模型既强调工作记忆的加工和存储功能，又强调不同类型信息的工作记忆加工可能存在功能上的差异。最明显的一例就是由巴德利（Baddeley）及其同事提出的工作记忆多成分模型，这个模型把工作记忆分为中央执行器、语音环路及视空间模板三个部分。视空间工作记忆作为工作记忆系统的一个子成分，它也是一个容量有限的短时存储系统，因此视空间工作记忆系统是否可以分离以及分离的内在机制就成为近期工作记忆研究的一个热点问题（Klauer & Zhao, 2004; Smith & Jonides, 1997, 1999; Ventre-Dominey, Baily & Lavenne, 2005）。

研究者主要通过灵长类动物实验，人类行为实验和人类脑成像研究对视空间工作记忆的单一系统观提出了挑战。由于人类掌握了语言，在大脑皮层中，发展出了专门负责言语加工的脑区，因此在人类的视空间工作记忆研究中，由于经常受到言语的干扰，而得不到完全"纯"的视空间工作记忆任务，并且由于人类研究受到伦理道德的约束，这就使人类视空间工作记忆的研究变得更加复杂。研究者只能通过被动的脑损伤研究、巧妙的实验设计以及先进的仪器进行无创伤的行为与脑成像研究，因此对人类的视空间工作记忆分离进行研究是一项更具有挑战性的工作。这篇文章意在从以下两个方面对人类视空间工作记忆分离的行为和脑成像研究进行描述和评价：第一，视空间工作记忆分离的证据；第二，视空间工作记忆分离的机制。最后，通过小结分析以往研究未解决的问题及争论并提出未来研究的方向。

---

[*] 本文原载于《心理科学进展》2007 年第 3 期，本文其他作者为罗良、刘兆敏。

一、视空间工作记忆分离的证据

大量研究表明人类视空间工作记忆存在分离的现象，即人类的视空间工作记忆中可能存在不同的子成分或者子系统(Smith & Jonides，1997；Ventre-Dominey，Baily & Lavenne，2005)。这种分离的证据主要来自以下几个方面的研究。

(一)神经心理学研究

人类视空间工作记忆分离的现象最初是在神经心理学的研究中发现的，例如德伦齐(De Renzi)在1975年发现有两个大脑右半球受到损伤的病人，在空间记忆广度任务上的成绩非常低，但是这两个病人的空间知觉和空间长时记忆成绩与正常人没有显著差异(De Renzi & Nichelli，1975)。此后，又有很多神经心理学的研究发现相类似的现象。例如，有研究者(Farah，Levine & Calvanio，1988)曾经遇到过一个病人，这个病人能很好地完成空间表象任务，但是却不能从表象任务中进行形状、颜色和物体相对大小的提取。而另有研究者(Hanley，Young & Pearson，1991)报告的一个病人表现的症状与此相反，这个病人表现出明显的空间表象损失，而对其他一些表象测试却能够正常操作。研究者(Grossi et al.，1993)在一项对39个阿尔茨海默(Alzheimer)病人进行的研究中发现，有两个病人表现出相反的图案能力损伤，一个病人在Corsi积木模块测验中成绩正常，但在视觉矩阵任务(visual matrix task)中成绩很低，另外一个被试能够很好地完成视觉矩阵任务，但在Corsi积木模块测验中的成绩很低。德拉(Della)等人也曾发现两个相类似的脑损伤病人(Della et al.，1999)。达林(Darling)等人在对脑损伤病人研究的过程中比较了这些研究成果，认为客体信息和空间信息的保持存在神经心理层面上的分离，二者是两个相互独立的成分(Darling，et al.，2006)。

(二)视空间工作记忆的双分离研究

神经心理学的发现激发了很多研究者的兴趣，一部分研究者采用双分离的范式对正常人是否存在视空间工作记忆的分离进行了研究。视空间工作记忆双分离研究的一般逻辑是，实验中有两个主要任务：一个为客体工作记忆任务，另一个为空间工作记忆任务；另外还有两个次要干扰任务：一个为客体工作记忆干扰任务，另一个为空间工作记忆干扰任务。如果主要任务与次要干扰任务之间出现了交互作用，就说明视空间工作记忆可能不是单一的资源系统，而是包含了不同的功能成分。特雷施（Tresch）及其同事发现，当把记住圆点的位置作为次级任务时，对记忆几何图形的成绩没有影响，但当使用颜色分辨任务作为次级任务时，对记忆几何图形的成绩产生了明显的影响；而当主要任务为记忆空间信息时，两种次级任务的干扰效应与记忆几何图形时相反（Tresch，Sinnamon & Seamon，1993）。其他大量采用不同材料作为主要任务和次要任务的研究也都发现了客体工作记忆与空间工作记忆的这种双分离效应（Klauer & Zhao，2004），因而从行为层面证明了视空间工作记忆可能包含客体与空间工作记忆两个子成分或子系统。

（三）视空间工作记忆的脑机制研究

神经心理学对病人的研究以及双分离研究对正常人同时执行两种任务时行为成绩的比较都证明人类的视空间工作记忆存在分离，那么这种分离在正常人的大脑激活模式上是否有所反映呢？此外，近几十年来，随着现代物理、电子与计算机技术的迅速发展，在脑认知成像技术领域出现了非常令人振奋的进展，涌现出一批功能强大的无创性技术，如 PET、fMRI 和 ERP 技术。由于这些技术具有无创伤特性，为"非常主动"地研究正常人认知过程中的脑机制提供了便利，因此，一些研究者开始采用这些无创伤技术对正常人加工不同类型的视空间工作记忆信息时，以大脑的激活模式进行研究。一些研究发现，不同类别的视空间工作记忆任务在大脑激活的部位和激活的时间上存在分离。乔尼德斯和史密斯等人以正常人为对象利用 PET 对工作记忆进行了一系列研究，发现空间工作记忆任务主要激活了大脑右半球一些脑区，包括右顶后皮层（right-hemisphere posterior parietal cortex，BA40）、右枕前皮层（right-hemisphere anterior occipital cortex，BA19）、右前运动区（right-hemisphere premotor region，BA6）以及右脑前额叶腹侧（right-hemisphere ventral prefrontal cortex，

BA47）；客体工作记忆任务主要激活了左顶后皮层（left-hemisphere posterior parietal cortex，BA40），左前运动区（left-hemisphere premotor region，BA6），和颞下叶（left-hemisphere inferotemporal region）（Smith & Jonides，1997，1999）。沃建中、罗良等人采用 ERP 技术的研究也发现，客体工作记忆与空间工作记忆的大脑激活部位和模式存在差异，空间工作记忆任务更早地诱发出反映心理资源投入的负慢波（沃建中，罗良，林崇德，2005）。这些研究为空间工作记忆与客体工作记忆的分离提供了明确的生理层面的证据。

（四）视空间工作记忆的潜变量研究

一些心理学家把潜变量的方法用于视空间工作记忆的研究，他们选择多个视空间工作记忆的测验，然后用探索性因素分析（exploratory factor analyses）和验证性因素分析（confirmatory factor analyses）的统计方法对这些测验进行分析来考察视空间工作记忆的内在结构。陈（Chen）及其同事选择了 7 个以加工速度为指标的视空间工作记忆任务，其中 3 个任务主要测量腹侧束功能（ventral stream functions），另外 4 个任务主要测量背侧束功能（dorsal stream functions），研究发现从测量腹侧束功能的 3 个任务中可以抽取出一个公共因子，而从另外 4 个测量背侧束功能的任务中可以抽取出另外一个公共因子，这个研究结果说明腹侧束功能和背侧束功能是分离的，并且分别产生不同的视空间工作记忆能力（Jing et al.，2000）。另有研究者（Oberauer et al.，2003）用潜变量的研究方法发现视空间工作记忆可以分为贮存与加工、监控、协调三个子成分。

（五）视空间工作记忆的发展研究

一些研究者认为如果视空间工作记忆存在分离，那么不同的视空间工作记忆成分在发展轨迹上应该存在差异，他们对这种假设进行了证明。洛吉（Logie）和皮尔逊（Pearson）选取 5 岁、8 岁和 11 岁的儿童作为被试，对他们进行方块矩阵图案（一种客体工作记忆任务）和 Corsi 积木模块任务（一种空间工作记忆任务）的再认（recognition）和回忆（recall）测试，结果发现，在每一个年龄组，两种任务成绩之间的相关都非常的低，并且通过比较两种任务的年龄趋势图发现，随着年龄的增长，方块矩阵图案任务成绩的提高速度快于 Corsi 积木模块任务成绩的提高速度。肖（Shaw）选取 18~57 岁的成年被试也发现，空间工作记忆随年龄的发展显著下降，而客体工作记忆并没有显著变化，且两种任务成绩之间没有显著相关（Shaw & Helmes，2006）。这种发展变化速率的差异以及它们成绩之间的低相关说明，视空间工作记忆可能存在两个不同的子系统。

通过上面的描述可以看出，视空间工作记忆的神经心理学、潜变量、双分离、发展以及脑机制研究所提供的大量实验结果证明，人类的视空间工作记忆存在分离，那么随之而来的是另外一个问题：是什么原因导致了分离？或者说分离的内在机制是什么？围绕这个问题，不同的研究者给出了不一样的回答。

二、视空间工作记忆分离的机制

由于采用的研究手段存在差异，所根据的理论基础也存在不同，因此，研究者提出了不同的视空间工作记忆分离的机制，分析这些理论和研究，可以看出导致视空间工作记忆分离的原因主要有以下两个：编码方式的不同和注意参与机制的差异。

（一）编码方式不同

波斯特（Poster）在威肯斯（Wickens，1973）的同步多重编码理论（simultaneous multiple encoding theory）的基础上认为，对视觉呈现的客体刺激的记忆表征可能不仅对客体的特征（如大小、颜色、背景、形状）进行视觉编码，可能还包括一些与视觉刺激信息相联系的语音编码。并进一步认为这种过程是自动发生的，语音编码是对视觉呈现客体进行工作记忆表征加工的一部分，而对于空间工作记忆并不是这样。因此，波斯特在实验中假设：语音编码对于客体工作记忆的表征是至关重要的，而空间工作记忆的表征则不需要言语编码，实验采用了双分离的 N-back 实验方式，结果发现言语分心物对客体工作记忆成绩的影响大于对空间工作记忆的影响（Poster, D' Esposito & Corkin，2005)。西蒙(1996)也在一项研究中发现，客体与空间的记忆由不同的机制所调节，成功的客体工作记忆需要言语编码，而空间工作记忆则不需要。

视空间工作记忆不同子系统编码方式的差别还得到脑成像研究的支持。乔尼德斯(Jonides)采用 PET 作为脑成像工具的研究中发现，被试记忆客体信息时，激活的脑区包括左半球后部顶叶和运动区。左半球后部顶叶被认为是言语的缓冲器，而左半球运动区被证明参与记忆过程中的言语复述，因此，乔尼德斯认为被试在记忆客体信息时，可能经常用言语来描述客体，并且默默地用言语来复述，而被试完成空间工作记忆任务时所激活的脑区主要在右半球，与完成言语工作记忆时所激活的脑区几乎没有重合(Smith&Jonides，1997)。梅克林格(Mecklinger)在一项研究视空间工作记忆分离的 ERP 实验中也发现，在客体工作记忆任务中，左颞叶皮层在低负荷任务中诱发的负慢波最大，梅克林格认为这种负慢波可能反映了语音编码的参与，并且语音编码的程度可能与客体任务的负荷有关(Mecklinger & Pfeifer，1996)，罗良等人的研究支持了这一结论(罗良，林崇德，刘兆敏，2006)。这些实验从神经机制层面为客体工作记忆与空间工作记忆编码方式的差别提供了证据，语音编码可能是客体工作记忆过程中的一种编码方式，这种编码方式与视觉编码方式并存，而空间工作记忆可能并不包括这种编码方式，而是以视觉编码形式为主。

(二)注意参与机制的差异

考恩(Cowan)认为对于工作记忆来说，有两个方面非常重要：一是能够保持住多少个项目，二是它如何有效地进行运转(Cowan & Morey，2006)。沃格尔(Vogel，2005)发现有效运转与保持项目的数目紧密相关，视空间工作记忆容量越大的人，他们越能有效地排除无关信息的干扰，并发现注意在排除无关信息方面发挥重要作用。这些研究说明，注意可能在视空间工作记忆中发挥重要的作用，那么注意在不同的视空间工作记忆成分中参与程度是否存在差异，是否注意参与机制的不同导致了视空间工作记忆的分离呢？

研究者首先对注意在知觉和表征不同类型视空间信息时的机制进行了考察。扬蒂斯（Yantis）认为注意是一种偏爱相互竞争的机制，特别是面对需要相互抑制的信息时，最后结果是被注意到的信息赢得竞争，并进入意识（Yantis & Serences，2003）。另有研究发现人类对于空间信息和客体信息存在不同的注意机制，对于空间信息来说，注意的关注点是空间位置，而对于客体信息，主要关注点是分割了的客体（客体的组成部分），并且决定客体的哪些部分被选择进入意识中去（Awh，et al.，2001）。根据这个研究结果，我们可以判断在进入工作记忆系统之前，不同类型的视空间信息被注意进行了不同的筛选和加工，那么在进入工作记忆系统之后，注意还继续发挥作用吗？

史密斯（Smyth）在一项使用 Corsi 积木模块任务作为空间工作记忆材料的实验中发现，如果在延迟间隔内，让被试操作一些需要注意转移的次级任务时，被试的成绩出现显著下降（Smyth & Scholey，1994），其他实验进一步证明这种成绩的下降与注视点的转移的关系（Smyth，1996）。研究者（Awh，1998）通过实验系统地对这个问题进行了验证，让被试执行一个空间工作记忆任务，在保持阶段设置四种不同的干扰条件：①注意转移条件；②静止注意条件；③注意控制条件；④静止控制条件。结果发现，注意转移条件下，空间工作记忆的成绩下降更快。这个结果说明空间注意在位置信息的积极保持中起到非常关键的作用，提出了空间工作记忆基于注意的复述机制，认为空间信息的保持受到空间选择注意的调节。

基于注意的复述机制得到了空间工作记忆与空间选择性注意脑成像研究的支持。大量采用不同刺激材料和任务要求的脑成像研究发现，空间信息复述激活了大脑皮层右半球的额叶和顶叶的主要神经网络（Courtney，Ungerleider & Keil，1996；Smith & Jonides，1997）；空间选择性注意的脑成像研究也发现在上面的大脑皮层结构上有明显的激活（Coull，Frackowiak & Frith，1998；Gratton，1997），这种激活结构上的重合为空间工作记忆与空间选择性注意的功能相关提供了间接的证据。除了这种间接证据外，研究者（Awh）还用实验对空间工作记忆与空间选择性注意之间的功能相关提供了直接的证据。研究者（Awh）在一项 ERP 研究中，创设了空间工作记忆和空间选择性注意两种实验条件（如图 1 所示），其中空间工作记忆实验条件为：屏幕上左右两侧各有一个方框，其中一个方框内有三个红点，要求被试记住三个红点的位置，在 8700ms 保持间隔之后，呈现记忆刺激的那个方框内会出现一个绿色圆点，让被试判断绿色圆点的位置是否与三个红点中的任何一个匹配。三个红点在屏幕上停留时间为 1500ms，当红色圆点消失 1500ms 后，有黑灰相间的方格图案随机出现在屏幕一侧的方框内，方格图案在屏幕上停留 100ms，共出现 16 次，左右侧方框各 8 次，方格图案之间的出现时间间隔为 300～500ms，所有 16 次方格图案在7200ms 内呈现完。空间选择性注意条件模式与记忆实验条件基本相同，只是在黑灰方格图案出现之间的时间间隔内，有一个注意靶刺激(小的、无光泽的灰色方块)出现，注意靶刺激在屏幕上停留 50ms，注意靶刺激随机出现在左右两侧的方框内，但要求被试只对出现三个红色圆点的那侧方框内的注意靶刺激进行按键反应。研究者(Awh，Anllo-Vento & Hillyard，2000)发现：两种条件下诱发出的 P1 和 N1 成分的波幅和峰潜时非常相似，两种条件下得到的脑地形图也非常接近。fMRI 以及事件相关的 fMRI 也证明，当被试执行空间工作记忆任务时，大脑激活模式与完成空间选择

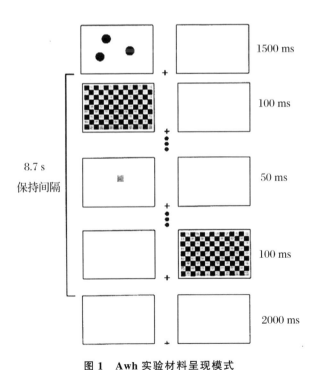

图 1 Awh 实验材料呈现模式

377

性注意任务时非常相似（Awh，Jonides & Smith，1999；Postle，Awh & Jonides，2004）。因此，研究者（Awh & Jonides，2001）认为，空间选择注意对于保持空间信息在工作记忆中的激活有着重要的作用。

一些研究者对注意在客体工作记忆保持过程中的作用进行了研究。赛克（Saike，2006）认为注意在形成客体文件（object files）的过程中起到重要作用，而一些研究证明客体文件可能是客体信息继续在视空间工作记忆中进行保持的一种主要形式（Kahneman，Treisman & Gibbs，1992；Todd & Marois，2004），但是关于注意对客体信息保持影响机制的行为研究还较少，间接地对客体工作记忆与选择性注意的大脑激活部位进行比较可以发现，二者几乎没有重合，这可能说明与空间工作记忆相比，注意在客体信息的保持加工中，可能主要起到一种排除外界干扰的作用，而不是一种复述机制。

三、小结

通过上面的分析，可以看出关于视空间工作记忆的分离已经获得了大量研究的支持，对于分离的机制也有了一定程度的认识，但是关于视空间工作记忆分离还存在许多悬而未决的问题，已往研究并没有很好地解决，需要在未来的研究中进行克服和回答。

（一）分离发生的阶段

工作记忆是由刺激知觉、编码、保持、提取等多种加工组成的一个过程。伍德曼（Woodman）发现，在编码和保持之间还存在一个整合（consolidation）阶段，并用实验证明了整合和保持是两种不同的加工过程（Woodman & Vogel，2005）。从理论上来说，分离可以在上面几种加工阶段的任何一个点上发生（Klauer & Zhao，2004）。赫克（Hecker）采用系列客体和空间记忆任务，把这些任务呈现在三种不同的背景中：无干扰条件、彩色干扰条件（连续呈现不同的颜色）、非彩色条件（黑色和白色交替出现），结果发现彩色背景条件对客体记忆任务的干扰比非彩色背景大，而非彩色背景对空间记忆任务的干扰比彩色背景大（Hecker & Mapperson，1997）。这个结果说明知觉和编码阶段的干扰可能引起视空间工作记忆的双分离。有研究（Klauer & Zhao，2004）通过实验发现客体工作记忆与空间工作记忆的分离主要发生在保持阶段，而在整合阶段似乎没有表现出分离。研究者（Rösler，Heil & Röder，1997）使用ERP技术对提取不同视空间信息时的脑机制进行了研究，发现提取空间信息激活顶叶皮层，而提取客体信息激活枕叶皮层，证明了不同类型的视空间信息在提取时存在分离。因此，不同视空间工作记忆成分的分离是从刺激知觉一直到信息提取整个过程都存在，还是就在某几个加工阶段存在呢？已往研究并没有给出明确的答案。

（二）基于注意的复述与中央执行器的关系

在巴德利提出的工作记忆多成分模型中，中央执行器是工作记忆的核心成分，它是一个注意控制系统，负责策略的选择、控制和调节，并参与短时贮存的各种加工过程和一些更一般的加工任务。关于空间工作记忆的一些研究揭示，基于注意的复述可能是空间信息保持的一种机制（Awh，1998；Awh & Jonides，2001）。那么，这种基于注意的复述机制与中央执行器是什么关系呢？关于选择性注意与空间工作记忆关系的研究发现，空间信息保持过程中基于注意的复述似乎是刺激知觉阶段注意机制的一种延续，有研究认为这是认知过程中的资源节省，一种机制连续使用比从一种机制切换到另外一种机制更经济（Awh & Jonides，2001）。很显然，刺激知觉时的注意不应该是中央执行器的一种功能，以此推测，如果信息保持阶段基于注意的复述与刺激知觉时的注意是一个连续的过程而不存在切换的话，那么信息保持阶段基于注意的复述也应该不属于中央执行器的功能。克劳尔（Klauer）发现，在视空间工作记忆的双分离实验中，对中央执行器进行干扰，并没有减小双分离效应，而且进一步发现客体和空间工作记忆都与中央执行器存在双分离。这两个方面证据似乎表明，基于注意的复述不是中央执行器的一种功能，那么在信息保持的过程中，这两种过程又是如何进行协调的呢？这还需要进一步的实验去揭示。

（三）不同视空间工作记忆成分的大脑定位

大量的脑成像研究已经发现不同的视空间工作记忆成分在激活的大脑部位上存

在差异(Smith & Jonides, 1997, 1999; Ventre-Dominey, Baily & Lavenne, 2005),为视空间工作记忆的分离提供了证据,但是在具体的激活部分上还存在很大的争议。例如,史密斯和乔尼德斯(1997)在对客体工作记忆与空间工作记忆的研究中发现,二者在生理结构上存在半球不对称效应(hemispheric laterality effect),空间工作记忆主要激活大脑右半球的一些脑区,而客体工作记忆任务主要激活了大脑左半球脑区。而考特尼等人(1997)在以面孔作为记忆刺激的 fMRI 研究中发现,有 6 个双侧脑区被激活。其他一些研究者也发现双侧的颞下叶参与客体信息的积极表征和保持(Ranganath, Cohen & Dam, 2004)。引起大脑定位不一致的原因可能主要有以下几个方面:第一,实验材料的不一致。不同的实验材料包含的信息可能存在差异。例如,有的研究采用不规则的几何图形,而另外一些研究采用规则的几何图形,这样就引起实验材料熟悉度上的差异,熟悉度高的任务可能语音编码的参与度更高,从而导致更多负责语音编码和保持脑区的激活。第二,不同脑成像手段之间可能存在差异。fMRI 等高空间分辨率的脑成像研究工具在时间分辨率上较差,记录到的大脑变化相对于刺激呈现有几秒钟的迟滞,而 ERP 等高时间分辨率的脑成像研究工具在空间分辨率上较差,对大脑激活不能直接进行精确的定位,这也有可能引起不同研究之间大脑定位的不一致。第三,实验范式的不同。有些实验(Klauer & Zhao, 2004)采用了相减法(subtraction),通过行为实验预先设置两种任务,一种任务比另外一种任务多一个加工过程(这是实验者感兴趣的一个加工过程,如工作记忆过程中的保持加工过程),然后被试在完成这两种任务的过程中进行大脑扫描,通过相减得到此加工过程的大脑激活部位。而另外一些脑成像研究(Klauer & Zhao, 2004)采用了参量变化(parametric variation)的方法,即同一种任务类型,但具体每种任务条件下的负荷不同,如 N-back 任务。但是这两种实验范式都有其必要的前提条件,如相减法要求多的这个加工过程必须与其他加工过程是一种"纯净"的串行关系,但目前人类对此认识还很少;而参量变化法也要保证不同负荷的同一类型任务加工过程是完全一样的,只是在投入心理资源量上存在差异,在这一点上,很多研究也不能保证。因此,实验范式前提的无法保证可能也是引起实验结果有争论的一个原因。

以上对已往研究尚未解决问题的分析，为未来关于视空间工作记忆分离的研究指明了方向，应该对不同视空间工作记忆分离的时间进程、注意在视空间工作记忆中的作用以及不同视空间工作记忆成分的具体大脑定位给予更多的关注，以对人类视空间工作记忆分离的机制有更深入的认识。

参考文献

[1]罗良，林崇德，刘兆敏，等. 客体工作记忆任务中大脑皮层活动的记忆负荷效应[J]. 心理学报，2006，38(6)：805-814.

[2]沃建中，罗良，林崇德，等. 客体与空间工作记忆的分离：来自皮层慢电位的证据[J]. 心理学报，2005，37(6)：729-738.

[3]Darling S, DellaSala S, Logie R H, et al. Neuropsychological evidence for separating components of visuo-spatial working memory[J]. Journal of Neurology, 2006, 253(2): 176-180.

[4]Kahneman D, Treisman A & Gibbs B J. The reviewing of object files: object specific integration of information[J]. Cognitive Psychology, 1992, 24: 175-219.

[5]Smith E E & Jonides J. Storage and executive processes in the frontal lobes[J]. Science, 1999, 283(3): 1657-1661.

视觉工作记忆中有限资源分配的机制[*]

工作记忆是人类完成语言理解、阅读、运算和推理等高级认知活动不可缺少的基本认知能力（Bayliss, et al., 2003；Daneman & Carpenter, 1980），其广度直接影响高级认知活动的效率，因而，工作记忆广度一直备受心理学家的关注。早在1956年，著名心理学米勒（Miller）就提出了神奇的数字"7±2"，认为人类的短时记忆平均广度为7，但随着记忆研究的不断深入，研究者发现米勒提出的神奇数字"7±2"更多地是指言语工作记忆的广度（Cowan, 2001），而作为工作记忆另外一个重要子系统的视觉工作记忆，其广度可能并没这么大。1997年，勒克（Luck）和沃格尔（Vogel）在《自然》（Nature）上发表了一项关于视觉工作记忆广度的研究（Luck & Vogel, 1997），提出人类的视觉工作记忆广度为3~4个，并认为视觉工作记忆中可获资源有限，这种资源的有限性决定了视觉工作记忆的广度。此后这一结论得到了众多行为和脑机制研究的支持（Cowan, 2001；Song & Jiang, 2006；Vogel & Machizawa, 2004；Vogel, Woodman & Luck, 2001；Xu & Chun, 2006；Zhang & Luck, 2008）。关于人类视觉工作记忆广度的研究，已不仅仅是简单地探讨其广度是多少，而是开始关注决定视觉工作记忆广度有限资源的分配机制。2004—2009年，已有9篇这一领域的论文发表在《科学》（Science）（Bays & Husain, 2008, 2009；Cowan & Rouder, 2009）和《自然》（Harrison & Tong, 2009；Todd & Marois, 2004；Vogel & Machizawa, 2004；Vogel, McMollough & Machizawa, 2005；Xu & Chun, 2006；Zhang & Luck, 2008）两大国际顶级刊物上。对这些丰富的文献进行分析发现，主要包括三方面的研究：①客体复杂性与视觉工作记忆广度的关系（Alvarez & Cavanagh, 2004；Awh, Barton & Vogel, 2007；Song & Jiang, 2006；Xu & Chun, 2006；Zimmer,

---

  [*] 本文原载于《教育科学》2009年第6版，本文另一作者为罗良。

2008）；②视觉工作记忆中客体表征的精准性与资源分配机制（Bays，Husain，2008，2009；Zhang & Luck，2008）；③视觉工作记忆广度有限性的大脑生理基础（Harrison & Tong，2009；Linden，Bittner & Mucklil，2003；Song & Jiang，2006；Todd & Marois，2004；Vogel & Machizawa，2004；Vogel，McMollough & Machizawa，2005；Xu & Chun，2006）。本文意在对这三方面的研究进行总结和分析，并在此基础上指出以往研究的不足和未来的研究方向。

一、客体复杂性与视觉工作记忆广度的关系

勒克和沃格尔的研究揭示人类的视觉工作记忆广度为 3~4 个（Luck & Vogel，1997；Vogel，Woodman & Luck，2001），并发现视觉工作记忆广度与每一个客体包含的特征数没有关系，即视觉工作记忆广度只反映了客体数目，而与每一个客体包含多少个特征无关。但是，阿尔瓦雷斯（Alvarez）等研究者发现，视觉工作记忆广度与两个因素有关：客体数目和每个客体的复杂性（Song & Jiang，2006；Xu & Chun，2006；Alvarez & Cavanagh，2004）。阿尔瓦雷斯比较了带阴影的立方体、随机多边形、中文汉字、英文字母和彩色方块五种刺激材料的视觉工作记忆广度，发现带阴影的立方体作为刺激材料时，平均记忆广度只有 1.6 个；而颜色方块作为刺激材料时，平均记忆广度则有 4.4 个。他还通过视觉搜索任务评价了每类刺激类型中单个客体的视觉信息负荷，发现一种刺激类型中单个客体的视觉信息负荷越高，其记忆广度越小。据此，阿尔瓦雷斯认为视觉工作记忆广度既反映了视觉信息负荷也反映了客体的数量（Alvarez & Cavanagh，2004）。在《自然》上发表的另一项研究（Xu & Chun，2006）发现，对于具有简单形状的客体，记忆广度为 4；而对于形状复杂的客体，记忆广度只有 2。桑（Song）的研究也得到了与前述研究相似的结论（Song & Jiang，2006）。研究者（Awh，Barton & Vogel，2007）认为，阿尔瓦雷斯研究揭示的：随客体复杂性的增加，视觉工作记忆广度变小的结论可能并不恰当。他们在一项研究中发现，记忆靶刺激同样是非常复杂的中文汉字或者带阴影的立方体，而且不同实验系列也在同一组块内随机出现，但如果探测阶段是类别间变化比较（如靶刺激

是中文汉字，探测刺激是带阴影的立方体)，正确率显著高于类别内变化比较(如靶刺激是中文汉字，探测刺激是另外一个中文汉字)，类别间变化比较系列的视觉记忆广度与简单颜色任务相同，也为 4 个左右。根据此结论，研究者(Awh)提出，客体复杂性的增加并不影响保持在工作记忆中的客体数量，而是导致靶刺激与探测刺激之间的相似性增加。这种相似性的增加将增大探测刺激与记忆中客体表征比较时错误的可能性，进而导致记忆广度的降低。事实上，该研究者(Awh)和阿尔瓦雷斯结论的不一致涉及客体表征分辨率(resolution)的问题，即记忆的精准性(precision)。对于类别间的变化比较，可能只需要低分辨率的客体表征，而对于类别内的变化比较，则需要高分辨率的客体表征，也许人类视觉工作记忆中既有低分辨率客体表征，也有高分辨率的客体表征。视觉工作记忆中的资源最多可以表征 4 个左右的低分辨率客体表征，但是能保持几个高分辨率的客体表征则依赖于客体的复杂性。

二、视觉工作记忆中客体表征的精准性与资源分配机制

那么在视觉工作记忆中，低分辨率客体表征与高分辨率客体表征得到的加工资源是否存在差异？加工资源分配的内在机制是什么？勒克等人(Zhang & Luck，2008)发表在《自然》的一项研究，把保持在工作记忆中的项目数量和每个表征的精准性进行了分离，研究发现视觉记忆成绩既受贮存槽(storage slots)数量有限性的影响，也受资源总量有限的影响。据此，他们提出了两种不同的资源分配模型：贮存槽—资源模型(slots-resources model)和贮存槽—平均模型(slots-averaging model)。两个模型都认为视觉工作记忆中存在数量有限的贮存槽(类似于书柜中的一个存放单元)，每一个贮存槽存放一个客体的表征，贮存槽的数量决定了视觉工作记忆的广度，视觉工作记忆中的有限资源只能在这些贮存槽之间分配，单个贮存槽得到的资源量决定了存放其中的客体表征的精准性，而一个客体表征有没有机会得到一个贮存槽或者得到几个贮存槽则决定了这个客体被记住的可能性。但对于资源如何在贮存槽之间分配，两个模型存在差异。贮存槽—资源模型认为，资源可以在贮存槽之间灵活分配，一个客体表征只能存储在一个贮存槽中。例如，我们假设视觉工作记

忆中存在 3 个贮存槽，在一些条件下，其中 1 个贮存槽可以得到总资源量的 80%，而另外 2 个贮存槽各得 10%。这时，存储在得到总资源量 80% 贮存槽中的客体表征的精准性将会非常高，而另外 2 个客体表征的精准性就会较差。而贮存槽—平均模型则认为视觉工作记忆中的资源不能在各贮存槽之间灵活分配，而是已事先设定好的。资源是平均分配到每一个贮存槽中的，但一个客体的多个表征可以被几个贮存槽同时独立存储，而客体的多个表征被几个贮存槽存储取决于实验条件。例如，有可能一个客体的表征同时独立存储在 3 个贮存槽中，这时记忆的精准性就是这 3 个贮存槽精准性的平均数，当然，也有可能一个客体的表征只储存在一个贮存槽中。研究者(Zhang & Luck)的实验支持了贮存槽—平均模型，并认为视觉工作记忆广度有绝对的上限，即贮存槽的数目，人类视觉工作记忆中贮存槽数目平均为 3 个。但是，贝斯(Bays)和胡塞恩(Husain)2008 年发表在《科学》上的研究结果与前述研究完全不同。贝斯等人发现，当记忆的客体数目大于 3 时，并没有出现记忆精准性的急剧下降或者恒定不变，而是呈逐渐下降的趋势；此外，眼动和注意力的内部转移对视觉工作记忆资源的动态分配有显著影响。因此他们提出：视觉工作记忆中可能并不存在数量固定的贮存槽，有限的资源能被情境中的所有项目共享；这些资源的分配是高度灵活的，对一个项目进行一次眼动或者把内部注意转向它，都会导致相当大比例的记忆资源分配给它，因此它的精准性比其他目标要高。但是，当记忆资源被分配给接下来的目标时，这个项目表征的精准性就下降了，这一观点被称为资源共享模型。对于两项研究结果及理论观点的差异，考恩(Cowan)在《科学》上利用信号检测论的方法，对两种模型进行了比较(Cowan & Rouder, 2009)，认为贮存槽—平均模型(Zhang & Luck)更为合理，但是在同期《科学》上，贝斯和胡塞恩也引用证据对自己的理论进行了支持(Bays & Husain, 2009)。

三、视觉工作记忆广度有限性的大脑生理基础

对视觉工作记忆资源分配的认知机制进行探讨的同时，研究者还开始探索视觉工作记忆资源有限性背后的脑神经机制。林德(Linder)的一项 fMRI 研究发现，双侧

额中回(middle frontal gyri)和前运动辅助区(presupplementary motor area)在客体数目超过3后，激活有明显增加，但是在额叶眼动区(frontal eye fields)、上额中叶(superior medial frontal cortex)的后部以及顶内沟(intraparietal sulcus)呈现出一种倒U形的激活模式，即在客体数目为2或3时激活程度最大，客体数目超过3时，激活程度降低(Linden，Bittner & Mucklil，2003)。另有研究(Todd & Marois，2004)也发现，后部顶皮层(posterior parietal cortex)的激活强度能够解释被试在视觉短时记忆上的个体差异，后部顶皮层可能是视觉工作记忆广度有限的一个关键脑区。多个研究(Vogel & Machizawa，2004；Vogel，McMollough & Machizawa，2005)利用ERP技术作为研究手段发现，在视觉工作记忆的编码和延迟阶段，头皮后部的对侧半球ERP成分比同侧半球ERP成分更负，而且二者的差异波(用对侧半球ERP平均波幅成分减去同侧半球ERP平均波幅)波幅对保持在视觉工作记忆中的客体数目非常敏感，当需要记忆的客体数目小于4时，差异波波幅随客体数目增加逐渐变大，当记忆的客体数目大于4时，差异波波幅不再随客体数目的增加而增大。因此，研究者(Vogel)认为头皮后部同对侧半球之间的差异波波幅是反映保持在视觉工作记忆中客体表征数目的一个有效神经生理指标。有研究(Xu & Chun，2006)以fMRI作为研究手段，对复杂特征客体与简单特征客体在大脑激活模式上的差异进行了探讨，发现顶内沟下侧(inferior intraparietal sulcus)的激活与不同空间位置上的客体数量相关，与客体特征的复杂性没有关系，记忆客体数目小于4时，它随记忆客体数目增加而激活水平逐渐增加；当记忆客体数目达到4之后，激活水平不再出现显著变化。这说明，可能存在一种空间导引机制(spatial indexing mechanism)，这种机制在视觉工作记忆的编码和保持阶段把空间注意保持在固定数量的不同空间位置的客体上。与顶内沟下侧(inferior IPS)不同，外侧枕复合区(Lateral occipital complex，LOC)和顶内沟上部(superior IPS)的活动并不受固定客体数目的限制，而是受客体复杂性或者被编码的视觉信息总量的限制，表明这些脑区在视觉工作记忆的编码和保持阶段参与视觉客体的具体细节表征。桑的研究(Song & Jiang，2006)支持了前述研究(Xu & Chun，2006)的结论。而哈里森(Harrison) 和唐(Tong)则更细致地揭示了视觉工作记忆内容与脑区激活模式之间的关系，他们在研究(Harrison & Tong，2009)中发现，初级视觉区的V1-V4区的活动模式能够预测两个方向光栅中的哪一个储存在记忆中，预测的平均准确率可以达到 80%，这个结果说明初级视觉区能够把视觉特征的具体信息保存在工作记忆中。

四、以往研究存在的问题和未来研究方向

上述三方面研究其实质都是在关注视觉工作记忆中资源分配的机制，客体复杂性与视觉工作记忆广度关系的研究意在揭示当单个客体复杂性变化的时候，它占用资源的比例是否发生变化；视觉工作记忆精确性问题的研究则关注视觉工作记忆中资源如何在被记忆的客体间进行分配；而视觉工作记忆广度的 fMRI 和 ERP 研究则试图揭示，视觉工作记忆资源的有限性在大脑活动模式上有何体现。这三方面的研究加深了我们对视觉工作记忆资源分配机制的认识，但依然存在一些问题尚待解决。

第一，视觉工作记忆中是否存在固定数量的"贮存槽"，资源的分配是否具有灵活性。

多个研究(Cowan & Rouder，2009；Zhang & Luck，2008)认为，视觉工作记忆中存在固定数量的贮存槽，视觉工作记忆中的有限资源只能分配给等于或者小于贮存槽数目的客体，而且视觉工作记忆资源的分配不具有灵活性。但是，贝斯和胡塞恩的研究(Bays，Husain，2008，2009)表明，视觉工作记忆中可能并不存在数量固定的贮存槽，有限的资源被情境中的所有项目共享，其分布具有高度灵活性。在分析两个研究小组之间结果的差异时，有一个因素需要考虑，这就是研究任务上的差异，勒克等人使用了颜色和图形记忆任务，而贝斯和胡塞恩使用位置和方向记忆任务。大量研究表明，颜色和图形记忆属于客体工作记忆，而位置和方向记忆属于空间工作记忆，二者在认知神经机制上存在差异(罗良，林崇德，刘兆敏等，2006；罗良，刘兆敏，林崇德，2007)，是不是由于任务类型不同引起结果的差别需要进一步证明。当前，除了勒克等人与贝斯等人两个研究小组的这几篇研究报告外，直接通过实证方法对这两个观点进行检验的研究报告还没看到。其实，勒克自己也承认，关于视觉工作记忆资源分配机制的实证研究太少，究竟哪一个观点能更好地解释视觉工作记忆有限资源的分配并不清楚。

　　第二，客体复杂性与客体表征精准性之间的关系。关于客体复杂性与视觉工作记忆广度之间的关系，研究者已做了探讨（Alvarez & Cavanagh, 2004; Awh, Barton & Vogel, 2007; Song & Jiang, 2006; Xu & Chun, 2006），但是这些研究都采用了传统的变化检测任务，以记忆目标再认正确率为指标，因此没有对客体复杂性与客体表征精准性之间的关系进行探讨。一个重要的问题是：当一个客体变复杂时，是不是它的表征精准性将会下降？或者一个客体的特征变复杂时，它的另外一个特征记忆的精准性是否下降？这些问题都涉及视觉工作记忆资源的分配机制，目前还没有看到相关研究。

　　第三，视觉工作记忆有限资源动态分配的大脑机制。研究表明，注意力的内部转移对视觉工作记忆资源的动态分配有重要影响（Bays & Husain, 2008），但是这种视觉工作记忆有限资源动态分配背后的大脑机制是什么还不清楚。此外，有研究（Xu & Chun, 2006）发现，外侧枕复合区和顶内沟上部的活动不受客体数目的限制，而是受客体复杂性或者被编码的视觉信息总量的限制。胡塞恩等人也发现，初级视觉区能够保存视觉工作记忆中的一些具体信息（Harrison & Tong, 2009），但是不是就说明这几个脑区与客体表征的精准性加工有关系呢？还需要实验进一步证明。

参考文献

［1］罗良，林崇德，刘兆敏，等. 客体工作记忆任务中大脑皮层活动的记忆负荷效应［J］. 心理学报，2006，38（6）：805-814.

［2］Bayliss D M, Jarrold C, Gunn D M & Baddeley A D. The complexities of complex span: explaining individual differences in working memory in children and adults［J］. Journal of Experimental Psychology: General, 2003, 132（1）：71-92.

［3］Luck S J & Vogel E K. The capacity of visual working memory for features and conjunctions［J］. Nature, 1997, 390：279-281.

［4］Vogel E K, Woodman G F & Luck S J. Storage of features, conjunctions, and objects in visual working memory［J］. Journal of Experimental Psychology: Human Perception and Performance, 2001, 27：92-114.

［5］Xu Y & Chun M M. Dissociate neural mechanisms supporting visual short-term memory for objects［J］. Nature, 2006, 440：91-95.

第七编

PART 7

思维、认知与智力

学术界评论我持"聚焦思维结构的智力理论"。在该理论中，我们强调思维是智力的核心；"以能力为重"，主要是培养思维能力；提出了被黄希庭教授称为"中国心理学界原创性的成果"——思维（智力）的三棱结构；重视思维的概括特点；坚持自己的思维发展模式；研究了思维的脑神经机制；较成功地实践了"培养思维品质是培养智能的突破口"的理念。

思维心理学研究的几点回顾[*]

我是在朱智贤（以下简称朱老）教授指导下开始对思维心理学进行研究的。1964年和 1965 年，朱老指导我四年级的学年论文和五年级的毕业论文《儿童青少年社会概念的发展》，这是我最早对思维心理学的研究。从 20 世纪 60 年代以来，我一直进行着思维心理学的研究。为了更好地对这些研究进行理论上的总结，我打算从以下五个方面作简单的回顾。

一、思维是智力的核心

思维是多种学科研究的对象，哲学、逻辑学、语言学、神经科学、控制论和信息论都把它作为研究对象。心理学也要研究思维，这就是思维心理学。心理学是从智力的角度、从个体（个性）的角度、从教育与发展关系的角度来研究并理解思维的。

智力一直是心理学界极为重要的研究领域。尽管其定义有一百多种，但绝大多数心理学家把它归属于个性的范畴。我是从四个方面来研究智力的个体差异的，并坚持认为人才及其智能存在个体差异：从其发展的水平的差异来看，可以表现为超常、正常和低常的区别；从其发展的方式的差异来看，有认知方式的区别，特别是表现为认知方式的场独立性与场依存性；从其组成的类型来看，可以表现为各种心理能力的组合和使用的区别；从其表现的范围来看，可以表现为学习领域与非学习领域、表演领域与非表演领域、学术领域与非学术领域的区别。同时，智力还有两大特点，一为成功地解决问题，二为具有良好的适应性。因此，我将智力定义为成

* 本文原载于《北京师范大学学报（社会科学版）》2006 年第 5 期。

功地解决某种问题(或完成任务)所表现的良好适应性的个性心理特征(朱智贤,林崇德,1986),并认为智力是由思维、感知(观察)、记忆、想象、言语和操作技能组成(林崇德,2003),如图1所示。那么,这些智力成分是处于同等重要的地位,还是有主次之分呢?

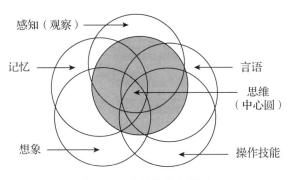

图 1　智力结构成分模型

我认为,思维是智力的核心成分,所谓的"思维核心说",就是指这个观点。当然,智力作为个性心理特征是分层次的。如何确定上述智力的四个方面的差异呢?我认为主要由思维品质来确定,我提出了思维品质决定人与人之间思维乃至智力个体差异的观点。思维品质是智力活动中智力特点在个体身上的表现,其实质是人的思维的个性特征,所以又可以叫作思维的智力品质。

思维品质的成分及表现形式很多,我认为主要应包括深刻性、灵活性、独创性、批判性、敏捷性五个方面。

深刻性是指思维活动的广度、深度和难度。它表现为:智力活动中深入思考问题,善于概括归类,逻辑抽象性强,善于透过现象抓住事物的本质和规律,开展系统的理解活动,善于预见事物的发展进程。智力超常的人抽象概括能力强,智力低常的人往往只是停留在直观水平上。因此,研究深刻性的指标集中在概括能力和逻辑推理能力两个方面。

灵活性是指思维活动的灵活程度。它表现为:思维起点灵活,思维过程灵活,迁移能力强,善于组合分析,思维结果往往是合理而灵活的结论。它集中表现在一题多解的变通性,新颖不俗的独特性。灵活性强的人,不仅智力方向灵活,善于

"举一反三""运用自如",而且从分析到综合,从综合到分析,灵活地作"综合性的分析",能够较全面地分析、思考和解决问题。

思维活动的独创性或创造性是指个体思维活动的创新精神或创造性特征。在实践中,除善于发现问题、思考问题外,更重要的是要创造性地解决问题。独创性或创造性的实质在于主体对知识经验或思维材料高度概括后集中而系统的迁移,进行新颖的组合分析找出新异的层次和交结点。人类的发展,科学的发展,要有所发明,有所发现,有所创新,都离不开思维的智力品质的独创性。

批判性是思维活动中独立分析和评判的性质,是思维活动中善于严格估计思维材料和精细地检查思维过程的智力品质。它的实质是思维过程中自我意识作用的结果。心理学中的"反思""自我监控""元认知"和思维的批判性是交融互补、交叉重叠的关系。有了批判性,人类能够对智力本身加以自我认识,也就是人们不仅能够认识客体、设计未来,而且也能够认识主体、监控自我,并在改造客观世界的过程中改造主观世界。

敏捷性是指思维活动的速度呈现为一种正确而迅速的特征,它反映了智力的敏锐程度。智力超常的人在思考问题时敏捷,反应速度快;智力低常的人往往迟钝,反应缓慢;智力正常的人则处于一般的速度。

思维品质的五个方面,是作为判断智力水平高低的标准。一定意义上说,思维品质是智力的表现形式。所以,智力的层次离不开思维品质,集中地表现在上述的深刻性、灵活性、独创性、批判性和敏捷性五个方面。确定一个人智力是正常、超常或低常的主要指标正是思维品质在这些方面的表现。思维品质显示思维是智力的核心。由此可见,支撑智力的"思维核心说"的基石是思维品质。

二、思维的三棱结构

人类个体之间智力差异的根本原因在于其思维结构的差异。因此,只要解决了人类思维结构的问题,人类智力的种种问题即可迎刃而解。那么,思维是一种什么样的结构呢?图 2 是我们自己提出的思维结构模型(林崇德,2003,2005;Lin & Li,

2003)。我国心理学界有关的评论文章称其为"三棱结构"，我也认可这种提法。

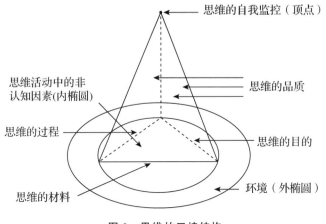

图 2　思维的三棱结构

这个结构是我 1965—1978 年在中学从教期间从教学实践中提出来的。1979 年 11 月在中国心理学会第一次学术年会上，经恩师朱老的推荐，我作了大会报告《儿童青少年数概念与运算能力的发展》，初步展示了这个思维结构的模型。后来，在朱老的指导下，我逐步完善了这个模型。我 1982—1984 年接着对这个思维结构图作了量化研究：被试——100 名专家(其中心理学家 50 名、中学有声望教师 25 名，小学有声望教师 25 名)，经过开放到封闭的两次问卷；结果发现模型中的六种因素在被试中的赞同率超过了 75%(超过了统计学上的第三个四分点)。于是，我把这六种因素按其在思维乃至智力中的地位和功能，制作了三棱结构图，如图 2 所示。

下面我来简述这个结构的六种因素，我的学生的博士、硕士论文中相关的实验研究完善了我的思维结构的理论观点。

(1)思维的目的。思维的目的就是思维活动的方向和预期的结果，即实现适应这样的思维功能。它的发展变化或完善表现在定向、适应、决策、图式、预见五个指标上。因为人类智力活动的根本目的是适应和认识环境。问题的提出和问题的解决是最主要的高级智力活动之一，这就体现出目的性，而这种目的性是建立在主体的思维结构基础上的，其中图式与策略尤其显著，它们的不断发展与完善对保证思维活动的方向性、针对性和目标专门化有重要意义。

(2)思维的过程。传统心理学认为思维过程是分析和综合活动，以及抽象、概括、归类、比较、系统化和具体化的过程；认知心理学强调认知是为了一定的目的，在一定心理结构中进行信息加工的过程，而信息加工过程又包括串行加工过程、平行加工过程和混合加工过程。而我认为思维活动的框架为：确定目标—接受信息—加工编码—概括抽象—操作运用—获得成功。

(3)思维的材料。如果说，思维的基本过程是信息加工的过程，那么思维的材料(内容)就是信息，即外部事物或外部事物属性的内部表征。外部信息的内在表征有多种类型或形式，但归根结底可以分为两类：感性的材料，包括感觉、知觉、表象；理性的材料，主要指概念，即用语言对数和形等各种状态、各种组合和各种特征的概括。能展示智力内容的发展变化或完善的具体指标：感性认识(认知)材料的全面性和选择性；理性认识(认知)材料的深刻性和概括性；感性材料向理性材料转化的灵活性和准确性。

(4)思维的品质。前边已经论述思维的品质，我不仅把它视为人的思维的个性特征，而且将其看作思维结果的评价依据。如上所述思维品质的成分及其表现形式很多，但主要应包括深刻性、灵活性、独创性、批判性和敏捷性五个方面。我十分重视思维品质的研究，认为思维品质的发展代表着思维，乃至智力与能力发展的主要水平。所以从20世纪80年代开始直到现在，我主持课题组，并带着一批学生围绕思维品质的发展与培养进行了深入的探索。

(5)思维的自我监控。思维的自我监控，又叫反思，它是自我意识在思维中的表现。美国心理学家提出的元认知在一定意义上说就是思维的自我监控，它在思维的个体差异上表现为思维的批判性。它的发展变化或完善的指标有计划、检验、调节、管理和评价五个方面。自我监控的功能有：①确定思维的目的；②管理和控制非认知因素，有效地保护积极的非认知因素，努力将消极的非认知因素转化成积极的非认知因素；③搜索和选择恰当的思维材料；④搜索和选择恰当的思维策略；⑤实施并监督思维的过程；⑥评价思维的结果。总之，自我监控是思维结构中的顶点或最高形式。

(6)思维的非认知因素。思维的非认知因素或非智力因素是我研究的又一个重点，它是指不直接参与认知过程，但对认知过程起直接作用的心理因素。思维的非认知因素或非智力因素，又可叫智力中的非认知或非智力因素，它主要包括动机、兴趣、情绪、情感、意志、气质和性格等。非认知因素的性质往往取决于思维材料或结果与个体思维的目的之间的关系。它在智力发展中起动力、定型和补偿三个作用。

综上所述，我们用思维的三棱结构，展示了思维乃至智力结构的多元性；说明了智力主要是人们在特定的物质环境和社会历史文化环境中，在自我监控的控制和指导下，在非认知因素的作用下，为了达到某种目的，识别问题、分析问题和解决问题所需要的思维能力。由此可见，支撑思维心理学研究的理论基础是思维结构观。

三、思维的概括特点

在朱老与我合著的《思维发展心理学》一书中，我们就提出，思维有六个特点：概括性、间接性、逻辑性、目的性(或问题性)、层次性、生产性等。概括性是其中最基本的特点。

一切事物都有许多属性，那些仅属于某一类事物，并能把这些事物和其他事物区别开来的属性，称为本质属性。抽象就是在思想上把某一事物的本质属性或特征和非本质的属性或特征区别开来，从而舍弃非本质的属性或特征，并抽取出本质的属性或特征的活动。经过抽象过程，事物的本质属性和非本质属性的界限清楚了，这样认识便跃进到了理性阶段。概括是在思想上将许多具有某些共同特征的事物，或将某种事物已分出来的一般的、共同的熟悉特征结合起来。概括的过程就是把个别事物的本质属性，推广为同类事物的本质属性，这就是思维由个别通向一般的过程。思维之所以能揭示事物的本质和内在规律性的联系，主要来自这种抽象和概括的过程，因此可以说思维是概括的认知。思维的概括特点主要体现在以下四个方面。

第一，概括是人们形成或掌握概念——思维细胞——的直接前提。人们掌握概念的特点，直接受制于其概括的水平。概念是事物的本质属性在人脑中的反映。概念的掌握，就是对有关的事物加以分析、综合与比较，从而发现其共同的属性或者本质的特征，然后对它们加以概括。从 20 世纪 60 年代起，我先后开展了对社会概念、数概念、字词概念和辩证概念的研究，就是以概括为基础的研究；我曾经带领26 个省、自治区、直辖市的心理学工作者对在校青少年思维发展开展研究，三个部分中首要部分是研究被试思维的概括能力。

第二，概括是思维活动的速度、灵活迁移程度、广度和深度、创造程度等思维品质的基础。这是因为，没有概括，就无法进行逻辑推理，思维的深刻性和批判性自然也就无从谈起；没有概括，就没有灵活的迁移，思维的灵活性和创造性就会成为无源之水、无本之木；没有概括，就没有"缩减"的形式，思维的敏捷性就无从谈起。总之，一切学习活动都离不开概括。概括性越高，知识系统性越强，迁移越灵活，那么一个人的思维就越发展。

第三，概括是科学研究的关键机制。这是因为，任何科学研究都必须以概括为出发点，任何科学结论都是概括的结论。可以说，科学家从事科学研究的过程，就是通过思维活动将大量个别事实转化为一般规律的过程。将大量个别事实转化为一般规律的过程，是一切科学研究的结束阶段最重要的思维过程。这种思维过程的关键，不是别的而是概括。

第四，学习和运用知识的过程，也是概括的过程。这是因为，知识编码、理解和类化的实质就是概括。没有概括，学生就不可能真正地学到知识，更谈不上运用知识。没有概括，就不可能形成概念，也无法在概念基础上进行判断、推理和证明；由概念引申而来的公式、法则、定理和定义也就无从掌握。没有概括，认知结构就无法形成，意义体系、态度体系、动机体系和技能体系的形成自然也会发生困难。因此，概括在学习实践中也具有重要的意义。

总而言之，无论是站在理论的角度还是站在实践的角度，概括都是思维的基础和首要特点。所以，概括性成为思维研究的重要指标，概括水平成为衡量学生思维发展的等级标志；概括性也成为思维培养的重要方面，思维水平通过概括能力的提高而获得显现。正因为如此，从 20 世纪 60 年代起，我运用选择（定义）法、确定属与种概念的关系、给概念下定义、掌握人工概念、分类或归类、理解材料等方法，先后开展了对社会概念、科学概念(数概念)、字词概念和辩证概念的研究，这些都是通过概括对思维的研究。由此可见，支撑揭示思维实质是思维的概括特点。

四、思维的发展模式

思维发展是发展心理学的主要研究课题。思维是怎样发展的？一般的观点，包括皮亚杰的认知发展理论，都认为是单维发展途径，即感知动作(或直观思维)智力阶段→具体形象思维(或前运算思维)→抽象逻辑思维。当然，抽象逻辑思维又可以包括初步抽象逻辑思维(或具体运算思维)、经验型的抽象逻辑思维、理论型的抽象逻辑思维(后两种或叫作形式运算思维)。这种途径主要的特点是替代式的，即新的代替旧的、低级的变成较高一级的，如图3所示。当然，这样分析有一定道理，但也有一个难解之处，这就是如何揭示这些思维之间的关系和联系。

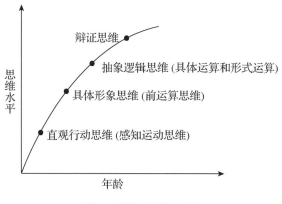

图3 思维发展模式图

我在多年研究的基础上，提出了思维发展的一个新途径(林崇德，2003)，如图4所示。下面我们对这个发展示意图做详细的分析。

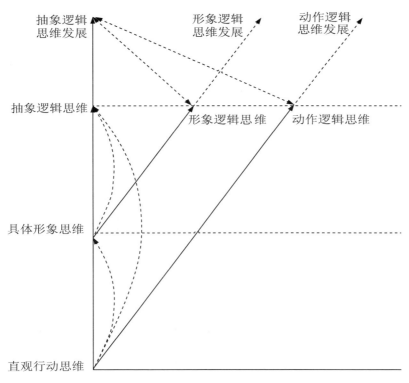

图 4　替代式的思维发展模式

（1）直观行动思维与动作逻辑思维。直观行动思维是指直接与物质活动（感知和行动）相联系的思维，所以皮亚杰称它为感知运动（动作）思维。在个体发展的进程中，最初的思维是这种直观行动思维。也就是说，这种思维主要是协调感知动作，在直接接触外界事物时产生直观行动的初步概括，如果感知和动作中断，思维也就终止。直观逻辑思维在个体发展中向两个方向转化：一是它在思维中的成分逐渐减少，让位于具体形象思维；二是向高水平的动作逻辑思维（又叫操作思维或实践思维）发展。动作逻辑思维是以动作或行动为思维的重要材料，借助于与动作相联系的语言作物质外壳，在认识中以操作为手段，来理解事物的内在本质和规律性。对成人来说，动作逻辑思维中有形象思维和抽象逻辑思维成分参加，有过去的知识经验作中介，有明确的目的和自我意识（思维的批判性）的作用，在思维的过程中有一定形式、方法，是按一定逻辑或规则进行的。这种思维在人类实践活动中有重要意义。例如，运动员某个的技能和技巧的掌握、某种操作性工作的技能及其熟练性，都需要发达的动作逻辑思维或操作思维作为认识基础。

（2）具体形象思维与形象逻辑思维。具体形象思维是以具体表象为材料的思维。它是一般的形象思维的初级形态。在个体思维的发展中，必须经过具体形象思维的阶段。这时候在主体身上虽然也保持着思维与实际动作的联系，但这种联系并不像以前那样密切和直接了。个体思维发展到这个阶段，儿童可以脱离面前的直接刺激和动作，借助于表象进行思考。具体形象思维是抽象逻辑思维的直接基础，通过表象概括，发挥言语的作用，逐渐发展为抽象逻辑思维。具体形象思维又是一般的形象思维或言语形象思维的基础，通过抽象逻辑成分的渗透和个体言语的发展，形象思维本身也在发展着，并产生着新的质变。所以，形象思维又叫形象逻辑思维。形象逻辑思维，即形象思维是以形象或表象为思维的重要材料，借助于鲜明、生动的语言作物质外壳，在认识中带有强烈的情绪色彩的一种特殊的思维活动。一方面是具体的、活生生的、有血有肉的、个性鲜明的形象；另一方面又有着高度的概括性，能够使人通过个别认识一般，通过事物外在特征的生动具体、富有感性的表现认识事物的内在本质和规律。形象思维具备思维的各种特点，它的主要心理成分有联想、表象、想象和情感。

（3）抽象逻辑思维。在实践活动和感性经验的基础上，以抽象概念为形式的思维就是抽象逻辑思维。这是一切正常人的思维，是人类思维的核心形态。抽象逻辑思维尽管也要依靠实际动作和表象，但它主要是以概念、判断和推理的形式表现出来，是一种通过假设的、形式的、反省的思维。抽象逻辑思维就其形式来说，就是前面已经提到过的形式逻辑思维和辩证逻辑思维。前者是初等逻辑，后者是高等逻辑。两者既有区别，又有联系，它们是相辅相成的。

综上所述，我们可以看出各种思维形式之间的关系，并不是简单的替代关系，而是替代与共存辩证统一的关系。所以，我们在教学实验中提出，必须重视各种逻辑思维的发展。这就是说在教学实践中，既要发展学生的抽象逻辑思维，又要培养他们的形象逻辑思维和动作逻辑思维，任何一种逻辑思维能力都不可偏废。由此可见，支撑发展心理学对思维发展正确理解的是科学的思维发展模式。

五、思维培养的突破口

心理学十分重视"干预"实验研究。在学校教学中怎样发展学生的思维？在心理学界和教育界看法和做法并不相同，这就涉及干预研究和培养实验了。从 1978 年开始至今，我坚持在基础教育第一线研究儿童青少年的智能发展与促进，一个重要手段是结合学生学科能力的提高，着重培养他们的思维品质。我们的全国实验点有上万名中小学教师参与实验研究，受益的学生超过 30 万人。在实验研究中所获得的结论是：培养学生的思维品质是发展智力的有效突破口(林崇德，2004，2005)。

我们的教学实验，自始至终将思维的训练放在首位。在对思维训练的做法上，我们主要抓住三个可操作点：其一，从思维的特点来说，概括是思维的基础，在教学中抓概括能力的训练应看作思维训练的基础；其二，从思维的层次来说，培养思维品质或智力品质是发展智力的突破口，结合各科教学抓思维品质深刻性、灵活性、创造性、批判性和敏捷性的训练，正是我们教学实验的特色；其三，从思维的发展来说，最终要发展学生的逻辑思维能力。

如前所述，思维品质或思维的智力品质是智力活动中、特别是思维活动中智力特点在个体身上的表现。其实质是人的思维的个性特征，主要包括深刻性、灵活性、独创性、批判性、敏捷性。它体现了每个个体思维水平、智力与能力的差异。它是区分一个人思维乃至智力层次、水平高低的指标。事实上，我们的教育、教学目的是提高每个个体的学习质量，因此在智力与能力的培养上，往往要抓学生的思维品质这个突破口，做到因材施教。在美国圣约翰大学工作的周正博士，使用其智力(认知)发展量表，在我们坚持训练学生思维品质实验的实验点——天津静海县(现静海区)一所偏僻农村小学测了学生的智力发展水平，然后与北京市一所名校的学生智力发展水平相比较，发现农村小学生的成绩略高于城市被试的成绩，但无显著差异。最后又测得美国城市被试的成绩，发现中国农村小学生的成绩不仅高于美国被试的成绩，而且二者有显著差异。周正的结论是，思维品质训练的确是发展学生智力培养的突破口，且训练时间越长，效果越明显。

其一，学科能力结构离不开思维品质的因素。在学校里，发展学生的思维及培养他们的智力，主要通过各学科教学来进行。我的理念是教学的主要目的是在传播知识的同时，灵活地促进与培养学生思维的发展；各科教学是否有成效，关键在于学生能否形成各种学科能力。

所谓学科能力，通常有三个含义：一是学生掌握某学科的特殊能力；二是学生学习某学科的智力活动及其有关智力与能力的成分；三是学生学习某学科的学习能力、学习策略与学习方法。我们从上述思维心理学理论出发，认为要考虑一种学科能力的构成，应该从三个方面来分析。一是某学科的特殊能力是这种学科能力的最直接体现。例如，与语言有关的语文、外语两种学科能力，听、说、读、写四种能力是其特殊的表现；又如，与数学学科有关的能力，应首先是运算（数）的能力和空间（形）的想象力，同时，数学是人类思维的体操，数学的逻辑思维能力也明显地表现为数学学科的能力。二是一切学科能力都要以概括能力为基础。例如，掌握好诸如"合并同类项"的概括是对数学能力的最形象的说明。三是某学科能力的结构应有思维品质参与。

思维品质是构建学科能力的重要因素。任何一种学科的能力都要在学生的思维活动中获得发展，离开思维获得无所谓学科能力可言。因此，一个学生某学科能力的结构，当然包含体现了个体思维的个性特征，即思维品质。我们以中小学语文与数学两科能力为研究重点，制作了分别用语文与数学语言来构建并表达这两个学科能力中思维品质表现的四个"结构图"，以反映小学数学三种特殊能力——运算能力、空间想象能力、逻辑思维能力中思维深刻性、灵活性、独创性、敏捷性的四种思维品质的具体表现；小学语文听、说、读、写四种特殊能力中思维深刻性、灵活性、独创性、敏捷性的四种思维品质的具体表现；中学数学三种特殊能力——运算能力、空间想象能力、逻辑思维能力中思维深刻性、灵活性、独创性、批判性、敏捷性的五种思维品质的具体表现；中学语文听、说、读、写四种特殊能力中思维深刻性、灵活性、独创性、批判性、敏捷性的五种思维品质的具体表现。这些"具体表现"少则有四十多种因素，多则有六七十种因素，构建了中小学语文、数学能力的各种成分，不仅为培养学生的语文和数学能力提供了科学依据，而且为制定两学科能力评价工具或量表奠定了扎实的基础。根据上述的考虑，我们才把语文能力看作以语文概括为基础，将听、说、读、写四种语文能力与五种思维品质（小学为四种，不出现批判性）组成了 20 个（小学为 16 个）交结点的开放性的动态系统；把数学能力看作以数学概括能力为基础，将三种数学能力与五种思维品质（小学四种）组成 15 个（小学为 12 个）交结点的开放性的动态系统。

其二，培养思维品质是发展智能、提高教育质量的好途径。我们以促进学生思维的发展为目的，通过中小学语文、数学两科学科能力的要求，围绕中小学语文、数学两科学习过程中思维品质的深刻性、灵活性、独创性、批判性（小学阶段一般不要求此项）、敏捷性等品质的发展与培养两个方面，长期开展了全面实验和推广研究。我们的研究范围逐渐超越语文、数学两个学科，几乎覆盖了中小学教学的所有课程。在每项实验中，我们都采取了加强培养学生思维品质的措施。

几十年来，我们的课题组及实验学校发表了近 400 篇的研究报告，其中 10% 以上的文章发表在中文核心期刊上。所有研究报告几乎都突出一条：实验学校学生的思维品质提高了，学习成绩超过了相邻学校或非实验点班级的学生。我们把这些研究成果作为自己承担的从"七五"到"十五"全国教育科学规划国家重点或教育部重点项目的研究成果，出版了《学习与发展》《教育与发展》《教育的智慧》和《智力的培养》等多部著作，学术界和教育界称其为"思维品质的实验"。

在教学实验的过程中，我们结合中小学各学科的特点制定出一整套的培养思维品质的具体措施。由于我们在教学实验中抓住了思维品质的培养，实验班学生的智力、能力和创造精神获得了迅速发展，各项测定指标大大地超过平行的控制班，而且，实验时间越长这种差异越明显。这里必须申明，参与我们的实验教学班的教师将"提高教学质量、减轻学生过重的负担"作为一个出发点，他们不仅不搞加班加点，不给学生加额外作业，而且除了个别学生外，大部学生各科作业基本上可以在学校完成。从上述情况看，良好而合理的教育措施在培养学生的思维品质的同时，也促进了他们学习成绩的提高，使他们学得快、学得活、学得好。换句话说，就是促进了教学质量的提高。当然，上面所述仅仅是思维品质培养的一个例子，思维品质绝不是在数学运算中才能培养的特殊能力，思维品质的培养具有一般性。参与我们实验的学校在语文、物理、化学、生物、外语等多门学科中都坚持思维品质的培养，并用大量研究数据证实了这一点。我们坚信培养思维品质是发展智能的突破点，是提高教学质量、减轻学生负担的最佳途径。由此可见，支撑提高人类思维能力的是思维品质观。

参考文献

[1]林崇德. 学习与发展——中小学生心理能力发展与培养[M]. 北京：北京师范大学出版社，1999.

[2]林崇德. 教育与发展——创新人才的心理学整合研究[M]. 北京：北京师范大学出版社，2004.

[3]林崇德. 培养思维品质是发展智能的突破口[J]. 国家教育行政学院学报，2005（9）：21-32.

[4]朱智贤，林崇德. 思维发展心理学[M]. 北京：北京师范大学出版社，1986.

[5]Lin Chongde, Li Tsingan. Multiple intelligences and the structure of thinking[J]. Theory & Psychology, 2003, 13(6)：829-845.

论心理能力的个性差异*

心理能力，或智力与能力，就其发生和发展来看，既服从于一定的共同规律，又表现出人与人之间的个性差异。

心理能力的个性差异有着多种表现形式。从其发展水平的差异来看，可以表现为超常、正常和低常的区别；从其发展方式的差异来看，有认知方式的区别；从其发展的类型来看，可以表现为各种心理能力的组合和使用的区别；从其发展的范围来看，可以表现为学习领域与非学习领域、表演领域与非表演领域、学术领域与非学术领域的区别。

由于上述的心理能力的种种差异，必然引起因材施教。我们深信一点，那就是"天生其人必有才，天生其才必有用"。我们要根据心理能力的个性差异选择相应的教育和相应的成才方式，因势利导，以便使各种教育对象成为各行各业的有用之才。

一

同年龄的人或同年级的学生，他们在智力与能力发展的水平上是不一样的。

智力发展或某种能力显著超过同龄人或同年级的学生平均水平者称为智力超常者，智力与能力发展明显低于同龄人或同年级的学生平均水平并有适应行为障碍者称为智力低常者；智力与能力发展没有明显偏离正常和没有障碍的人（或学生）称为智力正常者或常态智力者。

智力与能力发展水平的个性差异，在智力测验里用智力商数（intelligence quo-

---

* 本文原载于《北京师范大学学报（社会科学版）》1996 年第 1 期。

tient)〔简称智商(IQ)〕来表示。智力商数或智商是测量个体智力发展水平的一种指标。智商概念最早由德国心理学家斯特恩提出,他用的是心理商数(mental quotient)。1916 年,美国斯坦福大学教授推孟(L. M. Terman)在对比纳量表所做的修订中,采用了斯特恩称之为心理商数的概念,并改为智力商数。自此之后,根据智商评定智力高低的观念就普遍流行起来。尽管智商至今已成了较普遍的概念,但是,目前在智力测验上所提的智商,其计算方法一般不再采用斯特恩提出的比率智商的计算法,而是以"离差智商"(deviation IQ)代替,离差智商由韦克斯勒首创。

智商可以用来比较中小学生或儿童青少年智力发展水平的高低:若小于 100,则表明个体智力发展水平较低;大于 100,则表明个体智力发展水平较高。

智力商数的分布通常是,智商在 130 以上的占总数的 1%,称其为智力超常;智商在 110~120 的占总数的 19%,称其为智力偏高;智商在 90~109 的占总数的 60%,称其为智力中常;智商在 79~89 的占总数的 19%,称其为智力偏低;智商在 70 以下的占总数的 1%,称其为智力低常。

这里所说的"发展水平",也表现为智力与能力发展的年龄差异。也就是说,人的心理能力表现有年龄早晚的不同。有人心理能力显露得较早,即所谓"早慧"或"人才早成";有的人心理能力表现较晚,甚至有所谓"大器晚成"的现象。心理能力显露较早者,有的属于智力超常儿童(学生);有的则只属于智力与能力早熟而非超常儿童(学生),因为他们虽然能力显露得较早,但随着年龄的增长就不再显出超常水平。而智力与能力表现较晚的,也未必不是"天才",因为大器晚成的事例是很多的。所以,我们要全面地对待超常、正常和低常等心理能力发展水平的个性差异。

如何分析学生是超常、正常还是低常的呢?我们认为,主要标志是思维品质。即思维品质是区分学生的智力超常、正常或低常的标志。因为智力差异中,思维品质的差异是最主要的。一切智力与能力的发展研究,都是从个体入手的,都要研究个体思维能力的提高和差异的变化。不论是研究学生的概念、推理、问题解决和理解等方面的发展,还是确定或区分学生的思维能力,乃至测定智商,分析智力的层次都离不开思维的深度、广度、速度、灵活程度、抽象程度、分析判断程度和创造性程度，也就是离不开思维品质。思维品质集中表现在敏捷性、灵活性、深刻性、独创性和批判性等几个方面。因此，思维品质表现了心理能力，研究学生思维品质揭示的是心理能力的发展。我们的研究表明，超常学生在思考时反应敏捷、思路灵活、认识深刻、抓住事物的实质，解决问题富于创造性，换句话说，就是思维品质发展良好。低常学生的思维迟钝，思路呆板，只能认识事物的表面现象，没有独特性、新颖性，一句话，就是思维品质发展较差。因此，研究思维的品质，对于发现超常、正常、低常学生，揭示心理能力发展的个性差异，有的放矢地加以培养具有重大的意义。

二

心理能力的认知方式，对人，特别是学生学习的影响是明显的。

所谓认知方式，就是个体在对信息和经验进行积极加工过程中表现出来的个性差异。它是一个人在感知、记忆和思维过程中经常采用的，受到偏爱的和习惯化了的态度和风格。在众多的认知方式中，由威特金(H. A. Witkin)提出的场独立性和场依存性是近年来被研究较多的一个。

场独立性与场依存性是相对的两种个性(或人格 personality)形态。场独立性表明个人在认知和行为中较少受到客观环境线索的影响而富于主体性的倾向。场依存性表明个人在认知和行为中往往倾向于更多地利用外在的参照标志，不那么主动地对外来信息加工。

以极端的场独立性与场依存性为两端，构成了不同认知方式的一个个性连续体。一端，在对信息加工时倾向以内在参照为指导；另一端，则常常倾向于以外部参照为指导。相应地，每个人在场独立性—场依存性连续体上都占有一定的位置。所以，除了少数人以外，大部分人都或多或少地处于中间位置。如前所述，这种认知方式的个性差异影响了中小学生的学习活动，以致影响了他们的心理能力的发展。由于生活实践，包括学习中各种不同性质活动对人们心理活动特征有不同的要求，因此，我们不要轻易地做出场独立性或场依存性两种认知方式好坏优劣的结论。

最早提出认知方式这一概念的是瑟斯顿。在这个方面做深入研究且取得重大成果的是威特金。威特金及其助手在个性（人格）品质问题研究上有所突破（谢斯骏、张厚粲，1988）。这个问题在不同研究时期用不同的术语，如场依存性、知觉方式、认知方式、心理分化等。

威特金的认知方式的研究，被称为一个人格维度的实验研究。这种人格（个性）品质的普遍性由"框棒测验"（rod and frame test）和"镶嵌图形测验"（embedded figure test）的高度相关得到证明。框棒测验测定认知方式，实验中要求被试在注视条件下，将呈现在面前位于一个方框中的一条倾斜的直线调整到垂直的方位。实验表明，当框架偏斜时，它对于中间直线的方位判断有同化作用，而这个效应的大小因人而异。威特金提出，凡视觉中受环境因素影响大的属于场依存性特征，凡不受或少受环境因素影响者属于场独立性特征。

威特金用实验系统地研究了场依存性与场独立性的问题。其基本特征如下。

（1）自我和非我表现，依靠自我作为主要参照的倾向是独立于场的方式，依靠外界作为主要参照的倾向是依存于场的方式。

（2）从场依存性到场独立性是过程变量而不是内容变量，即它们是两个对立的信息加工方式。

（3）普遍性，两种认知方式在众多实验中表现相当一致。

（4）稳定性，随着时间的推移，被试在场独立性到场依存性连续体上的位置是稳定的。

（5）两极性与中性。连续两极在价值上是中性的，两极性与中性特点使它与能力显然有所区别，后者既不是两极性的，又是有价值性的。也就是说，能力有高低之分，而认知方式无好坏之分，能力高者之中有认知方式的区分，能力低者之中亦有认知方式的区分。

我们从"发展"的角度，探讨了中小学生随年龄的增长，场独立性与场依存性对思维活动，特别是对思维品质的影响，结果发现两点较为突出。

（1）在思维品质深刻性上的得分除四年级之外，六年级、八年级、高一学生，场依存性倾向的人比场独立性倾向的人要高，且在高一学生达到显著差异的水平（$p<0.05$）。各年级学生场独立性倾向的人在思维品质独创性、灵活性、批判性、敏捷性上的得分比场依存性倾向的人高，但差异的显著性并不一样。在独创性上，四年级、六年级、高一学生场独立性倾向的得分很高，但只有高一学生达到显著差异；而八年级场依存性倾向的学生得分反而高于场独立性学生。这说明，八年级学生处于分化期，使认知方式对创造能力发展的影响不稳定。在灵活性和批判性上，差异是存在的，但不显著（$p>0.05$）；在敏捷性上，四年级和八年级的差异都达到显著水平（$p<0.01$ 或 $p<0.05$）。

（2）同一年级不同认知方式的男女学生，在各种思维品质上的得分有一定的差异。场独立性倾向的女生在思维深刻性、思维独创性上得分比男生高；但在思维灵活性、思维批判性、思维敏捷性方面男女场独立性倾向的人各有优势，且在不同年级有不同的表现。上边提到威特金的观点：男女生在场独立性上的差异一直到青年早期是不显著的。这种差异在以后往往在量上是小的，而且在两性分配上相交叠。由于学生不同性别场认知方式上差异的不显著性，并且在两性分配上相互交叠，因此，我们的结果中场认知方式对不同性别学生思维品质的影响表现出很大的波动性和不稳定性。

<h2 style="text-align:center">三</h2>

心理能力，即智力与能力不仅表现为不同的才能，而且表现为不同的类型。前者是指感知（观察）力、记忆力、思维力、想象力、言语能力和操作能力，而后者则是指主体如何组合和使用自己的才能。这里，不单由前边的才能或智力因素组成。

心理能力类型尽管复杂，我们把其归纳为三类。

（一）不同智力因素组合的类型

我们把智力因素分解为上述的感知（观察）力、记忆力、思维力、想象力、言语能力和操作能力六种成分，对它们不同的组合使用就能构成心理能力类型的第一种个性差异。

不同智力因素以不同方式组合成不同心理能力的类型。不同智力因素的个性差异是明显的。它们按照不同方式组成了心理能力，即智力与能力的类型，当然也是相当复杂的。这种心理能力的不同类型有如下特点。一是组成不同方式的心理类型的原因尽管复杂，但大致不外乎两个方面，即与高级神经活动的类型特点有关，与后天的个体生活经验有关。二是不同方式的心理能力类型的组合尽管复杂，但大致也不外乎两类。一类是六种智力因素有某一种因素占优势。例如，某种学习成绩的获得，有的人靠感知，有的人靠记忆，有的人靠思维等，总有某一种智力因素是起决定作用的，形成某个体心理能力倾向特性。另一类是多种智力因素组合，即使是组合型，在主体学习中，也往往有一种或两种智力因素在起主导作用。

不同学生在心理能力或学习考试中可以获得相同分数，但这相同分数很可能是由不同的能力组合而获得。这种情况说明了如下事实：获得相同成绩的众多学生的心理能力总体的平衡性和发展细节与特色上的不平衡性是统一的。以男女心理能力发展差异为例，男女学生心理能力，即智力与能力差异在总体上具平衡性，但男女心理能力优异发展的特色具不平衡性。

（二）生理类型的差异在心理能力上的表现

心理能力类型组合有的来自生理类型的差异。

一是苏联心理学证明，由两种信号系统之间的相互关系所决定的高级神经活动类型，即巴甫洛夫（И・Л・Павлов）根据两种信号（形象的信号和语言的信号）系统之间相互关系的特点，区分出人类三种特有的高级神经活动类型：艺术型、思想型和中间型。如果将上述三种类型作一正态分布曲线，可以看出两头小中间大，绝大多数都属于中间型的趋势。

二是大脑两半球的功能。脑科学研究表明，大脑的左右两半球在功能上是高度专门化的。左半球是处理言语，进行抽象逻辑思维、集中思维、分析思维的中枢；它主管着人们的说话、阅读、书写、计算、排列、分类、言语回忆和时间感觉，具有连续性、有序性、分析性等机能。右半球是处理表象，进行具体形象思维、发散思维、直觉思维的中枢;它主管着人们的视知觉、复杂知觉模型再认、形象记忆、认知空间关系、识别几何图形、想象、做梦、理解隐喻、发现隐蔽关系、模仿、音乐、节奏、舞蹈以及态度、情感等,具有不连续性、弥漫性、整体性等机能。

(三)不同学科能力的表现类型

学科能力,反映出学生的一种特殊能力,它是某种特殊才能的组合。学生从入小学就有学科能力发展分化的趋势,其中四年级、八年级在各学科学习成绩和心理能力表现方面都是急剧分化或加速分化的关键期。理科能力到高二趋向成熟,但文科能力发展变化到后来仍很大。每门学科都有"早慧"现象,首先是音乐、绘画、体育等表演才能;其次是数学、语言能力。"大器晚成"主要限于文科,很少在表演才能和理科中体现出来。构成学科能力类型的因素很多,有学科知识和能力本身组成的因素,有学生的学习兴趣,还有上述的智力、生理等因素。如果用三维空间表示,一维代表思想型、中间型和艺术型,一维代表偏左脑、均匀、偏右脑,一维代表对文科、交叉学科或理科的兴趣。于是在众多的交互作用因素中,对不同学生来说会造成掌握学科能力类型的明显差异。

四

心理能力表现的范围很广,其表现领域往往是交叉的,没有严格的界定。

(一)学习领域与非学习领域心理能力的差异

我们平时说的学生心理能力的差异,多半是指表现在狭义的学习领域的差异,即在学校课堂学习中表现出的知识、智力和能力的差异,但是很少涉及课堂学习之外的领域所表现出来的差异。

1. 课堂学习领域心理能力差异的表现

平时人们较多的是在阐述学习领域的心理能力的差异。例如,在学校课堂学习中,心理能力的差异有中小学生学习知识和技能的差异、中小学生学习技能和技巧的差异、中小学生学习中各种智力与能力因素的差异、中小学生学习策略与学习方法的差异，等等。这些差异集中表现在以下三个方面。

一是学生在学习各科知识中表现出来的概括能力的差异。

二是学生在课堂上各种学习活动中表现出来的思维品质的差异。

三是学生在学习过程中表现出来的逻辑思维水平和特点的差异。例如，是抽象逻辑思维还是形象逻辑思维。又如，判断推理能力的强弱，我们规定了五个指标：推理的步骤是直接的还是间接的；逻辑推理种类的完善程度，即对归纳、演绎、比较推理是否都能掌握；推理的范围是否广泛；推理过程是否正确和合理；推理时所表现出来的特点，即概括性、自觉性和揭示本质程度的水平如何。

2. 非课堂学习领域心理能力差异的表现

中小学生在学校课堂学习之外的领域也有心理能力的表现，而且在一定意义上比学校内表现得更丰富多彩。在我们接触中小学生的过程中，发现中小学生非课堂学习领域心理能力差异表现在两个方面。

一是表现在非正规活动中。即在家庭里、在社会上所表现出的才能和特长，如劳动能力、交际能力、办事能力、制作能力、艺术欣赏能力、运动技能等。我们在教改实验中多次提出，要关心中小学生的校外生活，了解他们在校外各种场合的兴趣、爱好、才能和特长，把其作为因材施教和引导学生成才的一个重要内容。

二是表现在课外活动中。课外活动是学生在课堂教学之外进行的多种多样的学习活动，是促使学生全面发展的重要组成部分。①课外活动的内容：社会政治活动、科学技术活动、文学艺术与文艺活动、社会公益劳动、体育活动等。②课外活动的形式：群众性活动，包括集会、专题研究、节日纪念、文艺演出、体育运动会等；小组性活动，包括学科小组、科技小组、运动小组、利他小组等活动；个别活动，包括阅读、实验、制作等。③课外活动学习(广义)过程的结构：设置问题情境→研究课题→拟定解决课题的方式→执行活动→总结与评价。④中小学生在课外活动中表现出来的心理能力：独立思考、独立工作的能力；研究和活动能力；学科兴趣、才能和特长；社会实践能力；人际关系能力；等等。中小学生根据所参加的课外活动内容和形式的差异，表现出心理能力差异来。

(二)表演领域与非表演领域心理能力的差异

表演领域主要指体、音、美等领域。除表演领域,则是非表演领域。我们平常对前者论述较少,对后者却常有接触,故这里我们主要阐述表演领域的才能。在教改实验中我们看到,有的学生在体育、艺术领域表现出特殊的才能,有的学生却在这方面能力平平,或几乎是没有发展前途。表演领域心理能力主要表现在以下三个方面。

1. 体育才能的表现及其差异

体育才能既取决于先天素质,又决定于后天的锻炼,两者缺一不可。在教改实验中我们看到,体育才能在中小学生主要表现在两个方面。

一是运动负荷,即人体在身体锻炼中所能完成的生理负荷量。它是人体在运动训练或体育教学中,对训练量所引起的生理机能反应的量或范围。由于年龄、性别、体质、健康状况和训练水平的差异,中小学生承担同样的负荷,所引起的生理功能反应是不同的,所以生理负荷是评定运动大小的客观指标。运动负荷的基本因素是两个:运动量和运动强度。前者是指练习的次数、延续的时间、练习总距离和总重量;后者是指在单位时间内完成练习所用力量的大小和机体紧张的程度,常以动作的速度、练习的密度、负重的重量、投掷的距离、跳跃的高度和远度等表示。此外,动作的质量对运动负荷大小也有一定关系。

二是运动技术。运动技术也称动作技术,指符合人体运动科学原理,充分发挥人的机能潜力,有效地完成动作的方法。各运动项目都由一系列技术动作组成。一个完整的运动技术包括三个方面:①技术基础;②技术环节;③技术细节。体育才能是以运动负荷和运动技术为基础而获得实现,并在田径、体操、球类、武术、气功、游泳、滑冰、舞蹈、游戏等某个方面表现出来,且表现出明显的个性差异。有意思的是,在我们实验班中竟有品学兼优的学生,因体育成绩不能获"良"而不能被评为"三好生",可见体育能力个性差异之大。

2. 音乐才能的表现及其差异

音乐是由许多的音乐基本要素——节奏、旋律、曲式结构、调式、和声等有机地结合在一起,成为一个完整的不可分割的统一体。其中最重要的是节奏和旋律。

音乐才能也取决于先天和后天的因素。它的基本技能是掌握音的组织、配合诸要素必须具备的要领,包括节奏方面的节拍、节奏、速度、力度和乐句法,旋律方面的音高、旋律、调式和调性,以及和声方面的音程与和弦。由于这些要素反映在乐谱上,所以有关乐谱的知识和技能也应包括在音乐的基本技能范围之内。音乐才能首要决定于素质,诸如听力、嗓音、节奏和旋律感等。没有这些先天素质是不成的。但是,音乐是实践的艺术,因此还需要掌握表演的技能,具有实践性,这些都应在后天的实践中学习和完成。

中小学生音乐才能不仅表现在音乐表演和乐器演奏方面,而且也表现在音乐创作和作品赏析,特别是音乐审美能力上。音乐才能的早期表现很突出,儿童在 3 岁左右开始显露音乐能力(男孩占 22.4%,女孩占 31.5%)。有一半人的音乐能力是在幼儿阶段显露的(男孩占 49.7%,女孩占 53.3%),在 12 岁以后再显露音乐能力的并不多(男性只占 14.3%,女性只占 8%)。可见,中小学生的音乐才能表现出明显的差异。学习尖子在音乐上表现出"五音不全"者也大有人在,可见音乐能力个性差异之大。

3. 美术才能的表现及其差异

美术是以物质材料为媒介,占据一定平面或立体空间的艺术,包括绘图、雕塑、建筑艺术、工艺美术、民间美术、宗教美术、舞台美术等。

美术能力是眼、手、脑协同完成美术活动的本领,包括美术的认知能力、绘画表现能力、工艺制作能力和审美能力。

(三)学术领域与非学术领域的心理能力的差异

学术是指较为专门的、有系统的学问。学术领域的能力,主要围绕着学问而展开。中小学生在学校学习阶段谈不上有什么学术能力,即使在中学阶段出现的也只是学术领域的心理能力的萌芽。

从事专门而有系统的学问需要有相应的知识和相应的能力,这种能力就是学术领域的心理能力。这种能力的核心是独立地从事某专门领域的科研能力,此外,还包括自由探讨、写作(著书立说)、创造发明等能力。这是高层次的能力。

非学术领域心理能力表现的范围很广，这里仅举以下三种。

(1)组织管理能力。它大致包括计划与规划设计能力、把握目标的能力、组织、控制、指挥与协调能力、表达能力、用人与授权能力、处理人际关系能力、决策能力等。

(2)宣传能力。它涉及知识面广，善于表达，富于逻辑性、生动感人性、有吸引人、号召力和影响力，说话守信誉、应变性强，等等。

(3)商业才能。它涉及了解消费者(顾客)的心理及其与商品属性的关系、掌握供销活动的信息、把握商业网点、商店招牌、橱窗设计和店容店貌、服务态度和商业组织活动，等等。

人们不仅在学术领域和非学术领域之间表现出明显的个性差异，而且在学术领域或非学术领域里也表现出明显的个性差异。一名优秀的科学工作者未必是一个好的行政领导；相反，一名杰出的行政领导或宣传家未必能从事学术工作，也未必能从事经商工作；等等。

试论思维的心理结构研究 *

朱智贤教授在《北京师范大学学报》1984 年第 1 期《关于思维心理学研究的几个基本问题》一文中提出了思维结构的问题，这是一个十分重要的理论问题，值得认真开展研究。

思维、智力是心理现象，是第二性的东西，是人脑对客观现实的反映。客观现实世界是统一的物质世界，世界上的一切事物和现象都依循着物质本身固有的规律运动，变化和发展着。正是客观现实世界的整体性、复杂性与统一性，决定了人的思维是一个完整的心理结构。

一、关于思维结构的几种观点

什么是思维的结构，国际心理学界还没有统一的看法。这里，就几个主要学派或代表人物的观点做概略的介绍。

苏联心理学家鲁宾斯坦（С. Л. Рубипшшейи）认为，思维的结构就是思维的基本过程，思维过程主要是由"分析和综合"组成的；分析和综合在思维里主要表现为抽象和概括。他指出：思维有心理结构和逻辑结构；思维心理学主要是研究心理过程的，所以它主要是研究心理结构；思维心理学虽然主要是研究过程，但必须将过程和结果（产品）结合起来，才能有完整的结构。思维的结果是通过思维过程形成的；已形成的思维结果又在参加新的思维过程。心理学主要是研究这个思维过程的。不难看出，鲁宾斯坦强调的是思维的心理结构，强调的是思维过程。这是有道理的。思维心理学所说的思维结构，主要是心理结构，即思维过程的结构。我们认

* 本文原载于《北京师范大学学报（社会科学版）》1986 年第 1 期。

为，思维的过程是通过分析和综合及在其基础上所派生的抽象、概括、比较、分类、系统化和具体化等方面，在头脑中获得对客观现实全面的、本质的反映过程。但是，思维的分析和综合、抽象和概括的过程，是思维心理活动的总结构或总机制，而未全面涉及这个结构的具体表现形式及组成因素，也就是说，它只是说明纲，而没有目。

瑞士心理学家皮亚杰提出了发生认识论，强调图式（scheme）概念。图式一词最早来自德国哲学家康德的著作，皮亚杰将它定义为动作的组织或结构。图式是儿童心理或思维的结构。但图式由什么组成，皮亚杰避而不谈。他在《结构主义》一书中提出，儿童思维结构有整体性、转换性和自调性三要素。结构的整体性是说结构具有内部的融贯性，各成分在结构中的安排是有机的联系，而不是独立成分的混合，整体与其成分都由一个内在规律所决定。结构的转换性是指结构并不是静止的，而是有一些内在的规律控制着结构的运动发展，不同年龄阶段，其图式呈现不同的特点。儿童心理学要研究儿童思维发展的年龄特征。皮亚杰强调结构的转换性和发展观，强调图式发展的不同阶段的特征，这是很有价值的。结构的自调性是说平衡在结构中对图式的调节作用，也就是说，结构由于其本身的规律而自行调节，并不借助于外在的因素，所以结构是自调的、封闭的。结构内某一成分的改变必将引起其结构内其他有关成分的变化。皮亚杰还指出，儿童思维结构的整体由群集、群和格等组成。他说，一个结构整体能够算是一个群集，应具有"组合性""可逆性""结合性""同一性"和"重合性"五个特点。根据对儿童思维运算的分析，是否具有上述的五个特点，即可决定儿童思维是否达到群集运算的水平。可见皮亚杰的思维结构，虽然也有同化、顺应和平衡等过程，但主要是思维形式的逻辑结构。这是从思维活动的另一个角度去研究思维结构。

美国心理学家吉尔福特的智力三维结构模型对思维结构的探索无疑是有深刻的影响的。吉尔福特反对所谓智慧的"单因素理论"，也反对斯皮尔曼的一般因素（G）和特殊因素（S）的理论，即"两因素理论"，以及瑟斯顿（L. L. Thurstone）的七种"主要能力理论"。在他看来，智力的结构应从内容（contents）、操作（operation）和成果（products）三个维度去考虑。吉尔福特提出"内容"的项目有四种，"操作"的项目有五种，"成果"的项目有六种。把这些项目组合在一起可形成 120 种独特的智力因素。思维的结构，如果从组成因素或成分上来分析，吉尔福特的"三维智力结构"是有一定价值的。尽管吉尔福特的三维智力结构是概括智力的完整结构，并不局限于思维结构，然而从实质上来看，这内容、操作和成果结构，不仅在其组成因素上主要是思维范畴上的成分，而且从这三个方面来分析结构也是比较全面的，因此，它有可取之处。

美国另一位心理学家拉塞尔(H. Russell)在其《儿童思维》一书中，从横向和纵向两方面提出了一些关于思维心理结构的设想。在横向方面，他认为，思维的整体性由以下四个因素构成：①思维的材料，如感觉、知感、记忆、表象、概念等；②思维的过程，如选择、搜寻、排除、操作和组织等；③思维的能力，如思维的习惯、技巧等；④思维的动机，如情感、需要、态度等。在纵向方面，拉塞尔认为，虽然各种思维活动涉及的材料不同，受教育的影响有异，但各种思维活动都经历类似的六个步骤：①环境刺激引起心理活动阶段；②建立思维的定向或指导阶段；③寻找有关材料阶段；④提出假设或尝试性方案阶段；⑤检验审查假设阶段；⑥决策阶段。拉塞尔的思维结构理论，既说明了思维结构的组成要素，又指出了这个结构活动的发展过程或步骤，这是有参考价值的。但拉塞尔未能进一步阐明各要素之间的联系和关系，也未能说明结构发展的实质，这有待进一步探讨。

此外，还有其他一些关于智力或思维结构的研究。比如，苏联加里培林(П. Я. Гальперин)提出的"智力(思维)按阶段形成的理论"。又如，现代认知心理学家中很多信息加工论者，他们有人提出模拟人的思维的计算机程序设计，也就是一种思维结构，特别是美国西蒙等人提出的"通用解题机"(GPS)的思想，是很有启发性的。也有关于思维的局部活动结构的探索，如布鲁纳(J. S. Bruner)在 20 世纪 50 年代提出的在形成概念或解决课题时的"策略结构"；奥苏伯尔(D. P. Ausubel)在 1978 年出版的《教育心理学》(英文版)中提出的在学习迁移时的"认知结构"及认知结构变量(特征)等，也是很有意义的。

二、如何理解思维结构

(一) 吸取系统论的合理因素，正确理解思维结构

在思维结构的研究中，控制论、系统论的影响是不可低估的。从系统论出发，系统研究方法的特点是：一方面从整体上来考察一个过程，尽可能全面地把握影响事物变化的因素，注意研究事物之间的相互联系以及事物发展变化总的趋势；另一方面，要研究整体必须分析整体内的各个组成部分，尤其是分析各部分之间的因果关系。

系统论有十分独特的思路，有着许多合理的因素(金观涛，华国凡，1983)。我们归纳为如下八个方面：①剖析因果关系是整体研究的开始和基础；②采用建立"相对孤立体系"的方法，研究变量之间的相互作用和变化趋势，暂时忽略那些关系不大的变量；③发现反馈，自觉地研究互为因果，把目的性与系统变化联系起来考察；④利用稳态结构预见那些复杂变化的规律；⑤系统中，由于其子系统互相作用而处于不稳定状态，一种是慢慢趋向稳定结构；另一种是处于周期性的动荡之中；⑥系统是稳定与不稳定的统一，那种特殊的系统可以抗拒变化趋势而保持高度的稳定性，这就是超稳定系统，其特点是靠不稳定来维持稳定；⑦系统的演化就是旧有稳定性破坏后，在新的作用方式下，一般又有新的稳定结构；⑧自繁殖是系统演化中旧结构瓦解时发生的一种特殊情况，它往往标志着系统原有稳态结构迅速打破，发生崩溃，造成系统旧稳态结构急剧瓦解，系统以暴风骤雨般的力量向稳态过渡。

系统理论的这些思想，对于我们理解思维结构是有参考价值的，它不仅使我们进一步分析思维结构的实质及因素，而且也有助于我们探讨思维结构的发展和变化的趋势。

(二) 批判结构主义哲学观点，正确理解思维结构

在思维结构的研究中，结构主义的影响是不可忽视的。

结构主义是现代西方哲学中的一个重要思潮。这种结构主义不是一个统一的哲

学派别，而是由一种结构主义方法论联系起来的一种广泛的思潮，包括语言学、社会学、文艺理论和心理学中的某些派别和个人，也包括用结构主义思想方法来歪曲马克思主义的一个观点。结构主义哲学观点大多与一定的专门学科结合起来。结构主义的哲学对"结构"的理解并不相同，但是他们根据这种观点去了解现象的结构，则大体上是一致的(刘放桐等，1982)。

结构主义的产生与发展，大体来说，与两个方面相联系。一是同自然科学的研究有密切关系。自然科学中长期讨论的事物内部结构和问题，给予现代哲学界和理论界的研究以重要的影响。二是同哲学史，特别同近代哲学史上有关结构的研究有密切关系。柏拉图的理论世界的结构体系、笛卡尔的天赋观念、莱布尼茨的天赋的认识能力、康德的先验范畴体系等都对结构主义思想的发展发生了深刻的影响。

结构主义有两个明显的特点。其一，它们一般认为结构是先验的，它是人的心灵的无意识的能力投射于文化现象中。结构主义的方法认为，人们所认识的社会现象是杂乱无章的，要达到有次序的认识就要掌握现象结构。但是，认识现象的结构不能通过经验的概括达到，只能通过理论模式去认识。其二，结构由许多成分组成，这些成分之间的关系就是结构。结构主义又把结构区分为深层结构与表层结构。前者指现象的内部联系，只是通过模式才能认识，后者则是现象的外部联系，通过人们的感觉就可以知道。因此，有人认为，"结构主义的认识论根源与其它唯心主义没有什么两样，它也是把人们的认识世界的过程中的某一个方面与现实事物割裂开来，加以夸大吹胀而产生的，结构主义就是夸大了对客观事实的结构的认识，把它说成是离开客观事物存在的第一性的东西"(刘放桐等，1982)。

在国际心理学界中，心理学家提出的心理结构或思维结构，有的与结构主义有关，如格式塔(完形)心理学派、皮亚杰心理学派等可以引入结构主义；有的与结构主义并无关系，如苏联心理学家鲁宾斯坦等人。我们这里强调思维的结构，并不是去采用结构主义的基本观点，将思维结构说成离开客观现实的第一性的东西，也不把思维过程或思维活动看作"结构"所派生的结果。然而，有结构主义的存在并不妨碍我们研究思维结构；也不能认为结构主义理论与方法论中就没有一点可取之处。"去粗取精，去伪存真"，这才是辩证唯物主义者应持的科学态度。

(三)坚持唯物辩证法,正确理解思维结构

马克思主义唯物辩证法是一切科学研究的最一般的方法论,这是正确理解思维结构的最高指导原则。在这个总原则的指导下,应该有哪些具体原则依据呢?

我们认为,思维结构是思维活动特征的总和或整体。在思维结构的研究中,应该遵循如下几个原则。

其一,实践活动是人类思维的基础,因此,思维结构的研究应该体现实践—感性认识—理性认识—再实践的辩证唯物主义的原理。

其二,思维过程和思维结果(产品)是统一的,也就是说,思维心理学主要研究思维过程,即思维操作能力(分析、综合、概括、比较、分类、系统化、具体化等),还要研究思维的产物、结果(产品),还要研究思维的策略(即对自己思维过程的控制,特别是自觉的自我监控)。我们想,一架电子计算机,它是模拟人的思维的:信息输入以后,运算(过程)、贮存(结果)和控制(监控)都是必不可少的结构成分。因此,思维结构的研究应该将思维过程结构和逻辑结构结合起来考虑,应该从思维的结果去分析思维过程,应该将思维过程,即思维操作能力的水平、思维产物的水平和控制或自我意识的水平结合起来分析,以获得系统性的结构。当然,思维心理学研究思维的产物或策略时,主要是从形成过程方面研究,而不能代替逻辑或运筹学的工作。

其三,人的心理是共性与个性的统一,既有一般规律,又是分层次的。思维的心理结构中还有一些智力品质的成分,如思维的积极性、独创性、差异性等,应当怎样从整体上加以考虑,也是很重要的问题。

其四,心理和一切事物一样,是发展变化或运动的。思维及其结构的发展存在年龄特征的问题,因此,思维结构的研究应该将共时性和历时性(synchronic and dia-chronic)统一起来,采用静态和动态相结合的原则。也就是说,既要研究静态的结构,分析思维结构的组成因素;又要研究动态的结构,探讨不同时期(阶段)不同思维结构的发展变化。

从上面四个原则或四个基本点出发,我们认为思维结构是个多侧面、多形态、多水平、多联系的结构。所谓多侧面,即思维是在实践活动中形成和发展的,它要

依赖一系列的客观条件，又有内部的动力；它要借助于语言、感知、表象、记忆和知识经验为材料或基础，又要和情感、意志等非认知的因素发生关系，形成多侧面。所谓多形态，即思维活动十分复杂，一个思维结构，有目的、有过程、有结果或材料、有自我监控或自我调节、有品质、认知因素与非认知因素的关系，成分繁多，在活动中形成多形态。所谓多水平，即所谓思维活动处于发展变化之中，既有共时性结构，又有历时性结构，各种形态的有机结合，形成多级的水平。所谓多联系，即思维形态诸因素在思维活动中组成完整的思维心理结构，它既要体现思维的过程，又要体现思维的特点，形成多种的联系。

三、思维结构的组成因素

思维作为一个整体结构，是人类这个大的系统中的一个子系统。因此，要探讨人类思维结构的组成，就要从人类主体与其客体的相互关系，人类思维本身整体和部分以及部分与部分之间的相互关系来考察。根据这一原理，我们认为，从心理学的角度看来，思维结构应当包括如下的各因素：①思维的目的；②思维的过程；③思维的材料或结果；④思维的自我意识或监控；⑤思维的品质；⑥思维中的认知因素与非认知因素。

以下作一些简要的分析。

（一）思维的目的

思维首先是人类特有的理解和解决问题的有目的活动。这种活动产生的根源，是人类祖先在长期的发展过程中，在工具劳动和语言交往的推动下，由于脑的不断发展以至产生质变（如语言中枢），从而使人类有可能从自然的、生物的适应活动发展到人的社会实践活动而逐步发展起来的。

在这个世界上，最初是没有人类的。最初只有自然的物质。在物质运动（力学的、物理的、化学的）的过程中，逐步出现了最初作为蛋白质存在形式的生命，从而开始了生物的新纪元。生物的本质特点是能够适应环境，经过生物个体与其环境的相互作用,便从低级生物逐步进化产生了高级生物(动物)。最高级动物(类人猿)由于个体与环境的一种新的关系,即逐步出现了工具劳动和语言交往,出现了社会的实践活动,这时他不仅能适应环境,而且能改造环境。

宇宙的一切运动,都具有反映的属性。因为事物总是相互作用着的。自然物质的反映形式是作用与反作用。生物的反映形式随着进化的不同阶梯,由变形虫的受刺激性(或叫感应性),逐步出现无条件反射的本能和在其基础上产生的条件反射的反映形式,出现了感觉、知觉和记忆的反映形式。这是一些感性的反映形式。在高级动物那里,这种高级的感性的反映形式,甚至产生了自发的预见活动(如按信号而预先采取逃避行动)。但是直到人类出现,才有可能在实践活动中,在主体和客体的相互作用中,以感性的反映形式为基础,逐步出现了以思维为核心的理性的反映形式,出现了人所特有的思维这一最高级的反映形式。由于这种反映形式的出现,人才能自觉地、能动地预见未来,计划未来,有意义地改造自然,改造社会,调节自己。总之,只有人类的思维才具有真正的目的方向性,而这就是思维的根本特点,是思维结构的核心因素。正像马克思所说的,蜜蜂建造蜂房,不管怎样精巧,但它和人类建筑师最大不同的特点是,人类建筑师在建筑一座房子之前,这座房子已在他的观念中完成了。

(二)思维的过程

人类思维是在感性认识的基础上形成的理性认识。思维和感性认识有共同的地方,即都是通过分析和综合过程来实现的,而人类思维中的分析综合过程,则产生了新的质变,即在一般的分析综合的基础上,产生了抽象和概括、比较和分类、系统化和具体化等一系列新的、高级的、复杂的,主要是在人的脑内进行的思维操作能力。其最高表现是创造性思维。

思维的各个过程是彼此联系的。分析与综合是这些过程的基础。在分析综合过程中,人们运用比较确定事物之间的异同关系,进而为分类、抽象和概括创造了条件,系统化是概括的高级阶段,具体化是抽象的相反过程。这些过程的有机联系、合理进展,就使思维把握了事物的本质和事物之间的规律性的关系。

(三)思维的材料或结果

思维的材料分两类，一类是感性的材料，另一类是理性的材料。这是不同性的材料。感性的材料，包括感觉、知觉、表象等，思维可以凭借这些感性材料，特别是表象来进行的。表象也有着不同的水平，美国心理学家布鲁纳根据智力发展期间起作用的表象的不同性质，分为"动作性表象"(enactive representation)、"形象性表象"(iconic representation)及"符号性表象"(symbolic representation)，并将认知或思维发展过程分为三个阶段。理性的材料，主要是指概念。概念是思维的细胞。概念的形成和发展，与判断和推理是不可分割的；但是，概念是思维形式的主要形式，它既是判断和推理的基本单位，又是判断和推理的集中体现。当然，概念、判断和推理组成思维形式的整体。理性的材料，就是依靠这基本的思维形式来运用思维的材料，这类思维材料属于抽象的材料。由此可见，儿童思维发展之所以表现出多样性，原因之一在思维材料上不仅有数量的增减，而且有质的变化。思维发展过程中的变化的一条重要途径是通过思维材料"新质要素"的逐步积累和"旧质要素"的逐渐衰亡和改造而实现。

思维的感性材料和理性材料的性质虽不相同，但又不是互相分离的，它们在实践活动的基础上统一起来了。也就是说，它们都是在实践活动的基础上形成，既相互对立，又相互联系。首先，没有感性材料为前提，理性材料就成了无源之水，无本之木。其次，感性材料有待于发展为理性材料，才使思维过程深刻化，才能深刻地反映事物，把握事物的本质和规律性，才能有科学的预见。最后，感性材料和理性材料是相互渗透的，感性材料中有理性材料的成分，理性材料中也有感性材料的成分。对于人的思维过程说来，离开感性材料的纯概念、判断和推理，或离开理性材料(如语言)的纯粹表象实际上是不存在的。

概念、判断和推理，既是思维的理性材料，又是思维的结果。通过思维过程，获得的新的思维的产物，就是形成新的概念，做出新的判断，进行新的推理，从而使思维获得新质。概念、判断和推理作为思维的结果，是成系统的。思维的系统是确定属性的功能的有机整体。思维的系统是对事物关系与内在联系的反映，是物质运动本质特征的反映。完善的思维结果的系统使主体从整体与部分(要素)之间，整体与外部环境的相互联系、相互作用、相互制约的关系中综合地、精确地分析问题和解决问题,从而成为改造客观世界的主观能源。

(四)思维的自我意识或监控

所谓自我意识,是意识的一个方面、一种形式,即关于作为主体的自我的意识,如自我感觉、自我体验、自我认识、自我调节等。我们在研究中看到,人在思维的过程中,能否自我意识、自我控制和自我调节,这就能体现出一个人思维活动的水平。例如,小学儿童在解答应用题的过程中,如能说出思考的过程,就能不断调节思维的方法和手段,从而提高其解题的水平。

对这个问题颇有研究的是美国心理学家弗拉维尔,他提出元认识概念,元认识是对认知现象的认知。弗拉维尔还提出了认识活动,即思维活动的监控模型:对认知活动的监控是通过元认知知识、元认知体验、目标(或任务)和行动(或策略)完成的。也就是说,人的思维活动由三个因素或变量组成:一是人;二是任务,即思维的课题或目标,三是策略。人如果能有元认知能力,即对认知的认知,就会产生元认知的体验,就能使主体确定新的目标,修改或放弃旧的目标,使主体能通过对元认知知识基础的补充、删除或修改来影响它,能激活针对两种目标(认知目标和元认知目标)之一的策略。

我们同意弗拉维尔的假设。我们认为,思维心理结构中有一个监控结构,其实质就是思维活动的自我意识,它的功能主要表现为三个:定向、控制和调节。①对思维课题的意识、定向或注意,提高思维活动的自觉性和正确性;②控制思维活动内外的信息量,排除思维课题外的干扰和暗示,删除思维过程中多余或错误的因素,提高思维活动的独立性和批判性;③及时调节思维活动的进程,修改课题(或目标)、手段(或策略),提高思维活动的效率和速度。

(五)思维的品质

思维的发生和发展,既服从于一般的、普遍的规律性,又表现出个性的差异。这体现在个性思维活动中的智力特征,就是思维品质,又叫作思维的智力品质。上边已提到思维存在层次性，区别思维的超常、低常和正常层次的指标正是思维的智力品质。思维品质，诸如敏捷性、灵活性、深刻性、独创性和批判性，它们不仅是思维的个性差异的表现，而且又存在年龄特征。思维品质是思维心理学的一个重要的理论问题，又是培养思维、发展智力的一个重大的突破口。

(六) 思维中的认知因素与非认知因素

在考虑思维结构中，既要考虑思维的因素或认知因素，又要考虑非认知的因素。

思维是属于认知过程的，当然它属于认知因素。因此过去人们常常习惯于把思维和非认知因素割裂开来研究。事实上思维中的认知因素与非认知因素之间存在异常密切的关系。

以系统论的观点或整体性的观点来看，思维仅仅是人的心理过程之一，隶属认知系统之列。但是，如果把人的心理现象作为一个完整的大系统来看，思维就仅仅是这个大系统中的一个小系统。人的各种心理现象可能表现出不同的特点，在这些特点的背后，总是存在来自其他的心理现象的影响，即这个大系统内的某一个小系统要影响另一个小系统。这种影响是普遍的、客观的。

作为认识过程的思维，其水平、特征、品质和作用等，固然具有各种认知因素及其特点，但是，它在完整的"人"的心理现象的大系统中，带有浓厚的个性的色彩，受到主体本身的动机、兴趣、情感、意志、性格等非认知因素的制约。俗话说"天才就是勤奋"，就是说，要使思维能力获得较好的发展，没有勤奋这种性格的意志特征是根本不可能的。世界上许多杰出的人物，无论他们从事工作的领域有多大的不同，但他们的共同点是长期坚持不懈，刻苦努力，顽强地与困难做斗争。没有刚毅顽强的性格，没有百折不挠的意志力，任何成就都不可能取得，也无从谈到思维能力的发展。研究表明，人的动机强度的高低对于思维潜能的发挥是有影响的，这种影响主要通过情感变化而直接表现出来的。动机可以分为长景动机、中景动机和近景动机，同一类动机也存在不同水平之间的差异。研究者认为，中等的动机强度能使思维处于最佳状态，既利于复杂思维问题的解决，又利于简单思维问题的解决；如果没有动机或动机强度极弱，则不能挖掘出思维的全部潜力；动机强度过高，对思维的正常发挥又起阻碍作用。简言之，不适当的动机强度就不能使思维达到最佳水平。总之，一个完整的思维结构，应该有思维中的认知因素和非认知因素，不兼顾这两者的关系，就不能探索思维结构的整体性。

总之，思维结构是一个整体，思维发展上所涉及的问题，与这个结构，这个结构的关系和联系有关。思维及其发展的研究，必须要从思维的这种整体性出发。

四、思维结构的发展

按照思维结构的动态原则，或者是历时性的思维结构原则，思维结构是发展的，它是在实践活动中形成和发展的。

(一)思维结构的形成和发展

在思维发生学的研究中，国际心理学界提出了一种内化说，即外部动作"内化"为思维活动的理论。

我们认为，这基本上是符合马克思主义的认识论的，思维结构发展的性质在一定程度上，就是外部动作结构逐渐内化的过程。马克思在《资本论》里提出："观念的东西不外是移入人的头脑并在人的头脑中改造过的物质的东西而已。"

不少的实验研究表明，儿童思维活动发展的过程，就是外部物质活动的内化过程。

苏联心理学家加里培林的"智力(思维)按阶段形成理论"认为，"儿童最初的智力活动只是一些实际的外部活动逐步内化，使智力活动最终形成。"

维果茨基(Л. С. Выгомский)认为人类的心理与动物的心理的区别在于使用心理活动的独特工具。这些"工具"就是各种符号。运用符号使心理活动得到根本改造。在个体发展中，儿童早期还不能使用言语这个工具来组织自己的心理活动，而掌握言语这个工具才使心理活动从"直接的和不随意的、低级的、自然的"转变为"间接的和随意的、高级的社会历史的"机能。新的高级的社会历史的心理活动形式，首先作为外部形式的活动而形成的，而后才"内化"，转为"内部活动"，才能"默默地""在头脑中进行"。

皮亚杰对于"运算"(operation)这一重要概念，也认为是一种"在心理上进行的、内化了的，可逆转的动作"。皮亚杰认为主体要认识事物，必须对它们施加动作，必须移动、联结、合并、拆散以及再集拢它们，从而改变它们。词出现以后，由于词的代替作用使动作"内化"，可以在思维中保持动作的特点，可以在心理上认识物体，可用符号来表达。这样，最初简单的动作便逐步"内化"而成为运算。

我国心理学家大都是同意内化说的，不过又对这种理论做出新的见解。

首先，认为思维发展从"低级的、不随意的、自然的"发展为"间接的、随意的、高级的、社会历史的"，经受着"概括化、言语化、简缩化"的转化，认为这是事实；并认为思维最初和动作紧密联系，其后可以"默默地在头脑中进行"，也是很明显的现象。

其次，认为从反映论的观点，思维的发展应是反映过程的逐步深化。发展过程中，由于词作用外部动作逐渐减缩，而并不是先产生外部动作，后来转化为内部活动。内化的理论只说明思维发展过程中的一种现象，即反映过程的逐步深化，以及外部动作的逐渐简缩，直到最后完全节减。内化的理论不能完全确切说明思维形成过程。

最后，儿童理解、认识事物的意义是从条件反射、感知觉开始的。当感知觉内化为表象，它们共同组成思维的感性基础。在语言功能的作用下，使人类的思维具有间接的和抽象概括性，能反映事物的本质和规律的逻辑思维或理性思维成为可能。在儿童青少年思维形成和发展的进程中，从条件反射到逻辑思维，都是在个体与外界不断交互作用中进行的。它包括三个互相联系的组成部分。第一是定向反射或定向活动。第二是对有关事物进行分析综合活动，即综合—分析—综合的循环往复过程。也就是在头脑中进行的认识过程。第三是事物意义的理解，即通过定向的分析综合活动获得对事物意义的理解(无意的或有意的、不自觉的或自觉的)，这也就是认识的产物、结果。这样在儿童青少年实践中，当他们思维操作能力不断发展的时候，当感知、表象、语言相互结合的时候，他们的思维活动也就逐步产生和发展起来(朱智贤，1984)。

以上三点,全面阐明思维的发展的内化、深化和简缩的过程。在整个儿童青少年思维发展的过程中,甚至在整个人的一生心理发展中,内化、深化和简缩随时都在发生。可以说,内化是人的心理发展区别于动物心理发展的最根本的性质之一。

(二)思维结构发展的阶段

唯物辩证法指出,任何事物的发展总要经历一个由无到有、由小到大、由不完善到完善的过程;在发展过程中,不是量的增减或同一事物的简单重复,而是新事物的不断产生,旧事物的不断衰亡。儿童青少年思维结构发展也符合这个规律。

国外儿童心理研究理论中,关于儿童心理发展过程存在两种对立的观点:一种观点认为儿童心理发展是一种渐进的连续的变化,没有中断的进程;另一种观点认为儿童心理发展是一种突然的、不连续的变化,发展是一连串的飞跃,没有任何渐进性,心理现象是在一连串散离的阶段中进行的。很明显,这两种观点都是片面的,是与唯物辩证法的发展理论完全对立的。

思维结构的发展不是一条完全不间断的线,即逐渐量变的线,而是包含有从旧东西到新东西的转化的,即"渐进过程中断"的线,既有量变,也有质变。思维结构这种发展必然地要产生发展阶段性,即经历了若干个重要的发展阶段。在不同的阶段,儿童青少年的思维结构具有不同的表现形式。因此,也就具有不同的整体机能,有不同的本质特征,有不同的特殊表现形态。

这种思维结构发展的指标主要表现在三个方面,一是动作和活动的特点、水平及内化的程度,二是语言和言语的特点、水平及内化、简缩的程度,三是概括的特点、水平及系统化的程度。这就是用来划分思维结构阶段性的依据。

儿童青少年思维结构的发展阶段的划分目前国内外基本上是大同小异的。一般地要经历三个阶段:①直观(感知)行动思维;②具体形象思维;③逻辑抽象思维。这个阶段,又可以分初步逻辑思维,经验型逻辑思维和理论型逻辑思维(包括辩证思维)。思维发展心理学就是要揭示和阐明这些发展阶段上思维结构的特殊表现形式,不仅要探讨思维心理结构各组成因素及其相互关系在各阶段上的本质特征,而且要研究其机能的各种表现形态,以及特征与机能二者之间的关系。

关于智力研究的新进展*

　　不少大学和研究单位邀请我们去做"智力心理学研究新进展"的报告，我觉得这个题目很难讲。因为"新进展"主要是指 20 世纪八九十年代以来近 20 年的新研究、新成果、新思想。可是，就在这 20 年中，对我们讨论的主题词——"智力"的含义还在众说纷纭、莫衷一是，形成不了统一的认识。美国心理学会主席斯腾伯格（1986）认为："智力是一个很难捉摸的概念。"心理学史专家墨菲（K. R. Murphy, 1991）指出：很难有一个人们共同认可的智力定义（既准确又实用）。因为从历史上看，心理学家们从来没有得出一个大家认可的定义。认知心理学家丹尼斯（I. Dennis, 1996）也说："目前心理学界对智力的具体含义，还没有形成统一的认识，而且是一个难以回答的问题。"因此，今天要做智力研究新进展的报告，是一个十分艰巨的任务。但由于推辞不了同事们的好意和信任，不如借《北京师范大学学报》的一角，发表一些不成熟的看法，以作为引玉之砖。

　　给智力下定义难，有四个原因：一是因属性而异，因为智力涉及问题太多；二是因角度而异，因为智力取向（approach）太多；三是因发展而异，因为衡量不同个体和不同群体的指标太多；四是因人而异，因为智力心理学家又太多，一人一言，观点自然难以统一。

一、智力属性研究的变化

　　在西方心理学史上，心理学家们曾有两次对"智力"的含义进行了专门的讨论。第一次是在 1921 年，美国《教育心理学》杂志的编辑邀请当时知名的智力专家，以

---

　　* 本文原载于《北京师范大学学报（社会科学版）》2004 年第 1 期。本文其他作者为白学军、李庆安。

"智力及其测定"为题对智为进行定义。十多位专家给出了他们对智力本质的看法。第二次是在 1986 年，斯腾伯格及其同事主编了一本题为《什么是智力？关于智力本质及定义的当代观点》(*What Is Intelligence? Contemporary Viewpoint on Its Nature and Definition*)的书。这本书收集了当代心理学家对智力本质的认识。在这次讨论中的专家可分为两大学派：有属于认知心理学派的理论家；也有属于非认知心理学派的理论家(Sternberg & French, 1990)。

两次讨论所涉及的智力的属性共有 27 种：①适应性，为了有效地对付环境的需要；②基本心理过程(知觉、感觉和注意)；③元认知(认知的知识)；④执行过程；⑤知识和加工的相互作用；⑥较高水平的成分(抽象思维、表征、问题解决、决策)；⑦知识；⑧学习能力；⑨生理机制；⑩独立的能力(如空间、语言、听觉)；⑪心理加工的速度；⑫自动化的加工；⑬一般智力；⑭现实世界的表示(社会的、实践的、心照不宣的)；⑮文化价值观；⑯不易定义的、不是一种结构的；⑰一种学术领域；⑱在出生时所表现出的能力；⑲情绪的、动机的结构；⑳限于学术或认识能力；㉑在心理能力上的个体差异；㉒以环境产生的遗传程序的基础；㉓解决新奇事物的能力；㉔心理上的顽皮性；㉕只在期望值中重要；㉖抑制情感的能力；㉗外在行为的表示(实际的/成功的反应)。

尽管在两次讨论中心理学家们对智力的认识有很多相似之处，例如，1921 年和 1986 年心理学家在基本加工(知觉、感觉、注意)和心理加工速度这些属性上看法有一致之处。然而，在这 65 年中对智力属性的研究有很大的变化。对高级心理活动水平的成分(抽象思维、表征、问题解决、决策)和解决新事物的能力、学习能力等项目，20 世纪 20 年代的心理学家提到的次数比 80 年代多；而元认知、执行过程、知识、自动化的加工等项目，80 年代的心理学家提到的次数要多于 20 年代的心理学家的次数，特别像元认知、执行过程和自动化的加工等术语在 20 年代人们很少使用或基本上不使用。

正如斯腾伯格所说的，从表面上来看，20 世纪 80 年代的心理学家和 20 年代的心理学家对智力的属性的认识没有很大差别。虽然过去人们更加重视期望，而现在人们更加重视文化因素。但是，就某种程度上说，心理学家关于智力的看法是有变化、有进展的，这种变化和进展主要表现在当代心理学家虽然使用了过去心理学家的术语来定义智力，但是这些术语却被赋予了新的意义。

还有一项新研究(Snyderman & Rothman，1997)对 1020 名专家对智力的看法进行了调查，结果发现，当前专家对智力的认识有许多一致之处，特别是他们在智力中最重要要素的看法上，具体结果见表 1 所示 (Coon，1997)。

表 1　专家认为智力的最重要的五个要素

描述	同意的百分数(%)
抽象逻辑思维/推理	99.3
问题解决能力	97.7
获得知识的能力	96.0
记忆力	80.5
适应环境	77.2

从表 1 中看出，专家对智力的理解和认识既重视智力内容的传统方面，即逻辑思维、推理、问题解决能力、记忆能力等，又重视皮亚杰等人所强调的适应环境的能力和认知心理学家所强调的获得知识的能力。强调这五个智力要素说明，智力属性表示了当今智力界研究内容的趋向。

正因为如此，我们(1984，1986，1992)才将智力定义为成功地解决某种问题(或完成任务)所表现的良好适应性的个性心理特征。这里，就考虑到了智力属性变化研究的新进展。

二、智力本质研究的取向

阿特金森(R. L. Atkinson，1994)在谈到智力研究新进展的时候指出：对智力本质的研究，在 20 世纪经历了三个取向(approach)变化：60 年代前是因素分析(factor analysis)，60 年代出现了信息加工(information processing)，80 年代后又有人主张智力的层面(stratum of intelligence)，这实际上是从智力研究内容和方法的角度来阐述智力研究的新进展。

"因素说"是研究智力构成要素(或因素)的学说。智力由哪些因素构成呢？早在 19 世纪末 20 世纪初，桑代克就提出了特殊因素理论，认为智力由许多特殊能力构成，特别是他设想了智力由填句(C)、算术推理(A)、词(V)和领会指示(D)所组成。斯皮尔曼于 20 世纪 30 年代和提出了"二因素"说，认为智力由贯穿于所有智力活动中的普遍因素(G)和体现在某一特殊能力之中的特殊因素(S)所组成。凯勒(T. L. Kelly)和瑟斯顿(L. L. Thurstone)分别于 30 年代和 40 年代提出了"多因素"说，认为智力由彼此不同的原始能力组成。不过凯勒和瑟斯顿的提法并不尽相同。凯勒提出数、形、语言、记忆、推理五种因素；而瑟斯顿则提出数字、词的流畅、词的理解、推理、记忆、空间知觉、知觉速度七种因素。

因素分析发展到 20 世纪 50 年代是智力的"结构说"。结构说应被看作因素说的一种新的形式和新的发展，它强调智力是一种结构，它是从结构的角度来分析智力的组成因素。智力是什么样的结构呢？艾森克(H. J. Eysenck)于 1953 年首先提出智力三维结构模式。该模式包括三个维度：心理过程(知觉、记忆、推理)，测验材料(语词、计数、空间)和能量(速度、质量)。在艾森克的基础上，吉尔福特于 1959 年提出了新的智力三维结构模式，认为智力由操作(即思维方法，可分认知、记忆、发散思维、辐合思维、评价 5 种成分)×内容(即思维的对象，可分图形、符号、语义、行动 4 种成分)×结果(即把某种操作应用于某种内容的产物，可分为单元、种类、关系、系统、转换、含义 6 种成分)所构成的三维空间(120 种因素)结构。值得一提的是，他及其弟子不断充实自己的三维空间结构，20 世纪 80 年代，由 120 种因素扩大为 180 种和 240 种因素。费农(P. E. Vernon)于 1960 年提出了智力层次结构理论，认为智力是个多层次的心理结构。第一(最高)层次是智力的一般因素；第二层次包括两大因素群，即言语和教育方面的能力倾向，操作和机械方面的能力倾向；第三层是第二层的两大因素群所分成的若干小因素群，言语和教育的能力倾向分为言语、数量、教育等，操作和机械方面的能力倾向分为机械、空间、操作等；第四层是各种特殊能力。希来辛格(I. M. Schlesinger)和格德曼(L. Guttman)于 1969 年又提出了二维结构模型，他们认为，智力的第一维是言语、数和形(空间)的能力；第二维是规则应用能力、规则推理能力和学校各种学业测验成绩。

认知心理学试图了解人的智力的性质和人们如何进行思维（J. R. Andeson，1979）。认知是什么？认知心理学强调的是，认知包括三个方面，即功能（适应）、过程和结构。这里突出强调的是，认知是为了达到一定的目的，在一定心理结构中进行信息加工的过程。信息加工取向的最大特点是，运用信息加工理论及神经生理学的影响，对智力不再斤斤计较其组成的成分（因素），而是注意它在处理现实生活中的功能。所谓信息加工，认知心理学家普遍指的是对信息的接收、存储、处理和传递。信息加工的观点，把人看成一个主动动态系统，在处理和传递中各个阶段的安排。信息加工可分为三类，即①串行加工，每个阶段联成一条线，前一个阶段的输出变成下一个阶段的输入，任何一个阶段在接到其前一个阶段的输出以前不能够进行本阶段的信息加工，人的中枢信息加工多属于这类加工。②并行加工，每个阶段并不要等其他阶段完成加工后才进行加工，人的感觉就是并行接收信息，在正常情况下，许多感受器同时被激发。③混合加工，串行加工和并行加工结合进行。信息加工取向所揭示的智力活动问题是：各种智力包括哪些心理过程？这些心理过程进行的速度和准确性如何？这些过程所操作信息的表征的类型是什么？对此，认知心理学家探讨了智力的结构模型。戴斯（J. P. Das）是一位信息加工的典型代表人物。他及其助手们（1990）提出的智力 PASS 模型（Planing-Attention-Simultaneous-Succesive Processing Model）认为信息加工的整合包括四个单元：信息输入、感觉登记、中央加工器和指令输出。中央加工器主要包括三种认知成分：同时性加工与继时性加工两种编码过程以及计划过程。因此，信息加工取向不是试图以因素去解释智力，而是确定构成智力活动为基础的记忆、注意、表征、思维、想象等心理过程。

智力的层面的实质是把因素分析和信息加工两种取向结合起来，既讲成分又讲信息加工的过程。近 20 年来，在这方面做出贡献最有影响的代表人物是斯腾伯格和加德纳（H. Gardner）。斯腾伯格在 1985 年以后多次宣称，一个全面的研究智力本质的理论，应包括一组构成要素（因素）过程。这组要素过程应比在有限的实验环境或典型实验情况下的心理学家们迄今确定的范围更为广泛。他建议，这组更广泛的要素不仅与"学业智力"有关，而且应与"实用智力"有关。如本文第四部分要谈到的斯腾伯格的"成功智力"和加德纳的"多元智力"，他们都持智力层面的观点。即一方面,他们重视这里的成分或要素(因素);另一方面,他们又强调信息加工的方式,指出智力对于特定文化创造出来的符号系统的敏感性,这些符号系统是捕捉、表达、传播信息的重要形式,信息加工对人的智力形成的发展是不可缺少的。

三、智力发展的水平的提出

智力发展水平的研究,主要涉及两个问题:一是关于智力发展的基本原理或理论的问题,二是个体智力发展各阶段的年龄特征问题。对于后者研究,近 20 年进展不太明显,这可能是过去的研究比较成熟了,再加上皮亚杰的影响太大,所以,一提起智力发展的年龄阶段性问题,基本上还是皮亚杰理论的两种"三层水平"理论影响更大。

(一)卡洛尔的三层级理论

卡洛尔(1993)提出了智力的三层级理论(the three-stratum theory of intelligence)。他认为智力由三个层次水平的因素所组成。最高水平层由 1 种因素构成,即一般智力因素;中间水平层由 7 种因素构成,即流体智力、晶体智力、一般记忆容量、一般视知觉、一般听知觉、一般流畅性、一般加工速度;最低水平层由许多特殊的因素所构成。卡洛尔的智力层级模型见表 2。

表 2　卡洛尔的智力层级模型

层级三	层级二	层级一
一般智力因素	流体智力	水平因素包括:一般序列推理;归纳推理;定量思维;皮亚杰式的思维。速度因素包括:思维的速度。
	晶体智力	水平因素包括:语言发展;口头语言和书面语言理解;词汇知识;阅读理解;填空能力;拼写能力;语音编码;语法敏感性;外语潜能;听力;交流能力;外语流畅力。速度因素包括:阅读速度;口头表达的流畅性;写作能力。

层级三	层级二	层级一
一般智力因素	一般记忆容量	水平因素包括：记忆广度。 速度因素包括：联想记忆；自由回忆；意义记忆；视觉记忆；学习能力。
	一般视知觉	水平因素包括：可视化； 速度因素包括：空间关系；封闭速度；封闭流畅性；系列知觉的综合；空间扫描；知觉速度。 各种因素：想象；长度估计；错觉；知觉转换。
	一般听知觉	水平因素包括：听觉和知觉语言的阈限因素；语言、声音的辨别；一般声音的辨别；高强度声音持续时间的辨别；音乐的辨别与判断；抑制听觉刺激混乱的能力；同时跟踪能力；节奏的保持与判断；声音模式的记忆；绝对音高；声音定位。
	一般流畅性	水平因素包括：首创性或创造力。 速度因素包括：观念流畅性；命名流畅性；联想流畅性；表达流畅性；词汇流畅性；问题敏感性；图形的可变性。
	一般认知速度	速度因素包括：完成测验的速度；数字化的能力；知觉速度。
	一般加工速度（决策速度）	速度因素包括：简单反应时；选择反应时；语义加工速度；心理比较速度。

（二）丹梅特里奥和瓦拉耐兹的三水平系统

丹梅特里奥（A. Demetriou）和瓦拉耐兹（N. Valanides）1996 年提出了智力发展的三水平系统（见表3）。根据该理论，智力被设想为一个垂直的大厦，它包括三个主要的水平：一个环境指向的水平，另一个是自我指向或超认知的水平，再一个是与信息加工有关的过程水平。环境指向的水平涉及对来自环境的不同领域信息的表征和加工系统。也就是，涉及用于特定现实领域的操作、过程和技能的每个系统，每个系统都利用如表象、数字、语言之类的符号，这些符号是适合于特定领域的。在环境指向水平上，输入由来自环境的信息组成，输出为指向环境的实际的或心理的行为。自我定向水平涉及指导自我理解、自我监控、对他人思维的理解等方面的过程和知识。这个水平包括的功能用于：监控自己的和他人的认知活动；在可以被用作自我定义和对其他个体分类的心理地图中记录这些活动;当需要做决定、问题需要解决而又没有准备好的解决措施存在时,在这些地图的基础上调整自己和他人的心理活动。研究者把自我定向水平视为超认知系统。最后一个水平是对特定年龄思维的信息加工能力起着决定作用的结构和功能。这个水平上的结构和功能基本上与内容无关,但是它们限制着特定年龄个体能够解决的问题(无论是环境的还是自我定向的)的复杂性。此外,研究还提出三个概念:一是核心过程,即在每个系统中的特定的一类心理过程;二是操作;三是知识和信仰。当操作和知识结构非常适合时,在认知功能中核心过程并不是非常重要。每个系统都涉及吸收现实领域的知识,每一种知识作为特定系统与相应现实领域相互作用的结果都在逐年增加。

表 3　智力的水平和系统以及它们的基本过程和成分

	水平和系统	核心过程	操作和规则	知识和信仰
环境指向的系统	1. 定性的、分析的	分类知觉	分类策略、概念形成策略	描述性和陈述性的知识对人和事的归类
	2. 定量的、关系的	辅助	计数、算术运算、比例推理	时间的认识、钱的知识、乘法表
	3. 因果的、实验的	因果知觉	长时错误、实验、假设形成	关于世界的因果结构的知识和归因
	4. 空间的、形象的	深度知觉、大小知觉、方位知觉	心理形象的扫描和转换过程、心理旋转	所有关于世界的形象的表征和知识
	5. 语言的、命题的	基本的推理,即基于语言结构的自动推理	二级推理,即基于对事实的考虑的推理	关于推理和逻辑的外显知识
超认知系统	1. 工作超认知	对各种经验、认识体验的不同的敏感性	自我监控和自我调整策略	
	2. 长时超认知			关于思维、智力和自我的模型

续表

	水平和系统	核心过程	操作和规则	知识和信仰
加工系统	1. 编码	知觉登录	刺激辨认	
	2. 控制	抑制机制	选择性注意	
	3. 存储	信息的基本表征	复习、组块化以及其他的组织策略	

四、智力的认知神经机制

智力的认知神经机制研究是随着技术的进步和研究范式的发展逐渐深入的。20世纪 60 年代之前，心理学主要是探索智能的生理机制，有代表性的是反射学说。反射活动分为无条件反射和条件反射。前者是一种本能的活动；后者是一种信号活动。信号活动是大脑两半球的最根本活动。外部现实的信号是多得不可计数的。根据它们本质的不同，又可以分为两类：第一类是外界现实中具体的刺激物，如形状、颜色、气味、声音等，这是直接的、具体的信号；第二类是人类的词、语言的符号，这是具体信号的信号。苏联心理学家把第一类叫作第一信号系统，第二类叫作第二信号系统。两类信号系统是密切联系的，前者是后者的基础，后者是前者的抽象化与概括化，又通过前者获得意义并起作用。这两种信号系统协同活动所实现的脑的复杂的分析和综合活动，是智力活动的生理机制。高级神经活动的机能上强度、灵活度和平衡度三种特征及其相互组合，构成高级神经活动的类型，这就成为智力品质的生理基础。20 世纪 60 年代，苏联心理学家鲁利亚(A. P. Jlypия)在此基础上进行了系统分析的研究，获得思维机制的进一步的结论：①实现思维活动的脑的三个系统是保持清醒状态的系统，受纳、加工活动的系统和额叶运动的系统；②在定位不同的脑损伤时，对解决任务破坏的性质，有着不同的差异，大脑半球后部保证完成智能活动的操作条件，额叶运动系统则能够把进入的信息进行综合，构成行动的复杂程序，并把完成行为的结果与最初的目的相对照，体现着人的智能的过程；③大脑左半球在智力过程中起着一侧优势的作用，语言中枢以左半球为主。

而当大脑额叶损伤时，出现智力活动的严重障碍。我认为智力的生理机制的研究，只是探索智力的脑神经机制的开始。要使智力的脑机制得到充分的揭露，还有大量工作要做。

20 世纪 60 年代以后出现了认知心理学。认知心理学是认知科学的核心，其实质是探索人是怎样思维的。认知过程可理解为信息的获得、储存、加工和使用的过程。认知心理学的一种重要研究方法是计算机模拟，它强调可以并建立认知过程的计算模型。众所周知，任何智力活动都离不开三个要素，一是物理结构，二是信息系统，三是思维活动。智力活动就是以物理结构为机制，处理与加工信息的思维活动。人脑与神经系统是一种天然的物理结构系统，认知心理学认为计算机硬件则是一个人造物理结构系统。这种人造物理结构被认知科学界称作神经网络，并认为它是像人的神经系统那样具有思维和智力功能的信息加工装置；神经网络和电子神经元被用作知识表达形式化统一框架，与生物系统相类似。一个神经网络的神经元可被认为是一个知识存储与加工单位，不同电子神经元用在不同地方含义各有差异。这就是所谓第一代认知科学的观点。然后，计算机模拟绝对代替不了对智力的脑神经机制的揭示。

随着认知科学的发展，以"认知(智能)可计算"为核心假设的"第一代认知科学"显露出越来越多的问题，而具有诸多新特点的第二代认知科学则逐渐兴起和成熟。第二代认知科学抛弃了"认知即计算"的认知主义纲领，回归到"脑—身体—环境"相互作用的统一体。第二代认知科学的特点很多，在认知或思维的脑机制研究上就是进入认知神经科学的研究。因为认知科学发展的趋势和智力理论本身存在的问题都对思维和智力研究提出了新的要求，即需要从多角度、多层次对思维和智力进行研究和理解。格雷(Gray，2004)提出可以从行为、生理和背景三个角度来研究智力。最近十几年来，对于智力的多角度、多层面研究取得了丰硕的成果，其中认知神经科学关于智力的研究尤为引人注目。所谓认知神经科学主要指利用诸如 fM-RI、PET 和 ERP 等心理物理学及脑成像技术对认知过程进行研究，通过揭示认知过程的大脑机制，来验证、修改和发展已有的理论和模型，并在此基础上提出新的理论和模型。正像加扎尼加(Gazzaniga，2002)所说"认知神经科学让很多心理学家不再把行为主义作为解释复杂认知过程的唯一出路"。对智力的认知神经机制进行系统的研究，主要是 20 世纪 90 年代之后。这些研究主要集中在三大方面。一是从认知神经科学角度对智力的个体差异进行了研究，初步发现了智力个体差异的大脑生理基础，如汤普森(2001)发现额叶的灰质体积与智力分数之间存在显著的相关。此外的研究还发现，智力个体差异与大脑的神经效能也有密切关系，海尔(1988)通过 PET 测量了被试完成瑞文高级智力测验时的大脑葡萄糖代谢率，发现瑞文成绩与几个脑区的葡萄糖代谢率都呈显著的负相关，高智力的个体大脑葡萄糖代谢水平较低。海尔认为，智力个体差异可能与大脑工作效率有关系，进而提出了神经效能假说。二是从认知神经科学角度对智力结构进行了研究。前面已经提到，众多心理学家从行为层面对智力结构进行了研究，认知神经科学家基于脑成像研究对智力结构进行了探索。例如，邓肯(2000)在《科学》上发表了利用 PET 技术对斯皮尔曼提出的智力"普遍因素"(G 因素)进行神经机制的研究。邓肯选择了三种表面特征差异明显的任务(空间任务、言语任务、运动感知任务)，研究发现与 G 因素高相关的三种任务并没有激活多个脑区，而只激活了单侧或者双侧的外侧前额叶皮质。邓肯认为，这个结果说明了"普遍智力"可能产生于额叶的一个特定系统，这个系统在控制不同形式的活动中发挥重要作用，这为智力是单一的结构系统提供了证据。但是，其他一些采用相同实验设计的研究者发现，被试完成智力任务时，大脑的多个脑区被激活，支持了智力的多成分结构说。三是从认知神经科学角度对遗传、环境与智力之间关系进行研究。例如，汤普森研究发现，同卵双胞胎在额叶、感觉运动区和语言区有极其显著的相关，而异卵双胞胎在感觉运动区和顶枕区有显著的相关，但在额叶部位没有发现显著的相关，汤普森认为这个结果说明额叶部分受到遗传的影响更大。实验还进一步发现，额叶灰质体积与智力分数存在显著的相关。汤普森的实验说明，遗传可能首先影响到了大脑的结构和功能，大脑结构和功能上的差异又导致了智力上的差异。尽管认知神经科学关于智力的研究已取得较丰富的结果，但对于真正揭示有关智力的相关核心问题仍处在起步阶段，需要综合利用分子遗传学、行为遗传学、认知神经科学、发展心理学等多个学科，对智力进行更系统的多层面研究。

五、智力研究理论的创新

近 20 年来，国际上出现无数种智力理论，出现诸多名家，增加了诸多新领域和新理论。但得到国际心理学界公认的有多少，这就不好说了。这里，我们按照斯腾伯格的观点，介绍颇有影响的五个心理学家及其理论（Sternberg & Kaufman, 1998）。

(一) 加德纳的多元智力

1983 年，美国哈佛大学的加德纳出版了《智力结构》(*Frames of Mind*)，提出了多元智力的概念，最近 20 年，加德纳一直在探讨这个问题。1993 年他又出版了《多元智力的理论与实践》(*Multiple Intelligence：The Theory in Practice*)，1999 年该书被译为中文出版，名叫《多元智能》，引起中国广大读者的重视。

加德纳提出了一种多元智力理论。起初，他列出了七种智力成分。这些智力彼此不同，每个人都或多或少具有这七种智力。他承认，智力可能不止这七种。不过，他相信并支持关于七种智力的观点达十多年之久。这就是：①语言智力，即有效地运用语词的能力；②逻辑—数学智力，即有效地运用数字和合理地推理的能力；③知人的智力，即快速地领会并评价他人的心境、意图、动机和情感的能力；④自知的能力，即了解自己从而做出适应性行动的能力；⑤音乐智力，即音乐知觉、辨别和判断音乐、转换音乐形式以及音乐表达的能力；⑥身体—运动智力，即运用全身表达思想和感情的能力，其中包括运用手敏捷地创造或者转换事物的能力；⑦空间智力，即准确地知觉视觉空间世界的能力。后来，加德纳又添加了一种智力，叫"自然主义者智力"(naturalistic intelligence)。这是一种能够对自然世界的事物进行理解、联系、分类和解释的能力，如农民、牧民、猎人、园丁、动物饲养者都表现出了已经开发的自然主义者智力。最近，加德纳又增加了一种存在主义智力，它涉及对自我、人类的本质等一些终极性问题的探讨和思考，神学家、哲学家这方面的智力最突出。

(二)斯腾伯格的成功智力

美国耶鲁大学的斯腾伯格长期从事智力的研究，提出了成功智力理论，让人认识到，人生的成功主要不是靠智商，而是取决于成功智力。斯腾伯格不仅从事成功智力的理论研究，而且也进行应用实践的实验。他出版的《成功智力》(1996)颇有影响，这本书已有中文译本。

关于成功智力的概念，斯腾伯格(1998)认为，我们应当少关注一些传统的智力观念，尤其是智商的概念，而多关注一些他所说的成功智力。他在《成功智力》一书的序里有趣地谈到，他曾在小学时将智商测验考砸了，他下决心要表明，如果将来成功了，那也不是其智商的作用。为此，他最终走上探索智力的道路，并努力寻找能够真正预测今后成功的智力。所谓成功智力，就是为了完成个人的以及自己群体或者文化的目标，从而去适应环境、改变环境和选择环境的能力。如果一个人具有成功智力，那么他就懂得什么时候该适应环境，什么时候可以改变环境，什么时候应当选择环境，能够在三者之间进行平衡。具有成功智力的人能够认识到自己的优势和劣势，然后能够想方设法地利用自己的优势，同时，能够补偿自己的劣势或者不足。这是人们之所以成功的原因之一。

分析思维能力、创造思维能力和实践思维能力是成功智力的三种成分。分析思维能力的任务是分析和评价人生中面临的各种选择，它包括对存在问题的识别、对问题性质的界定、问题解决策略的确定、对问题解决过程的监视。创造思维能力的任务在于，最先构思出解决问题的方案。创造思维能力与传统的智商至少存在部分的不同。它们大致属于特定领域的能力，这就是说，在某个领域(如艺术)具有创造性未必就意味着另一个领域(如写作)也具有创造性。实践思维能力的任务在于，实施选择并使选择发生作用。如果将智力应用于真实世界的环境之中，那么实践思维能力就开始发生作用了。沉默知识(tacit knowledge)的获得和运用是实践思维能力的一个重要内容。所谓沉默知识，就是人们如果想在特定的环境中获得成功就必须懂得，却没有接受过明确教授的知识，并且这种知识通常不用语言表述。沉默知识是通过用心地运用经验而获得的，相对来说属于特定的领域，沉默知识的掌控相对于传统的能力，它对工作能否成功的预测力不次于智商，有时甚至优于智商。

（三）珀金斯的"真"智力

美国哈佛大学另一位心理学家珀金斯于 1996 年提出"真智力"。他核查了大量关于智商测验和促进智商的研究，进而提出智商包括三种主要的成分或者维度。

一是神经智力（neural intelligence）：这是指神经系统的有效性和准确度。神经智力具有"非用即失"（use it or lose it）的特点。显然，神经智力是可以通过运用先天因素而得到保持和加强的。神经智力同卡特尔所说的流体智力有些相似。

二是经验智力（experiential intelligence）：这是指个人积累的不同领域的知识和经验。这可以看作个人所有专长的积累。经验智力的基础是积累知识和经验，这些知识和经验可以使人们在一个或者多个领域中具有高水平的技能。生长于刺激环境较为贫乏的人，较之一个生长在学习环境丰富的人，其智力显著地表现出差异来。丰富的学习环境能够促进经验智力。经验智力和卡特尔所说的晶体智力有些相似。

三是反省智力（reflective intelligence）：这是指解决问题、学习和完成挑战智力任务的广泛的策略。它包括支持坚持性、系统性和想象力的各种态度。它包括自我监视和自我管理。反省智力可以看成是有助于有效地运用神经智力和经验智力的控制系统。人们是可以学会更有效地利用神经智力和经验智力的种种策略的。反省智力类似于元认知和认知监视等概念。

（四）塞西的生态学智力模型

美国康奈尔大学的塞西提出了智力发展的生物生态理论（the bioecological theory）。该理论认为智力是天生潜力、环境（背景）、内部动机相互作用的函数。

人的各种认知技能、环境和知识都是业绩个体差异的重要基础。在特定的领域中，每一种认知潜能都使各种关系得以发现，各种思想得以监视，知识得以获得。虽然这些潜能具有生物学的基础，但是其发展与环境具有密切的联系。所以，如果不是不可能，也很难将生物学和环境对于智力的贡献清楚地分割开来。

个体的环境资源有两类，一类是近端过程，即直接环境中与客体的持续相互作用；另一类是远端因素，由影响近端过程的形式与质量的环境维度组成。由此提供人的知识形成知识结构，发展其智力水平。

认知发展主要是逐渐增加的精致化的知识结构的结果，这些知识结构使编码、提取、策略选择、比较等微观水平的过程有可能进行更有效的操作。

在不同的环境中，能力可能是以完全不同的方式表现出来的。例如，儿童完成性质相同、难度相同的任务，在电视游戏环境中完成的成绩比实验室认知任务环境中完成的成绩好得多。之所以存在这种差异，一部分是由于情绪反应差异的结果。

（五）梅耶尔与戈尔曼的情绪智力

情绪智力（emotional intelligence）概念是由美国新罕布什尔大学的梅耶尔等人于1990年提出来的。1995年戈尔曼的《情绪智力》一书的出版，对这个理论起到了促进完善的作用。

情绪智力是什么呢？它由哪些要素构成呢？梅耶尔与戈尔曼分别提出了各自的情绪智力理论，并对此做了说明（见表4）。

表4　梅耶尔与戈尔曼的情绪智力

理论	梅耶尔等人	戈尔曼
定义	情绪智力用以说明人们如何知觉和理解情绪，具体说，是知觉和表达情绪、在思维中同化情绪、理解和分析情绪、调控自己及他人情绪的能力。	情绪智力包括自我控制、热情、坚持性和自我激励能力，这种情绪智力原来被称为性格。
内容与说明	(1)情绪知觉和表达：辨认和表达身体状态、情感和思维中的情绪；辨认和表达他人、艺术品和语言中的情绪 (2)在思维中同化情绪：在思维中优先考虑情绪，情绪作为判断和记忆的辅助 (3)理解与分析情绪：情绪（包括复杂的情绪和同时发生的情感）的命名；理解情绪转换关系 (4)情绪的反思性监控：保持情绪的开放性 监控调节情绪并促进情绪和智力发展	(1)知道自己的情绪：识别正在发生的情绪，随时监控情绪 (2)情绪管理：调整情绪使它们比较合适，安慰自己，摆脱焦虑、抑郁与恼怒 (3)自我激励：引导情绪达成目标，延迟满足并抑制冲动，能够进入状态 (4)识别他人的情绪：同情意识，适应别人的情绪 (5)处理关系：管理他人的情绪；与他人和谐相处
类型	能力	能力与性格的混合

表 4 总结了两种最有影响的情绪智力理论。两种理论都是从内涵范围来定义情绪智力，但不同的是戈尔曼把它定义为能力与性格或人格倾向的混合物，如在能力之外加入了热情、坚持性等性格特点。而梅耶尔等人反对把情绪智力定义为能力、性格等多种因素的混合物，坚持把它定义为传统智力中的一种。但是，两种理论也有共同点，都认为情绪智力包含多个因素，虽然数量有所不同。总之，情绪智力是心理学研究的一个新领域，在概念、理论等方面都有待深入研究。

正因为如此，我们才将自己的智力理论在国际会议(林崇德，1987)和国际刊物上发表(林崇德，李庆安，2003)，以表明我们在关注这国际心理学界关于智力理论的新进展。

参考文献

[1] Carroll J B. Human cognitive abilities：4 survey of factor-analytic studies[M]．New York ：Cambridge University Press，1993.

[2] Coon D. Essential of psychology：exploration and application [M].7thed. Pacific Grove：Books/Cole Publishing Company，1997.

[3] Demetriou A & Valanides N A three-level theory of the developing mind：basic principles and implications for instruction and assessment[M]//Sternberg R J & Williams W M. Intelligence, instruction, and assessment：theory into practice. Mahwah, New Jersey：Lawrence Erlbaum Associates，1996：149-199.

[4] Lin Chongde, Li Tsingan. mutiple intelligence and the structure of thinking[J]. Theory & Psychology，2003，13(6)：829-845.

[5] Sternberg R J. Beyond IQ[M]. Cambridge：Cambridge Universrty Press，1986.

多元智力与思维结构*

　　智力一直是心理学极为重要的研究领域。在众多的智力理论中，加德纳（Gard-ner，1983，1993）的多元智力理论在国际上产生了广泛的影响。值得注意的是，加德纳的多元智力理论与中国古代的"六艺"教育所蕴含的智力理论具有惊人的相似之处。我们也认为，智力是一个多元结构。实际上，"多元智力"是心理学界长期研究的一个课题。心理学家只要研究智力，就必然要涉及智力的结构；只要研究智力的结构，就必然强调智力结构的多元性。然而，智力结构的成分或者因素是难以穷尽的。本文的目的是：第一，分析和比较加德纳多元智力理论与古代中国"六艺"教育的多元智力理论的异同；第二，分析林崇德的智力理论；第三，探讨关于智力结构成分难以穷尽的观点。

一、加德纳多元智力理论与"六艺"教育智力理论的比较

（一）加德纳的多元智力理论

　　加德纳认为，并不存在一种单一的、统一的智力，存在的是一套相对区别的、独立的和模块的多元智力。起初，加德纳的多元智力理论只包括七种智力：知人智力、自知智力、音乐智力、身体—运动智力、空间智力、语言智力和数学—逻辑智力。后来，加德纳（1998）在其多元智力理论中又添加了一种智力：自然主义者智力。

---

　　* 本文原载于 *Theory & Psychology*（《理论和心理学》）2003 年第 6 期， 选入时由英文译为中文， 本文另一作者为李庆安。

(二)中国古代的"六艺"教育及其蕴含的智力理论

所谓六艺,是指中国古代西周时期(公元前 11 世纪—前 771 年)官学和春秋时期(公元前 770—前 476 年)孔子私学的六门基本课程,即礼、乐、射、御、书、数。"礼"是调节和处理人际关系的行为准则、道德规范和法律制度。"乐"是陶冶人们内心情感、满足内在精神需要的综合艺术课。"乐"的内容很广,不仅包括音乐、诗歌和舞蹈,而且也包括绘画、雕刻、建筑等造型艺术,甚至连仪仗、田猎、肴馔等都可以涵盖其中。"射"和"御"都是具有军事训练目的的课程。"射"指射箭。当时的中国古人作战,弓箭是重要的武器之一,掌握射箭技术是当时男子不可缺少的技能。"御"指驾车。战车是重兵器械,在战争中具有重要的地位。要掌握驾车的战术,必须学好包含空间与方向的"御"这种武艺。"书""数"是基础文化课。"书"指书面语言课程,"数"指数学课程。

智力是在特定的文化背景或者社会环境中解决问题或者制造产品的能力(加德纳,1993)。"六艺"教育的目的是培养六种能力,亦即六种智力。所以,可以说,"六艺"教育所蕴含的理论也是一种智力理论,我们称之为"六艺"教育的智力理论。相应地,可以说,"六艺"教育的智力理论包括六种智力:"礼"的智力、"乐"的智力、"射"的智力、"御"的智力、"书"的智力和"数"的智力。

(三)加德纳的智力理论与"六艺"教育的智力理论之间的相似之处

如果静态地、机械地、形而上学地诠释"六艺",那么就不容易看到加德纳(1983,1993)的多元智力理论与"六艺"教育的智力理论之间的许多相似之处;相反,如果动态地、历史地、辩证地诠释"六艺",那么就会惊奇地发现,二者之间的相似之处很多,突出地表现在两个方面。

1. 加德纳智力理论的七种智力与"六艺"教育的六门课程之间存在对应关系

(1)因为"礼"是调节和处理人际关系的行为准则、道德规范和法律制度,所以,"礼"的教育就是培养处理人际关系能力的教育,掌握了"礼"就意味着具备了处理人际关系的智力。加德纳智力理论的知人智力在某种程度上对应于"六艺"教育中"礼"的智力。

（2）"六艺"教育的"乐"是综合艺术课，但音乐教育是其不可分割的一个组成部分。加德纳智力理论的音乐智力在某种程度上对应于"六艺"教育中"乐"的智力。

（3）对于西周和春秋时代的中国古人而言，射的技能是最重要的身体运动智力。加德纳智力理论的身体—运动智力在某种程度上对应于"六艺"教育中"射"的智力。

（4）御的技能则是对于当时的中国人最重要的空间智力。加德纳智力理论的空间智力在某种程度上对应于"六艺"教育中"御"的智力。

（5）"书"的能力，即"书写文字"的能力，是对于当时的中国人最重要的语言能力。加德纳智力理论的语言智力在某种程度上对应于"六艺"教育中"书"的智力。

（6）加德纳智力理论的数学—逻辑智力与"六艺"教育中"数"的智力的对应关系是不言自明的。

（7）在"六艺"教育中，似乎没有一门单独的课程对应于加德纳智力理论"自知智力"。那么，"六艺"教育是不是就忽视了"自知"智力呢？完全没有。不管是西周的官学还是孔子的私学，"礼"的教育都是第一位的。而"仁"又是礼教育的中心内容。在《论语》中，"仁"字出现达 109 次之多（栾贵明等，1987）。"克己"和"爱人"则是"仁"的基本内涵。"爱人"智力的实质，就是加德纳的知人智力；"克己"智力的实质就是加德纳的自知智力。所谓"克己"，即以礼约身，一切行为都遵守礼的准则："非礼勿视，非礼勿听，非礼勿言，非礼勿动"（《论语·颜渊》）。因此，"六艺"教育的"礼"课程不但包括加德纳智力理论的"知人智力"，而且也涵盖了其"自知智力"。

2. 两个理论都重视评价过程与学习过程的有机统一

不管是加德纳的多元智力理论还是"六艺"教育的智力理论，都重视评价过程与学习过程的有机统一。无论是在加德纳的"未来学校"还是在"六艺"教育的"礼乐射御"四门课程中，评价过程与学习过程不再分离，考场与教室不再分离，考试时间与学习时间不再分离。因此，这种教育所重视的是动态的评价。

在这种评价中，评价是自然的学习环境的一个部分，而不是在一年学习时间的剩余部分中强制"外加"的内容；评价是在个体参与学习的情境中"轻松"地进行的；大多数评价项目都是在学生和教师中自然地进行的，这两部分人都不需要明确地意识到自己正在进行评价。

在这种评价中，评价是学校景观的一个部分，不需要将它从其他的教室活动中分离出来，教师和学生无时无刻不在互相评价；因为这种评价是无所不在的，所以同样也不必"为考试而学"或者"为考试而教"。

在这种评价中，评价者不仅仅是教师单独一方或者学生单独一方的任务，而是学生和教师双方必须共同完成的任务。

在这种评价中，教师的教学效果或者学生的学习效果可以迅速得到反馈。所以，这种教育不但可以为学生提供有益的反馈，而且可以为教师提供有用的信息。此外，这种评价既可以达到鉴别个体学习结果差异的目的，又可以达到立即帮助学生的目的。与标准的 IQ 测验评价范式相比，这种评价应该是一个优点。

(四)加德纳的智力理论与"六艺"教育的智力理论之间的区别

虽然加德纳多元智力理论与"六艺"教育中蕴含的智力理论有许多惊人的相似之处，但是，由于时代背景的不同——前者是约二十年前提出的，后者已经有三千多年的历史；也由于文化背景的差异—前者属于美国式的，后者属于中国式的，所以，两者之间还是存在许多重要的区别，突出地表现在两个方面。

1. 两者的出发点有本质的区别

加德纳的智力理论是从个体的需要出发，而不是从社会的需要出发，所以，加德纳(1993)心目中的"未来学校"必然是"以个人为中心"的学校。这种学校要求根据每个儿童特殊智能上的强项和倾向来实施教育，不但寻求和每个学生相匹配的课程安排，也寻求与这些课程相适应的教学方法。加德纳认为，得到这种帮助的人在事业上将会更投入、更具有竞争力，因此，将会以一种更具建设性的方式服务于社会。然而，一方面，我们承认，加德纳的"未来学校"可能有助于挖掘每一个人的潜能；另一方面，我们也担心，加德纳的"未来学校"也可能培养出一些"天才的白痴"或者"聪明的疯子"，即某一种智力特别发达而其他智力特别迟钝的智力不健全的人。

"六艺"教育的智力理论则是从整个社会的需要出发，而不是从个人的需要出发的，这主要表现在两个方面。①"礼"的教育不但居"六艺"教育的首位，而且始终贯穿于其他五艺的教育之中。如果说,加德纳的"未来学校"是"以个人为中心"的学校,那么"六艺"教育制度的学校就是"以礼为中心"的学校。这是因为,礼是西周的立国之本,具有国家宪法的性质,从政治、经济、军事的法律体系,到社会生活的一切道德规范,都在"礼"的范围之内,礼的教育的成果直接关系到国家的前途、人民的命运。②"六艺"的教学内容都与当时社会的需要有极大的关系。例如,中国古人作战以车兵为主力,车兵进攻的武器又以弓箭为主,射箭技术与驾车技术自然是当时的男子不可缺少的技能,因此,身体—运动智力与空间智力的训练分别集中地表现为"射"智力与"御"智力的训练。如果说,加德纳的"未来学校"有可能培养出一些智力不健全的个体,那么"六艺"教育的最终目的则是一些智力健全的个体。

2. 两者对各种智力间关系的看法不同

在加德纳(1983)的智力理论中,七种智力之间是相互独立的,不同的人具有不同的认知能力和认知方式。此外,这七种智力之间是并列的关系,无主次之分、大小之别,因此,彼此之间的顺序可以重新排列。

然而,在"六艺"教育的智力理论中,不同的智力之间是相互联系、相互依存的。例如,"射"智力的训练与评价包括五项内容,其中的第五项,即"井仪"是指连射四箭皆中靶并呈"井"字状,重在训练箭法的准确。要完成"井仪"训练的任务,不但需要发达的空间智力(即"御"的智力),而且需要发达的数学—逻辑智力(即"数"的智力)。再如,"御"智力的训练与评价也包括五项内容,其中的第二项,即"逐水曲"是指沿着曲折的水沟边驾车前进而不使车落入水中。要达到"逐水曲"的训练目的,不仅需要发达的身体运动智力(即"射"的智力),而且也需要发达的数学—逻辑智力(即"数"的智力)。类似的联系,在"六艺"教育中比比皆是。

此外,六艺的各种智力之间也并非彼此并列,而是主次分明的,这体现在两个方面。①智力训练的侧重点因学习阶段的不同而存在极大的差异。例如,西周小学阶段的主要任务是训练"书"和"数"的智力,大学阶段的主要任务则是训练礼乐射御的智力。②礼的教育居"六艺"教育的首位和核心地位。不管是西周的小学教育还是大学教育,"礼"智力的训练都是一项不可缺少的任务,"礼"不仅是大学的一门单独的课程，而且始终贯穿于"六艺"教育的全过程。例如，作为"射"智力训练第四项内容的"襄尺"意为：君臣同射，臣不得与君并立，必须后退一尺，这不仅是在行君臣之礼，而且也是在训练谦让之品德。再如，作为"御"智力训练第五项内容的"逐禽左"就是指：驱车逐赶禽兽，要善于把禽兽阻拦在左边，以便君主射猎，因为礼规定君主田猎自左方射。

综上所述，加德纳的智力理论与中国古代"六艺"教育所蕴含的智力理论具有惊人的相似之处。当然，两者之间因时代的差异、国度的不同，还是有一些差异的。我们要强调的是，"六艺"教育既看到了多种智力之间的相对独立性，又看到了它们之间的密切联系。那么，多种智力之间又是通过什么联系起来的呢？

二、林崇德的智力理论

我们认为，智力就是人们在特定的物质环境和社会历史文化环境中，在自我监控的控制和指导下，在非认知因素的作用下，为了达到某种目的，识别问题、分析问题和解决问题所需要的思维能力。我们也认为，人类个体之间智力差异的根本原因在于其间思维结构的差异。因此，只要解决了人类思维结构的问题，人类智力的种种问题即可迎刃而解。那么，思维是一种什么样的结构呢？图 1 是林崇德提出的思维结构模型(林崇德，1979，1983，1986，1992)。

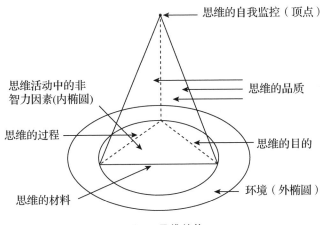

图 1 思维结构

由图 1 可知，思维结构是人类系统的一个子系统，因此，要考察人类思维结构的成分，就应当考察人类主体与客体的关系、思维结构的整体与部分的关系和思维结构各成分之间的关系。基于此，我们认为，思维结构应该包括六种成分：思维的自我监控、思维的目的、思维的材料、思维的过程、思维的非认知因素和思维的品质。

(一) 思维的自我监控

思维的自我监控是整个思维结构的统帅和主宰，是有形自我背后的无形自我，思维的自我监控有六大功能：①确定思维的目的；②管理和控制非认知因素，有效地保护积极的非认知因素，努力将消极的非认知因素转化成积极的非认知因素；③搜索和选择恰当的思维材料；④搜索和选择恰当的思维策略；⑤实施并监督思维的过程；⑥评价思维的结果，检查当前的思维结果是否与既定的目的一致；如果不一致，对前五种功能作必要的调整和修正。如此循环往复，直到实现既定的目的为止。

我们认为，能否全面、有效地发挥思维自我监控的功能，决定着思维自我监控水平的高低；思维自我监控水平的高低，会影响到思维结果的优劣，从而影响到智力的个体差异。

(二) 思维的目的

思维的目的就是思维活动的方向和预期的结果，即实现适应这样的思维功能。学须立志，即学习必须先确立目的，这是中国古代自孔子以来的优良教育传统。中国明代中叶的思想家和教育家王守仁(1472—1528)则不仅指明了立志的成就功能，而且指明了立志的定向功能。他说："志不立，天下无可成之事。……志不立，如无舵之舟，无衔之马，漂荡奔逸，终亦何所底乎?"中国明清之际百科全书式的思想家和哲学家王夫之(1619—1692)则进一步指出，每一个读书人，不仅应以立志为先，而且其志要正、要大、要深、要坚。他说："学者志正而不息，则熟于天理"；"正其志于道，则事理皆得，故教者尤以正志为本"；"学者之识量皆因乎其志，志不大则不深，志不深则不大。盖所期者小，则可以浮游而有得，必无沉潜之识。所求者浅，则可以苟且自居，必无高明之量"；"人之所为，万变不齐，而志则必一，从无一人而两志者。志于彼又志于此，则不可名为志，而直谓之无志"。

学习固然不等于思维，但是，学习不能没有思维——"学而不思则罔"，因此，立志对学习的作用，就是对思维的作用。

我们同意王守仁和王夫之的观点。我们认为，个体思维中目的有无的差异、目的正邪的差异、目的大小的差异、目的坚定与否的差异，都会影响到思维结果的差异，从而也影响到智力的个体差异。

(三) 思维的材料

思维的材料分为两类：感性材料和理性材料。感性材料包括感觉、知觉、表象等。表象也有不同的水平，一般分为"动作性表象""形象性表象"及"符号性表象"。理性的材料主要是指概念，它是用语言对数和形的各种状态、各种组合和各种特征的概括。概念是思维的细胞。概念的形成和发展与判断和推理是不可分割的。但是，概念是思维的主要形式，它既是判断和推理的基本单位，又是判断和推理的集中体现。当然，概念、判断和推理共同组成思维形式的整体。

我们认为，个体之间思维材料的差异会影响到思维结果的差异，从而影响到智力的个体差异。

(四) 思维的过程

思维的过程，就是思维材料的搜索、辨别、选择、表征、想象、转换、比较分类、分析、综合、整合、归纳、演绎和类比等一系列过程。这也是信息加工的过程。

思维材料的搜索，就是寻找与思维目的有关的思维材料的过程；思维材料的辨别，就是辨别有关思维材料与无关思维材料的过程。思维材料的选择，就是保留相关思维材料剔除无关思维材料的过程；思维材料的表征，就是思维材料以或现实的、或表象的、或文字的、或语音的、或语义的形式出现在大脑中的过程；思维材料的想象，就是通过结合和改造记忆中的表象产生新表象的过程。思维材料的转换，就是将一种类型的思维材料转换为另一种类型的思维材料过程；思维材料的比较，就是在多种思维材料之间寻找共同点和不同点的过程；思维材料的分类，就是根据思维材料之间的共同点和不同点，将它们划归不同群体的过程；思维材料的分析，就是将某个思维材料分解为若干成分的过程；思维材料的综合，就是将某个思维材料的若干组成部分重新结合为一个整体的过程；思维材料的整合，就是将不同的思维材料构建为一个相互作用的整体的过程；思维材料的归纳，就是由个别的、特殊的思维材料推出一般的思维材料的过程；思维材料的演绎，就是由一般的思维材料推出个别的、特殊的思维材料的过程；思维材料的类比，就是因两个思维材料之间在某个方面相似而推出它们在其他方面也相似的过程。

思维的这些过程始终都依赖于工作记忆，离开了工作记忆，这些过程就难以完成。因此，工作记忆也是思维过程不可分割的组成成分。

我们认为，个体之间在思维材料的搜索、辨别、选择、表征、想象、转换、比较、分类、分析、综合、整合、归纳、演绎和类比等各个方面的差异，以及工作记忆的差异，都会造成思维结果的差异，从而造成智力的个体差异。

(五)思维的非认知因素

思维的非认知因素(非智力因素)是指不直接参与认知过程，但对认知过程起直接作用的心理因素，主要包括动机、兴趣、情绪、情感、意志、气质和性格等。非认知因素的性质往往取决于思维材料或结果与个体思维的目的之间的关系。凡是符合个体思维目的的思维材料或结果，容易使人产生愉快、喜爱兴趣等积极的非认知因素；凡是不符合个体思维目的的思维材料或者结果，容易使人产生烦闷、厌恶、乏味等消极的非认知因素。对此，王夫之早就发表过类似的见解："意不能无端而起，毕竟因乎己之所欲。己所不欲，意不自生"。此外，王夫之认为，志(目的)与意(情绪)在不同的人身上有不同的比例，并据此将人分为庸人、中人、君子和圣人四等，指出"庸人有意而无志，中人志立而意乱之，君子持其志以慎其意，圣人纯乎志以成德而无意"。

一方面，不管在什么时代、什么国家，圣人毕竟只是极少的几个人，绝大多数人都不会是圣人。另一方面，任何学习或者思维都需要付出时间和精力，都可能是件苦差事。因此，中国古代自孔子以来，不但明确指出了立志之于学习的重要性，而且鼓励人们知学、好学、乐学。孔子说："知之者不如好之者，好之者不如乐之者。"他又说："发愤忘食，乐以忘忧，不知老之将至。"照我们的理解，"知学"就是知道学习活动及其重要性，"好学"就是把辛苦的学习化作一种兴趣和爱好，"乐学"就是把辛苦的学习化为一种快乐的活动。"乐以忘忧"就是沉浸在快乐的学海之中忘记了一切忧愁。

我们认为，思维材料或结果中积极的非认知因素的多寡，能否将消极的非认知因素转化成积极的非认知因素，都会造成思维结果的优劣，从而造成智力的个体差异。

（六）思维的品质

思维的品质是思维结果的评价依据。思维品质的成分及其表现形式很多，我们认为主要应包括深刻性、灵活性、独创性、批判性和敏捷性五个方面。

深刻性是指思维活动的抽象程度、逻辑水平、广度、深度和难度。深刻性水平高的人善于抽象、概括和归类，善于抓住事物的本质和规律，善于预见事物的发展进程，能够深入地思考问题，能够开展系统的理解活动。

灵活性是指思维活动的灵活程度。灵活性水平高的人，善于从不同的角度、不同的方面思考问题，能够进行分析—综合、综合—分析、综合地分析的思维过程，能够全面地分析问题和解决问题。

独创性是指思维活动的创新精神。独创性水平高的人，能够创造性地分析问题、解决问题。

批判性是指思维活动中独立分析和批判的程度。批判性水平高的人，善独立思考，善于发问，善于意识到自我的思维过程本身。

敏捷性是指思维活动的速度。敏捷性水平高的人，善于快速、敏捷地分析问题、解决问题。

一方面，我们一直重视智力评价与智力培养的有机统一；另一方面，我们认为思维的结果是智力的表现形式。因此，思维的五大品质既是我们评价思维结果的主要依据，又是我们培养智力的突破口。

三、智力结构的成分是难以穷尽的

由图 1 可知，在思维结构中，前五个成分都是智力个体差异的决定因素。实际上，思维结构的每一个成分都是由许许多多的因素构成的。智力结构的成分，不但涉及智力的认知与社会认知的关系，而且涉及智力的内容与形式的关系，还涉及智力的表层与深层的关系，这些都最终导致了智力结构成分的难以穷尽性。

（一）认知与社会认知

认知是人类个体对客观世界的认识过程。认知的成分是智力活动的基础，包括感觉、知觉、记忆、表征、思维、想象、言语和操作技能等心理过程。这是我们直强调"智力的认知亚结构"的依据（林崇德，1979，1983，1986，1992）。认知的对象是客观世界。客观世界有物理世界和社会世界之分。因此，认知既包括对物理世界的认知，也包括对社会世界的认知，两者共同构成认知的全部内容。认知心理学的"认知"往往只包括关于物理世界的认知，而不包括关于社会世界的认知。所以，认知心理学的研究对象主要局限于物理世界。为了突破这个局限，社会认知领域的研究应运而生。我们认为社会认知具有四个特点。第一，研究对象的特殊性。顾名思义，社会认知的研究对象是社会世界，人际关系是其中的首要内容。第二，发展的特殊性。社会认知的发展与非智力因素的发展具有密切的联系。第三，个体的社会互动经验对其社会认知具有重要的作用。因此，社会判断智力和观点采择智力是社会认知的基础和核心成分。第四，情绪和情感对于个体的社会认知具有重要的作用。正是由于社会认知的这些特点，才产生了伦理智力、观点采择智力、人际关系智力、自我控制智力和情绪智力等一系列概念。随着智力心理学的发展，关于认知和社会认知的心理过程的研究也越来越精细，越来越深入。总之，智力的认知与社会认知的关系，使智力结构的成分呈现出多样性与复杂性。

(二) 内容与形式

根据吉尔福特(1959)的智力三维结构模式，智力是由操作、内容和产品三个维度的结合而构成的 120 种能力。其中，智力的内容正是思维的材料。思维材料除采用五分法之外，也可采用二分法，即划分为具体材料与抽象材料两类。具体材料即图形。抽象材料即符号和语言，其中，语言、数和形是三个最重要的成分。心理学家们只要论及智力的因素或者成分，几乎都以这三个成分作为首选的内容。智力的结果既可以表达为吉尔福特的智力结果，即单元、种类、关系、系统、转换和含义，也可以表达为俄罗斯心理学家所强调的分析、综合、抽象、概括、比较、系统化、具体化等。智力的最终形式表现于具体的学科能力之中。学科能力也可以叫"智力的学科能力亚结构"(林崇德，1999)。学科教育的目的是传授学科知识、发展学生的智力。学科能力是学生的学科教育与智力发展的结晶。要探索特定的学科能力，首先必须揭示该学科的特殊性，探索与该学科有关的一些特殊能力。例如，听、说、读、写四种能力就是与语言学科有关的四种特殊能力；运算能力、空间想象能力和数学逻辑思维能力，就是与数学学科有关的特殊能力。我们曾就学科能力进行了为期 10 年的探索，并出版了一套包括 10 本专著的学科能力研究丛书。总之，智力的内容与形式的关系，使智力结构的范围具有多样性和复杂性。

(三) 表层结构与深层结构

在智力结构中，既有表层的成分，又有深层的成分。然而，智力成分的表层与深层的关系，并不是绝对的，而是相对的。就智力的认知成分与元认知成分的关系而言，前者属于表层结构，后者属于深层结构。这是因为，认知加工是元认知监控的对象，元认知监控是认知加工的主宰。缺乏元认知监控的认知加工是盲目的，没有认知加工的元认知监控是无意义的。两者之间相互依存，相互影响。

就智力的认知活动与非认知因素之间的关系而论，前者属于表层结构，后者属于深层结构。这是因为，任何认知活动都会受到某种非认知因素的影响，任何非认知因素的发生都与特定的认知活动联系在一起。非认知因素对于认知活动的影响主要表现在三个方面。①动力作用。这是指需要、理想、动机、兴趣、情绪、意志等非认知因素是引起认知活动、促进智力发展的内驱力。②定型与习惯作用。这是指需要、情绪和意志等非认知因素使特定的认知活动和行为组织越来越固定化。③补偿作用。这是指非认知因素能够弥补认知活动的缺陷。我们认为,与其谈论"情绪智力",不如强调非认知因素更为妥当。这也是我们强调"智力的动力亚结构"——非智力因素的原因所在(林崇德,1986,1992,1993,1999,2002)。总之,智力的表层与深层的关系,也使智力结构的层次具有多元性和复杂性。

综上所述,智力结构的成分是难以穷尽的,因为智力是一个多侧面、多形态、多水平、多联系的结构。所谓多侧面是指,智力结构的成分既决定于认知与社会认知的关系,又决定于认知因素与非认知因素的关系。所谓多形态是指,智力活动十分复杂,一个智力结构有目的、有材料、有过程、有自我监控或自我调节、有共性、有个性、有行为、有动力等一系列的关系。所谓多水平是指,智力结构及其活动处于发展变化之中,既有共时性结构,又有历时性结构。所谓多联系是指,智力的条件、成分、内容和形式等诸因素在智力活动中组成完整的智力心理结构,它既要体现主体与客体关系、知识与智力的关系(学科能力就是这种知识与智力关系的产物),又要体现一般智力与特殊智力,即共性与个性的关系。

四、结语

加德纳(1983,1993)的智力理论与中国古代"六艺"教育所蕴含的智力理论具有惊人的相似之处,当然,两者之间因时代的差异、国度的不同,也存在一定的差异。加德纳智力理论与"六艺"的最大不同在于:加德纳只看到多种智力之间的相互独立性,忽视了多种智力之间的相互联系性。而"六艺"教育则既看到了多种智力之间的相对独立性,又看到了它们之间的密切联系。

林崇德认为,智力就是人们在特定的物质环境和社会历史文化环境中,在自我监控的控制和指导下,在非认知因素的作用下,为了达到某种目的,识别问题、分析问题和解决问题所需要的思维能力。只要解决了思维结构的问题,关于智力的种种问题即可迎刃而解。林崇德又认为,人类个体之间智力差异的根本原因在于其间思维结构的差异,思维结构包括六种成分:思维的自我监控、思维的目的、思维的材料、思维的过程、思维的非认知因素、思维的结果和品质。此外,思维结构的每一个成分都是由许许多多的因素所构成的;智力结构的成分,不但涉及智力的认知与社会认知的关系,而且涉及智力的内容与形式的关系,还涉及智力的表层与深层的关系,这些都最终导致了智力结构成分的难以穷尽性。

根据林崇德的智力理论,加德纳的七种智力之间绝不是独立的,而是相互联系的。思维结构正是其间相互联系的纽带。加德纳七种智力之间的不同,要么与自我监控成分有关,要么与思维材料成分有关。例如,自知智力与思维的自我监控成分有关;音乐智力与视听—动觉复合型的思维材料(如音乐创作和音乐演奏的智力)有关;自然主义的智力与中国的"天人合一"的智力有一定的相似之处,本文不作讨论。

参考文献

[1]郭沫若. 郭沫若全集·历史篇 [M]. 第一卷. 北京:人民出版社,1982.

[2]林崇德. 学习与发展 [M]. 北京:北京教育出版社,1992.

[3]王守仁. 王阳明全集 [M]. 上海:上海古籍出版社,1992.

[4]王夫之. 船山全书 [M]. 第 7 册. 长沙:岳麓书社,1990.

[5]朱智贤,林崇德. 思维发展心理学 [M]. 北京:北京师范大学出版社,1986.

第八编

PART 8

教师心理

我是研究发展心理学的，重点研究中小学生的心理，在研究中发现，学生的发展，关键在于教师的因素。于是我在研究学生心理发展的同时，开始研究教师。我于1984年提出了中小学教师参加教育科研是提高自身素质的重要途径的观点，逐渐获得全国的响应和教育部的首肯。后来申继亮、辛涛、俞国良等协助我构建了教师的素质成分，教师的教学教育过程和教师教育一系列理论问题和实验研究。

教师参加教育科学研究是提高自身素质的重要途径[*]

20 世纪 80 年代整个教育界抓了中小学教师的学历"达标"问题，这完全是必要的。可是有一个现实问题出现了：如果中小学教师学历要求完全达到或符合国家的要求，即小学教师为中师毕业生；初中教师为大专毕业生；高中教师为大学本科毕业生。即使实现了有些省市的"五六一"工程（小学教师有 50% 为大专毕业生，初中教师有 60% 为大本毕业生，高中教师有 10%～15% 拿到硕士学位或获得硕士研究生课程班的结业证书），那么是否教师培养工作就可终止了呢？当然，结论是否定的。今后，我们仍然要把教师队伍建设放到应有的战略高度。中小学教师素质提高的途径很多，我早在 20 世纪 80 年代初提出的参与教育科学研究，特别是参与教育改革方面的教育科学研究工作，是一个重要的途径和方法。我们在全国各个省、自治区和直辖市的实验点所从事的教学实验研究，在一定意义上说，就是一场引领一大批中小学教师参加教育科学研究的研究。

下面我就中小学教师参与教育科学研究的必要性和可能性展开论述。

一、必要性的表现

教师为什么要参加教科研？其必要性表现在以下四个方面。

(一)懂得教育规律，提高教育理论水平，从而更好地从事教育工作

要做好任何工作，都得按客观规律办事，教育工作也是这样。要做好教育工作，就必须按照教育的客观规律办事，不能搞主观主义。教师投入教科研，首先要

＊ 本文系作者 1999 年春在教育部召开的纪念党的十一届三中全会研讨会上的发言，后刊登于《中国教育学刊》1999 年第 1 版，选入时略有改动。

学习教育理论，掌握教育规律。例如，在宏观上了解教育的实质、功能和目的，了解教育结构、体制和发展目标等；在微观上，了解教学过程、课程设置、考试规律，了解德育的特点、学生的特点、评价方法等。正是这些理论体现了一定的教育规律，于是参与教科研的教师可以对照自己的教育实践，做到理论联系实际。因此，如果教师亲自参加这些教育科学的研究，他们就能更好地、更能亲身体验到科学研究所揭示的教育中的客观规律，进而把它运用到实际工作中去，提高教育质量。

(二) 了解教育发展的趋势，更自觉地为建设具有中国特色的社会主义教育体系做出努力

教育科学研究的课题来自一定的教育理论和教育实际，它具有时代感、整体观和创造(开拓)性。一个优秀的教育科学研究课题的提出，都存在"适应两个需要"的问题。一是适应国际教育发展趋势的需要。国际教育界目前重视知识经济与基础教育关系的研究，这对参加教科研的中小学教师有很大的吸引力，他们也要使自己的研究课题同这个国际教育发展趋势相吻合。二是适应我国教育观念更新的需要。教育观念的更新是以教育任务为前提的。20世纪90年代我国教育发展战略的重要课题有：教育国情或教育环境研究；战略目标研究；教育结构研究；教育质量研究；教育投入研究；教育体制研究；等等。如果我们引导教师直接参加教育科学研究，从中体会面对21世纪的挑战，发现新情况，研究新问题，亲自投身于建设具有中国特色的社会主义教育体系，就能更直接地掌握教育工作的主动权。

(三) 明确教育改革的实质，更好地当好教改骨干，并为深化教育改革做出贡献

教育科学研究是教育改革的先导与基础，这就是"科研带教研，教研促教改"的来由。引导教师参与教育科学研究，特别是参与教育改革实验的科学研究，这和他们的切身利益密切相关。改革旧的教育思想、教育内容和教育方法，这是一件十分艰巨的工作，要下大力气。这里既有感性认识问题，又有理论问题。教育改革的科学研究既使参与的中小学教师对教改实验的感性认识能上升到理性认识，又使他们将一定理论知识能带回教育改革实践中做出分析，从而使这些教师不仅掌握教育改革的主动权，而且在教育改革中提高自身的素质；不仅提高教育改革的自觉性，而且也用科学的态度投入教改，从而提高教育改革的质量。

(四)教育科学研究能够提高教师的教育科研意识，改变教师的角色

教师在教育的过程中参与教育科学研究，特别是教育改革的科学研究，使这个过程中的重大的决策有一定的理论依据。教师通过实地调查、实验研究、筛选经验、科学论证，实现着教育工作的科学化。这样，这些教师的教育教学工作的模式由"经验型"转向"科研型"；教师本身角色的模式也由"教书型"转向"专家型"与"学者型"。于是，教师不仅成为教育教学的骨干，使教育教学工作具有开拓性，而且具有一定的教育科学研究的能力，从而按照教育科学意识指导教育，使教育工作逐步走向规范化、科学化。如果联系对教师的要求，那么教师的角色出现了崭新的变化，如我的友人吴昌顺所指出的那样，成为教育者、领导者、保健者和科研者。

二、可能性的表现

教师参加教科研，有没有可能？早在 20 世纪 80 年代中，教育界对我提出的"教师参加教科研""科研兴校"的想法，持反对的占多数，认为这是"天方夜谭"。可是今天，很少人再有怀疑的看法。这里，我除了感谢鼎力推广"教师参加教科研"的教育部两位领导——何东昌部长和张承先书记(兼中国教育学会会长)之外，还要感谢广大教育界同行的教科研实践。

(一)我的课题组的实例

中小学教师参加教科研是否可能，我先用自己课题组的例子引路。

北京五中在该校校长吴昌顺的带领下，自"七五"开始逐步明确提出："科研导向，开辟德育新思路；科研领路，教学再上新台阶；科研搭桥，全面提高教师素

质。"并为之进行认真踏实的实践。校长带头承担课题，教职员工、文理科、老中青三个年龄段的教育工作者都有典型，滚雪球式的逐步发展。以此来贯彻三个"全面"：全面贯彻教育方针，对全体学生全面负责，全面提高教育教学质量。80%以上教师有论著，有的论著超过百万字；有的成果，特别是关于培养学生的思维和智力的在社会上引起很大的反响，如梁捷编的 30 集教学录像片［中央电视台播放的《中学语文听说读教学》(18 集)，北京电视台播放的《美育之光》(12 集)］。1998 年学校 70 华诞之际，从获奖论文中选出来较好的 51 篇作品出版了《耕耘与收获》论文集。张岱年先生为之题写了书名，我受命作序。论文集显示出理论与实践相结合、研究内容和范围的广阔性、研究方法和手段的多样性三个特点，这所升学率 100%、升入重点大学超过 91.6%，十余年来在教师成为学者型与专家型的角色转型中取得了显著成绩。

北京市宣武区(今东城区)琉璃厂小学原属于水平偏低的一般学校，周边环境差，生源差，原先的教师素质低，教学质量也低。该校的前门在一条胡同里，车子进不去，如运来一些教学器具，少不了教师卖苦力。在齐国贤、谢美意先后两任校长的领导下，学校投入教育科学研究，奋斗六年彻底改变后进面貌。学生全面发展，学有特色，学生获奖项多，举办了展览会，形成了良性循环。自 1995 年开始，该校成为接待兄弟省(自治区、直辖市)同行的开放学校。1996 年，学校获北京市优秀教育科研成果奖。1997 年教师素质迅速提高，全校教师普遍投入科研中去，不少人开始著书立说。1997 年首批毕业生成为一些重点学校重点选择的对象，学校声望大震。由谢美意、卜希翠、刘宝才等人主编的教师论文集《小学实验课型新探》和《提高教师素质培养学生能力》在全国同行中颇受欢迎。我请我校启功先生为该校题了"琉璃厂小学"五个大字，荣宝斋为其制作了一块大匾。位于琉璃厂的后门被改为前门，金光闪闪的大匾一挂，成为真正的琉璃厂小学。

1998 年我们课题组召开学术研讨会，同时也是对 20 年教学实验的一个纪念，在会上表彰了 127 个先进单位，他们中间绝大多数是普通中小学校。还有如黑龙江五常市教委、山西晋城市城区教委、河南偃师市教委等，在他们的领导下，全市(区)的所有小学全部投入我们课题组的小学教改实验。我们抽样调查了全国小学实验点，发现随着实验时间的增长实验班和对照班在知识与能力测验成绩上的差异越来越大：对照班的标准差(两极分化的离差程度)逐年增加(从一年级至五年级分别为 10.2，10.6，15.6，21.0，24.5)；而实验班却变化不大(从一年级至五年级的标准差在 8.8~10.6)。中学的情况也类似。近五年中，实验点的教师荣获"特级教师"称号的有 23 名，晋升中学高级职称或小学教师享受中学高级职称的超过 150 名。例如，浙江的特级教师王金兰、黄逸萍是劳动模范、省小学语文或小学数学的学术带头人之一，而且还被评为优秀教学成果的主持人。此外，课题组的中小学教师撰写的论文有 500 多篇分别获得全国的、省级的、地级的和县级的奖励。

(二) 教师参加教科研可能性的结论

从我们课题组的实例中，我们可以看到教师参加教科研的可能性。

第一，中小学生蕴藏着极大的发展潜力，如上述事例说明中小学生的智力与能力是能够通过教育来培养的。教改或教改的教科研的一个重要目的是提高教学质量，即在增进学生的知识的同时，发展其智力与能力。学生心理能力提高的程度，又往往作为衡量教师素质高低的一个重要指标。

第二，中小学教师蕴藏着搞教改实验研究或教育改革科学研究的极大积极性和可能性。一旦使这种积极性获得发挥，他们就能变这种可能性为现实性，成为教育改革科学研究，乃至整个教育科学研究的一支生力军。我们所承担的教育部的课题之所以取得一定的成果，正来自潜伏在中小学教师中的教改实验研究的积极性。

第三，中小学教师在教育科学的研究中，特别是在教改的教科研实验中提高自身素质。教科研对重点学校来说是锦上添花，如江苏扬州中学、北京五中等。教科研对基础薄弱校来说则是雪中送炭。例如，1997 年 4 月我们去海南讲学，一出海口机场，先奔去参加我们课题组的二七小学。一进校门使我们大吃一惊，没想到一所原先基础薄弱校现已变成一所花园式学校。一问，原来是教师们在校长傅映柏的带动下参加了教科研，自身素质提高很快，教学质量逐年提高，一改原来面貌，赢得当地老百姓的信赖，是老百姓帮助二七小学建设的新校园。1996 年小学毕业考试，海口市语文、数学平均成绩分别为 66 分和 79 分，可是二七小学却是 88 分和 98 分。

难怪海口市教育局和教研室对此给予莫大的支持，并不断扩大了实验点。

三、教师参加教育科学研究的特点

教师参加教育科学研究的特点是：面向实际，站在前沿，重在应用，加强合作。当然不同的课题、不同的研究有其不同的特点。这里我们以自己的教改实验做例子。我们在研究中主要抓了一个目的，两种需要，三股力量，四条原则，五项设想。这在一定意义上也可以代表中小学教师参加教育科学研究的具体特点。

(一)目的与课题的提出

教育科学研究的目的来自研究的课题。课题来自两个方面，一是来自理论，二是来自实际。中小学教师研究的课题主要是来自实际，教育实践中有着中小学教师所需要的取之不竭的课题。当然，即使来自实际的课题也需要学习理论，做到理论联系实际，这样可以避免与前人研究的完全重复。还要吸收别人的研究经验，发现相关联的问题，获得对比性的资料，以助于研究成果的解释。

中小学教师研究课题选择的原则为：需要性、科学性、创造性、可能性、兴趣性。课题可以是个人的，也可以是集体的；可以是宏观的，更需要微观的；可以是教育或教学课题，也可以是自身素质提高课题；可以是教育实验课题，也可以是科学的经验总结；等等。研究目的来自不同的课题内容，集中地表现在研究课题的提出上。有了课题，明确了目的，才会考虑怎样研究的问题，即具体战术问题、方法和措施的问题。

(二)需要与文献综述

我们的教学实验是为了适应两个需要：一是符合国际教育发展趋势的需要；二是符合我国亟待更新、转变的教育观念的需要。中小学教师参加教育科学研究都必须适应这两个需要。

针对上述的两个需要，中小学教师在参加教育科学研究时先要阅读有关论著，掌握材料,写好文献综述。任何一个研究都要强调文献综述,它是回顾、综述国内外的有关研究或概论研究。它使研究者厘清某些研究发展的脉络和背景,成为研究基础,有助于自己进一步研究问题,为提出假设提供经验和依据。文献综述不是对材料的罗列,而是根据自己的思路,既客观——已有的有关研究,又主观——按自己有关研究需要汇总而成的。

(三)研究力量

我赞同陶西平同志的一段话:教改的成功,要依靠"有权之士""有识之士""有志之士"三股力量的共同努力。我们的教改实验正是这三股力量推动的结果,中小学教师参加教育科学研究更须体现这三股力量有机的结合。

(四)研究原则

我们从教学实验一开始,就为课题提出了四个研究原则,这就是:客观性原则、系统性原则、优化性原则、不平衡性原则。这四个原则体现了我们在辩证唯物主义指导下的工作指针和方向。我想它也可以作为广大中小学教师参加教育科学研究的原则。

1. 客观性原则

客观性原则是教学实验的出发点。它要求在实验研究中必须坚持实事求是,一切从实际出发。因为,任何科学研究只有符合客观事物的真实面貌,才能达到真理性的认识。所以,坚持客观性的标准是一切科学研究的根本原则,违背了这个原则就会误入歧途,甚至导致反科学的结论。

2. 系统性原则

系统性原则既包括课题,又包括研究方法,都要按照系统、整体的观点切实掌握好每一具体研究过程中的每个环节。

3. 优化性原则

教学实验是讲究效果和质量的。通过实验使教育教学优化是我们追求的目标。因此,中小学教师参加教育科学研究,最终目的在于提高教育质量。

4. 不平衡性原则

由于种种原因，学生之间存在各式各样的差异。所以，在教学实验中要注意以下几个方面的问题。①承认中小学生在智力与能力方面的个别差异是客观存在的，这是我们提出的"鼓励冒尖，允许落后"的依据。②针对学生在不同的问题上表现出不同智力与能力的事实，智力与能力发展研究的设计应当考虑内容、知识范围、活动等要有代表性。③针对学生在不同活动上表现出不同的最佳智力与能力水平的事实，在制定培养智力与能力的方案上要做到有的放矢。

(五) 理论设想

我们在教改实验的指导思想中着重坚持五种观点。

第一，儿童与青少年心理发展的基本规律是教育改革的出发点。

第二，培养思维品质是发展智力与培养能力的突破口。

第三，数学能力和语文能力是中小学生智力与能力的基础。

第四，从非智力因素入手来培养学生的智力与能力。

第五，融教师队伍建设、教材建设、教法改进为一体，提倡教师参加教育科学研究，以此作为完成这"三位一体"的基础，特别是提高教师自身素质的基础。

以上五个观点是我们"学习与发展"观和"教育与发展"观的精髓。但是中小学教师参加教育科学研究各自有着自己的课题，也必然有着自己的理论设想，这就需要我们学习理论，坚持理论联系实际。没有理论指导的教育科学研究是不会成功的，至少不是一个完整的研究。

教师素质的构成及培养途径[*]

要提高教育质量，培养出适应时代要求的合格人才，除了从宏观上改革不适应社会发展的旧的教育体制以外，提高教师的素质，改进教学工作，应是当前教育改革的一个重要内容。基于此，从 20 世纪 80 年代以来，我们在国家有关基金的资助下，对教师素质的实质、构成以及提高等问题进行了系统的研究，并逐渐形成了关于教师培训的思路：通过教师参与教改和教育科学研究，使教育教学由"经验型"向"科研型"转化，变"教书匠型"教师为"专家型"教师，这是提高教师素质的重要途径和方法。

一、对教师素质含义的理论思考

什么是教师素质？这是当前教育界亟待明确的一个概念，不同的教师素质观直接影响着师资培训工作的目标，影响着师资培训体制改革的方向。我们认为在目前情况下，仅凭思辨研究还不足以给教师素质下一个全面而科学的定义，必须经过实证研究，从不同侧面深入地了解教师教育教学工作的真实含义，了解教师工作的独特性，从而为全面正确地理解教师素质的含义获取必要的实证材料。我们认为，科学的教师素质的定义应具备如下要求：第一，要切实体现教师这一职业的特殊性，反映教师的独特本质；第二，对于教师素质的理解，要有深刻的理论背景，不能由研究者凭空设计；第三，教学活动是教师工作的中心任务，教师素质的定义必须着眼于教学活动本身；第四，反对那种元素主义的教师素质观，应将教师素质看成一个系统的结构，其内部包含着复杂的成分；第五，教师的素质是结构和过程的统

---

[*] 本文原载于《中国教育学刊》1996 年第 6 期。本文其他作者为申继亮、辛涛。

一，动态性是其精髓；第六，教师素质的定义既能为教育实践和教师培训工作提供理论指导，又具有可操作性。由此，根据我们近年来的理论研究和实验研究的结果，我们认为，所谓教师素质，就是教师在教育教学活动中表现出来的决定其教育教学效果，对学生身心发展有直接而显著影响的心理品质的总和。

二、教师素质的结构分析

就目前的资料看，国外一般不提教师素质结构这个概念，他们对教师的研究主要集中在教师的个性品质、教学能力、知识结构和教育观念四个方面。从不严格的意义上说，这四个方面可以看作西方对教师素质结构的看法。在我国，也有些研究者论及教师素质的结构问题。我们认为，教师素质在结构上，至少应包括以下成分：职业理想、知识水平、教育观念、教学监控能力以及教学行为与策略。

(一) 教师的职业理想是其献身于教育工作的根本动力

动机因素是一切行为的发动性因素，这对教师的教育教学工作来说也不例外。教师要干好教育工作，首先要有强烈而持久的教育动机，有很高的工作积极性。很难设想一个对教育工作毫无兴趣的人、一个见到学生就心烦的人，会努力完成好教育教学工作。目前我国教育面临的最严重的问题之一，就是相当一部分教师的积极性不高。从某种意义上说，这个问题对我国的教育事业构成了最大的威胁。增强教师的事业心，强化教师队伍的职业责任感，提高他们的工作积极性，无疑是当前教育改革的一个重要课题。我们将这种事业心、责任感和积极性称为教师的职业理想，这也就是我们平时所说的师德。其核心是对学生的爱，我们称之为师魂。在一定程度上，热爱学生就是热爱教育事业。

在完成这一课题的过程中，我们首先深入研究了影响教师职业责任感的内外因素。就教师自身来看，有三个因素与其职业责任感有显著的正相关关系，即教师的职业价值观、教师对教学工作的成功期待和教学效能感。其相关系数分别为 0.24^{**}、0.69^{*}、0.46^{**}（注：$*p<0.05$，$**p<0.01$，下同）。这其中，教师的职

业价值观是指教师对教育工作、对自身发展的价值判断。

我们从社会宏观条件、学校内部的客观状况、学校气氛、人际关系和总体环境影响五个方面考察了环境因素与教师工作积极性之间的关系。结果表明：社会宏观条件、学校内部的客观状况、学校气氛、人际关系和总体环境影响都与教师工作积极性有显著的正相关，其相关系数分别为 0.30**、0.23*、0.37**、0.30**、0.35**。这表明：社会宏观条件越有利于教育，学校内部的客观条件越好，风气越正，人际关系越融洽，教师的工作积极性也就越高。

为了进一步了解内外因素对教师工作积极性的真实影响，我们以三组预测变量进行多因素回归分析，考察这些变量对教师工作积极性的影响。这三组预测变量分别为：①教师特征变量：学历、教龄、学校类型；②教师心理水平：教学效能感、成功期待、职业价值观；③环境因素：教育工作为教师提供的发展条件、社会客观条件、学校客观状况、学校气氛、人际关系。结果发现，教师教学效能感(x_1)、价值期待(x_2)、学校客观状况(x_3)三个因素进入回归方程，各预测变量参与教师工作积极性的逐步回归后得到回归方程为：$y = 0.23413x_1 + 0.73670x_2 + 0.04677x_3 + 0.07908$。可决系数 $R = 0.97400$，调整的可决系数为 0.94869，说明该方程对样本数据的拟合度很高。回归方程的显著性检验 $F = 1152.39652$，$p < 0.0001$，表明该回归方程回归效果显著。回归结果表明，教师工作积极性与教师教学效能感、价值期待和学校客观状况之间存在显著的线性关系。教师工作积极性可以通过教师教学效能感、价值期待和学校客观状况三个因素进行预测。这个结果对我们培养教师、提高教师工作积极性有重要的借鉴意义。虽然，前人的研究和我们的结论都证明，影响教师工作积极性的因素是非常多且复杂的，这些影响因素中有些又是很难控制的，如社会宏观条件，短时期内很难改变人们对教育工作的看法，国家很难一下子投入大量的教育经费等。但是，我们可以抓住那些我们能够控制、改变并对教师工作积极性有重大影响的因素，以求提高教师的积极性，从而带动教育事业的发展。回归方程表明，我们可以通过改善学校的客观状况、提高教师的教学效能感、设法提高教师对教育工作的成功期待等来提高教师的工作积极性。这三个方面的改进是通过努力可以达到的。从某种意义上说，这也是我们研究的价值所在。

(二)教师的知识水平是其从事教育工作的前提条件

对教师知识的研究开始于 20 世纪 70 年代,它是认知心理学应用于教师研究的一种表现。在 70 年代初期。一些研究明确地提出"教师的教学活动是一种认知活动"。根据这个主张,教师知识作为教师认知活动的基础,就成为一个研究的重点。在我们的研究中,我们把教师知识分为三个方面,即教师的本体性知识、实践性知识和条件性知识。

教师的本体性知识是指教师所具有的特定的学科知识,如语文知识、数学知识等,这是人们所普遍熟知的一种教师知识。起初,人们认为,这些知识和学生成绩之间存在显著的正相关。也正因如此,向被培训者传授本体性知识成为我国师资培训的主要的和中心的任务。然而,实践证明这种培训方式存在很大的弊端。具有丰富的学科知识并不是个体成为一个好教师的决定条件。我们的研究表明,教师的本体性知识与学生成绩之间几乎不存在统计上的关系。我们认为,教师需要知道一部分学科知识以达到某种水平,但并非本体性知识越多越好。

教师的实践性知识是指教师在面临实现有目的的行为中所具有的课堂情境知识以及与之相关的知识,更具体地说,这种知识是教师教学经验的积累。教师的教学不同于研究人员的科研活动,它具有明显的情境性。专家型教师面对内在不确定性的教学条件能做出复杂的解释与决定,能在具体思考后再采取适合特定情境的行为。在这些情境中,教师所采用的知识来自个人的教学实践,具有明显的经验性。而且,实践知识受一个人经历的影响,这些经历包括个人的打算与目的,以及人生经验的累积效应。所以这种知识的表达包含着丰富的细节,并以个体化的语言而存在。我们认为,关于教学的传统研究常把教学看成一种程式化的过程,忽视了实践性知识与教师的个人打算,这种传统研究限制了研究成果的运用。

教师的条件性知识是指教师所具有的教育学与心理学知识。这种知识是目前广大教师所普遍缺乏的,也是我们在教改实验中所特别强调的。我们认为,条件性知识是一个教师成功教学的重要保障,在我们的"学习与发展"理论中,第一条就明确地指出:"儿童、青少年的心理发展规律是教育实践和教育改革的出发点。"在研究中,我们把教师的条件性知识具体化为三个方面,即学生身心发展的知识、教与学的知识和学生成绩评价的知识，并据此编制了"教师职业知识量表"。我们的研究表明，无论是职前教师还是在职教师，他们对条件性知识的掌握都不够好，这是非常值得我们深思的。

我们的研究旨在从不同的角度来理解教师知识，因此更注重研究教师知识的性质、范式、组织和内容。我们希望发现教师是如何把掌握到的某一学科的内容传授给学生的。已有的研究表明，教师是把他们已具有的学科知识与课堂的具体情境结合起来，形成一种与行为有关的知识。从某种意义上说，教学的中心任务就是对学科做出教育学的解释。这种解释要依据学生对该学科的掌握情况，考虑到学生对该学科已有的知识和错误的理解。正如杜威早就指出的那样，科学家的学科知识与教师的学科知识是不一样的，教师必须把学科知识"心理学化"，以便学生能理解。

(三)教师的教育观念是其从事教育工作的心理背景

一位优秀教师肯定认为"我一定能教好学生""我的学生一定会进步"，这种期望就是教师的教育观念。很少有人怀疑下述观点，即教师的观念影响他们自己的知觉、判断，进而影响他们的课堂行为。或者说，理解教师的观念结构对改进职业准备和教师实践是非常必要的。我们的研究证明，教师的教育观念对他们的教育态度和教育行为有显著的影响。

20世纪70年代以来，研究者越来越关注教师如何看待自己的教学效果，以及这种看法与学生学业成绩之间的关系等问题。已有的研究表明，教师对自己影响学生学习行为和学习成绩的能力的主观判断与他们的教学效果之间密切相关。人们把教师对自己影响学生学习行为和学习成绩的能力的这种主观判断定义为教师的教学效能感。我们深入地探讨了教师教学效能感的构成，它包括两个方面，即个人教学效能感和一般教学效能感。所谓个人教学效能感是指教师对自己是否有能力完成教学任务和教好学生的信念；一般教学效能感反映了教师对教与学的关系、对教育在学生发展中的作用等问题的一般看法和判断。

作为对其教学活动的独特的主观判断——教师的教学效能感并不是先天形成的，而是在其教学活动中逐渐形成和发展起来的。我们采用数量化的方法研究了教师教学效能感的发展趋势。结果表明：教师的一般教学效能感随其教龄的增长而呈下降趋势；个人教学效能感则随其教龄的增长而表现出上升趋势；在其教学效能感的总体水平上，虽然也表现出随教龄增长的上升趋势，但这种变化很小，不存在统计学上的显著性。

就一般教学效能感随教龄增加而下降来说，我们认为其主要原因是由于教师教育的倾向性。师范院校的学生及刚走上教育岗位的教师一般多持有"教育决定论"的观点，他们很自然地认为，教育一定能促进学生的身心发展，它在学生的发展过程中起着决定性的作用。但随着从教时间的增加，教育现实中的许多现象和问题对"教育决定论"的观点提出了挑战，使教师对教育的决定作用产生了怀疑，他们的教育观念发生了动摇，不再坚决地肯定教育可以决定学生的发展了，而是认为学生的发展是一个复杂的过程，受多种因素的影响，教育不是万能的，教与学是辩证统一的关系。其中学生的学习、发展既受生理条件与心理发展水平的制约，又受社会条件的制约，且存在年龄特征与个体差异，青少年学生的发展是内外因交互作用的产物，并表现为一个从量变到质变的过程。鉴于上述认识，就不难理解教师的一般教育效能感随教龄增加而呈下降的趋势。

教师个人教学效能感的上升趋势，则是其教学经验积累的结果，也可视为教师个体文化发展的产物，这是学校教育活动中与教师职业有机联系在一起的文化现象。在校大学生和刚参加工作的教师的教学经验很少，在教学中遇到问题时常常会手足无措，缺乏教学方法和课堂管理的策略。随着教学年龄的增长，教师的教学经验逐步丰富起来，他们的个体文化概念也进一步得到发展，他们的思想观念、价值趋向、审美意识和社会行为逐步稳定，角色特征、人格特征、形象特征和教学风格日益完善，于是他们慢慢学会恰当地处理教学中出现的各种问题，教学的自信心不断增强。其个人教学效能感也随之表现出上升的趋势。

(四) 教师的教学监控能力是其从事教育教学活动的核心要素

自 20 世纪 70 年代以来，在心理学研究中，人们开始高度重视探讨人类行为的心理本源问题，力求发现人类纷繁复杂的行为背后的心理必然性。心理学家在对人类认知进行了大量的研究之后发现，要真正地理解个体的认知活动，就必须首先了解在其内部对认知活动控制和调节的心理机制。这个研究趋势对我们进行教师研究有重要的启示：教师的教学活动是各式各样的，其内部的心理必然性是什么呢？这个问题值得我们深思。已有的研究指出，教学活动是一种认知活动；还发现，教师的自我概念对其教学行为和教学效果有明显的因果性影响。这也给我们提供了非常重要的研究证据。由此，我们提出教师教学监控能力这个概念（林崇德等，1995）。所谓教师教学监控能力，是指教师为了保证教学的成功，达到预期的教学目标，在教学的全过程中将教学活动本身作为意识的对象，不断地对其进行积极主动的计划、检查、评价、反馈、控制和调节的能力。它是教师的反省思维或思维的批判性在其教育教学活动中的具体体现。这种能力主要分为三个方面：一是教师对自己教学活动的事先计划和安排；二是对自己实际教学活动进行有意识的监察、评价和反馈；三是对自己的教学活动进行调节、校正和有意识的自我控制。由于教学活动极其复杂，包括的方面和涉及的因素多种多样，因此教师的教学监控能力也具有多方面的内容和多样化的表现。

教师教学监控能力的复杂性决定了其构成要素的复杂性，我们可以从不同的角度来分析它的构成。根据已有的研究，我们认为，至少可以从教师教学监控能力的对象性质、作用范围、表现形式三个方面来考察教师教学监控能力的构成。在研究中，考虑到教师培训的要求，我们重点从表现形式的角度来分析教师的教学监控能力。

根据其在教学过程不同阶段的表现形式的不同，我们认为，教师教学监控能力可以包括以下方面：①计划与准备。在课堂教学之前，明确所教课程的内容、学生的兴趣和需要、学生的发展水平、教学目标、教学任务以及教学方法与手段，并预测教学中可能出现的问题与可能的教学效果。②课堂的组织与管理。在课堂上密切注视学生的反应，努力调动学生的学习积极性，随时准备有效地处置课堂上出现的偶发事件。③教材的呈现。这个过程是教师课堂教学的一个核心。在这一过程中，教师应对自己的教学进程、教学方法、学生的参与及反应等随时保持有意识的反省，并能根据这些反馈信息及时地调整自己的教学活动，使之达到最佳效果。④言语和非言语的沟通。在课堂教学中,教师与学生之间言语与非言语的沟通是很重要的,教师在这方面应努力以自己积极的态度去感染学生,以多种形式鼓励学生努力学习,并保持其对师生之间交流的敏感性和批判性,一旦发现沟通过程中的问题即刻想办法纠正。⑤评估学生的进步。教师教学的效果最终要落实到学生对知识的掌握程度和他们能力的发展速度与水平上,因此,教学监控能力水平高的教师必然会非常认真地了解学生的掌握情况,采用各种方法评估学生的进步程度,以便于改进自己的教学。⑥反省与评价。在一堂课或一个阶段的课上完后,教学监控能力高的教师会对自己已经上过的课的情况进行回顾和评价,仔细分析自己的课在哪些方面取得了成功,在哪些方面还有待改进,分析自己的教学是否适合于学生的实际水平,能否有效地促进学生的发展等。相反,教学监控能力差的教师一般就不会认真地考虑这些问题,不考虑学生能否接受,不反思自己教学的得与失。

(五)教师的教学行为是其素质的外化形式

教学是教师组织和指导学生认知、达成教学目标的师生共同活动。在这一活动中,教师的教学行为起着关键的作用。一位教师教学效果的好坏,取决于其教学行为的合理与否。我们强调教师的知识、观念、工作积极性和教学监控能力对其教学的作用,但这些因素必须通过教师的教学行为体现出来。学生也是通过观察教师的教学行为来理解教师的要求,掌握知识,发展自身能力,培养健康的个性品质的。因此,调整自己的教学行为,使之有利于教学任务的完成,有利于学生的全面发展,就成为教师教学成功的关键因素。我们认为,教师的教学行为可以从以下五个方面来衡量:①教师的教学行为是否明确;②教师的教学方法是否灵活、多样,调动学生学习积极性的手段是否有效;③教师在课堂上的所有活动是否是围绕教学的任务来进行;④在课堂教学中,学生是否都积极地参与到教学活动中去;⑤教师能否及时掌握学生的学习状况和课堂中出现的问题,并能据此调整自己的教学节奏和教学行为。如果一名教师能做到以上几点,那么他的教学行为就是非常恰当的,教学效果必然会很好。

当然,教师的教学行为带有很强的情境性和个别性,不同的教师在不同的场合可能有截然不同的教学行为，这都是合理的。因此，我们很难整齐划一地采用某种程序去训练教师的具体行为，这也是传统"师傅带徒弟式"的教师培训模式的致命弱点之一。我们认为，教师的教学行为是其素质的外化形式，要优化教师的教学行为，就必须首先提高教师的整体素质，单纯训练教师的教学行为将是事倍而功半，而且达不到预期的效果。

上述五种教师素质成分并不是简单的并列关系，它们相互作用，相互影响，共同构成教师素质系统的复杂结构，而且这个结构是不断变化发展的动态的结构。根据研究，我们建构了教师素质结构模型。

三、提高教师素质的一些尝试性做法

从当前大环境来看，社会对教育的要求越来越高，教育要承担起造就适应社会主义现代化建设的一代新人的艰巨任务。严峻的现实要求教师具有比以往任何时期都高的教育水平，现在的教师不能是传统意义上的"教书匠"，而要成为教育教学工作的专家。然而，如何对教师进行培训，使他们成为社会所需要的新型教育工作者？这确实是一个亟待解决的问题。我们认为，在目前情况下，教师培训应解决两方面的问题。其一是促使教师观念的转变和更新。观念上的问题解决了，思想通了，才谈得上教育教学能力的培养，这是教师培训的基础。其二是以教学监控能力的培养作为教师培训的出发点和落脚点。我们认为，教学监控能力培养的实质就在于培养教师教学的自觉意识，培养教师对教学活动进行自我评估的习惯和能力，培养教师对其教学过程进行修正和控制的方法和技能，培养教师对学生反应的敏感性。有了这些能力和习惯，教师就可以面对变化的环境而自如地处理教学过程中遇到的各种问题，就可以应付来自不同方面的挑战。从这种意义上说，提高教师的教学效能感和教学监控能力是当前师资培训工作的关键问题。我们提出的"通过教师参与教育科学研究，促使他们由'经验型'向'专家型'教师过渡"的观点，就是在这方面所进行的一种成功的探索。

根据长期的理论和实证研究，我们清楚地看到，教师参与教育科学研究可以显著地提高教师素质，这主要表现在以下方面：第一，它可以使教师更进一步掌握教育规律，了解教育发展的新趋势，提高他们对教育理论的认识，从而更好地从事教育工作，更自觉地为建设中国特色社会主义教育体系做出努力。一句话，参与教育科学研究，可以提高教师的工作责任感。第二，教师可以矫正自己头脑中的一些陈旧的教育观念，形成适应社会发展需求的新的教育观念。教师工作积极性不高、教不得法，一个很重要的原因就是很多教师头脑中存在陈旧的教育观念。陈旧的教育观念不破除，教师就不会从根本上改革自己的教学方法。参与教育科学研究的一个好处就是，在教育科学研究中，通过与专家的交流和自己潜心的琢磨，会使自己的教育观念得到部分或全部的重建。第三，教师可以形成对自己教学活动的自觉意识。教学监控能力是教师素质的核心成分，其实质是教师对自己教学活动的反思与调节，是教师对自己教学活动的自我意识。通过参与教育科学研究，教师将逐步养成对自己教学活动的经常性反省的习惯，这样教师的教学监控能力就会得到提高。第四，教师可以从中学习到新的教学方法和教学策略，从而改善其教学行为。

当然，教师参与教育科学研究，只是提高教师素质的一个途径或指导思想。在研究中，我们根据自己对教师素质的认识，特别针对教师的教学效能感和教学监控能力，形成了一系列教师培训的具体方法，并通过教改实验进行验证。结果表明，我们的教师培训方法是行之有效的。

四、我们的研究对当前师资培训工作的意义

我国现有的教师培训方式大体上有两种模式：一种模式是现行的正规教师培养方式，包括教师教育、教师脱产培训等。这类培养方式一般是教给教师（包括未来教师）具体的学科知识（如语文、数学等）和一些抽象化的教育科学知识（如教育学和心理学），其课程设置和一般综合性大学没有多大差别。另一种模式是学校或有关研究部门具体教会教师一些教学方法，让其模仿，最常见的就是"师傅带徒弟"的培养方式。就前一种模式而言，它没有体现出教师教育的独特性，其结果导致教师上岗后迟迟不能适应教学任务，教学能力差，教学效果不理想。如果说当前的教育

工作中存在"重知识培养，轻能力训练"这一倾向的话，那么这种现象也同样反映在我国现行的教师教育中。就后一种模式而言，它带有很大的盲目性，到底要培养什么，达到怎样的效果，培养者心中无数，也没有一个客观的标准；同时，这种模式一般缺乏理论指导，多凭培养者的主观经验和理解，人为性很大；而且，这种培养模式也缺乏系统性，培养出来的教师往往死守教条，不知变通，在教学中往往出现这样或那样的问题。

鉴于现行教师培训模式存在的问题，在研究中，我们力求做到以下几点：①以当前最新的心理学理论为指导，使我们的干预理论在概念过程上做到有据可依，而不是仅凭研究者的主观经验。20世纪以来，许多著名的教育改革运动大多源于心理学研究的突破，如杜威的"进步教育"运动、赞可夫的"教学与发展"教改研究、布鲁纳的"创造性教育"运动等。我们在研究中，首先根据当前心理学的理论发展建构了"教师教学监控能力"这个概念，形成了自己的干预理论，为实验的进行奠定了理论基础。②以"教师教学效能感"为出发点，以"教师的教学监控能力"为目标，进行教师培养研究。我国传统的师资培训模式多以知识传授为其基本形式，忽视对教师教学能力的培养。诚然，教师的知识结构和水平对教师的教育教学有重要的影响，但教师的知识水平并不是教师教学效果的决定性因素。一名教师的知识达到一定的水平后，继续使其增加知识，其教学效果并不一定会提高。在研究中，我们在分析已有研究的基础上确认，教师的教学效能感和教学监控能力是决定其教学效果的重要因素，我们的实验结果也充分证明了这一点。③在干预方法上，我们尝试把多种干预方法系统有机地结合起来，力图使干预方法结构化、系统化，避免以往教师培训过程中出现的方法单一和陈旧的弊端。④在实验中，我们对教师的干预培养是采用在职培训的方式进行的。在实际教育工作中，教师脱产培训的机会是很少的；要大面积提高教师素质，在职培训应是主要的途径。因此，我们的实验对教师在职培训工作的改革也有一定的借鉴意义。

论心理学视野中的教师培养与发展

教育部在《面向 21 世纪教育振兴行动计划》中，明确地把教师培养与发展列为面向 21 世纪的"园丁工程"。《中共中央国务院关于深化教育改革全面推进素质教育的决定》中，更进一步指出"建设高质量的教师队伍，是全面推进素质教育的基本保证"。显然，振兴教育，关键在于师资。诚如美国学者富南所言，教学改革决定于教师的所作所为，就是这么简单，也这么复杂。教师心理研究的一个重要目的在于提高教师素质，缩短新手型教师成长的周期，提供向专家型教师进一步发展的机会，从而提高儿童青少年的创新精神和实践能力，最终提高整个中华民族的国民素质。对专家—新手教师诸方面的比较研究，有利于找到新手型与专家型教师之间的差别所在，找到新手型教师向专家型教师转变的特点、规律。为各级各类教师的培养与发展提供咨询和服务，同时也为师资培训提供科学依据。

一

作为一个新的研究视野，专家—新手这一研究思路最初应用于象棋、物理、数学、医学等领域，尔后逐渐应用到文学、体育、计算机、音乐等领域。例如，蔡特泽比较了专家—新手在文学领域中记忆、抽象和推理的差异，结果发现由于专家比新手有更好的知识基础，专家在记忆、抽象和推理上优于新手（Zeitz，1994）。还有人研究了运动领域中专家和新手的差异（Thomas，1994）。从心理学角度考察，专家—新手源于 20 世纪 60 年代认知心理学的有关研究。在发展心理学和教育心理学领域中，专家—新手比较研究最早应用于认知学习的研究（Bruner，1985）。研究者

＊ 本文原载于《教育研究》1999 年第 10 期。 本文另一作者为俞国良。

认为，要了解特定学科领域内的学习，就必须比较该学科领域内的专家与新手在完成相同任务时的差异，发现有哪些因素对完成特定的任务有影响，从而通过有效利用或消除这些影响因素，找到新手向专家成长的有效途径。专家—新手的研究步骤大致可分为三步：①选出某一领域内的专家和新手；②给专家和新手提出一系列任务；③比较专家和新手怎样完成这些任务(Gagne，1993)。

从教育心理学中教师心理的研究来看，专家—新手研究思路于20世纪80年代应用于教师的认知研究。其中，专家—新手教师知识结构的比较研究是教师研究领域中的一项重要内容。舒尔曼提出了专家型教师的知识结构，包括内容知识，一般的教学法知识，课程知识，与内容相关的教学法知识，关于学生及其特点的知识，教育环境的知识，有关教育目的、宗旨、价值及其哲学与历史背景的知识七大类(Shulman，1987)。古德莱德也对专家型教师的知识结构提出了一系列终极目标(Goodlad，1992)。专家—新手教师比较的许多研究表明，专家型教师在很多方面有别于新手型教师。从课堂教学过程看，两类教师在诸如课时计划(Livingston & Borko，1989；Westerman，1991)、课堂规则的制定与执行(Anderson & Emmer，1980；Gagne，1993)、吸引学生的注意力(Anderson，Evertson & Emmer，1980)、教材的呈现(Livingston & Borko，1989；Westerman，1991)、课堂练习和家庭作业的检查(Gagne，1993)以及课后评价等方面，甚至在对课堂教学事件的解释方面也有区别(Gonzalez & Carter，1996)。研究者伯利纳发现专家型教师和新手教师在对教学计划和教学情境的考虑、安排上，存在明显的差异。前者对其所教的学生和课程具有清晰的知觉，他们能根据过去的教学经验，有效地勾勒出对待优生和差生的方案，并且为了有效地组织课程讲授和课堂活动，能够补充许多超出课本、教学计划中缺少的东西，这正是培养高素质教师所需要的。一言以蔽之，这些专家型教师所具有的关于课堂、课程和教学的知识结构，能够有效地帮助他们更好地设计课堂教学活动，有的放矢地安排和组织教学，而这些恰恰是新手教师所缺乏的。日常教学活动的实践也表明，优秀教师和一般教师的一个重要区别是对课堂和课程的组织、实施方面，优秀教师的知识、经验和能力使其能得心应手，而一般教师则很难实现这个目标。他们的差异很大程度上在于教学经验以及对这些经验反思上的差异。鉴于此，为了使更多的新手教师转变为专家型教师，一般教师转化为优秀教师，学校和教育行政部门应努力为新手教师提供学习进修、研究样板教案和典型教学计划等的机会，让他们从经验和反思中迅速成长起来。

由于最近十几年来心理学的"生态化运动"和心理学学科本身的不断分化，专家型教师和新手教师比较研究的领域正在不断地拓宽。目前已包括教师的时间概念以及教师在课堂教学中对时间觉察的不同方式的比较研究。例如，托乔和蒙巴在某种模拟教学练习和教学访谈记录中比较了 23 名新手教师和专家型教师(专家型教师至少具有 7 年以上工作经历，他们均由校长和学校人事部门推荐)的情况，结果发现专家型教师很少关心时间，当他们原先拟订的教学计划所需时间显然不符合学生的具体情况时，就会设法加以改变；而新手教师则表现为经常对他们的教学计划做频繁的、短时的改变，这种改变既不精确又无有效的伸缩性(Tochong & Munby, 1993)。这说明专家型教师比新手教师具有更灵活的时间概念，能根据学生和课堂的实际需要更好地支配时间。在教育实践中，我们也经常发现，专家型教师能根据实际面临的教学情境进行必要的调整，并对调整具有充分的信心。虽然有时也会有暂时的挫折(如意料之外的时间需要)，但是最终他们能实现其长期目标。这里随机应变的灵活性和教学经验起着重要的作用。而新手教师由于缺乏良好的知识结构和丰富的教学经验，只能对所面临的教学情境在特定的范围内做极有限的调整。其他方面的情形也与此类似。

可见，教师的知识结构、教学经验以及反思能力在很大程度上影响着教学过程和教学效果。通过对两名教学师范生和指导教师所上的两节复习课的研究表明，新手教师的复习课不如专家型教师的易于理解，而且新手教师的解释更概念化。围绕学生的问题和评论，专家型教师能迅速熟练地做出反应和进行解释，从而造成了不同的教学效果。研究者从知识结构等方面对结果进行了分析(Livingston, et al., 1999)。既然专家型教师和新手教师在教学上的差异是因其知识结构等的不同造成的，而知识又可以通过学习获得，所以缩小专家型教师与新手教师差距的一个最直接的办法就是将专家型教师所具有的知识教给新手教师，帮助新手教师尽快向专家型教师转变。在这方面，心理学工作者已做了一定工作。如尼利(Neely, 1986)对新手教师备课时的认知控制进行了训练，发现训练产生了积极的效应。这说明专家型教师所具有的教学常规和教学策略等知识是可以教给新手教师的。新手教师掌握了这些知识后，会在一定程度上促进其教学。但同时我们也应看到，受训教师的教学能力仅有了一定程度的提高，离专家型教师尚有一定距离，而且没有一个研究者宣布将某一个被试完全训练成了专家型教师。这说明新手教师仅通过学习专家型教师的知识，在短期内是很难转变为专家型教师的，这里有一个不断积累和逐步内化的过程。

二

一般来说，优秀教师是一名专家型教师，但成为一名专家型教师意味着什么，这已是一所学校教育实践迫切需要回答的问题。专家型教师教学原型观认为，构成专家型教师原型的特征主要有三：首先，专家型教师具有良好的、全面的知识结构；其次，专家型教师解决各种问题的效率比新手教师更高；最后，专家型教师在解决教学领域的问题时，富有创造性和洞察力(Sternberg, 1995)。

专家型教师和新手教师具有不同的心理与行为特征。这就是为什么专家型教师解决问题的效率比新手教师更高，能在较短的时间内完成更多工作的原因。除了认知结构上的差异外，专家型教师解决问题的效率与他们对自己影响学生学习行为与学习成绩的能力的主观判断，即与教师教学效能感有关；也与他们有效地计划、监控和修正问题解决途径的能力，即与教师教学监控能力有关。这里以教师的教学监控能力为例加以说明。专家型教师和新手教师对正在进行的课堂事件的监控的研究表明，专家型教师在监控快速呈现的课堂事件的工作方面比新手教师做得更好；从专家型教师和新手教师的出声思维的言语记录来看，专家型教师比新手教师更为丰富，更有解释力(Carter, et al., 1988)。国内的研究也说明专家型教师在教学监控能力上要优于新手教师，他们在教学监控能力上的差异具体表现在教学过程的各个环节中，特别是教学行为中(罗晓路，1998)。从整个教学过程来考察，在课时计划阶段，由于专家型教师对所要教的内容、学生已有的发展水平和兴趣爱好、教学目标、教学任务以及教学方法等都有清楚的认识，因而他们和新手教师相比，只需花较少的时间来做课时计划，而且他们对教学中可能出现的问题以及教学效果具有一定的预测能力；新手教师则不一样，他们花在课时计划上的时间比专家型教师多得多，但是从他们的课时计划的内容来看，他们将大部分时间花在尝试不同的问题解决方法上，其课时计划比较简单、孤立，他们必须在计划中事先准备好例子和解释，否则，他们往往会在举例和解释时发生困难。新手教师的课时计划中还不大可能预料学生在课堂教学时会出现什么问题，他们很难把学生的问题和教学中的课时目标联系起来。可见，新手教师的计划与准备性低于专家型教师。在课堂教学过程中，专家型教师具有丰富的实践经验，使得他们的某些教学行为达到自动化的水平，他们比新手教师在单位时间里能处理更多的信息，更有可能监控正在进行的教学活动，检查行为的准确性，并且遇到特殊问题或突发事件的时候，专家型教师能对原有的教学行为作适当的调整。因此，专家型教师在教学监控能力的调节与控制、评价与反馈性上明显地优于新手教师。同时，专家型教师能够通过多种途径，如课堂提问、课堂练习、观察学生的表情和身体语言等，有效地判断学生的掌握程度和教学效果。教师的评价与反馈性是教学监控能力的基础，只有在此基础上，教师才能对自己的教学行为作适当的调整。但是，新手教师在课堂教学中不能很好地从学生以及课堂情境中及时地获得反馈，很少能发觉学生是否理解或有无兴趣，他们只是按照课时计划按部就班地进行教学，不能根据具体情况对教学行为进行调整。由于新手教师不像专家型教师那样，能从教学活动的各种信息中做出及时的评价与反馈，他们也就无法有意识地、自觉地对自己的教学活动进行调节和控制，使之适应学生的需要，促进学生的发展。在课后反省上，新手教师和专家型教师也存在差异。新手教师在回答对课堂教学的成功是否有信心这一问题时，普遍只是简单地说"基本有信心"，而专家型教师则多数谈到应该怎样去教学以适应学生的水平和发展、怎样更新教学方法等。可见，新手教师不像专家型教师那样，在课后有对自己的教学行为、方法和教学效果进行反省的习惯，这种反省或反思能力，正是一个优秀教师应该具备的重要素质。

　　这里，结合前面的讨论和国内外的相关研究，我们把专家—新手教师在教学效能感、教学监控能力和教学行为方面的心理与行为特征归纳如表1所示。当然，我们承认这些特征可能是模糊的，如小学的专家型教师就与中学、大学的专家型教师有所不同，文科与理科的专家型教师也有所不同等，之所以提出来，是为了给教学实践中评价专家—新手教师提供一个思维的空间，为新手教师向专家型教师转化提供服务。

表1 专家—新手教师心理与行为特征比较

相关变量		专家型教师的特征	新手教师的特征
教学效能感	一般教育效能感	1. 克服外在环境负面影响的能力知觉高； 2. 克服学生差异的能力知觉高； 3. 对学生行为和成就抱正向期望； 4. 有确定的教学目标和实现目标的策略。	1. 克服外在环境负影响的能力知觉不高； 2. 克服学生差异的能力知觉不高； 3. 对学生行为和成就不抱正向期望； 4. 教学目标模糊，缺少实现目标的策略。
	个人教学效能感	1. 对自身专业能力的知觉高； 2. 对自身教学能力的知觉高； 3. 尽心教学的能力知觉高； 4. 教学的个人成就感高； 5. 对学生学习的个人责任感高； 6. 教学活动中情绪稳定； 7. 有坚定的教学信念； ……	1. 对自身专业能力的知觉不高； 2. 对自身教学能力的知觉不高； 3. 尽心教学的能力知觉不高； 4. 教学的个人成就感不高； 5. 对学生学习的个人责任感不高； 6. 教学活动中情绪不稳定； 7. 缺乏坚定的教学信念； ……
教学监控能力	计划与准备性	1. 能预料执行课时计划时会遇到的情况； 2. 课时计划全面，能把教学目标与学生实际结合起来考虑； 3. 课时计划将要教的内容知识与教学法知识结合起来； ……	1. 不大能预料到执行计划时可能发生的问题，难以把学生的问题和课时目标联系起来； 2. 课时计划的结构比较简单、孤立； 3. 在与课程无关的任务上花费较多的时间； ……
	评价与反馈性	1. 在课堂教学中能随时通过观察、提问、练习等途径把握学生的掌握情况； 2. 能及时从不同学生的各种反应中，获得对自己的教学行为的评估； ……	1. 把提问、练习等活动看作教学过程的必经阶段，而不是从这些活动中获得学生的掌握情况及对自己教学的反馈； 2. 无意识中把注意力只集中在少数学生身上，无法获得全体学生和整个课堂的信息； ……

续表

相关变量		专家型教师的特征	新手教师的特征
教学监控能力	控制与调节性	能根据学生的反馈或具体教学情境对教学行为做灵活的调整；能根据所遇到的困难，修正课程计划以便将来使用； ……	只能按课时计划按部就班地进行教学，很少能根据学生的理解和兴趣对教学行为进行调整； ……
	课后反省性	课后对教学过程进行及时的反思，包括自己的教学和学生的反应，并以此作为检讨教学得失并修正教学活动的依据； ……	注重课堂中发生的具体细节，注重自己的某个具体教学行为是否成功，忽视了对学生反应的思考； ……
教学行为	课前准备	教学计划经过缜密的思考，考虑到教学过程中的突发事件，对学生和教材有充分的了解，花在准备教学细节上的时间较少，教学计划简洁，以学生为中心，有预见性； ……	把大量时间花在课时计划的一些细节上，课时计划显得过于烦琐，囊括了教学过程的每一个环节，缺少预见性和灵活性，很少能把课时计划与学生的特点联系起来； ……
	课中互动	有明确的课堂规划，能用各种方法把学生的注意力集中在教学活动上，能机智地处理突发事件，教材呈现的方式新颖、自然，灵活地运用各种教学策略，通过各种途径及时了解学生的理解情况和兴趣，并根据实际对教学计划和行为作适当调整； ……	课堂规则含糊且不能持久地坚持执行下去；无法有效利用教学时间，把过多精力花在与课堂教学无关的事件上；不能灵活运用教学策略，很少能根据实际情况对教学行为作调整；把注意力集中在自己的教学上，忽视了学生的反应；不能通过各种途径获得学生的反馈信息； ……
	课后评价	关注学生的理解程度和兴趣，很少谈论自己的教学是否成功，关心那些他们认为对完成教学人物有影响的活动，以便在今后进行调节； ……	关注课堂中发生的具体细节，关心自己的教学是否成功，忽视了学生的反应，很少能自觉地对整个教学过程进行反思； ……

三

诚如前述，教师教学效果和教学行为水平受到多种因素的影响。如教师知识结构、教学动机、职业理想、信念系统、教学效能感和教学监控能力等。在这些因素中,我们对专家—新手教师的有关特征(如教学效能感、教学监控能力和教学行为等)进行了研究,研究发现,新手教师和专家型教师在学科内容和教学法知识方面的差异并不大,在某种程度上新手教师的这两种知识甚至优于专家型教师。那么,造成两者差异的原因之一可能就是教学效能感的差异,这就意味着我们可以把教学效能感作为区分专家—新手教师的一个重要因素,一个专家型教师不仅要具有良好的知识结构,而且应具有良好的教学效能感。因此,在教师培训中,缩小专家型教师与新手教师差距的一个有效方法,便是通过培养新手教师的教学效能感,来提高教师的教学监控能力、教学能力。在实际教学工作中我们也看到,只要教师对自己的教学能力充满信心,认为自己能对学生的发展起到影响作用,意识到自己对学生的发展负有责任,那么在教学过程中,他就会对教学活动进行有意识的计划、评价、反馈、监控、调节和控制。

在我国,教师的培养与发展主要通过学历教育,专业知识和教育学、心理学知识的培训或观摩其他教师的工作和教学实习来完成。这种做法的效果并不明显。同类做法在国外也受到了许多人的批评(Sutherland, 1993),我国的情况也是如此,这就需要我们从一个新的角度来思考这个问题。专家—新手教师的比较,不但对师资培训工作具有重要的启示,而且同时也给我们尽快促进教师成长发展提供了一个新的视野。

第一,明确专家型(优秀)教师必备的条件。专家型教师必须具备什么条件?与新手教师比较,其主要差异表现何在?在这里,从教师教学效能感、教学监控能力和教学行为等方面的心理与行为特征给予了回答。当然,这仅是专家型教师必备条件的一个方面。根据基里亚科尔(Kyriacoll, 1986)、兰和卡珀(Ran & Caper, 1988)、梅德利(Medley, 1997)等学者的研究,优秀教师应具备温暖、同情心、负责任、有效率、激励士气、富有想象力和创造力等要素。在这些要素中,教学效能感及其相关因素起着直接或间接的作用。专家型教师大多数表现出对自己的教学能力以及对学生的影响力充满信心,在教学过程中能有效地进行监控和调节,对教学情境做出有效率的行动,并且能批判地检视自己教学行为的结果。

第二，指出专家型教师的有关特征。专家型教师的特征是多方面的，从教学效能感方面来说，只要个人教学效能感增加，他们去尝试新任务、进行教学改革的意愿也会随之增加，且愿意花更多的时间与努力去完成教学任务、实现教学目标。阿什顿（Ashton，1984）分别从个人成就感、对学生的期望、对学生学习的个人责任、实现目标的策略、正向的影响、控制感、师生共同的目标与决策等方面，对具有不同教学效能感的教师进行了研究，指出了高低教学效能感教师的特征。对专家—新手教师而言，其心理与行为特征是一个系统，只有把教师的信念、价值观、知识结构、职业兴趣、监控能力、教学行为和教学效能感等诸多因素综合起来，才有利于人们形成、构建专家型教师的特征体系。这对于教师培养工作具有重要的借鉴意义。

第三，提供师资培训的合理化建议。专家型教师、新手教师的教学效能感及其各方面存在的显著差异，不但可以用来解释两种教师教学效果的不同，而且可以作为针对新手教师向专家型教师转化所应采取的培养策略的根据之一；两者在教学效能感、教学监控能力、教学行为上的差别，则说明影响教师能力知觉与信念的因素是多方面的。据此，对师资培训工作，我们可以以教学效能感为突破口，以教学监控能力为核心，从全方位加以培养、训练，这样才有利于新手教师尽快向专家型教师的转化。

第四，强调教师本人要发挥主体作用。专家—新手教师在心理与行为特征诸方面存在相互联系。这在一定程度上反映了专家型教师、新手教师既有个性（差异性），又有共性。为了促进新手教师向专家型教师的转化，重要的是让新手教师明确自己与专家型教师的差距所在，有的放矢地进行自我培养、自我教育。这就要求他们发挥主体性和创造性，深入了解教学活动的复杂过程，慢慢地由外在的评判标准转而反省自身的教学活动。这种反省，有利于新手教师解决自身存在的问题。有人认为，无论专家型教师还是新手教师，他们在日常工作中都没有时间用于理论思考，在某种程度上的确如此，但应该注意到，专家型教师一些表面上看起来"未加思索"的决定，实际上是基于对各个学生的综合认识和所选择原理的灵活运用，即专家型教师通过经验而发展了知识和技能。但他们的经验是一种经过检验和批判了的反省经验，反省经验的形成必须有赖于主体作用的发挥，有赖于理论思维的培养。

这里,我们要特别强调对教学经验反思的重要性。这是促使新手教师培养发展的一条重要途径。这种反思,不是简单的反省,而是"一种思考教育问题的方式,要求教师做出理性选择,并对这些选择承担责任的能力"(Ross,1989)。曾提出教师成长公式(成长 = 经验 + 反思)的研究者波斯纳认为,没有反思的经验是狭隘的经验,至多只能形成肤浅的知识(Posner,1989)。如果一名教师仅仅满足于获得经验而不对经验进行深入的思考,那么不管其教龄多长,经验多么丰富,他也永远只会停留在一个新手教师的水准上,这是被有关研究和许多教育实践证明了的事实。目前,"反思性教学"与"反思性实践"作为优秀教师的标准之一已被大家公认。在我们看来,反思的倾向也是专家型教师的核心。显然,对教学经验的不断反思能够促进教师的成长发展。问题在于,反思并不仅仅是教师个人的事,学校领导、其他教师和教育理论工作者都应对教师的反思给予支持配合。例如,要求教师在一天的教学工作结束之后写下他们的经验心得,并与指导教师共同分析;专家—新手教师可以相互观摩彼此的课,并描述观察到的情境,随后与对方交换看法;或者对课堂上所遇到的问题进行调查研究;等等。所有这些做法是需要的,但仅有这些又是不够的。为了促进新手教师向专家型教师的转化,学校和社会应该提供一个能促进教师反思的支持性环境。总之,教师的培养与发展是一个系统工程。

参考文献

[1] Thomas K T & Tomas J R. Developing expertise in sport: the relation of knowledge and performance. Special issue: expert-novice differences in sport[J]. International Journal of Sport Psychology, 1994, 25(3): 295-312.

[2] Tochong L & Munby H. Novice and expert teachers' time epistemology: A wave function from didactics to pedagogy[J]. Teaching and Teacher Education, 1993, 9(2): 205-218.

[3] Zeitz C M. Expert-novice differences in memory, abstraction and reasoning in the domain of literature[J]. Cognition and Instruction, 1994, 12(4): 277-312.

从教师的知识结构看师范教育的改革*

近年来，教师专业化（professionalism）问题成为教育理论界探讨的一个热点问题。人们（e.g. Arlin，1993；Bereiter & Scadalia，1993；Berliner，1986，1988；Rich，1993；Sternberg，1995；Weinert，Schrader & Hemke，1990）认为，专业化的教师的典型特征是具有教育专长（pedagogical expertise），也就是说，专业化的教师具有出色的教育表现（outstanding performance）和与之相应的复杂的知识结构（complex knowledge structure）。对专家型教师和新手教师的对照研究也表明：专家的职业知识结构与新手的职业知识结构无论在数量上还是质量上都有显著的不同。正因为如此，近年来人们逐渐开始关注对教师的知识结构的研究。这类研究从理论角度看，对优化教师的知识结构、提高教师的素质具有重要的指导意义。从实践意义上看，对推动我国教师教育、继续教育和教师培养等方面的改革具有相当重要的参考价值。近年来，我们在国家有关基金的支持下，对教师的知识问题进行了深入的探讨。根据长期的研究，本文将着重说明我们对教师知识结构的认识，以及这种认识对师范教育改革的借鉴意义。

一、教师的知识结构

教师知识是教师从事教育教学工作的前提条件。关于知识，不同学科、不同专业和不同的研究者有各种不同的概念界定，从而也对一些问题的讨论带来了困难。为了使所讨论的观点明确，我们取《教育大辞典》第一卷中关于知识的定义：知识是对事物属性与联系的认识，表现为对事物的知觉表象、概念、法则等心理形式。可

---

* 本文原载于《高等师范教育研究》1999 年第 6 期。 本文其他作者为辛涛、申继亮。

以通过书籍和其他人造物独立于个体之外。……按照来源划分有直接知识和间接知识，前者从人类社会实践中直接获得，后者通过书本学习或其他途径获得。教师的知识是指教师所具备的科学文化知识及其掌握程度，包括各种文化科学的基础知识、专业学科知识、教育科学和心理科学知识。另外，教师在长期的教学工作中不断探索，总结出一套行之有效的课堂情境知识和解难题知识。前者大多属于教师的间接知识，后者属于教师的直接知识。对于教师知识结构，不同研究者有不同的研究角度或研究方式，因而也就有不同的理解。我们认为，从功能出发，教师的知识可以分为四个方面的结构内容：本体性知识(subject-matter knowledge)、条件性知识(conditional knowledge)、实践性知识(practical knowledge)和文化知识(cultural knowledge)。这四个方面共同构成教师的知识结构。

(一)本体性知识

教师的本体性知识是指教师所具有的特定的学科知识，如语文知识、数学知识等，这是人们所普遍熟知的一种教师知识。知识要有事业与职业的目的，一个人最佳的知识结构，主要是以自己所从事的职业与专业为基础。一位教师的职业知识首先是精通自己所教的学科，教师购买资料也首先是自己所教学科的书籍。学生的年级越高，教师的威信越取决于其本体性知识的水平。教师扎实的本体性知识是其取得良好教学效果的基本保证，正因如此，人们认为，这些知识和学生成绩之间存在显著的正相关关系。于是，向被培训者传授本体性知识成为我国师资培训的主要的和中心的任务。然而，实践证明这种培训方式存在很大的弊端，具有丰富的学科知识只是"基本保证"，而不是唯一保证，即只有本体性知识并不是成为一名好教师的决定条件。我们的研究表明，教师的本体性知识与学生成绩之间几乎不存在统计上的"高相关"关系。因此，我们认为，教师的本体性知识一定要有，达到某种水平即可，多了对教师的教学并不一定起作用。

(二)条件性知识

教师的条件性知识是指教师所具有的教育学与心理学知识。这种知识是广大教师所普遍缺乏的，也是我们在教改实验中所特别强调的。我们认为，条件性知识是一个教师成功教学的重要保障，在我们的"学习与发展"理论中，第一条就明确地指出："儿童、青少年的心理发展规律是教育实践和教育改革的出发点。"在研究中，我们把教师的条件性知识具体化为三个方面，即学生身心发展的知识、教与学的知识和学生成绩评价的知识，并据此编制了"教师职业知识量表"。我们的研究表明，无论是职前教师还是在职教师，他们对条件性知识的掌握都不够好，这是非常值得我们深思的。

对教师条件性知识的重视，是当前教师培训领域的一个共识，这一点也反映在国外的相关领域中。国外早期的教师教育注重的只是教师的学科知识，而过去十几年，对教育方法的有效性，如怎样提问、怎样设计课程、怎样评估学生行为等，逐渐重视起来。近些年的学者和改革家们认识到教师学科知识与教育学和心理学知识对教学来说都是至关重要的（Buchman，1984；Doyle，1986；Feiman，Nemser & Buchman，1987；Grossman，1991）。他们提出"教育内容知识"（pedagogical content knowledge）的概念，将其用于确定教师对他们的学科知道多少以及他们是怎样把这种知识转化到课堂事件上来。教育内容知识是教师对教育学、心理学、学科知识、学生特征和学习背景的综合理解。这就要求一名教师至少能够回答下列问题（Shulman & Sykes，1986）：某一学科的中心问题是什么；对某一单元来说核心概念是什么；把这些核心传授给学生应采取什么态度和方式；学生的兴趣是什么；以及特定学科的教育学知识和心理学知识，包括教师对学生在某一学科内的兴趣和动机知识、教师以学科为基础进行测验和评估成绩的知识等（Tamir，1988）。

（三）实践性知识

教师的实践性知识指教师在面临实现有目的的行为中所具有的课堂情境知识以及与之相关的知识，更具体地说，这种知识是教师教学经验的积累。教师的教学不同于研究人员的科研活动，具有明显的情境性，专家型教师面对内在不确定性的教学条件能做出复杂的解释与决定，能在具体思考后再采取适合特定情境的行为。在教育工作中，很多情况需要教师机智地对待，这种教育教学的机智不是一成不变的。在一种情况下适宜的和必要的方法，在另一种情况下可能就是不恰当的。只有针对学生的特点和当时的情境有分寸地进行工作，才能表现出教师的教学机智来。在这些情境中教师所采用的知识来自个人的教学实践，具有明显的经验性。而且，实践性知识受一个人经历的影响，这些经历包括个人的打算与目的以及人生经验的累积效应。所以这种知识的表达包含着丰富的细节，并以个体化的语言而存在。显然，关于教学的传统研究常把教学看作一种程式化的过程，忽视了实践性知识与教师的个人打算，这种传统研究限制了研究成果的运用。

我们曾以教师对教学情境中的"结构不良问题"的处理方式为例，探讨了中学教师实践性知识的掌握状况(鲁志鲲，申继亮，1994)。该项研究的对象是职前教师(师范生)和在职教师(专职教师)。年龄跨度为 19~55 岁，教龄在零到十几年。变量分组为：按教龄分为 3 组(0 年、10 年以内和 10 年以上)，每组平均受教育的水平控制在 13~14 年，每组至少 30 人。实验材料是关于教学中人际冲突情境问题的调查问卷。涉及师生间、教师间和教师与家长间的冲突情境。按照被试处理问题方式分为：冲突反应、抑制反应、移情和自主四种水平。实验结果表明：三个教龄组之间得分的总体平均水平差异显著($F = 5.460$，$p < 0.01$)。实验可以得到的结论为：对教师处理好教育教学问题，尤其是各种冲突(如课堂冲突、教学冲突、人际关系冲突等)影响显著的因素是教龄，丰富的教学经验对处理问题、组织好教学肯定是有利的。这在一定程度上将影响教学的有效性。这就是我们前面所提出的观点：有经验的教师可以运用自己的知识，认清当前的情境，引发过去的经验，并产生符合这种情境的行为。该实验还有另外一个重要发现，即各个分组间尽管差异显著，但组内的得分方差值并不小。这表明：不同的教龄组得分也有差异。即参加工作时间短、教龄短的被试也存在对"结构不良问题"处理方式比较好的情况。这表明我们的另一个观点：对专家型教师从实践中获得的经验加以结构化、系统性总结所形成的理论是可以被新手教师习得的。

上述三个方面对教师知识结构研究建立了彼此之间的功能关系。一方面，教师的本体性知识是教学活动的实体部分。在教育教学活动中，教师为本体性知识有效地进行传递，就需要结合教学对象的特征对学科知识做出符合教育科学和心理科学原则的解释，以便教学对象能够很好地接受和理解。因此，可以说教师条件性知识对本体性知识的传授起到一个理论性支撑作用。另一方面，出于教学情境的具体特征，教师的间接知识是有一定局限的，它很难涵盖所有的教学情境。从专家解决问题方式的研究中可以得出一种观点，专家解决问题往往是靠"直觉"或称"再认"（Simmons，et al.，1989），即不完全靠推理。专家的经验作为其直接知识往往可以缩短推理过程，并对特定情境的处理和疑难问题的解决起指导作用。因此，也可以说教师实践性知识对本体性知识的传授起到一个实践性指导作用。一名优秀的专家型教师不能仅仅具备本体性知识，因为他面临的是教学这样一个交互过程。条件性知识可以解决教学过程处理问题的原则，而实践性知识则可以解决教学过程处理问题的方式方法。当然，除了上述三方面的教师职业知识之外，还有一种知识值得重视，这就是教师的文化素养，或者说是教师的文化知识。

(四) 文化知识

教师的工作，有点像蜜蜂酿蜜，需要博采众长。为了实现教育的文化功能，教师除了要有上述三种知识以外，还要有广博的文化知识，这样才能把学生引向未来的人生之路。教师不仅能扩展学生的精神世界，而且能激发他们的求知欲。我们认为，学生的全面发展，在一定程度上取决于教师文化知识的广泛性和深刻性。当然，教师的文化知识修养具有很大的个体差异，因此，我们主张每一位教师都要发挥自己的一技之长。擅长创作的教师，可以用创作丰富学生的想象力；爱好诗词的教师，可以用诗词的魅力来启发学生；有音体美特长的教师，可以借之引导学生全面发展……我们认为，一位教师除了本体性知识以外的广博的文化知识，对于其取得最佳的教育效果，具有与本体性知识同等重要的意义。

二、当前教师教育中存在的一些问题

如前所述，我们认为，适应教育现代化要求的教师的知识结构应当包括四个方面的内容：本体性知识、条件性知识、实践性知识和文化知识。由此反思我国现存的教师教育体制，我们可以看出，当前教师教育在指导思想、课程设置、教材内容和教育实习等方面还存在一些与社会发展不相符的问题，这些问题妨碍了教师合理知识结构的建立。

(一) 教师教育指导思想的模糊性问题

教师教育的指导思想是为各级教育部门输送合格的师资，这本毋庸置疑。但合格师资的标准是什么，这是教师教育一直没有很好解决的一个根本性的问题，加之受社会大环境的影响，师范生的分配方向也不全是各级教育部门，因此教师教育的决策层对师范生培养的指导思想上是处于游移状态，是很模糊的。其中一个典型的表现是师范院校综合大学化的倾向，专业设置求新、求全，追逐市场经济的变换，忽略教师教育的相对稳定性。这种状况当然有其所处社会环境的因素，然而除去外在因素，从教师教育自身而言，一个最根本的问题是对教师教育是否具有独特性问题的认识。在教育界，对此问题存在两种截然相反的看法，一种观点认为，教师教育不存在独特性，一个人只要具备一定的学科知识，就可以从事教育教学工作。会50个字的人可以教文盲，会100个字的人可以教会50个字的人。按照这种观点，教师教育的存在就是成问题的。另一种观点认为，教师教育存在其独特性，社会发展到今天，教师已经不再是谁都可以从事的职业了，教师已经成为一种专门化的职业。从世界范围来看，教师专业化已经成为大多数研究者的共识。那么，教师教育怎么体现教师专业化的要求呢？在我们看来，经过教师教育，未来的教师应该具备较为完善的知识结构和初步的教育技能。这种知识结构不再仅是学科知识，而是本体性知识、条件性知识、实践性知识和文化知识的有机整合。教师职业的独特性突出地表现在其具有其他受过同等学力训练的人所不具备的丰富的条件性知识和实践性知识上。

(二) 教师教育课程设置上的偏颇

强调教师教育的独特性，就要突出对师范生条件性知识、实践性知识以及教育技能的训练。反思我国的师范院校的课程设置，一个重要的问题是与条件性知识、实践性知识和教育技能相对应的教育学、心理学、教学法及教育实习的课程门类少，学时短。传统的教育学科课程的典型形式就是以教育学、心理学、学科教学法为代表的"老三门"课程。表1对比了一些国家的课程结构(苏真，1991)，我们便可以清楚地看出自己的不足。

表1　中外中等教育教师职前培养内容比较

国　家	学科教育占比	教育理论占比	教育实践占比
德国	85%	10%	5%
埃及	65%	30%	5%
美国	63%	25%	12%
法国	75%~89%	11%~25%	
印度	75%	8%	17%
日本	90%	7%	3%
菲律宾	80%	12%	8%
英国	50%	35%	15%
瑞典	75%	10%	15%
摩洛哥	75%	18%	7%
中国	90%~92%	5%~6%	3%~4%

(三) 教师教育专业教材内容僵化教条

分析教师教育现有的体现教育职业特性的三门课程，我们发现，这些课程的内容非常僵化、教条、空泛。以教育学为例，近十年来已有百余本教育学教材问世，但这些教材的内容和体系基本一致，多来源于凯洛夫的教学体系，概念堆砌，原理、原则泛滥，但"在理论工作者眼里，教育学尚未形成较为严密的科学体系，其中对许多重要问题的表述带有随意性，理论水平不高；在实际工作者看来，它脱离实际，至少对教育的指导意义不大"(陈桂生，1989)。心理学则是普通心理学概念的罗列，而对于师范生将来要面对的中小学生的心理特征则极少提及。学科教学法教材内容中存在的问题也是明显的。其问题表现在"第一，学科教学法的内容'居高不下'，未植于'学科沃土'之中；其二，与教育学的关系不明，内容多有重复"(汪霞，1996）。学生学完这几门课的结果就是获得一个考试成绩和几条抽象、僵死的概念和原则，而在未来教育教学的实践中，遇到问题却不知该怎么办，依然需要从头开始积累教学经验，摸索教育规律。以这样的课程设置和教材内容，有人要求取缔教师教育体系就可以理解了。

（四）教师教育的教育实习流于形式

教育实习是师范生积累教育实践知识、初步形成教育技能的重要保证，是教师教育的重要环节。但考察目前的教育实习的状况，我们发现，教育实习没有承担起这个任务。这一方面是由于教育实习的时间过短，按大纲规定，本科生的实习时间为6周，专科生的实习时间为4~6周（刘问岫，1993），这样的教育实习时间是新中国成立以来最短的，更无法同其他国家的教育实习相比；另一方面，教育实习缺乏规划和设计，变成了走过场的"四部曲"程式，即跟班听课、讲课（4~6节）、组织活动、实习总结。以这样的实习时间和安排，师范生很难从中迅速累积个人实践知识，形成教育教学技能。

三、未来教师教育改革应注意的方面

应当说，教师教育改革是当前国际教育改革的一个重要方面，各国均把提高师资素质作为提高教育质量的突破口，我国也不例外。1996年秋的全国师范工作会议，以及"高等师范教育面向21世纪教学内容和课程体系改革计划"的实施，都表明我国教师教育改革的不断深化。从我们对教师知识结构的研究来看，未来教师教育的改革应考虑以下方面。

（一）教师教育改革应突出地强调教师职业的独特性

教师教育的改革突出师范性，这似乎是不争的事实。但从我国教师教育的现状来看，这确实又成为一个重要的问题。为此，可从两个方面入手来强调教师职业的独特性：一是决策者、改革者在指导思想上确立教师职业专业化的观念，强调教师教育的独特性；二是教育理论界对教师教育独特性的表现给予科学、准确的界定，为教师教育的改革提供科学的理论依据。

(二)加强对中小学教师应具有的知识构成的研究

中小学教师应具有的知识结构是教师教育培养的最主要方面。对一个师范生而言，教师教育的结果当然包括很多方面，如知识水平、职业理想、教育技能等，但其中最有形、最好落实的是赋予其较为完善的知识结构。对教师知识结构的研究在西方是一个热点，但我国对此问题的研究还很少。因此，教育理论界应加强对教师知识结构的研究。

(三)改革教师教育的课程设置

现行教师教育课程设置的弊端是显而易见的，教师教育课程体系的改革势在必行。我们认为至少应考虑从以下方面入手：第一，增加教育理论与实践课的课时比重，这类课程的课时数应占总课时数的30%左右；第二，分解教育学、心理学，将原来的两门课改为多门课；第三，增强教育学、心理学类课程的实用性和可操作性；第四，增加教育实习课的时间与内容。

(四)加强教育专业学科的教材建设

教材建设是学科建设的基石与核心。传统的教育专业学科的教材普遍带有干瘪、教条、抽象的弊端，因此改革教师教育的课程设置成败的关键是，能否产生出一批体现教师职业独特性的教材。这些教材应是紧密围绕中小学的教育教学实践而设置的，具有明确的针对性和可操作性。

(五)重新设计教育实习的内容与形式

教育实习是师范生形成初步教育技能的重要手段。传统教育实习时间过短，过于程式化。为此，新的教育实习的安排应考虑以下三点：一是增加教育实习的时间，改6周左右的教育实习为18周左右；二是重新设计教育实习的程序，使教育实习系列化；三是将教育实习分散贯穿于教师教育的整个周期之中，变集中实习为分散实习。

参考文献

[1] Arlin P K. Wisdom and expertise in teaching: an integration of perspectives. learning and implications of expertise[M]. Chicago: Open Court, 1993.

[2] Berliner D C. In pursuit of the expert pedagogue[J]. Educational Reseacher, 1986 (15): 5-13.

[3] Shulman L S & Sykes G. A national board for teaching?: in search of a bold standard [C]//Paper commissioned for the task force on teaching as a profession, Carnegie Forum on Education and the Economy, 1986.

[4] Tamir P. Subject matter and related pedagogical knowledge in teacher education[J]. Teaching and Teacher Education, 1988(4): 99-110.

反思训练是提高教师素质的有效途径*

众所周知，要全面提高中小学生素质，有赖于教育教学质量的提高，教育教学质量的提高则依靠教师素质的提高。教师素质是一个由多种成分组成的系统，包括教师的职业理想、知识水平、人格特点、教育观念、教学监控能力、教学策略和行为等成分，其中教学监控能力是教师素质的核心要素。何谓教学监控能力呢？有的学者认为，所谓教学监控能力是指教师为了保证教学的成功、达到预期的教学目标，而在教学的全过程中将教学活动本身作为意识的对象，不断地对其进行积极、主动地计划、检查、评价、反馈、控制和调节的能力（申继亮，辛涛，1995）。近年来，国内对教师教学监控能力进行了一些研究，并取得了可喜的成果。这引起了人们对教学监控能力的重视，也加深了对这一问题的理解。然而，研究的目的是应用，随着研究的日益深入，问题的焦点逐渐转到如何提高教师教学监控能力上来，即制定科学的教师教学监控能力干预和训练方案。因为只有真正提高了教师教学监控能力，才能对全面提高教师素质，进而提高教学质量和学生素质做出贡献。遗憾的是，目前尚难以找到具体可行的干预方案。

对于教师教学监控能力，乃至教师整体素质的提高上，缺乏操作化的干预方案，已成为影响教育质量提高的"瓶颈"。造成这一现象的原因既与缺乏这方面的努力与探索有关，更与长期以来形成的错误观念有关。在我国，教师主要由各级师范学校培养，教师工作后素质的提高主要依靠教师进修、函授等方式，仔细反思一下目前旨在培养教师和提高教师素质的职前、在职教育就会发现，师范生和在职教师所学习的主要是一些宏观性的、理论性的、抽象性的书本知识，而严重缺乏微观性的、应用性的、操作性的实际知识。比如，师范大学物理系的学生毕业后的任务是

* 本文原载于《高等师范教育研究》1999 年第 4 期。本文其他作者为俞国良、辛自强。

去教授中学物理,作为一名合格的教师不仅要知道教什么(掌握陈述性知识),还要知道如何教(掌握程序性知识),并通过严格的训练真正掌握教学所需的各种能力。实际上,他们在大学里主要学习的是物理学的知识、理论,虽然教育学、心理学是师范生的公共必修课,但也只是讲授一些教育学、心理学的基本概念和理论上的条条框框,离活学活用的距离还是很遥远的。像涉及教师实际技能和能力的"三字一话"训练和短暂的教育实习也难以从根本上解决问题。以致许多师范生在刚从事教育工作时感到压力很大,缺乏基本的教育教学技能。他们自己也认为并不比普通大学的毕业生有什么优势。有关研究(俞国良,辛涛等,1995;俞国良,辛自强等,1998)也证明,师范生和刚参加工作的教师缺乏个人教学效能感,即他们对自己有能力完成教学任务、教好学生缺乏信心;同时,他们的教学监控能力明显落后于教龄较长的老教师。另外,教师的教学监控能力发展有"先快后慢"的特点,也就是说,青年教师的教学监控能力增长较快,而随着教龄的增长、教学经验的增加,教师容易形成自己的一套"自动化"的教学程式,从而降低了教学过程中的监控能力和意识水平,不利于教学质量的进一步提高。因此,制定科学的干预方案,提高师范生和新教师的整体素质,特别是教学监控能力是非常必要的。为进一步提高教学质量,老教师也有必要提高自身的教学监控能力。由此看来,研究和制定科学的、操作化的教师教学监控能力干预方案,已成为目前必须解决的课题之一。

通过上述分析,制定教师教学监控能力干预方案,必须首先考虑到我国教师职前、职后教育的实际情况,使干预方案具有操作性、应用性,并且简便易行。人的主观能动性的重要体现之一就是人具有反思能力,可以对自己的内部心理和外部行为活动加以认识。反思,不仅指事后对所发生的心理和行为进行思考,而且指所有对自身心理和行为的认识。教学监控的实质是对教学过程的自我意识和调控,即反思。要制定提高教学监控能力的干预方案,就必须把握住教学监控的实质,这样才能保证干预方案的科学性和有效性。在日常生活中,人的许多行为都是在无意识的情况下进行的,教学行为也是这样。如果将一堂课中的教学行为划分一下,就会发现许多无意识的行为是不必要的、缺乏理性的、错误的,甚至是很滑稽的;有的教学行为即使意识到了为什么这样做,也并没有深入理解这样做反映了什么样的教育价值观、依据的理论是否科学等。如果能尽量使所有的教学行为都是科学的、理性的,那么必然会提高教育质量,更好地促进学生健康发展。要达到这一目的,就要提高教师的教学监控能力,以保证教学行为是最佳的和最有效的。我们综合国内外的有关研究成果和教学经验,制定了包括录像反思法、对话反思法、教学反思法等一系列方法完整的反思训练方案,以提高教师教学监控能力。该反思训练方案的宗旨是:在反思活动中训练反思,在反思训练中提高教学监控能力。即通过反思训练这种方法来提高反思的质量,从而促进教学监控能力的发展。下面具体介绍这几种方法。

一、录像反思法

(一)理论思路

从教学监控对象的角度,可以将教学监控能力分为自我指向型(self-involved type)和任务指向型(task-involved type)两类。所谓自我指向型的教学监控能力是指教师对自己的教学观念、教学兴趣、动机水平、情绪状态等心理操作因素进行调控的能力;所谓任务指向型的教学监控能力是指教师对教学目标、教学任务、教学材料、教学方法等任务操作因素进行调控的能力。教学监控能力的培养也相应可以分为自我指向型干预和任务指向型干预两种。教学成败的关键之一是教师能否在理解把握教学目标、任务、材料、学生特点等的基础上,选择应用有效的教学技能、方法和策略,这就涉及任务指向型教学监控能力。通过简单的模仿、理论说教培养这种能力,效果是非常有限的。因为我们往往能看到别人身上的优缺点,却意识不到自己身上存在的问题;我们也知道书本上说怎样做是对的,自己却做不到。为此采取录像反思法,让教师以旁观者的身份看自己的教学过程录像,以收到"旁观者清"的效果,提高教师的教学监控能力。

(二)操作程序

1. 理论学习

学习了解本干预方法的内涵、意义、目的和方法。可以通过自学和听讲座相结合的方式进行。

2. 观看示范课录像

进行观察学习，并练习分析教学中运用了哪些教学技能、策略和方法，以及为什么要这样做。具体要从语言、板书、导入、讲解、提问、演示、变化、强化、练习指导、结束、课堂组织等环节或方面着手，分别分析其特点、类型、效果。

3. 备课

在熟悉教材和学生的基础上编写教案，教案要详细说明每个环节所应用的技能、策略和方法(教师行为)和预想的反应(学生行为和教学效果)，这一点是通常的备课不强调的。

4. 教学实践和录像

听课人员有学生、教研员、其他教师等。在正式上课前，教师要简明扼要地说明教学计划。对教学过程进行全过程录像。

5. 反思评价

反思评价包括如下几步：

(1)主讲教师在不看录像前，根据前面的若干环节和方面做自我分析和评价；

(2)主讲教师和听课人员一起观看录像；

(3)看过录像后，主讲教师重新进行自我分析，分析要详细；

(4)听课人员评课，并填写课堂教学评价量表；

(5)教师自己统计量表，考察自己的优点和问题。

6. 修改教案

针对教学中存在的问题修改教案，以备重复实践。

7. 写教后感

以简要的文字写教后感，评价自己的优劣得失，并写出改进计划。如能上升到理论认识的高度更好。

二、对话反思法

(一)理论思路

我们假设，每位教师都是"朴素的教育家"，虽然教师通常意识不到，但是每种教学行为都在某种程度上反映了其内隐的教育观念和对教育、教学规律的认识，这些观念和认识可能是正确的，也可能是错误的；如果能意识到它是正确的，就会将它推广应用到教学中；如果意识到它是错误的，就会对它加以修正或放弃。因此，加强对隐藏在教学行为背后的教育观念和认识的反思，必然会提高教学质量。很显然，对教育观念的反思属于对教学监控能力的自我指向型干预。然而，单纯的内省和来自他人的干预通常比较模糊、难以深入，达不到应有的效果。而在进行对话时，人们必须整理好自己的思想，然后清晰地表达出来，得到交谈对象的反馈，又会激起教师进一步的深入思考，通过这个过程就可以反思自己的教学行为，提高教学监控能力。我们可以以一项教学革新为内容(当然也可以以一般的教学为内容)进行对话反思，这样既可以训练教师的教学监控能力，增强其教学效能感，又能深化教学改革，提高教师的实际教学能力。

(二)操作程序

综合有关研究(Emery, 1996；Pulrorak, 1996)，我们认为，以 5~10 人(或教研组)为单位开展对话反思活动较好。在每次活动中，有一个组织者主持这次活动，如由革新教师主讲，其他教师提问。这就要求革新教师事前准备一份书面材料(相当于小型论文，内容要体现下面程序中涉及的方面)分给每位教师一份。其他教师要在活动前认真阅读材料，并提出下面程序中的问题。进行对话反思法的程序如下。

1. 描述阶段

其他教师：你做了什么革新？如何做的？

革新教师：详细描述革新的过程、方法。

2. 共同"解密"阶段

其他教师：你为什么这样做？这样做意味着什么？这样做体现或运用了哪些教学规律？

革新教师：阐述自己运用的教学规律及其与所进行的教学活动的联系。

其他教师：说明自己对上述问题的认识，并与革新教师讨论彼此认识上的差异。

3. 共同追根究源阶段

其他教师：这样做的前提假设是什么？反映了革新者什么样的价值观和信念？这些教学规律和理论的来源何在？该理论思想出现和存在的社会、文化、政治背景怎样？

革新教师和其他教师讨论解决上述问题。

4. 整理重建阶段

革新教师和其他教师每个人写一篇总结，对革新内容及上述问题的答案加以整理归纳，以获得某种深入的认识。

三、教学反思法

(一) 含义和类型

反思，不是简单的内省，而是一种思考教育、教学问题的方式，要求教师做出理性选择，并对自己的选择承担责任。一般地，对教学经验的反思又称为反思性教学(reflective teaching)，它是教师教学监控能力的重要组成部分。波斯纳(1989)曾提出一个教师成长的公式：经验+反思＝成长。默瑞-德西墨(Morie-Dershimer, 1989)的实验也说明了反思对教师成长的作用。显然，没有反思的经验是狭隘的经验，至多只能形成肤浅的知识。如果一名教师仅仅满足于获得经验，而不对经验进行深入思考，不将经验升华到理性认识的高度，那么这些经验永远不能真正发挥作用。同时，教师的知识结构是非常复杂的，本体性知识、条件性知识和实践性知识之间也存在千丝万缕的联系，任何教师都应该在对自身知识进行反思的基础上，组织和重构自己的知识结构，以提高自己的整体素质。另外，一名优秀教师除具有良好的知识结构外，还应具有一种对教学的反思能力，培养这种反思能力是提高教师教学水平的有效途径。

根据有关研究(Nezirow，1991)，可以把教学反思划分为三种类型。

一是内容反省，指从认知层面上去了解假设或问题本身。例如，我们可以问自己：我的教学信念是什么、家长对孩子的学习有何看法、从过去的经验中学到了什么。

二是历程反省，指借由与他人讨论或是反省的方式来思考这种想法与价值观。例如，我们可以问自己：我为何选择教师职业、社会对教师的看法如何、如何才能获得最新的信息。

三是前提反省，指对问题的前提进行反思。例如，我们可以问自己：为什么我要质疑自己的教学行为、为什么他人的看法是重要的、为什么我要了解新的信息。

(二)操作程序

据有关研究(Colton & Sparks-Langer，1993)，可以把教学反思的过程划分为以下几步。

第一，教师选择特定问题加以关注，并从可能的领域，包括课程方面、学生方面等，收集关于这一问题的资料、信息。

第二，教师开始分析收集来的资料，初步形成对问题的认识，以求逐步理解这些问题。他们可以利用自我提问来帮助理解。提出问题后，教师会在已有的知识中搜寻与当前问题相似或相关的信息。如果无法解决，教师就会去请教其他教师或阅读专业书籍来获取这些信息。这样有助于教师形成新的、创造性的解决办法。

第三，一旦对问题情境有了明确的认识，教师就开始建立假设的解释情境和指导自己的行动，并且还在内心对行动的短期和长期效果加以考虑。

第四，考虑了每种行动的效果后，教师就开始实施行动计划，当这种行动被观察和分析时，就开始了新一轮循环。

(三) 教学反思的具体方法

1. 详细描述

教师相互观摩彼此讲课，并描述他们所观察到的情境，然后再与其他教师相互交换。

2. 职业发展

这是学校利用反思的方法支持、促进教师发展的一种方式。例如，来自不同学校的教师聚在一起，首先提出课堂发生的问题，然后共同讨论解决办法。最终形成的解决办法为所有参加的教师及其所在学校的教师所共享。

3. 行动研究

这是指教师对他们在课堂上所遇到的问题进行调查研究。这不仅在改善教学实践上有重要作用，而且有助于在整个学校教师中形成一种调查研究的氛围。

4. 模拟与游戏

这是通过模拟情境或电脑的虚拟情境来让我们对事情产生不同的观感，或由不同的角度来发现问题。例如，扮演失聪的老人或模拟危机发生时的情况等。

5. 成长史与自传

通过访谈教师本身、访谈同事、教师自己写下意见、教师写下的意见给同事来分析等方式，协助教师了解自己的改变历程。这种方式可以使教师更清晰地认识自己，更能有效地提高自我意识。

6. 接触新知

这是指经过书籍、演讲、讨论等来获得与个人过去不同的想法、价值观。当教师接触到的新知与以往越不相同时，越容易提高个人的自我意识。

7. 反思日记

有些人认为日记只是记录个人的想法与情感。但是，许多人往往将自己的生活和工作上的问题反映在日记中，通过日记的撰写与分析，同样可以激发我们进行批判的自我反省。普罗加夫(Progaff, 1983)建议：日记的格式或段落可以包括生活上的经历、与他人的对话、深度的感触、隐喻、期望等。教师可以设计适合自己的撰写格式，如将一页分成两半，一半描述事情，另一半写出个人的感觉与想法；以多样的方式来撰写，可以将自己当成另一个人，或以写信的方式来撰写；也可以将某日的日记订定一个主题，如"我对……的看法"，以分析自己的想法。日记的撰写最主要的是要运用自我分析的方法，检验自己的观点、想法和感触，以达到自我反省的境界。

在反思活动中训练反思，在反思训练中提高教学监控能力，这就是反思训练方案的宗旨，上述三种训练方法都是围绕这一宗旨设计的。方案被我们实验点的中小学教师应用后，收到了良好的效果，也得到了专家的好评。广大教师和在校师范生可以尝试采用其中的一种方法或将三种方法结合运用，以提高自己的教学监控能力，乃至提高自身的整体素质。

参考文献

[1] 申继亮，辛涛. 关于教师教学监控能力的培养研究 [J]. 北京师范大学学报(社会科学版)，1996，32(1)：37-45.

[2] 俞国良，辛涛，申继亮. 教师教学效能感：结构与影响因素的研究 [J]. 心理学报，1995，27(2)：159-166.

[3] 俞国良，辛自强，汤鉴澄，等. 中小学教师教学监控能力：发展特点与相关因素 [J]. 心理发展与教育，1998，14(2)：31-35.

[4] Emcry W G. Teachers' critical reflection through expert talk [J]. Journal of Teacher Education，1996，47(2)：110-118.

[5] Pultorak E G. Following the developmental process of reflection in novice teachers：three years of investigation [J]. Journal of Teacher Education，1996，47(4)：283-291.

创造性
心理学

从 1978 年开始，我就把培养学生的思维品质作为发展其智能的突破口来加以研究。思维品质中有创造性或独创性成分，于是创造力及创新问题成为我研究中一个重要领域。我的团队后来对创造性心理学问题展开了一系列实证研究，对创造性的实质、创造性心理学的历史、创新人才的心理因素、创造性的发展，以及创造性教育和创造性学习等问题也在理论上做了深入的探索。

培养和造就高素质的创造性人才[*]

　　实施科教兴国战略，必须培养和造就高素质的创造性人才。要实现这个目标，就必须明确培养和造就高素质的创造性人才的基本途径是教育。只有把创新教育作为教改的核心，才会对培养儿童青少年的创新意识和创新能力给予高度重视；才会深刻意识到，没有培养出具有创新精神的人，就是教育的一种失职、一种错误。进入 20 世纪 90 年代以来，科学技术突飞猛进，知识经济初现端倪。在知识经济时代，国家和地区的知识创新体系和创新能力（包括知识创新、知识传播、技术创新和知识应用体系）成为国家、地区经济和社会发展的重要基础设施和竞争力的关键因素。我国学生的在校考试成绩不比美国学生差，但毕业后除少数人外，多数人的创新能力明显不如美国学生。产生这种情况的一个重要原因，在于我国从幼儿教育到高等教育往往重视知识的传授，而忽视创新教育。为了培养高创造力人才，就不仅要让儿童青少年掌握已经形成的知识，更需要引导他们知道这些知识是如何被发现的；不仅要让他们了解一些现成的理论，更要引导他们懂得这些结论是如何获得的。只有使儿童青少年在掌握现成知识的同时，努力去发现新知识；在了解现成结论的同时，又会设法突破现成结论，才能最终实现培养和造就符合 21 世纪需要的创造性人才。这里的一个前提便是对创造力本身的认识与了解，如创造力的概念、实质、发展以及创造力理论在学校教育中的应用，这是本文要探讨的主要论题。

一、培养和造就创造性人才是国际学术界与教育界关注的问题

　　美国科学家认为，创造性人物的新发现、新发明和新成果对整个美国的经济、

　　* 本文原载于《北京师范大学学报（社会科学版）》1999 年第 1 期。

军事和社会发展来说都具有重要意义。美国心理学家和教育家泰勒（C. W. Taylor）提出，创造活动不但对科技进步，而且对国家乃至全世界都有着重要的影响，哪个国家能最大限度地发现、发展、鼓励人民的潜在创造性，哪个国家在世界上就处于十分重要的地位，就可立于不败之地。因此，我们应当大力发展教育与科技，提高国民素质和科技水平，建设国家创新体系，提高国家创新能力。这里的基础工作便是培养创造性人才。

美国重视创造性人才的培养始于 20 世纪 50 年代，原因是苏联卫星上天，使美国意识到其科技和军事优势受到威胁，应急起直追，以改变当时美国的科技状态。其途径就是大力开展对创造性问题的研究，培养创造性的人才。1986 年成立的"全美科学教育理事会"于 1989 年发表了《美国人应有的科学素养》（中译本名为《普及科学——美国 2061 计划》）的报告，该报告的主要内容如下。①科学技术是今后人类生活变化的中心。没有任何事情比进行科学、数学和技术教育改革更为迫切。可以说，它是一个以提高全民科学素养为核心目的的国民教育大纲。②着眼国民素质，实行全面改革。"2061 计划"的前提是：摒弃学校授课内容越来越多的偏向，把教学的着眼点集中在最基本的科学基础知识和训练上。强调学科之间的相互衔接，软化每门学科之间的界限。③突出"技术教育"。其目的是提高国家的技术创新能力和竞争能力。④"2061 计划"分为设计教育改革总框架、提供可供选择的课程模式、在全美推广前两阶段成果三个阶段。我们认为这是一份培养和造就高素质的创造性人才的宣言，对培养我国儿童青少年的创新能力不无借鉴意义。

日本 20 世纪 80 年代初提出要重视创造性的研究，并把从小培养学生的创造性作为日本的教育国策确定下来。日本近代以来的第三次教育改革，旨在揭露教育上存在的诸多弊端，面对新的挑战。第三次教育改革是从 20 世纪 80 年代中期开始酝酿的。在传统观念上，日本也存在一些亚洲国家的通病，即忽视个体的差异和不尊重选择。到 1987 年 8 月止，"临教审"共提出四次报告指出这次教育改革的基本指导思想是，"实现向终身教育体系的转变，重视个性，实现适应国际化、信息化等时代变化的教育"。日本 1996 年 7 月提出咨询报告《21 世纪日本教育的发展方向》认为，"应把'轻松愉快'中培育孩子们'生存能力'作为根本的出发点"。教育改革首重设计教育思想、教育观、人才观的转变，其次要求"轻松愉快"，把它作为发展个性、自主学习的条件，也是提高孩子当前生活质量的目的。同时把精选内容、精简课程作为教学改革的当务之急，将"尊重每个孩子独特的个性并使之自由发展"作为教育的基本原则，强调理科教育重在培养科学素养，积极适应国际化的趋势。

此外，德国近20年来不仅完成了一系列创造性量表（测试工具）的编制，而且深入研究创造性的性别差异。英国是创造性研究的发源地，近20来年对创造性的研究十分重视，并深入探讨了创造性与智力、个性（即"高素质"问题）的关系问题。

为什么这些发达国家都在研究创造性问题？这是时代的要求。人类已进入信息时代，世界科学技术的发展日新月异，知识经济已初见端倪。知识经济的基本特征就是知识不断创新，高新技术迅速产业化。要加快知识创新，加快高新技术产业化，关键在人才，必须有一批又一批的优秀人才脱颖而出。这正是国际学术界和教育界关注创造性人才研究的缘由。创造性的智慧劳动，包括创造性的经济管理，以知识为基础的服务，乃至文化艺术创作等将成为人类社会创造性劳动的主体，社会将全面知识化。教育必须紧跟时代发展的需要，于是发达国家近年来普遍开展"创造教育"，并在创造型学校环境、教师和学生问题，创造性的培养途径问题、创造素质和创造能力问题、创造方法问题上都开展了广泛的研究。这诚如吉尔福特（1967）所言"没有哪一种现象或一门学科像创造问题那样，被如此长久地忽视，又如此突然地复苏"，这可谓一语中的。

二、创造性的实质及创造人才的表现

创造性是人类思维的高级形态，是智慧的高级表现，是人类最美丽的花朵。这便是高素质。要了解与认识创造力的概念与实质，首先须从智力入手。我们认为，智力与能力都属于个性的范畴，不能将两者截然分开，其核心成分是思维，其基本特征是概括。智力应由思维、感知（现实）、记忆、想象、言语与操作技能组成。它是创造力的基础，是创造力的必要条件（当然，它不是充分的条件）。什么是创造性，这是一个有争议的问题。目前国际上的研究出现了三种倾向：一是认为创造力是一种或多种心理过程；二是认为创造力是一种产品，而不是一个过程；三是强调个性或差异性。我们认为创造力既是一种能力，又是一种复杂的心理过程和新颖的产物，也是一种个性品质。这样，我们曾把创造性定义为：根据一定目的，运用一切已知信息，产生出某种新颖、独特、有社会或个人价值的产品的智力品质（林崇德，1984，1986，1992）。这里的产品是指以某种形式存在的思维成果。它既可以是一个新概念、新思想、新理论，也可以是一项新技术、新工艺、新作品。很显然，这一定义是根据结果来判别创造力的，其判断标准有三，即产品是否新颖，是否独特，是否具有社会或个人价值。"新颖"主要指不墨守成规、破旧布新、前所未有，这是相对历史而言的，为一种纵向比较；"独特"主要指不同凡俗、别出心裁，这是相对他人而言的，为一种横向比较；"有社会价值"是指对人类、国家和社会的进步具有重要意义，如重大的发明、创造和革新；"有个人价值"则是指对个体的发展有意义。可以说，人类的文明史实际上是一部灿烂的创造史。对这个定义，我们还需要做一些解释。

毋庸置疑，个体的创造力通常是通过进行创造活动，产生创造产品体现出来的，因此根据产品来判断个体是否具有创造力是合理的。另外，产品看得见，摸得着，易于把握。而目前人们对个体的心理过程、个性特征的本质和结构并不十分清楚。因此，以产品为标准化比以心理过程或创造者的个性特征为指标，其可信度更高些，也符合心理学研究的操作性原则。因此，可以认为，在没有更好的办法之前，根据产品或结果来判定创造力是切实可行的方法和途径。此外，我们之所以强调创造力是一种智力品质，主要是把创造力视为一种思维品质，重视思维能力的个体差异的智力品质（林崇德，1986，1990，1992）。简言之，创造力是根据一定目的产生有社会(或个人)价值的具有新颖性成分的智力或个性品质。

无独有偶，心理学家德雷夫达尔(J. Drevdarl)指出，创造力是个体产生任何一种形式思维结果的能力，这些结果在本质上是新颖的，是产生它们的人事先所不知道的，它有可能是一种想象力或是一种不只局限于概括的思维综合。也正是在这个前提下，苏联有部分心理学家把创造力与"幻想"等同起来。创造力本身就包括由已知信息建立起新的系统和组合的能力。此外，它还包含把已知的关系运用到新的情境中和建立新的相互关系的能力。与此同时，创造性活动必须具有明确目标，尽管产品不必直接得到实际应用，也不见得尽善尽美，但产品必须是目标所追求的。这种产品可以是一种艺术的、文学的或科学的形式，或是可以实施的技术、设计或方式方法。这一点对于更好地理解创造力的定义是很有帮助的。虽然产品的新颖性、独特性和价值是判断一个人是否具有创造力的标准之一。但这并不意味着由此可以断定没有进行过创造活动，没有产生出创造产品的个体就一定不具有创造力。有无创造力和创造力是否体现出来并不是一回事。具有创造力并不一定能保证产生出创造性产品。创造性产品的产生除了具有一定创造性的智力品质外，还需要有将创造性观念转化为实际创造性产品的相应知识、技能以及保证创造性活动顺利进行的一般智力背景和个性品质，同时它还受到外部因素，如机遇、环境条件等的影响。由此可见，犹如智力有外显内隐之分，创造力也有内隐和外显两种形态。内隐的创造力是指创造力以某种心理、行为能力的静态形式存在，它从主体角度提供并保证个体产生创造性产品的可能性。但在没有产生创造性产品之前，个体的这种创造力是不能被人们直接觉察到的。当个体产生出创造性产品时，这种内隐的创造力就外化为物质形态，被人们所觉知，这时人们所觉知的创造力是主体外显的创造力。

相对论（$E=mc^2$）的发明者爱因斯坦，雕像《大卫》的塑造者米开朗琪罗，《命运》交响曲的创作者贝多芬，《红楼梦》的作者曹雪芹，《本草纲目》的编著者李时珍，无疑都是具有创造性或创造能力的典型。然而，有创造性的并非都是这样的"大家""大师"或"巨匠"。

从心理学的角度来分析，创造性是人类在创造性活动中表现出来的思维品质。我们（林崇德，1984，1992）认为创造性人才在智力上有如下5个方面特点及表现。

（1）创造性活动表现出新颖、独特且有意义的特点；

（2）思维加想象是创造性的两个主要成分；

（3）在创造性思维过程中，新形象和新假设的产生带有突然性，常被称为灵感；

（4）在思维意识的清晰性上，创造性是分析思维与直觉思维的统一；

（5）在创造性思维的形式上，它是发散思维与辐合思维的统一。

在国际上，创造性人才在人格（或个性）方面较流行的有如下8个方面的特点

（吉尔福特，1967）：

（1）有高度的自觉性和独立性，不肯雷同；

（2）有旺盛的求知欲；

（3）有强烈的好奇心，对事物的运动机理有深究的动机；

（4）知识面广，善于观察；

（5）工作中讲求理性、准确性与严格性；

（6）有丰富的想象力、敏锐的直觉，喜好抽象思维，对智力活动与游戏有广泛兴趣；

（7）富有幽默感，表现出卓越的文艺天赋；

（8）意志品质出众，能排除外界干扰，长时间地专注于某个感兴趣的问题之中。

由此可见，创造性人才不完全表现在智力上，而更多地表现在非智力因素或人格方面。如果说，外因通过内因而起作用，那么创造性的智力与人格是创造性人才的内因或内部条件，而外因或外部条件则是创造性的环境，特别是下面要阐述的创造性教育。

三、创造性的发展

创新是一个民族进步的灵魂。人类的创造力和其他各种能力一样，也是逐步形成，不断发展的。创造力的发展受到先天条件和后天环境等各种因素的影响，在个体的不同年龄阶段表现出不同的特点和发展趋势，对于不同的个体来说，创造力发展的个别差异也是十分明显的。因此，研究创造性的发展是培养和造就创造性人才的前提。

幼儿就有创造性的萌芽。这种发展表现在幼儿的动作、言语、感知觉、想象、思维及个性特征等各方面的发展之中，尤其是幼儿的好奇心和创造性想象的发展是他们创造力形成和发展的两个最重要的表现。一般来说，幼儿通过各种活动来表现他们的创造力，如绘画、音乐、舞蹈、制作、游戏等。其中游戏作为幼儿的主导性活动，一方面满足了他们参加成人社会生活和实践活动的需要；另一方面又使幼儿以独特的方式把想象和现实生活结合起来,从而对他们的心理行为以及创造力发展都起到重要作用。

小学生有明显的创造性表现。儿童入学后,想象获得了进一步发展,有意想象逐步发展到占主要地位,想象的目的性、概括性、逻辑性都有了发展;并且,想象的创造性也有了较大提高,不但再造想象更富有创造性成分,而且以独创性为特色的创造性想象也日益发展起来。我们(林崇德,1984,1986)对小学数学学习中培养和发展儿童创造力问题的研究发现,数学概念学习中的变换叙述方式、多向比较、利用表象联想,计算学习中的一题多解、简化环节、简便计算、计算过程形象化、发展估算能力,初级几何学习中的注意观察、动手操作、运用联想、多求变化、知识活用,应用题学习中的全面感知和直觉思维、发现条件和找出关键、运用比较和克服定势、补充练习、拼拆练习、扩缩练习、一题多变练习、自编应用题等,不仅对掌握数学知识、提高数学能力极为有利,而且也是小学生创造性的重要表现。其他研究也表明,小学语文中的识字、看图说话、造句、阅读、作文等活动只要运用得当,都可以极大地促进儿童创造力的发展。

中学生在学习中不断发展着创造性。中学生身心发展的特点决定了他们的创造力既不同于幼儿和小学生,也不同于成人。与学前、小学儿童的创造力相比,中学生的创造力有如下特点:①中学生的创造力不再带有虚幻的、超脱现实的色彩,而更多地带有现实性,更多地是由现实中遇到的问题和困难情境激发的。②中学生的创造力带有更大的主动性和有意性,能够运用自己的创造力去解决新的问题。③中学生的创造力更为成熟。我们(林崇德,1986,1987)在研究中看到:在语文学习中,中学生通过听、说、读、写等言语活动发展着思维的变通性和独创性。例如,听讲时提出不同的看法,在讨论时说出新颖、独特的见解,阅读时对材料进行比较、联想、发散和鉴别,作文时灵活运用各种方式表达自己的思想,等等。在数学学习过程中,中学生创造力既表现为思考数学问题时方法的灵活性和多样性,推理过程的可逆性,也表现为解决数学问题时善于提出问题、做出猜测和假设,并加以证明。物理和化学的学习要求中学生动手做实验,对实验现象进行思考和探索,尝试去揭示和发现事物的内在规律,运用对比、归纳等方法加深对规律的理解,并运用这些规律来解释现象，解决问题。这些对于激发中学生去探索自然界的奥秘，提高实际动手操作能力，促进创造力发展都十分重要。

青年是创造力发展的关键时期。在青年创造力的发展过程中，青年人的自我意识、自我评价、自我教育和自我控制等能力起了重要作用。青年时期创造性的发展有以下几个特点（王极盛，1983）：①处在创造心理的大觉醒时期，对创造充满渴望和憧憬；②受传统习惯的束缚较少，敢想敢说敢做，不被权威、名人所吓倒，有一种"初生牛犊不怕虎"的创造精神；③创新意识强，敢于标新立异，思维活跃，心灵手巧，富有创造性，灵感丰富；④在创造中已崭露头角，孕育着更大的创造性。

成年人则到了创造性的收获季节。一般来说，成年人的创造力趋于早熟，在30多岁（即青年晚期）达到高峰，但成年人的创造领域和成功年龄存在较大差异（H. Clehman，1977）：如化学家最佳创造年龄在26~36岁，数学家和物理学家最佳创造年龄在30~34岁，心理学家最佳创造年龄在30~39岁，生理学家最佳创造年龄在35~39岁，作曲家最佳创造年龄在35~39岁，军事家最佳创造年龄在50~70岁，运动健将最佳创造年龄在30~34岁。

1935年，罗斯曼（T. Rossman）对701位发明家的研究发现，发明家的最佳创造年龄是25~29岁，但完成个人最重大的发明的平均年龄为38.9岁。

1946年，亚当斯（Adams，1974）调查了4万多名科学家的研究成就与年龄的关系发现，他们产生最优秀作品的年龄中数在43岁，其中9%在30岁以下。亚当斯还发现这个年龄中数在不同时期有高度的稳定性。17—19世纪，每个世纪的科学家产生最优秀作品的年龄中数都是42岁，只有20世纪是44岁。因此，亚当斯认为，最优秀的作品多半是在40岁早期产生的。

佩尔兹和安德鲁斯（Pelz & Andrews，1976）研究发现，人的创造活动有两个高峰期，第一个高峰期是30岁后半期至40岁后半期，第二个高峰期是55岁左右。创造力在40岁后半期以后就停滞了，到55岁时又活跃起来。对于第二个高峰期出现的原因，佩尔兹和安德鲁斯解释为：55岁时，人已度过了身心多变的更年期，迎来了家庭、经济和地位的稳定，又重新积累了知识，对工作充满信心和责任感，从而引发出强烈的创造欲望。

国外还有资料研究了 100 位寿命在 70~79 岁和 56 位 80~89 岁的科学家发表科研论文的数量的情况，结果发现，他们在 20 岁时发表论文的数量很少，30~59 岁则相当多，平均每人每年有 2 篇，而到 60~69 岁时论文数量减少了 20%。对科学家而言，创造力在中年期达到高峰，40~60 岁则保持相对稳定，60~70 岁呈相对下降趋势，但 60~70 岁的创造力仍高于 20~30 岁（艺术家除外）。

我国工作者也研究了创造力与年龄的问题。张笛梅等人对 1243 名科学家的 1911 项重大创造发明进行了研究，结果表明，中年早期和中年中期是发明创造的最佳时期。目前面临的知识经济时代，最迫切需要的便是创造发明，因为知识经济是主要依靠知识创新、知识的创造性应用和知识广泛传播和发展的经济。目前，美国、欧洲等发达国家和地区科技对经济的贡献早已高达 60%~80%。我们应该奋起直追，其中一个重要的方面便是激励创造性人才做出创造发明，为中青年提供一切便利条件。王极盛等人研究发现，中国科学院学部委员中年时代的创造力明显高于其青年时代，一般科技工作者中年时代的创造力也高于其青年时代。这表明，中年时期是创造力的收获季节。鉴于此，创新是知识价值的核心，现在的青少年又是 21 世纪的创新主体，如果我们现在重视培养他们的创造能力，那么他们就能创造出高创新的知识，其价值也越高，而知识的增值也就是经济的增值，这样，中华民族就能立于不败之地。

四、培养和造就创造性人才的关键在于教育

随着国际竞争的日益白热化，各国经济、军事和教育、科学技术的竞争，将集中在创造性人才的竞争上。因此，创造力的研究也格外受到各国的重视，其中创造力培养是有关创造力研究中的一个重要部分。教育的要旨是创新人才的培养，人是知识创新与发展的生命之源。诚如德国文化教育学家斯普朗格所言，教育的最终目的不是传授已有的东西，而是要把人的创造力量诱导出来，将生命感、价值感唤醒，一直到精神生活运动的根。鉴于此，创造性人才的培养和造就，就要靠创造性教育。创造性教育应该在日常教育之中，并不是另起炉灶的一种新的教育体制，而

是教育改革的一项内容。例如，1995 年韩国发表的题为"建立主导世界、信息化时代的新教育体制"这一教育改革方案就要求中小学实行以知识记忆为主的教育向以培养创造力为重点的教育的转变，把创造力培养正式纳入中小学教改的议事日程。所谓创造性教育，我认为主要指在创造型学校管理和学校环境中，由创造型教师通过创造型教学方法培养出创造型学生的过程。这种教育不须设置专门的课程和形式，但必须依靠改革现有教育思想、教育内容和教育方法来实现。

首先，要提倡学校环境的创造性。学校环境的创造性主要包括校长的指导思想、学校管理、环境布置、教学评估体系及班级气氛等多种学校因素含有创造性。创造型教师和学生在教育环境中的经历是极其复杂的。学校本是发现、培养创造性人才的场所，然而事实并非如此。大多数学校太注重学业而排斥了其他方面的发展，这样就压制了教师和学生创造性才能的发挥。因此，优化学校环境的创造性是促进儿童青少年创造力发展的必要条件。

其次，要有创造型的教师，创造型教师是指那些善于吸收最新教育科学成果，将其积极应用于教学中，并且有独特见解，能够发现行之有效教学方法的教师。创造型教师要有创造性的教育观、知识结构、个性特征、教学艺术和管理艺术，特别是要有创造性的教学方法，这是培养和造就创造性人才的关键之一。我国高校教师的教学，比中小学更死板。这里，我特别想指出，高等学校只有以创造性教育作为基本手段和培养方向，才能适应社会需求，否则就会削弱自身的社会地位和特殊作用，甚至有被社会淘汰的危险。托兰斯的研究发现，教师在创造性动机测验中的成绩与学生的创造性写作能力之间存在一定的正相关，这表明教师创造性高低对学生创造力的培养是至关重要的。教师们往往倾向于喜欢高智商的学生而不是高创造力的学生(E. P. Torrance, 1962)。因此，研究教师的创造力教育观、个性特征、知识结构、教学艺术及管理艺术对于培养和发挥教师的创造性具有现实指导意义。

最后，培养学生创造性学习的习惯。"学习有两种，一种是重复性学习，另一种是创造性学习。""创造性学习就是不拘泥，不守旧，打破框框，敢于创新。……创造性应看作学习中必不可少的一环。"这是我早在 1985 年 3 月 30 日以《中国青年报》特约评论员的名义为大连某理工大学一名四年读完学士和硕士的学生写的评论中的一段话。为了促进学生创造性的学习，我认为关键在于努力做到以下几点。

一是培养学生创造性的个性。任何创造性活动都受个性的极大制约，都需要对已有观念、方法与理论的突破。所以应提倡上面已提到的创造性个性，促进学生一丝不苟地、独立地、自信地用严峻的眼光审视周围环境，不是人云亦云，而是勤奋好学、孜孜不倦、锲而不舍地探索未知世界。

二是培养学生创造性学习的行为特征。除了在个性上创造型学生有独特之处外，他们在行为表现上也是与众不同的。美国心理学家托兰斯对 87 名教育家做了一次调查，要求每人列出 5 种创造型学生的行为特征，结果如下(百分数为该行为被提到次数的比例)。

(1)好奇心，不断地提问：38%。

(2)思维和行动的独创性：38%。

(3)思维和行动的独立性，个人主义，自足：38%。

(4)想象力丰富，喜欢叙述：35%。

(5)不随大流，不依赖群体的公认：28%。

(6)探索各种关系：17%。

(7)主意多(思维流畅性)：14%。

(8)喜欢进行试验：14%。

(9)灵活性强：12%。

(10)顽强、坚韧：12%。

(11)喜欢虚构：12%。

(12)对事物的错综复杂性感兴趣，喜欢用多种思维方式探讨复杂的事物：12%。

(13)耽于幻想：10%。

由此可见，创造型学生其行为特征多是：好奇、思维灵活、独立行事、喜欢提问、善于探索等。这与实际情况是吻合的。

三是培养学生创造性的学习特点，特别要强调的是学生的兴趣、志向、信心、毅力、质疑五种品质的培养。创造型学生在学习中有许多不同于普通学生的表现。

在学习内容上，创造型的学生不满足于对教学内容的记忆，许多人喜欢自己对未知世界的探求；在学习态度上，创造型学生对感兴趣的事物愿意花大量时间去探究，思考问题的范围与领域不为教师所左右；在时间安排上，创造型学生不按规定时间去学，除了完成课堂作业外，更多的时间花在阅读课外书或从事其他活动上；在学习目标上，创造型学生不仅能获得书本或教师传授的知识，而且还对教师和书本上的知识进行批判地吸收；创造型学生对语词或符号特别敏感，能在与别人的交谈中发现问题；在学习动机上，创造型学生渴望找到疑难问题的答案，喜欢寻找缺点和进行批判，并对自己的直觉能力表示自信，相信自己的直觉。学习贵在创新。有人认为，学习只是接受前人的知识，学习书本上的知识，不是创造发明，根本谈不上创新。我们则认为，学习固然不同于科学家的研究，但也要求他们敢于除旧，敢于布新。学生在学校里固然是以再现性思维为主要方式，但发展他们的创造性思维，也是教育教学中必不可缺的重要一环。学校中多一分创造性学习，学生进入社会就多一分创新能力；学校中多一名创造型学生，进入社会则多一位勇于创新的人才。

人的创造性的张扬，人的创造性的普遍化，是时代的要求。马克思主义从实践的根本观点出发，确认了人的创造性是人的本质属性，也是人的一种生存状态，是人的本性的延伸，可见人人都有创造性，这是创造性人才成长的基础。由于知识成为经济和社会发展的重要资源，创新人才成为竞争合作的决定性因素，人们必然会如同农业时代追求土地、工业经济时代追求资本那样去追求知识。知识产权的价值将显著提高，创新人才将成为各国间、企业间争夺的最重要资源，人们将把对教育和科研的投资视为最重要的战略性投资。这是时代发展的必然趋势。创造性的培养应当成为教育的普遍目标，它要面向全体受教育者，各级各类教育都要以此为目的，并为此而做出努力。让我们积极顺应时代潮流，从教育改革入手，培养和造就适合时代的高素质创造性人才，以涌现出更多的创造型学校、创造型教师，从而产生更多的创造型学生。赋予创造性教育以本体论的意义。

参考文献

[1]吉尔福特. 创造性才能[M]. 施良方，译. 北京：人民教育出版社，1991.

[2]朱智贤,林崇德. 思维发展心理学[M]. 北京: 北京师范大学出版社, 1986.

[3]Mansfield R S & Busse T V. The psychology of creativity and discovery[M]. Chicago: Nelson Hall, 1981.

[4]Sternberg R T. The nature of creativity [M]. New York: Cambridge University Press, 1988.

[5]Yang L S. Managing creative people[J]. Journal of Creative Behavior, 1994, 28(1): 16-20.

关于创造性学习的特征[*]

学习，一般是指经验的获得及行为变化的过程。人类的学习是获取经验、知识、文化的手段，知识的继承和文化的传承要依靠学习；学习的重要内容乃是人类文化创造的结果。学习活动能否增加创造性的意义，学习过程能否增加除旧布新的成分，学习者能否有创造性的动机，学习者能否通过学习获得创造性的人格，进而加快发展为创造性人才，等等，这是时代赋予我们的一个崭新的课题。

今天，由于"科学技术的发展日新月异，知识经济已初见端倪，国力竞争日趋激烈"的缘故，培养和造就高素质的创造性人才势在必行。创造性人才的培养和造就要靠社会的关注，教育的改革，也要靠学生的创造性学习。为此，我在 1999 年《北京师范大学学报（社会科学版）》第 1 期上发表了《培养和造就高素质的创造性人才》一文。今年我想在此基础上深入探讨创造性学习的问题，讨论什么是创造性学习、创造性学习的缘起是什么、创造性学习有什么特点、如何开展创造性学习等当今心理学界和教育界所关注的问题。

一、创造性学习是经心理学界长期探索而提出来的

在国际心理学界，创造性学习一般被认为是西方两种心理学理论的产物。一是布鲁纳的发现学习；二是吉尔福特的创造性思维。这两种理论都产生于 20 世纪 50 年代末的美国。原因是 50 年代苏联卫星上天，使美国意识到国力竞争的关键在人才的培养上，为了改变当时美国的科学技术状态，其途径就是大力培养创造性人才。创造性人才培养的前提是创造性的理论和实验的研究。

　＊　本文原载于《北京师范大学学报（社会科学版）》2000 年第 1 期。

在学习理论上，按不同的学习方式可以分为接受学习(reception learning)和发现学习(discovery learning)。所谓接受学习，是指学习者将别人的经验变成自己的经验时，所学习的内容是以某种定论或确定的形式通过传授者传授的，不需要自己任何方式的独立发现。与之相对应的教学方法是讲授教学法，学习者将传授者讲授的材料加以内化和组织，以便在必要时给予再现和利用。奥苏伯尔曾把接受学习分为有意义接受学习和机械接受学习，其中有意义接受学习的过程不是一个被动过程，而是一个新旧知识相互作用的过程，即新知识为"认知—知识结构"所同化的过程。学习者理解新知识，原有认知—知识结构获得改造和重组。所谓发现学习，又叫"发现法"，是主张由学习者自己发现问题和解决问题的一种学习方式。它以培养学习者独立思考(思维)为目标，以基本教材为内容，使学习者通过再发现的步骤来进行学习。发现学习分为独立发现学习和指导发现学习。前者与科学研究相同，在学校学习中较少见；后者却是在课堂教学中出现，它向学生提出有关问题，指导学生学习、收集有关资料，通过积极思考，自己体会、"发现"概念和原理的形成步骤。尽管发现学习的效率比接受学习低，而且受学习者智力水平和知识基础的限制，但是发现学习的倡导者布鲁纳却认为发现学习有四个优点：一是有利于掌握知识体系与学习方法；二是有利于启发学生的学习动机，增强其自信心；三是有利于培养学生发现与创造态度探究的思维定势；四是有利于知识、技能的巩固和迁移。

吉尔福特在创造性思维的研究上做了大量的工作，他认为创造性思维的基础是发散思维(divergent thinking)。他指出，由发散思维表现出来的行为代表一个人的创造力，这种能力具备变通性、独特性和流畅性三个特征。所谓思维的变通性，是指具有创造能力的人思维变化多端、举一反三、一题多解、触类旁通。类似于"一块红砖有什么用处"这样一题多解的试题，回答者从建筑材料展开到十余种其他用途，表现出良好的变通性。所谓思维的独特性，是指对问题能够提出不同寻常的独特、新颖的见解。例如，对故事"一位哑巴妻子被医治好了。丈夫却为妻子变得唠叨而苦恼，从而想让医生把自己变成听不到妻子唠叨的聋子"加以命题，结果出现"聋夫哑妻""无声幸福""开刀安心"等独特、新颖的命题，表现出良好的思维独特性。所谓思维的流畅性，是指思维的敏捷性或速度，也就是说，创造能力高的人思维活动则多流畅、少阻滞，能在短时间内表达众多的观念。

创造性学习正是在发现学习和创造性思维等研究的基础上发展起来的。创造性学习（creative learning）一词来自创新学习（innovative learning）。"创新学习"的概念最早出现在牛津、纽约等 6 家出版社于 1979 年出版的《学无止境》（*No Limits to Learning*，作者是 James W. Botkin，Mahdi Elmandjra，Mircea Malitza），书中此概念是针对全球存在的环境问题、能源危机等而提出来的。创新学习是与传统的学习方法——维持学习（maintenance learning）相对立的一种学习。维持学习是获得固定的见解、方法、规则以处理已知的和再发生的情形的学习，它对于封闭的、固定不变的情形是必不可少的。创新学习是能够引起变化、更新、改组和形成一系列问题的学习。它的主要特点是综合，适用于开放的环境和系统以及宽广的范围。预期和参与构成创新学习过程的概念框架，创新学习需要创造性的工作。维持学习和创新学习的另一区别在于：维持学习所要解决的问题来源于科学权威或行政领导，其解决方案容易被公众理解和接受。对创新学习而言，问题解决本身比其被接受更重要，它们在与更大的社会环境整合中获得价值和意义，因此，创新学习的关键目标是在充足的时间内扩大观念的影响范围。到 20 世纪 80 年代初，重视使用"创造性学习"概念探讨学生创造性学习，是为了促进创造性人才的成长。

二、创造性学习是创造性教育的一种形式

学习活动是要把人类的一切经验、认识和文化成果，都用来武装新一代的头脑，以改变个体的行为，为文明服务，为社会发展服务。学习活动的基础是教育；教育是受教育者学习活动的前提。我们今天强调创造性学习，则须以创造性教育为基础；创造性学习则是创造性教育的一种形式。

所谓创造性教育，是指在创造性学校管理和学校环境中，由创造型教师通过创造型教学方法培养出创造型学生的过程。创造性教育是在创造性理论的推动下，由创造性的训练而发展起来的。这种训练包括两个方面，其一，心理学家为了发展人类的创造才能，推荐了各种不同的创造力训练程序。例如，人的创造才能发展是与

培养个体形成多侧面完整人格的整个过程分不开的，不能单纯地局限于诸如"创造性问题—解决过程"上，因为学生个性（人格）及其内在动机的形成对创造力发展是至关重要的，而个性的形成必须接受教育的影响。又如，提倡问题—解决训练和其他许多鼓励学生自己提出问题，或懂得教师是怎样提出某些问题的思路，以便呈现创造能力的方法。其二，教育措施除了对持续和成功的创造力必不可少外，其非常重要的作用可以归于其组织化因素。它的目的是保证主体的高效率，以及维持其高度创造力的心理状态。近年来，我们已经看到许多应用各种组织化程序刺激创造力的建议。例如，头脑风暴法（brain storming），即创造性解决问题的 5 步过程：发现问题—发现事实—发现观念—找到解决方案—寻找认可这个观念的同伴，并将观念应用于实践。又如，举隅法（syntctics），即对于别出心裁的思路决定性的因素是程序。研究者指出"形成熟悉的陌生"（making the familiar strange），意思是：一个人正在形成一种在某些熟悉事物上具有新面貌的尝试，他审慎地假定一个不同于完全被认可的观点，并且发展了一个针对众所周知现象和事物的非同寻常的尝试。

创造性教育就是在这种创造力训练的基础上发展起来的。它不需专门的课程和形式，但必须依靠改革现有的教育思想、教育内容和教育方法来实现，特别要考虑到：①呈现式、发现式和创造式；②聚合思维（convergent thinking）和发散思维的效果；③创造教学与学生身心发展规律的关系；④学科教学、教学方法和课外活动的作用。

创造性教育的要素有哪些呢？在创造性教育中，首先，要提倡学校环境的创造性，主要包括校长的指导思想、学校管理、环境布置、教师评估体系及班级气氛等多种学校因素。应该指出，民主气氛是学校众多因素的关键，学校里是否有民主气氛，这是能否进行创造性教育的关键。其次，要有创造型的教师。教师不是单纯地传授知识、经验和文化，而是在传授知识、经验和文化的同时，更注重于培养人、塑造心灵、变革精神世界。因此，一位优秀教师绝不是传声筒般的教书匠，应该是教育目的的实现者，教学活动的组织者，教学方法的探索者和教育活动的创造者，创造型教师就是指那些善于吸收最新教育科学成果，将其积极应用于教育教学中，并且有独特见解、能够发现行之有效教育教学方法的教师。创造型教师主要包括教师的创造性教育观、知识结构、个性特征、教学艺术和管理艺术，特别是教育教学方法，这是培养和造就创造性人才的关键之一。最后，培养学生创造性学习的习惯，使学生形成一种带有情感色彩且自动化的学习活动，关注呈现式、发现式、发散式和创造性的问题，这就是创造性学习。所以，创造性学习是创造性教育的一种形式。

三、创造性学习强调学习者的主体性

主体与客体(subject and object)原是哲学概念，是用以说明人的实践活动和认知活动的一对哲学范畴。主体是实践活动和认知活动的承担者；客体是主体实践活动和认知活动指向的对象。学生的学习活动是有对象的或有内容的，这就是学习的客体。谁来学呢？学生。学生必然是学习活动的主体。然而，在传统的学习观中，更多的是强调教师的教，强调接受，强调重复性学习。我们并不否定教师在教的过程中的主体地位，也不否定接受学习的形式和重复性学习在学生学习活动中所占的位置，但在倡导创造性学习的过程中，我们更强调学习者的主体性。主体性是学习者作为实践活动、认知活动的学习活动主体的基本特征，它的实质是由于人有自我意识。自我意识是人的意识的最高形式，它以主体自身为意识的对象，是思维结构的监控系统。通过自我意识系统的监控，可以实现人脑对信息的输入、加工、存储、输出的自动控制系统的控制。这样，人就能按照自己的意识相应地监控自己的思维和行为。我国古代思想家老子曰："知人者智，自知者明。"这正说明，人在实践活动和认知活动中，自我意识的监控所表现出来的分析批判性，体现着一个人的智力与能力的水平。美国心理学的研究表明，创造性思维和自我概念存在高相关。自我认可、独立性、自主性、情绪坦率上高水平的被试，同样也是高创造力者。如何用这种主体性来揭示学生的学习，又如何来理解学习的主体性呢？

第一，学生是教育目的的体现者。教育(培养)目标，尤其是创造性教育目标的实现，要在学生自己的认知和发展的学习活动中体现出来。如果学生没有学到知识，没有掌握教育内容，没有用所学的知识促进自己身心的发展和变革，那么教育的目的也就成了一句空话,创造性学习则更无从谈起。在创造性学习的学习目标上,学生不仅能获得书本或教师传授的知识,而且还对教师和书本上的知识进行分析,提出质疑,更自主而有选择地吸收。

第二,学生是学习活动的主人。学生的学习积极性是成功学习的基础。只有学生主动学习、主动认知、主动获取教育内容、主动吸收人类积累的精神财富,他们才能认识世界,促进自己的发展。从一定意义上说,主动学习就是创造性学习的基础。教师相对学生的学是外因。外因必须通过内因才能起作用;教师的教,只有通过学生的折射才能生效。在学习过程中,师生的交互活动旨在实现学生的社会化、个性化和创造化。所以,学生是学习活动,尤其是创造性学习的主人。创造性学习只有在学生主动学习的过程中才能实现。

第三,学生在学习活动中是积极的探索者。在创造性学习活动中,学生不仅要接受教师所教的知识,而且要消化这些知识,分析新旧知识的内在的联系,敢于除旧布新,敢于自我发现。从这个意义上说,学生在学习过程中,尤其是创造性学习过程中是探索者和追求者。对学生主体来说,学习远不只是知识的简单增加,而是一个人存在的每一部分都会与某种学习经验、知识、文化相互贯穿,并导致其态度、个性(人格)及对未来的选择方向发生变化。因此,学生只有发挥主体性,才能使其学习更有创造性的成分,从而更主动地获得发展。

第四,学生是学习活动的反思者。任何学习都有一个反思的过程,这就是认知心理学强调的元认知。在创造性学习中,尽管也有直接理解或直接领悟的直觉思维,即所谓的"知其然,不知其所以然",但更重要的是有批判思维(critical thinking)的成分,即"知其然,知其所以然"。换句话说,在创造性学习中,要有严密的、全面的、自我反省(或反思)的思维,要有思维活动的监控的成分。有了这种思维,在学习中就能考虑到一切可以利用的条件,就能不断验证所拟定的解决问题的假设,就能获得新颖、独特的问题解决的答案,使学习活动更好地获得定向、监控和调节的功能。因此,反思或监控是创造性学习的一个重要组成部分。

四、创造性学习倡导的是学会学习，重视学习策略

在学校里，学生最重要的学习是学会学习，最有效的知识是自我控制的知识。创造性学习所倡导的是学会学习。要学会学习，这就有一个学习策略（learning strategies）的问题，即学习者必须懂得学什么、何时学、何处学、为什么学和怎样学。

在国际心理学界，对学习策略的看法存在较大的分歧，归纳一下大致分为三类：第一类是把学习策略看作学习的规则系统；第二类是把学习策略看作学习过程或步骤；第三类是把学习策略看作学习活动。看法虽不一样，但反映了不同的研究者从不同的角度出发去揭示学习策略的特征。这对我们是有借鉴意义的。

我们认为，所谓学习策略主要指在学习活动中，为达到一定的学习目标而学会学习的规则、方法和技巧；它是一种在学习活动中思考问题的操作过程；它是认知（认识）策略在学生学习中的一种表现形式。我们在这里要强调的四个问题是：一是学生学习的目的性；二是学生的学习方法，在一定意义上说，学生学习策略的主要成分是学习方法；三是学生的思维过程；四是学习策略和认知（认识）策略的关系。

学会学习或学习策略并不是一个新的思想。在西方，最早提出这个问题的是法国思想家和教育家卢梭，他指出，形成一种独立的学习方法要比获得知识更为重要。这里已蕴含了一种创造性学习的思想。在我国，早在 2500 多年前孔子就已重视学会学习的做法，他的名言"学而不思则罔，思而不学则殆"，讲的就是学习过程中学习与思考关系的策略的问题。但真正提出策略却是在 20 世纪 60 年代以后的课题中。认知心理学对此起了很大的作用。认知心理学家们重视创造力的发展，重视创造性学习，重视学生是学习的主人，所以强调了学生学会学习的重要性。

我们在前面论证创造性学习过程中学生的主体地位，正是为了强调学生学会学习和学习策略的重要性。这里我们还要强调三点。

首先，重视学生的学习策略，就是承认学生在创造性学习过程中的主体性，强调学生在创造性学习活动中的积极作用。学习策略受制于学生本人，它干预学习环节、提高认知功能、调控学习方式，直接或间接影响着主体达到创造性学习目标的

程度。可见，学生掌握学习策略的过程是一个学习的监控性、积极性和创造性的统一过程。

其次，学生的学习策略是学会学习的前提，学会学习本身是一种创造性的学习，学会学习包括学生运用一系列的学习策略。学生的学习策略是造成其创造性学习成分多少，从而形成个别差异的重要原因。例如，研究表明，反应慢而仔细准确的"反省型"被试比起反应快而经常不够准确的"冲动型"被试，表现出具有更为成熟的解决问题的策略，更多地做出不同的假设；愿意循规蹈矩、喜欢依赖有条理秩序的"结构化"策略的被试，同希望自己来组织课堂内容的"随意性"方式的被试相比，在学习态度、学习成绩和创造性程度表现上是不尽相同的。

最后，学习策略是一系列的有目的的活动。它是学生在学习过程中所选择、使用、调节和控制学习方法、方式、技能、技巧的操作活动。学习策略应该包括制订学习计划、监控学习目标、激发动机、感知教材、理解知识、记忆保持、迁移运用、获得经验的学习过程，以及对学习活动做出检查、评估、矫正、反馈。学生在学习过程中逐步形成自己的学习策略。有了良好的学习策略，他们就意识其学习内容，懂得学习要求，控制学习过程，以便做出新颖、独特且有意义的决定，及时地调整自己的学习活动，或者做出恰当的选择，灵活地处理各种特殊的学习情境，一句话，形成创造性的学习活动。

总之，学生的学习过程，特别是创造性学习的过程是一种运用学习策略的活动。学生要学会学习，学会创设创造性学习的环境，寻找独特的方法，善于捕捉机会发现问题和解决问题，都得运用一定的学习策略。否则的话，不仅学会学习进行创造性学习成了一句口号式的空话，而且连问题的解决、知识的获得、技能的掌握也难以实现。

五、创造性学习者擅长新奇、灵活而高效的学习方法

创造性学习者能能动地安排学习，有较系统的学习方法，并养成了良好的学习习惯。

学习过程是学生经验的累积过程，它包括经验的获得、保持及改变等方面。它的重要特点在于学生有一个内在因素的激发过程，从而使主体能在原有结构上接受新经验，改变各种行为，进而丰富原有的结构，产生一种新的知识结构和智力结构。因此，学习的过程中，有一种学生的主观见之客观的东西，这就是他们在学习过程中发挥的自觉能动性。学生这种能动性发挥的程度，正反映其创造性学习的水平。换句话说，学生的自觉能动性发挥得越出色，他们对学习的安排越新颖而独特，获取的知识则就越多越新，从而使其智力活动具有更高的创造性。因此，如何安排学习是学习方法是否有效的一种显著表现。创造型学生能能动地安排学习。例如，创造型学生在时间安排上，不一定按规定时间去学习；除了完成课堂作业外，他们自觉能动地把更多的时间花在阅读课外书籍或从事其他活动上，从而捕捉与一般学生不同的知识、经验与文化，建构着自己的知识结构和认知结构。由此可以看出能动地安排学习与高效的学习方法之间的关系。

创造型学生有着较为系统的学习方法。过去论述学习理论时，强调学习方法。20世纪六七十年代以来，开始重视各种学习变量对学习方法选用的影响，把学习方法的选用置于更为广泛的学习情境中考察，从而转向研究各种学习变量、元认知与学习方法选用的关系。这样，就将学习方法的探索提高到一个新的水平，即前面提到的策略性学习的水平。如果用战术与战略关系来做比喻，学习方法属于战术的范畴；根据学习情境的特点和变化选用最为适当的学习方法才是学习的策略，它属于战略的范畴。可见，学习方法由于种类多，又因情境而区别，所以因人而异。这种差异就决定了学生是否有系统的学习方法，能否选用最为适当的学习方法，也决定着学生学习的创造程度。学习方法尽管种类很多，但其中一些经过反复实践和修正，形成具有模式意义的学习方法，并得到广泛的应用，如循环学习法、纲要学习法、发现学习法、程序学习法等。创造型的学生在选择学习方法时，往往遵循学习的规律，明确学习任务，利用一切可利用的学习条件，根据学习的情境、内容、目标和特点而灵活地应用。他们表现出强烈而好奇的求知态度，不断地向教师、同学与自己提问；想象力丰富，喜欢叙述；不随大流，不依赖群体公认的结构；主意多，思维流畅性强；敢于探索、试验、发现和否定，喜欢虚构、幻想和独立行事；

善于概括，将知识系统化等。这样，不仅提高了学习的效果，而且也发展了创造能力。

养成良好的学习习惯是培养高效学习方法的基础。如上所述，所谓学习习惯是一种无条件的、自动的、带有情感色彩的学习行为。这种行为哪儿来呢？行为主义心理学家华生曾提出"学习的习惯化"这样一种学习理论，认为学习的过程就是习惯形成的过程。复杂的习惯是由一些简单的条件反应构成的。这些条件反应是在学习过程中，通过条件化作用，将散乱的非习惯(无条件)反应加以组织而形成。教育心理学一般认为，学习的形成有四个条件，一是模仿，二是重复，三是有意练习，四是矫正不良的学习习惯。良好的学习习惯能使学习从内心出发，不走弯路而达到高境界；不良的学习习惯会给学习的成功带来困难。从系统科学的观点来看，学习习惯是一种能动的自组织过程。一定的学习环境使个体学习达到一个临界状态。从学习到智力与能力高低的质变，往往是由学习习惯这种序参量来决定的。在客观的学习环境作用下，主体的学习习惯常常将一些单个的行为协同起来，自动地做出一系列的学习行为。可见，学习习惯是一种自动化学习行为的过程，是智力与能力发展的过程。在学习中，是人云亦云、鹦鹉学舌、死守书本、不知变化，还是不拘泥、不守旧、打破框框、求异创新，这正是重复性学习和创造性学习的两种不同的学习习惯的表现。一个人养成重复性学习习惯还是创造性学习习惯，往往同其智力与能力水平的高低有直接的关系，它是反映智力与能力的重要指标。因此，高效的创造性的学习方法，必须从认识不良学习习惯并将其打破开始，并且要持续地养成创造性学习的习惯。久而久之，习惯成自然，就形成一种创造性的学习风格(learning style)，即稳定的学习活动模式。我经常谈到，如果一个人小学阶段的创造性比别人高一点点，到中学阶段其创造性又比别人高一点点，再到大学阶段仍保持其比别人高一点点的创造性，这"一点点"可能使其走上社会变成一个创造发明的能手。因此，养成良好的创造性的学习习惯，其好处是无可估量的。

六、创造性学习来自创造性活动的学习动机，追求的是创造性学习目标

学习行为要由学生学习动机来支配。学生的"会学"水平取决于"爱学"的程度。

学生的学习活动是由各种不同的动力因素组成的整个动机系统所引起的。其心理因素首要是需要及其各种表现形态,诸如兴趣、爱好、态度、理想和信念等,其次是情感因素。从事学习活动,除要有心理因素的需要之外,还要有满足这种需要的学习目标。这种学习目标包括学习目的、内容和成果。由于学习目标指引着学习的方向,可把它称为学习的诱因。学习目标同学生的需要一起成为学习动机系统的重要构成因素。学生的学习动机之所以能发挥其作用,这与它的激发有直接关系。学习动机的激发,是利用一定的诱因使已形成的学习需要由潜在状态转入活动状态,使学生产生强烈的学习愿望或意向,从而成为学习活动的动力。学习动机的激发,其诱因可以来自学习活动本身所获得的满足,也可以来自诸如学习目的、学习成果和远大目标等学习之外所获得的间接满足。

创造性学习来自创造活动的学习动机,所以创造型学生的学习动机系统有其独特的地方。在学习兴趣上,创造型学生有强烈的好奇心,有旺盛的求知欲,对智力活动有广泛的兴趣,表现出出众的意志品质,能排除外界干扰而长期地专注于某个感兴趣的问题上;在学习动机上,创造型学生对事物的变化机制有深究的动机,渴求找到疑难问题的答案,喜欢寻找缺点并加以批判,且对自己的直觉能力表示自信;在学习态度上,创造型学生对感兴趣的事物愿花大量的时间去探究,思考问题的范围与领域不为教师所左右;在学习理想上,崇尚名人名家,心中有仿效的偶像,富有理想,耽于幻想,用奋斗的目标来鞭策自己的学习行为。

创造性学习者追求的是创造性学习目标,创造性学习在一定意义上是一种创造性活动。创造性活动的指标之一是通过产生创造性产品来体现的。产品是看得见,摸得着,易于把握的。尽管这种产品不必直接得到实际应用,也不见得尽善尽美,但产品必须是创造性学习的目标所追求的。这种创造性学习的产品可以是一种语言、文学上的作品,如作文;也可以是一种科学(数学、物理、化学、生物等)的形式,如新颖、独特且有意义的解题;还可以是一种近乎科技的设计、方式和方法,如科技活动小组的制作;等等。总之,创造性学习活动所追求的学习目标有着与众不同的特点。在学习内容上,创造型学生不满足对教学内容或教师所阐述问题的记忆,许多人喜欢自己对未来世界进行探索;在学习途径上,创造型学生对语词或符号特别敏感，能在与别人的交谈中利用一切机会捕捉问题，并发现问题；在学习目标上，创造型学生不仅能获取课内外的知识，而且有高度求知的自觉性和独立性，得到不同寻常的观念，并分析批判地加以吸收。

学习贵在创新。有人认为，学习只是接受前人的知识、学习书本上的知识，不是什么创造发明，根本谈不上什么创新。我们则认为，学习固然不同于科学家的研究，但也要求学生敢于除旧，敢于布新，敢于用多种思维方式探讨所学的东西。学生在学校里固然是以再现思维为主要方法，但培养他们的创造性思维也是教育教学中必不可缺的重要一环。思维的创造性或创造性思维，不应该被理解为仅仅局限于少数创造发明者身上所具有的思维形态，它是一种连续的而不是全有全无的思维品质，学生在学习过程中具有独特、发散和新颖的特点，这应该说是他们创造性思维的一种表现。研究学生思维创造性的发展和培养，研究他们的创造性学习特点并加以促进且做出科学的分析，这是思维心理学和学习心理学研究的一个重要的新课题，也是信息时代赋予教育工作者的一项重要的新任务。

参考文献

[1]吉尔福特．创造性才能[M]．施良方，译，北京：人民教育出版社，1991.

[2]俞国良．创造力心理学[M]．杭州：浙江人民出版社，1997.

[3]朱智贤，林崇德．思维发展心理学[M]．北京：北京师范大学出版社，1986.

[4]Yang L S. Managing creative people[J]. Journal of Creative Behavior, 1994, 28(1)：16-20.

融东西方教育模式， 培养"T"型人才[*]

20世纪80年代以来，心理科学在人力资源，即人的体力、智力、能力、知识、技能以及积极性、主动性、创造性等问题的讨论上，对人类的知识结构强调广博与精深的区别。我国人才学研究者也重视按知识的结构来划分人才的类型，形象地用"—"表示知识的宽度，用"｜"表示知识的深度，首先提出了"T"型人才的概念。他们指出一个优秀人才，是指知识面广（用"—"表示），且有一门精深专业知识（用"｜"表示）的"T"型人才。从1985年至今，中文专著、辞典、百科全书及论文等共有352种涉及这个问题。在国外类似的概念有"两科博士"（doctor with double majors）、"双料工程师"（engineer with double majors）或"双料人才"（double degrees talent）等，这种人才越来越受到社会的关注。

1995年在北京召开的"中国与亚太地区早期教育研讨会（China/Asia/Pacific Early Childhood Education Conference）"和美国苹果电脑公司召开的学术会议上，东西方的与会者都曾谈到各自的教育模式。我想赋予人才或人力资源的概念以新意，即提出融东西方教育模式为一体培养"T"型人才。

今天，我们讨论的主题是"地区教育与世界公民"。我们暂且抛开"国家的"政治意义，在一定意义上说，"地区"概念的扩大是国家，国家的扩大似乎可以概括为东方和西方。亚洲东南部诸国，如中国、日本、韩国、东南亚的一些国家，是比较典型的东方区域；西方主要是指欧美国家。

融东西方教育模式所培养的"T"型人才，这是世界公民最优秀的素质表现，也是面向21世纪地区教育的根本目标。如果真的要培养"T"型人才，开发了这种人力资源，则将意味着在全世界掀起一场教育的变革。它既包括改革以往的教育观念，

＊ 本文系作者1999年在山东师范大学召开的"中英国际教育研讨会"上的大会发言，后载于《北京师范大学学报（社会科学版）》2001年第1期。

也包括改革旧的教学内容，又包括改革旧的教学方法和手段。

一、东西方教育模式及人才的特点

图 1 是经我修订的"T"型人才模式，我认为这是较典型的教育模式。

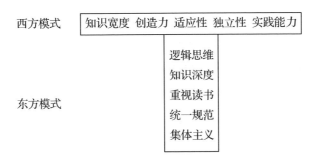

图 1　"T"型人才模式

这里所谓"T"型人才，"横"代表西方的教育观念、教学方法、教学模式；"竖"代表东方的教育观念、教学方法、教学模式。

东西方教育模式及其所培养的人才各有什么特点呢？

西方的教育，重视培养学生广阔的知识面、创造力、适应性、独立性和实践能力。这种教育模式突出地表现在以培养学生适应性为基础，以训练动手(实践)能力为手段，以增长创造能力为根本，以发展个性为目的。西方教育十分关注学生的适应性或社会适应能力。适应是来源于生物学的一个名词，用来表示能增加有机体生存机会的那些身体上和行为上的改变。心理学上则用来表示对环境变化做出的反应。皮亚杰认为，智力的本质是一种适应。自 1948 年以来，世界卫生组织多次论证"健康"的概念，每次都提到社会适应性是健康的重要指标之一。由此可见，适应是身心发展的基础，培养适应性则成为西方教育模式的重要内容。西方教育相当重视学生的实践活动，从中小学到研究生阶段都有动手的课程。与西方中小学生家长接触过的人都有一个感触，每次去他们家做客，家长总喜欢拿出孩子在学校里的劳动作品，如小柜子、板凳、枕头、旅行袋等向客人展示。大学里的教授做学问的方式也很特别，除了自己的科研和教学工作以外，他们非常重视实践活动。在大学和科研部门的实验室里拥有相当数量的工程技术人员，他们反对"纸上谈兵"，而是带动学生去实践，引导他们解决实际问题。在动手或实践活动的过程中，学生不仅提高了实际能力，而且也增强了某种专业的兴趣。西方的教育还贯穿着一条创造力培养的线索。创造性教育是西方心理学界与教育界长期探索的结果。作为创造教育的心理学基础的创造性研究，孕育于19世纪80年代初，起始于20世纪前50年，成熟于50~70年代之后，此间创造性的研究越来越受到西方各国心理学界与教育界的重视，研究方法也越来越多，创造性人才的培养也提到发达国家的教育议程上来了。各级各类学校的创造力训练，既有训练程序，又有组织化因素，如"头脑风暴法""举隅法""形成熟悉的陌生"都是非同寻常的尝试。创造性教育就是在这种创造力训练的基础上发展起来的，各级各类学校学生的创造力也从根本上获得了提高。西方教育的一个重要目标，是发展人的个性。个性，也可译为人格，它指一个人的整个精神面貌。个性结构是多层次、多侧面的，是由复杂的心理特征的独特结构构成的整体。这些层次有：完成某种活动的潜在可能性的特征，即能力；心理活动的定型特征，即气质；完成活动任务的态度和行为方面的特征，即性格；活动动力倾向方面的特征，如动机、兴趣、需要、理想、信念等。这些特征不是孤立的，是错综复杂交互联系的，有机结合成一个整体，是对人的行为进行调节和控制的。教育的目的就是充分运用宏观的社会关系，在群体中通过交往形成微观的人际关系，促进受教育者的个性获得千姿百态的发展，成为一个个生动活泼的社会个体；调动个体积极性，发挥每一个人的能动性为社会服务。

东方的教育模式，则重视培养学生精深的知识、逻辑思维、理解能力、统一规范和集体主义精神。这种教育模式突出地表现在以理解知识为基础，以崇尚读书（理论）为手段，以发展逻辑思维为根本，以追求统一规范为目的。东方教育十分关注学生的知识，而且强调知识的深度和理解水平，所谓"知其然，知其所以然"，就是这种模式的倡导。在东方，不管哪个国家，各科考试主要是考知识，自古以来基本如此。即使像中国选拔"仕"这样的科举考试，虽说考试的内容按考试科目的性质各有所侧重，但主要不是考管理能力，而是考知识。例如，元代规定以"四书"出题，以朱熹的《四书章句集注》为标准。明、清两代文科仅设进士一科，经义考试承元制采用八股文体，并将这种程序和制度加以完备。直至今日考试也表现出重知识轻能力的倾向。东方教育特别强调学生读书，因为"书中自有黄金屋，书中自有颜如玉"，所以"万般皆下品，唯有读书高"。尽管在我国古代课程中有"六艺"，即礼、乐、射、御、书、数，当代中国的教育以《实践论》为指南，提倡"理论联系实际"；在日本，大正时期八大教育主张之一是"动的教育论"，当代教育也倡导重视实践，但这不是主流，主流却是以"书本为中心"。升学、招聘、提职考试的内容是书本知识。东方教育十分重视逻辑思维培养。因为人类的思维就是指逻辑思维，也叫理论思维。逻辑，主要是指思维的规律；思维的逻辑性，就是指思维过程中有一定形式、方式，是按一定规律进行的。逻辑思维的发展本身也有两个阶段，一个是初级阶段，可以叫作普通逻辑思维阶段；另一个是高级阶段，即辩证逻辑思维阶段。平时我们一提逻辑思维，往往是指抽象逻辑思维；其实，逻辑思维应该有三类：动作逻辑思维(操作思维)、形象逻辑思维(形象思维)和抽象逻辑思维(抽象思维)。东方教育重视受教育者思维的深刻性，即强调理性认识，强调学生"通过现象看本质"。也就是说，学生在感性材料的基础上，经过思维过程，去粗取精，去伪存真，由此及彼，由表及里，于是在头脑里就形成一个认识过程的突变，产生了概括；由于概括，他们抓住了事物的本质，事物的全体，事物的内在联系，认识了事物的规律性。因此，培养学生的逻辑思维是东方教育的一个突出特点。东方教育还强调集体协作精神，讲究规范化，"没有规矩，不能成方圆"，于是把追求统一规范作为教育的目标。由于追求统一规范，所以东方各国的教育都在提倡和强化某种"精神"，在教育内容上往往强调某一种"准则"。例如，在中国人的德育准则上，从孔夫子到孙中山，一直推崇"忠""孝""仁""义"；1949年，在《中国人民政治协商会议共同纲领》中，曾把我国国民公德概括为"五爱"，新中国成立50多年来，我国教育重视这"五爱"的公德标准；我国台湾地区创设了"五心"同心会，提倡把忠心呈给国家，把孝心献给父母，把信心留给自己，把热心传给社会，把爱心送给大家。总之，东方教育突出的是集体主义规范，强调的是教育对象有统一的要求、统一的目标、统一的格式。

当然，我们在阐述东西方教育模式的特点，主要是强调差异性或主要的特征。但事实上，东西方的教育模式还有其一致性。也就是说，东西方教育模式是相通相融的，两者的互补性远大于冲突性。所以，我们上述的西方教育模式特点在东方教育中也部分存在；东方教育模式的特点，同样也能在西方教育中看到。总之，长期以来，东西方教育相互吸收取长补短，共同发展着。这一特点正是我们提出"融东西方教育模式，培养'T'型人才"的基础。

二、扬长避短、学贯中西

从整个大的地区分析，哪种教育模式好呢？我看各有千秋。作为东方人，我不想去评论西方教育及其人才或人力资源的特点，只想谈点东方人的教育及其人才特点。由于东方人接受东方教育的模式，所以东方人的逻辑思维就比较强。东方地区，在教学上重视的是学生"知其然，知其所以然"，追求的是知识的深度和难度，所以教育教学扎扎实实，一丝不苟，于是在每年国际中学生奥林匹克竞赛中，数、理、化和计算机的受奖数以及总分成绩往往是中国第一；在出国留学生中，擅长于以逻辑思维为基础的计算机和数学的人也比较多。这反映了当前中国教育的模式特点及其结果。在中国，由于我们的人才或人力资源有良好的知识面，逻辑思维强，加上有集体主义，所以我们的发展速度就比西方快。例如，当今的中国航天事业与世界同行，我们的第一艘试验飞船在酒泉卫星发射中心成功发射升空，并成功地回收，使我国成为继美俄之后掌握载人航天技术的第三个国家。人类载人航天已有38年历史，而中国载人航天工程自1992年启动实施以来，仅仅用了7年时间就突破了航天最高技术。这不能不说与教育无关，这证明了"科教兴国，教育为本"战略的成功。

然而，我们东方人的诺贝尔奖获得者人数远远少于西方人，在一定意义上也可以说具有创造性的人才数量不如西方。比起西方的教育模式，东方地区的人，中国地区的人，也要认识到我们的不足和弱点，主要表现在三个方面：一是在教育中过多地强调"听话"的理念，忽视了学生创造力的培养；二是在教学上过多地"满堂灌"的说教，忽视了学生主动适应的锻炼；三是在行为上过多地强调统一的规范，忽视了学生个体差异的存在。为此，就决定了我们要扬长避短，必须融东西方教育模式为一体。

当前，地区的竞争、国家之间的竞争，是一种科学技术的竞争，突出地表现在人才或人力资源的竞争上，在一定意义上是科技和教育的竞争。教育模式如何变化，也往往与之相适应。美国大力提倡创造性的研究起始于 20 世纪 50 年代，原因之一是 1957 年苏联人造卫星的上天，成为刺激美国加强创造性教育的一个动力。所以教育模式离不开人才或人力资源的竞争、科学技术的竞争、国家之间的竞争。我们国家正在全面推进的是以创新精神为核心的素质教育，这是为什么？因为世界科学技术的发展日新月异，知识经济已初见端倪，国力竞争十分激烈。因此，我们要培养数以亿计高素质的创造性劳动者，培养数以千万计的高素质创造性专门人才。

教育要面向现代化，面向世界，面向未来。为了实现教育的"三个面向"，中国的教育应持什么样的观念，培养什么样的人才，提倡什么样的模式？我的体会是融东西方教育模式培养"T"型人才。这里，有现代化的理念，有世界的精华，有未来人才的要求。今天我们推行的素质教育，有哪些内容呢？一是以德为本，全面发展；二是面向全体，顾及每一个学生；三是强调学生的创新精神和创造能力，促进学生个性的健康发展，即它讲究承认个体差异，尊重教学中的主体性，发展学生的主动性；四是注重实践能力的培养；五是为人的终生发展奠定基础。从中我们可以看出，我们国家所推行的素质教育内容已经体现了东西方教育模式的融合，培养的是新型人才。

融东西方教育模式培养"T"型人才的主张，在我国是有基础的。一百年前张之洞的"中学为体，西学为用"应该算是上述主张的最早渊源。所谓"西学"，是指 17 世纪后西方传入中国的文化。明朝天启年间意大利传教士艾儒略编写的《西学凡》一书，最早使用"西学"一词。至近代，则是对西方国家的文化教育、科学技术知识的总称，包括西文、西政和西艺。西文指语言文字；西政包括学校、地理、度支、赋税、武备、律例、劝工、通商等制度；西艺则指算、绘、矿、医、声、光、化、电等科学知识。与"西学"相对,"中学"是中国传统学问的总称,主要内容是中国经史之学,也包括辞章、金石之学,核心是儒家伦理道德学说。"中学为体、西学为用"的实质是以中国的传统文化为基础,以西方的科学技术为手段,以巩固传统的政治文化地位为目的。这里,不仅做到了扬长避短,而且也要求我国的新教育培养"学贯中西"的人才。主张中西并重的中西学院(1881)一类院校就是在这个背景下产生的,广泛创设各类(小中大)学校的倡导也在这个时期提出。

我们姑且不去进行"体""用"之争,有一点应该是可以达成共识的:东西方文明既是相融相通的,又有其独特性与差异性。内在的贯通性决定了不能"各执一端",而必须学贯中西;差异性表明一种文明存在的价值,它要求我们既要努力传承、改造自己本民族的文明,又要尊重、学习其他文明,因此同样需要学贯中西。今天,倡导"学贯中西"还有更大的现实意义。随着世界经济的全球化,我们不能忽视国外科学技术的进步,也不能无视他国文化的价值,这都需要勇敢地"拿来",需要吸收、批判和创新。这既是对经济全球化进程的适应,也是提高自身竞争能力的重要方式。对于个人而言,学贯中西也是提高自身素质的需要,是事业发展的基础。

于是,"学贯中西"就成为一百多年来东西方教育模式结合及培养出新型人才的一种重要的内容、重要的方向、重要的追求。王国维、蔡元培、胡适、钱钟书、詹天佑、钱学森、杨振宁……这些学术大师、科学泰斗,都是学贯中西的大家。他们或者出洋留学西方,或者在国内研习西方的科学文化,最终造就了一代大师。但更可贵的一点是,他们在向西方学习的时候不忘吸纳、批判和创新,不忘发展自己的文化,不忘为国尽力。这一点,是我们今天的学人,特别是那些出国留洋者应该学习的。

三、培养"T"型人才的关键在于教育改革

怎样做好东西方教育模式的融合培养"T"型人才呢?这里的关键在于教育改革,也就是说,以相通互融性为出发点,对教育思想、教育内容、教育方法实行改革。

我们的教育理念及在实验基地教改实验中的做法可概述如下。

第一,要培养"T"型人才,关键在于改革旧有的教育思想,树立正确的人才观念。什么是人才?传统的教育观念往往把人才等同于天才和全才,我们国家一般把那些"德才兼备""又红又专"的人称为人才。融东西方教育模式的教育观念则强调人才的多样性、广泛性和层次性,认为凡是为社会做出贡献的人都应该算是人才;换句话说,除了那些"德才兼备"和"又红又专"的人是人才以外,那些在某一方面发挥了特长且与众不同的人也是人才。融东西方教育模式的理念还对学校如何培养未来人才的素质提出了新的要求,即要重视培养学生的现代意识,如珍惜时间、讲求效益、遵守信誉、善于合作、勇于竞争等;要重视培养学生的创新精神和创造才能,以及独立获取知识并运用知识解决实际问题的能力;要尊重学生的人格,重视发展学生的个性特长。

融东西方教育模式的人才观与我们实施的素质教育具有一致性,它要求我们的学校教育必须从两方面入手:一方面教育要面向全体学生,从而提高适应于社会主义建设的各级各类人才的素质;另一方面教育要使每个学生都在德育、智育、体育、美育、劳动技术教育等各个方面得到全面发展。全面发展并不是平均发展,因此要发展个性,坚持因材施教。在人才发展中,我们的课题组提出既鼓励"冒尖",又允许暂时"落后"。我们有的实验学校已提出在某一科学习出色的学生可以"免听、免修、免考"。对于学习暂时落后的学生,允许他们在不留级的情况下"降低起点"、跟班发展。我们的目的在于致力于探索面向 21 世纪的现代办学模式,勇于改革,奋力开拓,坚持实施全面素质的教育。

第二,要培养"T"型人才,就得强调改革教学的内容。课堂教学是教学工作的主要形式,是素质教育的核心。科学文化素质在学生的基本素质结构中居核心的地位,对他们的全面发展具有极其重要的作用,因此改革教学内容,即狠抓教材建设、课程设置、评估体系和考试改革,必然要提高到教学改革的最显著的位置上来,以此来全面提高教育质量,全面提高学生素质;也以此来检验是否有利于"T"型人才的培养。我们有的实验点,尤其是有些实验点的重点学校经过多年的艰苦探索,已初步形成了以必修课为主、选修课和活动课为辅的三种课程体系及操作方法。实验点教师在现有教材的基础上纷纷编写补充教材、选修教材、活动课指导读物；不少学校实施多媒体教学或把计算机辅助教学作为切入点。所有这一切都是为了加强基础，提高质量，培养能力，全面提高学生素质。

为了融东西方教育模式培养"T"型人才，就要呼吁教学评估体系的改革，因为评估是一种指挥棒。评估中，当然要把科学文化知识作为重要的内容，但是要充分重视全面提高学生素质、发展学生个性特长，即有同知识与智育对应的德、体、美、劳的评估体系，发展每一个学生的个性，并注意发掘各种各样的特长生。考试不等于应试教育的"应试"，素质教育同样需要考试。从培养"T"型人才和提高学生的全面素质出发，我认为考试应遵循如下六条原则：①加强基础。应该把中小学教学的基本科学文化知识以及基本技能技巧作为考试的主要内容。②顾及能力。要考虑智力与能力试题的比例，年级越高，智能试题应该越多。智能试题并不等于智力测验，而是应用学科的语言考核学科能力的水平。③突出创新。在能力中创新或创造性能力最为重要，它不仅体现能力，而且也反映创新的意识。所以试题必须要有测定创新的成分，考核学生新颖、独特且有价值的答题内容和思路。④信度效度。试题具有客观性、可靠性和稳定性，不因为是测定时间先后或场合变化而对成绩造成显著的影响；试题具有真实性、准确性，客观的考试应该与师生主观的评估具有一致性。⑤区分层次。智力测验里标准化处理有一个以难度水平为基础的"区分度"，我看不妨借鉴。试题太难或太容易都不好，难易水平主要目的是通过考试区分出学生的不同层次等级来。⑥富有弹性。试题的弹性不仅指区分度，而且指能否测出一定个性特长来。至于高考命题，内容上是采取 $3+x$ 的做法，上述原则对其是否有参考价值只好由实践来检验了。

第三，要培养"T"型人才，必须强调改进教学方法。教育要面向未来，未来的社会需要大量具有高度文化知识和全面素质的人才，这就要求我们的学校教育，既要为学生今后的发展打下坚实的知识基础，又要从小注意发现和培养学生的特殊才能和全面素质。传统的教育方法往往利用大量累赘的知识和"标准化"的练习迫使学生死记硬背，学生没有时间消化，没有时间思考，这种传统教育方法完全忽视了对学生的积极主动精神和创造精神的培养，忽视了对学生自学能力和特殊才能的培养。因此要改革教学方法。

在提倡培养"T"型人才时，我们有些实验点教师在教学过程中的做法和经验是值得推广的。①要善于质疑，提出富有启发性的问题，指明所学知识的价值，以激发学生对知识本身的兴趣，培养学生对真理的探索和追求精神。②要启发学生积极思考，并给学生以思考的时间，因势利导，使学生的认识向纵深发展；启发学生理解学习的过程，并结合学习过程对学生进行思维方法的指导，使学生掌握思维的方法，学会思考；引导学生亲自观察、动手操作，在多种教学实践活动中激发和培养学生独立解决问题的能力和创造能力。③要建立民主平等的师生关系，创造民主和谐的教学气氛，鼓励学生发表不同的见解，允许学生向教师提出质疑，重视在班级教学的统一要求下区别对待上、中、下各类水平的学生，尊重学生的个性差异。总之，培养了"T"型人才，在一定程度上正是提高全体学生的以创新精神为核心的全面素质，发展每个学生的个性。

第四，我们必须声明一点，东西方教育模式各有其特点，所以我们国家教育界在人才模式或人力资源开发中，十分注意相融性和互补性，吸收西方教育的长处，学贯中西，是为培养"T"型人才所作出的探索和努力。我能不能斗胆地提出，百余年来，东方教育一直注意在学习和吸收西方教育的长处，实行东方各国的教育改革；那么西方教育要不要学习和吸收东方教育的长处，实行西方的教育改革呢？我想应该是的。为了世界公民的素质培养"T"型人才，东西方教育应该互相取长补短，实行各自的教育改革。

建设创新型国家与创新人才的培养*

2006 年 1 月 9 日，国务院发布《国家中长期科学和技术发展规划纲要（2006—2020 年）》（下文简称《纲要》）。《纲要》立足国情，面向世界，以党的重要思想为指导，认真落实科学发展观，以增强自主创新能力为主线。以建设创新型国家为奋斗目标，对我国未来 15 年科学和技术的发展做出了全面规划和部署。《纲要》反复强调，要建设创新型国家，其基础是要培养创新人才。要培养创新性人才，一个前提便是对创新性人才的心理特点、发展规律、培养途径要有深入的认识与了解，因此，创新人才的研究便构成心理学界和教育界所关注的一个重要课题。

一、创新型国家的基础是创新人才

创新型国家要由创新人才来创造，因此创新型国家的基础是创新人才。

当前学术界较一致的看法是，创新型国家至少要具备四个特点：①创新投入高，国家的研究开发（R&D）投入占国内生产总值的比例一般在 2% 以上；②自主创新能力强，国家的对外技术依存度指标通常在 30% 以下；③科技进步贡献率要在 70% 以上；④创新产出高，目前世界上公认的 20 个左右的创新型国家所拥有的发明专利数量占全世界总数的绝大部分（金振蓉，2006）。按照这四条标准来衡量，很显然中国还不是创新型国家，而且还存在很大的差距，但是面对当今知识经济的热潮、激烈的国际竞争和中国的现实国情，走自主创新之路、建设创新型国家是中国必然也是唯一的选择。

首先，建设创新型国家是实现我国新阶段发展目标的需要。党的十六大为 21

---

* 本文原载于《北京师范大学学报（社会科学版）》2007 年第 1 期。 本文另一作者为罗良。

世纪头 20 年设立了宏伟的目标,"要在本世纪头二十年,集中力量,全面建设惠及十几亿人口的更高水平的小康社会,使经济更加发展、民主更加健全、科教更加进步、文化更加繁荣、社会更加和谐、人民生活更加殷实"。当前我国经济社会发展中存在的几大矛盾,严重阻碍着这一宏伟目标的实现:其一是资源和环境的瓶颈约束加剧,长期以来,我国经济的高速增长主要依赖资源的高投入和高消耗,但人均资源占有量严重不足;其二是社会矛盾突出,表现为贫富差距、城乡差距、东西部差距进一步拉大,处理不好会影响社会稳定与和谐;其三是经济安全乃至国家安全存在隐忧,我国经济外贸依存度达 60% 以上,高技术产业和装备制造业的关键技术和主要设备受制于人。如何在解决好这些矛盾与问题的同时,实现我国新阶段的发展目标?进行科技创新是必需的。

其次,建设创新型国家是应对世界科技革命和提高我国竞争力的需要。瑞士洛桑国际管理学院(IMD)公布的 2006 年《国际竞争力年度报告》表明,中国在 61 个参评经济体中排名第 19。尽管与前些年相比有了很大提高,但是与美国等发达国家相比还有很大差距。当今世界正在经历着新一轮的信息化科技革命,发达国家是在充分完成工业化的基础上迎接这场科技革命的,而中国却是在工业化远未完成的情况下进行信息化,因此中国要想在这场世界科技革命中迎头赶上,缩小与发达国家的差距,实现跨越式发展,也必须进行科技创新。

最后,建设创新型国家是加快我国科技发展的需要。近年来,我国在科学知识生产数量方面增长很快,1998—2003 年国内科技刊物发表论文数增加了一倍多,被三大系统(SCI、El、ISTP)收录的科技论文数增加了近两倍,特别是 2005 年,以"神舟六号"飞船为代表的一系列原创性成果的涌现,表明我国在部分重点和关键领域已接近或达到国际先进水平。但是应该清醒地看到,我国科技论文创新含量,特别是原创性含量仍然不高,与发达国家存在较大差距。以 2003 年部分国家 SCI 文章数及其所占比重为例,美国占世界 SCI 论文数量的 32.36%,日本和英国分别占 8% 左右,我国仅占 4.48%。如果从衡量科学知识生产质量的论文引用率来看,差距更大:世界各国论文平均引用率为 3.47,而我国仅为 1.56(徐元旦,2005)。以上数据表明,尽管我国科学知识数量增长比较快,但与世界科技强国相比仍然是数量少、质量差、创新性不够。要改变这种局面，也必须进行科技创新。

要建设创新型国家，必须把增强自主创新能力作为发展科学技术的战略基点，激发全民族创新意识，创造良好的环境，培养高水平创新人才。必须坚持人才资源是第一资源的战略思想，把培养造就创新型科技人才作为建设创新型国家的战略举措，加紧建设一支宏大的创新型科技人才队伍。的确，一流的尖子人才、国际级的科学大师、科技领军人物，可以培养出高水平的创新型人才和团队，可以解决关乎国计民生的难题，可以创造世界领先的重要科技成就，可以催生具有强大竞争力的企业和全新的产业。在创新型社会中，知识成为经济和社会发展的重要资源，创新型人才成为竞争的决定性因素，人们必然会像农业时代追求土地、工业经济时代追求资本那样去追求知识，追求拥有知识和创造知识的具有创新性的人才。因此，培养创新人才成为建设创新型国家的关键。

二、培养创新人才是发达国家科技界关注的问题

大力加强创造力研究，培养和造就创新型人才已成为发达国家尤其是创新型发达国家科技界关注的一个焦点问题。美国心理学家和教育家泰勒提出：创造活动不但对科技进步，而且对国家乃至全世界都有着重要的影响，哪个国家能最大限度地发现、发展、鼓励人民的潜在创造性，哪个国家在世界上就处于十分重要的地位，就可立于不败之地(Taylor & Holland，1962)。

美国重视创新人才的培养始于 20 世纪 50 年代，原因是苏联卫星上天使美国意识到其科技和军事优势受到威胁，应急起直追，以改善当时美国的科技发展状态。其途径就是大力开展对创新问题的研究，培养创新性的人才。1986 年成立的"全美科学教育理事会"于 1989 年发表了《美国人应有的科学素养》(中译本名为《普及科学——美国 2061 计划》)的报告。该报告主要包括以下内容：①科学技术是今后人类生活变化的中心。没有任何事情比进行科学、数学和技术教育改革更为迫切。可以说，它是一个以提高全民科学素养为核心目的的国民教育大纲。②着眼国民素质，实行全面改革。"2061 计划"的前提是摒弃学校授课内容越来越多的偏向，把

教学的着眼点集中在最基本的科学基础知识和训练上。强调学科之间的相互衔接，软化每门学科之间的界限。③突出"技术教育"。其目的是提高国家的技术创新能力和竞争能力。④"2061计划"分为设计教育改革总框架、提供可供选择的课程模式、在全美推广前两阶段成果三个阶段（国家教育发展研究中心，1992）。我们认为这是一份培养和造就高素质的创新人才的宣言，对培养我国未成年人的创新能力不无借鉴意义。

日本于20世纪80年代初提出要重视创新的研究，并把从小培养学生的创造性作为日本的教育国策确定下来。日本近代以来的第三次教育改革是从80年代中期开始酝酿的，旨在揭露教育上存在的诸多弊端，迎接新的挑战。受传统观念影响，日本也存在忽视个人差异、不尊重个人选择的倾向。为推动教育改革，中曾根内阁于1984年设立了直属于内阁的临时教育审议会，到1987年8月止，临时教育审议会共提出四次报告，指出这次教育改革的基本指导思想是，"实现向终身教育体系的转变，重视个性，实现适应国际化、信息化等时代变化的教育"（田野郁夫，2003）。1996年7月发布咨询报告《21世纪日本教育的发展方向》提出，"应把'轻松愉快'中培育孩子们'生存能力'作为根本的出发点"（孟庆枢，于长敏，1998）。这份咨询报告还提出，教育改革首先要进行教育思想、教育观、人才观的转变，其次教育要让儿童感觉"轻松愉快"。教育要成为发展儿童个性、自主学习的条件；教育也要把提高孩子当前生活的质量作为目的；精选内容、精简课程应该作为教学改革的当务之急，要将"尊重每个孩子独特的个性并使之自由发展"作为教育的基本原则。同时，要强调理科教育重在培养科学素养，并积极适应国际化的趋势。

英国是创新性研究的发源地，近20年来对创新的研究十分重视，并深入探讨了创新能力与智力、个性（即"高素质"问题）的关系问题，设计了创新能力培养方案，编制了供企事业单位使用的创新能力量表，并进行了大规模的课程改革。20世纪80年代以来，教育问题成为历任首相优先考虑的重要问题。撒切尔夫人在1981年英国保守党大会的讲话中指出，为了在未来同日本、德国和美国进行成功的竞争，英国需要有受良好教育的、具有创新精神的年青一代。在这样的背景下，英国于1989年颁布并实施了包括12门必修课的国家课程，明确规定英语、数学和科学为核心课程，课程的内容要体现创新精神和实践能力的培养(王璐，1990)。

为什么发达国家都在研究创新能力问题？这是时代的要求。因为人类已进入信息时代。世界科学技术的发展日新月异，知识经济已初见端倪。知识经济的基本特征就是知识不断创新，高新技术迅速产业化。要加快知识创新，加快高新技术产业化，关键在人才，必须有一批又一批的优秀人才脱颖而出。于是，发达国家近年来普遍开展创造教育，并在创造型学校环境、教师和学生问题、创造性的培养途径问题、创造素质和创造能力问题、创造方法问题上都开展了广泛的研究。诚如美国心理学家吉尔福特所言，没有哪一种现象或一门学科像创新问题那样，被如此长久地忽视，又如此突然地复苏(Guilford，1996)。这可谓一语中的。

三、创新人才的心理特征及影响因素

我们在对创新人才长达 25 年的研究中发现，创新人才在一定意义上就是创造性思维加创造性人格。创新人才在创造性思维上表现出五个特点：①创造性活动表现出新颖、独特且有意义的特点；②思维加想象是创造性的两个主要成分；③在创造性思维过程中，新形象和新假设的产生带有突然性；④在思维意识的清晰性上，创造性是分析思维与直觉思维的统一；⑤在创造性思维的形式上，是发散思维与辐合思维的统一。在人格方面，创新人才也表现出五方面的特征：①健康的情感，涉及情感的强度、性质和理智感；②坚强的意志，在意志自觉性、果断性、坚持性和自制力等方面品质出众；③合理的个性倾向性，即创造的需要，特别是理想、动机和兴趣；④顽强的性格，涉及求异的理智、强烈的好奇心、勤奋的行为等；⑤良好的创新习惯。

创新型的科学研究人才是创新人才中的一部分，他们在建设创新型国家的过程中发挥着重要作用。那么创新型的科学研究人才有什么样的心理特征，哪些因素对他们的创新性产生了影响呢？最近，金盛华、张景焕围绕科技界创新人才的心理特征及影响因素作了深入的研究。他们把科学创新人才定义为生活于特定历史阶段、在所在的学科中作出了创造性成就的科学家，其评价标准是以本领域对创造者研究成果的创造性水平的承认为标志，这些做出创造性成就的科学家就是科学创新人才。金盛华、张景焕运用这一概念和判断标准，筛选出数学、物理、化学、地学和生命科学 5 个领域的 34 名科学家(主要由两院院士和获得国家自然科学一、二等奖的青年科学家构成)，对他们进行访谈，请他们讲述创造性成果的产生过程以及重要生活事件(张景焕，2005)。

通过对访谈资料的主题概念及其关系的分析，他们运用 Q 分类方法、多维尺度分析方法、概念图和本体语义分析方法，借助计算机的结构查询语言，建构了科学创造人才心理特征及影响因素的分类模型、概念模型以及各个因素之间关系的层次模型，并在影响因素分类模型的提示下，根据科学创新人才的标志性活动，划分出了科学创新人才的成长阶段。该研究得到以下几个主要结论：①科学创新人才重要的心理特征，主要包括内部驱动的动机形式、面向问题解决的知识构架、自主牵引性格、开放深刻的思维与研究风格、强基础智力五个因素。内部驱动的动机形式包括有理想有抱负、积极进取、内在兴趣和工作中的愉快感；面向问题解决的知识构架主要包括专业素质与功底、研究技能与策略、知识广博、愿意尝试和发现问题的能力；自主牵引性格包括勤奋努力、乐于交流与合作、坚持有毅力、独立自主和自信；开放深刻的思维与研究风格包括开放性、思想独特新颖、思维灵活变通、富于洞察力、系统的研究风格；强基础智力包括一般智力水平、综合思维水平、分析思维水平和联想能力。②科学创新成就的心理特征是由一般成就基础和个体主动性两个维度构成。在这两个维度上同时具有较高特征值的心理特征有六项：有理想有抱负、内在兴趣、思维综合能力强、积极进取、自信以及独立自主。③科学创新人才的重要生活事件包括早期促进经验、研究指引和支持、关键发展阶段指引三个要素。其中早期促进经验包括父母的作用、成长环境氛围、青少年时爱好广泛、挑战性多样化的经历；研究指引和支持包括导师的作用、科研环境氛围和交流与合作氛围；关键发展阶段指引包括中小学教师的作用和大学教师的作用。④以科学创新人才关键特征的出现为标志，科学创新人才的发展历经自我探索期、才华展露与专业定向期、集中训练期、创新期与创新后期五个阶段。⑤不同发展阶段，个体创新心理的发展任务不同，生活事件的意义也不相同。自我探索期和才华展露与专业定向期是个体主动性形成的重要阶段，早期促进经验对此间个体主动性的形成具有重要意义；集中训练期是一般成就基础形成的时期，这一时期的关键发展阶段指引具有重要意义；创新期是个体主动性与一般成就基础共同发挥作用并产生创新成就的时期，研究指引与支持有利于创新活动的顺利进行；创新后期是老一代科学创新人才成为新一代成长的重要他人阶段。⑥科学创新心理特征及各个影响因素对创新过程及其成果的影响是有层次的，其中强基础智力、问题导向的知识构架、开放深刻的思维与研究风格直接影响创造过程及其成果；自主牵引性格通过影响知识构架、思维与研究风格进而影响创造；内部驱动的动机通过作用于自主牵引性格进而影响创造；不同时期的生活事件通过影响知识构架、自主牵引性格、内部驱动的动机进而影响创造过程及其成果。

金盛华、张景焕的研究结果进一步丰富了人们对创新人才心理特征及其影响因素的认识。他们认为科学创新动机不仅包括关注活动过程本身的内在兴趣，而且还包括价值内化程度较高的外部动机（有理想、有抱负）以及与内在兴趣紧密联系的情感体验。扩充了对科学创新动机范围的认识；他们找出了科学创新人才经历中的重要生活事件，通过这些重要生活事件可以看出，青少年时期所受到的来自家长、社会和学校的影响对科学创新人才的成长有重要的作用。这一结果说明培养未成年人的创新能力是多出科学创新人才的基础。

四、培养未成年人的创新能力是突破建设创新型国家"瓶颈制约"的关键举措

《全民科学素质行动计划纲要（2006—2010—2020年）》指出，未成年人、农民、城镇劳动人口、领导干部四大重点人群的科学素质行动带动全民科学素质的整体提高，是突破建设创新型国家"瓶颈制约"的关键（中华人民共和国国务院，2006）。

培养未成年人的创新性是发展心理学的一个课题，它涉及创新教育。创新型人才的培养和造就，要靠创新教育，创新能力的培养必须从小开始。创新教育应贯穿在日常教育之中，它不是另起炉灶的一种新的教育体制，而是教育改革的一项内

容。所谓创新教育，是在创造型的管理和学校环境中由创造型教师通过创造型教育方法培养出创新型学生的过程(林崇德，2006)。

在过去的心理学中，创新能力的研究对象仅仅局限于少数杰出的发明家和艺术家。近30年来，众多的研究者发现：创新能力是一种连续的而不是全有全无的品质，每个人都有创造性思维或创新能力(Franzis, Heinz & Michael, 2006)。我们通过研究曾多次强调，人人都有创造性，创新教育要面向全体学生。我们在实验研究中看到，幼儿就有创新能力的萌芽，这种发展表现在幼儿的动作、言语、感知觉、想象、思维及个性特征等各方面的发展之中，尤其是幼儿的好奇心和创造性想象的发展是他们创造力形成和发展的两个最重要的表现。小学生有明显的创造性表现，儿童入学后想象获得了进一步发展，一方面有意想象逐步发展到占主要地位，想象的目的性、概括性、逻辑性都有了发展；另一方面想象的创造性也有了较大提高，不但再造想象更富有创造性成分，而且以独创性为特色的创造性想象也日益发展起来。中学生在学习中不断发展着创新能力。中学生的创造力不再带有虚幻的、超脱现实的色彩，而更多地带有现实性，更多地是由现实中遇到的问题和困难情境激发的；中学生的创新能力带有更大的主动性和有意性，能够运用自己的创造力去解决新的问题；中学生的创新能力更为成熟。胡卫平教授的研究发现，17岁青少年的科学创造能力趋于定型(胡卫平，2003)。通过上面的论述可以看出，创新教育要大众化，尤其在中小学阶段，人人都可以通过创造性教育获得创造性的发展。通过创新教育，每一个未成年人的创造性都得到发展，其关键是创新精神与创新才华的培养。

胡卫平教授曾就中英两国青少年科学创造力的发展状况进行过比较研究，其设计的创造力测验共有七个题目，分别是物体应用、问题提出、产品改进、创造想象、问题解决、实验设计和创造活动，每一个题目考查科学创造力的一个方面。研究者用 t 检验分别比较了12~15岁每一个年龄段中英两国青少年在各项目和总量表上的平均数和标准差，结果显示，除在问题解决项目(13~15岁)、物体应用项目(15岁)上，中国青少年的得分高于英国青少年，且差异非常显著外，在其他项目和总量表得分上，中国青少年均显著低于英国青少年(胡卫平，2003)。这个结果说明中国青少年的创新能力与英国青少年相比还存在一定的差距。出现这种差距与中国的教育观念、教学方法、教师教学水平、课程设置、教学环境等有很大关系。中国的教育重视培养学生精深的知识、逻辑思维、理解能力、统一规范和集体主义精神，而西方的教育更重视培养学生广阔的知识面、创造力、适应性、独立性和实践能力。未成年人是中国未来的建设者，要把我国建设成为创新型国家，首先要把他们培养成为具有创新精神和创新能力的各级各类的创新性人才。这就要求我们应当综合东西方教育的优点，尊重未成年人的个性，对他们实施创新教育。

如何实施创新教育，培养未成年人的创新能力呢？我们在研究的基础上提出培养未成年人的创新能力。应该遵循四个指导思想。第一，创造力与智力、非智力因素都有一定关系。我们的研究表明，创造性与非智力的思维品质的相关系数在0.40以上，表明是存在一定相关性的。因此，既要重视学生的智力培养对创造性能力发展的作用，又要注意学生的非智力因素，尤其是"创造"的成就动机对创造性能力发展的作用。第二，改革不利于学生发展的教育体系，改变课程和管理安排，把对学生创造性的培养融在各学科教学之中。第三，要重视创造力训练的特殊技巧，关注对这些方法的采纳。第四，营造创造性发展的社会氛围，使课内与课外、校内与校外教育统一起来(林崇德，2004)。

创新教育的内容十分丰富，培养未成年人创新能力的形式也可以多种多样，我们认为应主要通过以下四种途径培养未成年人的创新能力(林崇德，2004)。第一种途径是把培养学生创新能力渗透到各科教育中。我们课题组曾探讨了中小学各学科对学生创新能力的要求，并结合具体学科的某种具体能力制定了一系列要求，通过达到这些教学要求来培养学生的创新能力。第二种途径是在课堂教学中开发学生的创新能力。通过激发学生创造性的动机，教师的灵活性提问和布置作业，教师掌握和运用一些创造性教学方法(如发现教学法、问题教学法、讨论教学法、开放式教学法等)在课堂上创设创造性问题情境引导学生来解决等方式培养学生的创新能力。第三种途径是教给学生创造力训练的特殊技巧。我们曾向未成年人被试介绍，并让他们掌握美国托兰斯"创设适宜的条件"来进行创新能力训练的方法，我们还教给他们如何有效地进行发散式提问。通过让学生掌握这些有效的创新能力训练方法，让他们进行自我训练，从而达到自我创新能力的提高。第四种途径是在科技活动中培养学生的科学创新能力。不管在校内还是校外，科技活动都是学生课外活动中与创新能力发展关系最为密切的一项活动。科技活动可以开阔视野，激发学生对新知识的探索欲望，增强学生自学能力、研究能力、操作能力、组织能力与创造能力。

参考文献

[1]胡卫平．青少年科学创造力的发展与培养[M]．北京：北京师范大学出版社，2003．

[2]林崇德．教育与发展——创新人才的心理学整合研究[M]．北京：北京师范大学出版社，2004．

[3]林崇德．当代中国心理学家文库：林崇德卷[M]．北京：北京师范大学出版社，2006．

[4]张景焕．科学创造人才心理特征及影响因素研究[D]．博士学位论文，北京：北京师范大学，2005．

[5]Franzis P, Heinz H & Michaela W. Relationship of intelligence and creativity in gifted and non-gifted students：an investigation of threshold theory[J]．Personality and Individual Differences，2006，40(1)：159-170．

创造性人才的成长规律和培养模式*

提高自主创新能力，建设创新型国家，关键在于拥有大批创造性人才。特别是随着世界多极化、经济全球化的深入发展和我国经济社会发展方式的加快转变，提高国民素质、培养创新人才的重要性和紧迫性日益凸显，《国家中长期人才发展规划纲要（2010-2020年）》《国家中长期教育改革和发展规划纲要（2010-2020年）》与《国民经济和社会发展"十二五"规划纲要》都将创新人才的培养作为我国未来5~10年的重要战略目标。中国未来发展、中华民族伟大复兴，关键靠人才，基础在教育。研究创造性人才的成长规律，探索创造性人才的培养模式，既是我国的重大需求，又是国际社会和学术界共同关心的重大课题。

一、国外对创造性人才成长规律和培养模式的研究

创造性人才的成长规律与培养模式是国际社会和学术界共同关注的问题，自从20世纪50年代以来，世界各国政府和研究者比较系统地研究了创造性人才的成长规律，探索了创造性人才的培养模式。

（一）国外创造性人才的成长规律研究

创造性人才的核心素质包括创造性思维和创造性人格，因此，关于创造性人才成长规律的研究主要集中于创造性人才的人格特点研究、创造性思维的发展研究、影响因素研究和创造性理论研究等方面。

在创造性人格研究方面，吉尔福特（1967）提出创造性人格有8个方面。斯腾伯

---

* 本文原载于《北京师范大学学报（社会科学版）》2012年第1期。本文另一作者为胡卫平。

格（1988）认为，创造性人格由 7 个因素组成。塔迪夫（Tardif）和 斯腾伯格（1988）对不同心理学家关于创造性的人格特点进行了概括和总结，认为主要有 19 个方面：情愿面对反对意见，甘愿理智冒险；坚持不懈，不屈不挠；具有好奇心，爱追根究底；能接受新的经验，愿意让自己的观念不断发展；严格要求自己，献身于自己所从事的工作；具有强烈的内部动机；能集中精力完成任务；拒绝别人强加的限制，具有一定的精神自由；具有高度的自我组织和管理能力，较少从众心理；乐观面对挑战；能够影响周围的人；忍耐模糊；兴趣广泛；善于产生奇特的想法；不因循守旧；情感体验深刻；寻找有趣的情形；情绪乐观；在自我批评和自信之间有一定程度的冲突。

创造性思维的发展是一个受各种因素制约的复杂的动态过程，儿童青少年时期是个体创造性思维发展的关键期，许多学者的研究表明：个体创造性思维呈持续发展趋势，但并非直线上升，而是波浪式前进的。20 世纪 80 年代后，人们又提出创造性的发展阶段和类型。莱斯纳和希尔曼（Lesner & Hillman，1983）提出个体的创造性发展经历了创造性的内部丰富阶段（creative internal enrichment）、创造性的外部丰富阶段（creative external enrichment）和创造性的自我评估阶段（creative self-evaluation）。考夫曼和贝盖拖（Kaufman & Beghetto，2009）提出了创造性的 4C 模型，认为创造性可以分为学习过程中的创造性（mini-C）、日常生活中的创造性（little-C）、职业领域中的创造性（Pro-C）和杰出人才的创造性（Big-C）。

创造性的影响因素是促进创造性发展的前提条件，成为研究者关注的一个重要问题，主要从环境因素、认知因素、情绪因素、动机因素等方面进行研究。学校是最主要的环境因素，学校的办学理念、管理制度、评价方式、教师的教育观念、教学方式、课堂氛围、班级环境、同伴关系、师生互动等都会影响创造性的发展。在认知因素方面，主要研究了创造性与智力的关系、创造性与知识的关系，但研究结论并不一致。20 世纪 80 年代以后，大部分研究者认为，智力是创造力的一个必要的但不是充分的条件，领域知识和技能构成该领域创造的基础。在以往情绪影响创造性的理论探索中，逐渐形成了两种理论观点：第一，正情绪有利于创造性活动，负情绪阻碍创造性活动，如巴施（Basch，1996）的认知资源理论；第二，正情绪阻碍创造性活动，负情绪有利于创造性活动，如埃伯利（Abele，1992）的心境修复理论。考夫曼（Kaufmann，1997）在总结已往研究的基础上，提出的心境与创造性的相关结构模型等。动机作为个体行为的重要动力源泉，与创造性的关系成为创造性研究的一个重要问题。在内部动机与创造性的关系上研究结果比较一致，认为内部动机能够促进创造性的发展，在外部动机与创造性的关系上，研究结果分歧较大。早期的研究认为，外部动机会抑制创造性（Amabile，1983），一些按照行为塑造模式设计的实验证明，如果在实验中提供如何提高创造性的指导，并对进步给予奖励，就会提高创造性。以往动机与创造性关系的研究主要从产生创造性产品的角度考察动机对创造性的影响。近年来，研究者开始考虑动机对创造过程的不同阶段的影响，但到目前为止还没有实证结论，并且理论观点也不一致。

20 世纪 80 年代之后新的创造力理论不断涌现，系统化倾向不断增强。美国社会心理学家阿马比尔（Amabile，1983）认为，个体的创造性主要包括领域相关技能、创造性相关技能和任务动机三个成分。有研究者（Csikszentmibalyi，1988）提出的创造性系统模型，主张个体因素和与创造性有关的外部因素共同决定了创造性，文化与社会两因素是影响创造性最重要的外部因素。伍德曼（Woodman）和舍恩菲尔德（Schoenfeldt）在 1990 年综合认知、人格和社会心理的创造力观点，建立了一个创造行为的相互作用模型，将创造行为视为一个复杂的人与情境的相互作用的结果。斯腾伯格（1991）提出了创造力的投资理论。他认为，创造力有六种资源，即智力、知识、智力风格、人格、动机和环境。加德纳（1993）提出了创造力的互动模型，认为个体产生创造力会受到个人特质、智能、社会支持与领域中的机会所影响，特别强调个人、他人与工作三者间互动的重要性。西蒙顿（2000）提出了一个人与环境交互作用的模型，包括个体发展因素及个体所处的社会文化因素，创造是受个体与情境交互作用的影响而发生的。创造性的系统观为创造性的研究指明了方向，同时，也为创造性的培养提供了思路。

（二）国外创造性人才的培养模式研究

几乎所有的研究者都认为，创造性是可以培养的；但如何培养，研究者却有不同的观点，各国也采取了不同的模式，概括起来有五种。

第一，学科渗透模式。这种模式将创造性的培养渗透到学科教学中。比较著名的理论有：特雷罗格(Treffinger，1980)的创造性学习模型(MCL)。该模型包括创造性学习的三级水平，并且在每一级都考虑到认知与情感两个维度。威廉姆斯(Williams，1972)的认知—情感交互作用理论。该理论强调教师通过课堂教学，运用启发创造性思维的策略以提高学生创造性思维的教学模式，以及教师在课堂教学和课外活动中的渗透。伦朱利(Renzulli，1992)的创造力培养理论。该理论认为，一个理想的学习行为应处理好教师、学生及课程之间的相互作用及其关系，同时要处理好教师内部、学生内部、课程内部各因素之间的相互作用及其关系。

第二，技能训练模式。这种模式是通过创造技能的训练来培养创造力，比较著名的有以下几种。奥斯本(Osborn，1963)的头脑风暴法，利用集体思维的方式，使思想互相激励，发生连锁反应，以引导创造性思维。德博诺(De-Bono，1970)的侧向思维训练，将思维分为纵向思维和侧向思维，纵向思维关心的是提供或发展思维模式，侧向思维则关心改变原有的模式，建立新的模式。托兰斯(1972)的创造技能训练。托兰斯将儿童的创造技能分为6级水平，通过阅读活动对其进行训练，并强调期望的作用，帮助学生想象未来；科温顿(Covington)的创造性思维教程(张庆林，1995)，该课程的目的是让读者"用自己的话陈述问题"，随后书中的人物帮助读者侦破谜案，每个故事的评析都针对解决问题的一些策略，多项研究表明这一思维教程可以有效地提高青少年的思维能力；阿迪、谢耶和耶茨(Adey, Shayer & Yates，1995)的思维科学课程，该课程主要是通过科学教育促进学生的认知(思维)发展(简称 CASE)，研究表明，CASE 不仅有效地提高了学生的科学、数学成绩与学生的思维能力，而且学生的创造力也有大幅度的提高(Hu & Adey，2002)。

第三，英才教育模式。这种模式是选拔部分拔尖人才进行有针对性的培养。美国的中小学除了将创新能力的培养贯穿在整个教学活动之中，还设立专门的天才班级和天才学校；英国教育部担负拔尖创新人才早期培养的主要责任，他们明确提出超常生培养是努力使"天才和专才"成为创造性的人才，同时设立了9岁、13岁和18岁三级"超常生国际水平测试"；新加坡严格的分流制度确保了对优秀学生的教育，莱佛士书院校长认为，综合课程是为全国成绩最优秀的 10%学生开办，而高才班是专为 1%学生而设（惠新义，2007）。

第四，联合培养模式。这种模式是大学和中学或中学和企业联合培养创造性人才。英国教育部特别重视加强小学、中学和大学之间的联系，指定牛津布鲁克斯大学"高能儿童研究中心"为中小学校的超常人才计划协调人进行培训，鼓励地方企业、工业资助超常学生，为超常生的长期培养奠定基础（叶之红，2007）；新加坡政府为了培养创新人才，搭建了不同级别、不同形式的平台来展示学生的创新才能。创造性人才的培养靠教育，学生发展的关键是教师，因此，世界各国都特别重视创造性教师的培养和培养。新加坡政府为了发展教师的创意（王磊，2007），主要采用三种方法：扩大教师的资讯信息；有计划、有目的地把教师送到企业、银行、工厂等部门工作、学习，开阔眼界，了解企业的创新制度、方案、技术等；分层次培训教师的创意思维和创意教学法。

第五，高校培养模式。下面要阐述的拔尖创新人才成长阶段中，"集中训练期"和"才华展露与领域定向期"主要表现在大学本科和研究生阶段。高校培养创新人才更要体现创造性（创新）教育的特点，更要转变教育观念。对高校领导（管理层）来说，要营造有创造性的校园文化，包括认识和内化创造力，使创新意识深入人心，营造学校创造性校园气氛，开展创造力教学活动，提高师生的创新精神，激发师生的创新热情。对高校教师来说，一是要提高师德，培养出国家需要的创新人才，这是衡量师德的重要标准；二是要"严慈相济"，激发学生的创新兴趣、动机和热情；三是倡导"培养出超越自己，值得自己崇拜的学生"的理念，确实把培养创新人才放在教育教学工作的首位。对学生来说，必须抓好其学习活动中的七种因素，即兴趣、志向、质疑、毅力（特别是勤奋）、信心、责任心和实践（活动），以促进大学生或研究生创新精神和创新才干的发展。

二、拔尖创新人才的成长规律初探

2003—2007 年，由我们承担的教育部哲学社会科学研究重大课题攻关项目"创新人才与教育创新研究"课题，综合国内外有关创造性领域的重要研究成果，分别从心理和教育领域、理论和实践层面，采用多种研究方法对人才的创造性或创新特征这一国际学术难题进行了深入探索，获得了一些可喜成果，并为国家教育政策提出了相关的建议。

其中由金盛华教授及其学生张景焕教授、王静博士等组成的"拔尖创新人才校标群体研究"子课题组，对拔尖创新人才成长规律展开了研究（林崇德，2009）。该课题组通过对 34 位自然科学拔尖创新人才（主要是两院院士）与 36 位社会科学拔尖创新人才（其中 15 位哲学社会科学领域老一辈的"国宝"级人才和 21 位获得国内最高级别奖项的艺术家）的深度访谈，研究了这些拔尖创新人才的思维特征、人格特征、成长历程和创造性成果的获得过程。为了使研究资料的分析有基本的线索，我们设想：第一，拔尖创新人才的成长存在阶段性；第二，拔尖创新人才的各个阶段存在起关键作用的影响因素；第三，不同发展阶段的关键影响因素存在内容和性质的差异。通过研究，研究资料证实我们设想的客观性和正确性。在研究中我们看到，创造性的发展是一个连续发展的过程，每一个阶段都涉及情感与认知因素，经历一些重要性的生活事件；不同发展阶段会有一个或几个影响源起到重要作用；拔尖创新人才最终的创新成果就是以前各个阶段发展的最终体现。

研究发现，拔尖创新人才的成长由自我探索期、才华展露与领域定向期、集中训练期、创新期、创新后期五个阶段构成。研究中看到的早期促进经验、研究指引和支持、关键发展阶段指引是这五个阶段的三种主要影响因素。所谓早期促进经验，包括父母和中小学教师的作用，成长环境氛围、青少年时期广泛兴趣和爱好、具有挑战性经历和多样性经历，这些对"自我探索期"的形成是十分重要的。因为这些因素不仅提供创造性人才的创造性思维的源泉，而且也奠定其人生价值观的基础或创造性人格的基础，那就是"做一个有用的人"。中小学阶段，学生表面上似乎在探索外部世界，其实是一个探索自己的内心世界、自我发现的阶段。这一阶段的探索不一定与日后从事学术创造性工作有直接联系，但却为后来的创造提供重要的心理准备，是个体创新素质形成的决定性阶段。这就是在接受"创造性人才成长中，基础教育和高等教育哪个更重要"提问时，我们为什么要回答在强调两者都重要前提下更应突出基础教育的理由。没有基础教育创新素质的奠基，任何创造性人才成长都是一句空话。在进入特定专业领域的阶段，大学本科阶段的教师和硕士、博士研究生阶段的导师对于创造性人才的培养起着关键的作用。这期间的主要收获体现在两个方面，一是获得扎实的专业知识；二是通过勤奋的学习和研究工作，坚定专业方向，热爱自己的工作，从研究进展中增强创新的信心，以至于最终能够实现自己的人生价值。其间名师的指导对创造性人才研究习惯与思维方式的发展是至关重要的因素。在做出代表性创新成果的阶段，名师的指引和启发依然是做出重大科学创新成就的重要条件，与此同时，科学的环境氛围，交流、争议、合作和和谐团队关系，都是在具体学科领域实现创新所不可缺少的环境因素。在具体创造阶段，研究者本人质疑反思、勇于竞争、不怕失败的精神和扎实细致的研究工作很重要，如收集资料，运用逻辑手段进行分析，一步一步由时空、社会、实践的检验，直到最后得到创新结论。

研究发现，自然科学和社会科学两个领域拔尖创新人才的成长，既有如上所述的共性，又有差异性。这种差异性表现在以下三点：其一，心理特征上有差别。以自然科学拔尖创新人才为对象的研究发现，他们的重要心理特征主要包括内部驱动力的动机形式、面向问题解决的知识构架、自主牵引性格、开放深刻的思维与研究风格、强基础智力五个因素。以社会科学和艺术领域的拔尖创新人才为对象的研究揭示，与自然科学的拔尖创新人才相比，他们的心理特征突出表现在人格方面，这些领域的创新动机不仅包括关注活动过程本身的内在兴趣，而且还包括价值内在化程度较高的外部动机以及与内在兴趣紧密联系的情感体验。其二，影响因素有差别。尽管自然科学和社会科学两个领域的拔尖创新人才在成长中都受早期促进经验、研究指引和支持以及关键发展阶段指引，但人文社会科学与艺术创造还有几个关键的影响因素：政治人物、思想引导者、虚体人物、密切交往对象，其影响效应体现在引导建立信仰、启蒙、入门、领域内发展引导，镜映现象(指个体对自我的概念是由别人的态度和观点来塑造的现象)和支持作用。其三，对于创造心理特征的反省认知有差别。自然科学拔尖创新人才关于科学创造成就的概念结构是二维的，分别是"成就取向/内心体验取向"和"主动进取/踏实肯干"；取得科学创造成就的重要特征是"成就取向"和"主动进取"。人文社会科学与艺术拔尖创新人才自评人格特征分别是"纯正向特征""偏正向特征"和"偏负向特征"三个层次;自评的核心人格特征主要有独立、积极自我状态和有效心理动能、可靠外界结合、成熟自我把握和满足四种类型,其中独立的倾向性最强,满足的倾向性最弱。

研究发现,教师在拔尖创新人才成长中起着独特的作用。与其他影响源作用不同的是,教师的影响居于第一位,这种影响不仅是综合系统的,而且是长期的。一个人的成长要经历不同的阶段,但是任何人都必须在特定的时期接受学校教师的激发、共鸣、熏陶、赞赏和培养。启蒙教育的作用一般发生在中小学教师的身上,课堂教学是培养学生创新素质的主渠道,教师的人格品德、气质直接影响学生创新精神的成长。引导进入专业领域的教师通常在大学阶段。我们的研究揭示,大学教师在本科或研究生阶段是人们后来取得重要创新成就的领路人。尤其是大师级的教师,他们在授课或讲座时,帮助学生选择日后从事的领域,建构该领域的知识体系,并在科学研究方法上进行规范训练。李政道先生于2010年在北京师范大学等单位举办的首届"中国创新论坛"上所做主题报告中提到"一对一教学模式成就了我",它认为一对一的教学模式是培养自然科学拔尖创新人才的最好教学模式之一,他回忆自己在美国留学时期与导师每周至少一次的"一对一"的交流是其成长最重要的学习形式。自然科学拔尖创新人才的成长如此,社会科学拔尖创新人才的成长也是这样。我们在研究中看到,大师级人物对于人文社会和艺术创造者的专业成长、做人,以致信仰追求的影响作用都是很大的。通过我们的研究,教师在拔尖创新人才成长中的作用主要表现在四个方面:一是为学生提供一个良好的专业资源;二是帮助学生把握研究方向,引领相关领域的前沿,并找准突破点;三是用人格魅力激发学生;四是在研究思路和方法上为学生树立榜样。

三、文化与创造性人才

在创新人才的心理学研究中,我们重视创新或创造性三要素的研究,即创造性思维(智力因素)、创造性人格(非智力因素)和创造性社会背景(环境因素),我们认为,在创造性人才的成长中这三个因素是缺一不可的。

其中,在创造性环境因素的研究中,我们看到创造性人才的成长需要一个民主、和谐的环境,民主和谐环境包括文化环境、教育环境、所在单位或学校的环境、社会环境和资源环境。这里,重点讨论文化环境与创造性人才成长的关系。

文化,通常指人类在社会历史发展过程中所创造的物质财富和精神财富的总和,特指精神财富,如文学、艺术、教育、科学等,也包括社会认知、社会行为、社会风俗和社会规范等。2011 年 10 月 15 日通过的《中共中央关于深化文化体制改革推动社会主义文化大发展大繁荣若干重大问题的决定》指出,没有文化的积极引领,没有人民精神世界的极大丰富,没有全民族精神力量的充分发挥,一个国家、一个民族不可能屹立于世界民族之林。创造性人才的成长和培养当然离不开文化的引领。

文化与创新或创造性有什么关系?美国心理学家斯腾伯格的《创造力手册》中,专章论述了"不同文化对创造性人才成长的影响",这里对此作一简要概括。①文化差异对创造性过程有影响。西方文化在创造性过程中强调对问题解决的认知取向;东方文化在创造性过程中则强调情感、个人和内在心灵等因素。②文化对创造性的导向存在差异。一是文化影响创造性的形式和专业,一定的文化,在某些场合或对于某些主题或风格,可能会鼓励其创造性,而对于另外一些场合、主题和风格,这种文化或许会打击其创造性。二是把创造性限制在一定的社会团体内,如在某些社会结构中,音乐的创造性是被禁止的,可是在另一些社会群体中却不但被允许,而且还被赞扬和欣赏。三是语言对创造性的影响。语言作为文化的载体直接塑造创造性。研究表明,创造性与语言之间有正相关。③不同文化的特征,影响一个群体的世界观和价值观可能刺激或阻碍创造性的发展。所以在拔尖创新人才的培养上,应提倡信念和乐观主义,有这种信念的文化能使人们努力改进这个世界,这种信念意味着该文化接受从现状出发的变化、发展和运动,而那些没有坚持进步信念和对未来持悲观主义观点的文化一般压制创造性。④创造性依赖于一定的情境,文化涉及创造性本质和创造性人才的成长机制。西方以产品为导向、以独特性为基础的创造力定义与东方人用一种新的或自我发展的方式来表达内在真理的创造力观点是不同的。西方重视个人主义，个人主义文化重视独立和自主，在与个体水平而非文化水平相关的工作中，个体和个性化的特征表现为一个人区别自己与他人的意愿，这种意愿与创造性活动和行为密切相关，致使主体(个体)产生一种新的、与大多数的观点相对立的原创造性观点；而东方重视集体主义，集体主义文化则强调顺从、合作、义务和接受群体内的权威，顺从、合作、义务、尊重权威与创造性也会存在联系，如印度吉安格拉斯行业组织的画家们认同至上的创造之神维熙·卡玛(Vishva Karma)，在实践中也表现出更大的灵活性和包容性，创作了重视顺从和传统价值的大量优秀创造性作品。由此可见，不同文化从不同特点上引领创造或创新，促进创造性人才的成长。

中华民族的文化历来重视创新或创造。坦普尔(R. Temple)的《中国创造精神——中国的 100 个世界第一》一书是对中华民族创新精神的最好诠释。正如陈至立同志指出的，坦普尔是一位热爱中国人民，对中国传统和科技成就有着浓厚兴趣并非常崇敬的英国学者。通过比较研究，他惊奇得出这样一个结论："现代世界"赖以建立的种种基本发明和发现，可能有一半以上来源于中国。他进而深刻地认识到，人类文明是一个密不可分的整体，现代技术世界正是东西方文明相结合的产物，东西方都必须承认和尊重中国的贡献(陈至立，2004)。为了使西方读者对中国古代科技成就有一个概括的了解，他编写了一部《中国的创造精神——中国的 100 个世界第一》，其材料大多选自英国皇家学会会员、著名科学史家李约瑟(Joseph Needham)的《中国科学技术史》(*Science and Civilization in China*)，坦普尔的著作得到李约瑟的赞赏，李约瑟还特地为其撰写了一篇高度评价的序言。在序言里李约瑟提出两个根本问题：第一，为什么中国竟能如此遥遥领先于其他国度？第二，为什么他们现在却不比世界其他国家领先几百年？对后一问题，他明确地指出了答案，是经济和社会变化起主要作用。我们理解，他主要在指我国从清朝到新中国成立前的时期。从中也为证实党的十七届六中全会关于文化体制改革的重要性。

100 个世界第一，说明了中华民族具有丰富的创新文化与创新精神。中华民族传统文化有哪些特点呢？我们课题组石中英教授提出了四种特质：在人与自然的关系上，崇尚"天人合一"；在人与他人的关系上，从血缘亲情与宗法人伦出发，构建了一种义务伦理规范；在人与自身的关系上，推崇"内圣外王"的人格理想和"真人"的逍遥；在人与终极关系的问题上，立足人的现世关怀确立起人性自足的终极关怀价值系统。中华民族这种特质的传统文化蕴含着丰富的创造性，主要表现在：崇尚自主的人格，是创新人才最重要的人格特征；从孔子的"述而不作"到"问孔""刺孔""难孔"，说明中国文化具有怀疑精神，这是创新的源泉之一；"和而不同"的思维方法为创新提供了思维基础；"崇尚理性"的文化既能客观地认识自己的现实，又能公正地对待外来的文化。这为文化创新奠定了良好的基础（林崇德，2009）。正因为如此，才有诸如 100 个世界第一、"世界第一"的创造者，无疑是典型的创造性人才。

在如何看待东西方的教育模式时，我们曾把西方教育模式比作英文字母"T"中的一横，把东方教育模式比作英文字母"T"中的一竖，提出融东西方教育模式为一体培养"T"型的创造性人才的理念。这就是对"学贯中西"文化的思想的继承。只有融东西方文化为一体，学贯中西、扬长避短，我们的创造性人才才能大量涌现。

党的十七届六中全会提出了建设社会主义文化强国这一长期战略目标。这一目标具有强大的感召力和推动力，必将大大激发全民族的文化创造热情，不仅凝聚推进文化改革发展的强大力量，开启迈向文化强国的进程，而且进一步增进自主创新的动力，促进创造性人才的成长，推动创造性国家的建设。

四、创造性人才培养模式的探索

创造性人才的培养模式不仅在国际上得到了高度重视，在国内也进行了许多积极的探索。近 30 年特别是近 10 年来，在系统研究创造性人才成长规律的基础上，我们一直在探索创造性人才的培养途径，提出了营造创造性环境、实施创造性教育、培养创造性能力、塑造创造性人格的培养思路，开发了儿童青少年创新素质培养的活动课程，提出了创造性课堂教学的理论，组织了部分中学与大学联合培养创造性人才，建立了 300 多所实验学校，探索了创造性人才培养的活动课程模式、学科渗透模式和中学与大学联合培养模式等，取得了显著的效果。

（一）活动课程培养模式

创造性人才除应具备创造性思维和创造性人格这两个关键素质外，还应有强烈的学习动机、良好的学习策略、较高的思维能力和对知识的深入理解。针对我国学生学习动机不强、学习策略欠佳、思维能力不高、知识理解不深以及创造性思维和创造性人格缺乏的现状，基于已有智力理论建构了由思维内容、思维方法和思维品质构成的思维能力的三维立体结构模型；提出了让学生在知识学习和活动中掌握思维方法，训练思维品质的思维能力培养思路；开发了用于培养学生思维能力、创造性思维、创造性人格、学习动机、学习策略等创新素质的"学思维"活动课程。

"学思维"活动课程共有 8 册，每个年级 1 册，小学每册 24 个活动，每周 1 节课；初中 14 个活动，每两周 1 节课。每册都以活动为单位，由"基础能力训练篇"和"综合能力训练篇"两部分构成，每个部分都能够综合运用形象思维、抽象思维、创造性思维 3 种思维形式。每个活动包括 4 个环节：第一，活动导入。即创设情境，引起学生认知冲突、激起学生兴趣的环节；第二，活动过程，即按照活动的内部结构，组织学生进行观察、思考、讨论、实验的环节；第三，活动心得，即教师和学生一起回顾整个活动，总结心得，引起反思的环节；第四，活动拓展。即向生活和其他学科领域拓展思维方法的环节。活动内容以系统的思维方法为主线，按照学生心理发展规律以及知识面的扩展而不断加深，由易到难、由简到繁。每个活动先从日常问题开始，再到各个学科领域；先从具体形象的问题开始，再到抽象的问题；先从简单问题开始，再到复杂问题。从整体上看，活动内容涉及语文、数学、科学、社会、艺术和日常生活等多个领域。2003 年来，近 300 所学校的 20 多万学生参加了实验，跟踪实验结果表明：经过一年到一年半的学习，学生的思维能力、学业成绩、学习动机、学习策略、创造性思维、创造性人格等创新素质有了明显的提高。

（二）课堂教学创新模式

课堂教学是学校教育的重要渠道。创新课堂教学模式培养学生创新素质，是创造性人才培养的重要途径。在认真总结已有教学理论和自身实验研究的基础上，基于聚焦思维结构的智力理论，我们提出了思维型课堂教学理论(林崇德，胡卫平，2010)，该理论突出了学思结合、知行统一和因材施教，体现了课堂教学中创新素质的培养，是一种创造性教学理论。

思维型课堂教学理论包括认知冲突、自主建构、自我监控和应用迁移四个方面的基本原理。在课堂教学中，教师要根据课堂教学目标抓住教学重点，联系已有经验设计一些能够使学生产生认知冲突的"两难情境"或者看似与现实生活和已有经验相矛盾的情境，以此激发学生的参与欲望，启发学生积极思维，引导学生在探究问题的过程中领悟方法、学会知识、发展能力，主动完成认知结构的建构过程；教师和学生之间、学生和学生之间发生具有促进性和抑制性的相互影响、相互作用，进而达到师生心理和行为的改变；强调教师对教学过程中的反思和学生对学习过程中的反思，而且强调计划、检查、评价、控制等，从而更全面反映了教学的基本要求；重视知识和方法的应用和迁移。

思维型课堂教学理论要求在实施课堂教学中，要明确课堂教学目标，突出知识形成过程，联系已有知识经验，重视非智力因素培养，训练思维品质以提高智力能力，创设良好教学情境，分层教学因材施教；同时，突出"双主体"的师生关系，倡导师生的课堂互动。实验表明：思维型课堂教学在学科教学中的应用，有效提高了学生的创新素质。

(三)高校与中学联合培养模式

为在人才成长的关键时期，采取特殊措施加快创造性人才的发现和培养，在系统研究创造性人才成长规律和总结国内外创造性人才培养模式的基础上，陕西省启动了高校与中学联合培养创造性人才的"春笋计划"。我们负责了方案的制定、学生的选拔、活动的组织和效果的评估。

"春笋计划"的内容主要包括三个方面。第一，选拔少数具有创造性潜质且学有余力的高中生，利用综合实践活动课程时间和节假日进入高校实验室参加课题研究。第二，组建创造性人才培养专家报告团，为高中生举办讲座、报告，开设选修课，参与高中生研究性学习的指导。第三，高校重点实验室对中学生实行开放日制度，接待中学生有计划地参观和学习。通过这些活动，培养高中生的创新素质。

"春笋计划"于 2010 年 1 月启动，2010 年 7 月首批 38 名高二学生进入高校实验室进行研究，2010 年 9 月起，专家报告团开始工作，高中生参观高校实验室启动。经过一年的实验，第一期"春笋计划"已经结束，经过评估，取得了非常显著的成绩，参与"春笋计划"的学生不仅产出了一批创造性的成果，更重要的是有效培养了学生强烈的求知欲望，加深了学生对学科知识的理解，提高了学生的创造性人格。调查表明：学生在怀疑性、独立性、好奇心、开放性和坚持性等人格特质方面有了很大的提高，学生的学习由被动变为主动。

类似于陕西省的"春笋计划"，北京市实施了"翱翔计划"，上海市的上海交大与上海中学等基础教育名校也开始联合培养创造性人才。高校也在围绕专业学科，特别是基础专业学科，如数、理、化、生、信息技术、文、史、哲、经、法等学科，围绕着拔尖创新人才的培养积极制订计划。基础和高等教育积极推进以创新精神为核心的素质教育，充分利用课堂教学的主渠道培养学生的创新思维与创新人格，所有这一切都是在探索创造性人才培养模式。

参考文献

[1] 林崇德. 创新人才与教育创新研究[M]. 北京：经济科学出版社，2009.

[2] 林崇德，胡卫平. 思维型课堂教学的理论与实践[J]. 北京师范大学学报（社会科学版），2010，46(1)：29-36.

[3] Guilford J P. Some Theoretical views of creativity[M]// Helson H & Bevan W (Eds.), Contemporary approaches to psychology. Princeton NJ：Van Nostrand，1967.

[4] Hu & Adey. A scientific creativity test for secondary school students[J]. International Journal of Science Education，2002，24(4)：389-403.

[5] Sternberg R J. A three-facet model of creativity[M]// Sternberg R J. The natural of creativity：contemporary psychological perspectives. New York：Cambridge University Press，1988.

[6] Tardif T Z & Sternberg R J. What do we know about creativity？[M]// Sternberg R J. The nature of creativity. New York：Cambridge University Press，1988.

第十编

教学
心理学

我倡导在教育实践中研究心理学，教育过程中的教学、课程、教材、学生能力等一系列教学问题映入我的视野，于是我开始探讨如何教学生的心理学问题，诸如把我的思维、认知和智力观为基础去揭示学科能力的问题、课堂安排问题、教材编写问题等，这就表现出我对教学心理学的一些看法。

思维型课堂教学的理论与实践*

课堂教学是教师的教和学生的学构成的一个有机整体，是教师有计划、有目的地创设教学情境、促进学生发展的过程，在这个过程中，教师和学生的核心活动是思维。我们基于聚焦思维结构的智力理论，提出了思维型课堂教学理论，经过 32 年的中小学教学实践，有效提高了课堂教学质量。

一、思维活动是课堂教学中师生的核心活动

教学活动是教师教的活动和学生学的活动的有机统一。对于学生学的活动来讲，不论是明确学习目的、感知学习材料、理解所学知识、掌握学科方法、迁移运用知识、反思学习过程，还是提出问题、分析问题、解决问题、师生互动、生生互动等，其核心活动都是思维。对于教师教的活动来讲，明确教学目标、了解学生基础、进行教学设计、创设教学情境、组织教学活动、反思教学过程等，核心活动也是思维。教育的重要目的是培养学生的思维能力（Kuhn，2005；Venville，Larkin，Robertson & Fulham，2005），科学的教学理论都将促进学生积极思维、发展思维能力作为课堂教学的核心。

对此，中外许多学者都有所论述。杜威提出了"反省的思维的分析"（赵祥麟，王承绪，1981），并应用于教学过程，从而形成了教学过程的五个阶段：从情境中发现疑难；从疑难中提出问题；做出解决问题的各种假设；推断哪一种假设能解决问题；经过检验来修正假设，获得结论。这是一种"从做中学"的教学步骤，在"做"中思维通过思维提出问题和解决问题，并在"做"中验证效果。布鲁纳教学理

---

* 本文原载于《北京师范大学学报(社会科学版)》2010 年第 1 期。本文另一作者为胡卫平。

论的中心思想有三个方面(布鲁纳, 1982): 一是学习学科的基本结构; 二是早期教学; 三是发现学习。"发现学习"是主张由学生自己发现问题和解决问题的一种教学方法, 它以培养学生独立思考、发展探究性思维为目标, 以基本材料为内容, 使学生通过再发现的步骤来进行学习; 概念教学中最重要的一点, 就是要帮助学生不断地由具体思维向在概念上更恰当的思维方式前进; 在教学时试图远离学生思维方式, 只是用枯燥无味的逻辑进行形式的说明, 肯定是徒劳无益的。赞可夫(1980)的"教学与发展"实验研究是紧紧围绕着学生心理发展的问题而展开的, 主要研究观察能力、思维能力和实际操作能力, 强调在各科教学中要注意培养学生的逻辑思维, 培养学生思维的灵活性和创造性。建构主义学习理论认为, 学生的学习是一个积极主动的建构过程。学生在日常生活和以往的学习中, 已经形成了丰富的经验。即便某些问题还没有接触过, 解决这些问题没有现成的经验, 但问题一旦呈现在学生面前, 他们会基于以往的相关经验和自己的认知能力对问题进行某种解释, 即从他们的经验背景出发推论出合乎逻辑的假设。加德纳提出了多元智力理论(Damon & Lerner, 2009; Gardner, 1999), 并依据多元智力理论和一些合作者共同开展了一系列的教育实验, 比如主持了旨在推进学生艺术发展的"零点项目"、设计了新的师资培训模式、创设了一种包括七个学习中心的教学模式。这些实验尝试在促进不同学生掌握不同智力上取得了成效, 体现了加德纳多元智力观因材施教的教育目的, 反映了当代西方智力领域"教育与发展"的新进展。斯腾伯格提出了成功智力的理论(Damon & Lerner, 2009; Sternberg, 1996), 他还根据该理论开展了一系列教育实验, 这些实验旨在改变教学一向重视分析(和记忆)能力而忽视创造能力和实践能力的状况, 其中的思维教学实验在教学实践中对成功智力所涉及的三种思维能力或三种思维模式进行培养, 取得了良好的效果(Sternberg & Spear, 2001)。威廉姆斯(1972)提出了一种创造性思维培育的理论, 叫作认知—情感交互作用理论(Cognitive-Affective-Interaction Theory, CAI), 强调教师通过课堂教学, 运用启发创造性思维的策略以提高学生的创造性思维。阿迪等人(Adey & Shayer, 1994)实施了通过科学教育对学生进行认知(思维)加速的研究(Cognitive Acceleration through Science Education, CASE)。CASE 项目的理论依据是皮亚杰的认知发展理论和维果茨基的社会文化理论，强调师生的积极思维、互动、反思、迁移等，并重视教师的专业发展，有效地提高了学生的科学、数学、英语成绩，同时，学生的思维能力也有大幅度的提高。国内也有学者针对学生的学习与思维发展问题展开过探讨，取得了丰硕的研究成果。比较有代表性的研究有冯忠良的"结构—定向"教学实验、刘静和的"现代小学教学实验"、邵瑞珍的"学与教"的研究和卢仲衡的"自学辅导教学实验"。总之，思维是智力和能力的核心，思维活动是课堂教学中师生的核心活动。

二、思维型课堂教学的理论依据

既然思维活动是课堂教学中师生的核心活动，那么思维的构成要素及其影响因素直接决定着课堂教学的思想和方法，正确认识思维的结构是实现课堂教学目标的基础。经过 32 年的理论研究和实践研究，我们提出了聚焦思维结构的智力理论，其核心是思维的心理结构模型（Lin & Li，2003），有人评价它为"三棱结构"模型，是我国在心理学研究方面原创性的研究成果（黄希庭，2009；黄希庭，郑涌，2005）。基本观点如下。

第一，思维是智力和能力的核心，概括是思维的基础。智力和能力是成功地解决某种问题（或完成任务）所表现的良好适应性的个性心理特征。一般来说，智力偏于认识，它着重解决知与不知的问题，是保证有效地认识客观事物的稳固的心理特征的综合；能力偏于活动，着重解决会与不会的问题，是保证顺利地进行实际活动的稳固的心理特征的综合。不管是智力还是能力，其核心成分都是思维，最基本的特点是概括。

第二，思维结构是一个多侧面、多形态、多水平、多联系的结构，主要包括思维的目的、思维的过程、思维的材料或结果、思维的监控或自我调节、思维的品质、思维活动中的非智力因素。

第三，思维结构是静态结构和动态结构的统一。如果单纯分析思维结构的具体成分，可以将思维结构看成静态的；但从思维结构的成分的内在关系和联系上来说，从思维结构的发展来说，思维结构在环境的影响下，不断发展变化。动态性是思维结构的精髓。

第四，思维品质反映了人与人之间思维的个体差异，是判断智力层次，确定一个人智力是正常、超常还是低常的主要指标，包括深刻性、灵活性、批判性、敏捷性和独创性五个方面。

第五，非智力因素是指除了智力与能力之外的又同智力活动效益发生交互作用的一切心理因素，包括情感过程、意志过程、个性意识倾向性、气质、性格等。非智力因素对学生的学习起着动力作用、定型作用和补偿作用。

第六，思维是一个较难穷尽的多元结构。由于存在先天和后天的关系、认知和社会认知的关系、内容和形式的关系、表层与深层的关系，因此，思维是一个较难穷尽的多元结构。同时，心理能力不是空洞的，它总是要和一种活动或者和一种认知联系在一起。其中一种显著的表现就是和学科教育相联系，构成学生的学科能力。学科能力是学科教育与学生智能发展的结晶，不仅体现在学生有某学科一定的特殊能力，而且有着学科能力的结构。不同的学科能力包含不同的智能成分，是学生多元智力的表现。

三、思维型课堂教学的基本原理

教学既是一门科学，也是一门艺术。是科学，说明有规律可以遵循；是艺术，说明需要教师的创造。因此，思维型课堂教学不可能给教师规定详细的教学细节，但可以提出教学的基本原理和基本要求。基于聚焦思维结构的智力理论，思维型课堂教学的基本原理如下。

第一，认知冲突。思维结构是静态结构和动态结构的统一，动态性是思维结构的精髓，发展和完善学生的思维结构是课堂教学的重要目标。在学生主体和客观事物相互作用的过程中，社会和教育向学生提出的要求所引起的新的需要和学生已有的心理水平或心理状态之间的矛盾，是学生心理发展的内因或内部矛盾。这个内因或内部矛盾也是学生心理不断发展的动力(朱智贤，1979)。在课堂教学中，这种矛盾是促进学生积极思维和主动学习的动力。认知冲突(cognitive conflict)指认知发展过程中原有认知结构与现实情境不相符时在心理上所产生的矛盾或冲突。皮亚杰认为顺应或调节是解决认知冲突的一种有效方法，即个体遇到新的情境条件时，原有认知结构不能适应现实环境要求时，他只能改变已有的认知结构以符合现实环境的要求。只有通过调节不断解决认知冲突，才能促使人的认知活动不断丰富和发展。在课堂教学中，教师要根据课堂教学目标，抓住教学重点，联系已有经验，设计一些能够使学生产生认知冲突的"两难情境"或者看似与现实生活和已有经验相矛盾的情境，以此激发学生的参与欲望，启发学生积极思维，引导学生在探究问题的过程中领悟方法、学会知识、发展能力，主动完成认知识结构的构建过程。

第二，自主建构。自主建构包括认知建构和社会建构两个方面。思维材料是思维结构中的成分，包括感性材料和理性材料。同时，随着思维目的、思维过程、思维的材料或结果、思维中非智力因素、思维的品质、思维的监控等的变化，思维的结构不断发展完善。应用到课堂教学中，体现了建构主义关于认知建构的思想：学习是一个积极主动建构的过程；知识是个体经验的合理化，而不是说明世界的真理；对学习者来讲，先前的经验是非常重要的；从教学的角度来讲，教学是学生主动建构知识的过程。课堂教学中使学生积极主动的思维，促进学生思维结构的发展，教师必须恰当地列举生活中的典型事例，唤起学生已有的感性认识，运用观察和实验来展示有关事物发生、发展和变化的现象和过程，联系学生已学知识进行教学。社会文化环境影响着学生的思维活动和思维结构的发展，体现了维果茨基的社会建构思想，应用到课堂教学中，要求重视课堂互动。课堂互动是课堂教学中最基本、最主要的人际关系，也是一种常用的教学方式。在课堂教学中，教师和学生之间、学生和学生之间发生具有促进性和抑制性的相互影响、相互作用，进而达到师生心理和行为的改变。从互动的主体来讲，有师生互动和生生互动；从课堂互动的内容来讲，有思维互动、情感互动和行为互动。根据思维结构模型，在思维型课堂教学中，三种互动的关系是：情感互动是基础，行为互动是表现，思维互动是核心。

第三，自我监控。思维的自我监控，是自我意识在思维中的表现，是思维结构的顶点或最高形式，具有确定思维目的、管理和控制非认知因素、搜索和选择恰当的思维材料、搜索和选择恰当的思维策略、实施并监督思维过程、评价思维结果的作用。自我监控能力是教师教学能力的核心和学生学习能力的核心，不仅影响教学过程和教学效果，而且影响其他能力的发展。杜威重视反省性思维，提出了"反省的思维的分析"，也有学者提出反思性教学理论(熊川武，2002)。我们关于思维监控的思想，不仅强调了教师对教学过程中的反思和学生对学习过程中的反思，而且强调计划、检查、评价、控制等，从而更全面反映了教学的基本要求。基于思维结构模型的思维监控思想，我们提出了教师的自我监控能力是教师教学能力的核心，并对此进行了系统的研究，指出教学监控能力包括：课前的计划与准备性、课堂的反馈与评价性、课堂的控制与调节性和课后的反思性(林崇德，2007)。在教学设计环节，不仅要设计每节课，而且要有一个长期的教学规划(包括知识教学、能力和非智力的培养)和系统的教学设计；在教学实施环节，要监控整个教学过程，根据教学实际情况，合理调整教学难度、教学方法和教学速度，特别是要设计教学反思环节，即在每一次课堂活动将近结束时，教师都要引导学生对学习对象、学习过程、思维方式、所学知识和方法等，进行总结和反思。通过总结和反思，学生加深对知识和方法的理解，总结学习中的经验和教训，形成自己的认知策略，发展自己的认知结构，提高自我监控能力。

第四，应用迁移。知识、技能与智力思维有密切的关系。知识、技能的掌握，并不意味着一个人智力或思维能力的高低，但知识、技能与智力思维是相辅相成的。智力、思维的发展是在掌握和运用知识、技能的过程中完成的；离开了学习和训练，什么知识都不懂，什么事情都不会做的人，他的智力、思维缺少形成的"中介"，这显然是无法得到发展的(朱智贤，林崇德，2002)。在思维结构中，思维材料包括感性材料和理性材料，理性材料主要指概念、规律和理论。应用概念、规律、理论解决实际问题是学习这些知识的目的，也是检验知识掌握情况的主要标志，还是加深理解的重要环节。思维品质的训练是培养学生思维能力的突破口，关于灵活性品质的训练，需要抓住知识、方法间的渗透与迁移，引导学生发散式思考、立体思考，培养学生一题多变、一题多解、一题多问、多题归一的能力，教给学生灵活解决问题的方法。独创性思维品质即创造性思维，在知识的教学和学生的学习过程中，让学生掌握创造性思维的基本方法，如类比思维、等效思维、迁移思维、重组思维、发散思维、头脑风暴、列举属性、遥远联想等，训练创造性思维的品质是培养创造性思维的主要途径。重视知识和方法的应用和迁移，对学生加深理解知识、提高思维能力具有重要的作用，为此，将应用迁移作为思维型课堂教学的基本原理。

针对以上四个教学的基本原理，提出了思维型课堂教学的四个基本环节，即教学导入、教学过程、教学反思和应用迁移。教学导入的目标是引出课题。基本要求：通过观察和实验、已有知识的逻辑展开、提出问题和分析问题等方法，激发学生兴趣和动机，创设教学情境，引起学生的认知冲突，激发学生思维。教学过程的目标是使学生掌握知识和技能，培养学生的能力和非智力。基本要求：第一，创设问题情境，产生认知冲突，激发学生积极思维；第二，注重师生互动和生生互动，特别强调思维互动；第三，加强方法教育，注重知识形成的过程；第四，注重学生探究，培养学生能力。教学反思的目标是掌握本节课的知识、方法，反思经验教训，形成认知结构。基本要求：第一，教师引导，学生自己总结；第二，总结本节课所学到的知识、方法等；第三，要掌握知识的来龙去脉，形成认知的结构；第四，注意对经验教训的总结。应用迁移的目标是掌握知识的应用，并能迁移到其他情境中去，培养学生分析问题和解决问题的能力以及创造力。

四、思维型课堂教学的基本要求

课堂教学中师生的核心活动是思维，因此，思维结构的构成要素及其影响因素为我们提出了课堂教学的基本要求。

第一，明确课堂教学目标。思维是主体和客体的交互作用中，在感性反映形式基础上产生的一种理性认识；这种理性认识以自觉地定向，能动地预见未来，做出计划，有意识地改造自然、变革社会、调节自己为前提。所以，目的性是思维的根本特点，也是我们"三棱结构"的首要成分。它反映了思维活动的自觉性、有意性、方向性和能动性，并构成思维结构中的核心要素。有目的、有计划地促进学生学习知识、发展能力、形成态度、促进发展的课堂教学，必须有明确的教学目标。一是要根据学生、教师和教学内容，制定比较明确的课堂教学目标和教学规划。在教学过程中，教师要监控课堂教学，根据学生的学习情况及时调整教学目标。二是在教师创设的教学情境中产生高认知问题引起学生认知冲突，从而使学生明确教学活动的目标，并激发学生积极主动的思维。三是关心学生是怎样提出问题的，并重视学生分析问题和解决问题的目的性和方向性，以提高他们思维活动的自觉性和能动性。

第二，突出知识形成过程。思维过程是思维结构的第二个成分，不仅强调分析、综合、抽象、概括、比较、归类、系统化和具体化，而且强调思维活动的框架和指标为：明确目标—接受信息—加 T 编码—概括抽象—操作运用—获得成功，它要回答三个问题：过程多长、什么顺序和怎样的流程。依照知识的性质，知识可以分为陈述性知识和程序性知识，前者是关于"是什么的知识"，后者是关于"怎么样的知识"。应用在课堂教学中，要求突出知识的形成过程，注重各种方法教育。一是重视概念、规律、理论等的形成过程，包括为什么引出这一概念和规律，怎么样得出这个概念和规律，以及概念和规律在学科结构中的地位及其应用；二是让学生掌握建立概念、规律、形成知识、分析问题、解决问题的方法，以及观察、实验、思维等方法；三是提出能够引起学生认知冲突的高认知问题，给学生留有足够的时间，引导进行积极主动的探究。

第三，联系已有知识经验。已有的知识和经验对学生建构知识、促进思维发展具有重要作用。朱智贤认为教育必须先引起学生对于知识、技能、道德规范的领会、掌握、学习，然后才能促进他们心理的发展，知识的领会是教育和发展的中间环节(朱智贤，林崇德，2002)。在我们思维的"三棱结构"模型中，思维的材料是思维结构的第三个成分，包括感性材料和理性材料。同时，思维结构是动态结构和静态结构的统一，随着思维目的、思维材料、思维过程、思维环境等方面的变化，思维结构也发生变化，动态性是思维结构的精髓。课堂教学中要使学生积极主动的思维，必须丰富学生的感性认识，联系学生的已有知识，并不断促进学生认知结构的发展和完善。思维结构的动态性和思维材料的思想应用到课堂教学中，一是要认识到学习是一个积极主动的建构过程，知识是个体经验的合理化，教学就是学生主动建构知识的过程。教师的教学要帮助学生完成这个建构过程。二是先前的经验对学习者来讲是非常重要的，教师应恰当地列举生活中的典型事例，唤起学生已有的感性认识，运用观察和实验来展示有关事物发生、发展和变化的现象和过程，联系学生已有的生活经验和已有知识进行教学，这样才能使学生真正理解和掌握知识。三是要重视中小学生的思维，逐步地从具体形象成分占主导地位，发展到抽象逻辑成分占主导地位，创造一切条件使学生的理性思维材料越来越多，以提高他们思维活动的抽象性和逻辑性，增强对抽象知识的理解能力。

第四，重视非智力因素的培养。思维中的非智力因素是思维结构的第三个成分，包括情感因素、意志因素、个性意识倾向性、气质和性格，对学生的学习活动起着动力作用、定型作用和补偿作用。思维活动是智力和非智力因素的统一，两者相互影响，相辅相成，只有两者的有机结合，才能发挥思维活动的效能。这一思想应用到课堂教学中，要求：一是要将非智力因素的培养作为一种目标，不仅包括新课程改革中提出的情感、态度、价值观，而且也要特别重视动机、兴趣、理想、信念、世界观等；二是教学中要创设一种愉快的氛围，激发学生的学习动机和兴趣，促进学生积极主动的思维。但要注意，愉快氛围的创设和情感因素的调动仅仅是一种手段，其目的是学生积极主动的思维，发挥思维的效能，提高课堂教学的效果，一定要避免课堂教学中仅仅形式上的生动活泼。

第五，训练学生的思维品质，提高学生的智力能力。作为思维结构的第五个成分，思维品质是指智力活动特别是思维活动中智力与能力特点在个体身上的表现，体现了个体的思维水平、智力与能力的差异。深刻性是指思维活动的抽象程度和逻辑水平，以及思维活动的广度、深度和难度，它表现在善于深入地、逻辑清晰地思考问题；善于把握事物的本质和规律；善于开展系统的、全面的思维活动；善于从整体上用联系的观点认识事物，掌握知识和严密地推理论证。灵活性是指思维活动的灵活程度，反映了智力和能力的"迁移"，具有四个显著特点：一是思维的方向灵活。善于从不同的角度、不同的方面去思考问题，善于应用不同的知识，用不同的方法正确地解决问题。二是思维的过程灵活。从分析到综合，从综合到分析，善于组合分析问题。三是思维的结果灵活。思维的结果具有多样性、灵活性和合理性。四是迁移能力强。对知识和方法，能够有效地正迁移。批判性是思维活动中善于严格地估计思维材料和精细地检查思维过程的智力品质，具有分析性、策略性、全面性、独立性和正确性五个特点。敏捷性指正确基础上的速度。独创性即创造性思维，表现为善于独立思考，善于创造性地发现问题和解决问题，具有独特性、新颖性和发散性。思维的五个品质，全面反映了学生的思维能力，在知识的教学过程和学生的学习过程中，训练学生的思维品质是培养学生能力的突破口，从而为课堂教学中促进学生以思维能力为核心的智力的发展提供了科学的理论和有效的操作方法。

第六，创设良好的教学情境。根据思维结构模型，积极思维的前提条件是具有良好的思维环境。应用到课堂教学中，要求教师创设良好的教学情境，促进学生积极主动的思维。一是要营造创造型的课堂教学情境。创造型的课堂情境指教师采取民主型的教学方式，平等地对待学生，构建以培养创新意识和创造能力为核心的"学生主体"教育观念；鼓励学生独立思考，让学生敢于标新立异、敢于挑战权威；形成学生主动学习、积极参与的生动活泼的课堂教学氛围。二是要创设鼓励学生质疑的课堂教学情境。教师对待学生提问的态度是指教师对学生提问产生的一般而稳定的心理倾向，包括积极倾向和消极倾向。教师对待学生的提问应持积极态度，即喜欢、支持、鼓励、引导学生提问。三是应尽量提高认知问题。所谓高认知问题，就是能使学生产生认知冲突，激发学生积极思维的问题。注意课堂教学中创设情境只是一种手段，其目的是激发学生积极主动的思维和学习。

第七，分层教学，因材施教。智力的多元性和个性差异越来越受到人们的重视，加德纳的多元智力理论对教育教学实践有较大的影响。其实，早在中国古代，"六艺"的课堂教学就蕴含多元智力的理论(林崇德，2005)。我们也认为思维和智力是一个较难穷尽的多元结构，并在此基础上提出了学科能力。学生间的差异是客观存在的，从其发展的水平来看，表现为超常、正常和低常的区别；从其发展的方式的差异来看，有认知方式的区别；从其组成的类型来看，可以表现为各种学科能力的组合和使用的区别；从其表现的范围来看，可以表现为学习领域和非学习领域、表演领域和非表演领域、学术领域和非学术领域的区别。由于思维和智力的多元性以及个体间的这种差异性，要求我们在课堂教学中实施分层教学和因材施教。

五、思维型课堂教学的师生关系

对课堂教学中的师生关系的理解，依赖于对教与学的关系的理解。关于教与学的关系问题，是教学理论研究中的一个重要问题。在教学理论发展的历史上，由于人们对教与学关系问题的认识不同，以此为基础所建立起的教学理论体系也有很大的差异。统观国内外教学论发展的历史，关于教与学关系问题的探讨大体上可以分为三种研究范式，即"教"或"学"的研究范式、"教与学"的研究范式和"教学"的研究范式(裴娣娜，2005)。在教师和学生的关系上，"教的理论"片面强调教师在教的过程中的地位和作用，忽视学生的主体性；而"学习理论"却片面强调学生的主体地位和作用，忽视教师的主导作用。在基础教育新课程改革以前，占主导地位的课堂教学是以讲授为主，重视教师教的作用而忽视学生的主体性。但随着基础教育课程的改革，又出现了只重视学生看书、自学等忽视教师作用的倾向。

在教学活动中，学生的学和教师的教相互作用、相互影响、相互制约，学生的学离不开教师的教，教师的教的目的是学生有效的学。教学活动的质量和效果如何，是教师的教和学生的学相互作用、相互影响的结果。思维型课堂教学理论强调课堂教学中教师和学生积极主动的思维，同时重视教师和学生的作用——这是一种"双主体"的师生关系。由于教学活动中教的活动和学的活动是不能分离而独立存在的，教是为了学，学则需要教，二者互为条件，失去了任何一方，教学活动都失去了存在的意义。因此，教师和学生在教学中都是能动的角色和要素，他们互为主体，互相依存，互相配合。正是师生这种统一的关系，推动着教学过程的向前发展。

思维型课堂教学所提出的"双主体"的师生关系突出了课堂教学中教师和学生积极思维这个核心，同时强调了教师和学生的作用，对于调动教师和学生的积极性，改变重视教师忽视学生和重视学生忽视教师的两种错误的倾向具有重要的指导意义。

六、思维型课堂教学的有效实践

理论源于实践又指导实践，聚焦思维结构的智力理论是 32 年实践的结果，同时又有效指导着我们提出的思维型课堂教学理论，并在教学实践中得到检验。

第一，历经 32 年的研究，提出并检验了思维品质是发展智力和能力的突破口，概括能力的培养是发展智力的基础，学科能力的发展是智力与能力发展的标志，重视非智力因素的培养，重视各种逻辑思维的发展，参加教育科学研究是提高教师素质的重要途径等心理学观和教育观；同时，用思维型课堂教学理论来指导课堂教学实践，全国 26 个省、自治区、直辖市 3000 多个实验班的教育教学质量全面提高（林崇德，1999，2009）。

第二，在最近的 10 年中，基于智力理论，胡卫平开发了旨在提高学生的思维能力和创造力的"学思维"活动课程（胡卫平，2008）。该活动课程共有 8 册，每个年级 1 册，每册有 16 个左右的活动，分为形象思维篇、抽象思维篇和创造思维篇三个部分。活动内容以系统的思维方法为主线按照学生心理发展规律以及知识面的扩展而不断加深，由易到难、由简到繁。每个活动先从日常问题开始，再到各个学科领域；先从具体形象的问题开始，再到抽象的问题；先从简单问题开始，再到复杂问题。从整体上看，活动内容涉及语文、数学、科学、社会、艺术和日常生活等多个领域。采用了思维型课堂教学的教学原理，并针对不同的课型形成了不同的教学模式。2003 年至今，近 200 所中小学的 20 多万学生参加了实验，跟踪的结果表明，一般经过一年半到两年的实践，学生的思维能力、创造力、学业成绩、自我效能、学习策略、学习动机、自尊、创造性人格、社会性，以及教师的教学能力等都有明显的提高。

参考文献

[1]布鲁纳. 教育过程[M]. 北京：文化教育出版社，1982.

[2]林崇德. 学习与发展[M]. 北京：北京师范大学出版社，1999.

［3］裴娣娜. 现代教学论(第二卷)［M］. 北京：人民教育出版社，2005.

［4］朱智贤，林崇德. 思维发展心理学［M］. 北京：北京师范大学出版社，2002.

［5］Kuhn D. Education for thinking［M］. Boston：Harvard University Press，2005.

［6］Lin Chongde，Li Tsingan. Multiple intelligence and the structure of thinking［J］. Theory & Psychology，2003，13(6)：829-845.

论学科能力的建构 *

近 20 年来，我一直在从事心理能力（或智力与能力）发展与培养的研究。在研究中发现，心理能力不是空洞的，它总是要和特定的活动，或者和特定的认知联系在一起。这其中一种显著的表现，就是和学科教育相联系构成学生的学科能力。

所谓学科，有两种含义：一是指一定科学领域的总称或一门科学的分支；二是指学校课程的组成部分。学科教育，系学校设置学科的教育，其内容并不完全随科学的分化而分化，而受教育目标和学生身心的发展水平的制约。它按学科的知识结构和逻辑体系展开论述，旨在传授学科知识，发展学生的特定心理能力，即培养学生的学科能力。

一、学科能力是学科教育与学生智力发展的结晶

学科与教学科目通用。中国古代的"六艺"，即礼、乐、射、御、书、数；欧洲古代的"七艺"，即语法、修辞、逻辑或辩证法、算术、几何、音乐、天文学，都是当时学校设置的学科。近代学校教学内容日益丰富，设置的学科随之增多，于是，围绕着学科教学教育的研究也深入地开展起来。

学科教学教育研究中有三个概念，且体现出一定的演变过程。一是学科教学法，又称分科教学法，它是学校各门学科教学法的总称。学科教学法是在教学论的一般原理指导下，分别研究各科教学中的任务、内容、原则和方法等具体的问题和具体规律。尽管关于学科教学法的研究在古代即已开始，但各学科教学法形成一门独立学科还是在近代出现的。二是学科教学论。在学科教学法研究的基础上，出现

---

* 本文原载于《北京师范大学学报（社会科学版）》1997 年第 1 期。

了学科教学论,即分科教学论。学科教学论的出现,主要是对学科教学研究范围的扩大所致。学科教学论研究的范围,扩展为包括某学科教学的目的、内容、方法、评价及自身研究的对象、方法等。换句话说,学科教学论成为以某门学科教学的规律为主要研究对象的教学理论。三是学科教育学。学科教学论研究范围的进一步扩展,就形成了学科教育学。学科教育学不仅主要研究学科教学论,同时,也体现教学为教育的主要内容,每一门学科不仅有着自己的学科体系,即按照学习心理学原理和教学要求,兼顾科学知识的内在联系组成的各门教学科目的系统,而且要体现德、智、体等诸方面的全面发展。因此,学科教育学研究学科教育的性质、特点及其与其他社会现象之间的关系;学科教育的目的、任务和内容;学科教育的途径、原则、方法、手段和组织形式;学科教育中教师与学生的关系等。随着各国教育改革的深入,对学科教学教育的研究将会进一步得到开展,于是学科教学教育研究必然地会遇到许多新问题。但不管是面临什么样的问题,都要涉及学生的学科能力的发展与培养问题。

从某种意义上说,教学的中心任务就是对学科做出教育学的解释,这种解释要依据学生对该学科的掌握情况,考虑到学生对该学科已有的知识和错误的理解。正如杜威早就指出的那样,科学家的学科知识与教师的学科知识是不一样的,教师必须把学科知识"心理学化",以便学生能理解。这种学科知识的"心理学化",尽管包含着教师根据学习心理来传授知识的内容,但最主要的还是使学科知识概括化(或类化)为学生的学科能力。因此,一方面,学科能力以学科知识为转移,要发展学科能力,就需要掌握学科知识。另一方面,学科能力又不能归结为学科知识。它是学生对学科知识的概括化(或类化)等智力活动中形成起来的比较稳固的心理特征。换句话说,学科能力既源起于学科教学教育促使学生掌握的学科知识,又依赖于学生心理能力本身的发展,即使他们掌握知识的难易和速度也取决于其智力与能力发展的原有水平。由此可见,学科能力正是学科教学教育与学生智力发展有机结合的产物。

当前学术界提出的学科教学教育改革所面临的各种新问题,都是围绕着学科能力这个中心议题而展开的。首先,学科教学教育目标的改革,要把过去以传授知识为重点的再现型的教育，转变为在传授学科知识的同时，重视发展智力和培养能力的发现型的教育。这种发现型教育所强调的智力与能力，要建筑在学科能力的基础上，通过某学科的学习，学生能具有现代科学知识、有较大的适应性和富于创造精神，以迎接新的技术革命的挑战。其次，学科教学教育内容的改革，它要求人们不仅重视基础知识学习，更新教材内容，实现教材现代化；而且加强三方面内容的改革，一是增加选修课，二是广泛开展课外活动，三是实现文理渗透，促进学科之间的综合化。通过这些改革，便于学生发展特长，增强创造力。所有这些，都与学科能力水平有直接关系。最后，学科教学教育方法和组织形式的改革，提倡启发式教学、加强电子计算机辅助教学、培养学生自学的方法等，追求学生最重要的学习是学会学习，最有效的知识是自我控制的知识，以便学生在各学科的学习中寻求如何获得知识的策略，从而学会怎样学习、怎样自学，以提高学习能力和学科能力。当然，在各学科教学教育中，既有一般的要求，又有各自教学教育的特殊要求和特殊问题。这就需要我们研究具体的学科能力，讨论各种学科能力的建构、学科能力与智力活动、非智力因素的联系和关系。

二、学科能力的构成

所谓学科能力，通常有三个含义：一是学生掌握某学科的一般能力；二是学生在学习某学科时的智力活动及有关的智力与能力的成分；三是学生学习某学科的学习能力、学习策略与学习方法。

任何一种学科能力，不仅体现在学生有一定的某学科的一般能力，而且有着学科能力的结构；这种结构，不仅有着常见的某学科能力的表层表现，而且有着与非智力因素相联系的深层因素。

考虑一种学科能力的构成，应该从以下三个方面来分析。

(一)某学科的一般能力是这种学科能力的最直接的体现

要探索一种学科的学科能力，首先要揭示这种学科的特殊性，找出最能直接体现这种学科的特殊要求与特殊问题的一般能力。

与语言有关的语文、外语两种学科能力，听、说、读、写四种能力是其特殊的表现，这应看作语文能力与外语能力的一般能力，只不过母语与外语在内容与形式上有着差异罢了。任何一种语言，听、说、读、写互为前提。在听、说与读、写的关系中，听说是口头语言的理解与表达，读写是对书面语言的理解和表达。口头语言和书面语言各具特点。口头语言生动、形象、活泼，口头语言表达要求思路敏捷、灵活；书面语言简练、严谨、规范，书面语言表达要求思路严密、有条理。但它们又是相关的：口头语言是书面语言的基础，书面语言又可净化口头语言。在听、读与说、写的关系中，听读是说写的前提，说写也是听读的前提。因为听读是输入，是吸收，是内化；而说写则是输出、应用和外化。这一进一出，吸收和应用，内化和外化，本来就是辩证的统一。听、说、读、写四种能力，共同构成语文能力或外语能力的一般能力系统。

与数学学科有关的能力，应首先是运算(数)的能力和空间(形)的想象力。同时，数学是人类思维的体操，数学的逻辑思维能力也应该是数学学科的一般能力。运算不仅是指数或数学运算，还包括各种数学式子及方程的变形，以及极限、微积分、逻辑代数的运算等；空间想象包括对空间观念的理解和对二维、三维空间几何图形的运动、变换和位置关系的认识，以及形象结合、代数问题的几何解释等。这两种能力的核心和基础是数学的逻辑思维能力，它包括数或数学的概念、判断、推理等基本思维形式以及比较、分类、概括、类比、归纳与演绎、分析与综合等思维方法。运算、空间想象和数学中逻辑抽象思维，共同构成数学能力的一般能力系统。

每门学科都有特殊性，所以要揭示每门学科能力的特殊表现，如自然科学学科(物理、化学、生物等)要涉及实验能力，思想政治课学科须有明辨是非能力等。所有这一切有关能力体现了某一学科的一般能力，作为这种学科能力结构的表层成分，至于具体的成分构成，有待进一步研究。

(二)一切学科能力都要以概括能力为基础

思维或智力活动有许多特点，概括是其中最基本的特点。

所谓概括，是在思想上将许多具有某些共同特征的事物或将某种事物已分析出来的一般的、共同的属性、特征结合起来。概括的过程是把个别事物的本质属性推及为同类事物的本质属性的过程，也就是思维由个别通向一般的过程。

从理论上说，概括是人们形成或掌握概念——思维细胞的直接前提。掌握概念，就是对一类事物加以分析、综合、比较，从中抽象出共同的、本质的属性或特征，然后把它们概括起来。概括是思维活动的速度、灵活迁移程度、广度和深度、创造程度等智力品质的基础。所有学习活动，都离不开概括。概括性越高，知识系统性就越强。迁移就是灵活，能灵活迁移，一个人的思维和智能才能获得发展。概括是一切科学研究的出发点，是掌握规律的基础，任何科学研究的结论都来自概括过程。

从教学实践上说，学习和运用知识的过程是概括过程。迁移的实质就是概括。没有概括，学生就不能掌握知识、运用知识和学到知识；没有概括，就难以形成概念，那么由概念所引申的公式、法则、定义、定理就无法被学生掌握；没有概括，学生认知结构就无法形成。于是，通过学习形成一个在意义上、态度上、动机上和技能上相互联系着的越来越复杂越抽象的模式体系，就会发生困难。由此可以看出，概括在思维、智力活动过程中的地位以及概括能力在现实中的作用与重要性。正因为如此，概括成为思维研究的重要课题，概括水平成为衡量学生思维能力发展等级的指标；概括能力也成为智力培养的重要方面，智力水平通过概括能力的提高而获得显现。如前所述，学生的学科能力正是其在获得学科知识的基础上通过概括化(或类化)而形成的。抓住了概括能力，也就抓住了学科能力的基础与核心问题。因此，发展学生的概括能力是发展其学科能力，乃至培养其智力与能力的一个重要环节。

(三)某学科能力的结构，应有思维品质参与

任何一种学科的能力，都要在学生的思维活动中获得发展，离开思维活动，无所谓学科能力可言。因此，一个学生某学科能力的结构，当然包含体现个体思维的个性特征，即个体思维品质。

思维品质的成分及其表现形式很多，我们认为主要应包括深刻性、灵活性、独创性、批判性和敏捷性五个方面。深刻性是指思维活动的抽象程度和逻辑水平，以及思维活动的广度、深度和难度；灵活性是指思维活动的灵活程度；独创性是指思维活动的创造精神，或叫创造性思维；批判性是指思维活动独立分析和批判的程度，它是一种监控或反省的能力，与国外的"元认知"是一致的；敏捷性是指思维活动的速度，即正确而迅速的程度。思维品质的五个方面，决定了智力与能力的层次。在一定意义上说，思维品质是智力与能力的表现形式，智力与能力的层次集中地表现在上述的五个思维品质上。思维品质这些表现是确定一个人智力与能力是正常、超常或低常的主要指标，也反映出每个个体某学科能力的等级和差异。所以在研究某学科能力的结构时，应考虑到思维的深刻性、灵活性、独创性、批判性和敏捷性五个思维品质。

根据上面三点考虑，我们才把语言能力看作以语言概括为基础，将 4 种语文能力与 5 种思维品质组成 20 个交结点的开放性的动态系统；把数学能力看作以数学概括为基础，将 3 种数学能力与 5 种思维品质组成 15 个交结点的开放性的动态系统。

三、不同学科能力的建构，存在明显的思维或认知的特殊性

按大学科分类，学科可归纳为理科与文科，这相应地与抽象逻辑思维和形象逻辑思维、认知和社会认知紧密地联系着。一般说来，理科的学科能力更多地要与抽象逻辑思维、认知相联系；文科的学科能力更多地与形象逻辑思维、社会认知相联系。至于大学科下属的具体学科，当然大致地要和大学科的思维或认知成分相对应，但具体学科可以作具体分析，包括交叉学科，更有其特殊性。不过抽象逻辑思维与形象逻辑思维，认知与社会认知却体现着建构不同学科能力中思维或认知成分的特色。

(一)抽象逻辑思维与形象逻辑思维

在实践活动的感性经验的基础上，以抽象概念为形式的思维就是抽象逻辑思

维。这是人类思维的核心形态。抽象逻辑思维尽管也依靠实际动作和表象，但它主要是以概念、判断和推理的材料表现出来，是一种通过假设而实现的形式的、反省的思维。换句话说，抽象逻辑思维是撇开具体事物，运用概念进行的思维；是通过假设进行的思维，使思维者按照提出问题—明确问题—提出假设—检验假设的途径，经过一系列的抽象概括过程，以实现课题的目的。抽象逻辑思维，就其形式来说是形式逻辑思维和辩证逻辑思维。

理科能力，特别是数学能力，主要与抽象逻辑思维联系着。例如，对数概念扩充及定义的展开，从"自然数"到"正整数""有理数""实数""复数"，一直到"数"，这就体现着一个概念逻辑的概括过程，反映了各年龄阶段的学生思维能力，乃至整个智能发展的水平。

形象逻辑思维，是以形象思维的形象或表象为思维的重要材料，借助于鲜明、生动的语言作物质外壳，在认知中带有强烈的情绪色彩的一种特殊的思维活动。一方面是鲜明的形象；另一方面又有着高度的概括性，能够使人通过个别认识一般，通过事物外在特征的生动具体、富有感性的表现认识事物的内在本质和规律。形象思维具备思维的各种特点，它的主要心理成分有联想、表象、想象和情感，特别是想象，想象的过程，在一定程度上就是形象思维的过程。想象的发展，当然是形象思维发展的过程；想象的结果，往往也就是形象思维的结果。想象和形象思维很难从本质上去分清界限。形象逻辑思维活动有着抽象思维的参与，这使形象逻辑思维能作为一种具有必然性和普遍性的完全独立的思维活动。

文科能力，特别是文学、艺术等学科的学科能力，主要与形象逻辑思维联系着。因为文学、艺术形象的创造主要是自觉表象运动的直接结果，文学、艺术学科能力的发展更多地体现出想象力的发展。

上边提到的某些理科能力和文科能力，分别更多地与抽象逻辑思维和形象逻辑思维相联系，这"更多"仅仅指为主，体现某些学科能力的特殊需求，但绝不能将这些能力分别与抽象逻辑思维或形象逻辑思维等同起来，因为每一种学科能力除了更多地与某种思维相联系之外，还要包含另一种思维的成分。例如，数学能力是典型的理科能力，可是它却包含空间想象能力；语文能力是一种典型的文科能力，但是它既离不开形象逻辑思维,也离不开抽象逻辑思维。

(二)认知与社会认知

认知是人类个体对客观世界的认识过程。认知心理学对认知的看法尽管不能统一,但有突出的一个共同点,即认为认知是为了一定的目的,在一定心理结构中进行的信息加工的过程。信息加工的对象是客观世界,客观世界包括无生物界、生物界和人类社会三大部分。前两者统称自然界,国际心理学界通称其为物理世界,而把后者称为社会世界。因此,认知既包括对物理世界的认知,也包括对社会世界的认知,两者共同构成认知的全部内容。从这个意义上说,认知和对社会世界的认知并不是同一层次上的并列关系,对社会世界的认知,即社会认知是认识的一个属概念,它所对应的是非社会认知(nonsocial cognition)或对物理世界的认知,即物理认知。但我们平常所讲的"认知",在一定程度上可以说是"非社会认知"或"物理认知"。由于传统认知理论主要建立在个体对物理世界的认知研究的基础之上,这些理论已相对成熟并自成一体,国外心理学著作大多在认知之外另设社会认知(social cognition),以示其为一个独立领域。所以,我们在这里也沿用这个理解,认知分为广义认知和狭义认知,广义的认知包括对物理世界的认知和对社会世界的认知两个方面,而狭义的认知则专指非社会认知或物理认知。

社会认知有着自己的特点,首先,社会认知的对象具有特殊性。一个人社会认知的对象正是他生活于其中的社会世界或社会环境。社会认知的内容第一位的是人,这里的人绝不限于个人,它包括人与人之间的关系。此外,社会认知的内容还包括风俗习惯、生活方式、行为准则、生产方式、语言文学、知识技术、政治要求、中外历史以及其他文化遗产,等等。所以,个体社会认知的发展也就是一个不断地利用认知机能获得知识,并逐渐将其内化以指导、调节自己行为反应的发展过程。正因为个体社会认知的对象是其生活的社会环境,所以个体不是作为单纯的认知者,而是作为积极的实践者,在与他人实际的频繁的相互作用的过程中实现着对这个环境的认知。其次,一个人的社会认知发展不是其一般认知的一种简单的重复或反映。社会认知能力与智力之间只存在低相关或至多中等程度的相关关系的事实说明，一个人的社会认知能力不是完全由一般智力所决定的。也就是说，社会认知的发展与非智力因素的发展有密切的关系。再次，与对物理世界的认知发展相比，人们的社会互动(人与人之间的交换、接受、沟通和加工信息)经验和社会生活环境包括社会文化特点，对其社会认知的内容、结构、发展速度以及发展水平起着重要的作用。社会互动经验对人们社会认知的作用表现在直接和间接两个方面：一方面，社会互动可以直接促进一个人社会敏感性的发展，使其获得关于他人的直接知识；另一方面，一个人与他人的交往可以为其提供认识他人的观点、思想的机会，促进其观点采择能力的发展，观点采择能力又是一个人社会认知的基础和核心成分。最后，情感在一个人的社会认知中起着重要作用。在社会认知中通常伴随移情过程的发生。这是社会认知区别于物理认知的又一重要特点。

无疑，理科认知总是更多地与狭义认知或物理认知联系在一起；文科能力则更多地与社会认知联系在一起，并呈现出明显的层次性来。例如，从社会认知的特点出发，我们可以把学生的思想政治课学科能力分成三个层次：第一层次，学生的思想政治课学科的一般能力，它包括分辨是非能力、参加社会实践的能力和观点采择的能力三个部分。第二层次，学生的思想政治课学科的能力结构。学生思想政治课的学科能力，尽管不像理科能力那样与智力存在高度的一致性，但它与智力活动的水平还是有一定联系的，特别与思维活动更有密切的关系。所以，我们将思想政治课学科能力结构理解为：以对思想政治课知识的概括为基础。把分辨是非能力、参加社会实践能力、观点采择能力(或分析问题能力)与五种思维品质(思维的深刻性、灵活性、独创性、批判性、敏捷性)组成 15 个交结点的开放性的动态系统。第三层次，学生的思想政治课学科能力的深层结构。社会认知的特点强调情感，强调非智力因素。我们从中受到启迪，思想政治课的学科能力有一个深层的结构成分，这就是有信念的因素。所谓信念，是一个人对某一理论准则、思想见解坚信不疑的看法。信念不仅要以主体向往和追求完善的标准作为认识的前提，而且伴有较强烈的情感体验，它是认识和情感的"合金"。由于思想政治课的学科能力结构中有信念的成分，思想政治课的学科能力具有很大的动力性，在分析问题、采择观点时具有明显的选择性。这是思想政治课的学科能力与其他各学科能力最大的区别之处。

四、学科能力的特点

学科能力，既作为人类智力与能力的一种表现形式，又具备学科教学的必要条件，所以它是学科教学与人类智能的合金，并表现在学生的身上。从这一点出发，我们可以获得学科能力的如下四个特点。

(一) 学科能力以学科知识为中介

学生的学科能力必须以学科知识经验为中介而实现。因为学生对每一门学科的学习都是一种思维活动，最终形成的学科能力，是学生在学科的学习活动中，在感性认识，特别是表象的基础上，借助于词、语言等工具，以学科知识经验为中介而完成的。这里的中介功能是指学生从掌握学科知识经验，过渡到学科能力的桥梁作用。以学科知识为中介，也反映了学科能力与记忆的相互关系。有了记忆，人才能累积知识、丰富经验。记忆是学生对学科知识经验的储备，它是运用学科知识经验进行思维、认识学科问题、解决学科问题的前提。没有记忆，学科能力失去材料，就没有知识经验这个中介了。

作为学科能力的材料的知识经验大致可分为两类：一类是感性的材料，一类是理性的材料。这是不同性质的材料。感性材料，包括感觉、知觉、表象等，学生的学科能力活动是凭借这些感性材料，特别是表象来进行的。例如，小学中低年级学生掌握了数学符号性表象，但在运算中也要以感性材料为支柱，需要运用直观教具激发他们的具体经验。理性材料，主要指各学科的基本概念。概念是思维的细胞。概念的形成和发展，与判断的推理是不可分的。例如，中学生在数学学习中，依靠数字、字母、字词逐步掌握各种数的概念、定义、公式、法则，学会判断，进行推理来加以运算，依靠这些理性材料来提高数学学科的能力。由此可见，学生学科能力发展之所以表现为多样性，原因之一是在作为材料的学科适应经验上，不仅有数量的增减，而且有质的变化。学科能力发展过程中质的变化的重要途径，是通过作为材料的学科能力之中介——"新质要素"的逐渐积累和"旧质要素"的逐渐衰亡和改造而实现的。

(二)学科能力是一种结构

从上述的学科能力的构成中可以看出,学科能力具有系统性,它是一种结构,并且是静态结构与动态结构的统一。

如果单纯分析学科能力构成的具体成分,可以将学科能力的结构看成静态的;但从学科能力的构成的内在关系和联系上来说,从其发展来说,这个结构是动态的。学科能力的系统性正是这种静态和动态结构的统一,而且,动态性是学科能力结构的精髓。首先,动态性表现出学科能力的结构是主客观的统一,是主客观交互作用的结果。也就是说,学生逐步地主动积极地处理其学科教学环境,并从各种问题过程中完善他们的学科能力的结构。其次,动态性表现在学科能力结构的发展上。学科能力结构不仅指的是内在结构、成分及关系,更重要的是有发生与发展的特征,这是一个本质的问题。最后,动态性表现在学科教学活动是学科能力结构的起点与动力。学生在教学活动中,当他们掌握某种操作程序且获得不断发展的时候,当感知、表象、语言、思维相互结合的时候,他们的学科能力结构也就逐步完善和发展起来,并出现各种学科能力的模式。

(三)学科能力具有可操作性

学生的学科能力要在各个学科的教学实践中获得具体化,表现出较强的操作技能和善于运用知识的特点。换句话说,在各科教学实践中,已经形成的学科能力有助于学生主体对各学科的学习,并为顺利地进行学科学习提供符合知识运用和操作技能要求的程序、步骤、环节、策略和方法等。

学科能力的可操作性,可以用具体的学科语言来表示,如我们曾用数学语言规定了数学能力的操作要求,用语文语言规定了语文能力的操作要求。探索和选择适合一定学科的语言来界定学科能力及其操作要求,使各科教学中为培养有关学科能力有据可循,并发挥学科能力的更大的操作性,这是当前学科能力研究中的一个重要课题。

(四)学科能力是稳定的

如果说，智力与能力是成功地解决某种问题(或完成任务)所表现的良好适应性的个性心理特征，那么，学科能力则是成功地完成学科课题的个性心理特征。当然，智力与能力有一定区别。一般来说，智力偏于认识，它着重解决知与不知的问题，它是保证有效地认识客观事物的稳固的心理特征的综合；能力偏于活动，它着重解决会与不会的问题，它是保证顺利地进行实际活动的稳固的心理特征的综合。学科能力，则既要解决知与不知的问题，又要面对会与不会的问题，教学的实质就在于认识和活动的统一，所以，学科能力是学生在学科教学中所表现出的智力与能力的统一，是一种稳固的心理特征的综合。

学科能力的稳定性，主要是指个体的稳固特征。这并不排斥个体学科能力的发展变化，因为每个人各种学科能力都处于发展变化之中，但又显示出各自较稳固的个体差异来。到了高中二年级前后(15~17岁)逻辑思维趋于成熟的时候，个体的学科能力差异水平也趋于"初步的定型"，这样，使学科能力的个体心理特征更加明显。个体逻辑抽象思维成熟前学科能力发展变化的可塑性大，成熟后学科能力，尤其是理科能力发展变化的可塑性小。尽管某些文科学科能力还有"大器晚成"的表现，但对绝大多数个体所拥有的多数学科能力来说，与其成年期的水平基本上保持一致。因此，对学生学科能力培养的重心，应放在基础教育阶段。

五、学科能力模型在教育系统运作中的地位

(一)由内容到能力：教育质量标准的取向转变

从历史的角度来看，传统的教育标准是内容取向的，主要关注学生在教育中所掌握的知识技能的实际表现水平，很少体现现代意义上的学科核心能力的表现水平。1989年，美国国家数学教师协会出版了《学校数学课程与评价标准》(简称"NCTM标准")，该标准的一个重要贡献是把学科能力模型的思想纳入其中(图1)。

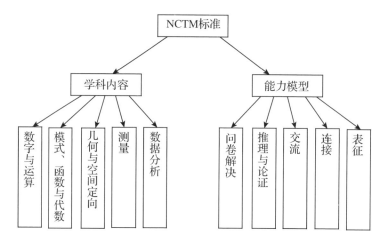

图 1 美国《学校数学课程与评价标准》(1989)

NCTM 标准的发布推动了各国以学科核心能力为导向的教育标准的改革。英国
(1998，2007，2010)、德国(2003)、澳大利亚(2009)等国家在教育标准制定中都采
用了这种模式。以德国为例，2003 年由来自不同研究领域的 11 位专家组成的研究
团队，向联邦教育部提交了长达 167 页的《国家教育标准的开发：专家鉴定》，该报
告突出了能力模型在教育标准中的地位，把学科能力模型作为对总体教育目标的具
体化，是连接总体教育目标与测评系统之间的中介环节(见图 2)。

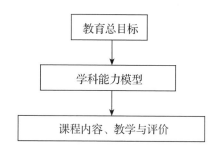

图 2 能力模型与总体教育目标的关系

(德国《国家教育标准的开发：专家鉴定》，2003)

(二)学科能力模型是影响教育标准制定的核心环节

当前，国际上发达国家最新研制的教育标准中都非常强调学科或跨学科能力模

型与学科学习内容的整合。我国现有标准在本质上属于内容标准，虽然在学科总目标中涉及学科相关能力，但是没有将学科能力的培养作为明确的编排原则，这导致我国基础教育长期以来过于强调学科内容和知识点的传授，轻视或忽视学科能力的培养，同时，也使得课程标准和学业质量标准的制定缺乏明确的参考依据。

结合国际上发达国家对学科能力模型的研制和国内外有关学科能力的研究成果，可以认为，学科能力模型是制定教育质量国家标准、落实宏观教育目标的关键核心环节，也是统领和规范不同学科及不同学段学生成就水平的重要科学依据。学科能力模型与教育宏观目标、教育标准以及具体课程、教学和学业表现的关系见图 3。

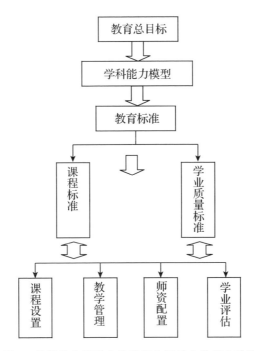

图 3 学科能力模型在教育运作系统中的核心地位

参考文献

[1]林崇德. 教育的智慧——写给中小学教师[M]. 北京：北京师范大学出版社，2007.

［2］林崇德. 学习与发展——中小学生心理能力发展与培养(修订版)［M］. 北京：北京师范大学出版社，2011.

［3］杜威. 民本主义与教育［M］. 北京：商务印书馆，1947.

［4］Gardner H. Multiple intelligence［M］. New York：Basic Books，1993.

［5］Lin Chongde，Li Tsingan. Multiple intelligence and the structure of thinking［J］. Theory & Psychology，2003，13(6)：829-845.

［6］Pape S J，Tchoshanov M A. The role of representation(s) in developing mathematical understanding［J］. Theory in to Practice，2001，40(2)：118-127.

［7］Perkins D，Jay E，Tishman S. New conceptions of thinking：from ontology to education［J］. Educational Psychologist，1993，28(1)：67-85.

［8］Sternberg R J. Handbook of intelligence［M］. Cambridge，New York：Cambridge University Press，2010.

论教学过程的自组织转变理论*

一、教学过程的理论思考

在我国，教学过程的研究从来就是"仁者见仁，智者见智"。最典型的是以哲学认识论为方法论，将教学过程视为一种认识过程并论证教学过程的特殊性，由此有"认识说""认识—实践说"；以价值论为方法论，将教学过程视为一种追求教育价值目标实现的过程而有"价值增殖说"；从心理学和多学科的角度分析教学过程，又有"发展说"和"层次类型说"；从教学发展史考察而有教学过程的"传递说""学习说"及"统一说"；以实践活动论为指导，把教学过程作为实践来看待，又有"实践说"；从教学过程的社会性、人际关系、师生互动或教学存在的本体论来分析，又有"交往说"；等等。

当人们谈论教学过程的时候，只要有过一定教学经验的人都会多多少少有自己的看法。然而，大多数理论的提出所根据的是什么？这些理论是不是多处于对问题的描述阶段？又有多少深入本质的层次？这样，就引出了关于教学过程理论的科学基础这一严肃的话题。探求事物和现象的本源，深入事物的内部寻觅现象的本质，是科学最重要的特征。作为把"教学看作一门教与学的学问来探索"的领域，教学论有所发展的正是它将有效教与学的研究深化到了探索其科学基础的程度。教学自其存在之日起，就绝非只是形而下的问题。在柏拉图《米诺篇》中，苏格拉底所为之努力的不仅仅是我们通过对话所能直观的那些，也不仅仅是后人所归纳的具体"产婆术"，更重要的还有在一系列形式背后的、深藏于苏格拉底教学艺术之中的对教学

---

* 本文原载于《课程·教材·教法》2006 年第 11 期。本文另一作者为邢红军。

深刻、完整的理解。

教学过程的研究，在教学论理论体系中属于形而上的部分。它所要解决的核心问题，是教学究竟是什么的问题。显然，这是一种既关乎所有教学活动又远离一切具体教学过程的思索，并且这种思索是以相信存在教学本质这样的信念为前提的。然而，这种本质的东西却难以寻觅。究其原因，苏联的 B. Π. 拉普梅钦斯卡娅认为，众多学派的研究结论"有时缺乏彻底性"，不够"完善"，其"主要障碍"就是"缺乏科学的方法论基础"。在国内，王策三(1990)认为是由于"在理论上没有搞清楚"。我们认为，这是一个客观的评价。因此，在教学过程的研究中，其理论思路就显得至关重要。这种理论思路主要是指，整个教学过程理论建立的出发点和基本路线。只有具有正确、充分而周密的理论构思遵循清晰的理论思路，才能建立起正确的教学过程理论，从而更有效地引导教学活动，并在进行这种活动的同时，总结出更具普遍意义的教学过程理论。正如著名心理学家勒温所指出的，没有任何一个东西比好的理论更加实用(王重鸣，1990)。而忽视理论的指导，满足于经验式的照抄照搬，那么教学过程理论的建构将是十分肤浅和具有局限性的，教学过程理论就很难得到发展。

在教学过程的研究中，由于面临更为复杂的情境和多种因素的交互影响，因此，理论思维就尤为重要。对于理论思维，恩格斯(1971)曾明确指出："经验，自然科学积累了如此庞大数量的实证的知识材料，以致在每一个研究领域中系统地和依据材料的内在联系把这些材料加以整理的必要，就简直成为不可避免的，建立各个知识领域相互间的正确联系，也同样成为不可避免的。因此，自然科学便走进了理论的领域，而在这里经验的方法就不中用了，在这里只有理论思维才能有所帮助。"这样，恩格斯不但强调了在相同领域内对材料加以系统整理的必要，而且提出了一个重要思想——认为需要在不同知识领域之间建立相互联系，这种联系又只有通过理论思维来实现。

在教学过程研究中，人们常常有意无意地运用静态或动态的理论观点。前者把教学过程看成一种提供系统知识的活动，强调现有知识、理论、假设和原则，并设法在此基础上增加新的知识。后者承认现有知识的重要性，但主要把它作为进一步研究的基础，强调理论和相互关联的概念图式，并以此开展进一步研究。

采用静态还是动态观点进行研究，会直接影响教学过程研究的思路和效果。以静态观点从事研究，就比较忽视对以往研究的总结和理论基础的构建，缺乏清晰的理论思路，其结果往往是只满足于对某些教学现象的描述和解释，既忽视自身的理论发展，又不重视同一研究领域中有关研究之间的比较与沟通，因而缺乏效度。动态观点则注重理论基础的构建，并在以往研究基础上形成进一步研究的明确思路，从而使所建构的理论具有较高的效度。

基于这种思路，我们认为目前教学过程理论的不够"完善"，原因之一就是对过去几十年来科学领域所发生的、对教育教学工作影响深远的发展变化知之甚少。在这方面，不少处于科学研究金字塔塔尖的物理学家给我们的启示是深刻的。其中，最应该提到的就是赫尔曼·哈肯(Hermann Haken)。对于哈肯，人们熟知的是他终生"在物理学的最前沿拼杀""总是选择木板最厚的地方钻孔"的物理学巨匠风格，但要知道他其实也是一位杰出的教师，他对人类认识过程的本质、对科学的文化教育价值都有很深的思考和深切的关注。尤其是他创立的协同学，更是为打开教学过程理论之门，提供了一把金钥匙。

二、教学过程：从被组织到自组织的转变

1977 年，联邦德国斯图加特大学物理学教授哈肯在研究由大量子系统构成的、相互间存在复杂非线性相互作用的开放系统时，提出了协同学理论。

协同学采用序参量来描述一个系统的有序度，刻画系统从无序向有序的转变。一个系统有许多变量，如何确定哪些变量是决定系统有序度的序参量呢？哈肯分析了不同变量在临界点的行为：绝大多数参量在临界点附近阻尼大、衰减快，对系统状态的转变进程影响不大，这类参量称为快参量；一个或少数几个参量在临界点附近阻尼小，它不仅不衰减(或衰减极慢)，而且始终左右着系统演化的进程，这类参量称为慢参量。快参量在系统的状态稳定性受到影响时，总是企图消除干扰，使系统重新恢复到稳定状态，所以对系统形成有序结构作用不大；慢参量在系统受到干

扰时，总是使系统离开稳定状态，走向非稳定状态，同时又主宰着系统的演变过程，所以慢参量是决定系统向有序转变的"序参量"。

具有自组织结构的系统，其协同作用是通过内部各个子系统之间的相互影响和相互作用、各个序参量之间的相互协同和相互竞争来实现的。一般来说，各个子系统既存在无规则的独立运动，又存在有序的关联运动。在外界控制参量处于某一范围、子系统的独立运动占主导地位时，系统处于无序状态；而当关联运动占主导地位时，系统进入有序状态。在临界点附近，有时系统同时具有几个序参量，每个序参量对应于一种宏观有序结构。如果它们的衰减速度相同，处于势均力敌的状态，彼此便自动协调，共同形成某一有序结构；但是，随着外界控制参量的变化，序参量之间的竞争将被激化；当控制参量达到临界值时，某一序参量将会取胜，其他序参量便会迅速衰减乃至消失，最后出现一个由阻尼系数小的序参量单独主宰系统演变的局面，形成相应的有序结构。

协同学创建以来，不仅在自然科学和社会科学上得到了广泛应用，而且被很多心理学家应用于语言、视觉、运动和脑等方面研究的实验设计和结果分析(郭治安，1988)。在脑和行为方面的研究中，协同学和其他非线性科学一样，研究的是大脑的相(系统不同的内部组合状态)和相变(相之间的转变)。由于非线性系统的相变往往表现为一种跳跃过程，因此近年来运用超导量子干涉仪对大脑的研究正在实践和理论上检验和分析这种相变过程(庄建成，张侃，1997；Kelso，Bressler，Buchanan，De Guzman，Ding，Fuchs & Holroyd，1991，1992；Fuchs & Kelso，1993)。结果表明，尽管大脑是复杂和多样性的结构，但它仍然表现出相变、新模式的形成等特征，并可以用协同学的概念和方法加以很好的描述(Jirsa，Friedrich，Haken & Kelso，1994)。

基于协同学的广泛适用性，特别是心理学家在脑、行为和认知方面研究的成功范例，我们认为，在教学过程理论的建构中引入协同学是一个较新的理论思路。

一般认为，构成教学过程的要素包括学生、教师、教材和环境。其中教材是教学的客体，学生是教学的主体，教师起主导作用。实际上，教学过程就是教学系统发展演化的过程，该过程的主要子系统——学习系统(学生)的演化规律决定了教学系统发展的走向。

学习系统的核心是人的大脑。由于人脑约有 1000 亿个神经元，每个神经元与其他神经元的连接多达 1000 条。此外，每个神经元本身也是一个错综复杂的系统，这些神经元以高度复杂的方式联系在一起，能主动接受输入的信息，不断改善自身的结构和功能，实现与环境的协调，所以学习系统属于自组织系统的范畴。因此，基于协同学理论，我们提出了一种新的教学过程理论：教学过程是一个学生、教师、教材和环境相互协同的过程，是学生在教师引导下完成对教学内容掌握的同时其认知系统从被组织向自组织转变的过程。

教学系统作为一个系统，它既可以是被组织系统，又可以是自组织系统。所谓被组织，是指"该组织只有在外界干预下才能进行演化。它的组织化，不是自身的自发、自主的过程，而是在外部驱动力下的组织过程或结果"(Haken，1988)。

长期以来，我国的教学基本上是被组织过程。对此，有学者指出，"现在有一种普遍的提法：一名好的教师应当'课堂上解决问题'，把所教内容都'讲深讲透'，不给学生课后留下疑难。所以我国教师都习惯于把知识组织得井井有条，对课程内容的每个细节作详尽的解说，对学生可能发生的误解一一予以告诫"(赵凯华，1995)，"这种教学方法的最大弊病在于，它把一个年轻人维持在小孩子的状态，老师要他怎么学，他就怎么学"(杨振宁，1998)。显然，这是一种典型的被组织状态。

解决这个问题的办法就是把教学过程从被组织向自组织转变。按照哈肯的定义，所谓自组织是指"如果一个体系在获得空间的、时间的或功能的结构过程中，没有外界的特定干涉，我们便说该体系是自组织的"(Haken，1998)。

教学过程的自组织是指，在教师的引导下，学生的知识、技能和方法等参量之间进行相互协同和竞争，当学生的大脑进入从无序到有序的临界值时，导致只有少数序参量支配学生的认知系统，最终实现学生的认知从无序变为有序，达到"教是为了不教的目的"。

教学过程的自组织转变理论，体现了一种新的教学观。在这种过程中，教师的角色从"讲深讲透"向"画龙点睛"的引导转变，学生对教学内容的理解也从教师"讲"明白向自己"悟"出来转变，从死记硬背、机械训练向亲身体验、主动参与转变、从被动接受式学习向主动获取式学习转变，从而实现教学方式的根本转变。由于学生经历了一个由教师讲授到自我建构的过程，结果就使得学生"不但掌握住知识、定理和公理的意义、精神及其重要性"（杨振宁，1998），而且知道"其中有的东西是重要的，有的东西是美妙的，有的东西是值得跟人辩论得面红耳赤而不放手的"（杨振宁，1998）。表现在解决问题时，各种各样的策略就能够迅速检索而无须搜肠刮肚地对照做过的题型，在处理前一个步骤时就能在大脑中预感下一个步骤，根本无须暗暗回忆各种题型再思量其意义。即使进行创造性活动，也能凭直觉而非经验去探索正确的解决途径。所以，正是在这个意义上，我们认为教学过程的自组织转变不仅能使学生更好地掌握知识，而且也能很好地培养学生的能力。

教学过程的自组织转变理论，是一种动态理论，它关注教学过程的转变，并且认为，教学过程的被组织阶段不仅是重要的，而且是必需的，是自组织的必经阶段。只有当教学系统的被组织状态达到临界值时，才有可能转变为自组织结构。

三、方法：教学过程的序参量

如何实现教学过程从被组织到自组织的转变？根据协同学理论，需要找出教学系统演化过程中的序参量。

事实上，协同学中的序参量可以被赋予不同的意义，用来描述各种非平衡态系统。如果它表示速度和密度，就可以描述流体力学中的各种有序现象；如果它表示不同种类的分子浓度，就可以描述化学中的各种震荡反应；如果它表示生物学中的物种数目，便可以描述生物进化中的自然选择与生存竞争。

怎样合理确定教学过程中的序参量？这需要理论思维。一方面，系统内的子系统自我排列，自我组织，似乎有一个"无形手"在操纵着这些成千上万的子系统；另一方面，正是通过这些大量子系统的协同作用才导致了这个"无形手"的产生，这个"无形手"就是序参量。根据协同学理论（郭治安，1988）和林崇德"教育与发展"的教学实验，我们提出：教学过程的序参量就是方法。

方法是人们在认识和改造客观世界的实践活动中总结出来的正确的思维方式和

行为方式，是人们认识和改造自然的有效工具。作为一种基本的研究途径和方式，它与概念、规律等一些知识的东西是相平行的，包含在科学的范畴之中。方法中的思维方式主要包括分析、综合、抽象、概括、判断和推理等。方法中的行为方式则主要包括一些具体的方法，比如教学中常用的比值定义法等。

按照现代教育观，作为人类认识结果的知识固然重要，但探求结果的方法则更为重要。知识本身并不是教育的目的，而是建立方法的工具和手段。因此，现代教育更关心怎样使传授知识的过程成为掌握方法、开发学生智慧的过程。如果学生学习了一门学科但没有掌握其方法，那么充其量只能说他们学过了这门学科，而不是掌握了这门学科。

我们认为，把方法作为教学过程的序参量，充分反映出了教学过程的特征，反映出了知识、方法和能力的关系。事实上，每一学科的方法就是该学科的逻辑语言或符号规则，是使本学科多种事实和原则互相联系起来，使该学科动作起来的手段和桥梁。各种方法综合起来就形成了探讨该门学科有效途径的方法论。经验证明，掌握了某一领域的研究方法就能使学习者在这一领域内的能力按一定程序不断增长。对于教学来说，方法就是教学过程演化的灵魂。可以说，教学效果的好坏在很大程度上取决于是否使学生学到了科学的思想和方法。

从知识结构形成的角度看，方法作为一种基本的研究方式，它纵横交错、贯穿于整个知识领域之中，把不同的知识相互联系起来从而形成知识结构。从认知结构形成的角度看，只有通过方法的参与，才能使客观存在的知识结构转化为学生头脑中的认知结构。通过学生对新知识的加工、组织、简化、记忆、系统化重建及应用等过程，原有的认知结构会演变为更加清晰牢固的新的认知结构。所以，在教学中，学生如果没有学会通过方法在自己的头脑中把大量的知识编织成一个层次清晰、逻辑严密的结构或网络，就无法不断接收、容纳新的信息，也就无法不断完善自己的知识结构。

从学科教学实践角度看，近年来我国课程教学改革实践也充分支持这一观点。比如，浙江省教育厅教研室从 1989 年开始积极推动广大中学物理教师结合教学实践，开展方法教育的研究。经过多年的探索，他们得到的结论是，方法是通向能力的桥梁，能力既依赖于知识，更依赖于方法。在某种意义上，方法本身是能力的一部分。能力培养可以从强化方法教育入手（浙江省教育学会中学物理教学分会，1995）。上海市总结近年来物理课程改革经验得出的结论是："能力与方法是密切联系的。一般来说，人们完成某方面任务能力的强弱，是与掌握完成这方面任务的方法的自觉程度与熟练程度密切相关的。可以认为，方法是能力的'核心'，是对能力起决定性作用的因素"（张民生，1999）。这从学科教学实践的角度佐证了方法的序参量性质。

哥德尔定理证明，一种足够丰富和前后一贯的理论是不能由它本身，或者比它本身更不完善或更"弱"的手段来证明自身的无矛盾性；一个理论体系如果仅仅以自身的手段为工具去证明自己，就必定会导出一些不能决定其真伪的命题来。因此，任何一个理论体系就其自身来说总是不完备的。一个理论体系要证明自身的无矛盾性，就必须借助另一个比它更完善或者说更"强"的理论（雷永生，1987）。教学过程的转变理论，由于把理论建构置于协同学这一坚实的基础之上，从而使所建构的理论不仅具有较高的内部效度，而且也具有较高的外部效度。

教学过程转变理论的基本思想，集中于教学过程中学生、教师、教材和环境的多向性协同作用，并且认为，在这种协同作用中学生、教师、教材与情境是相互依存而非单方面所决定的。其基本观点有四个方面：①教学行为是学生、教师、教材与所处情境之间多方向的连续的协同作用的结果；②在相互协同作用的情境方面，情境对于教学过程的转变是基本因素；③在相互协同作用的教师方面，教师的引导是教学过程转变的重要因素；④在相互协同作用的学生方面，序参量的出现是教学过程转变的决定因素。

教学过程的转变理论，为真正从教学本质的角度对教学过程做出描述、解释和预测提供了理论和方法方面的指导，特别是对教学过程机制的研究提供了较系统的分析手段，为教学过程理论的进一步研究提供新的视角和有益的启示。

四、教学过程自组织的实现条件

实现教学过程从被组织到自组织的转变，需要满足以下条件。

第一，教学过程必须开放。这是因为，一个系统只有开放才能有序。有序的结构需要输入物质、能量或信息，并与外界进行交换才能维持，封闭的系统无法进行有效的交换，因而最终变为混沌。

教学过程的开放，关键是要有真实的交流。所谓真实的交流，就是学生自己产生问题，不是教师提出问题，更不是为了提问题而进行的虚假交流。在这个问题上中外教育有很大差异。1999年，美国科学教育协会代表团访问上海，在一所著名中学听课，任课教师是一位特级教师。其教学内容精当，层次清楚，节奏紧凑，学生活动充分，教师的提问设计精心，学生的回答清晰明了。可是美方反应却很平淡，他们说，课堂上都是教师提问，学生回答，既然学生都能回答了，这堂课为什么还要上呢？上课应该是学生有问题，学生提问，教师回答，师生相互交流、共同讨论。这不仅反映了两种根本不同的教学思想，而且教学过程的开放与封闭，一目了然，令人深思。

第二，教学过程必须远离平衡态。根据自组织理论，非平衡是有序之源。在平衡态，系统处于稳定状态，系统朝着均匀、无序和简单的方向发展，不可能产生自组织结构。当系统远离平衡态时，才有可能进入有序状态，形成新的有序结构。教学过程远离平衡态，才能够使学生原来的认知状态被远离平衡态的刺激打破，发生"协同"或更深刻的"竞争"过程，使认知结构得到充实或变革，达到新的水平和新的平衡。布鲁纳认为，"为了促进学生的思维状态处于非平衡态，教师必须努力启发他们自由灵活地思考问题"（庞海波，2000）。即要求学生不满足已有的理论和知识体系，具有怀疑的态度和批判的精神。

第三，促进教学过程非线性相互作用的发展。协同学理论指出，只有在系统内各要素之间存在非线性相互作用的情况下，才能形成自组织结构。因为非线性相互作用，使各个要素之间产生相干效应和协同作用。从本质上讲，任何线性系统不会有进化和质变，所以哈肯认为，"控制自组织的方程本质上是非线性的"，"这些非线性项起着决定的作用"（庞海波，2000）。

我国教学的优良传统是教学的内在联系紧密，条理清晰，逻辑严密。然而，在教学实践中，人们"总觉得我国的教学中还缺少点什么。我国学生每当遇到问题时，总是一开始便埋头用系统的理论工具按部就班地作详尽的计算"（赵凯华，1995）。我们认为，所缺少的不是别的，正是直觉思维和科学洞察力。

在教学过程中，直觉思维作为一种非线性思维，其特点在于它既不受"时间顺序"的束缚，又不受"逻辑顺序"的束缚，具有跨越时间和空间的性质，可以在事物细节尚未分明的情形下对整个事物进行感知。为了促进教学过程从被组织向自组织的转变，必须重视发展学生的直觉思维。这样，就应当根据学生的知识水平，选择恰当的内容，有计划地训练学生从整体出发，用猜测、跳跃的方式直接而迅速地寻找解决问题的方案，如果得出荒谬或与事实不符的结论，则重新进行，直至解决问题。

第四，通过随机涨落促进教学过程从被组织向自组织转变。涨落是指系统的某个变量对系统状态统计平均值的偏离。在远离平衡态的非线性区，系统中一个随机的微小扰动或涨落，通过非线性相干和连锁效应被迅速放大，形成整体的宏观巨涨落，导致系统发生突变，形成新的有序结构。

"涨落导致有序"。因此，教学中教师应当创造自由民主的课堂教学氛围，鼓励学生大胆提出见解，引导学生深化各种各样的想法而不去追究产生的理由，通过学生与教师和其他学生进行对话、争论乃至辩论，在思维的交流与碰撞中闪现出智慧的"火花"。教师还应当通过科技史的介绍使学生了解"涨落导致有序"的必然性，为学生重视涨落奠定心理基础。

杨振宁先生在多次谈话中比较了中美两国的教育方式。他提到中国传统教育提倡"透彻式"的教学方法、认真的学习态度，这有利于学生打下扎实的根基，但相对来说，缺少创新意识；美国则提倡"渗透式"的教学方式，其特点是学生在学习的时候，对所学内容往往还不太清楚，然而就在这过程中已经一点一滴地学到了许多东西，培养出来的学生有较强的独立思考能力和创造能力，易于很快进入科学发展的前沿，但不如前者根基扎实。他认为中美两种教育方式各具特色，长短互补，若能将两者的优点和谐地统一起来，在教育方法上无疑是一个突破。

由于我国学生总是学习教科书（系统封闭）、听老师的话（处于平衡态），认为科学就是逻辑（线性相互作用）、不善于提出新的想法（缺乏涨落），这就造成了我国学生根基扎实但"缺少创新意识"的问题。因此，我国"透彻式"的教学在很大程度上属于被组织范畴。而美国学生总是进行广泛的学习(系统开放)、怀疑和否定权威(远离平衡态)、异想天开(非线性相互作用)和标新立异(注重涨落)，这就形成了美国学生根基不够扎实但创造能力较强的状况。所以，美国"渗透式"的教学则更多地归于自组织范畴。

怎样改变传统的教学方式？杨振宁先生认为，"这涉及整个社会风气，因而是件困难的事。这件事如果做成功，也是一种革命。这是个比在一门学问里创造新的学问还要难得多的事"(杨振宁，1998)。这启示我们：教学改革，任重而道远。

参考文献

[1]哈肯.大脑工作原理——脑活动、行为和认知的协同学研究[M].郭治安，吕翎，译.上海：科技教育出版社，2000.

[2]庞海波.论创造性思维的自组织机制[J].心理科学，2000，23(2)：250-251.

[3]张民生.中学物理教育学[M].上海：上海教育出版社，1999.

[4]Haken，H. Information and self-organization：a marcroscopic approach to copmplex systems[M]. Berlin & New York：Oxford University Press Inc，1988.

智力的培养及其干预实验[*]

我们承认智力(林崇德,2004)在先天的基础上后天是决定因素,所以强调教育在智力发展中的作用,强调智力的培养。

在智力培养的问题上,我们把智力的差异视为培养的出发点。如何进行智力的培养呢?我们在研究中采用干预实验,从两方面入手,一是从智力本身入手,即从思维品质培养入手,因为智力的差异实质就表现在思维品质上;二是从非智力因素入手。

一、培养智力要以智力差异为前提

我们已多次提到,智力属于个性心理特征,因此研究智力的培养,当然要以智力的差异作为前提。智力的差异,既表现为群体的差异,又表现为个体的差异。早在 20 世纪 80 年代,在朱智贤教授与我的《思维发展心理学》(朱智贤,林崇德,1986)一书中,我们已把思维或智力的群体差异归纳为三种,即不同性别的群体差异、不同民族的群体差异和不同地区(城乡)的群体差异。我的学生胡卫平的博士论文研究从青少年创造力的地区差异、不同国家的文化背景差异入手,研究了智力的群体差异。然而,在智力的培养中,我们更应重视的是个体差异。

在《思维发展心理学》中,我们把思维或智力的个体差异,主要归结为思维的智力品质,这个观点我们一直在坚持,并围绕其从事智力的培养实验。但为了改变一下论证方式,我们想换个角度阐述智力的个体差异,即从智力发展的水平差异来看,表现为超常、正常和低常的区别;从智力发展的方式差异来看,有认知方式的

* 本文原载于《北京师范大学学报(社会科学版)》2006 年第 1 期。

区别，特别是表现为认知方式的场独立性与场依存性；从智力组成的类型来看，表现为各种智力与能力的组合和使用的区别；从智力表现的范围来看，表现为学习领域与非学习领域、表演领域与非表演领域、学术领域与非学术领域的区别。

(一)智力发展水平的差异

同龄或同年级的个体，他们在智力与能力发展的水平上是不一样的。智力发展或某种能力水平显著超过同龄或同年级者，称为超常；智力发展或某种能力水平明显低于同龄或同年级者，并有适应行为障碍，称为低常；智力发展或各种能力水平没有明显偏离正常和没有障碍者，称为正常。这里所说的"发展水平"，表现为智力与能力发展的个体差异。

智商可用以比较个体智力发展水平的高低。若低于90，则表明其智力发展水平较低；若高于110，则表示其智力发展水平较高。

一般认为，智商有一定的稳定性，但在良好的环境、教育和主观努力下，可以产生一定程度的变化。可见，智力低常、正常和超常，是稳定性和一定程度的可变性的统一。智商的稳定性与可变性的测验，实际上是思维品质的测定，艾森克的智力测验的依据是其三维智力结构，其中一维就是思维(智力)的能量或品质，所测的内容是速度和质量，即我们的思维品质。

(二)认知风格的差异

智力与能力的认知方式，对个体学习的影响是明显的。所谓认知方式，就是个体在对信息和经验进行积极加工过程中表现出来的个性差异。它是一个人在感知、记忆和思维过程中，经常采用的、受到偏爱的和习惯化了的态度和风格。在众多的认知方式中，由威特金提出的场独立性和场依存性，是近20年来研究较多的一个。

场独立性与场依存性，是两种相对的个性类型。场独立性的个体在认知和行为中，较少受到客观环境线索的影响而注重主体性的倾向。场依存性的个体在认知和行为中，则往往倾向于更多地利用外在的参照标志，不那么主动地对外来信息加工。以典型的场独立性与场依存性为两个极端，不同的认知方式构成一个连续体。

一端在进行信息加工时倾向以内在参照为指导，另一端则常常倾向于以外部参照为指导。相应地，每个人在场独立性—场依存性连续体上都占有一定的位置，除了少数人以外，大部分人都或多或少地处于中间位置。认知方式的这种个性上的差异，影响了学生的学习活动，甚至影响了他们的智力与能力的发展。我的学生白学军的硕士论文(1991)，揭示了认知风格在思维品质诸方面的表现，并获得"在一定意义上说，思维品质不仅是一种思维特征，而且也是一种认知方式"的结论。由于生活实践包括学习中各种性质的活动，对人们心理活动特征有不同的要求，因此，我们不要轻易地做出场独立性或场依存性两种认知方式孰好孰坏的结论。

(三)学科能力构成的差异

智力与能力的组成类型突出地表现在学科能力类型上。构成学生学科能力类型的因素很多，大致有以下几个方面：①学科能力本身组成的因素，由于组成各学科内在结构因素的不同，构成学科能力类型的区别，也造成了学生学科能力的差异。②个体内在生理类型与学科能力交叉，在学生中间，有的属于艺术型，有的属于思想型，有的属于中间型；有的偏左脑功能，有的偏右脑功能，有的较为均匀。而学科又有区别，有的属文科，有的属理科，有的属交叉学科。由于众多因素的交互作用，不同的学生在学科能力类型上会有明显的差异。③学生学科兴趣，学生心理能力发展，往往决定于非智力因素；而学生学科能力类型，则取决于其学科兴趣的水平。

我的学生胡卫平(2001)和李春密(2002)的博士论文，研究了科学学科能力及其发展，他们都把思维品质作为这种学科能力的主要维度之一，因此，思维品质的差异正是体现了学科能力构成的差异。

(四)表现领域的差异

智力与能力表现领域的差异有三个方面，在一定程度上，这是思维品质在智力的内容形式上所表现出的差异。主要有：①学习领域与非学习领域的差异。学生在学习领域上的差异是显著的，学习的好坏尽管对后来的发展有相当大的影响，但并不一定表现出人才的优劣。②表演领域与非表演领域的差异，表演领域主要指音、体、美领域。③学术领域与非学术领域的差异。学术是指较为专门的、有系统的学问，学术领域的能力主要围绕着学问而展开。非学术能力范畴较广，如管理、行政、组织、服务、军事、宣传等。当然，这些领域也有学术问题，但这些领域的智力与能力表现又是另一种性质的了。

我们始终坚持一种观点，即"天生其人必有才，天生其才必有用"。我们特别要声明的是，学校教育是打基础的教育，所以必须把全面发展和学有特色两者统一起来。因材施教是智力与能力培养的前提。学生离校后，只要帮助学生选择好既符合社会需要，又适合其人、其才、其趣的工作，我们相信每个人都能在各自的工作岗位上做出自己的成绩。如果机遇合适，成绩更大。这就是"行行出状元"的道理。

二、从思维品质入手培养智力

国外对智力的培养的研究大多数是从智力本身入手(Campbell, et al., 2001; Sternberg & Swerling, 1998, 2001)，而我们认为，思维是智力的核心成分，所以我们的教学干预实验，自始至终将思维的训练放在首位。在对思维训练的做法上，我们主要抓住三个可操作点：其一，从思维的特点来说，概括是思维的基础，在教学中抓概括能力的训练，应看作思维训练的基础；其二，从思维的层次来说，培养思维品质或智力品质是发展智力的突破口，结合各科教学抓思维品质敏捷性、灵活性、创造性、批判性和深刻性的训练，正是我们教学实验的特色；其三，从思维的发展来说，最终要发展学生的逻辑思维能力。

如前所述，思维品质或思维的智力品质是智力活动中，特别是思维活动中智力特点在个体身上的表现。其实质是人的思维的个性特征。它体现了每个个体思维水平、智力与能力的差异。它是区分一个人思维乃至智力层次、水平高低的指标。事实上，我们的教育、教学目的是提高每个个体的学习质量，因此在智力与能力的培养上，往往要抓学生的思维品质这个突破口，做到因材施教。在美国圣约翰大学工作的周正博士，使用其智力(认知)发展量表，在我们坚持训练学生思维品质实验的实验点——天津静海县(今静海区)一所偏僻农村小学测了学生的智力发展水平,然后与北京市一所名校的学生相比较,发现农村小学生的成绩略高于城市的被试,但无显著差异。最后又测得美国城市被试的成绩,发现中国农村被试不仅高于美国被试,而且有显著差异。周正的研究证明,思维品质训练的确是发展学生智力的突破口,且训练时间越长,效果越明显。

(一)思维品质的表现

思维品质的成分及其表现形式很多,我们认为,主要包括敏捷性、灵活性、创造性、批判性和深刻性五个方面。

智力敏捷性,又叫思维品质敏捷性,它是指智力活动,特别是思维活动的正确而迅速的特点。有了智力敏捷性,在处理和解决问题的过程中,能够适应紧张的情形并能够积极地思维,周密地考虑,正确地判断和迅速地做出结论。有人说,智力敏捷性主要指速度而不包括正确的程度。但我们认为,思维的轻率性绝不是思维或智力的敏捷性品质。

智力灵活性,又叫思维品质灵活性,它是指智力活动的灵活程度。它的特点包括:一是思维起点灵活,即能从不同角度、方向、方面用多种方法解决问题;二是思维过程灵活而不死钻牛角尖;三是概括—迁移能力强,运用规律的自觉性高;四是善于组合分析,伸缩性大;五是思维的结果往往是多种合理而灵活的结论。我们提出的智力灵活性,与美国心理学家吉尔福特所提出的发散思维的含义有一致的地方。发散思维的特点有:多端,灵活,精致,新颖。例如,他出了一道题:"砖有什么用处?"让学生发散求多种结论。于是他认为发散思维的实质是求异。我们也同意灵活性来自发散思维和求异思维,但求异哪儿来,应来自迁移。因为灵活性越大,发散思维越发达,越能多解,说明这种迁移过程越显著。"举一反三"是高水平的发散,正是来自思维材料和知识的迁移。而迁移又从哪里来呢?从思维心理学角度来说,"迁移就是概括",这是正确的。"触类旁通",不就说明灵活迁移——旁通,来自概括的结果——触类吗?从中不难看出,培养学生智力灵活性,不仅是今天学习的要求,而且是使其明天变得更加机灵的需要。

创造性思维、智力创造性、独创性或创造力，可视为同义语。在英文中都可以表达为"creativity"，在汉语中如果强调创新的过程，则为创造性思维；如果强调人与人之间创新的差异，则称创造性或独创性；如果强调创新能力的大小，则叫创造力。其实质都表现在"创新"或"创造"上，即一个现象的多种形态。它是人类思维的高级形态，是智力的高级表现。我们已在《北京师范大学学报》上发表过两篇这方面的文章（林崇德，1999，2000），故这里不再赘述。

智力批判性，是指思维活动中善于严格地估计思维材料和精细地检查思维过程的智力品质。"知其然，知其所以然"就是智力批判性的表现，具体呈现在五个特点上：①分析性，在思维过程中不断地分析解决问题所依据的条件和反复验证业已拟定的假设、计划和方案；②策略性，在思维课题面前，根据自己原有的思维水平和知识经验在头脑中构成相应的策略或解决问题的手段，然后使这些策略在解决思维任务中生效；③全面性，在思维活动中善于客观地考虑正反两方面的论据，认真地把握问题的进展情况，随时坚持正确计划，修改错误方案；④独立性，即不为情境性的暗示所左右，不人云亦云，不盲从附和；⑤正确性，即思维过程严谨，组织得有条理：思维结果正确，结论实事求是。心理学里有一个概念叫"元认知"，指的是对认知的认知，对思维的思维。元认知过程实际上就是指导、调节我们的认知或认识过程，也就是选择有效认知或认识策略的控制执行过程。在一定意义上，这种元认知在每个个体身上的表现，就是智力活动的批判品质。

智力深刻性，又叫思维深刻性，它不仅表现在思维的逻辑性上，而且也表现在思维的深度、广度和难度上。人的思维是语言思维，是一种理性的认识。在感性材料的基础上，经过思维过程，去粗取精，去伪存真，由此及彼，由表及里，于是在人脑里生成了一个认识过程的突变，产生了概括，即在思想上将许多具有某些共同特征的事物，或将某些事物已分出来的一般的、共同的属性、特征结合起来。由于概括，人们抓住了事物的本质、事物的全体、事物的内在联系，认识了事物的规律性。个体在这个过程中表现出深刻的差异，智力深刻性集中表现在善于深入地思考问题，抓住事物的规律和本质，预见事物的发展进程。这就是我们平时说的"透过现象看本质"。它正是我们强调的思维品质深刻性。

智力的深刻性是一切智力品质的基础，智力的灵活性和创造性是在深刻性基础上引申出来的两种品质。智力的批判性是在深刻性基础上发展起来的品质，只有深刻地认识，周密地思考，才能全面而准确地做出判断；同时，只有不断自我评判、调节思维过程，才能使主体更加深刻地揭示事物的本质和规律。智力的敏捷性是以智力的四种其他品质为必要前提的，同时它又是其他四种品质的具体表现。

（二）培养思维品质是发展智力的突破口

我们提倡培养思维品质，绝不是脱离知识传授的那种"形式教育"式的思维训练，而是提倡密切结合学科教学进行，把其作为学科能力的一个组成部分。例如，我们把语文能力看作以语文概括为基础，将4种语文能力（听、说、读、写的能力）与5种思维品质（思维的敏捷性、灵活性、创造性、批判性、深刻性）组成20个交结点的开放性的动态系统；把数学能力看作以数学概括为基础，将3种数学能力（运算能力、空间想象能力、数学逻辑思维能力）和5种思维品质组成15个交结点的开放性的动态系统。如前所述，我们所说的学科能力，一要包含某学科的特殊能力；二要以概括为基础；三要有思维品质参与。因此，在教学中抓住了思维品质这个突破口，就发展了学生的智力这个总目标，同时，也促进了他们成绩的提高，使他们学得快，学得灵活，学得好；换句话说，就是促进了整个教学质量的提高。

20多年的教学干预实验，我们获得了许多数据及结论，这里分别以小学与中学的代表性实验结果来做一个简要证明。

小学实验扩大至全国各地。我们主要通过三个手段抓小学生的思维品质的培养：一是直接抓实验小学；二是使用突出思维品质的数学、语文两种教材；三是使用突出思维品质训练的数学、语文两科的练习手册。2002年暑假，来自小学课题组的全国30多个实验中心寄来了不少实验数据，内容涉及广大的小学实验班成绩、智力的发展与培养（干预）的情况。这30多个实验中心，确实是踏踏实实地按照我们的要求做了很多的工作，他们结合语文、数学两科培养学生的思维品质，培养出的学生学业成绩优秀，并证明他们的被试的思维品质乃至智力都有了进步。

中学实验主要是靠各个实验点的教师，有意识、有目的地在学科教学中促进学生的思维品质的发展，进而提高智力的水平和学习的成绩。例如，江苏扬州中学有一批思维品质培养的实验班，在校长沈怡文的领导下获得可喜的成果。沈怡文用"以培养学生思维品质为核心，系统开展学科思维教学活动"为题目，在海峡两岸中小学课程教材教法学术研讨会上做了报告。最近，我们获得该校数学、物理、生物、语文(作文)、历史、英语等一批实验数据，显示了培养思维品质是发展学生智力与能力，提高教学质量的突破口。又如，浙江富阳中学也在开展学生思维品质的训练。我的学生曹宝龙等选取该校高三年级的两个班共108名学生进行了研究，其中一个班为实验班，采用的是突出创造性思维品质的训练，进行问题性教学授课，另一个班是对比班，采用常规办法授课。实验开始前，运用自编的"物理创造性思维能力测验"考察实验班与对比班在创造性思维的四个维度(迁移、逆向、发散、组合)上的发展水平，两个班学生的得分没有显著的差异。在开展了两个月的培养学生思维品质的干预教学之后，按"中学生创造力测验"要求对实验班和对比班进行测试，发现：①在总体上，实验班学生的得分明显超过对比班学生，说明经过干预后实验班学生的创造力水平高于对比班的学生($p<0.001$)；②在创造力的四个维度上，实验班学生的得分超过对比班学生，并且在问题提出、创造想象、问题解决等方面差异显著。

三、从非智力因素入手培养智力

"非智力因素"这一概念，从其孕育、产生开始，发展到今天，已有80多年的历史了。它的发展大致可以分为如下三个阶段：20世纪50年代以前是非智力因素研究产生阶段；从50年代到80年代是非智力因素研究的发展阶段；80年代以后对非智力因素研究有了新的进展。只有了解这些发展史，才能避免一些不必要的分歧。

我们以非智力因素为基础培养学生智力与能力的一个显著成果的实验，始于20世纪80年代末。北京通县(现通州区)第一、第二和第六中学3所学校，1986年分别招收4个、6个和8个班的新生，入学考试的最低成绩分别为193、185和121.5

分(满分为 200);智商测定分别为 114.5、104.8 和 87.79(正常智商为 90~110)。我们的实验点通县六中主要狠抓学生的非智力因素的培养,经过 3 年的努力,1989 年在初中毕业升高中的"中考"时,名列全县 46 所中学第二名,仅次于通县一中。智商不满 90 的学生挤入了智商超过 110 学生的行列,做到了学习能力明显进步,学习成绩极大提高,智力也有所发展。1994 年,通县六中被评为北京市中学"特色校"。这里不难看出教师在学生智力发展中的主导作用,以及从非智力因素入手来培养学生智力与能力,从而提高教育质量的重要性。这也是我主持的全国 26 省、自治区、直辖市各实验点的一个共同的突出的措施,即抓学生的非智力因素或非认知因素的培养。由此,我们获得一个结论:一个学生的成才不仅要依赖于智力因素,而且更重要的是要依靠非智力因素或非认知因素。

(一) 智力中的非智力因素

如何界定非智力因素的概念,我们想应该考虑两个前提:一是国际心理学界运用的惯例(Dweck,1987),二是非智力因素或非认知因素的实质。在这两个方面,至今有几点是可以统一的:①强调智力活动中的非智力因素或认知活动中的非认知因素,即从智力与非智力因素的关系来界定非智力因素;②着重从人格(个性)方面来分析非智力因素;③从非智力因素在智力活动中的影响、效益和地位来认识非智力因素。在这个前提下,我们认为非智力(或非认知)因素,是指除了智力与能力之外又同智力活动效益发生有关的一切因素。它的特点有:①它是指在智力活动中表现出来的非智力因素,是指在智力活动中决定智力活动效益的智力之外的一切心理因素;②非智力因素是一个整体,具有一定的结构和功能;③非智力因素与智力因素的影响是相互的,而不是单向的;④非智力因素只有与智力因素一起才能发挥它在智力活动中的作用。事实上,两者是不能截然分开的,在日常生活中我们很难严格界定哪些是智力因素,哪些又是非智力因素。

从以上对非智力因素的界定和分析,可以看出非智力因素的结构。除心理过程的"认识过程"中的种种心理现象(属智力或认知范畴)和个性心理特征中的"能力"外,其余的一切现象,只要它在智力活动中表现出来,且影响智力活动的效益,均可被称为非智力因素。也就是说,非智力因素是指与智力活动有关的一切非智力(认知)的心理因素。一般来讲,非智力因素的结构包括以下几个方面:与智力活动有关的情感因素、意志因素、个性意识倾向性因素、气质和性格因素等。

我们是从智力中的非智力因素来分析非智力因素的作用和功能,它包括三个方面:一是动力作用,它是引起智力发展的内驱动力。二是定型或习惯作用,气质和认知方式是以一种习惯化的方式来影响智力与能力活动的表现形式的。所谓定型或习惯作用,即把某种认知或动作的组织情况固定化。因为智力活动是稳固的心理特点的综合,所以它们具有稳固性。在智力的发展中,良好的智力的固定化,往往取决于学生主体原有的意志、气质、认知方式等非智力因素及智力的各种技能的重复练习的程度。三是补偿作用,所谓补偿作用,就是非智力因素能够补偿智力活动的某方面的缺陷或不足。"勤能补拙"的事例在我们的教学中是屡见不鲜的。

在工作中,我们不是经常提倡要培养学生健康的情操、顽强的意志、积极的兴趣、正确的动机、崇高的理想、坚韧的性格、良好的习惯吗?那么,培养学生的非智力因素,就有利于其智力活动及其发展。因此,我们要加强对学生非智力因素的培养,特别要注意在发展兴趣、顾及气质、培养性格、养成习惯上下功夫。

总之,作为智力活动中的非智力因素,认知活动中的非认知因素,应该在智力活动中或认知活动中来培养;而培养智力和发展认知能力,则要从非智力或非认知因素入手。

(二)通过非智力因素来培养智力

通过非智力因素来培养智力的依据是上述的非智力因素三个作用:动力作用、定型作用和补偿作用。

我们课题组通过非智力因素来培养智力的干预实验做法有如下几个方面。

一是通过改善师生关系,创设一个和谐的气氛,促进学生智力的发展和学习成绩的提高。这里包含一种情绪情感的因素,即"亲其师"与"信其道"的关系。建立良好的师生关系,使师生亲情的情绪情感成为学生智力发展的动力。我的学生王耘的博士论文研究了师生关系(2001),指出师生关系是学校中教师与学生之间的基本

关系，是师生之间以情感、认知和行为交往为主要表现形式的心理关系。20 世纪
90 年代以来对儿童青少年社会关系的研究发现，师生关系作为儿童青少年生活中的
一种重要人际关系，直接影响学生的学习，乃至智力的发展。因此，通过改善师生
关系来提高近 500 名学生的学业成绩和发展他们的智力。

二是通过健全学生的人格，提高整体素质，促进学生智力的发展和学习成绩的
提高。我的学生沃建中的课题"学校的教师"，从树立学生的自信心、培养良好的学
习习惯、掌握好学习方法、营造民主和谐的课堂气氛、体验成功、培养良好的情绪
等方法入手，针对 423 名中小学生存在的不良情绪进行了两年的干预，对学生及时
进行心理健康教育，对其不良情绪进行疏导，取得了较好的干预效果（沃建中，
2002）。培养学生的情绪控制能力，有利于其学习成绩的提高。经过情绪控制能力
的培养，实验班 77.3% 的学生认为自己是学习的主人，在课堂上能够主动参与；
77.6% 的学生学习兴趣比以前明显提高；52.7 的学生表示自己学习积极性比起以
前发生了显著变化；60.9% 的学生学习成绩得到明显的提高；18.6% 的学生学习成
绩有所提高。所有这些指标显著地超过了实验前的情况。我们的不少实验点就是以
提高学生的学习积极性和学习成绩来促进学生智力发展的。

三是通过有意识的非智力因素训练，提高其动力、定型和补偿三作用，促进学
生智力的发展和学习成绩的提高。我的学生王雄在历史教学中有意识地培养学生的
非智力因素，涉及成就动机的培养、学习兴趣的培养、情感的培养。由于王雄在历
史教学中有自觉提高学生非智力因素的措施，所以促进了学生学习质量的提高和智
能的发展。在研究课题的选择、运用研究方法方面，他的实验班与对照班相比，有
非常显著的差异（$p<0.001$）。这说明，在历史课堂教学中注重问题解决能力的培养，
可以提高学生的问题解决能力，并可以实现正迁移，促进学生研究能力的发展。接
着，他采用轮组法，即将对照班与实验班对调，实验班进行学科能力的培养，对照
班依然采用传统的以讲授为主的教学方式。两个月后，进行学科能力测试。从总的
方面看，新的实验班在学科能力方面的水平超过了对照班，两班之间呈现极其显著
性差异（$p<0.001$）。这说明两个月的教学促进了实验班学生历史学科能力的发展。
这一发展主要表现在阅读能力中的概括能力与比较能力方面，其中概括能力差异达

到极其显著的水平($p<0.001$)。由此可以看到王雄从非智力因素入手培养学生智力的效果。

参考文献

［1］林崇德. 培养和造就高素质的创造性人才［J］. 北京师范大学学报(社会科学版),1999,35(1):5-13.

［2］林崇德. 关于创造性学习的特征［J］. 北京师范大学学报(社会科学版),2000,36(1):56-63.

［3］林崇德. 教育与发展［M］. 北京:北京师范大学出版社,2004.

［4］朱智贤,林崇德. 思维发展心理学［M］. 北京:北京师范大学出版社,1986.

［5］Campbell L B & Cambell D. 多元智能教与学的策略［M］. 王成全,译. 北京:中国轻工业出版社,2001.

［6］Sternberg R J & Spear-Swerling L. 思维教学［M］. 赵海燕,译. 北京:中国轻工业出版社,2001.

对未来基础教育的几点思考*

1965—1978 年，我曾在基础教育界工作了 13 年，我对基础教育怀着深厚的感情。当前，在重视教育的过程中，世界各国都在向基础教育倾斜，其中小学是基础的基础，中学是教育的关键。今天，提高基础教育的质量，成为各国普遍关注的大事。面对未来如何提高基础教育的质量，我有四个感受，即未来基础教育必须要重视四个问题。

一、重视学生核心素养的研究

现在世界整个教育界关注的焦点之一就是"学生核心素养"。什么叫核心素养？核心素养是学生在接受相应学段的教育过程中，逐步形成的适应个人终身发展和社会发展需要的必备品格和关键能力。它应该包含六个方面的含义：核心素养是所有学生应具有的最关键、最必要的基础素养；核心素养是知识、能力和态度等的综合表现；核心素养可以通过接受教育来形成和发展；核心素养具有发展连续性和阶段性；核心素养兼具个人价值和社会价值；学生发展核心素养是一个体系，其作用具有整合性。未来基础教育的顶层理念是强化学生的核心素养。

(一) 中华民族传统文化历来重视人的素养问题

今天无论是来自北京的校长，还是来自台湾的校长，从中华传统文化来说，我们都有同一个根、同一个灵魂。我们的根和灵魂是什么？这就是中华传统文化。中华民族传统文化历来重视人的素养问题。从中华传统文化来看，我们看到了家国情

---

* 本文先在"首届京台基础教育（校长）论坛"（2015）作了主旨演讲，后被发表于《课程·教材·教法》2016年第 3 期。

怀、社会关怀、人格修养和文化修养四个方面。家国情怀涉及孝亲爱国、民族情怀、乡土情感等;社会关怀涉及仁民爱物、心怀天下、奉献社会等;人格修养涉及诚信自律、崇德弘毅、礼敬谦和等;文化修养涉及人文历史知识、求学治学方法、文字表达能力、追求科技发明等。

(二)核心素养是当前世界教育研究的重要课题

最早开始研究的是经济合作与发展组织(简称"经合组织"),也就是 OECD,它在 1997 年就启动了"素养的界定与遴选"。在经合组织研究之后,有 3 个国际组织、12 个国家(地区),包括美国、英国、日本、新加坡等国,还有中国的台湾地区和香港地区也开展了核心素养的研究。我们通过梳理文献,发现核心素养研究有四种不同的价值取向,这四种取向表现为成功生活、终身学习、个人发展和综合取向;整体呈现出与社会发展、国家(地区)发展相统一的趋势。不论是经合组织还是别的国家(地区),核心素养都有一级指标、二级指标和具体内容。它们虽然不尽相同,但最终指向的都是培养"完人",或者叫全面发展的人。同时,它们都重视自主发展(自主性),社会参与及互动(社会性),文化学习(工具性,强调人类智慧文明成果的掌握与运用、精神生产工具的使用等)三大领域。

通过对整个世界各国(地区)核心素养相关数据的分析,可以看出国际上既强调和重视传统的基本素养——语言能力、数学素养、学会学习、问题解决能力,更高度重视和强调现代关键素养的指标,如沟通与交流、团队合作、国际视野、信息素养、创新与创造力、社会参与与贡献、自我规划与管理等。

(三)基于学生核心素养的课标分析

我们对照义务教育的 19 门课标,高中阶段的 16 门课标,能够看到教育的现状和问题。现状是:体现了"能力为重"指导方针;重视工具性的素养;重视知识、技能、态度、价值观等方面对学生提出的全面要求,尤其是重视实践素养,主动探究问题、解决问题的能力等素养。但是我们在课标中或教学大纲中看到了问题:缺乏对素养的明确的界定、系统的阐述;对跨学科的素养相对忽视;论述的核心素养往往与课程的内容相脱节——课标归课标，素养归素养。

(四)对学生核心素养的实证调查研究

通过开展焦点小组访谈、专家个别访谈、问卷调查，进行数据统计，我们研究了当前中国学生的核心素养。

结果表明，参与我们研究的五个省市访谈的结果具有一致性，问卷调查的结果也有一致性，研究结果都集中到一个"全面发展的人"上。它包括三个方面：第一，自主发展，即自主性包括培养和发展身体、心理、学习等方面的素养；第二，社会参与，即社会性，包括处理好个体与群体、社会与国家等之间的关系；第三，文化素养，也就是工具性，包括掌握应用人类智慧文明的各种成果。其中文化素养是个体自主发展和社会参与的必要基础，自主发展和社会参与是促使个体适应社会和实现个人价值的重要前提与根本保证。

我们提出的核心素养体系总框架，包括六大核心素养：学会学习、健康生活、责任担当、实践创新、人文底蕴、科学精神。教育部拟把核心素养内容渗透到高中各科课标里。我想未来的基础教育必须重视学生核心素养，这已经成为全世界教育的趋向。

二、重视基础教育的课程改革

什么叫课程？课程，是为实现学校教育教学目标而选择的教育教学的内容。它广义上讲是指学科的总和或教师指导下学生活动的总和；狭义上讲是指一门学科。对课程怎么理解？一是课程与教学的关系。这两个概念总是联系在一起，是课程大还是教学大，争论于此本无意义，有人提"课程论"含"教学论"，有人在"教育论"中谈到"课程论"，有人说两者是并列的。咱们在这里暂且不去讨论这个问题，我相信大家有以下共识：课程中间有教学，教学里也离不开课程。不管课程还是教学，都是有标准的，这个标准就是我们平日讲的课标，它是指学校教学的一定阶段的课程水平、课程的结构和课程模式的纲领性文件。

当前我们基础教育的课程改革中，首先应该加强和深化教育改革要坚持立德树人的导向，教育部的顶层理念就是强化学生的核心素养。与此同时，有三件事情必须要做好。

(一) 要坚持基础教育课程改革的整体性

现在我们学生处于什么状态呢？处于感知、认知整个世界之中，世界不仅是整体的，而且是现实的、真实的。可是，我们课程现在从小学就开始越分越细。这样发展下去，将来的学生，包括从大学毕业的学生能够适应整个社会发展的需要吗？所以，我们必须要从整体性出发，只有在综合性的教育实践活动中，才能落实我们所说的要与学生生活实际相联系，真正需要学生去体验。有关课改文件提出了五个方面的统筹，我想其突出是处理好教师、学生、课程三个元素之间的关系。第一，统筹小学、初中、高中、本专科、研究生等学段的课程结构。第二，统筹各学科，特别是德育、语文、历史、体育、艺术等，充分发挥人文学科的独特的优势作用。第三，要统筹课标、教材、教学、考试、评价等环节，我这里要特别强调分流问题的重要性，为什么呢？因为现在白领太多了，如果你让白领干蓝领的工作他绝对不干，那么现在一系列的职业教育，包括基础教育阶段的职业教育和整个高等教育的职业教育，需要我们把它提到统筹课程改革的议程上来。第四，要统筹教学一线的教师、管理干部、教研人员、专家学者、社会人士等力量，充分发挥各自优势，明确各支力量在教书育人、服务保障、教学指导、研究引领、参与监督等方面的作用。围绕育人目标，协调各支力量形成育人合力。第五，统筹课堂、校园、社团、家庭、社会等阵地。发挥学校的主渠道作用，加强课堂教学、校园文化建设和社团组织活动的密切联系，促进家校合作，广泛利用社会资源，科学设计和安排课内外、校内外活动，营造协调一致的良好育人环境。

(二) 确定课程内容的原则

我们课程改革的基础主要围绕着内容而确定，课程内容的确定有哪些原则呢？教育部《普通高中课程方案(修订稿)》提出了以下课程内容确定的四方面原则：第一，时代性原则。反映当代社会的进步，反映科学技术的发展和学科发展的前沿，紧密联系学生的生活与经验，并根据时代的发展需要及时调整、更新。这里我还要强调我们课程内容新颖性与实践性的统一。2015年4月1日的《中国科学报》指出："今天的社会也不再需要象牙塔里的囚徒，而需要实践力更强的大学生。"我想这一句话相当重要，具有我们时代特色。第二，基础性原则。精选学生终身发展必备的基础知识和基本技能，注重培养学生的学习兴趣、学习能力和探索精神，注重培养分析问题和解决问题的能力。不瞒大家说，我教78级、79级本科生，多少学生来向我提问题呢，百分之七八十。前几年我刚过70岁时，也开了本科课，可是我讲完课以后请大家来提问题，有多少学生来提问啊，这周有三五个人，下周还是那三五个人，总共加起来不到他们人数的百分之十，百分之十和百分之七八十你想有多大的落差，我就去问学生："同学们，你们怎么不来提问啊?"他们说："老师您教得挺好的，我们提不出问题。"这到底是对我的批评还是恭维？这是对当前学生缺乏质疑精神这一问题的现实反映。第三，选择性原则。在保证每个学生达到共同基础的前提下，充分考虑学生不同的发展需求，结合学科特点，遵循学习科学的基本原理，分离分层设计可选择的课程内容，既引导学生形成个性化的学习方案，又能为初中、高中、高校分流奠定基础，促进学生的自主发展。第四，关联性原则。关联知识与技能、过程与方法、情感态度与价值观等目标间的有机联系；关注学科间的联系与整合；增强课程内容与社会生活、高等教育和联系世界的内在联系。

（三）培养学生的学科能力

在课程改革里，更强调学生学科能力的培养。我们的教学目标是什么？应该是在传授知识的同时发展学生的智力、培养学生的能力，集中表现在学科能力上。什么叫学科能力？一是学生掌握某个学科的特殊能力，如语文的听说读写。二是学生学习某种学科活动中的智力活动，及其有关智力和能力的成分。三是学生学习某个学科的学习能力、学习策略、学习方法。具体一点儿讲，考虑到一个学科的组成，要考虑到某一个学科的特殊能力和这种能力的最直接联系；一切学科能力都要以概括能力或者叫合并同类项为基础；每个学科能力的提高都应该有思维品质参加。学科能力显示出五个特点：学科能力以学科知识为中介；学科能力是一种结构；学科能力具有可操作性；学科能力具有稳定性；学科能力与非智力因素，譬如说与兴趣紧密地联系在一起。

构建中小学生的学科能力，以语文、数学两科为例，中小学生的数学能力应该看作以学生的数学概括能力为基础，将 3 个基本的学科能力——运算能力、逻辑思维能力、空间想象能力，与 5 种思维品质——思维的深刻性、思维的灵活性、思维的创造性、思维的批判性、思维的敏捷性组成 15 个交结点的开放性动态系统。中小学的语文能力，应该看作以语文概括为基础，将 4 种能力(听、说、读、写)与 5 种思维品质组成 20 个交结点的开放性动态系统。不管是数学的运算能力、空间想象能力和逻辑思维能力，还是语文的听说读写，都必须详细构建内容。通过调查研究，我以听说读写为例，听的能力包括语音分辨力、语义理解力、逻辑判断力、联想与想象力、内容概括力、分析与判断力，以及情感感受力、迅速做出反应的反响力等；常反映在听写能力、听记能力、听辨能力、听析能力、听赏能力、听评能力当中。说的能力包括准确地运用语音、词汇、语法的能力，生动、准确的表达力，迅速、灵活的应变力，联想、发现的创造力等；常反映在朗读能力、背诵能力、演讲能力、论辩能力上。读的能力包括准确理解力、分析与综合能力、评价与鉴赏能力、发现与创造力，以及书籍、读书方法选择的能力和使用工具书的能力；常反映在认读能力、默读能力、速读能力，使用工具书的能力。写的能力包括观察能力，准确地应用字、词、句、篇等基础知识的能力，掌握多种问题活动的能力，以及迅速写出观点鲜明、选材恰当的文章的能力；常反映在审读能力、立意能力、选材能力、组织能力、语言润色能力、加工修改能力上。不论是语文能力还是数学能力，重要的是与思维的灵活性、敏捷性、深刻性、创造性和批判性相关联。

总之，世界基础教育发展的一个趋向，是在教育的总目标之下重点建构跨学科能力。学科能力模型是制定教育质量国家标准、落实宏观教育目标的关键环节，也是统领和规范不同学科及不同学段学生成就水平的重要科学依据，它在教育运作系统中处于核心地位(见图 1)。

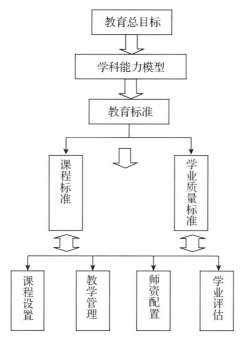

图1　学科能力模型在运作系统中的核心地位

三、重视教育质量的评价

开展基础教育质量评价已成为我国国家层面的一项重大战略任务，是教育治理体系与治理能力现代化的重要内容，是有效推进"管办评"分离的基础性工作。为此，党的十八届三中全会通过的《中共中央关于全面深化改革若干重大问题的决定》明确指出，要"强化国家教育督导，委托社会组织开展教育评估监测"。从世界范围内看，除了国际知名的三大跨国教育质量评价监测项目国际学生评估项目（Program for International Student Assessment，PISA）、国际数学和科学评测趋势研究（The Trends in International Mathematics and Science Study，TIMSS）和国际阅读素养进步研究（Progress in International Reading Literacy Study，PIRLS）越来越受到重视外，世界各国非常重视建立本国完备的基础教育质量监测体系，美国、英国、德国、日本等发达国家都建立了自己的基础教育质量标准，并由专门的机构负责评估，即使像越南、柬埔寨等发展中国家也在建立自己的基础教育质量监测评价系统。

(一)基础教育质量评价的作用

基础教育质量评价的重要作用主要表现在五个方面：诊、咨、督、促、导。所谓"诊"，主要是指通过评价，可以对学生各个阶段的德、智、体、美等发展情况进行"体检"，科学诊断问题，揭示问题背后的深层次原因；所谓"咨"，主要是指基于评价数据，可以为国家和地方重要教育政策制定提供科学的咨询建议，有利于推动教育管理由"粗放式"向"精细化"转变，推动教育决策由"经验型"向"科学化"转型；所谓"督"，主要是指通过评价，对学校和地方教育行政部门办学行为进行有效监督监管，定期对评价结果进行公开公示，对不好的办学行为进行问责并督促整改；所谓"促"，主要是指通过评价，尤其是发展性评价，有效改进教师的教学行为，整体提升教育质量；所谓"导"，是指通过评价，引导全社会、学校、家长树立正确的、科学的质量观。通过发挥诊、咨、督、促、导五方面作用，可以让评价成为"促进学生全面发展"的教育体检仪和新的指挥棒。

(二)基础教育质量评价是一项复杂的系统性工程

基础教育质量评价是一项复杂的系统性工程。从学科看，涉及十多个学科。从环节看，涉及教育质量标准制定、评价工具研发、数据采集与分析、评价结果应用等多个环节，每一环节都是专业性很强的工作。从技术看，基础教育质量评价量大、面广，涉及海量数据的采集、处理、分析与运用，随着当前信息化的深入推进，还需要开发基于计算机的大型考试评价系统，实现教育质量评价从传统的纸笔测试逐步过渡到基于互联网的自适应测试，最终实现基于大数据挖掘技术的个体化实时评价。从组织实施看，组织实施评价是一项庞大的工程，涉及学校和学生信息上报、样本抽取、操作实施培训、现场数据采集等多个环节的工作，涉及地方政府及教育系统内部督导、教研、考试、评价等多个部门的职责，需要地方各级教育行政部门和中小学的密切配合和大力支持。基于董奇教授和我共同主持的科技部基础性工作重点专项"中国儿童青少年心理发育特征调查"，我们出版了一套"中国儿童青少年心理发育特征调查"系列丛书，对心理评价方面的关键指标与工具研发、数据收集过程、数据库建设等相关技术进行了详细介绍。

(三)我国在基础教育质量评价方面所开展的工作

随着国家和地方各级政府越来越关注基础教育质量评估与监测工作，他们纷纷把此项工作作为提升基础教育质量的重要抓手。在此背景下，各个高校也日益重视对基础教育质量评估相关理论、技术与方法问题的研究，成立了相关的专门研究机构，并积极参与到国家和地方基础教育质量评估的实践中；多个地方教育行政机构也纷纷建立基础教育质量评估中心，负责本地区的基础教育质量评估。

为此，教育部于 2007 年在北京师范大学成立了教育部基础教育质量监测中心，2012 年在此基础上，由北京师范大学牵头组织，联合华东师范大学、东北师范大学、陕西师范大学、华中师范大学、西南大学、教育部考试中心、中国教育科学研究院和科大讯飞信息科技股份有限公司 8 家核心单位，成立中国基础教育质量监测协同创新中心，该中心在 2014 年成为我国教育领域唯一的国家级协同创新中心。该中心旨在构建具有中国特色、国际可比的国家基础教育质量评价体系，科学、准确、及时"把脉"全国基础教育质量状况，推动教育管理和决策的科学化，引导全社会树立和践行科学的教育质量观，推动我国基础教育质量水平不断提升，促进亿万儿童青少年的全面发展和个性发展，全面提升我国人力资源开发水平，为建设教育强国和人力资源强国奠定坚实的基础。

该中心组织全国专家先后研制了数学、体育、语文等学科领域的监测标准和工具，有效解决了我国基础教育质量难以量化评估的问题；构建了覆盖全国的基础教育质量监测数据采集系统，连续 8 年承担全国义务教育质量试点和正式监测任务，采集的数据涵盖教育质量及相关影响因素变量万余个，其中 2015 年作为我国历史上第一次全国义务教育质量监测工作，共在全国 31 个省级 323 个样本县(市、区)3876 所小学，2584 所初中收集了近 30 万名中小学生及学科教师、班主任、校长信息；形成了多样化的监测报告系统，撰写了大量监测反馈报告和政策咨询报告，发布了区域教育质量健康等系列指数，为国家教育决策、区域教育质量提升提供了强有力的支持，产生了积极的社会影响。法国教育部预测评估司人员(Michel Quéré)曾评价道"中国的监测评价工作虽起步晚，但一起步就紧跟国际最新的理念、技术，发展成就令人钦佩"。

四、重视创造性人才的培养

教育最终目的是为培养人才，特别是培养和造就高素质的创造性人才。这里涉及创造性的"概念"。在国际上，对于什么叫作创造性，有三种不同的观点。第一种观点认为创造性是一种过程，第二种观点认为创造性是一种产品，第三种观点认为创造性是一种人与人之间的个体差异，是一种智力品质。哪种观点对呢？我认为三种全对，只不过是三个学派从三种不同角度分析问题罢了。在这个基础上，20世纪80年代初，我的恩师朱智贤教授和我提出了这样一个定义："创造性是根据一定的目的，运用一切已知信息，产生出某种新颖、独特、有社会意义或个人价值的产品的智力品质。"对于有创造性的人才来讲，我们通常分为三个层次：第一层次是人人皆有创造性；第二个层次是专门人才或创造性人才，即具有特定领域知识的人才；第三个层次是拔尖创新人才，即各行各业的尖子。

(一)创造性人才发展的五个阶段

研究表明，创造性人才的发展一般经历五个阶段：第一个阶段叫自我探索期，第二个阶段叫才华的展露和领域的定向期，第三个阶段叫集中训练期，第四个阶段是创造期，第五个阶段是创造后期。其中早期促进经验、研究指引和支持、关键发展阶段指引是这五个阶段的三种主要影响因素。那么基础教育阶段是自我探索期，恰恰是三个最重要的因素之一。早期促进经验，包括父母和中小学教师的作用、成长环境氛围、青少年期广泛兴趣和爱好、有挑战性经历和多样性经历，这些对"自我探索期"的形成是十分重要的。因为这些因素不仅是提供创造性思维的源泉，而且是奠定人生价值观的基础或创造性人格的基础，即"做一个有用的人"。中小学阶段，学生表面上似乎在探索外部世界，其实是一个探索自己的内心世界、自我发现的阶段。该阶段的探索不一定与日后从事学术创造性工作有直接联系，却为后来的创造性提供重要的心理准备，是个体创新素质形成的决定性阶段。这就是在接受"创造性人才成长中，基础教育和高等教育哪个更重要"的提问时，我们为什么要回答在强调两者都重要的前提下，更应突出"基础教育"的理由。

大家熟悉一个事实，诺贝尔生物学奖的获得者真正学生物学的是少数，86.1%的获奖者不是学生物学的，还有获诺贝尔化学奖51%以上的人不是学化学的，但是他们都有共同的特点：在基础教育阶段就打下了综合性的基础，他们基础扎实。因此，我能不能下这样的结论：没有基础教育的素质的奠基，任何创造性人才的成长都是一句空话？

(二)重视创造性教育

创造性人才的培养和造就，当然要靠创造性教育。创造性的培养必须从小开始。创造性教育应贯穿在日常教育之中，它不是另起炉灶的一种新的教育体制，而是教育改革的一项内容。所谓创造性教育，意指在创造性的管理和学校环境中由创造型教师通过创造性教育方法培养出创造型学生的过程，即指学校三种群体产生五种效能的教育。三种群体是指校长为首的管理队伍、教师队伍和广大的学生。产生的五种效能为：由创造性校长创造出创造性管理；由创造性管理创造出学校创造性的环境；在校长的带动下，建设一支创造性的教师队伍；由创造性的教师进行创造性的教育教学；由这种教育教学工作培养出创造型的学生。这里关键性问题是转变观念，从小就给孩子确定将来要成为什么"家"往往是不能对号入座的。因此，我提议基础教育阶段就应当扎扎实实地培养创新意识和创新精神。我非常怀念我的母校上海中学，它的毕业生中已经涌现56位院士。我不是夸自己的母校，而是强调它自始至终地把创新教育放在首位。

需要说明的是，创造性教育不一定要有专门的课程和形式，但必须依靠改革现有的教育思想、教育内容和教育方法来实现，渗透在全部教育活动之中，特别要考虑到四种情况：①呈现式、发现式、讨论式和创造式的开放教学方式。②辐合思维和发散思维(即一题求一解和一题求多解)的教学效果。③创造教育教学与学生身心发展规律的关系。④学科教学、教学方法和课外活动的作用。在创造性教育中，第一，要提倡学校环境的创造性。这主要包括校长的指导思想、学校管理、环境布置、教学评估体系及班级气氛等多种学校因素。第二，要建设创造性的教师队伍。第三，要培养学生创造性学习的习惯。

创造性学习有哪些特点呢？它强调学习者的主体性；提倡学会学习，重视学习策略；创造性学习者擅长新奇、灵活而高效的学习方法；有来自创造性活动的学习动机，追求创造性学习目标。

在国外对创造性学习及其行为比较典型的研究是托兰斯，他在对87位教育家的一次调查中，要求每人列出五种创造型学生的行为特征，结果是(百分数为该行为被提到次数的比例)：①好奇心，不断地提问(38%)；②思维和行动的独创性(38%)；③思维和行动的独立性，个人主义，自足(38%)；④想象力丰富，喜欢叙述(35%)；⑤不随大流，不依赖群体的公认(28%)；⑥探索各种关系(17%)；⑦主意多(思维流畅性)(14%)；⑧喜欢进行试验(14%)；⑨灵活性强(12%)；⑩顽强、坚韧(12%)；⑪喜欢虚构(12%)；⑫对事物的错综复杂性感兴趣，喜欢用多种思维方式探讨复杂的事物(12%)；⑬耽于幻想(10%)。

由此可见，创造型学生其行为特征多是：好奇、思维灵活、独立行事、喜欢提问、善于探索等。

(三)倡导"T"型人才的培养

不论在北京还是在我国台湾地区，我经常听到有人在说，美国好，美国能够培养创造性人才，甚至有的人说，我们的小学比美国水平高，中学还是我们高，大学跟人家持平，研究生以后我们的创造性就不如人家了。这些观点对吗？我认为这种提法极为不妥。有无创造性与教育模式有关系。通过研究，我在一个国际会议上作了一个发言，希望能够融东西方教育模式为一体，培养"T"型人才(见图2)。

"T"型人才是什么意思呢，"—"表示知识面的广博度，"丨"表示知识的深度。两者的结合，既有广博的知识面，又有较深的专业知识，集博与深于一身的人才。但是借这里所谓"T"型人才，"—"代表西方的教育观念、教学方法、教学模式；

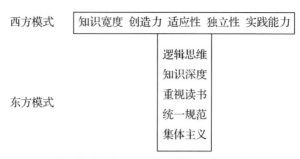

西方模式　知识宽度　创造力　适应性　独立性　实践能力

逻辑思维
知识深度
东方模式　重视读书
统一规范
集体主义

"横"为西方的教育观念、教学方法、教学模式
"竖"为东方的教育观念、教学方法、教学模式

图2　"T"型人才

"｜"代表东方的教育观念、教学方法、教学模式。那东西方教育模式和出发点有什么不同呢? 如果说西方培养人才是适应性人才的话, 东方则主要培养逻辑思维强的人才, 这是我们国家人才培养的重要目标。如果西方强调知识的宽度, 东方则强调知识的深度、强调理解, "知其然, 知其所以然", 这就是深度。如果说西方强调实践能力, 东方则强调读书。如果西方强调个体的独立性, 东方则强调集体主义。如果西方把创造性作为一条主线贯穿在教育中, 那么东方则非常重视规范, 强调没有规范成不了方圆。到底哪种模式好呢, 我认为都好, 各有各的特点。有人说我们国家大学生创造力如何如何, 但美国教育界, 特别是大学的理工科教授承认, 我们国家由于坚持培养逻辑思维能力强, 坚持知识的深度, 所以到美国去, 有一些高端的学问, 比如说数学、物理、计算机, 美国人不敢学, 跟中国学生没法比。在国际会议上, 有人问我哪种模式好, 我说都好, 问题是我们能不能实现"学贯中西"。因此, 我们不应该强调美国学制就比我们好, 我也不同意美国的教育模式就比我们强。我认为东方有东方的特点, 西方有西方的特点, 在今天我们教育改革的过程中, 我提出融东西方教育模式为一体, 扬长避短, 培养两者相结合的"T"型人才, 实际上就是创造性人才。一百多年来, 事实上证明融东西方教育模式学贯中西是对的。我在国际会议上说了一句不太好听的话: 现在你们西方人也越来越体会到学我们东方教育模式的重要性, 为什么你们不敢公开出来说呢? 我想这可能一方面是面子, 另一方面人家觉得自己是老大, 这一方面怎么能服气呢? 随着孔子学院在世界

各地的开办,更随着我国建设创新型国家的成就,谁不服气我们东方的教育模式也不行。只有融两种模式为一体,相互学习,互相促进,才能建设一个共同繁荣的世界。

最后,用两句话作为结束语:校长的管理是教育的决定因素,教师是教育的脊梁!

参考文献

[1]董奇,林崇德.中国儿童青少年心理发育特征调查项目技术报告[M].北京:科学出版社,2011.

[2]林崇德.林崇德教育演讲录[M].北京:人民教育出版社,2015.

[3]田慧生.落实立德树人根本任务 全面深化课程教学改革[J].课程·教材·教法,2015(1):3-8.

[4]林崇德.创新人才与教育创新研究[M].北京:经济科学出版社,2015.

[5]林崇德.学习与发展:中小学生心理能力发展与培养(修订版)[M].北京:北京师范大学出版社,2011.

[6]辛涛,李峰,李凌艳.基础教育质量监测的国际比较[J].北京师范大学学报(社会科学版),2007(6):5-10.

第十一编

PART 11

学生核心
素养研究

2019 年 2 月中共中央、国务院印发《中国教育现代化2035》中提出"明确学生发展核心素养要求"。学生发展核心素养已成为指导中国当前教育改革的一项要求。"核心素养"是我于 2013 年 5 月，接受教育部的委托，以北京师范大学为龙头，领衔全国 96 名研究人员组成联合攻关项目组，共同负责研究学生发展核心素养体系。历时 3 年，于 2016 年 9 月 13 日召开了研究成果新闻发布会，全面公布了包括 3 大领域 6 种素养 18 个要点的中国学生发展核心素养。

构建中国化的学生发展核心素养[*]

党的十八大以来，党中央、国务院多次强调把立德树人作为教育的根本任务。研制中国学生发展核心素养的根本出发点就是为了立德树人。立德树人是发展中国特色社会主义教育事业的核心所在，是培养德、智、体、美全面发展的社会主义建设者和接班人的本质要求。要把立德树人根本任务落到实处，必须首先回答好"立什么德、树什么人"这一关键问题，必须把党的教育方针的宏观要求细化为具体的人才培养目标。为了把党的教育方针科学地细化为具体的人才培养目标，2013 年 5 月，我们接受教育部关于研究中国学生发展核心素养的任务，历经 3 年多时间，于 2016 年 9 月 13 日召开了研究成果新闻发布会，全面公布了包括三大领域六种素养十八个要点的中国学生发展核心素养。

为了构建中国化的学生发展核心素养体系，把党的教育方针细化准、细化好，我们课题组始终将坚持正确的政治方向作为研制学生发展核心素养的总遵循。在研制过程中，课题组坚持以马克思主义为指导，充分体现社会主义核心价值观，系统落实党的教育方针，充分吸收中华优秀传统文化的营养，洋为中用、批判性借鉴了核心素养国际研究的构建方法与合理成分。

一、坚持以马克思主义为指导，明确人才培养的目标指向

坚持以马克思主义为指导，是中国学生发展核心素养区别于其他国际组织和国家核心素养研究成果的根本标志，必须旗帜鲜明地加以坚持。中国学生发展核心素养结构的中心是"全面发展"。全面发展是由马克思和恩格斯提出来的。马克思和恩

---

* 本文原载于《北京师范大学学报（社会科学版）》2017 年第 1 期。

格斯在《共产党宣言》中指出："人的全面发展是共产主义者的理想目标和共产主义社会的基本原则。"马克思主义关于人的全面发展有五层意思：一是以辩证唯物主义与历史唯物主义为科学哲学基础，把实现人的全面发展，同无产阶级革命和社会主义建设的任务，以及最终实现共产主义的远大理想和根本原则紧密地联系起来，形成人的体力与智力的和谐发展；而只有在社会主义和共产主义社会的条件下，人的全面发展才成为可能。二是从经济学范畴提出人的全面发展的思想，把人的发展规律作为一种经济发展的规律做出分析。所谓全面发展，就是"把不同社会职能当作互相交替的活动方式的全面发展的个人"，是"能够适应极其不同的劳动需要并且在交替变换的职能中只是使自己先天和后天的各种能力得到自由发展的个人"。三是实现全面发展的教育基本内容是：第一，智育；第二，体育；第三，技术教育。根本方法是教育与生产劳动相结合，促进人的劳动能力的全面发展，正如恩格斯所强调的，劳动创造了人类本身，科学的发生和发展，从开始起是由生产所决定的，因此生产劳动与教育的结合是改造现代社会的最强有力的手段之一。四是从精神活动能力方面提出人的全面发展的要求的理论。人的精神活动，包括科学研究、艺术创作以及对人类文明成果的享受活动，如马克思指出的那样，因为要有多方面的享受，人就必须有享受的能力，必须成为高度文明的人，这是全面发展的人的另一个重要表现。五是全面发展不仅不排斥而且需要个性的发展，要以个人自由发展为前提，这是共性与个性的统一。在任何情况下个人总是"从自己出发的"，个性的发展表现出个人生活经验发展，这又取决于社会关系，社会组织提供良好的全面发展的教育，又为个性的自由发展提供了有利的条件。正如马克思和恩格斯所指出的，共产主义社会是"个人独创的和自由的发展不再是一句空话的唯一社会"。从中我们可以看到个性的发展取决于社会。与此同时也能使我们认识到全面发展与个性发展是相一致的，前者是后者的基础，后者是前者的条件，两者是相辅相成的。我们课题组在凝练中国学生发展核心素养的过程中，始终以马克思主义培养全面发展的人为目标指向，构建起包括自主发展、社会参与和文化基础三大领域的核心素养总体框架。

培养"全面发展的人"，首先必须承认和确立人作为独立生命个体的存在性，即人的自主性。正如马克思在《1844 年经济学哲学手稿》所指出的,"人的类特性恰恰就是自由的自觉的活动"。自由的活动、独立的意志、科学的人性构造了人的自主性素养的特点。实践是自主的个性素养形成的基础;教育是自主的个性素养形成的条件;人际交往是自主的个性素养发展的决定因素。所以我们在学生发展核心素养的研究中,把人的自主性理解为是人作为主体的根本属性,是个性的集中表现。自主发展,重在强调能有效管理自己的学习和生活,认识和发现自我价值,发掘自身潜力,有效应对复杂多变的环境,成就出彩人生,发展成为有明确人生方向、有生活品质的人。

"人的本质并不是单个人所固有的抽象物。在其现实性上,它是一切社会关系的总和",马克思在《关于费尔巴哈的提纲》中提出的这一科学论断,深刻地揭示了"全面发展的人"的另一内涵,即人的社会性。社会性反映着一定历史条件下的某种社会关系;社会性作为个性的特殊表现,反映的是人的社会特质;社会性应该是历史性、民族性、阶级性和全人类性的统一。因此,我们从社会性是人的本质属性出发,提出学生发展核心素养的社会参与领域,重在强调能处理好自我与社会的关系,养成现代公民所必须遵守和履行的道德准则和行为规范,增强社会责任感,提升创新精神和实践能力,促进个人价值实现,推动社会发展进步,发展成为有理想信念、敢于担当的人。

马克思从对人的本质和实践活动的理解出发,强调文化所具有的自觉性和创造性,并将其作为人区别于动物的特征,这揭示了"全面发展的人"的又一内涵,即人的文化性。文化知识由自然科学、社会科学以及关于自然知识与社会知识的概括和总结的哲学构成。文化性是认识世界、改造世界不可缺失的武器。因此,文化是人存在的根和魂。我们课题组提出文化基础是中国学生发展核心素养的一个重要领域,它重在强调能习得人文、科学等各领域的知识和技能,掌握和运用人类优秀智慧成果,涵养内在精神,追求真善美的统一,发展成为有宽厚文化基础、有更高精神追求的人。

基于马克思主义对"全面发展的人"的经典论述,课题组深入调研社会各界对新时期学生核心素养的期待,基于此提出在自主发展、社会参与、文化基础三个领域凝练中国学生发展核心素养，系统阐释党的教育方针，最终指向培养德智体美全面发展的社会主义建设者和接班人(林崇德，2016)。

二、充分体现社会主义核心价值观，系统落实党的教育方针，细化人才培养目标的具体要求

从价值定位而言，我们课题组对学生发展核心素养的研制，是对社会主义核心价值观和党的教育方针中所确定教育培养目标的具体化和细化，是连接宏观教育理念、培养目标与具体教育教学实践的中间环节。社会主义核心价值观和党的教育方针可以通过核心素养这一桥梁，转化为教育教学可用的、教育工作者易于理解的具体要求，进而贯彻到各个学段，体现到各个学科，最终落实到学生身上，明确学生应该具备的必备品格和关键能力，从中观层面深入回答"立什么德、树什么人"的根本问题，用于指导人才培养具体实践(辛涛，姜宇，林崇德，师保国，刘霞，2016)。

社会主义核心价值观作为社会主义核心价值体系的内核，把国家、社会、公民三个层面的价值要求融为一体，直接明确了当代学生应该自觉践行的价值观念，中国学生发展核心素养体系在各要点中进行了充分体现。培育和践行社会主义核心价值观，需要在落细、落小、落实上下功夫，从小抓起、从学校抓起，纳入国民教育总体规划，细化为核心素养的具体表现，使核心价值观的影响像空气一样无所不在、无时不有。课题组在遴选和界定核心素养指标、描述其主要表现时系统落实社会主义核心价值观，以文化基础的不断积累和自主发展能力的不断提升为支撑条件，引导学生在社会参与及互动过程中加以践行。

富强、民主、文明、和谐是国家层面的价值目标，表达的是国家的意志，主要从国家角度提出了学生应该树立的理想与信念。核心素养在"国家认同"等要点系统落实这些要求，强调要培养学生"具有国家意识，了解国情历史，认同国民身份，能自觉捍卫国家主权、尊严和利益""了解中国共产党的历史和光荣传统，具有热爱党、拥护党的意识和行动""具有中国特色社会主义共同理想，有为实现中华民族伟

大复兴中国梦而不懈奋斗的信念和行动"，力求把红色基因融入广大学生的血脉。自由、平等、公正、法治是社会层面的价值取向，主要从社会角度提出了学生应具有的信念和追求，集中体现在"社会责任""人文情怀"等要点的描述中。例如，"能明辨是非，具有规则与法治意识，积极履行公民义务，理性行使公民权利""崇尚自由平等，能维护社会公平正义"等。爱国、敬业、诚信、友善是公民个人层面的价值准则，主要从个人角度对学生提出了道德要求，集中体现在"社会责任"等要点的描述中。例如，"自尊自律，文明礼貌，诚信友善，宽和待人""热心公益和志愿服务，敬业奉献，具有团队意识和互助精神"等。

中国学生发展核心素养体系在充分体现社会主义核心价值观的基础上，对不同发展阶段的党的教育方针进行了深入分析和系统落实。尽管我国在过去很长的历史时期内没有明确地提出"核心素养"的概念，但党和国家历来高度重视对学生各方面素养的培养。关于教育应该"培养什么样的人"，我国不同发展阶段的教育方针以及政府工作报告中均有阐述。

1957 年社会主义改造基本完成，毛泽东同志提出，"我们的教育方针，应该使受教育者在德育、智育、体育几方面都得到发展，成为有社会主义觉悟的有文化的劳动者"。从此以后，党和国家的政策文件中就旗帜鲜明地提出要坚持人才培养的社会主义方向。20 世纪 80 年代提出要培养"有理想、有道德、有文化、有纪律的社会主义建设人才"；20 世纪 90 年代，先后提出的"培养德、智、体全面发展的建设者和接班人""培养有理想、有道德、有文化、有纪律的献身有中国特色社会主义事业的建设者和接班人""培养德、智、体等全面发展的社会主义事业的建设者和接班人"等。这些教育方针和目标在表述上虽有所不同，但无一不将社会主义方向作为核心要素。由此可见，维护社会主义利益、为社会主义服务，是我国教育方针和目标的根本所在。新中国成立以来，无论社会怎样发展变化，在人才培养方面，教育工作都始终把坚持社会主义性质和方向作为学生核心素养的基本内容。

20 世纪 90 年代以来，党和国家更加重视教育，做出"优先发展教育"的战略部署，在推进素质教育、建构素质教育理论体系的过程中，我国的人才培养目标逐步清晰，以生为本，关注学生的全面发展，使学生核心素养的内涵不断丰富和优化。

2010 年，《国家中长期教育改革和发展规划纲要（2010—2020 年）》提出"德育为先，能力为重，全面发展"的战略主题。2012 年，党的十八大明确提出把立德树人作为教育的根本任务，培养德智体美全面发展的社会主义建设者和接班人。2013 年，十八届三中全会继续提出，坚持立德树人，形成爱学习、爱劳动、爱祖国活动的有效形式和长效机制，增强学生社会责任感、创新精神、实践能力。由此可见，"德育为先、能力为重、全面发展"已成为学生核心素养培养的发展趋势。这表明党和国家对于社会主义人才建设在品德方面的重视，也彰显了品德在学生核心素养建构中的首要位置。

基于深入分析，我们课题组对学生发展核心素养体系的建构始终坚持社会主义人才的培养方向，充分体现培养德智体美全面发展的社会主义建设者和接班人我国教育的这一根本目标。中国学生发展核心素养体系在体现德育为先、能力为重、全面发展的基础上，既关注学生应具有的知识、专业技能，又重视学生的品德、个性和社会生活技能的发展（林崇德，2016）。

三、传承中华优秀传统文化，凸显人才培养的民族底色

习近平总书记曾经指出："中华优秀传统文化是中华民族的精神命脉，是涵养社会主义核心价值观的重要源泉，也是我们在世界文化激荡中站稳脚跟的坚实根基。"中国学生发展核心素养把根扎在中华优秀传统文化的土壤中，同时充分吸收革命文化与社会主义先进文化的丰厚营养，力求引导广大学生坚定文化自信，在信息化、经济全球化时代为每个孩子打上深深的中华文化底色。

中国学生发展核心素养体系在"素养"这一核心概念界定上，充分吸收中华优秀传统文化中对道德规范、思想品格和价值取向的强调，体现出中国特色、中国风格、中国气派。关于"素养"一词，我国早在《汉书·李寻传》中就有记载："马不伏历（枥），不可以趋道；士不素养，不可以重国。"《现代汉语词典》认为，"素养"主要指"平日的修养"，强调其是后天习得和养成的。在国际上，并没有与"核心素养"直接对应的词汇。一些国家和国际组织采用 21st Century Skills, Key Competences，General Capabilities，Generic Skills 等词汇加以指代，其字面意义更强调能力或技能，对品德与人格重视不够。与西方文化不同，中华优秀传统文化凝聚着中华民族普遍认同和广泛接受的道德规范、思想品格和价值取向。因此，课题组提出"学生发展核心素养"这一概念，充分吸收中华优秀传统文化对素养内涵的定义，将其界定为学生应具备的、能够适应终身发展和社会发展需要的必备品格和关键能力。这一概念内涵同时强调了核心素养的品格属性和能力特征，体现出中国特色、中国风格、中国气派。

在中国学生发展核心素养体系构建过程中，我们课题组对我国历代重要文献进行了系统梳理，明晰了中华优秀传统文化中对人才培养的具体要求并加以充分吸收。我们课题组从夏商西周开始一直研究到清代相关的文献，厘清传统文化和传统教育中关于人才培养的具体内容与要求，归纳了家国情怀、社会关怀、人格修养、文化修养 16 字人的素养的要求。家国情怀含孝亲爱国、民族情怀、乡土情感等要素。社会关怀含仁民爱物、心怀天下、奉献社会等要素。人格修养含诚信自律、崇德弘毅、礼敬谦和等要素。文化修养含人文历史知识、求学治学方法、文字表达能力、追求科技发明等要素。

中国学生发展核心素养体系对我国优秀传统文化思想的核心"修身成德"和传统教育中最为突出的内容"伦理道德教育"进行了充分继承和体现。修身成德是我国优秀传统文化思想的核心，伦理道德教育是我国传统教育中最为突出的内容。我国传统文化包含了丰富的有关个人修身养性(成德立人)的思想观点，而且其中许多内容在今天仍具有重大的借鉴与传承价值，如仁爱思想、孝亲爱国、正义、礼敬谦和以及诚信自律等。我国传统教育重视对学生进行伦理道德(包括学生的生活礼仪与日常行为习惯)教育、人文与历史知识传授、文字表达能力培养，以及良好学习方法的养成等。传统教育在学生培养上重视的这些内容在当今的学校教育中仍具有传承价值。在建构中国特色(或民族)的学生核心素养指标体系时，理应继承与延续我国传统文化与教育中这些独具特色且仍富有现代价值的内容。我国传统文化、传统教育中对于道德修养的重视，与党的十八大报告中强调的"立德树人"思想以及《国家中长期教育改革和发展规划纲要(2010—2020)》提出的"德育为先、能力为重"的要求完全契合。我们认为，从继承我国优秀传统文化与教育思想，落实党和国家的教育政策方针，以及促进学生身心健康、全面发展等多个角度考虑，道德修养是我国基础教育阶段和高等教育阶段人才培养的重要内容，是学生核心素养指标体系的核心。

我们课题组根据中华优秀传统文化中关于修身成德的思想和我国不同历史时期的学校教育培养学生的内容与要求，构建其以道德修养为核心的学生核心素养指标体系，需要以培养学生的仁爱精神为根本，以社会关怀、家国情怀和人格修养教育为重点，引导儿童青少年学生养成崇高的道德品质、文明的行为方式和深厚的文化修养。

我国传统文化和传统教育中包含的丰富思想和优良传统，为民族的、科学的、现代的学生核心素养指标体系的构建提供了重要借鉴。然而，传统文化与传统教育分析仅仅是构建现代学生核心素养体系时可参照的视角之一。除了借鉴和传承中华优秀传统文化与教育中具有启示意义和价值的内容之外，学生核心素养体系的构建还应对现代教育与学生发展理论、国际上教育与学生培养的经验等进行总结与思考，深入分析当今世界教育与人才培养趋势、我国社会历史时代背景与社会需求，并借助实证调查来广泛征询社会各群体的宝贵意见。在这些工作的基础上，通过深刻的理论思考、运用科学的方法，才能构建出系统而科学的中国化的学生核心素养体系。

四、洋为中用，批判性吸收核心素养国际研究中的科学方法与合理成分

毛泽东同志指出："中国应当建立自己的民族的、科学的、人民大众的新文化和新教育。对于外国文化，排外主义的方针是错误的，应当尽量吸收进步的外国文化，以为发展中国新文化的借镜；盲目搬用的方针也是错误的，应当以中国人民的实际需要为基础，批判地吸收外国文化。"中外科学，包括教育科学与心理科学研究成果，都是人类的共同财富。外国学者的研究成果和取得成果的经验，中国学者需要借鉴；中国学者的研究成果和取得成果的经验，外国学者也会借鉴。面对学生发

展核心素养研究的新信息、新的研究方法,需要相互交流。这就是"洋为中用"的道理,也是我们对学生发展核心素养进行国际比较研究的缘起。

1997 年,经济合作与发展组织(OECD)首先启动了"素养的界定与遴选"(Definition and Selection of Competencies:Theoretical and Conceptual Foundations, DeSeCo)项目。随后,欧盟、联合国教科文组织、美国、日本、新加坡等 15 个国际组织和国家纷纷建构了基于自身价值取向和服务目的的素养、核心素养、核心技能等框架与体系。由于各国际组织和国家的出发点、服务对象和政治经济文化制度等方面的差异,在指导 21 世纪"核心素养"研究上出现了四种相对有代表性的价值取向,包括经济合作与发展组织提出的以培养完整人为导向的价值取向、联合国教科文组织和欧盟提出的以终身学习为导向的价值取向、新加坡以个人发展为核心的价值取向以及美国以未来职业需求为导向的价值取向等。我们课题组比较分析了各国际组织与国家建构与发展核心素养的研究背景、研究程序、内容体系与实施途径。本着对于国外的文化,既不能全面肯定,也不能全盘否定的原则,我们课题组重新探讨各国际组织与国家的学生发展核心素养并加以分析,根据国情批判地加以吸收。

首先,我们同意这些国际组织与国家对国际背景的分析。他们认为当今社会是经济全球化与信息化的社会,为了提高组织成员或本国的竞争力,以应对经济全球化与信息化发展的需要,这些国家的新的一代或学生应该有具备国际意识、国际交流能力、国际竞争力、创新精神和实践能力,以及信息素养的 21 世纪人才观。在教育上,应该以人力资本为根据各自制定教育发展战略。在人的发展上,应以追求教育公平为出发点,为保障每个人都享有共同基础教育的权利,并倡导终身学习。

其次,针对 15 个国际组织与国家的核心素养,我们选择哪些指标作为我们制定中国学生发展核心素养的参考资料呢?通过分析国际上关于核心素养的研究可以发现,各国在对核心素养的建构时不仅强调面向未来,即重视未来社会的挑战与变化,也强调立足于各自的实际情况,反映当前各国对人才的现实需求。因此,我们在遴选和提炼中国学生发展的核心素养指标的过程中,立足于我国国情深入调查和分析我国不同社会群体对学生发展核心素养的期望与意见,为建构符合我国现实需要的学生发展核心素养框架提供科学依据。为此,我们课题组首先就各个领域人士对我国学生核心素养的期望与意见进行了解，对来自 12 个界别的 575 名专家学者和企业家等人进行了焦点小组访谈或个别化访谈。与此同时，课题组在国际比较研究 40 多万字文献的基础上整理出的当前各国际组织和国家的 32 项核心素养指标，在访谈结束后对他们进行问卷调查(有效问卷为 566 份)，即邀请他们对国际上这些素养指标进行评价，以批判摄取—选择—中国化的途径，从中选出他们认为对我国学生发展具有重要价值的核心素养指标。结果显示专家学者和企业家所重视的学生发展核心素养有两个方面：一是高度重视和强调传统基本素养的指标有：语言能力、数学素养、学会学习、问题解决能力；二是高度重视和强调现代关键素养的指标有：沟通与交流、团队合作、国际视野、信息素养、创新与创造力、社会参与与贡献、自我规划与管理。

最后，分析比较了经济合作与发展组织、联合国教科文组织、欧盟以及美国、加拿大、英国、法国、芬兰、匈牙利、澳大利亚、新西兰、新加坡、日本、俄罗斯等国家的核心素养研究，发现它们在研究方法上有不少可取之处，一是有不同的研究目的，出现成功生活、终身学习、个人发展和综合取向的不同价值取向；二是以调查研究为前提，汲取社会各阶层的意见；三是重视数据统一，从量到质，最后建构框架结构；四是框架结构分层，各国际组织和国家分几级指标并不统一，但都重视自主发展、社会互动和文化学习三大领域。

尽管以上几个方面对我国学生发展核心素养有一定的参考价值，然而，目前国际上各国际组织和国家的学生素养或核心素养更多地强调能力或技能，普遍不重视品德与人格即人的本质因素。以美国为例，他们称其为"核心科目和 21 世纪主题"，由三种素养组成：一是学习与创新素养，二是信息、媒介与技术素养，三是生活与职业素养。这些 21 世纪核心科目中，也提及交流沟通与合作、领导与责任等与人格有关的要求，但不仅成分少，而且与人的道德规范和道德范畴严重相脱节。因此，我们课题组强调，我们要吸收的是精华，绝不能照抄照搬，更不能"西化"。

构建中国化学生发展核心素养，目的是全面贯彻党的教育方针，落实立德树人根本任务。培育中国学生的核心素养，必将促进更多满足党、国家、人民、时代需要的人才不断涌现，必将促进中国特色社会主义事业兴旺发达、后继有人。今后，学生发展核心素养研究课题组将继续坚持正确的政治方向和价值导向，进一步深化核心素养研究，与全国相关研究者、实践者共同努力，为提升中国学生的核心素养做出应有的贡献。

参考文献

[1]林崇德. 21 世纪学生发展核心素养研究［M］. 北京：北京师范大学出版社，2016.

[2]林崇德. 学生发展核心素养：面向未来应该培养怎样的人？［J］中国教育学刊，2016(6)：1-2.

[3]黄四林，左璜，莫雷，等. 学生发展核心素养研究的国际分析［J］. 中国教育学刊，2016(6)：8-14.

[4]辛涛，姜宇，林崇德，等. 论学生发展核心素养的内涵特征及框架定位［J］. 中国教育学刊，2016(6)：3-7.

[5]刘霞，胡清芬，刘艳，等. 我国学生发展核心素养的实证调查［J］. 中国教育学刊，2016(6)：15-22.

[6]《毛泽东选集》［M］第三卷，北京：人民出版社，1991.

论学生发展核心素养的内涵与特征*

核心素养为当代世界所普遍重视，是各国际组织与各国政府在进行教育改革与课程改革时密切关注的热点。推进核心素养引导的教育教学改革与发展，需要深入剖析核心素养历史演变、内涵特征、基本框架、政策定位，为构建我国学生发展核心素养、促进教育教学改革奠定理论基础。

一、学生发展核心素养的历史演变

学生发展核心素养是一个比较现代的词汇，但蕴含的思想由来已久。关于教育应该"培养什么样的人"的问题，一直都是教育家、哲学家探讨的核心。

(一) 东西方在两千多年前就出现以"品德"为中心的人才观

早在两千多年前的西方，苏格拉底教育人们要"努力成为有德行的人"。"美德即知识"是苏格拉底伦理学最重要的命题。到后来，无论是亚里士多德还是柏拉图，或是中世纪罗马哲学家西赛罗，所主张的古典理论下的公民素养，主要是认为西方古代时期的公民必须拥有几种主要的德性(commit virtue)，如正义、智慧、勇敢，且懂得节制。同时，亚里士多德希望城邦公民也要具有公民参与的精神。在我国，以孔子为代表的思想家们也很早就围绕健全人格进行了思考，可归纳为"内圣外王"的传统文化人才观，认为人最重要的是德行修养；南宋著名理学家朱熹主张教育的目的在于"明人伦"，主张教育学生自幼就须"洒扫应对进退、礼乐射御书数开始，以修养其孝悌忠信之道"，并强调"立志""主敬""存养""省察""力行"的人才培养

＊ 本文原载于《中国教育学刊》2016 年第 6 期。本文其他作者为辛涛、姜宇、刘霞、师保国。

方法和途径。无论是西方还是东方，在传统的人才标准中，人们都将高尚的道德品性列为第一位，作为首要的标准，这些德性品质也正体现了先哲们对人才培养内涵的理解。

(二)工业社会的到来逐渐出现了以"能力"为中心的人才观

伴随着工业革命的发生和工业社会的到来，人们普遍加强了对专门行业技能及职业需求导向的关键能力的重视。于是以"能力"为中心，20世纪不同学科取向下的研究者对素养的概念内涵进行了新的思考与分析，使其变得更加丰富。皮亚杰在发展科学领域将能力解释为一般智力，通过同化和顺应双向建构过程实现个体与环境的交互作用；乔姆斯基在能力—表现模型中提出了"与生俱来的语言能力"；加德纳提出的多元智能理论，将智力分为九种智能，为我们理解能力或素养的概念提供了新视角；斯宾塞等人提出的素质"冰山模型"认为人的能力包含外显表现，也包含潜在特质，后者具有跨领域性。总之，基于工业社会的需求，以"能力"为中心的素养被广泛地研究和讨论，但人们对于人才观的理解还主要停留在智能层面，没有全面考虑到人的健全发展所需的情感、态度、价值观等层面。

(三)现代社会催生了以"素养"为核心的人才观

随着信息化、经济全球化的脚步越来越快，为了适应复杂多变与快速变迁的信息化时代的多元需求，传统的能力、技能、知能等概念已经不再适用。人们对这些概念的内涵进行了扩展与升级，提出了同时包括"知识""能力"与"态度""价值观"的"素养"概念，并从"关键"或"核心"的角度加强了论证，强调"核心素养"(key competencies)才是培养能自我实现与社会和谐发展的高素质国民与世界公民的基础。在联合国教科文组织、欧盟、经济合作与发展组织等国际组织的影响下，"素养"受到世界各国重视并将之纳入教育改革与课程改革的核心。

纵观素养发展的不同阶段可以看出，核心素养概念的演变与人类进步和社会发展密切相关，是社会生产力与生产方式发展变化的产物。历史上不同时期人们所持的不同理解，反映的都是当时社会发展的需求，是当时的人们对教育应"培养什么样的人"这一问题的答案。在以农业经济形态为主导的古代社会背景下，人才的培养重视道德品性；在以工业经济形态为主导的现代社会背景下，人才的培养重视能力本位；在以信息经济、低碳经济等经济形态为主导的当代社会背景下，人才的培养则需要重视核心素养，强调"核心素养"才是培养能自我实现与社会和谐发展的高素质国民与世界公民的基础，它反映了当今时代社会发展的需求。

二、学生发展核心素养的基本内涵与特征

(一)学生发展核心素养的国际共识

当前，国际组织及各国(地区)掀起了以构建学生核心素养为导向的教育改革的浪潮。总结当前对核心素养概念内涵的国际共识，有助于理解和建立我国学生发展核心素养框架。通过对国际组织及各国核心素养概念的内涵进行梳理(见表1)，我们可以看出国际上关于核心素养的认识有以下特点。

第一，核心素养为当代世界所普遍重视，是国际组织与各国政府在进行教育改革与课程改革时密切关注的热点。虽然各国际组织与政府在"核心素养"的具体表达方式上存在差异，但其思想是共通的，即都重视公民的关键的、必要的、重要的素养。核心素养的界定总体上一致，然而各国存在一定的差异，在不同程度上体现了其各自的民族与国家特色。

第二，核心素养是一个多维度、多功能的概念。核心素养是知识、技能、态度情感的集合，具有整体性，不能孤立地分开进行单独培养或发展，尤其是当素养作为课程目标时，需更加强调其综合性和整体性。同时，核心素养能够发挥多项功能，是对每个人都具有重要意义的素养。一方面，核心素养可以帮助个人满足各个生活领域的重要需求，有助于个体的升学、就业、融入主流社会、终身发展与自我实现以获得成功生活；另一方面，它还可以帮助个体进行社会参与和与异质性群体互动，以达成共同目标，促成社会经济繁荣、政治民主、尊重人权与世界和平、生态持续性发展等人类理想的实现。

第三，核心素养的形成是在个人与社会协同作用下的渐进过程。各国际组织与

政府所提出的核心素养内涵虽然存在差异，但均有相互融合与互补之处，并且都强调核心素养的获得是一个持续的、终身的学习过程。个体可以通过不同教育阶段的终身学习，有效地培养并提升自身的核心素养。除了学校，家庭、同伴、工作、政治生活、宗教生活和文化生活等都可以发展人的素养。核心素养的发展不仅仅是个人努力的结果，它需要一个良好的社会和生态环境。

表 1　国际组织/国家/地区对核心素养的定义

国际组织/ 国家/地区	核心素养的定义
经济合作与 发展组织	核心素养使个人拥有良好的、成功的生活。这种成功的生活表现为与他人具有亲密的关系，理解自我和自身所处的世界，与自身的生理和社会环境自主互动，拥有成就感和愉悦感。核心素养对多样的社会和个人均具有包容性；它回答的问题是，普通人要想在社会中安身立命同时又能够应对日新月异的技术发展需要哪些素养
联合国教科文组织	核心素养指向终身学习，并提出"学会求知、学会做事、学会共处、学会发展、学会改变"五大支柱
欧盟	素养是适宜于特定情境的知识、技能和态度的组合，核心素养是指一个人要在知识社会中自我实现、社会融入以及就业所需要的素养，其中包括知识、技能与态度。欧盟对核心素养的定位是，在义务教育与培训阶段结束之前年轻人应该具备这些素养，以使他们能过好成年生活，并以此作为终身学习的基础
美国	核心素养主要指所有学生或工作者都必须具备的能力，其发展目的在于培养具有 21 世纪工作技能及核心竞争能力的人，确保学生从学校所学的技能能够充分满足后续大学深造或社会就业的需求，成为 21 世纪称职的社会公民、员工及领导者
英格兰	核心素养是指为了适应将来的生活，年轻人需要具备的关键技能，以及学习、生活和工作所需的资质。关键技能，主要是一种普通的、可迁移的、对劳动者的未来发展起关键性作用的能力
苏格兰	核心技能，是指为了全面成为一个活跃与负责任的社会成员所必须具有的广泛的、可迁移的技能
法国	基本的或核心素养，专用于义务教育中的基于学科和跨学科的素养，强调了这些素养是构建终生学习的基础。法国的素养模型认为一个人的职业能力是与知识、技能和社交能力三个方面密不可分的。素养是一种学习的动态过程，知识的积累与传递过程

续表

国际组织/ 国家/地区	核心素养的定义
德国	从职业教育角度首先提出了关键能力的概念，即那些与特定的专业技能不直接相关的知识、能力和技能，是在各种不同场合和职责情况下做出判断选择的能力，是胜任生涯中不可预见的各种变化的能力，由于其普遍适用性而不易因科学技术进步而过时或被淘汰
澳大利亚	核心素养也称为综合职业能力或关键能力，是指为有效参与发展中的工作型态与工作组织所必要的能力，其所强调的并非某个学科或某一职业领域所具有的知识和技能，而是学生终身发展所需要的能力，是一般性的
中国台湾	核心素养被界定为能在台湾地区的社会文化脉络中，成功地回应情境中的要求与挑战，顺利完成生活任务，获得美好的理想结果所应具备的素养。核心素养是个人处于社会中所必须具备的关键的素养，不但是个人生活所需的必要的素养，也是现代社会公民的必备条件，更是社会发展所不可或缺的人力资本的重要素养

(二)学生发展核心素养的内涵与特征

综合世界各个国家和地区以及国际组织对核心素养概念内涵的界定，同时考虑到不同学科视角对核心素养的认识，以及我国的现实需求和教育实际，可以将其界定为：核心素养是学生在接受相应学段的教育过程中，逐步形成的适应个人终生发展和社会发展需要的必备品格与关键能力。它是关于学生知识、技能、情感、态度、价值观等多方面要求的结合体；它指向过程，关注学生在其培养过程中的体悟，而非结果导向；同时，核心素养兼具稳定性与开放性、发展性，是一个伴随终身可持续发展、与时俱进的动态优化过程，是个体能够适应未来社会、促进终身学习、实现全面发展的基本保障。同时，我们认为学生发展核心素养具备以下三个特征。

第一，学生发展核心素养具有共同性。学生发展核心素养一定是社会群体成员共有的素养，也是每一名学生获得成功生活、适应个人终生发展和社会发展都需要的、不可或缺的共同素养。核心素养的共同性、基础性使它有别于具体职业中的专业素养。专业素养是个人专业生涯发展中成功完成每一项专业工作所需具备的知识、能力与态度,其强调的是就业训练价值功能与结果本位导向,面向的是特定行业人员;而核心素养则是每名社会成员为了顺利地生活、工作所需具备的基本知识、能力与态度,其强调的是教育价值功能与过程本位导向,面向的是社会全体成员。

第二,学生发展核心素养具有发展性。一方面,这里所说的发展性体现在学生发展核心素养的连续性和阶段性:核心素养的形成不是一蹴而就的,而是具有终生的连续性,最初在学校中培养,随后在一生中不断发展完善;同时,在个体不同人生阶段中的着重点有所不同,不同教育阶段(小学、初中、高中、大学等)对某些核心素养的培养也存在不同的敏感性,即一些核心素养在特定的教育阶段可能更容易取得良好的培养效果。另一方面,发展性还体现在学生发展核心素养体系构建必须尊重学生身心发展规律,按照学生发展的敏感期合理设置发展目标,不能跨越,更不能颠倒。当前学生学习和教师教学的负担仍比较重,总有一些人认为儿童有许多基础知识和技能需要学习,甚至认为现在教育提供的还不够,其实这些观点已违背了儿童的身心发展规律,提供过多而不能被其接受的学习内容,不但对他们掌握这些内容没有帮助,还会阻碍其他素养(如创新等)的形成。

第三,学生发展核心素养可教可学。核心素养是在先天遗传的基础上,综合后天环境的影响而获得的,可以通过接受教育来形成和发展。广义而言,有些素养是先天的,有些素养是后天习得的。经济合作与发展组织、欧盟等把教育过程中的素养界定为通过学习而来,即使某些素养存在先天潜能的发展,这些素养也必须是可教、可学的,需要通过有意识的教育过程进行培养,经过学生的学习积累获得。也就是说,素养并非是与生俱来的,而是一些后天通过教育得到发展的知识、能力与态度等。因此,核心素养主要是后天学习的结果,可以通过各教育阶段的课程设计与教学实施加以培养。培养的过程侧重学生的自主探究和自我体验,更多地依靠学生自身在实践中的摸索、积累和体悟,是个体认知与元认知构建的过程,是在外界引导下的自我发展、自我超越、自我升华的过程。

三、学生发展核心素养的基本理论框架

(一)学生发展核心素养理论框架的国际比较

当前国际组织和各国都建立了结构完整的核心素养体系,以此来推动基于核心素养的教育改革。梳理国际上学生核心素养的结构框架,可以概括为以下几种,即并列交互型、整体系统型、同心圆型。

经济合作与发展组织的"素养的界定与遴选"项目(DeSeCo)所建构的核心素养为并列交互型。该项目认为,要保障人的成功生活与健全社会的建设,个体必须具备三大核心素养:能互动地使用工具、能在社会异质团体中互动、能自主行动,简单地说,这三大维度可以认为是人与自己、与工具、与社会,这三大核心素养尽管各自有其核心内容,但由于素养本身的社会复杂性使得三者之间依然相互关联。DeSeCo 项目是早期建立学生核心素养模型的项目之一,影响也很广。经济合作与发展组织大部分的成员,包括一些非经济合作与发展组织成员也采用了这一理论模型来建构本土化的核心素养,如澳大利亚、新西兰等国以及我国的台湾地区。

美国"21 世纪核心素养"的结构是整体系统型。美国"21 世纪核心素养"融入 21 世纪学习体系,主要包含三个部分,形成一个彩虹状。彩虹外环呈现的是学生学习结果的内容,即核心素养的指标成分,其主要包括"学习和创新素养""信息、媒体与技术素养""生活与职业素养"三个方面,主要描述的是学生在未来工作和生活中所必须掌握的技能、知识和专业智能。"21 世纪核心素养"以需求为导向,选取了适应未来社会和终身发展的核心素养,各个核心素养同等重要,之间没有严格的逻辑关系,促进素养形成的是一个整合的庞大的支持系统。许多以需求为导向的国际组织、国家或地区也采用了这一结构,如联合国教科文组织、欧盟等核心素养。

新加坡学生核心素养模型结构是同心圆型。以"核心价值观"为核心,发展出与"完善自我"相关的能力素养和"未来社会"所需要的素养,共三个维度,其中居核心地位、指导其他维度的是同心圆的中心——核心价值观。

(二)构建我国学生发展核心素养的理论框架

综合国际经验以及我国国情和教育实践,构建我国学生发展核心素养,目标需要指向全面发展的人。以"全面发展的人"为根本出发点和最终归宿点,首先必须承认和确立人作为独立生命个体的存在性,即人的主体性。马克思曾经指出,自由的、有意识的活动恰恰就是人的类特性,这是"全面发展的人"的内涵之一。当然,人的本质并不是单个人所固有的抽象物。在其现实性上,它是一切社会关系的总和。这一科学论断深刻地揭示了"全面发展的人"的另一内涵,即人的社会性。与动物相比,人的本质还在于他是符号的、文化的,即在于人能够利用符号来创造文化。这揭示了"全面发展的人"的又一内涵,即人的文化性。因此,基于"全面发展的人"的内涵与本质,为了落实党和国家的教育目标,学生发展核心素养体系的理论结构必然包含着主体性、社会性、文化性这三个方面。

"主体性"主要涉及自我发展方面的素养,主要包含身体(生理)、精神(心理)、智能、个性品质等多方面的素养。"社会性"主要涉及社会交往方面的素养,需要发展能处理好个体与他人、与家庭、与社会、国家乃至国际等多种社会关系的素养。"文化性"主要涉及文化学习方面的素养,强调发展能学习与传承内含"人类智慧成果"的优秀文化的相关素养。需要强调的是,"全面发展的人"这一教育目标要求所有学生必须全面、自由、和谐、充分地发展这三类素养。因此,个体的主体性、社会性和文化性虽各有差异,但彼此关联,三者互为补充,相互影响,互相支撑,是一个有机的整体。

四、学生发展核心素养的政策定位

(一)核心素养是党的教育方针的具体化

从党和国家层面来看,核心素养体系是党的教育目标的具体体现,是连接宏观教育理念、培养目标及课程与教学目标的关键环节,也是构建科学的教育质量评价体系、推进教育问责的重要基础和依据。党的教育方针从宏观层面明确了我国教育的培养目标,即"培养德智体美全面发展的社会主义建设者和接班人",党的十八大报告指出"把立德树人作为教育的根本任务",党的十八届三中全会要求,"加强社会主义核心价值体系教育，完善中华优秀传统文化教育，形成爱学习、爱劳动、爱祖国活动的有效形式和长效机制，增强学生社会责任感、创新精神、实践能力"。这些教育方针政策对人才培养起到重要的指导作用。

然而，这些方针政策是宏观的教育目标，要落实到具体教育教学过程中，需要将它们进一步细化、具体化和系统化，转化为学生应该具备的、适应终身发展和社会发展需求的素养要求，进而贯穿到各个学段，融合到各学科，最后体现在学生身上。党的教育方针需要通过核心素养体系这一个桥梁，转化为教育教学实践可用的、教师和教育工作者可以感知的具体教育目标。

此外还应该看到，随着时代变迁和社会发展，"德智体美全面发展"的内涵也在发生变化，为更加准确地理解和解读党的教育方针，当前迫切需要结合我国国情和当今时代特点，根据学生的成长规律和社会对人才的需求，把对学生全面发展这一教育目标细化和具体化，构建一套科学的、有中国特色的学生核心素养体系，从而深入地回答"培养什么人"的问题。

(二)核心素养与课程改革的关系

课程是教育思想、教育目标和教育内容的主要载体，是学校教育教学活动的基本依据。2001年启动的新课程改革，从"双基"走向"三维目标"，当今的教育改革从"三维目标"走向"核心素养"。可以说，核心素养引领着当前深化课程改革的脚步。当然，核心素养的提出与"双基"和"三维目标"有着密切的联系。

"双基"是外在的，主要是从学科的视角来刻画课程与教学的内容和要求。"三维目标"是由外在走向内在的中间环节。素养是内在的，是从人的视角来界定课程与教学的内容和要求。从"双基"到"三维目标"再到"核心素养"，其变迁基本上体现了从学科本位到以人为本的转变。国际研究者(Jones & Voorhees)等学者在研究中分析了核心素养与特质、知识、技能、情感态度之间的关系，指出素养是知识、技能、能力在相关工作领域与个体特质相互作用的结果，是个体学习经验的整合，并通过一定的方式表现出来。在这一过程中，个体的特质属于最基础层面，个体特质通过与学习过程中已经习得的知识、技能和能力等认知成分的相互作用，形成一种整合的素养。内在的素养会通过一定方式表现出来，可以通过对这些表现的评价来评估素养，其模型具体如图1所示。

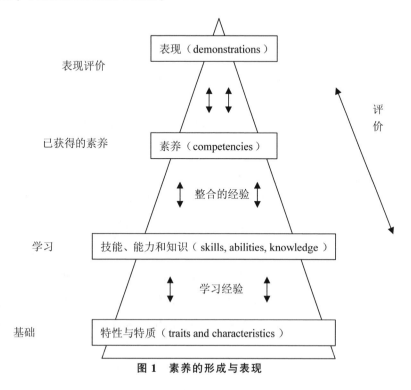

图1　素养的形成与表现

核心素养从全面发展的人的角度提出教育目标的具体任务和领域，它的确立是将深化课程改革向"以人为本"推进。因此，基于核心素养的课程改革，能够有助于实现课程从"以学科为中心"向"以学生全面发展为中心"的转变。

(三) 核心素养与素质教育的关系

从素质教育改革的角度来看，学生发展核心素养研究体现了以"学生发展"为核心的教育视角的变化，是深化教育领域综合改革的迫切需要和必然趋势，对于全面推进素质教育具有重要意义。

素质教育(quality-oriented education)是相对于应试教育提出的、具有宏观指导性质的教育思想。"素质"对应的主体是"教育"。素质教育是指教育要训练和培养学生，使其所获得的内在的、相对稳定的、长期发挥作用的身心特征及基本品质结构。"素养"(competency)对应的主体是"人"或"学生"，学生发展核心素养主要是指在教育过程中逐渐形成的知识、能力、态度等方面的综合表现，是相对于教育教学中的学科本位提出的，强调学生素养发展的跨学科性和整合性。从这一角度而言，核心素养是对素质教育内涵的解读与具体化，它的提出让素质教育有了可操作的载体与内容，是全面深化教育改革的一个关键方面。

在推进素质教育的过程中，需要对学生发展的核心素养体系进行全面系统的凝练和描述。素质教育改革已取得了显著成效，但不可否认，当前学生也表现出身体素质滑坡、适应社会能力不强、实践和创新能力不足等问题，背离了促进学生"全面发展"这一教育目标。同时，由于我国长期形成的重视中高考成绩和升学率这一片面的教育质量观念引导，以素质教育为导向的教育质量评价体系尚未建立和形成，难以真正实现应试教育向素质教育转变。此外，通过对我国现行课标进行深入分析也发现，缺乏明确的素养内涵界定和系统阐述、对跨学科素养的培养相对忽视、不同学段目标之间缺乏有效的衔接，给一线教师的教学实践带来困扰，也制约着素质教育目标有效落实。学生发展核心素养正是为了改善以上弊端，以人的全面发展为核心，使教育目标细化、具体化、系统化，全面推进素质教育改革，提升教育质量。

参考文献

[1]霍华德·加德纳，沈致隆．多元智能理论二十年——在美国教育研究协会上的演讲[J]．人民教育，2003(17)：7-11.

[2]林崇德．21世纪学生发展核心素养研究[M]．北京：北京师范大学出版社，2016.

[3]辛涛，姜宇，刘霞．我国义务教育阶段学生核心素养模型的构建[J]．北京师范大学学报(社会科学版)，2013(1)：5-11.

[4]辛涛，姜宇．全球视域下学生核心素养模型的构建[J]．人民教育，2015(9)：54-58.

[5]余文森．从三维目标走向核心素养[J]．华东师范大学学报(教育科学版)，2016(1)：11-13.

[6]陈兵．在全面深化课程改革中把党的教育方针落实、落细、落小——访教育部基础教育二司副司长申继亮[J]．中小学教材教学，2015(1)：23-26.

我对学生发展核心素养的思考*

"教育要培养什么样的人、怎样培养和为谁培养"这是教育的最根本问题，又是当前全社会都在关注的一个热点话题，因为它不仅关系着国家、社会的发展，也关系着我们千千万万个家庭的未来，尤其对于我们教育工作者来说，这是一个必须要思考和面对的问题。

我们国家是一个教育大国、人力资源大国，正在举办着世界上规模最大的教育。但同时，我们正在建设教育强国，正处于向人力资源强国转变的过程中。那么在这一个历史性的迈进中，面对知识经济迅猛发展、科技进步日新月异，这样一个新的时代格局，回顾我们发展素质教育的历程，我们要思考教育应该培养学生具有哪些关键性的核心素养，才能让这些孩子们将来能够更好地健康发展、幸福生活，才能够使他们成功地融入未来社会？

党的十八大报告强调，把立德树人作为教育工作的根本任务。这明确地强调了教育的本质功能和重要价值，也指明了我国教育改革发展的方向和目标。为了落实立德树人根本任务，教育部于2014年3月发布了一份文件——《全面深化课程改革，落实立德树人根本任务》。这份文件明确提出了落实立德树人工程的十大关键领域，其中，研究制定学生发展核心素养体系是首要环节，并且还提出，把核心素养体系作为研究学业质量标准、修订课程方案和课程标准的依据，用于统领课程改革的相关环节。这也是第一次，在国家课程改革的重要文件中明确使用"核心素养"这个词，体现了以人为本，尤其是以学生核心素养发展为本的教育改革思路，这也意味着，国家把学生核心素养的培养问题放到了一个前所未有的高度。

从2013年5月起，我和我的课题组接受教育部关于学生发展核心素养的研究任

---

* 本文内容不仅在2014年5月向教育部基础教育课程教材专家咨询委员会、专家工作委员会换届大会上做了汇报，而且于2015年5月9日在上海市名师工程启动10周年大会等场合上作了多次的演讲。

务。今天，我想结合自己的研究体会，谈谈我个人对于这个问题的几点思考。当然，今天所谈的仅仅代表我个人的观点，如果有不对的地方，敬请批评指正。

一、为什么要研究学生的核心素养

对于这个问题，我想从国际趋势、党的教育方针的落实以及发展素质教育的需要三个方面来谈。

首先，从国际上来看，我们会发现核心素养研究的兴起和发展，无论是在哪个国家或者地区，都是与时代的发展、社会的变革以及教育改革的深化紧密联系在一起的。当前，我们正处在一个经济全球化的进程当中，经济全球化必然带来资源、技术、资本、资金的全球化流动，必然导致人才的全球化流动、竞争与合作。此外，当前也是一个信息化的时代，随着通信技术的迅猛发展，各国的产业结构正在慢慢地发生变化。所有这些，都在重新塑造着我们的世界。在这样的背景中，一种新型的人才观逐渐形成——它要求未来的教育应该致力于培养具有 21 世纪核心素养的人。

可以说，随着信息化、经济全球化与知识社会的来临，各国综合国力的竞争正变得越来越激烈，已经从过去那种表层的生产力水平竞争，转化为深层的以人才为中心的竞争。在这种国际格局下，以经济发展为核心、致力于公民素养的提升，已经成为世界各国发展的共同主题。同时，我们也会看到，在这样的背景下，各国教育改革都无法回避的一个核心问题就是，21 世纪培养的学生具备哪些最核心的知识、能力与情感态度，才能成功地融入未来社会，才能在满足个人需要的同时，推动整个社会的健康发展？针对这个问题，经济合作与发展组织率先于 21 世纪初，提出了核心素养的指标体系。随后，世界上的一些主要发达国家或地区，如美国、英国、芬兰、澳大利亚等，也纷纷启动了基于核心素养的教育目标体系研究，希望能够遴选出符合自己国家需求的核心素养指标，接着，进一步开发完善以核心素养为基础的课程改革方案，全面提升自己的教育质量。从这一角度来说，研究并建构符合我国国情与现实需要的学生核心素养体系，是顺应世界教育改革发展趋势、大力提升我国教育国际竞争力的迫切需要。

其次，从国家层面来看，核心素养体系是党的教育方针和教育目标的具体体现，是连接宏观教育理念、培养目标及课程与教学目标的关键环节，也是建构科学的教育质量评价体系、推进教育问责的重要基础和依据。

大家都知道，党的教育方针从宏观层面上明确规定了我们国家教育的培养目标，即培养"德智体美全面发展的社会主义建设者和接班人"，这是对人才培养有着全局性指导意义的规定。同时，党的十八大报告指出，"坚持教育为社会主义现代化建设服务、为人民服务，把立德树人作为教育的根本任务，培养德智体美全面发展的社会主义建设者和接班人"。这是党的教育方针的新表述。全面贯彻党的教育方针，坚持立德树人，加强社会主义核心价值体系教育，完善中华优秀传统文化教育，形成爱学习、爱劳动、爱祖国活动的有效形式和长效机制，增强学生社会责任感、创新精神、实践能力，这对于我们的人才培养都起到了重要的指导意义。

但同时，我们也应当看到，这些方针政策相对来说还是比较宏观的，要落实到具体的教育教学过程中是有难度的，为了更好地贯彻落实党的教育方针，还需要把它们进一步的具体化、系统化和细化，转化为学生应该具备的、适应终身发展和社会发展需要的素养要求，进而贯穿到各学段，融合到各学科，最后体现在学生身上。此外，我们还应当看到，随着时代的变迁和社会的发展，"德智体美全面发展"的内涵也在发生变化。为了更加精准地理解和解读党的教育方针，当前迫切需要立足于我们的国情、结合时代特点，根据学生的成长规律和社会对人才的需求，把对学生德智体美全面发展的总体要求具体化，建构一套科学的、有中国特色的学生发展核心素养体系，从而深入地回答教育要"培养什么人"的问题。

最后，从发展素质教育的角度来看，核心素养研究体现了以"学生发展"为核心的教育视角的变化，是深化教育领域综合改革的迫切需要和必然趋势，对于我们全面推进素质教育，具有重要意义。

很多人问我，"素质"和"素养"有什么区别？核心素养与素质教育有什么关系？对于这个问题，我的回答是，核心素养是对素质教育内涵的解读与具体化，是全面深化教育改革的一个关键方面。素质教育是相对于应试教育提出的，这里"素质"对应的主体是"教育",它的内涵主要是指人在先天的生理基础上,通过后天的环境影响和教育训练,所获得的内在的、相对稳定的、长期发挥作用的身心特征及其基本品质结构。相对于"素质","素养"是指在教育过程中逐渐形成的知识、能力、态度、品格等方面的综合表现。这与中华民族文化中"素养"的含义是一致的。"素养"一词,较早出现的有《汉书·李寻传》:"马不伏历(枥),不可以趋道;士不素养,不可以重国。"把素养视为经常修习的涵养。后来,在我国汉语中主要指平日的修养,如道德素养、人文素养、科学素养等。可见,"素养"对应的主体是"人"或"学生",是相对于教育教学中的学科本位提出的,强调学生素养发展的跨学科性和整合性。

我认为,在推进素质教育的过程中,我们需要对学生发展的核心素养体系进行全面系统的凝练和描述。可以说,经过十余年的努力,素质教育改革已经取得了初步的成效,接下来如何继续深化和推进素质教育的内涵,将是新一轮教育改革中必须要面对和考虑的问题。当然,改革成效虽然是显著的,但也不可否认,我们所培养出的学生正逐渐表现出一些素养发展不全面的问题,如道德素养不理想、身体素质滑坡、适应社会能力不强、负面情绪较多、实践和创新能力不足等。同时,由于我们长期以来一直把中考和高考成绩作为教育质量评价的标准,没有真正建立起以素质教育为本的教育质量评价体系,这也导致了素质教育的推行遭遇重重的困境。所有这些现状与问题,都需要我们进一步丰富素质教育的内涵,转变教育质量观念,真正确立起以"学生核心素养"为基本框架的教育质量评价体系和课程体系,最终促进素质教育的深化与落实。素质到底指什么?由此可见,在新时代我们把它细化为核心素养。所以,贯彻党的教育方针,发展素质教育,具体讲就是培养学生的核心素养。

另外,通过对现行的课标进行分析,我们也会发现,尽管"素养"这个词在课标中被频繁提及,但总体而言缺乏明确的内涵界定和系统阐述,尤其是相对来说更加忽视对于跨学科素养的培养。此外,由于缺乏基于核心素养的顶层设计,导致素质教育目标难以真正地得到落实,给我们一线教师的实际教学带来了很大的困惑。因此,围绕"培养德智体美全面发展的社会主义建设者和接班人"这个教育目标,我们急需要开展大量的相关研究，尤其是需要科学地遴选学生发展的核心素养指标，为全面提升教育质量奠定有力的基础。

二、如何理解核心素养的内涵？

在教育改革领域，很多人认为"核心素养"是一个相对比较新的词汇。从文献来看，尽管"素养"一词在汉语中的使用较为普遍，但核心素养这一概念的提出，应该说主要开始于 20 世纪 90 年代，特别是经济合作与发展组织在 1997—2005 年开展的"素养的界定与遴选"项目，他们把这个词用来描述所有的社会成员都应该具备的、那些最关键并且居于核心地位的素养。不过，虽然"核心素养"的提法相对较新，但其蕴含的思想却是由来已久。因此，基于学生"核心素养"的教育改革并非是一个新生事物，它是在传统的"能力为本"的教育改革基础上的进一步深化，是随着时代的变迁，人们传统的"能力观"内涵的进一步丰富和发展。

我们可以来回顾一下不同时期以"能力为本"的核心素养观念，总体来看，主要经历了三个阶段：

第一个阶段，"德性"的观点，这是核心素养的传统理论。在教育哲学中，素养被定义成为正义、智慧、勇敢的化身。核心素养的传统理论，也是一种教育哲学取向的理论，它的时间跨度可以从古代延伸到 20 世纪初，这期间人们主要围绕"德性"对人的基本素养进行论述，代表人物有我国的孔子，西方的苏格拉底、亚里士多德等人。这一时期，无论是东方还是西方，传统的人才标准都将高尚的道德品性列为第一位的尺度，并且作为首要的标准。这些德性品质，其实也正体现了我们的先哲们对于素养内涵的理解。

第二个阶段，"能力"的观点，这是核心素养的现代理论。伴随着工业革命的发生和工业社会的到来，人们普遍加强了对于职业需求导向的关键能力的重视。于是，以"能力"为中心，20 世纪不同学科取向的研究者们，对素养的概念内涵进行了新的思考与分析，出现了诸如多元智能、外显能力与潜在能力等重要的理论观点。虽然"能力"的概念在整个 20 世纪被广泛使用，但这个时期，人们对素养的理解还是比较偏重于认知技能的，没有真正地考虑到能力、情感、态度、价值观等方面的跨领域、跨情境的整合。

第三个阶段，"素养"的观点，这是核心素养的当代理论。20世纪90年代以来，随着以全球网络信息科技为代表的"现代社会"和"后现代社会"的到来，为了适应复杂多变、快速变迁的信息化时代，传统的能力、技能、知识等概念已经不再适用了，人们对这些概念的内涵进行了扩展与升级，提出了同时包括知识、能力与态度的"素养"概念，并且从"关键"或"核心"的角度加强了论证，强调"核心素养"才是培养未来高素质国民的基础。

总之，核心素养的概念从最初萌芽到今天经历了一个长期的发展过程，历史上不同取向的素养定义，都有它们特定的前提或目的，都是基于各自的时代背景、社会发展需要以及现实目的而提出来的。那么，考虑到当前我国的教育改革与发展的实际情况，我们应该对核心素养概念的内涵作何理解呢？

我认为，根据我们国家的现实需求和教育实际，结合世界各国相关研究的成果，核心素养的内涵是指，学生在接受相应学段的教育过程中，逐步形成的适应个人终身发展和社会发展需要的知识、技能、情感态度与价值观等方面的综合表现。这里，核心素养主要指向于过程，关注学生在培养过程中的体验，而非结果导向；同时，核心素养也是一个伴随终身、可持续发展，并且与时俱进的动态优化过程，是个体能够适应未来社会、实现全面发展的基本保障。

于是，我们对学生发展核心素养做如下定位：学生发展核心素养是学生在接受相应学段的教育过程中，逐步形成的适应个人终身发展和社会发展需要的必备品格和关键能力。其基本特点：①核心素养是所有学生应具有的最关键、最必要的基础素养；②核心素养是知识、能力和态度等的综合表现；③核心素养可以通过接受教育来形成和发展；④核心素养具有发展连续性和阶段性；⑤核心素养兼具个人价值和社会价值；⑥学生发展核心素养是一个体系，其作用具有整合性。

如何诠释核心素养的定位和特点，我们可从以下几个方面来分析。

第一，在目标上，核心素养是对教育应该"培养什么样的人"这个问题的回答。它的范畴超越了行为主义层面的能力，涵盖态度、知识与能力等方面，体现了全人教育的理念，契合我国传统文化中"教人成人"或"成人之学"的特色育人观，与《国家中长期教育改革和发展规划纲要(2010—2020)》提出的"促进人的全面发展、适应社会需要"的教育质量根本标准是一致的。

第二，在性质上，核心素养是所有学生都应该具有的共同素养，是最关键、最必要的共同素养，具有重要的教育价值。每个人在一生的发展中都需要许多素养用来应对各种生活的需要，这些共同素养可以分为核心素养以及延伸出来的其他素养，其中，最关键、最必要、居于核心地位的素养就被称为核心素养。

第三，在功能上，素养的功能超出了"职业"和"学校"的范畴，核心素养的获得，不仅可以使学生升学或是更好地进行未来的工作，更重要的是能够使学生发展成为更加健全的个体，使他们更好地适应未来社会的发展变化，为终身发展打下良好的基础，并且还能够达到促进社会良好发展的目的。

第四，在培养上，核心素养并非是与生俱来的，而是一些后天通过教育得到发展的知识、能力与态度等方面的综合表现。因此，对于核心素养，我们可以通过各教育阶段的课程设计和教学实施加以培养。在培养的过程上，我认为需要侧重于学生的自主探究和自我体验，更多地依靠学生自身在实践中的摸索、积累和体悟，这是一个在外界引导下的自我发展、自我超越和自我升华的过程。

第五，在评估上，核心素养具有可教、可学的外显部分，同时也存在无声、无形但可感、可知的内隐部分。前者，能够在特定的情境下通过一定的方式表现出来，因此能够有效地进行定量的测评；而后者，则偏向于一种潜移默化的隐性渗透过程，需用一些定性的、过程性的评价方式进行评估，这就强调对核心素养形成过程的高度关注，关注学生在过程中的感受与体悟。

第六，在发展上，核心素养不仅具有终身发展性，也具有阶段性。每个人都需要不断发展核心素养，最初在家庭和学校中培养，随后在一生中不断发展完善。同时，核心素养在不同人生阶段中的着重点也有所不同，小学、初中、高中等不同教育阶段，对核心素养的培养存在不同的敏感性，某些核心素养在特定的阶段可能更容易取得良好的培养效果。例如，小学阶段对自我管理能力的培养，中学阶段对问题解决与创新能力的培养，等等。

第七，在作用发挥上，素养是基于行动和特定情境而言的，在不同的情境下核心素养的作用发挥表现出一定的整合性，尽管有时候不同核心素养发挥的作用大小可能存在差异。此外，我们需要特别意识到的一点是，每个核心素养都具有独特的重要价值，不存在孰轻孰重的问题。核心素养需要基于情境进行整合性的作用发挥，因此不能单独地进行价值比较。

这些是我对核心素养内涵的理解。接下来，我想讲一下国际上关于学生核心素养的研究情况，以及这些研究对我们的启示。

三、国际上关于学生核心素养的主要研究

在国际上，随着教育改革中越来越关注学生的素养发展，重视培养学生的核心素养，一些国际组织、国家或者地区，开始纷纷组织教育学、心理学、社会学等领域的专家，研究制定自己的学生核心素养模型，培养学生在未来社会中的生存能力和竞争力。在这些项目中，第一个系统性地完成了学生核心素养体系构建，并且对当前各个国家或地区的核心素养研究产生了深远影响的项目，是 1997 年经济合作与发展组织(以下简称"经合组织")启动的一个项目，叫作"素养的界定与遴选"，简称为 DeSeCo 项目。这个项目非常具有理论性和政策导向性，它从一个广泛的跨学科的视角探讨了核心素养，建立了一个关于核心素养的总概念参照框架，并且遴选出了一组核心素养指标，为政策决策者提供参考信息。

在经合组织的这个项目中，核心素养的功能也就是他们建构核心素养体系的出发点，是为了实现个人的成功生活，促进社会的健全发展。为了实现这一个目标，他们认为，个体需要具备三大领域的核心素养，也就是能互动地使用工具、能在社会异质团体中互动、能自主行动。同时，更重要的是，他们强调核心素养是基于行动与情境导向的，在不同的情境中三大领域的核心素养都发挥作用，不同核心素养之间存在密切的相互联系和相互促进作用。基于这些思考，这个项目组最终确定了他们的核心素养内容体系，包括三个领域九个指标，每个领域下有三个指标。其中，"能互动地使用工具"包括互动地使用语言、符号与文本的能力，互动地使用知

识与信息的能力，互动地使用科技的能力；"能在社会异质团体中互动"包括与他人建立良好关系的能力，合作的能力，管理与解决冲突的能力；"能自主行动"包括在复杂大环境中行动的能力，设计人生规划与个人计划的能力，维护权利、利益、限制与需求的能力。

经合组织提出的核心素养体系对世界上很多国家和地区的研究产生了重要影响。在经合组织的成员中，大部分的成员都认同这个指标体系，并且依据这个体系来遴选自己的核心素养指标，如澳大利亚、新西兰等就在这个框架的基础上提出了自己的核心素养体系。此外，我国的台湾地区也借鉴了这个框架，在 2007 年发布了台湾地区的核心素养框架体系，其中就包括了 DeSeCo 项目组提出的三大领域，不过我国台湾地区还增加了一个领域，叫作"展现人类的整体价值并建构文明的能力"，增加这部分的原因是想要弥补传统文化中理性与现代性发展不足的现状。最后，我国台湾地区一共提出了 20 个核心素养指标，其中很多指标都体现了本土化的需求，如尊重与关怀、多元包容等。

与经合组织的出发点不同，欧盟和联合国教科文组织的核心素养体系是以"终身学习"为取向的。2001 年，欧盟成立了研究核心素养的专业小组，经过 5 年的发展，发布了关于核心素养的研究报告《终身学习核心素养：欧洲参考框架》。这个报告指出，"素养"是适宜于特定情境的知识、技能和态度的组合，具体包括母语沟通、外语沟通、数学能力与科技素养、信息交流、主动与创新精神、学会学习、社交与公民素养、文化意识和表达，共 8 个方面。欧盟认为，在义务教育与培训阶段结束之前，年轻人应该具备这些素养，以便他们能够过上良好的成年生活，并为终身学习打下基础。2012 年，联合国教科文组织联合布鲁金斯学会，启动了"学习指标专项任务"(LMTF)项目。这个项目在征询了至少来自 57 个国家和地区的将近 500 位代表的意见后，于 2013 年 2 月发布了《向普及学习迈向——每个孩子应该学什么》的研究报告，其中确定了核心素养体系的 7 个领域，也就是对于儿童青少年而言最重要的 7 个学习的方面，具体包括身体健康、社会情绪、文化艺术、文字沟通、学习方法与认知、数字与数学、科学与技术。从这些指标可以看出，他们非常重视基础教育阶段学生思维能力和工作方式的培养，重视学生社会性的发展和信息技术能力的培养，并且非常重视知识与实践的紧密结合。

美国提出的核心素养体系是一个完整的学习蓝图，也被称为"21世纪学习体系"。在美国，面对社会的迅速变革以及学生的学习能力无法适应社会的现状，戴尔、苹果、思科、英特尔等大公司集合在一起联合一些教育部门和机构创办了"21世纪技能联盟"，对学生的核心素养体系进行了系统的研究，提出了"21世纪学习体系"。这个体系以核心素养为中轴，包括学习内容的科目与主题、学习结果的指标以及强大的学习支持系统。其中，核心素养主要包括"学习和创新素养""信息、媒体与技术素养""生活与职业素养"三个方面，具体有11个指标，包括创造力与创新、批判思维与问题解决、交流沟通与合作、信息素养、媒体素养、通信技术素养、灵活性与适应性、主动性与自我导向、社会与跨文化素养、创作与责任、领导与负责。

日本把核心素养定位为"能在21世纪生存下去"所必需的能力，因此，他们提出的核心素养体系也被称为"21世纪型能力"。具体来看，日本提出的"21世纪型能力"包括基础能力、思维能力和实践能力三个领域。这里，思维能力居于"21世纪型能力"的核心地位。具体说来，思维能力由解决和发现问题、创造力、逻辑思维能力、批判思维能力、元认知、适应力等构成。支撑思维能力的是基础能力，也就是通过熟练地使用语言、数字、信息等符号来实现目标的技能，它的一个重要作用就是起到强大的支援作用，促进思维能力，具体包括语言技能、数量关系技能、信息技能三个指标。最后，在"21世纪型能力"的最外层是实践能力，包括自律、建立人际关系的能力、社会参与力、可持续发展的责任等。培养"21世纪型能力"的目的在于培养具备"适应21世纪生活的日本人"，从而建立以自主、合作、创作为轴心的终身学习型社会。

近年来，新加坡教育部在已有的《理想的教育目标》基础上，又提出了21世纪的学生核心素养新框架，目的在于培养自信的人、自主学习者、积极贡献者和热心的公民。为了实现这个理想的教育目标，新加坡提出了核心素养的三个层次，即价值观素养、社交与情绪素养和21世纪特殊素养。在这三类素养中，价值观素养是核心，因为价值观决定一个人的性格特征，并且能塑造个人的信仰、态度及行动。

为此，新加坡提出 21 世纪的教育应该以尊重、责任、正义、关怀、适应力、和谐等价值观为中心。围绕价值观素养，新加坡教育部认为还需要培养学生的自我意识、自我管理能力、社会性意识、人际素养和自我决策能力等社交与情绪素养。此外，学生还需要具备 21 世纪的一些特殊素养，主要包括公民素养、全球意识、跨文化素养、批判与创造思维和信息沟通素养。

除了前面提到的国际组织、国家和地区，英国、法国、芬兰等国家也陆续开展了相应的关于核心素养的研究项目，这里不再一一列举。通过分析这些国际组织、国家或者地区的核心素养结构，我们可以发现以下几个特点。

第一，尽管建构核心素养体系的取向不尽相同，但都指向于培养全面发展的人，也就是培养完整人。总体而言，目前对核心素养体系的建构主要分为四种取向：其一，成功生活取向，目的在于促使学生能够在未来社会中成功生活，充分实现自我。例如，经合组织。其二，终生学习取向，目的在于促进学生的终身学习能力，使学生能够在生命全程中处理和应对各种变化与挑战。例如，联合国教科文组织和欧盟。其三，个人发展取向，目的在于促进人的完整实现。例如，新加坡。其四，综合型取向，目的在于描述学生在未来工作和生活中所必须掌握的知识、技能和专业职能。例如，美国的 21 世纪技能。总之，虽然这四种取向在具体的核心素养指标上有所差异，但都涉及了全面发展的人所需要的关键素养，都把培养完整人，也就是全面发展的人，作为建构核心素养总框架的根本出发点，目的是使学生在身心、知识技能、道德价值观、情感等方面得到综合发展。

第二，所有核心素养体系的建构都呈现出一个共同趋势，也就是都重视"自我发展""社会参与"和"文化学习"三大领域的核心素养。其中，在自我发展领域，主要强调身心健康、自我管理、学会学习等指标；在社会参与领域，主要强调交往与合作、社会责任与贡献、国际理解等指标；在文化学习领域，则重视语言、数学、信息技术、审美等指标。

第三，在价值取向上，都坚持个人发展、社会发展与国家发展相统一的价值取向。同时，在核心素养的选取上，各国际组织、国家和地区都兼顾了传统基本素养与现代关键素养。其中，传统的"语言能力""数学素养""学会学习""问题解决能力"等指标与现代的"沟通与交流""团队合作""国际视野""信息素养""创新与创造力""社会参与与贡献""自我规划与管理"等指标是各国普遍重视和强调的。

第四，各国或地区在研究核心素养的时候，不仅重视与国际教育的接轨，也非常重视本国的历史文化特色，多数国家及地区的核心素养选取，都体现出了本土化的道德要求和价值观念。

四、中华优秀传统文化中关于人才培养的核心要求

前面提到，各国在建构核心素养体系的时候，不仅表现出适应时代发展需求的趋势，也都非常强调必须根植于本民族的文化历史土壤之中。

中华民族文化以德为核心，中华民族的美德是中华文明的基石；中华文明表现在中华文学、艺术、科学、教育四个方面，它们构成了中华文明的四座丰碑；中华文明以自强不息和和谐为两大精神支柱，这二者又是中华文明发展的动力；中华文明以民为出发点，为民服务是中华文明的宗旨；法制和睦邻是历代施行仁政、稳固江山的方法，是中华文明发展的手段。就这样，中华民族在连续 5000 多年的漫长历史中形成了独具特色的文化传统。

中华民族历史源远流长，中华民族文化历来以教育为先。我们的民族文化经过了一代又一代人民的锤炼、沉淀和传承，已经成为我们民族特征的一部分。它不仅影响着社会运行的模式，也影响着整个国民的观念。可以说，中华优秀传统文化是中华民族的精神纽带和国家认同的重要基础，是培育和践行社会主义核心价值观、落实立德树人根本任务、提升个人道德品质的重要文化资源。因此，在建构核心素养体系的时候，我们必须要认真地思考和挖掘我们中华民族的优秀教育智慧。

我在第一个问题中提到"素养"观，其实，如果我们对中国传统文化思想和传统教育内容进行分析，就会看到关于修身成德的理念以及传统教育的人才培养内容与要求，集中体现在"家国情怀""社会关怀""人格修养"和"文化修养"十六个字上。略举几例，则会发现下面几点启示。

第一，主张"孝亲爱国"，注重激发个体的乡土情感和家国情怀。虽然传统孝道

的一些内涵，如强调绝对服从父母的"愚孝"，在今天已经过时，但去除这其中的糟粕，我们不能否认孝亲仍然是维系家庭和睦与社会和谐的重要基础。孝道所体现出来的通过自幼培养爱父母的情感，去逐渐唤起关爱他人、关爱社会甚至关爱自然的乡土情感和民族情怀，在当代仍然具有重要启发意义。

第二，主张"仁民爱物"，倡导爱人如己、心怀天下和奉献社会等社会关怀、社会责任素养。在传统文化中，"仁"指爱，它是一切德行的根源。"仁民"主要表现在与人交往方面，体现了一种爱人如己的利他精神和平等意识；"爱物"主要体现在与自然万物的相处上，强调人与天地万物一体相通，要与万物和谐共存。仁民爱物，体现了中国古人的一种宇宙情怀和价值追求。在这种意识的支配下，个人会产生强烈的完善自我和奉献自我的动力，从而形成一种"仁义""仁德"和责任担当意识。

第三，重视人格修养，倡导"重义轻利"和"诚信自律"精神。在传统文化中，注重"义利之辨"，强调那种超越私利而去维护公义的行为，并把这作为实现理想人格和提升精神境界的一种方式。"诚"与"信"则体现了诚实不欺、恪守信用的诚信精神，以及通过自我反省、自我克制以落实诚信的修养方式。在这些价值观的引导下，中国历史上产生了一批又一批的明辨是非、见义勇为、舍生取义的义士君子，他们的精神为维护社会正义和伦理道义发挥了重要作用。这些在利益交往频繁的现代社会，愈发显得可贵与必要。

第四，重视礼仪教育，倡导礼敬谦和、遵守规范、举止文明；坚持自强不息、不断革故鼎新的精神。中国乃礼仪之邦，"礼于外"代表了一整套的道德规范和社会制度，"礼于内"则蕴含了尊敬、节制、谦让、和谐的理念；"生无所息"是孔子的人生信条，包含了生命不息、奋斗不止的不屈不挠、克服千难万难的勇气。礼敬谦和教育对于提升当代社会中人的道德品质，形成文明礼让、举止优雅的文明素养，保障社会秩序，具有重要意义；自强不息的教育可以发展和提高当代社会中人的发奋图强、坚韧不拔、厚德载物、与时俱进的精神。

第五，关注文化修养，重视人文历史知识、求学治学方法和文字表达能力，乃至文学艺术的创作，中华文明是追求美、创造美的文明。人文历史知识是我国传统教育中的重要内容，并且，我们自古就有重视培养学生的语言能力、艺术表现能力，特别是写作能力的传统。另外还有，在我国的传统教育中，无论是个人求学还是治学，都非常注重良好学习方法的掌握与学习习惯的养成。

第六，追求科学技术发明，不仅有造纸、印刷、火药、指南针的四大发明，而且如人民教育出版社出版的英国学者坦普尔所著《中国创造精神——中国 100 项世界第一》中提到的金属冶炼的工艺技术水平，涌潮、验涌、潮汐的引人入胜的潮汐学史，数学、天文、中医等崇尚理性的科学精神，都表现出中华文明是不断创新、促使科技进步的文明，也必然促进中国历代的科技教育，关注发展学生的科学技术能力。

总结这几点可以发现，中华优秀传统文化中关于人才培养的核心要求，对于我们思考学生的核心素养，具有重要的启发和借鉴。具体来说，我们需要以培养学生的仁爱精神为根本，以社会关怀、家国情怀和人格修养教育为重点，引导学生掌握文化知识，养成良好的道德品质和文明行为习惯。

五、党和国家关于"教育要培养什么样的人"的要求

讨论核心素养的问题，实际上就是讨论"教育要培养什么样的人"的问题。这体现在国家层面上是党和国家历来对学生的期望和要求，主要反映在党的教育方针和教育目标当中。

新中国成立以来，我们党和国家制定了多种法律、法规、方针、政策，其中提出了一系列的期望和要求，用来促进学生在德智体美方面的全面发展。通过梳理这些方针政策，我们可以发现，虽然我国在过去很长的历史时期内没有明确地提出"核心素养"的概念，但党和国家历来高度重视对学生各方面素质的培养。可以说，关于教育应该"培养什么样的人"，新中国成立以来在不同时期的教育方针和政府工作报告中都有所阐述，并且表现出以下几个特征。

首先，我国的人才培养一直坚持社会主义的人才培养方向，重视思想道德教育，指向于培养德智体美全面发展的人。

1957 年社会主义改造基本完成,毛泽东同志提出,"我们的教育方针,应该使受教育者在德育、智育、体育几方面都得到发展,成为有社会主义觉悟的有文化的劳动者"。从此以后,党的政策文件中就旗帜鲜明地提出要坚持人才培养的社会主义方向,重视德智体等方面的全面发展。例如,20 世纪 80 年代提出要培养"有理想、有道德、有文化、有纪律的社会主义建设人才";20 世纪 90 年代,先后提出"培养德、智、体全面发展的建设者和接班人""培养有理想、有道德、有文化、有纪律的献身有中国特色社会主义事业的建设者和接班人""培养德、智、体等全面发展的社会主义事业的建设者和接班人",等等。尽管这些教育方针和目标在表述上略有所不同,但所坚持的社会主义人才培养方向都是一致的,指引着我们的教育为社会主义事业的全面发展培养和造就各方面的人才。

从这些方针政策可以看出,无论是"德智体美劳全面发展""德育为先,能力为重,全面发展",还是"坚持立德树人,加强社会主义核心价值体系教育",都反映了党和国家对于思想道德教育的高度重视。此外也可以看出,我国教育的根本目标是"培养德智体美全面发展的社会主义建设者和接班人",培养"全面发展的人"是党的教育方针中始终强调且一以贯之的核心内容。

其次,围绕"德、智、体"主线,具体内容随社会发展而变化。从新中国成立初期所提出的"提高人民文化水平,培养国家建设人才",到社会主义改造时期毛泽东同志提出的"应该使受教育者在德育、智育、体育几方面都得到发展",到 20 世纪80 年代提出的"坚持德智体全面发展、又红又专、知识分子与工人农民相结合、脑力劳动与体力劳动相结合的教育方针",到 80 年代末期教育的"三个面向"与"四有新人",再到世纪之交"德智体美等方面全面发展"教育方针和基于学生个体本位的素质教育的提出,这些都清楚地反映了随社会的发展变化,党和国家的教育方针围绕"德、智、体"主线,在不同的历史时期的调整和变化。

尤其是在 20 世纪 90 年代以来,党和国家做出"优先发展教育"的战略部署,绘制"跨世纪素质教育工程"的蓝图。在推进素质教育、构架素质教育理论体系的过程中,重视以学生为本,关注学生的全面发展,使学生核心素养的内涵不断丰富和优化。2010 年,《国家中长期教育改革和发展规划纲要(2010—2020 年)》提出"德育为先，能力为重，全面发展"的战略主题。2012 年，党的十八大明确提出把立德树人作为教育的根本任务，培养德智体美全面发展的社会主义建设者和接班人，并倡导"富强、民主、文明、和谐、自由、平等、公正、法治、爱国、敬业、诚信、友善"的社会主义核心价值观。2013 年，党的十八届三中全会继续提出，坚持立德树人，加强社会主义核心价值体系教育，完善中华优秀传统文化教育，形成爱学习、爱劳动、爱祖国活动的有效形式和长效机制，增强学生社会责任感、创新精神、实践能力。这些都反映出为了适应社会的变革和新时代的需求，党和国家在新时期对人才培养的要求。

最后，在体现"德育为先、能力为重、全面发展"的基础上，不仅关注学生应该具有的知识、专业技能，同时也重视学生的品德、个性和社会生活技能的发展，重视学生的情感、态度和价值观的培养与塑造。可以说，党和国家对于学生发展的期望体现了核心素养的完整内涵，是对于学生在知识技能、态度、情感和价值观等方面的综合表现的要求。

总之，党和国家关于"教育要培养什么样的人"的要求，对于我们建构具有科学性、时代性和民族性的学生核心素养体系具有重要的指导意义。学生核心素养体系是一个系统性、总体性的框架，是对学生德智体美全面发展总体要求和社会主义核心价值观有关内容的具体化、细化、实化，需要坚持社会主义人才的培养方向。其中，党的教育方针是学生核心素养体系的内核和最高抽象，引领和主导学生核心素养体系的建构，渗透于学生核心素养体系之中，并通过学生核心素养体系表现出来。

六、我对核心素养的理解

前面谈了核心素养的国内外研究背景情况，以及中华优秀传统文化对于人才培养的核心要求，党的方针政策对于学生发展的期望和要求。接下来，我还想基于我们课题组调查不同社会群体对学生核心素养的期望。这些社会群体来自社会 12 个领域，如大中小学校长与骨干教师，自然领域专家，社会科学领域专家、行政人员、军界、新闻行业等。通过 48 场这些不同领域专家小组访谈会，涉及 575 位专家；进行了 33 次个别访谈，包括高龄院士和企业家；发放对国际上各种核心素养认同的问卷调查 566 名被试，形成了 351 万字的文本材料，进行了严密的统计处理，进一步对大中小学生的核心素养总体框架进行了系统的研究。

综上分析，中国学生发展核心素养，体现党与国家教育方针政策；传达国际教育界制定的育人目标的经验；继承弘扬中华文化中"修身成德"人才培养的理念；反映社会各界对学生成长的期待。下面我结合已有研究经验，谈谈对核心素养总体框架的思考。

(一)关于核心素养的主要领域和具体指标

我们国家学生的核心素养总体框架，应当反映"全面发展的人"所应该具有的基本属性，包括社会参与、自主发展和文化修养三个领域，具体来说，应该有三大领域的六项核心素养指标(见图 1)。

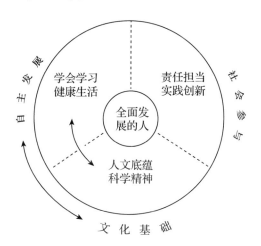

图 1 学生发展核心素养总体框架

第一大领域，社会参与。人的本质在现实性上是一切社会关系的总和，社会参与是促使个体适应社会和实现个人价值的根本保证。因此，一个积极的社会参与者需要在复杂的社会情境中发展良好的道德品质，需要处理好个体与个体、个体与群体、个体与社会、国家乃至国际等多种社会关系，需要心怀天下，具有责任担当意识和包容精神；具有创新能力和积极行动能力，实现人之所以为人的独特价值。具体来看，包括两项核心素养指标(见表1)。

第二大领域，自主发展。自主发展是促使个体适应社会和实现个人价值的重要前提。在现代社会中，一个自主发展的人，能够具有健康的生活态度和行为习惯，能够有效地管理自我；学会学习，做好自我未来的规划，并能够选择适当的学习方法和途径有效地解决实践问题。具体包括两项核心素养指标(见表1)。

第三大领域，文化基础。文化基础是促使个体适应社会和实现个人价值的必要基础。我们的语言、科学、艺术、历史等人类智慧文明的各种成果，都是人通过自身的活动创造出来的。只有通过科学思维与人文素养的修习和养成，人类才能传承并创造文化，才能成为真正意义上的人。因此，个体的文化修习和养成，需要能够掌握和运用现代社会中这些反映人类智慧的文明成果。具体包括两项核心素养指标(见表1)。

总之，围绕德智体美全面发展这一核心，我认为，我国学生核心素养的总框架主要涉及这三大领域六项指标。那么，到底应该如何看待这三个领域的核心素养之间的关系呢？我们可以看到，目前的三个领域反映了核心素养的动态变化、与时俱进的发展性理念。同时，文化基础是个体自主发展和参与社会的必要基础，自主发展和社会参与则是促使个体适应社会和实现个人价值的重要前提与根本保证。这三个领域之间紧密联系，相互促进，互为基础，互相补充，在不同情境中整体发挥作用；领域内的具体指标也紧密关联，循序渐进，从而构成了一个严谨并且具有前瞻性的结构体系。

(二)如何体现与党的教育方针、社会主义核心价值观和传统文化的关系

前面提到，核心素养是党的教育目标的具体化和细化。那么，应该如何看待核心素养框架与党的教育方针的关系？

党的教育方针的核心是培养德智体美全面发展的人，落实在核心素养体系中，我认为主要体现为两个层面。

表 1　六大核心素养及其主要表现

核心素养	基本要点	主要表现描述
文化基础	人文底蕴	
	人文积淀	重点是：具有古今中外人文领域基本知识和成果的积累；能理解和掌握人文思想中所蕴含的认识方法和实践方法等
	人文情怀	重点是：具有以人为本的意识，尊重、维护人的尊严和价值；能关切人的生存、发展和幸福等
	审美情趣	重点是：具有艺术知识、技能与方法的积累；能理解和尊重文化艺术的多样性，具有发现、感知、欣赏、评价美的意识和基本能力；具有健康的审美价值取向；具有艺术表达和创意表现的兴趣和意识，能在生活中拓展和升华美等
	科学精神	
	理性思维	重点是：崇尚真知，能理解和掌握基本的科学原理和方法；尊重事实和证据，有实证意识和严谨的求知态度；逻辑清晰，能运用科学的思维方式认识事物、解决问题、指导行为等
	批判质疑	重点是：具有问题意识；能独立思考、独立判断；思维缜密，能多角度、辩证地分析问题，做出选择和决定等
	勇于探究	重点是：具有好奇心和想象力；能不畏困难，有坚持不懈的探索精神；能大胆尝试，积极寻求有效的问题解决方法等
自主发展	学会学习	
	乐学善学	重点是：能正确认识和理解学习的价值，具有积极的学习态度和浓厚的学习兴趣；能养成良好的学习习惯，掌握适合自身的学习方法；能自主学习，具有终身学习的意识和能力等
	勤于反思	重点是：具有对自己的学习状态进行审视的意识和习惯，善于总结经验；能够根据不同情境和自身实际，选择或调整学习策略和方法等
	信息意识	重点是：能自觉、有效地获取、评估、鉴别、使用信息；具有数字化生存能力，主动适应"互联网+"等社会信息化发展趋势；具有网络伦理道德与信息安全意识等
	健康生活	
	珍爱生命	重点是：理解生命意义和人生价值；具有安全意识与自我保护能力；掌握适合自身的运动方法和技能，养成健康文明的行为习惯和生活方式等

核心素养	基本要点	主要表现描述
自主发展 健康生活	健全人格	重点是：具有积极的心理品质，自信自爱，坚韧乐观；有自制力，能调节和管理自己的情绪，具有抗挫折能力等
	自我管理	重点是：能正确认识与评估自我；依据自身个性和潜质选择适合的发展方向；合理分配和使用时间与精力；具有达成目标的持续行动力等
社会参与 责任担当	社会责任	重点是：自尊自律，文明礼貌，诚信友善，宽和待人；孝亲敬长，有感恩之心；热心公益和志愿服务，敬业奉献，具有团队意识和互助精神；能主动作为，履职尽责，对自我和他人负责；能明辨是非，具有规则与法治意识，积极履行公民义务，理性行使公民权利；崇尚自由平等，能维护社会公平正义；热爱并尊重自然，具有绿色生活方式和可持续发展理念及行动等
	国家认同	重点是：具有国家意识，了解国情历史，认同国民身份，能自觉捍卫国家主权、尊严和利益；具有文化自信，尊重中华民族的优秀文明成果，能传播弘扬中华优秀传统文化和社会主义先进文化；了解中国共产党的历史和光荣传统，具有热爱党、拥护党的意识和行动；理解、接受并自觉践行社会主义核心价值观，具有中国特色社会主义共同理想，有为实现中华民族伟大复兴中国梦而不懈奋斗的信念和行动等
	国际理解	重点是：具有全球意识和开放的心态，了解人类文明进程和世界发展动态；能尊重世界多元文化的多样性和差异性，积极参与跨文化交流；关注人类面临的全球性挑战，理解人类命运共同体的内涵与价值等
实践创新	劳动意识	重点是：尊重劳动，具有积极的劳动态度和良好的劳动习惯；具有动手操作能力，掌握一定的劳动技能；在主动参加的家务劳动、生产劳动、公益活动和社会实践中，具有改进和创新劳动方式、提高劳动效率的意识；具有通过诚实合法劳动创造成功生活的意识和行动等
	问题解决	重点是：善于发现和提出问题，有解决问题的兴趣和热情；能依据特定情境和具体条件，选择制定合理的解决方案；具有在复杂环境中行动的能力等
	技术应用	重点是：理解技术与人类文明的有机联系，具有学习掌握技术的兴趣和意愿；具有工程思维，能将创意和方案转化为有形物品或对已有物品进行改进与优化等

第一个层面,"德智体美"领域内素养的落实和具体化。"全面发展的人"需要在德智体美各领域得到充分发展。为此,贯彻和落实党的教育方针,首先应该把"德智体美"领域内的素养进行具体化。反映在核心素养总框架中,"社会参与"领域集中体现了党的教育方针中关于"德"的要求,如社会责任、国家认同等方面;"文化基础"领域集中体现了党的教育方针中关于"智"和"美"的要求,如人文底蕴和科学精神;"自主发展"领域则集中反映了党的教育方针中关于"体"的要求,如健康生活等。

第二个层面,跨领域素养的落实与具体化。"全面发展的人"不仅具有领域内素养,更要具有跨领域的整合型素养。为此,贯彻落实党的教育方针,需要通过跨领域素养的培养,更深入地体现"德智体美全面发展"的完整内涵。这反映在核心素养总框架中,主要体现为自我管理、学会学习、实践创新等方面。

我相信,以培养"全面发展的人"为根本出发点,通过这六项核心素养的培养,最终能够使学生积极地自主发展、有效地参与社会,成为"德智体美全面发展的社会主义建设者和接班人"。

与此同时,我想表达一下关于如何理解核心素养总框架与社会主义核心价值观之间关系的问题。

社会主义核心价值观是从人与国家、人与社会、人与人之间关系的角度,对我们国家的学生应该具有的理想信念和道德素养提出了具体要求。"富强、民主、文明、和谐",主要从公民与国家关系的角度,规定了学生应该树立的国家理想与信念,反映在核心素养总框架中,集中体现为国家认同的"具有国家意识,了解国情历史,认同国民身份,能自觉捍卫国家主权、尊严和利益;具有文化自信,尊重中华民族的优秀文明成果,能传播弘扬中华优秀传统文化和社会主义先进文化;了解中国共产党的历史和光荣传统,具有热爱党、拥护党的意识和行动;理解、接受并自觉践行社会主义核心价值观,具有中国特色社会主义共同理想,有为实现中华民族伟大复兴中国梦而不懈奋斗的信念和行动"等方面。"自由、平等、公正、法治",主要从公民与社会关系的角度规定了学生应具有的信念和价值追求,这反映在核心素养体系总框架中,集中体现为公民道德的"能明辨是非,具有规则与法治意识,积极履行公民义务，理性行使公民权利；崇尚自由平等，能维护社会公平正义"等方面。"爱国、敬业、诚信、友善"，主要从公民个人角度规定了学生应具有的道德要求，反映在核心素养体系总框架中，集中体现为社会责任的"自尊自律，文明礼貌，诚信友善，宽和待人；孝亲敬长，有感恩之心"，学会学习的"乐学善学"等方面。

总之，社会主义核心价值观的培育和养成需要社会参与、自主发展和文化基础三个领域内不同核心素养的整合作用，以文化基础的不断积累和自主发展能力的不断提升为支撑条件，最终主要反映在学生的社会参与及互动过程中。

最后，如何理解核心素养总框架与传统文化的关系？我认为，核心素养总框架突出了"家国情怀"，体现出了对中华优秀传统文化的继承与创新。具有中华民族特色的核心素养体系，应该体现出以爱国主义精神为核心的家国情怀、社会关爱、人格修养等方面的内容。这反映在核心素养总框架中，主要表现为国家认同、社会责任、人文情怀、审美情趣等方面，这些国家、社会、公民个人层面的素养通过整合，共同发挥作用，并且进一步通过"健康生活""实践创新"等素养的支撑，最终引导我们的学生做"有自信、懂自尊、能自强的中国人""高素养、讲文明、有爱心的中国人""知荣辱、守诚信、敢创新的中国人"。

老师们，核心素养的研究是一项意义非常重大的工作，也是一项长期系统的工程，如何做好核心素养这个顶层设计，并且把它进一步落实到具体的教育教学实践中，还需要更多人的努力。素质教育改革进行到今天，在我们完成了教育大国、人力资源大国的崛起，正在加速向人力资源强国转变的今天，教育开始回归其本质，开始关注人，关注每一个人，关注每一个人的整体发展，而不再是关注学科、传授知识。可以说，核心素养的研究开始让更多的人反思我们教育的走向，反思我们到底要"培养什么样的人""怎么培养人"这一教育的根本问题。

目前，我们国家关于学生核心素养的研究还处于起步阶段，在核心素养指标体系正式确立后，要想真正地落实到学校教育中去，教师的转化作用是关键环节，这就离不开在座各位的努力付出，离不开老师们的关注、引导和促进。我已年逾古稀，但作为一名老师，为了让孩子们更好地健康发展，幸福生活，成功地融入未来社会，我愿意与各位一起，共同努力！

努力提升学生发展核心素养*

新中国成立以来，特别是改革开放以来，中国教育一直坚持以培养全面发展的人为目标。在取得辉煌成就的同时，也存在应试教育的倾向。多年来，应试教育问题一直是制约中国教育健康发展的难题、顽症。为了改变应试教育和形成素质教育，破解我国教育发展的难题，教育部在 2014 年印发了《关于全面深化课程改革落实立德树人根本任务的意见》，提出研制学生发展核心素养体系。2016 年 9 月，中国学生发展核心素养研究成果发布会在北京师范大学召开。学生发展核心素养成为我国教育理论研究和讨论的热门话题。2017 年 4 月 10 日，我们就这一问题专门请教了北京师范大学林崇德教授。作为"中国学生发展核心素养"课题的主持者，他系统阐述了学生发展核心素养提出的背景、意义以及具体内涵、主要指标，全面分析了核心素养与素质教育、三维目标的关系，如何基于学生发展核心素养深入推进基础教育改革。

一、学生发展核心素养提出的背景与意义

访谈者：林老师，自从 2016 年 9 月 13 日中国学生发展核心素养研究成果发布会以来，社会各界对中国学生发展核心素养十分关注，掀起了一阵学习、讨论核心素养的热潮。甚至有专家说，中国学生发展核心素养对于中国教育改革具有指示性作用。今天，我们想请您介绍一下学生发展核心素养提出的背景和意义。

林老师：研究中国学生发展核心素养是全面贯彻党的教育方针，落实立德树人根本任务的一项重要举措。为了把党的十八大和十八届三中全会提出的关于"立德

＊ 本文原载于《当代教师教育》2017 年第 2 期。其他作者为刘霞，郝文武，胡金木。

树人"的要求落到实处。2014 年,教育部研究印发《关于全面深化课程改革落实立德树人根本任务的意见》,提出"教育部将组织研究提出各学段学生发展核心素养体系,明确学生应具备适应终身发展和社会发展需要的必备品格和关键能力"。研究中国学生发展核心素养,主要有三个背景。

一是全面贯彻党的教育方针,落实立德树人根本任务的迫切需要。党的教育方针从宏观层面规定了教育的培养目标,对于我国的人才培养具有全局性的指导意义。把党的教育方针具体化与细化,转化为学生应该具备的核心素养,更有利于其在具体的教育教学过程中贯彻落实。

二是适应世界教育改革发展趋势,提升我国教育国际竞争力的迫切需要。随着世界多极化、经济全球化、文化多样化、社会信息化深入发展,各国都在思考 21 世纪的学生应该具备哪些核心素养才能成功适应未来社会这一前瞻性战略问题,核心素养研究浪潮席卷全球。面对日趋激烈的国际竞争,我国要深入实施人才强国战略,提升教育国际竞争力,也必须解决这一关键问题。

三是全面推进素质教育,深化教育领域综合改革的迫切需要。近年来,素质教育取得显著成效,但也存在课程教材的系统性、适宜性不强,高校、中小学课程目标有机衔接不够,部分学科内容交叉重复,学生的社会责任感、创新精神和实践能力较为薄弱等具体问题。要解决这些问题,关键是进一步丰富素质教育的内涵,建立以"学生核心素养"为统领的课程体系和评价标准,树立科学的教育质量。

在价值观定位方面,学生发展核心素养是党的教育方针总体要求的具体化与细化,是连接宏观教育理念、培养目标与具体教育教学实践的关键环节,也是建构科学的教育质量评价体系、推进教育问责的重要基础和依据。党的教育方针政策相对来说比较宏观,要落实到具体的教育教学过程中,我们必须将它们进一步具体化、系统化和细化,转化为学生应该具备的、适应终身发展和社会发展需要的素养要求,进而贯穿到各学段,融合到各学科,最后体现在学生身上。两者在转化的过程中借助核心素养这一桥梁,将方针政策转化为教育教学实践可用的、教育工作者易于理解的具体要求,从而明确学生应具备的必备品格和关键能力,在中观层面深入回答"立什么德、树什么人"的根本问题,引领课程改革和育人模式变革。

此外，我国正从人力资源大国向人力资源强国迈进，要想实现建设人力资源强国的目标，必须重视对学生核心素养的教育和培养。从人力资本理论的角度看，提高个体的核心素养，可以提高个体进入职场后的工作效率，为企业创造更多的财富，促进人力资本的开发，进而加快我国建设人力资源强国的步伐。另外，从素质教育改革的角度来看，核心素养研究体现了以"学生发展"为核心的教育视角的变化，是深入教育领域综合改革的迫切需要和必然趋势。

二、学生发展核心素养的内涵与指标

访谈者：学生发展核心素养的提出是一个科学而严谨的过程，您能介绍一下学生发展核心素养的具体内涵以及主要指标吗？

林老师：综合世界各个国家(地区)以及国际组织对核心素养概念内涵的界定，同时考虑到不同学科视角对核心素养的认识以及我国的现实需求和教育实际，可以将学生发展核心素养界定为学生应具备的、能够适应终身发展和社会发展的必备品格和关键能力。它是关于学生知识、技能、情感、态度、价值观等多方面要求的结合体；它指向过程，关注学生在其培养过程中的体悟，而非结果导向。同时，核心素养兼具稳定性、开放性与发展性等特性，其生成与提炼是在与时俱进的动态优化过程中完成的，是个体能够适应未来社会、促进终身学习、实现全面发展的基本保障。

同时，我们认为学生发展核心素养具有以下特征：第一，学生发展核心素养具有共同性。学生发展核心素养一定是社会群体成员共有的素养，也是每一名学生获得成功生活、适应个人终身发展和社会发展都需要的、不可或缺的共同素养。第二，学生发展核心素养具有发展性。这里所说的发展性主要体现在学生发展核心素养的连续性和阶段性：核心素养的形成不是一蹴而就的，而是具有终身的连续性，最初在学校中培养，随后在一生中不断发展完善。第三，学生发展核心素养可教可学。核心素养是在先天遗传的基础上，综合后天环境的影响而获得的，可以通过接受教育来形成和发展。

三、"立德树人"是学生发展核心素养的重要关切

访谈者： 正如您所言，中国学生发展核心素养的研制主要是为了把"立德树人"落到实处，能不能认为中国学生发展核心素养所要回应的是"教育要立什么德、树什么人"或者说"教育要培养什么样的人"这一教育最根本的问题？

林老师： 党的十八大以来，党中央、国务院多次强调把"立德树人"作为教育的根本任务，明确强调了教育的本质功能和真正价值，开始从国家层面更加深入系统地考虑"教育要立什么德、树什么人"或者说"教育要培养什么样的人"这一教育最根本的问题。立德树人是发展中国特色社会主义教育事业的核心所在，是培养德、智、体、美全面发展的社会主义建设者和接班人的本质要求。但是，要把立德树人根本任务落到实处，必须首先回答好"立什么德、树什么人"这一关键问题，这一问题便是我们研究核心素养所要解决的根本问题。

中国学生发展核心素养以培养"全面发展的人"为核心，分为文化基础、自主发展、社会参与三个方面，综合表现为人文底蕴、科学精神、学会学习、健康生活、责任担当、实践创新六大素养，具体细化为国家认同等十八个基本要点。文化基础、自主发展、社会参与三个方面构成的核心素养总框架充分体现了马克思主义关于人的社会性等本质属性的观点，与我国治学、修身、济世的文化传统相呼应，有效整合了个人、社会和国家三个层面对学生发展的要求。人文底蕴、科学精神、学会学习、健康生活、责任担当、实践创新六大素养均是实证调查和征求意见中各界最为关注和期待的内容，其遴选与界定充分借鉴了世界主要国家、国际组织和地区核心素养研究成果。六大素养之间相互联系，相互补充，相互促进，在不同情境中整体发挥作用。为方便实践应用，将六大素养进一步细化为人文积淀、人文情怀、审美情趣、理性思维、批判质疑、勇于探究、乐学善学、勤于反思、信息意识、珍爱生命、健全人格、自我管理、社会责任、国家认同、国际理解、劳动意识、问题解决、技术应用十八个基本要求，并对其主要表现进行了描述。根据这一总体框架，可针对学生年龄特点进一步提出各学段学生的具体表现要求，回答并有助于解

决教育要"立什么德、树什么人"的关键问题。

四、培育学生发展核心素养是素质教育的具体化

访谈者：1999 年发布的《中共中央国务院关于深化教育改革，全面推进素质教育的决定》，明确提出"实施素质教育，就是全面贯彻党的教育方针，以提高国民素质为根本宗旨，以培养学生的创新精神和实践能力为重点，造就'有理想、有道德、有文化、有纪律'的德智体美等全面发展的社会主义事业建设者和接班人"。自此，素质教育成为我国教育改革与发展的重要指导思想，在您看来，学生发展核心素养与素质教育之间是一种什么样的关系呢？

林老师：核心素养是对素质教育内涵的解读与具体化，是全面深化教育改革的一个关键方面。素质教育作为一种具有宏观指导性质的教育思想，是相对于应试教育提出的，重在转变教育目标指向，从单纯强调应试应考转向更加关注培养全面健康发展的人。所以，"素质"对应的主体是"教育"，它的内涵主要是指人在先天的生理基础上，通过后天的环境影响和教育训练，所获得的内在的、相对稳定的、长期发挥作用的身心特征及其基本品质结构。相对于"素质"，"素养"是指在教育过程中逐渐形成的知识、能力、态度等方面的综合表现。可见，"素养"对应的主体是"人"或"学生"，是相对于教育教学中的学科本位提出的，强调学生素养发展的跨学科性和整合性。

在推进素质教育的过程中，对学生发展的核心素养体系进行全面系统的凝练和描述，可以使新时期素质教育目标更加清晰，内涵更加丰富，也更加具有指导性和可操作性。此外，核心素养也是对素质教育过程中存在问题的反思与改进。尽管素质教育已深入人心，并取得了显著成效，但我国长期存在的以考试成绩为主要评价标准的问题，导致培养出的学生身体素质滑坡、社会适应能力不强、负面情绪较多、实践和创新能力不足，影响了素质教育的实效。这些现状与问题都迫切需要转变教育质量观念，进一步丰富素质教育的内涵，深入推进素质教育改革，真正确立起以"学生核心素养"为基本框架的教育质量评价体系和课程体系，以促进素质教育

的深化与落实。

另外，通过对我国现行课程标准的深入分析也发现，尽管"素养"一词在各学科课程标准中被频繁提及，凸显了其重要地位，然而却缺乏明确的内涵界定与系统阐述，对跨学科素养的培养相对忽视。此外，由于缺乏核心素养的顶层设计，不同学段的课程目标之间缺乏有效的垂直衔接，不同学科的课程目标之间的横向整合不够，进而导致素质教育目标难以得到落实，给一线教师的实际教学带来很大困惑。因此，围绕"培养德智体美全面发展的社会主义事业建设者和接班人"这一教育方针和目标，迫切需要开展相关研究，界定和遴选学生发展核心素养指标，为全面推进素质教育改革，全面提升教育质量奠定有力基础。

五、基于学生发展核心素养深化教育改革

访谈者：林老师，课题组对现行的课程标准进行了详细的分析与研究，请您谈一谈研究核心素养为什么要如此细致地分析和研究课程标准？它们二者之间有什么联系？

林老师：课程标准是国家课程的纲领性文件，是国家对基础教育课程的基本规范和质量要求，也是教材编写、教学、评估和考试命题的依据，是国家管理和评价课程的基础。它反映国家对不同阶段的学生在知识与技能，过程与方法，情感、态度与价值观等方面的基本要求，规定各门课程的性质、目标、内容框架，提出教学和评价建议。由于课程标准规定的是国家对学生在某方面或某领域的基本素质要求，无论是教材、教学还是评价，最终都是为这些基本素质的培养服务的。所以，课程标准中规定的基本素质要求是教材、教学和评价的灵魂，也是整个基础教育课程的灵魂。因此，为探索揭示现行课程标准中学生核心素养的分布、结构与教育理念，我们课题组对我国 35 门现行的课程标准进行分析，试图揭示现行课程标准中学生核心素养的分布、结构与教育理念。

具体研究核心素养在每门课程标准中的分布情况后，得出我国现行课程标准重视对核心素养的培养，体现素养的发展性。但是同时也存在一些不足，内容上，课

程标准对各素养重视程度存在差异；高度重视少数工具性素养的培养，对社会参与及人文性素养的强调程度不够。结构上，核心素养在不同科目中存在分布不平衡现象；在同一课程标准内部分布不合理，实施建议部分核心素养分布过少，且各学科中的核心素养分布侧重差异巨大。教育理念上，现行课程标准中涵盖了符合国际发展趋势的广泛的素养类型，也试图将一些新的素养加入各学科中，以体现学科培养的综合性，但是从整体上看，这些素养的设置依然是围绕各个学科进行的，这体现了一种"学科本位"的素养观，对跨学科素养如创新与创造能力、问题解决能力等诸方面有所体现但依然不够关注；受工具理性影响，我国课程标准中关于学习素养、语言素养等工具性素养被提及的频率非常高，而关于尊重与包容、伦理道德等体现人文关怀的素养被提及的频率则非常低。

我们不是仅仅为了分析而去分析，也不仅仅是为了揭示课程标准中存在的问题而进行研究，而是在分析与研究之后对我国现行课程标准中存在的问题与不足进行高度反思。在反思的基础上将更加全面、系统的核心素养纳入并深化到课程改革的过程中去，尤其是融入新修订的课程标准中，建立基于核心素养的学业质量标准，将学习内容要求和质量要求有机结合在一起，完善现行课程标准。

访谈者：学生发展核心素养提出后，广大中小学教师也积极地结合自身教育实践把核心素养贯穿到自己的教育教学过程之中，也出现了很多困惑。您认为学生发展核心素养落到实处的主要途径有哪些呢？

林老师：学生发展核心素养是一套经过系统设计的育人目标框架，其落实需要从整体上推动各教育环节的变革，最终形成以学生发展为核心的完整育人系统。具体而言，主要有三个方面的落实途径。

一是通过课程改革落实核心素养。基于学生发展核心素养的顶层设计，指导课程改革，把学生发展核心素养作为课程设计的依据和出发点，进一步明确各学段、各学科具体的育人目标和任务，加强各学段、各学科课程的纵向衔接与横向配合。

二是通过教学实践落实核心素养。学生发展核心素养明确了"21世纪应该培养学生什么样的品格与能力"，可以通过引领和促进教师的专业发展，指导教师在日常教学中更好地贯彻落实党的教育方针，改变当前存在的"学科本位"和"知识本位"现象。此外,通过学生发展核心素养的引领,可以帮助学生明确未来的发展方向,激励学生朝着这一目标不断努力。

三是通过教育评价落实核心素养。学生发展核心素养是检验和评价教育质量的重要依据。建立基于核心素养的学业质量标准,明确学生完成不同学段、不同年级、不同学科学习内容后应该达到的程度要求,把学习的内容和质量要求结合起来,可以有力推动核心素养的落实。

访谈者:谢谢林老师。感谢您在百忙之中接受我们的采访,您对于中国学生发展核心素养进行的系统而全面地解释,让我们有一种拨云见日的感觉。

我国学生核心素养研究[*]

一、研究背景与意义

（一）建构学生发展核心素养体系，是贯彻党的十八大和十八届三中全会精神、落实立德树人根本任务的迫切需要

党的十八大报告指出，"坚持教育为社会主义现代化建设服务、为人民服务，把立德树人作为教育的根本任务，培养德智体美全面发展的社会主义建设者和接班人"。党的十八届三中全会明确要求"全面贯彻党的教育方针，坚持立德树人，加强社会主义核心价值体系教育，完善中华优秀传统文化教育，形成爱学习、爱劳动、爱祖国活动的有效形式和长效机制，增强学生社会责任感、创新精神、实践能力"。为贯彻十八大精神，教育部启动了"立德树人"工程。同时，随着时代的变迁和社会的发展，"德智体美全面发展"的内涵也在逐渐发生变化。为此，迫切需要立足国情，结合时代特点，根据学生的成长规律和社会对人才的需求，把对学生德智体美全面发展总体要求和社会主义核心价值观的有关内容具体化、细化，建构学生发展核心素养体系，明确学生应具备的适应终身发展和社会发展需要的必备品格和关键能力，以深入回答教育要"培养什么人、怎样培养人、为谁培养"的问题（林崇德，2016）。

学生发展核心素养体系是教育目的的具体体现，是连接宏观教育理念、培养目标及课程与教学目标的关键环节，也是建构科学的教育质量评价体系及推进教育问责的重要基础和依据。建构具有中国特色的学生发展核心素养体系，有利于落实党

---

* 本文原载于《心理与行为研究》2017 年第 2 期。

的教育方针、教育目标，是完成立德树人根本任务的必要保障(林崇德，2017)。

(二)建构学生发展核心素养体系，是顺应世界教育改革发展趋势、大力提升我国教育国际竞争力的迫切需要

随着信息化、经济全球化时代与知识社会的来临，各国综合国力的竞争日益加剧，各国之间已从表层的生产力水平竞争转化为深层的以人才为中心的竞争。以经济发展为核心、致力于公民素养的提升，已成为世界各国发展的共同主题(林崇德，2016)。在此背景下，各国教育改革中无法规避的一个核心问题就是，21世纪培养的学生应该具备哪些最核心的知识、能力与情感态度，才能成功地融入未来社会，才能在满足个人自我实现需要的同时推动社会的健康发展？针对这一问题，经济合作与发展组织于21世纪初率先提出了核心素养的指标体系。随后，世界主要发达国家或地区也纷纷启动以核心素养为基础的教育目标体系研究，建构起符合本国或本地区实际情况的核心素养指标体系，并在此基础上开发和完善以学生核心素养为基础的课程改革方案，全面提升教育质量，以更好地为社会发展服务。鉴于此，为了提升我国教育的国际竞争力，并顺应世界教育发展趋势，应研究并建构符合中国国情与现实需要的"学生发展核心素养体系"。

(三)建构学生发展核心素养体系，是全面实施素质教育、深化教育领域综合改革、着力提高教育质量的迫切需要

当前素质教育改革已取得了初步成效，如何进一步深化与推进素质教育的内涵，是新一轮教育改革必须考虑的问题。虽然改革成效是显著的，但不可否认的是，当前我国培养出的学生已表现出身体素质滑坡、适应社会能力不强、负面情绪较多、实践和创新能力不足等素养发展不全面的问题。同时，由于我国长期形成的以中考、高考成绩作为教育质量评价标准的观念引导，以素质教育为本的教育质量评价体系尚未建立和形成，导致素质教育的真正推行遭遇重重困境。这些现状与问题都迫切需要转变教育质量观念，进一步丰富素质教育的内涵，深入推进素质教育的改革，真正确立起以"学生核心素养"为基本框架的教育质量评价体系和课程体系，以促进素质教育的深化与落实。

通过对我国现行课程标准的深入分析也发现，尽管"素养"一词在各课标中被频繁提及凸显了其重要地位，然而却缺乏明确的内涵界定和系统阐述，对跨学科素养的培养相对忽视。此外，由于缺乏基于核心素养的顶层设计，不同学段的课程目标之间缺乏有效的垂直衔接，不同学科的课程目标之间的横向整合不够，进而导致素质教育目标难以得到落实，给一线教师的实际教学带来很大的困惑。因此，围绕"培养德智体美全面发展的社会主义建设者和接班人"这一教育方针和目标亟待开展相关研究，界定和遴选学生发展核心素养指标，为全面推进素质教育改革，全面提升教育质量奠定有力的基础。

二、核心素养的支撑性研究

(一) 学生核心素养的教育政策研究

通过对新中国成立以来不同发展阶段相关教育方针政策的分析发现：虽然我国在过去很长的历史时期内没有明确地提出"核心素养"的概念，但党和国家历来高度重视对学生各方面素质的培养。关于教育应该"培养什么样的人"，我国不同发展阶段的教育方针以及政府工作报告中均有阐述。从具体内容上看，我国教育政策法规中所体现的学生核心素养观具有以下几个特征：第一，我国的人才培养始终坚持社会主义性质和方向。维护社会主义利益，为社会主义服务，是我国教育方针和目标的根本所在。第二，我国的人才培养目标围绕"德智体"为主线，具体内容随社会发展而变化。第三，"德育为先、能力为重、全面发展"已成为学生素质培养的发展趋势，对社会责任感、创新精神、实践能力等的重视程度越来越高。

(二) 学生核心素养的国际比较研究

本研究首先采用文献分析法对经济合作与发展组织、联合国教科文组织、欧盟3 个国际组织，美国、加拿大、英国、法国、芬兰、匈牙利、澳大利亚、新西兰、日本、新加坡 10 个国家以及我国台湾地区、香港特别行政区 2 个地区界定、遴选以及落实发展学生核心素养的过程与成果分别进行梳理和分析。着重分析核心素养的研究思路与方法、指标体系与内涵、落实与发展核心素养的途径与策略等内容。在此基础上，又采用焦点小组访谈法组织本领域 8 位专家就上述研究结果进行审查与验证。通过上述研究，得出以下结论：

第一，研究思路与方法。通过比较分析各国际组织、国家或地区研制核心素养体系的组织架构、研制路径与方法选择后发现，多数国家或地区都坚持自上而下与自下而上相结合的整合型研究思路（黄四林，左璜，莫雷等，2016）。它既能使核心素养体系具有文化适应性，又能保障研究的高效；整合各方力量形成研究共同体是经常采用的组织架构。由于教育的社会功能日益凸显，整合教育系统内外的力量便成为全面深化教育改革的根本保障，也是研制核心素养体系的有效路径；采用质性研究与量化研究相结合的整合研究方法是常用的研究范式。以文献分析为基础，将问卷调查与征询意见法相结合，既能全面听取普通大众的意见，又保障了政策研究的信效度。

第二，核心素养体系的建构。通过比较分析各国际组织、国家或地区提出的核心素养体系的价值取向、内容维度以及指标描述方式后发现，坚持个人发展、社会发展与国家发展相统一的价值取向是建构核心素养体系的根本价值取向。它要求通过核心素养指标来协调统一教育培养目标与国家及社会发展的人才需求。坚持实践逻辑优先原则，采用混合型描述方式来界定核心素养是共同的趋势。以实践需要为本，各国际组织、国家或地区在为核心素养指标命名时不追求逻辑统一。体现"核心素养"的综合性特质，界定核心素养指标内涵以行为结果描述式为主。

第三，具体的核心素养指标。通过比较分析各国际组织、国家或地区所遴选的核心素养指标后发现，兼顾传统基本素养与现代关键素养是遴选核心素养指标的基本原则。其中，传统的"语言能力""数学素养""学会学习""问题解决能力"等指标与现代的"沟通与交流""团队合作""国际视野""信息素养""创新与创造力""社会参与与贡献""自我规划与管理"等指标是各国普遍重视和强调的。

(三) 基于核心素养的传统文化分析

采用文献分析法，对中国传统文化思想与传统教育进行研究，旨在系统梳理我国传统文化中关于个体修身成德和自我完善的思想，厘清传统教育所重视的关于学生培养的内容，为建构具有民族特色的学生发展核心素养体系总框架奠定基础。在传统文化思想的分析上，系统梳理和分析了从先秦到清代不同历史时期的重要思想家及重要学派的三十余本代表性著作，以及近现代学者对于古代经典、中国传统文化等进行分析和阐述的近百篇著作和论文。在对于传统教育的分析上，主要收集和查阅中国教育史方面的著作与近百篇我国传统教育方面的学术论文，尤其关注有关中国传统教育制度、人才选拔方式、各层次学校教育内容，以及重要教育家的理论观点和教育实践等方面的文献资料。结果发现，在不同历史时期薪火相传至今仍然具有强大生命力的传统修身成德思想，以及各时期教育侧重与关注的学生培养内容主要包括：第一，主张"仁民爱物"，倡导爱人如己、心怀天下和奉献社会。第二，主张"孝亲爱国"，注重激发个体的乡土情感和家国情怀。第三，重视人格修养，倡导"重义轻利"和"诚信自律"精神。第四，关注文化修养，重视人文历史知识、求学治学方法和文字表达能力(赵景欣，彭耀光，张文新，2016)。

(四) 基于核心素养的课标分析

本研究旨在通过对现行课程标准的内容分析，了解当前课标中所包含和强调的学生核心素养内容及其特点。采用内容分析的方法，对义务教育阶段 19 门课程标准和高中教育阶段 16 门课程标准的文本进行编码、归类和统计，获得了 35 门现行课标在前言、课程目标、课程内容和实施建议 4 个部分所包含的核心素养内容及频次。结果表明：第一，现行课标重视学生核心素养的培养，在知识、技能、态度和价值观等各方面对学生提出了全面要求。第二，各学科课标多次提及各类素养，但缺乏对素养的明确界定和系统阐述。从总体上看，课标中在提及素养时，常是基于学科或特定情境的，均未对"素养"本身的定义或内涵做出说明，也缺乏对素养培养的通盘系统考虑。第三，现行课标很好地体现了"能力为重"的指导方针，高度重视实践与探究、问题解决与创新等核心素养。第四，课标表现出明显的学科本位特点，各学科课标高度重视与本课程直接相关的核心素养内容，对学科融合性的内容相对忽视。第五，各学科课标均体现出对工具性素养的重视，对于与个性发展、社会交往有关的跨学科素养则相对忽视。

(五)我国学生核心素养的实证研究

1. 研究对象与方法

为了了解当前我国社会民众对于人才培养的期盼与需求，课题组在借鉴国际经验的基础上，采用焦点小组访谈、个别访谈和问卷调查相结合的方式对全社会各领域专家群体的意见进行了调查。访谈主要围绕"为了应对未来社会的发展变化，根据我国的实际国情需要，学生在通过不同阶段的学校教育之后应该具备怎样的核心素养"这一问题展开；在访谈之后，请被访谈者完成一份调查问卷。请被调查者对课题组整理出的当前各国际组织、国家和地区提出的 32 项核心素养指标进行评价，从中选出他们认为的对我国学生发展具有重要价值的核心素养指标。核心素养的遴选需要放大到终身发展的尺度进行考虑，不仅需要考虑到各教育阶段的发展需求，还需要考虑到学生进入社会后的终身发展需求。本研究的被调查对象来自社会各行各业，不仅包括来自教育系统内的校长、名师、教育管理者等人士，还包括不同领域的专家学者以及国内知名的企业家等社会人士。被调查人员均为行业内具有较高影响力、具有突出成就的优秀代表，并且对于当前及未来社会需要怎样的人才有着较为深刻的思考和认识。具体而言，本研究的被调查对象为来自 4 个领域、代表 10 类社会群体的 608 名专家及知名社会人士(见表 1)。

表 1　实证调查参与人员情况

领域	群体类别	访谈分组
教育系统	校长与名师	1. 知名中小学校长、教育改革的引领者等
		2. 优秀中小学教师代表，如教学名师等
	教育管理者	3. 各级教育管理者、教育政策制定者等
行政人员	行政干部	4. 参与国家相关政策制定的行政人员，如全国人大代表、政协委员等

续表

领域	群体类别	访谈分组
领域专家	文化与历史领域专家	5. 文化与历史领域专家，如哲学、文化、艺术、传媒、历史等领域的知名专家学者
	教育学领域专家	6. 教育学领域有影响的知名专家学者
	心理学领域专家	7. 心理学领域有影响的知名专家学者
	社会学领域专家	8. 社会学领域有影响的知名专家学者
	经济学领域专家	9. 经济学领域有影响的知名专家学者
	自然科学领域专家	10. 数学、科学等领域的知名专家学者
		11. 高新技术领域专家，如航空航天领域专家
社会人士	知名企业家等人士	12. 知名企业家，关心教育的有影响力的社会人士

所有访谈过程均进行现场录音，研究人员在访谈结束后进行及时转录和校对，得到每位被访谈者的访谈文本资料。对于访谈资料的编码，首先基于国际经验、国内现状以及儿童青少年素养发展的相关理论，通过对 30 个访谈文本的原始编码和文本分析，在反复讨论的基础上确定初步的编码体系。随后，根据初步确定的编码方案，对所有访谈文本进行编码和数据处理。最终形成的编码方案包括健康与安全、知识基础、学习与发展、与人交往、公民意识 5 大领域，下设一级指标 20 个，基本反映了当前我国社会所需要的、最富社会适应性和竞争力的个体所应具有的核心素养。具体编码方案如表 2 所示。

表 2 访谈资料编码方案

领域	一级指标	二级指标及编码点举例
健康与安全	健康素养	·身体健康：身体强健、健壮等 ·心理健康：心态平和，情绪稳定，能良好适应环境，自信等 ·健康的生活方式：健康饮食，具有运动习惯等 ·健康意识：了解有关健康的知识等
	安全意识与行为	·安全行为：遵守安全规则，拒绝各种高风险行为等 ·安全意识：了解相关安全知识，有自我保护意识，有防骗意识

续表

领域	一级指标	二级指标及编码点举例
知识基础	语言素养	·母语能力：母语口头表达与理解、书面表达与理解，文字、符号运用等 ·外语能力：外语口头表达与理解，书面表达与理解等
	数学素养	·与数学有关的各种素养
	科学素养	·科学知识：了解和掌握科学知识，可以用科学知识解释日常生活现象等 ·科学精神：以科学理性的态度来解释事件，反对迷信等
	信息技术素养	·有关信息技术的基本知识，信息收集、信息选择、信息管理能力等
	艺术素养	·审美，艺术表达
	人文素养	·人文科学知识；人文精神
学习与发展	学会学习	·学习方法；学习习惯；学习能力；学习动机
	问题解决与实践	·提出和解决新问题的能力：偏重对未知问题（多为科学）的探索 ·问题的解决与决策：偏重对普通问题的决策、解决性 ·探究精神：通过思考、尝试、实验、反复探索等解决复杂问题等 ·实践能力：将已掌握的知识与技能用于实践
	批判与创造	·批判精神与能力：勇于质疑，提出不同意见、观点等 ·创新精神：创新意识，勇于创新，敢于冒险等 ·创造能力：用创造性的方法解决问题，产生新想法、新问题、新产品等
	自我管理	·自我认识与评价：认识自己的能力，对自己有恰当评价等 ·独立自主：独立人格，独立思考，自主行动，自强自立等 ·生活管理能力：生活自理，金钱管理，日常事务管理等 ·生涯发展与规划：职业技能，各种创业方法，生涯规划等 ·计划与实施：制订计划，执行计划，执行力等 ·坚持性：有毅力、坚韧不拔等
与人交往	沟通与交流	·沟通与交流能力：交流、沟通、表达与倾听等 ·冲突解决能力：管理与解决冲突、处理冲突等
	合作能力	·与他人合作：与人合作，互相帮助等 ·团队合作：在团队中担任工作、负担责任，团队合作等

续表

领域	一级指标	二级指标及编码点举例
与人交往	道德品质	·诚实守信：诚信，言行一致等 ·尊重与包容：尊重他人，包容，对多样性的尊重等 ·公平与正义感：公平公正，富有道德感等 ·仁爱宽和：与人为善，富有同情心，关怀他人等
公民意识	法律与规则意识	·遵守法律：法律意识，守法公民，依法办事等 ·规则意识：遵守规则，具有契约精神，理解行为受到规则限制等 ·公民权利意识：维护权力和利益，行使公民权利等
	国家认同	·热爱祖国：了解和热爱祖国的文化，具有民族自豪感等
	社会责任与公民义务	·责任心：负有责任心，勇于承担责任等 ·社会参与：参与社区、社会活动，参与公共事务等 ·社会贡献：铭记社会总体利益，贡献个人力量等
	国际意识与多元文化	·国际意识：全球化思维，世界公民，进入全球体系等 ·多元文化：跨文化技能，多元包容，对其他文化的学习、理解与尊重等
	可持续发展意识	·可持续发展意识：节约，可持续发展责任等 ·环境意识：环境保护，生态维持等

2. 研究结果

（1）对我国学生发展核心素养的期望与意见

由访谈结果可知：第一，道德品质是被提及频率最高的一个素养指标，在所有专家中的被提及频率为 55.73%。而且，被访谈者主要提及了道德素养中的公德成分，强调宽容、富有同情心、关怀他人、孝顺、感恩等内容。第二，健康素养和自我管理能力也是被提及频率较高的指标。被访谈者比较一致地认为，健康素养是保证中国学生自主发展、有效应对现代社会各种挑战的重要前提。在自我管理方面，则突出强调坚持性和主动性等意志品质，许多专家和社会人士都提到"意志坚强""坚定的毅力""坚韧不拔的精神"等内容具有鲜明的民族特色，反映了社会各界对于传承中华优秀传统文化中"严以修身"等宝贵精神财富的高度认可。第三，相对于"知识基础"领域中的学科素养，被访谈者更为强调各类跨学科素养的养成，并将其作为决定个体核心竞争力的主要方面，在被提及频率排名前十位的素养指标中有九项为跨学科素养。第四，某些素养指标被相对忽视，如安全意识与行为、数学素养、语言素养等，这可能是因为被访谈者主要提及的是其认为最重要或者现阶段普遍缺少的素养，而某些必要的素养指标并未体现在访谈结果之中。

(2)对国际上普遍重视的核心素养指标的评价

对国外 32 项素养指标被提及的人数百分比进行分析结果表明，有 10 项素养指标得到 70% 及以上被调查者的赞同，认为这些素养是建构我国学生发展核心素养框架需要重点关注的方面，具体为人际交往与合作、学会学习、公民意识、法律与规则意识、创新与创造力、健康素养、自我管理、问题解决能力、尊重与包容、团队合作。此外，通过与访谈结果进行比较发现，在被提及频率较高的前十项素养指标，访谈结果和问卷调查的结果具有高度的一致性。

三、学生发展核心素养总框架的建构

建构学生发展核心素养总框架，是要把党的十八大提出的立德树人根本任务落到实处，把德智体美全面发展的教育目标细化为学生应形成的必备品格和关键能力的具体要求，最终促进学生的终身发展和社会的健康发展。为此，核心素养指标的遴选，必须坚持落实党的教育方针和教育目标的有关要求，坚持国际化与本土化相结合，坚持传统与现代相融合。基于对学生核心素养的教育政策研究、国际比较研究、传统文化分析、课标分析和实证研究等支撑性研究结论的整合，课题组初步遴选出了 12 项学生核心素养指标，形成了学生发展核心素养总框架。经过多轮专家意见征询，课题组又将总框架的核心素养指标缩减为 6 个。最终学生发展核心素养总框架的界定为：中国学生发展核心素养，以"全面发展的人"为核心，包括自主发展、社会参与和文化基础 3 个领域、6 项核心素养指标(见图 1)，综合表现为学会学习、健康生活、责任担当、实践创新、人文底蕴、科学精神。根据这一总体框架，可针对学生年龄特点进一步提出各学段学生的具体表现要求。

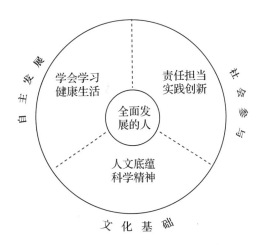

图1 中国学生发展核心素养体系总框架

(一)自主发展

自主性是人作为主体的根本属性。自主发展,重在强调能有效管理自己的学习和生活,认识和发现自我价值,发掘自身潜力,有效应对复杂多变的环境,成就出彩人生,发展成为有明确人生方向、有生活品质的人。

学会学习。主要是学生在学习意识形成、学习方式方法选择、学习进程评估调控等方面的综合表现。具体包括乐学善学、勤于反思、信息意识基本要点。

健康生活。主要是学生在认识自我、发展身心、规划人生等方面的综合表现。具体包括珍爱生命、健全人格、自我管理基本要点。

(二)社会参与

社会性是人的本质属性。社会参与,重在强调能处理好自我与社会的关系,养成现代公民所必须遵守和履行的道德准则和行为规范,增强社会责任感,提升创新精神和实践能力,促进个人价值实现,推动社会发展进步,发展成为有理想信念、敢于担当的人。

责任担当。主要是学生在处理与社会、国家、国际等关系方面所形成的情感态度、价值取向和行为方式。具体包括社会责任、国家认同、国际理解基本要点。

实践创新。主要是学生在日常活动、问题解决、适应挑战等方面所形成的实践能力、创新意识和行为表现。具体包括劳动意识、问题解决、技术应用基本要点。

表3　核心素养各指标的主要表现

核心素养		基本要点	主要表现描述
文化基础	人文底蕴	人文积淀	重点是：具有古今中外人文领域基本知识和成果的积累；能理解和掌握人文思想中所蕴含的认识方法和实践方法等
		人文情怀	重点是：具有以人为本的意识，尊重、维护人的尊严和价值；能关切人的生存、发展和幸福等
		审美情趣	重点是：具有艺术知识、技能与方法的积累；能理解和尊重文化艺术的多样性，具有发现、感知、欣赏、评价美的意识和基本能力；具有健康的审美价值取向；具有艺术表达和创意表现的兴趣和意识，能在生活中拓展和升华美等
	科学精神	理性思维	重点是：崇尚真知，能理解和掌握基本的科学原理和方法；尊重事实和证据，有实证意识和严谨的求知态度；逻辑清晰，能运用科学的思维方式认识事物、解决问题、指导行为等
		批判质疑	重点是：具有问题意识；能独立思考、独立判断；思维缜密，能多角度、辩证地分析问题，做出选择和决定等
		勇于探究	重点是：具有好奇心和想象力；能不畏困难，有坚持不懈的探索精神；能大胆尝试，积极寻求有效的问题解决方法等
自主发展	学会学习	乐学善学	重点是：能正确认识和理解学习的价值，具有积极的学习态度和浓厚的学习兴趣；能养成良好的学习习惯，掌握适合自身的学习方法；能自主学习，具有终身学习的意识和能力等
		勤于反思	重点是：具有对自己的学习状态进行审视的意识和习惯，善于总结经验；能够根据不同情境和自身实际，选择或调整学习策略和方法等
		信息意识	重点是：能自觉、有效地获取、评估、鉴别、使用信息；具有数字化生存能力，主动适应"互联网+"等社会信息化发展趋势；具有网络伦理道德与信息安全意识等
	健康生活	珍爱生命	重点是：理解生命意义和人生价值；具有安全意识与自我保护能力；掌握适合自身的运动方法和技能，养成健康文明的行为习惯和生活方式等
		健全人格	重点是：具有积极的心理品质，自信自爱，坚韧乐观；有自制力，能调节和管理自己的情绪，具有抗挫折能力等

续表

核心素养	基本要点	主要表现描述
健康生活	自我管理	重点是：能正确认识与评估自我；依据自身个性和潜质选择适合的发展方向；合理分配和使用时间与精力；具有达成目标的持续行动力等
社会参与 责任担当	社会责任	重点是：自尊自律，文明礼貌，诚信友善，宽和待人；孝亲敬长，有感恩之心；热心公益和志愿服务，敬业奉献，具有团队意识和互助精神；能主动作为，履职尽责，对自我和他人负责；能明辨是非，具有规则与法治意识，积极履行公民义务，理性行使公民权利；崇尚自由平等，能维护社会公平正义；热爱并尊重自然，具有绿色生活方式和可持续发展理念及行动等
	国家认同	重点是：具有国家意识，了解国情历史，认同国民身份，能自觉捍卫国家主权、尊严和利益；具有文化自信，尊重中华民族的优秀文明成果，能传播弘扬中华优秀传统文化和社会主义先进文化；了解中国共产党的历史和光荣传统，具有热爱党、拥护党的意识和行动；理解、接受并自觉践行社会主义核心价值观，具有中国特色社会主义共同理想，有为实现中华民族伟大复兴中国梦而不懈奋斗的信念和行动
	国际理解	重点是：具有全球意识和开放的心态，了解人类文明进程和世界发展动态；能尊重世界多元文化的多样性和差异性，积极参与跨文化交流；关注人类面临的全球性挑战，理解人类命运共同体的内涵与价值等
实践创新	劳动意识	重点是：尊重劳动，具有积极的劳动态度和良好的劳动习惯；具有动手操作能力，掌握一定的劳动技能；在主动参加的家务劳动、生产劳动、公益活动和社会实践中，具有改进和创新劳动方式、提高劳动效率的意识；具有通过诚实合法劳动创造成功生活的意识和行动等
	问题解决	重点是：善于发现和提出问题，有解决问题的兴趣和热情；能依据特定情境和具体条件，选择制定合理的解决方案；具有在复杂环境中行动的能力等
	技术应用	重点是：理解技术与人类文明的有机联系，具有学习掌握技术的兴趣和意愿；具有工程思维，能将创意和方案转化为有形物品或对已有物品进行改进与优化等

（三）文化基础

文化是人存在的根和魂。文化基础，重在强调能习得人文、科学等各领域的知识和技能，掌握和运用人类优秀智慧成果，涵养内在精神，追求真善美的统一，发展成为有宽厚文化基础、有更高精神追求的人。

人文底蕴。主要是学生在学习、理解、运用人文领域知识和技能等方面所形成的基本能力、情感态度和价值取向。具体包括人文积淀、人文情怀和审美情趣基本要点。

科学精神。主要是学生在学习、理解、运用科学知识和技能等方面所形成的价值标准、思维方式和行为表现。具体包括理性思维、批判质疑、勇于探究基本要点。

四、中国学生核心素养的落实与推行

学生核心素养的形成和培育需要通过教育教学实践得以落实。基于学生发展核心素养体系总框架，建构融目标、过程与方法、评价为一体，贯通各学段的整体课程改革框架，是当前世界各国家或地区所面临的重大挑战，也是未来研究的重要问题。借鉴已有国际经验，结合我国当前的实际情况，可以从以下几个方面进行落实和推行。

（一）核心素养体系总框架在各学段的具体化

核心素养体系总框架研究是一项比较宏观的研究，主要关注通过不同教育阶段的教育过程后，学生最终能够达成的关键性素养全貌，在整个核心素养研究体系中处于核心和统领地位。在完成核心素养体系总框架的基础上，如何基于总框架确定各学段的核心素养及表现特点，从学生发展的角度做好不同学段核心素养的纵向衔接，是核心素养最终落实和培养的重要环节。

下一步需要在核心素养体系总框架研究的基础上进一步深入到各个学段，从素养发展的角度提出各学段学生在不同核心素养指标上的表现特点和水平，把核心素养体系总框架具体化到各学段，确定核心素养在不同学段的关键内涵。具体而言，将分别研究小学、初中、高中和大学四个学段核心素养具体指标的主要表现特点和水平，实现核心素养体系总框架在各学段的垂直贯通，为核心素养与各学科课程的有机结合搭建桥梁。

（二）基于核心素养的学业质量标准研发

核心素养是学生适应个人终身发展和未来社会发展所需要的必备品格和关键能力，它必然是相对宏观且宽泛的素养。学业质量标准则主要界定学生经过一段时间教育后应该或必须达到的基本能力水平和程度要求，是学生核心素养在具体学段、具体学科中的体现。

如何基于核心素养发展教育质量评估的目标、内容和手段，是各国际组织、国家或地区落实与推进核心素养的重要方式。当前，世界很多国家或地区在其课程标准中均有与课程内容相对应的质量标准或能力表现标准，我国现行课程标准主要是对课程内容的界定，虽然从知识和能力、过程和方法、情感态度和价值观三维角度对课程进行了说明，但主要对学什么、学多少讲得比较详细，大部分学科对学到什么程度要求不明确，难以量化、分级，缺乏明确、具体的能力表现标准，导致各地、各校评判教育质量的标准不一致。建立基于核心素养的学生学业质量标准，将学习内容要求和质量要求有机结合在一起，完善现行课程标准，可以有助于解决上述问题。

参照国际经验和发展趋势，我国学业质量标准的研发需要根据各学段的核心素养体系，明确学生完成不同学段、不同年级、不同学科学习内容后应该达到的具体水平和程度，并进一步丰富质量评估内容和手段，以指导教师准确把握教学的深度和广度，使考试评价更加准确反映新时期的人才培养要求（姜宇，辛涛，刘霞、林崇德，2016）。

（三）基于核心素养的课程体系改革

在"关注学生发展、培养学生核心素养"教育改革趋势的影响下，各国落实学生核心素养的一个重要方式就是基于核心素养进行课程体系改革。统观世界各国教育改革与发展、课程体系的变革与推新，我国的课程改革也需要建立基于核心素养的新课程体系，以与国际教育改革浪潮接轨，培养学生适应未来社会的核心素养。

现代课程体系应至少含有四个部分：①具体化的教学目标，即描述课程教学所要达到的目标，需要落实到要培养学生哪些核心素养；②内容标准，即规定学生在具体核心学科领域(如数学、阅读、科学等)应知应会的知识技能等；③教学建议，也称"机会标准"，即为保障受教育者的学习质量所提供的教育经验和资源，包括课堂讲授内容的结构、组织安排、重点处理及传授方式，以及学校公平性、教育资源的分配、学习环境的创设等；④表现标准，即描述经历一段时间的教育之后，学生在知识技能、继续接受教育、适应未来社会等方面应该或必须达到的基本能力水平和程度要求(辛涛，姜宇，王烨辉，2014)。

根据国际经验和我国现有课程体系的特点，在我国建立基于核心素养的现代课程体系，以上四个部分的关系如图2所示。

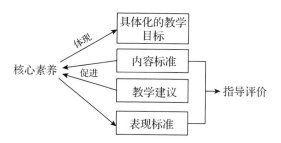

图2　基于核心素养的课程体系基本结构

具体来看，首先，具体化的教学目标一定是体现学生发展核心素养的教学目标。每一个学科需要根据本学段学生核心素养的主要内容与表现形式，结合本学科的学科内容与特点，提出该学科实现本学段核心素养的具体目标，要体现本学科特色。其次，内容标准和机会标准是促进学生形成核心素养的保证。各学科需要结合本学科、本学段的学生核心素养要求来安排学科知识，并且要根据素养培养目标和学科内容特点提出有针对性的教学建议，以促进学生核心素养的形成。最后，表现标准是学生核心素养在学业上的具体体现。学生核心素养可以为衡量学生全面发展状况提供评判依据，通过将核心素养与学业表现标准的紧密结合，不仅可以更加有效地指导教育教学实践，结合了内容标准后，还可以用来指导教育评价，监测学生核心素养达到的程度，并最终促进学生核心素养的形成和发展。

(四)基于核心素养的教师专业发展

教师是影响核心素养落实的重要因素，在学生核心素养的发展过程中扮演着转化者的重要角色。为了将核心素养融入实际的教学过程中，需要加强对教师专业发展的引领。事实上，各国际组织、国家或地区在落实和推行核心素养过程中都十分重视促进教师的专业发展。例如，美国在促进教师专业发展方面共发布了三份报告，其中《专业发展：21世纪核心素养实施指南》主要用以指导具备评价策略的州领导、政策制定者或地区、学校领导推动21世纪核心素养的实施；《21世纪的教师专业发展》主要是帮助教师或校长将21世纪核心素养整合进课程与教学；欧盟在2005年通过并发布了通用的教师能力和资格标准，旨在通过对教师的能力与资格设置共同标准，来支持国家或区域一级的决策者推动核心素养的落实。

在我国的教育教学实践中，为了促进学生核心素养的有效落实和推进，也必须重视将核心素养的相关内容融入教师培训及专业化发展指导过程中，最终将核心素养融入实际的教学过程，确保教师能够成为学生核心素养形成和发展的有力的引导者、辅导者、咨询者以及合作者，并最终实现师生核心素养的共同发展。

(五)基于核心素养的学习环境创设

学生核心素养的培养不仅仅局限于学校范围内，一些关键性素养(如行为规范、态度、价值观等)的养成也离不开家庭环境和社会环境的支持。因此，有必要通过整合全部社会力量来共同促进学生核心素养的落实和推行。例如，把家庭教育作为学生核心素养培养的重要阵地，并把社会学习、终身学习等理念及教育机制也纳入其中，共同配合学校教育达成良好结果。此外，还可以通过多种方式对遴选和提炼出的核心素养进行宣传，更新普通大众人才培养观，为学校教育落实和推行学生核心素养提供良好的社会环境条件。

参考文献

[1]黄四林，左璜，莫雷，等．学生发展核心素养研究的国际分析[J]．中国教育学刊，2016(6)：8-14.

[2]姜宇，辛涛，刘霞，林崇德．基于核心素养的教育改革实践途径与策略[J]．中国教育学刊，2016(6)：29-32.

[3]林崇德．21世纪学生发展核心素养研究[M]．北京：北京师范大学出版社，2016.

[4]林崇德．构建中国化的学生发展核心素养[J]．北京师范大学学报(社会科学版)，2017(1)：66-73.

[5]辛涛，姜宇，王烨辉．基于学生核心素养的课程体系建构[J]．北京师范大学学报(社会科学版)，2014(1)：5-11.

[6]赵景欣，彭耀光，张文新．中华优秀传统文化传承与学生发展核心素养研究[J]．中国教育学刊，2016(6)：23-28.

第十二编

PART 12

心理学的
应用

我长期主张心理学的应用研究，并把心理学能否应用视为心理学生存之本和价值所在。围绕应用心理学的研究，我做过无数次的报告，也写过相关文章，结合国家需求和社会实践做了不少应用的研究，前十一编都有涉及，本编再选出五篇论文，以助自己追求应用的观点。

心理学应重视服务国家需求和有重大学科行业影响的应用性课题*

国家急需和产生有重大学科行业影响的研究，是中国心理学建设的重要方向。中国心理学的研究应该定位于满足国家重大需求，要发挥为社会服务的功能，同时也要展现出世界一流的思路。有重大学科行业影响的应用研究，是集中解决心理科学领域中关键性的课题，在理论与实践上对我国心理学事业具有重大推动意义与价值。国家急需是心理学行业研究中的重大课题，服务于社会，服务于国家和人民。我国心理学在长期的实践与研究中，积累了丰富的历史经验和学术成果，已经具备了满足国家重大需求的科研能力与水平。在响应国家建设"双一流"的需求下，心理学更应坚持以马克思主义为指导思想，理论密切联系实际的原则，以我国当前社会发展的现实问题为导向，集中解决社会各领域突出的问题，加强开展应用性强、直接服务于社会的课题，实现心理学科世界一流的奋斗目标。为说明这种导向，本文通过介绍我们完成的"中国学生发展核心素养研究"（2013—2016 年）、"学科能力建构"（1978—2002 年）、"灾后中小学生心理疏导研究"（2008—2011 年）和"中小学教师素质研究"（1978—2002 年）四个课题，来分析开展服务国家急需和有重大学科行业影响的应用性课题的几点想法与经验，为我国心理学产出大批量的应用性课题与成果提供抛砖引玉的作用。

一、学生发展核心素养的研究

核心素养是学生在接受相应学段的教育过程中，逐步形成的适应个人终身发展

---

* 本文是 2016-04-28 在"华人应用心理学"千人大会上做主旨报告的内容，后在成文过程中黄四林、贾绪计作了修改。

715

与社会发展所需要的必备品格与关键能力的综合表现(林崇德,2016)。

(一)研究核心素养是要回答"面向未来教育要培养怎样的人"的根本问题

首先,核心素养的根本出发点是对党的教育方针的具体化、细化,落实立德树人根本任务,培养全面发展的人,提升 21 世纪我国人才核心竞争力。党的教育方针从宏观层面上明确了我国的教育目标是"培养德智体美劳全面发展的社会主义建设者和接班人",党的十八大提出"把立德树人作为教育的根本任务"。基于我国社会发展对未来人才的需求,核心素养有效地将党的教育方针转化为教育教学实践可用的、教师和教育工作者可以感知的具体教育目标。

其次,核心素养是对素质教育内涵的解读与具体化。党的十九大提出要发展素质教育。素质教育是相对于应试教育提出的、具有宏观指导性的教育思想。核心素养是素质教育可操作化的载体和内容,是对素质的具体诠释。因此,核心素养是发展素质教育和深化教育改革的重要内容。

最后,核心素养推动课程改革从"以学科为中心"向"以学生全面发展为中心"的根本转变。核心素养从全面发展的人的视角出发,对知识与技能、过程与方法、情感态度与价值观的进一步整合与综合,深入推进"以人为本"的课程改革(辛涛,姜宇,林崇德,师保国,刘霞,2016)。

(二)综合自上而下与自下而上的整合型研究思路与方法

综合各国际组织和主要国家的经验来看,构建核心素养总体框架的研究思路主要有三种:自上而下型、自下而上型和整合型。自上而下型主要基于演绎推理范式,依据理论与文献分析,提出理论构想与内容框架,再通过实践应用加以检验与完善。自下而上型主要基于归纳推理范式,先广泛征求社会各界人士的意见,据此提炼出框架与指标。整合型则兼顾前两种思路的优点,既关注理论分析,又通过社会各界人士的调查与检验进行完善理论建构(黄四林,左璜,莫雷,刘霞,辛涛,林崇德,2016)。

基于国际经验,立足我国国情,我们课题组采用整合型思路,融合演绎与归纳范式，综合运用文献分析、个别访谈法、焦点小组访谈法、问卷调查法等定性与定量研究方法，开展核心素养的理论研究与实证调查，最终建构了核心素养的总框架。

我们总课题组首先形成了顶层设计，专家团队从理论上规划课题研究方向、统筹各个环节推进，并协调团队之间信息共享。在顶层设计下，开展了具有针对性的六个子课题：学生核心素养的内涵研究、教育政策研究、国际比较研究、传统文化分析、课标分析和社会调查的实证研究。前五个子课题主要采用文献分析与访谈等方法，从理论上厘清核心素养的概念内涵，提炼核心素养的理论维度与关键指标，以及各维度与指标之间的内在逻辑关联，初步形成框架与指标体系。实证调查研究既是对前面理论研究结果的检验与完善，又是将整个研究结果与实践相结合，如对接课标修订，提出各门学科的核心素养，从而验证了框架与指标的有效性与可行性（刘霞，胡清芬，刘艳，方晓义，陈英和，莫雷等，2016）。

(三)建构中国学生发展核心素养总框架与指标体系

课题组历时三年多的协同攻关，以党的教育方针与教育目标为指导，为有效落实立德树人根本任务和社会主义核心价值观，建构了以培养"全面发展的人"为核心，分为文化基础、自主发展和社会参与三大领域，综合表现为人文底蕴、科学精神、学会学习、健康生活，责任担当与实践创新六项指标，具体细化为国家认同等十八个基本要点。

文化基础、自主发展和社会参与的总体框架充分体现了马克思主义关于人的社会性等本质属性的观点，与我国治学、修身、济世的文化相呼应，有效整合了国家、社会与个人三个层面对学生发展的要求。人文底蕴等六大素养均是实证调查中社会各界人士最为关注与期待的内容，其遴选与界定充分借鉴了世界各国际组织与发达国家的研究成果。六大素养既涵盖了学生适应终身发展与社会发展所需的品格与能力，又体现了"关键""必备"的重要特征。六大素养之间相互联系，相互补充，相互促进，在不同情境中整体发挥作用。领域内的具体指标也紧密关联，循序渐进，从而构成一个严谨且具有前瞻性的结构体系。为便于实践应用，将六大素养进一步细化为国家认同等十八个基本要点，并对其主要表现进行了描述，为各学段学生具体表现与培养评价提供了依据。

(四)核心素养研究的实践意义

核心素养研究首次在国家层面上对党的教育方针进行了具体化，通过把党的育人目标细化为学生发展的核心素养表现，在国家宏观政策与具体教育实践之间发挥了承上启下的桥梁作用。课题组先后提交多项政策咨询报告，均被教育部采纳，成为落实立德树人工程、深化素质教育改革的重要举措，服务于国家重大需求。2019年2月，《中国教育现代化2035》部署了面向教育现代化的十大战略任务，指出要全面落实立德树人根本任务，"明确学生发展核心素养要求"，进一步确立了学生发展核心素养在我国教育改革中的战略地位。

作为国家育人目标转化的顶层设计，该成果自2014年起已应用于我国普通高中课程改革工作，2017年教育部修订完成的普通高中20门课标均以核心素养为依据凝练出了各学科核心素养。这直接影响全国普通高中学生的学习发展方向以及普通高中教师的教学工作，产生了较大的学科行业影响力。

该成果通过中国教育学会在全国范围内进行了发布，54个分支机构组织了深入学习并提出了相关建议，来自全国34个省区市的上万所学校的中小学校长、骨干教师等参与了相关的培训讲座，在引导素质教育从"学科本位"向"学生发展本位"的转变过程中发挥了积极的推动作用，成为当前我国教育领域最热门的改革话题之一。因此，本项成果于2016年获得第五届全国教育科学研究优秀成果奖一等奖。

二、学科能力的建构研究

学科能力的内涵包含三个方面：第一是学生掌握某学科的特殊能力；第二是学生学习某学科的智力活动及其有关智力与能力的成分；第三是学生学习某学科的学习能力、学习策略与学习方法(林崇德，2017)。

(一)学科教学关键在于发展学科能力和提升智力与能力

学科教学旨在提高教学效果,应坚持在传授知识的同时,发展学生的智力与能力,其中突出一点就是培养学生的学科能力。从国家层面上,学科能力研究推动了我国传统教育由内容取向转变为能力取向,实现了我国教育评价走向教育质量标准的取向。学科能力是制定教育质量国家标准、落实宏观教育目标的关键环节,是对总体教育目标的具体化,连接总体教育目标与测评体系之间的中间环节。从教育标准制定来看,学科能力是统领和规范不同学科及不同学段学生成就水平的重要科学依据。当前国际上发达国家最新研制的教育标准中都非常强调学科或跨学科能力模型与学科学习内容的整合,而我国现有标准在本质上属于内容标准,在基础教育中过于强调学科内容和知识点的传授,忽视了学科能力培养,使得课程标准和学业质量标准的制定缺乏明确参考依据(林崇德,2015)。

(二)学科能力建构的理论分析与调查研究

从理论上分析学科能力的构成,我们认为任何一个学科能力,不仅体现在学生有一定的某学科的特殊能力,而且有着学科能力的结构;这种结构,不仅有着常见的某学科能力的表层表现,而且有着与非智力因素相联系的深层因素。第一,某学科的特殊能力是这种学科能力的最直接体现。与数学学科有关的特殊能力,主要是运算(数)的能力、空间的想象力和逻辑思维能力。与语文学科有关的特殊能力主要是听、说、读、写。第二,一切学科能力都要以概括能力为基础。每一种学科能力都是以概括为基础,都是概括能力在其中的表现。因此,学生的学科能力正是其在获得学科知识的基础上通过概括化而形成的。抓住了概括能力,也就抓住了学科能力的基础与核心问题。第三,某学科能力的结构,应有思维品质参与。任何一种学科能力,都要在学生思维活动中获得发展,离开思维活动,无学科能力可言。因此,学科能力的结构当然包含体现个体思维的个性特征,即个体思维品质,集中表现在思维的深刻性、灵活性、独创性、批判性和敏捷性五个方面。这些思维品质确定了个体某学科能力的等级和差异,而且它们正是发展智力培养能力的突破口(林崇德,2017)。

基于上面理论分析，我们通过大量调查与教学实验来验证学科能力的五个重要假设：第一，学科能力是以学科知识为中介，没有知识就不能谈能力；第二，学科能力是一种结构；第三，学科能力具有可操作性；第四，学科能力是稳定的；第五，学科能力与非智力因素密切相关，像数学的兴趣往往是形成数学能力的基础。

(三)中小学生语文与数学学科能力的建构与培养

在充分而全面认识语文教学目的的基础上，抓好以概括为基础，把语文能力的4种基本能力(听、说、读、写)与5种思维品质(深刻性、灵活性、独创性、批判性和敏捷性，小学阶段为四种思维品质，不包括批判性)组成20个(小学16个)交结点的开放性的动态系统。据此结构，我们在中小学实验点开展了中小学生语文能力发展的研究(包括语文听、说、读和写的能力)和基于语文思维品质培养的教改试验与干预，结果发现语文思维品质的培养是中小学语文能力培养的突破口，是提升学生听、说、读、写能力的核心与关键。

中小学生的数学能力结构，应以数学概括为基础，将3种基本数学能力(运算能力、逻辑思维能力、空间想象能力)与5种思维品质(深刻性、灵活性、独创性、批判性、敏捷性，小学阶段为四种思维品质，不包括批判性)组成15个(小学12个)交结点的开放性动态系统。据此结构，我们在全国一些中小学实验学校开展了中小学数学能力发展的研究(包括数学的概念、推理能力、运算中思维法则、空间想象力、逻辑思维能力等)和一系列基于数学概括能力和思维品质的培养与干预，结果发现培养学生数学思维品质是提高数学教学质量、减轻学生过重负担的有效途径，是发展学生数学能力的突破点(林崇德，2017)。

(四)学科能力模型建构的理论与实践意义

在理论上，通过中小学生语文与数学能力的建构与教学试验的结果，我们提出了"以培养思维品质作为发展学生智能的突破口"的教育理念，首创了中国化的智力理论——"聚焦思维结构"的智力理论，从思维的目的、过程、材料、品质、自我监控和非认知因素六个方面对智力活动的实质进行分析。该理论主要观点以"*Multiple*

Intelligence and the Structure of Thinking" 为题在 2003 年发表于国际权威理论心理学杂志 *Theory & Psychology*,并跻身于该杂志创刊 17 年来所有 600 余篇论文"被阅读次数最多的 50 篇文章"排行榜,最好的排名位居第五位(据 SAGE Publication 网站 2006年年底发布的数据),得到国际同行的认可与赞赏,在国内外学术界产生了重要影响,促进了思维理论领域的重大突破。

在实践上,我们课题组在全国 26 个省区市 3000 余所实验学校推广应用,有力推动了教育质量的提高,一万多名教师和 30 多万名学生在教学试验过程受益,对中国 20 多年的基础教育改革产生了深刻的影响。因此,该项成果的代表作《学习与发展——中小学生心理能力发展与培养的研究》在 1995 年获得了全国高等学校人文社会科学研究优秀成果奖一等奖。

三、灾后中小学生心理疏导的研究

2008 年 5 月 12 日,四川汶川发生了特大地震,国家高度重视心理疏导在灾后重建中的作用,并出台了一系列政策来保证灾后心理疏导工作的有效实施。例如,2008 年 6 月国务院发布的《汶川地震灾后恢复重建条例》,同年 7 月,教育部发布的《关于地震灾区中小学开展心理辅导与心理健康教育的通知》。灾后中小学师生急需心理疏导与建设,灾后学校急需重建,国家和社会急需心理学的重要支持与贡献。

(一)积极开展灾后中小学生心理疏导服务工作

2008 年我们的课题"灾后中小学生心理疏导的研究"就是要认真贯彻我党提出的"注重人文关怀和心理疏导"的要求,为灾后中小学师生提供心理疏导服务,为灾后学校重建服务,为国家重大急需服务。为此,我们形成了四方面的研究问题:①调查灾后中小学生的身心反应及变化趋势;②探究灾后中小学生身心反应的影响因素和作用机制;③建构灾后中小学生心理疏导人员培训体系与干预援助体系;④形成心理危机管理与心理疏导政策建议(林崇德,2014)。

（二）以"理论分析、实践研究、疏导干预"为总体研究思路

理论研究方面，我们在对灾后个体身心反应的大量研究文献进行梳理与分析后，提出了自然灾害后个体身心反应的影响因素以及灾难前—中—后的影响机制模型，提出了学校心理危机干预体系建构等理论构想。

调查研究方面，持续追踪调查了 14000 人次的学生和 1300 人次的教师，在汶川地震后 1 年、1.5 年、2 年、2.5 年 4 个时间点对师生的身心状态和影响因素的变化趋势及作用机制进行了系统监测。

培训干预方面，我们提出了教练咨询与教师作为咨询师相结合的教师培训模式，根据"分阶段、分人群"的培训理念，对汶川教师进行了为期两年共九期的"以教师为本"的培训干预，内容包含 15 个与中小学心理咨询、心理辅导和心理健康教育密切相关的专题。

（三）灾后中小学心理疏导体系与教师培训体系的建构

通过追踪调查灾后中小学生和教师的身心反应状况及影响因素，我们提出的干预模式是"以教师作为治疗师的核心理念，以培育学校内部力量、完善学校心理健康教育体系为重点，同时纳入家长支持的重要力量"。课题组基于我国灾后学校工作的现实情况，以学生帮助计划、教练技术、教师作为治疗师的干预理论为理论基础，以促进教师心理疏导能力为核心目标，创建了一套完整的灾后心理疏导的教师培训体系，即专家—教练—教师相整合的创伤干预模式（图 1）：专家的"一点"带动教练的"一线"，从而带动教师的"一面"，并促进学生的"一体"。这一模式有力地促进了灾后心理疏导的长久开展，并在之后的灾后干预与援助工作中得到了较好的应用与推广，对提高灾后教师及学生的心理健康水平，形成学校心理疏导体系，带动区域中小学校心理疏导能力的提高有重要参考价值（林崇德，伍新春，陈秋燕，田雨馨，2018）。

我们选取 20 所学校的 50 多名骨干教师，进行了两年共九期的 15 个专题培训。通过对教师参与培训效果的量化分析发现：参与培训的教师其学生的积极心理状态明显提升，创伤后应激障碍（PTSD）显著减少，自杀行为意向基本消失。

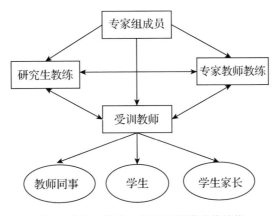

图 1　专家—教练—教师干预模式的结构

（四）灾后中小学心理疏导研究的理论与现实意义

在理论上，我们准确地掌握了我国背景下灾后中小学生身心反应特征与机制，构建了具有中国化的实效的灾后中小学生心理健康疏导培训工作与培训体系，首创了"专家组+教练组"的培训模式。课题组发表了近 40 篇 SCI 或 SSCI 研究报告，为灾后心理疏导研究做出了理论突破与推进，得到了国际同行专家的认可与关注。

在实践上，通过在 20 所学校中开展培训与干预工作，我们发现对促进灾后地区教师个人成长及其学生身心健康发展发挥了明显的效果。这些成果与实践对创伤心理学的理论研究具有推动意义，对于灾后心理援助提供了有效借鉴，尤其是为灾后中小学师生心理健康服务发挥了重要实际效果，在一定程度上满足了灾后重建的国家急需工作。因此，中央电视台震灾三周年纪念节目中重点宣传了我们课题组灾后干预与培训效果为灾后教师与学生心理疏导做出的贡献。我们撰写的《灾后中小学生心理疏导研究》一书获 2016 年北京市哲学社会科学优秀成果一等奖。

四、中小学教师素质的研究

教师素质是教师在教育教学活动中表现出来决定教育效果的、对学生身心有直接而显著影响的思想与心理品质的总和。

(一)教师素质是决定教育质量的关键

教育大计，教师为本，教师素质对学生的发展起着决定性的作用，更是我国新时代建设高素质教师队伍的关键，也是当前改进教师教学水平的突破点。因此，教师素质直接关系到我国的教育质量、人才培养、知识传播和文化传承。

(二)教师素质建构的理论分析与实践调查

通过深入实践调查以及理论研究，我们认为教师素质研究首先要坚持六项原则：第一，教师专业有特殊性，和其他职业不一样。特殊性表现在教师的职业就是他的专业，是教书育人的事业。第二，理论背景，我们的主要理论基础是心理学。第三，教师在学校里必须要重视教学，以教学活动为中心。第四，反对那种元素堆砌的教师素质观，应将教师素质看成一个系统的结构，其内部包含着复杂的成分。第五，动态性原则，即教师素质是结构与过程的统一，发展性、动态性是其精髓，是每个人通过努力都能够得到的最高境界。第六，教师素质的含义应能为教育实践和教师培训工作提供理论指导，具有可操作性。基于这样的理论思考，我们在全国3000多所中小学长期开展了大量有关教师素质的调查与培养。

(三)构建教师素质的动态结构

在大量调查数据的基础上，我们提出教师素质结构主要包括以下五成分：①教师的职业理想(即师德)是献身于教育工作的根本动力。强烈而持久的教育动机、高昂的工作积极性，是教师有效从事教育工作的动机因素。教师的职业理想主要表现在"敬业爱岗、热爱学生、严谨治学、为人师表"四个方面上。②教师的知识是教书育人活动的基础。教师的知识主要包括四个方面：教师的本体性知识、文化知识、实践性知识和条件性知识。③教师的教育观念(教育的效能感)是教育教学工作的心理背景。教师的观念会影响他们的知觉、判断，从而影响他们的课堂行为。④教师的监控能力是教育教学的关键能力，是指教师为了保证教育教学的成功、达到预期的目标，在教学过程中将活动本身作为意识的对象，不断地对其进行积极、主动地计划、检查、评价、反馈、控制和调节的能力。⑤教师的行为与策略是教育教学的途径。更为重要的是，这五种教师素质成分并不是简单的平列关系。五种成分之间相互作用，相互影响，共同构成教师素质系统的复杂结构，而且这个结构是一个不断变化发展的动态结构。从教育情境来说，五种成分的关系可以如图2所示。

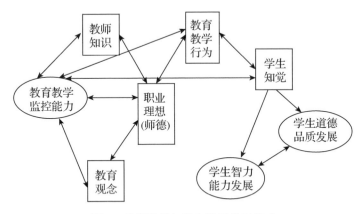

图 2 教师素质与学生发展关系模式

2014年9月9日，习近平总书记在北京师范大学提出并号召全国广大教师做有理想信念、有道德情操、有扎实学识、有仁爱之心的"四有"好老师。在新时代，"四有"好老师是我们当前教师素质的最高指南。综合教师素质的研究成果和当前社会对教师素质的新要求与挑战，我们认为理想信念是教师素质之魂，道德情操是教师素质之根，扎实学识是教师素质之基，仁爱之心是教师素质之源。

教师素质的指导与决定性因素就是理想信念，因为教师承担着最庄严、最神圣的教书育人的使命，所以势必要有"为了谁、依靠谁、我是谁"的理想信念。有了理想信念，教师素质培养就有了方向。理想信念的核心素质是责任担当，表现在四个方面，一是担负中华民族伟大复兴的历史使命；二是忠诚党和人民的教育事业；三是落实社会主义核心价值观；四是全心全意为学生服务。道德情操从规范上说，涉及三个关系：一是群己关系，即个人与社会整体的关系，国家认同是核心；二是人己关系，即个人与他人的关系，孝道与团队合作精神是核心；三是自我道德修养，即个人与自己的关系，信心是核心。道德情操的核心素质是"学为人师，行为世范"。具体内化与外化为五种关系：一是教师与社会关系，要求爱国爱党，依法执教；二是教师与职业的关系，要求忠于职守，廉洁从教；三是教师与集体的关系，要求团结协作，严己宽人；四是教师与学生的关系，要求教书育人，甘为人梯；五是教师与自我的关系，要求以身作则，闻过则喜。扎实学识要求教师弘扬科学精神，勇于探索，追求真理，修正错误，精益求精；秉持学术良知，恪守学术规范，尊重他人劳动和学术成果，维护学术自由和尊严。仁爱之心是源头，是教师关爱学生的首要因素，没有爱就没有教育，并且师爱是一种只讲付出不计回报的、无私的爱，是一种严慈相济的爱，是一种一视同仁的爱。师爱是教师教育学生的情感基础，学生一旦体会到这种情感，就会"亲其师"，从而"信其道"，教育就实现了其育人功能。

（四）教师素质研究的成果与反响

教师素质结构的建构为教师成长与发展提供了重要理论依据。总结经过多年的研究成果，我们撰写的专著《教育的智慧——写给中小学教师》在 2003 年获教育部第三届人文社会科学研究优秀成果一等奖，先后发行了 22 万册，并作为多省、自治区、直辖市的教师培训教材。有关教师素质的研究成果为我们课题组后来教师研究提供了重要基础与启示。例如，2017 年教育部教师工作司委托我们开展了"中小学教师师德修养课程指导标准研制"，正是基于教师素质研究前期工作，我们顺利完成了中小学教师师德框架与指标的建构，并形成了中小学师德修养培训课程指导标准，撰写的多份政策咨询报告均被教育部教师工作司采纳，对新时代教师队伍师德师风建设发挥了重要作用（黄四林，周增为，王文静，刘霞，林崇德，2019）。

在实践上，我们提出"教师参加教育科学研究是提高其自身素质的重要途径"的理念，与学生学科能力培养课题一起在全国 26 个省区市 3000 余所实验学校推广应用，在全国中小学引起重视并获得积极响应，对我国基础教育教师素养的提升与培养产生了重要作用。经过多年的实践，该项目研究成果整理为专著《教育与发展》并于 2006 年获得教育部第三届全国教育科学研究优秀成果一等奖。

五、结论与启示

第一，应用于实践是心理学造福于人类的重要价值体现。任何一门科学的价值都在于造福人类，心理学能否给人类带来幸福，关键在于它能否应用于实践。正如爱因斯坦所言，"关心人本身必须始终成为一切技术努力的目标，要关心如何组织人的劳动和商品分配，从而保证我们的科学思维对于人类是福祉而非诅咒"。因此，心理学要给人类带来福祉，关键在于关注人本身，关注当前社会发展的实际问题，为民众生产与生活实践提供服务，提升我国民众的生活质量与水平，响应国家的重大需求。例如，2008年汶川地震后，我们课题组开展了灾后中小学心理疏导研究，对当地20多所学校的教师进行心理疏导培训，经过培训的教师回到学校后，在对学生心理危机干预与教育方面发挥了重要作用，有效地缓解与改善了所在学校学生创伤后心理应激反应。这方面的实践与尝试为今后危机事件的心理干预提供了有益借鉴。

第二，心理学的应用在于我国社会发展所面临的现实问题与需求。党的十九大明确指出，要全面贯彻党的教育方针，落实立德树人根本任务，发展素质教育，推进教育公平。2019年2月，《中国教育现代化2035》重点部署了面向教育现代化的十大战略任务。例如，为落实立德树人根本任务，受教育部委托，我们课题组开展了学生发展核心素养研究，建构了核心素养的框架与指标体系。2017年教育部修订完成的普通高中语文等20门课标均以核心素养为依据提出了各学科核心素养。这直接影响到全国普通高中学生的学习发展方向以及普通高中教师的教学工作，产生了较大的学科行业影响力。除教育问题以外，党的十九大报告还指出，建设文化自信、坚决打赢脱贫攻坚战、实施健康中国战略、建设美丽中国等国家战略与急需问题。这些社会问题和国家战略问题都急需心理学开展大量的应用性研究，为我国当前社会发展和民众工作与生活提供直接的服务。我们坚信心理学的长远发展离不开社会的认可与需求，心理学研究只有为社会为公众提供更多、更有效的服务，社会才能承认心理学的价值，才会给心理学更大的发展空间和更多的机会。总之，社会发展和民众的需求才是心理学蓬勃发展的根本动力。

第三，高度重视应用性研究的态度决定心理学的创新水平。态度决定高度，心理学自身对应用基础的日益重视，我们对其应用的态度在某种程度上决定我国心理学创新的高度。在完成前面四项课题的过程中，我们更加深切体会到国家需求应该成为我国心理学最根本的出发点，产出有重大影响的教育学科行业的应用性成果应该成为我们心理学研究者的主要追求。只有在思想和态度上意识到应用性研究的重要性与紧迫性，才能激发心理学研究者对解决实际问题的高度社会责任感与创新精神，克服各种困难，实现成果创新。

第四，心理学应用性研究更应坚持走中国化的道路。我国心理学建设的根应该扎在中国的实践之中，研究的是中国社会和民众急需解决的问题，这是提高我国心理学研究水平的一项重要途径。例如，我们开展的学生发展核心素养研究，在系统总结世界各国际组织与国家的核心素养研究成果之后，我们强调要吸收这些成果的精华，但是决不能照抄照搬，更不能"西化"，始终坚持洋为中用，批判性吸收核心素养国际研究中的科学方法与合理成分。《教育心理学》第 12 版(Jeffery W. Johnson, 2013)援引了我们思维品质在智能发展中作用的研究；灾后中小学生心理疏导的研究成果，光是发表在国际刊物上的就近 40 篇，由此可见越是民族的东西越能走向国际。此外，我们开展的中小学生学科能力和教师素质的研究，就是扎根于我国的中小学校，在全国 26 个省区市 3000 余所实验学校推广应用，不仅获得了大量基于我国教育实际的研究成果，而且有效地提高了这些学校的教育质量。坚持马克思主义的指导思想，充分借鉴国外成功经验，以解决我国社会发展的实际问题为目标，是我国心理学服务于国家和社会的重要导向。

构建信任指数，建设和谐社会[*]

东西方文化历来都重视信任。在中国，"信"为五常（仁、义、礼、智、信）之一，强调人人都要提高自身道德修养，诚实守信。在西方，《圣经》中也多次谈到信任。德国社会学家席美尔（1990）认为"没有人们相互之间享有的普遍信任，社会本身将瓦解"。有学者（Golembiewski & McConkie，1975）更是形象地比喻道："信任是滋养万物的阳光，信任是不可或缺的雨水"。可见信任的重要性。然而，正如有研究者前面提到的比喻所暗示的那样，信任在学术研究中一直被当作如阳光和雨水一样的理所当然的存在，并没有得到重视。直到20世纪50年代，信任才开始逐渐成为社会科学研究的重要议题，开创信任实证研究先河的正是心理学家多伊奇（Deutsch，1958）。纵观信任研究50多年的历史，心理学一直是其中的重要力量。在建设和谐社会的中国，更是需要心理学家在内的研究者倾力合作，加强对信任的研究。

党的十六届六中全会关于"构建社会主义和谐社会若干重大问题决定"中首次阐述了社会和谐与心理和谐的关系，指出"注重促进人的心理和谐，加强人文关怀和心理疏导，引导人们正确对待自己、他人和社会，正确对待困难、挫折和荣誉"。我们认为，和谐主要指的是处理和协调好各种各样的关系，心理和谐与社会和谐是一致的，心理和谐是构建和谐社会的重要保证，是经济、社会和谐发展的基础。和谐社会包括三个空间：自我关系、个人与他人关系和个人与社会关系。围绕这三个空间促进心理和谐必须重视人与他人、人与社会等六个方面的关系，就必须提高社会信任度，构建中国社会的信任指数（林崇德，2007；林崇德，刘春晖，2011）。党的十八大明确提出要培育包括诚信在内的社会主义核心价值观，要深入开展道德领

---

[*] 原文载于《北京师范大学学报（社会科学版）》2013年第1期，另一作者为刘国芳。

域突出问题专项治理，加强政务诚信、商务诚信、社会诚信和司法公信建设。可见党中央对信任问题的重视，这进一步说明了构建中国社会信任指数的必要性。

日裔美籍学者福山(2001)曾断言，中国是低信任度社会，不能发展出超越血缘关系的信任。同时，也有一些证据显示中国社会的信任度呈现出了下降的趋势(马得勇，2008)。对于福山的观点，我们坚决反对；而对于后一种观点，我们认为值得警惕。为了构建中国社会的信任指数，需要了解中国社会的信任。下文首先简单回顾了信任的研究现状，然后通过对福山观点的反驳以及对中国社会信任可能的下降趋势的评述来说明中国社会中的信任，最后就构建中国社会的信任指数提出了几点值得注意的问题。

一、信任的研究现状

信任的实证研究已有50多年的历史，这期间，心理学、经济学、社会学等学科都对信任展开了研究，在横纵两个方向上取得了进展。纵向上，对信任的本质有了更深刻的认识；横向上，展开了对社会信任的基础调查。构建中国社会的信任指数，既需要了解信任的本质，又需要对社会信任进行基础调查，因而我们主要围绕上述两点回顾了信任的研究。

(一)信任的本质

科学研究的第一步是描述事象并给事象下定义；第二步则是对事象进行分类，以得到对事象更加深入和有区别的认识。这两点也正是在信任研究中取得最大共识的部分，因而，我们主要围绕信任的定义与类型来获得对信任本质的认识。

任何事物都必有其结构，这也构成了信任研究的出发点。多伊奇(1958)开信任实证研究的先河，其对信任结构的观点也到了广泛认可。多伊奇将信任定义为"个体期望某事会出现并做出相应的行为，而且该预期没有满足时带来的负面心理结果要大于该预期实现时带来的正面心理影响"。在这一定义中，信任可分为三个成分：个体对他人行为的预期、个体行为、行为所暴露的自身弱点。这三个成分是序列作用的，首先有对他人行为的预期，然后在此基础上个体做出信任行为，行为则会暴露自身的弱点，有被他人利用的风险。此后，这一信任结构逐渐得到了学者的认可。例如，梅耶等人(Mayer, Davis & Schoorman, 1995)在回顾前人研究的基础上提出，信任是信任者不考虑自身的防范能力，基于被信任者会按照自己期望行事的预期而做出的暴露自身弱点的行为。梅耶等人进一步分析了信任的子结构，即影响个体对他人行为预期的因素。他们认为，信任由如下成分决定：信任者的信任偏好，被信任者的能力、善心与诚实，正是这些因素的相互作用决定了个体的信任水平。这也得到了其他研究者的赞同(Tschannen-Moran & Hoy, 2000)。

从上述信任的结构分析中可以看出，信任总是伴随一定的风险，信任者的利益可能受到损害，这就需要有信任的保障机制存在。围绕信任的保障机制或建立基础，信任可以分为不同的类型。信任既可以建立在交往双方的关系上，又可以建立在外在的制度、规范约束之上，前者我们称为关系(特殊)信任，指对特定对象的信任；后者称为制度(一般)信任(指基于制度的信任，与对制度的信任不同)，指对陌生人的信任。这种划分方法能够较好地概括研究者的观点。例如，卢曼(2005)将信任分为人际信任和制度信任。人际信任是建立在熟悉度及人与人间的感情联系基础上；制度信任则是通过外在的，像法律的惩罚式或预防式的机制来降低社会交往的复杂性。萨克(1986)认为信任可以分为三个层面：基于交往经验的信任，来自互动、交换和交易经验的累积；基于行动者具有社会文化共性的信任，源于社会模仿的义务和合作规则；基于制度的信任，建立在非个人的规则、社会规范和制度基础上。基于交往经验的信任正是关系信任，后两种信任则属于制度信任。

由此，我们认为，信任是个体在自身信任偏好基础上，基于对被信任者的能力、善心、诚实等的预期或对制度、规范等信任保障机制的评估而做出的可能带有风险的亲社会行为。

(二)社会信任的基础调查

研究者使用实验、问卷等多种方法展开了信任研究。实验方法能够实现对变量的操控，适用于探究信任的结构和运行机制；问卷由于其高效性便于我们获得社会信任的基础数据。构建中国社会的信任指数需要有信任的大型基础调查，因而此处简要介绍几种信任的调查项目。

国际上有关信任最著名的基础调查是世界价值观调查（World Values Survey）和一般社会调查（General Social Survey）。一般社会调查和世界价值观调查分别开展于20世纪70和80年代，均涵盖了全球数十个国家和地区。这两个项目中都包含有信任的测查项目，如一般社会调查中的"一般说来，与人交往时，你认为大多数人是可以被信任的还是如何小心都不为过"，由被调查者做二择一的选择。通过这些题目就可以获得人们的信任水平。上述项目涉及的都是人际交往中的一般信任，也有研究项目关注了人们对社会机构的信任，如大不列颠社会态度调查项目（British Social Attitudes Survey）和英国MORI公司对世界上一些国家和地区的社会价值观的调查。这些调查主要测查了人们对政府部门、私人机构或职业人群等的信任，如被调查者要对"你是否相信政府（和其他服务机构）会如人们所愿使用纳税人或消费者的钱"进行评价，被评价的机构包括政府、地方议会、警察、国家养老保险机构、各类医院、学校等。这反映了人们对涉及的社会机构的信任。这些指标被学术界广泛用来衡量各国或地区信任度的高低（马得勇，2008；Algan & Cahuc，2010；Taylor-Gooby，2005）。

中国参与了世界价值观调查和一般社会调查，对中国社会信任度的分析也主要依据这两个项目的数据。例如，马得勇（2008）使用世界价值观调查的数据发现，中国社会的信任度在参与调查的国家中属于较高水平，但是呈现出了一定的下降趋势。然而，中国并没有一个独立的有关信任的基础调查，唯一的一个较大型的信任基础调查是通过"中国企业家调查系统"向15000多家企业收集的问卷，调查对象主要是一些企业领导人，调查样本涉及13个行业和各种所有制结构，包含了全国31个省、自治区和直辖市。参与调查的企业家需要回答"根据您的经验，您认为哪五个地区的企业比较守信用（按顺序排列）"，信任度的测度根据总样本中有多少比例的人认为该地区最值得信任来定。

相较而言，国外对社会信任的调查开展较早，也较为成熟，而中国在这一方面的数据还非常欠缺，还远远不能满足社会需求。所以，构建中国社会的信任指数不仅必要，而且紧迫。在构建中国社会的信任指数之前，我们有必要先了解一下现有的关于中国社会信任的观点。

二、中国社会中的信任

中国历来都非常重视信任。中国的《论语》中多次谈及信任，如"吾日三省吾身：为人谋而不忠乎？与朋友交而不信乎？传不习乎？""与朋友交，言而有信""信则人任焉"等，这都是强调人要讲诚信，而且"信"还是我们所强调的"五常"之一。不仅古代中国重视信任，我们现在同样非常重视信任。党的十六届六中全会提出的要促进心理和谐和建设和谐社会就要重视信任问题。党的十八大更是明确提出了诚信问题，将诚信和爱国、敬业、友善共同作为每个人要遵循的社会主义核心价值观。可见，信任在我们的文化和社会中占据着异常重要的地位。

(一) 中国是高信任度社会

1995 年，日裔美籍学者弗朗西斯·福山出版了其《信任：社会美德与创造经济繁荣》一书，书中分析了世界各国的信任与经济发展的关系(福山，2001)。在此书中，福山认为信任会影响一个社会的经济规模、组织方式、交易范围和行事规则，以及社会中非直接生产性寻利活动的规模和强度。按照一个社会在上述几方面的表现，福山划分了高信任度和低信任度两类社会。低信任度社会指社会成员间的信任只存在于具有血亲关系的人际间，高信任度社会指信任可以超越血亲关系的社会。他认为在低信任度社会中，人们的自发性社交能力很弱，如果离开强有力的高度中央集权的政府，民间往往不能发展出有效率的大规模组织，这也就限制了经济发展。据此，福山论断中国是低信任度社会，不能诞生大型的经济组织。福山自己认为信任可以影响经济发展的观点并无不妥，但其将中国社会简单地划分为低信任度社会是极其错误的。综合起来，我们可以从下面三个方面做分析。

第一，福山笼统地将中国视为低信任度社会，而并没有区分信任的不同类型。实际上，信任类型与信任水平有着密切关系。根据信任建立机制的不同可以将信任分为关系信任和制度信任。不难看出，福山(2001)所指的信任仅指能够超越血亲关系的信任，也就是对陌生人的信任，并由中国关系信任强的事实来推论中国制度信任弱。但是，中国人重视关系(薛天山，2008；杨中芳，彭泗清，1999)，却并不能说明中国社会的制度信任就弱，关系信任与制度信任并非是对立的，福山的推论逻辑并不成立。例如，彭泗清(1999)就发现中国人会综合运用关系与制度两种手段来建立信任关系。同时，信任模式也是不断发展的，在社会发展的不同阶段和时期会有不同的信任模式(董才生，2004；陶芝兰，王欢，2006)，中国社会的关系信任同样可以向制度信任发展。

第二，福山将中国判定为低信任度社会，但是他却没有认识到信任是动态变化的，没有考虑到"起点不信任"与"永远不信任"二者的区别(彭泗清，1999)。福山认为中国人血缘关系的界限是相当固定的，外人很难得到信任。而实际上，中国社会是"差序格局"的，交往的边界具有相当的弹性(费孝通，2009)。例如，牛江河和辛自强(2009)就发现随着交往主题的不同，人们会相信不同的交往对象。也有研究者发现，在交往中人们会努力把他人拉进"自己人"的圈子(彭泗清，1999；杨中芳，彭泗清，1999)。这都说明，尽管中国人可能在起点上信任度较低，但是并不妨碍发展高信任的人际关系。杨中芳和彭泗清就认为中国人的信任会根据人际关系的变化而变化，会从基于既定关系的信任发展到基于工具关系的信任，并最后发展为基于感情的信任。这后一种信任就突破了血缘关系的限制，与陌生人建立了较强的信任关系。

第三，且不论福山对信任本质理解上的偏差，其关于中国是低信任度社会的观点也有不少的反面证据。例如，张建新等人(1993)发现，中国人对熟人和陌生人的信任都要高于美国被试。另有研究者(Buchan & Croson，2004)也发现，无论与何种关系的人交往，作为福山所定义的"低信任度社会"的中国被试表现出的信任水平和可信赖性都要高于"高信任度社会"中的美国被试。而且，通过比较世界价值观调查中所有参与国家和地区的信任度也可以看出，中国社会的一般信任水平是比较高的(马得勇，2008)。其他研究(Niu，Xin & Martins，2010)也发现，无论是对于本国人民的信任还是对于其他国家人民的信任，中国被试的信任水平都要高于或至少不低于美国和加拿大被试。上述所有这些结论都反驳了福山的论断。更重要的是，改革开放以来，中国已经涌现出了大量大规模企业，在最新的世界 500 强企业名单中，中国有 69 家企业入围；中国也于 2010 年超过日本成为世界第二大经济体。世界五大调查公司之一的爱德曼公司发布的 2012 年全球信任度调查中，中国综合信任指数全球第一，这更是对福山的观点做出了最有力的驳斥。

可见，中国社会中存在多种信任类型与模式，整体而言，中国是一个高信任度社会。

(二) 警惕中国社会信任度的下降

信任是一个动态变化的系统，随着交往展开与时代发展，信任水平、主导的信任类型与模式都会发生变化。有研究就显示，波兰、日本、俄罗斯、美国等国以及我国台湾地区等都曾出现过信任的下降(什托姆普卡，2005；马得勇，2008；Uslaner，2002)。那么，我们国家的信任在近些年间发生了什么变化呢？

要研究社会信任随时代变迁的变化，必须具有纵向的追踪数据。中国参与了世界价值观调查的所有轮次的测查，这就为研究中国社会信任度的变化提供了机会。世界价值观调查的参与者需要对"一般说来，你认为社会上的大多数人可以信任吗"做"信任"或"小心为好"（代表不信任）的二择一选择，一个社会中选择"信任"的人数比例就反映了该社会的信任水平。马得勇（2008）使用世界价值观调查的数据发现，20 世纪 90 年代中国的被调查者中有 60% 选择"信任"，这一比例在 21 世纪初不到 50%，这说明中国社会的信任度在此期间有所下降。通过横断历史研究同样能够获得信任随时代变化的趋势。辛自强和周正（2012）基于人际信任量表（Rotter，1980）对 1998 年至 2009 年大学生的人际信任水平进行了横断历史研究，发现大学生的人际信任水平与年代呈现显著的负相关，人际信任下降趋势明显，11 年间大学生的人际信任下降了 1.19 个标准差，平均值下降了 9.96 分。这种趋势与其他研究者的观点是一致的（高兆明，2002；彭泗清，1999；郑也夫，2006）。这值得我们警惕。

如果中国社会的信任的确出现了下降，那么我们的社会就必须做出反应以扭转这一趋势。然而，这些研究并不能完整地反映中国社会的信任现状，也不足以为政府的决策提供基础数据支持。

第一，关于我国社会信任下降最有说服力的证据来自马得勇（2008）和辛自强、周正（2012）的研究。辛自强和周正发现大学生的人际信任水平在不断下降。但是，该研究所使用的均为大学生，这样的结论并不能够代表社会的整体信任状况。同时，人际信任量表是否适合中国被试也需质疑，因为中国人与西方人的信任结构并不相同（薛天山，2002；王飞雪，山岸俊男，1999）。例如，王飞雪和山岸俊男对中、日、美三国的信任进行了跨文化调查，他们发现中国和日本、美国的信任结构并不一致。日本、美国文化中的一般信任在中国文化中反映了三种因素结构：人性、人情与信任。马得勇使用了世界价值观调查的数据，样本更具代表性，但调查中的单题测试并不能涵盖社会信任的各个侧面，如对社会机构的信任。

第二，上述研究对象都为一般的人际信任，并未区分信任的不同类型或信任的不同对象，而这两者对信任有很大影响。在现阶段的中国社会，信任也正处于从更多地依赖关系向更多地依赖制度转变中。要准确地刻画中国社会的信任现状，就必须考虑信任的不同类型的作用。同时，正如林崇德和刘春晖（2011）对心理和谐诸种关系的论述一样，信任也可以有不同的对象，如对他人的信任、对政府的信任、对企业的信任等，信任对象不同，信任的程度与影响因素也会不同。

三、构建信任指数应考虑的因素

无论是世界价值观调查的数据，或是国内学者做的关于信任的调查都不足以反映中国社会信任的全貌，不足以为政府决策提供支撑，但其所揭示的信任下降的趋势却需要引起警惕，这也是我们提出要构建中国社会的信任指数的必要性所在。我们认为，要建立中国社会的信任指数，至少有以下几个方面的问题是需要考虑到的。

（一）信任的类型

分类是科学研究中的重要一步，贝塔朗菲（1987）更是认为科学的中心问题就是分类。分类就是抽象出事物的本质或核心特征,并把具有相同特征的事物归为一类,这有助于深化我们对事物的认识以及有的放矢地提出应对措施。前文已述,信任与风险相伴随而生,没有风险也就无所谓信任了。正是基于信任的保障机制这一因素,研究者将信任分为关系信任和制度信任。关系在中国文化和社会中扮演着重要角色,这也是韦伯(1995)等学者将中国社会中的信任归为特殊(关系)信任的原因所在。改革开放以来,中国在经济、社会、文化等方面都出现了巨大变化,转型成为中国现阶段最突出的特点。随着社会变迁,人们之间越来越多地进行一次性的交往、与陌生人的交往,这就突破了传统的重复交往模式,信任模式也要由以关系信任为主向以制度信任为主转变。因而,在构建中国社会的信任指数时必须考虑到这一点,才能得出符合中国社会特点的结论。

这里,有两点需要说明。第一,关系信任与制度信任只是在保障机制上有所不同,二者绝非对立的关系。在向现代化转型中,中国社会呼唤更多的制度信任,但这并不意味着要完全抛弃关系信任。作为中国社会和文化的独特因素,关系反映了中国人对"情"的重视,如果完全抛开这一点与传统割裂,将会破坏社会稳固的交往方式与行为规范,这必然会带来社会不信任情绪的扩散(高兆明,2002)。第二,制度信任需要外在的规范与制度约束人的行为,但不等于能滥用惩罚机制。在社会出现不信任行为时,人们往往会倾向于惩罚不信任者,但是必须认识到,惩罚对信任的恶劣影响甚至要大于其带来的益处。研究发现,惩罚会使个体做出的信任行为由内部动机变为外部动机,进而破坏信任(Fehr & Falk,2002)。而且,受惩罚影响最大的往往是那些亲社会的个体(王沛,陈莉,2011),一旦惩罚机制建立,人们就不再愿意移除惩罚了(Mulder,Van Dijk,De Cremer & Wilke,2006)。

(二)信任的对象

信任可以建立在不同的保障基础上,信任对象也有多种。对于不同的交往对象,人们的信任水平也不尽相同,这一点在研究中国社会中的信任时尤其重要。关系在中国社会中具有重要意义,表现为费孝通(2009)所说的"差序格局"。费孝通认为,中国人的人际关系格局呈现如水波纹状的格局,以自我为中心向外一圈一圈地扩散开去，与自我关系的远近直接影响人际交往。中国人的信任同样呈现出"差序格局"状，信任对象离自己的关系越远，对其信任程度越低(Buchan & Croson, 2004)。考虑到这一点才能准确地刻画中国社会的信任。

心理和谐要求我们处理好六个方面的关系，其中人与他人的关系、人与社会的关系尤其需要相互信任，所以我们认为，构建中国社会的信任指数至少应该考虑到人际信任以及个体对重要的社会组织或机构的信任，如对政府的信任、对企业的信任等。没有基本的信任存在，政府活动将难以开展，企业运营也会面临困难。同时，由于群体声誉对信任的影响力，个体对政府、企业等的信任程度还会影响人际交往。例如，对医疗系统不信任的人很难相信一个医生。以职业为例，在交往中，我们往往会根据他人的声誉决定是否相信对方，而有研究发现，他人所属群体的声誉对信任有着更大的影响力(Huck & Lunser, 2010)。也就是说，个体对社会机构的信任会以刻板印象的形式存在，而刻板印象一旦形成就很难改变，其效应会扩散到所有的人际交往方面，因此，在构建中国社会的信任指数时必须同样重视个体对社会机构和组织的信任。

(三)信任的影响因素

任何事物都是一个开放系统，通过"输入"与"反馈"与其他系统相联系(贝塔朗菲, 1987)。这要求我们将对象放在背景中来研究，从整体上来看待研究对象及其与其他系统的关系。作为一个复杂的社会实体，信任并不是一种独立的存在，而会受到多重因素的作用并对经济、社会系统等产生影响。要完整地理解信任，构建中国社会的信任指数，必须同时考虑对信任有影响的其他系统的作用。如前所述，研究者所定义的信任结构内的成分：个体的信任偏好、被信任者的能力、善心和诚意等的相互作用决定了人际信任水平(Mayer et al. , 1995)，这需要重视。同时，信任还与其外的系统相互作用，它们对信任的影响也须得到关注，这里列举如下几个。

1. 主观社会流动

任何社会都有分层，几乎所有的社会冲突都与分层问题有关(李强, 2011)。与社会分层相联系和对应的则是社会流动。客观社会流动指的就是个体或群体在不同社会分层结构中位置的变化(Aldridge,2003)。主观社会流动则是个体对实际社会流动的感知,反映的是个体对社会公平程度的主观看法,以及对自己将来流动前景所抱有的信念,更加关注个体的认知和态度。相较于客观社会流动,主观社会流动能更好地预测和解释人们行为。主观社会流动能够反映个体对社会公正程度以及对社会制度的信任水平,主观社会流动预期强的人认为社会更加公正,通过自身努力可以换来积极的结果,这会提高个体的人际信任和对社会机构的信任。我们有理由假设,在一定程度上主观社会流动能够预测信任。

2. 社会主流价值观

信任会受到个体自身的信任偏好与主观社会流动的影响,同时还会受到社会主流价值观的影响。社会转型必然带来整个社会文化的变迁,文化的各部分变迁的速度并不一致,一般而言,物质文化的变迁总是快于非物质文化(郑杭生,2001;Woodard,1933),这种不同步会影响社会信任。例如,有研究(Rahn & Transue,1998)就发现,物质主义价值观的泛滥是导致1976—1995年美国高中生社会信任下降的重要因素,传统观念约束力的下降则在一定程度上造成了物质主义的泛滥。这对处于转型期的中国尤具启示意义。随着改革开放的不断深化,我们面对着越来越多价值观的冲击,中国传统的儒家文化及道德规范对个人行为的影响逐渐淡化,而适应市场经济和现代社会的新的道德规范又尚未完全形成,这种信任约束机制的弱化可能使得信任下降(马得勇,2008;辛自强,周正,2012)。因而,构建中国社会的信任指数必须同时关注社会主流价值观变迁带来的影响。

3. 政府行为

个体对于政府的信任在很大程度上由政府行为决定。第一是政府行为是否能满足民众预期。能够满足民众预期的政府行为能够增加人们对其信任度。这在信任的定义中也可见一斑。众多学者都认为信任是对信任对象会做出符合自身预期行为的一种信念(Tschannen-Moran & Hoy,2000)。显而易见,不能满足民众预期的政府难以获得人们的信任。第二是政府的清廉程度。政府的清廉程度能够反映政府工作的透明度和公正性。正如舍默(2009)所说,"恶大多发生在隐秘的地方……故此,对抗恶的第一要务就是透明,公开的沟通,对制度的方方面面加以不懈地监督"。这也就是说明政府的清廉、透明对信任的重要意义。我们党充分认识到了这一点，多次强调反腐倡廉的重要性，特别是党的十八大强调要"坚定不移反对腐败"，这是保持党的先进性和纯洁性，确保党始终成为中国特色社会主义事业建设的坚强领导核心的重要保障。从中央到地方各级部门都在不断加强和完善反腐败措施。同时，促进社会和谐必须要加强社会民生。民生在党的十八大报告中是作为社会和谐的首要因素，多次被提及，如提出要"千方百计增加居民收入""统筹推进城乡社会保障体系建设"等。可以预见，党和政府的这些行为和举措将会极大地提高社会信任。

影响信任的因素是多种多样的，正如艾什比所说："任何实物总含有不次于无穷多个变量，因而它也包含了无穷多种可能的系统。"但是，艾什比此语的目的却是要指出，"定义系统时只能在实体所包含无穷多个变量中选择相关度最大的一些变量构成系统"（金观涛，2005）。因而，在构建中国社会的信任指数时我们也只能纳入那些最重要的变量，上面所介绍的几种是我们认为重要的影响因素，这在研究中需要进一步分析和取舍。

四、结语

随着中国心理学工作者开始参与解决一系列重大社会问题，社会也必然向我们的心理学工作者提出更多、更大的要求，这就要求心理学工作者要做"顶天立地"的研究。所谓"顶天"，强调广泛开展国际心理学的交流、合作和接轨研究，逐步踏上国际前沿，解决科学领域中的基本问题；所谓"立地"，强调不断面向中国社会现实，解决实际问题。这是我国心理学发展的根本道路（林崇德，2011）。恩格斯也说，社会的需要比十所大学更能推动科学的进步。心理学要具有持久的生命力，必须能够服务于社会，满足社会需求，为社会问题提供解决之道，这也是心理学研究者工作的核心价值所在。

信任是建设和谐社会的重要因素之一，尤其是在中国社会可能出现信任下降的时候，更加需要提高社会信任度。然而，要做到有的放矢，首先需要有完整和科学的基础数据为支撑。也就是说，重建或提高中国社会信任的第一步是有关于中国社会信任现状的基础数据。显然，这正是我们的研究目前尚缺并急需补足的地方。构建中国社会的信任指数是一个迫切又异常艰巨的任务，要建立适合中国人信任结构的测量工具，测量内容要兼顾多个交往对象和诸种影响因素等，这断非一个人、一篇研究所能完成的。但是，难并不意味着不能完成。最重要的是，要解决正确的问题。

参考文献

[1]辛自强，周正.大学生人际信任变迁的横断历史研究[J].心理科学进展，2012，20(3)，344-353.

[2]王飞雪，山岸俊男.信任的中、日、美比较研究[J].社会学研究，1999(2)，67-82.

[3]Buchan N, & Croson R. The boundaries of trust: own and others' actions in the US and China[J]. Journal of Economic Behavior & Organization, 2004, 55(4): 485-504.

[4]Deutsch M. Trust and suspicion[J]. The Journal of Conflict Resolution, 1958, 2(4): 265-279.

[5]Mayer R C, Davis J H & Schoorman F D. An integrative model of organizational trust[J]. Academy of Management Review, 1995, 20(3): 709-734.

[6]Uslaner E M. The moral foundations of trust[M]. Cambridge: Cambridge University Press, 2002.

加强品德塑造是促进社会公德建设的重要基础*

    品德，又叫道德品质或德性，是心理学的研究对象，是社会道德在个体身上的具体体现，是社会道德内化的结果（林崇德，1989，2014；Haidt，2007）。同时，个体品德是形成良好的社会道德的主干和社会公德的基础，加强社会公德建设应重视品德或道德品质研究的成果。习近平总书记指出，我们要按照党的十八大提出的培育和践行社会主义核心价值观的要求，高度重视和切实加强道德建设，推进社会公德、职业道德、家庭美德、个人品德教育，倡导爱国、敬业、诚信、友善等基本道德规范，培育知荣辱、讲正气、作奉献、促和谐的良好风尚。可见，社会公德建设的成效直接影响到社会主义和谐社会的构建和社会主义核心价值观的贯彻落实，在当前形势下亟待增强改革创新以促进社会公德的建设。我们想从心理学的角度，对社会公德的促进提出三方面的设想。

一、以品德教育促进社会公德的建设

    品德的形成，有规律可循（Haidt，2001；Kurtines & Gewwirtz，1984）。加强品德教育的依据是心理学的品德形成的规律，这些规律对社会公德的发展有重要的促进作用。

（一）品德形成的先天与后天的关系

    遗传与生理成熟是品德发生、发展的生物学前提；生物因素只给品德发展提供可能性，而环境和教育则把这种可能性变成现实性。环境和教育决定着品德发展的

---

* 原文载于《北京师范大学学报（社会科学版）》2015 年第 1 期。

内容与形式、方向和性质，这里的环境不仅包括社会生产方式，也包括社会文化；教育(特别是教师的能动作用)在品德发展中起主导作用；实践活动是品德发展的必要基础。(林崇德，2014)

因此，在社会公德的促进中，主要应该考虑"后天"的作用，也就是现实环境与实践对社会公德的促进作用。我国《公民道德建设实施纲要》提出"积极营造有利于公民道德建设的社会氛围"，就是强调现实环境。该纲要提出大众媒体、文学艺术以及体育活动对社会公德的深刻力量和影响力；提出加大网上正面宣传和管理工作的力度，以引导社会道德的建设；提出各类文艺作品的创作为社会成员开拓进取精神和良好的社会公德以鼓舞、启迪和享受，这些都很有意义。《公民道德建设实施纲要》提出"深入开展群众性的公民道德实践活动"，从六个方面对社会公德促进提供了实践活动的内容。例如，以讲文明树新风为主题创建文明城市、文明农村、文明街道、文明行业；以社会道德的先进个人或先进集体作为实践公民道德的榜样；利用重大节日的庆典活动增强对祖国、对家乡、对自然、对生活的热爱；开展必要的礼仪活动，促进礼节、礼貌等文明言行举止的提高；贴近基层、贴近群众、贴近生活开展有的放矢的道德实践互动；以活动为载体，吸收群众普遍参与讲公德的活动。

(二)品德形成的社会学习理论

美国心理学家班杜拉的社会学习理论认为，人们通过榜样的学习，即观察学习就能获得新的品德行为。也就是说，品德观念和行为乃至社会公德经过后天对榜样的观察学习，即通过榜样的学习而形成和改变。在其经典实验中，班杜拉让儿童单独观看一部电影，在电影中一个成年男子对充气娃娃表现出踢打等攻击行为，片中的男子分别得到了奖励、惩罚和既无奖励又无惩罚三种结果。结果发现，观看男子受到奖励的儿童表现出了更高的模仿行为，即攻击充气娃娃。由此可见，榜样学习对品德形成具有重要作用。在我国，学雷锋的活动正是通过榜样学习来提高品德乃至社会公德的。因此，学雷锋活动是符合学习规律的。学习和弘扬雷锋精神，为品德教育和社会公德的提高提供了强大的精神力量。

品德教育应加强针对性、实效性，品德发展心理学强调从品德教育到社会公德教育能够从生活实践入手，变大道理为小道理。我们这一代人的品德或道德面貌与学雷锋密切相关。1963 年，毛泽东同志倡导全国人民向雷锋同志学习，雷锋的精神成为这一代人的价值取向和精神追求。我们要形成"人人可为，处处可为，时时可为"的学雷锋的浓厚氛围，这才能够使社会上每个人的品德获得提高与发展。应该根据具体的人群做具体分析，推动学雷锋活动常态化，让每个公民从身边的榜样学起，如果这样做社会公德工作也就有了规律可循。

(三)品德形成的行为主义理论

行为主义者斯金纳认为人的行为都是后天习得的，环境决定了一个人的行为。通过强化或惩罚可以更改、增加或消除人的某些行为。同样可以使用强化或惩罚措施来促进良好品德尤其是道德习惯的形成。

良好的社会道德习惯就是社会公德的社会风气。所谓社会风气，主要指社会在一定时期内流行的风尚和习气，它是政治、经济、文化、道德等状况的综合表现。邓小平同志曾强调"风气如果坏下去，经济搞成功又有什么意义？会在另一方面变质，反过来影响整个经济变质，发展下去会形成贪污、盗窃、贿赂横行的世界"（邓小平，1986）。良好社会风气的形成与良好的品德习惯的形成是密不可分的。因此我们主张采取四条措施：一是加强精神文明建设，把以往提倡的文明礼貌用语等落到实处，真正体现中华民族是礼仪之邦；二是奖励，奖励维护社会风气的模范人物，今天我们的奖励不是多了，而是太少了；三是惩罚，重罚那些破坏社会风尚和习气的现象，同样的，今天我们对破坏社会风气的惩罚力度远远不够；四是社会风气法治化，依法打击诸如殴打公交司机、迫害医务人员、嫖娼卖淫、吸毒贩毒者，特别是重拳打击腐败分子、不法分子等。这是搞好社会风气乃至社会公德的根本措施。

(四)品德形成的认知理论

美国心理学家柯尔伯格的道德认知理论指出，人的品德发展水平与其思维（认识或认知)发展水平直接相联系,道德认识水平决定了其品德表现(寇彧,1998)。中华民族美德"五常"(仁义礼智信)与"三达德"(智仁勇)都强调道德与"智"是一致的。在社会生活中,受各种利益的诱惑或驱使,某些人的道德认知或价值观容易动摇,甚至失衡,短时之内可能侥幸蒙混过关,但经不住时间的砥砺和考验。随着我国反腐败的深入,失去道德认知或价值观而变质者最终失去了信誉,受到社会公德和法律的惩治。

柯尔伯格的研究中汉斯偷药的故事说明,个体或社会的道德认识水平直接影响其道德行为。因此,必须加强人们对道德认识的教育,包括理想与信念教育,突出世界观、人生观和价值观在品德教育中的重要性。其中把社会主义核心价值体系融入国民教育全过程,倡导"富强、民主、文明、和谐",倡导"自由、平等、公正、法治",倡导"爱国、敬业、诚信、友善"的价值观,体现了社会主义意识形态的本质,体现了国家价值目标、社会价值取向和个人价值准则的有机统一。学习三个"倡导"以提高社会成员的社会道德认知,为增强社会成员的社会公德奠定认知的基础。呈现社会上下讲道德、尊道德、守道德、追求高尚的道德理想。

提高社会道德认知,学习社会主义核心价值观体系是一个重要方面,继承弘扬中华民族优秀文化的理念也是"古为今用"的一个不可或缺的源泉。新加坡李光耀先生为新加坡有儒家文化背景感到兴奋。他说,我们很幸运,因为我们的文化背景很好。我们崇尚节约、勤奋、孝顺和忠于家庭,最重要的是我们尊重学问和学习。面对高歌猛进的高科技,他告诫人们说,科技对未来进步具有决定作用,但不能利用它们打破家庭,家庭应该培养孩子们强烈的社会责任感和辨别是非的能力。这从另一个侧面也提高了我们对儒家文化、对社会道德认知及其在社会公德中作用的认知。

二、以心理和谐促进社会公德的建设

心理和谐是品德最高的境界。《中共中央关于构建社会主义和谐社会若干重大问题的决定》(以下简称《决定》)首次阐述了社会和谐与心理和谐的关系,指出了人文关怀和心理疏导对社会心理和谐与社会公德的意义。

(一) 心理和谐与社会公德

所谓和谐, 主要是指处理和协调好各种各样的关系, 心理和谐与社会和谐是一致的。和谐社会的三个空间是自我关系、个人与他人关系, 以及个人与社会关系。从心理和谐角度讲, 围绕这三个空间, 我们的工作必须考虑以下六大关系: 人与自我的关系、人与他人的关系、人与社会的关系、人与自然的关系、硬件与软件的关系以及中国与外国的关系。伦理学和社会学中强调道德规范, 即道德行为的准则, 它涉及的道德的社会关系主要有: 个人与自我的关系, 个人与他人的关系, 个人与社会的关系(林崇德, 2014)。和谐社会的三个空间、六大关系和道德规范的三个关系是一致的。加强品德塑造应该从这些关系入手促进社会公德的建设。

1. 人与自我的关系

心理和谐首先要求处理好人与自我的关系, 人与自我的关系主要涉及自我修养的准则。每个人心理和谐是以自我和谐为基础的, "信心"是人与自我关系的首要因素, 它是指相信自己的愿望或预料一定能够实现的心理。对个体来说, 信心是事业成功的保证, 是提高个人敬业、诚信品质的动力。心理学中里的"自我效能感", 在某种程度上可以用信心来表示, 一个人对自身能力越肯定, 对达成某一结果的预期越准确越自信, 就越能发挥自身的潜力。

2. 人与人的关系

人与人的关系又被称为"人己关系", 主要涉及个人与他人的关系, 包括朋友、同伴、同事、敌我、同志、亲子、上下级、长幼等之间的关系, 其中孝道和团队合作精神是现阶段人与人关系最重要的要素(李琬予, 寇彧, 李贞, 2014)。心理和谐要求人们正确对待自我与他人的关系, 形成良好的人际关系。良好的人际关系是和谐社会的一个重要特征, 它促使个体对群体产生归属感, 人的心理上产生安全感, 继而达到自身的心理和谐状态。正因为有了归属感和安全感, 人们才能更好地进行沟通, 才有利于建设高效率的团队, 进行团队合作, 从而发挥每个人的创造潜力。因此, 努力营造一种理解、友爱、多赢的经济发展人际环境是正确处理人与人关系、促进经济社会和谐发展的必要条件。

3. 人与社会的关系

心理和谐重视人与社会的关系，即"群己关系"，包括个人对国家、民族、阶级、政党、社团、集体等关系，爱国主义是人与社会关系的核心。与此同时必须指出"爱国"与"爱党"具有一致性。因此，只有处理好"爱党""爱国"的和谐关系，才能对国家、政党和政府产生信任感，自身也能更好地达到心理和谐的状态，从而为建设和谐的经济社会贡献自己的力量，也能发挥出最大的创造潜力为国家服务。

4. 人与自然的关系

人与自然的关系，主要涉及人类对自然进行认知和自然环境对人的心理及其发展产生影响的问题。粗放式的经济发展方式存在明显的问题，过度消耗资源造成资源紧缺、污染环境导致生态环境恶化等，这些都反映出人与自然关系的不和谐，是一种不道德的行为。因此，正确地处理好人与自然的和谐关系，有效地、合理地利用自然、开发自然，才能促使经济发展方式的转变，从而达到"天人合一"的境界。

5. 软件与硬件的关系

硬件是指能看得见摸得着的仪器设备等，软件是指人。坚持以人为本的原则调动人的积极性的重要性，显示了充分利用心理和谐在提高创新能力中的重要作用的益处；只有心理和谐了，人们才能潜心学术，发挥主观能动性。处理好软件与硬件的关系，有利于营造鼓励创新的环境，以便培养造就世界一流科学家和科技领军人才，使创新智慧竞相迸发、创新人才大量涌现，使我国科技软实力大幅度提高，形成和谐经济社会。

6. 中国与外国的关系

我们需要一个和谐世界，坚持和平和包容是中华民族文化的两个重要特点。我国强调世界各国应推动不同文明友好相处、平等对话、发展繁荣，共同构建一个和谐世界。基于"和谐世界"的理念，我国提出了"和谐外交"的政策，主张通过国际合作解决各国的共同问题，主张增强联合国的作用，致力于确立新的国际政治经济秩序。

以上社会和谐与心理和谐所规范的六个关系，正是促进社会公德建设的六方面的措施。

(二)人文关怀与社会公德

人文关怀是加强品德塑造的机制。中共十六届六中全会的《决定》在概括执行纲领时，呼吁构建减少社会不公、缓解社会压力的和谐社会，强调加强制度建设，保障社会公平正义。由此可见，加强人文关怀、用制度公正促进社会公德建设的重要性。因为公平正义是社会公德的基本要求，所以倡导心理和谐和社会和谐就必须"人文关怀"民生问题，关怀各种各类的处境不利群体，只有这样才能保证社会制度公正，才能促进社会公德的建设。

据此，《决定》指出，"社会公平正义是社会和谐的基本条件，制度是社会公平公正的根本保证。必须加紧建设对保障社会公平正义具有重大作用的制度，保障人民在政治、经济、文化、社会等方面的权利和利益，引导公民依法行使权利、履行义务"。由于我们国家重视人文关怀，从制度上保障社会公平正义，目前我们已看到社会的公平正义不断提高：全国上下正在完善收入分配制度，致力缩小贫富差距，在经济发展的基础上，更加注重分配的公平，着力提高低收入者的收入水平，逐步扩大中等收入者比重，有效调节过高收入，取缔非法收入，促进共同富裕；着力改善民生，加快发展社会公共事业，通过实施更加积极的就业政策，加快完善社会保障体系；进一步促进教育公平，稳步推进医疗社会事业改革发展，保障和改善了民生，加快了社会事业的发展，做好高校毕业生、农民工、就业困难人员和退伍转业军人就业安置工作，解决他们一系列的心理问题，以保障和改善民生，促进社会和谐进步；2013 年，我们国家更加关心"三农"，特别是为农村发展提高速度，为农业变革筹资金，为农民致富增收入，为做好农村危房改造补助预算指标 150 亿元。所有这些人文关怀从制度上保障社会公平正义的举措，不仅促进了社会和谐，社会公德也会"水涨船高"获得发展。

(三)心理疏导与社会公德

心理疏导属于心理健康的一种手段，心理疏导与社会公德的关系，实质上是心理健康教育与社会公德的关系。心理健康，主要是指一个人的主观体验，意指一种良好的心理或精神状态，其内涵的核心是自尊。

在社会公德促进中，对心理健康的标准，我们希望社会成员一是没有心理障碍；二是具有一种积极向上发展的心理状态。具体为：正视压力，有安全感；良好人际关系，人际交往顺利；自控(自制)力强，悦纳自我；抱负目标切合实际，有较高主观幸福感；保持人格的完整性。如果有这些基础，也有助于社会公德的建设。

我国的心理健康教育，是品德塑造的一个组成部分。从 20 世纪 90 年代初开始，先是大中小学开展心理健康教育，接着陆陆续续从学校推广到整个社会。促进社会公民心理健康教育的开展，党的十七大、十八大报告中都要求"加强和改进思想政治工作，注重人文关怀和心理疏导"。

在心理健康与社会公德促进的关系中，心理健康教育应从高危人群开始。当前，领导干部也有一定的心理问题，因为能力越大，责任越大，压力也就越大，从而心理健康越高危。有些领导干部自杀，经调查不是政治、经济、作风问题，而是心理问题，所以，应对领导干部进行心理疏导，以减少其压力。容易职业倦怠的人群，往往也是高危人群。所谓职业倦怠，是指从事高强度、高艰辛、高人际接触频率的人员所产生的情绪衰竭、去个性化和个人成就感低落的状况。例如，某些警察、医生和中小学教师等。我校心理学院的调查表明，在中小学教师中表现出一定的职业倦怠的约占总人数的 16%。据此推算，全国就有一百多万的中小学教师处在职业倦怠的痛苦之中。总之，实施心理健康教育，对高危人群进行心理疏导，帮助大多数有这样或那样心理问题的人群恢复心理平衡，顺利度过危机，让他们拥有健康的心理、和谐的心理，是促进社会公德建设的重要社会心理基础。

三、以构建社会和谐指数促进社会公德建设

社会公德建设的基础是社会的和谐，社会和谐的标准或依据是什么？国际上提出了若干"指数"，这些指数不仅构成和谐社会的指标，而且也为加强品德塑造从而促进社会公德建设提供了重要的社会基础。

(一)人类发展指数
该指数的目的在于展示一个国家是如何使其国民长期享受健康生活的，它由寿

命、受教育程度以及生活水平 3 个指标构成。寿命以出生时的预期寿命测量；教育程度以成人的识字率(占 2/3 权重)和国民受教育的平均年限(1/3 权重)来测量；生活水平以真实的人均 GDP 测量，并通过购买力加以矫正。如果一个国家或地区的人类发展指数大于 0.80，说明该国家或地区属于高层次的人类发展水平；如果处于 0.50~0.79，属于中等层次的人类发展水平；低于 0.50 则属于低层次人类发展水平。根据联合国开发计划署《2009 年人类发展报告》数据显示，改革开放以来，中国的人类发展指数稳步提升，增长了近 50 个百分点，是世界平均增长水平的两倍。这说明我国人民生活水平逐步提高，生活质量有很大改善，既是经济社会和谐发展的表现(成为促使经济和谐发展的个人因素的基础)，又成为促进社会公德建设的动力(人类发展应包含社会道德的进步)。

(二)幸福指数

发达国家的经验证明，越是经济发达的社会，越要考虑到主观幸福感，GDP 和 GNP 等经济指标并不足以评价个人和国家真正的幸福感。幸福指数逐渐成为评价一个国家国民幸福程度的重要指标，而且幸福感指数带来的最主要的良性边际效应是，幸福的人们更长寿，更富有生产力，公民职责也履行得更好。作为一个重要的非经济因素，幸福指数是社会运行状况和民众生活状态的"晴雨表"，也是社会公德发展和民心向背的"风向标"。应该看到我国目前幸福指数在国际上排名还不高(2013 年在国际上排名为 93 位)，这主要归咎于心态失衡与道德困惑，使"宁愿坐在宝马车里哭，也不愿坐在自行车后笑"等不健康的观念冲击社会道德的底线，影响社会和谐。但是社会主义核心价值观体系的核心是以人为本，我们努力的方向是走共同富裕道路，促进人的全面发展，让人民的生活水平提高。转变旧有的经济发展方式，走可持续发展的道路，重视社会公德，重视亲情，鼓励理想，把握信仰。相信我国幸福指数一定会年年向上，和谐的经济社会环境一定会很快地建立。

(三)信任(信仰)指数

信任是对国家、政府、社会的一种深信并敢于托付的指数。通常有三种含义：

一是指信奉，相信、崇奉并奉行某项原则；二是指信仰，对某人或某种主张、主义、宗教极度相信和尊敬，以此作为自己行动的榜样或指南；三是指信念，是指带有情感色彩的确信的认知。共同的理想信念是构建和谐社会的重要思想基础，坚定理想信念能够激励人们为构建和谐社会贡献力量。可见信任指数与社会公德紧密地相联系。信任指数取决于党和国家领导人的威望，国家近年来多灾多难，每当灾情发生后，国家领导人冒着生命危险，最早到达受灾最严重的地方，如此关心民生的举止怎能不让群众信服。为此，世界五大公关公司之一的爱德曼公司发布 2010 年全球信任指数的调查报告指出，中国民众对政府信任度从 74% 上升到 88%，为全球第一。对国家、政府和社会的信任指数也与一个国家的"清廉指数"有关。我国的清廉指数排名尽管逐年上升，但并不太高，这会影响信任指数，使我们深感惩除腐败的任务任重道远。

(四)清廉指数

2011 年 10 月 26 日美国《纽约时报》发表年度腐败调查报告指出，全球知名的反腐败机构、总部设在柏林的"透明国际"组织发布 2010 年清廉指数排行榜，前 3 名为丹麦、新西兰和新加坡，中国从 2009 年的 79 位上升到 2010 年的 78 位。"透明国际"的清廉指数总共涵盖全球 178 个国家和地区，其依据是针对腐败现象的独立调查。腐败关乎每个国家的荣辱兴衰，世界趋势是做出更大努力以加强世界各国的管理。近年来反腐败的深入开展，相信我国清廉指数能够上升，我国清廉的社会风气也会进入世界的前列。

(五)管理与服务指数

管理与服务既是对企业而言，也是对政府而言。服务是企业竞争力的决定因素。改革开放以来，我国全面实施了社会主义市场经济，打破了计划经济时代的"配额"制度，将经济主体放入市场中，由消费者来决定经济主体的效益。因而，各类企业极其重视自己的服务质量，在管理与服务上取得了发展。与企业竞争力一样，服务型政府才是一个具有核心竞争力的政府。尽管"全心全意地为人民服务"已写进作为我国社会公德的核心宗旨，然而，对于我国的政府管理而言，服务在很长一段时间里并没有得到重视。政府管理更多地强调了管理职能，忽视了为人民服务的要求。事实上，政府同时承担着管理与服务的双重职能，一方面，要将国家和各地方政府的政策贯彻落实到基层；另一方面，必须从群众角度考虑问题，全心全意地为人民群众服务。党的十八大明确提出，"要按照建立中国特色社会主义行政体制目标，深入推进政企分开、政资分开、政事分开、政社分开，建设职能科学、结构优化、廉洁高效、人民满意的服务型政府"。这表明了我们党和国家贯彻为人民服务的信念，深化行政体制改革的决心和信心。建设服务型政府是应对经济全球化的要求，是政府自身发展的需要，是实现经济与社会协调发展的要求，是执政为民的具体体现，是政治体制改革的重要内容和关键环节。只有这样，管理与服务指数必然会成为促进社会公德建设的有力指标。

参考文献

［1］邓小平．在中央政治局常委会上的讲话［M］//邓小平文选．第3卷．北京：人民出版社，1993．

［2］寇彧．西方品德心理学研究新进展［J］．心理发展与教育，1998（2）：45-49．

［3］李婉予，寇彧，李贞．城市中年子女赡养的孝道行为标准与观念［J］．社会学研究，2014（3）：216-240．

［4］林崇德．品德发展心理学［M］．上海：上海教育出版社，1989．

［5］林崇德．品德发展心理学（修订版）［M］．西安：陕西师范大学出版社，2014．

［6］习近平．深入开展学习宣传道德模范活动—为实现中国梦凝聚有力道德支撑［EB/OL］．（2013-9-27）［2020-7-15］．http：//polities．people．com．cn/n/2013/0927/c1024-23051106．html．

［7］Haidt J．The emotional dog and its rationaltail：a social intuitionist approach to moral judgement［J］．Psychological Rewew．2001，108（4）：814-834．

［8］Haidt J．The new synthesis in moral psychology［J］．Science，2007，316（5827）：998-1002．

［9］Kurtines W M，Gewirtz J L．Morality，moral behavior and moral development［C］．New York：Wiley，1984．

高校教师师德的理念与实践[*]

所谓师德，是教师的职业道德。它是我们教师责、权、利三方面的集中体现。从责、权、利三个要素来看，责，意味着我们承担着一定的社会责任，即全心全意地为学生服务；权，意味着我们使用、操作、管理和支配新的一代的积极性，决定他们的素质高低；利，意味着教育这种职业劳动，为社会培养文化、经济、政治所需要的人才。教师的利益是与社会整体、国家利益以及服务对象——学生的利益三者紧密地联系在一起的。所以忠诚于教育事业是我们教师的责、权、利三者的集中体现。

应首届全国高校加强和改进师德建设工作研讨会组织者的邀请，命我作为嘉宾在会上发言，说实话，自从 2001 年我被评为"全国师德标兵"后，有许多兄弟院校让我去谈师德的体会。我回答：讲学、讲专业行，就是不讲师德。因为讲师德联系自己实际，等于在宣传自己、吹嘘自己，是不太准确的做法。然而，今天是教育部党组委托召开这次研讨会，对于组织上的任务，我就不好推辞了，只好勉强受命谈谈自己对高校师德理念与实践的理解。

一、高校师德的特殊性

各行各业都有各自不同的职业道德。教师，无论是高校教师还是基础教育教师，师德要求的共性是爱岗敬业、热爱学生、严谨治学、为人师表等。爱岗敬业（师业），反映教师忠诚教育事业的崇高理想，并围绕着这种理想的教师职业道德，拥有敬业意识、乐业意识、职业规范意识、勤业奉献意识；热爱学生（师爱），是师

* 本文系作者发表于《中国高等教育》2005 年第 9 期，收入本书时有改动。

德的灵魂，我们可以称其为"师魂"，它是教师教育学生的感情基础，没有爱就没有教育；严谨治学(师能)，是教师业务能力的基础，良好的学风和教风，刻苦勤奋，教育创新是教育质量的前提；为人师表(师风)，严于律己以身作则，体现一种榜样的效力，体现了"其身正，不令而行，其身不正，虽令不从"的孔子教育思想。但是，高校教师和基础教育教师在师德要求上又有差异。例如，教育对象大都是年过18岁的成年人，而且工作内容更多涉及学术领域的问题，因此对高校教师而言，既要有高尚的道德情操，又要有扎实的学术功底，唯此才能成为合格的大学教师，承担起国家赋予的历史使命。我认为高校师德的特殊性主要体现在以下四个方面。

第一，高校师德以崇尚学术为基础。学术，是指有系统的、较专门的学问，高校教师的职业是钻研学术和教授学术，从事学术活动。因此，学术是高校教师的生命，崇尚学术、艰苦奋斗、一专多能并积极追求高学术水平是高校教师师德修养的重要表现。没有学术知识，没有学术思想，没有学术绩效，就会出现邓小平同志尖锐批评过的那样："还攀登什么高峰？中峰也不行，低峰还有问题。"为了崇尚学术，就要求我们努力地在"德、识、勤、绩"四个字上下功夫。

第二，高校教师师德以培养杰出人才为标志。能否培养出国家有用人才，这是衡量教师师德高低的最根本标志。高校教师必须以为国家培养栋梁、造就杰出人才为己任。我们必须认真贯彻党的精神，进一步营造鼓励创新的环境，努力造就世界一流科学家和科技领军人才，注重培养一线的创新人才，使全社会创新智慧竞相进发、各方面创新人才大量涌现。所以，我们高校教师的师德理念应该是"培养出超越自己，值得自己崇拜的学生"。不想超过老师的学生，不是好学生；不想学生超过自己的老师，不是好老师。否则，一代不如一代，民族的兴旺发达，国家的繁荣昌盛，还有什么指望！只有这样，高校教师才能将自己置身于科教兴国和中华民族伟大复兴的宏伟事业之中，以培养人才、繁荣学术、发展先进文化、推进社会进步、扩大国际影响力为自己的职业内容，努力攀登科学高峰。

第三，高校教师师德以克服名利为行为准则。名利对高校教授有相当的吸引力，所以我们要坚持高校师德标准，讲诚实守信、为人师表、淡泊名利。这绝不是说我们不要当一流专家，淡泊名利和当一流专家并不矛盾。在师范教育界，有句经典名言:"学高为师,身正为范"。一名大学教师不仅要身正有德,还要在不断地提高自己的学术水平的同时,远离名利。我认为名利伤志,应当淡泊自守。高校教师应对社会负责,全心全意地为人民服务,为教育事业做贡献。

第四,高校教师以教育创新为前提。讲究师德,高校教师就要在自己的科研与教学中有创新意识。国家领导人曾于 2002 年在北京师范大学百年校庆庆典上提出"教育创新"。教育创新是中国教育改革进入发展的新阶段,目的在于应对教育内外环境的快速变化,理性、系统与全面地变革教育观念、教育制度、教育模式、教育关系及教育评价机制,以更快更好地提升学生的创造性素质,造就各行各业的有理想、有道德、有文化、有纪律的创新型人才。今天在建设创新型国家的过程中,高校教师要在创新人才工作体制机制的完善过程中,激发各类人才创造活力和创业热情,开创人才辈出、人尽其才新局面。所以,创新意识是凸显高校教师的学术道德伦理性和科学研究精神的关键。高校教师也只有贯彻教育创新,并在人才培养和科技创新中发挥作用,才能显现自身价值。

二、做学术道德的实践者

学科建设是高校重中之重的任务,学科建设的核心在于教师队伍的建设。崇尚学术,谨防玷污正是高校教师队伍建设特别是师德建设的关键。因为学术是非常崇高而神圣的事业。搞学术,必须遵循学术道德规范;玷污学术,学术失德,是高校教师的耻辱。因此,高校教师要积极探索学术道德的内涵,做学术道德的探索者。

其一,讲学术道德首先要讲献身科技、服务社会的使命感和责任心。高校教师不管是从事自然科学的还是搞社会科学的,肩负的使命是要认真落实党中央、国务院的科技发展中长期规划,为建设创新型的国家做贡献。这几年教育部表彰的师德模范或优秀教师中,有相当一批是高校德才兼备的院士、专家,他们的一个突出的特点是把自己的一切贡献给中国科技事业,全心全意服务于社会现实。为什么我国海洋科学、核科学领域取得"零"的突破,大大提升我国的综合国力和国际影响力?为什么我国航空航天领域的研究成果已经能应用到人类生活的各个领域?为什么我国医学领域在解决人类严重传染病方面取得了实质性的突破？这是因为有一大批又一大批高校专家，他们把现身科技领域的使命感和责任心看作高校教师应当履行职责的一项学术任务。

其二，讲学术道德，必须有实事求是的科学精神和严谨治学的态度。因为学术活动是科学研究的活动，要老老实实，来不得半点虚假。尤其在今天，社会上出现不少掺假的现象，然而学术不允许有假货赝品。当前，心理健康教育在我国高校中开展得相当"火热"，于是有些学者和媒体就加以炒作，危言耸听地把心理不健康大学生的比例定为30%、50%，甚至超过70%，以提高心理健康教育的"重要性"。我国教育界确实在开展心理健康教育，但高校心理学教师绝不能用这类不真实、不客观的数据来抬高自己工作的价值。我和教育部高校心理健康教育专家指导委员会的专家们通过深入细致的调研，在媒体上发表了"心理健康教育的路一定要走正"的谈话，指出大学生心理健康的是主流，纠正了在宣传方面的错误估计。心理健康教育指导委员会的专家积极举办了高校心理教育骨干教师10期的培训工作，并主编了一系列心理健康教育教材和8本受大学生欢迎的心理健康教育学生读本。高校心理学界教师们为什么这么做？它体现的是高校教师从师德要求出发坚持真理、探求真知、做老实人、办老实事，自觉地维护学术的尊严和学者的声誉。

其三，讲学术道德，就要自觉地树立法制观念，不做任何学术道德失范的事。最近不少高校教师，包括少数学校领导因学术道德问题而断送了前程，这是惨痛的教训。为做一名合格的高校教师，培养国家需要的优秀人才，高校教师严于律己会显得格外的重要。律己就是讲求学术道德、遵纪守法、为人师表，在言谈举止、做人做事中体现良好师风。我是搞智力发展研究的，近年来深感师德的重要，所以曾花一年多时间于2000年主编出版了百万字的《师德通览》。在编书的过程中我体会到，高校教师著书立说是工作的需要，但首先要成为高尚师德的探索者和实践者，做到言行一致，知行合一，当前尤其要身体力行反对学术腐败。例如，当我们与学生一起做研究，学术成果署名时，千万别忘了学生的名字，甚至可以把学生的名字排在前面。又如，在我们发表研究报告、学术论文和专著时，要严格按有关规定将引用的别人的成果清楚地加以标注。高校教师在学术研究中自觉带头认真履行保护知识产权职责，尊重他人劳动和权益，是高校教师师德的起码要求。

其四，讲学术道德，就要保证学术评价的公平和公正。这里我来举一个自己的例子。有人问我到底担任过多少次评委，我自己也回答不清，但我在这里敢无愧地说，对我来说，无论参与哪种类型的学术评价组织，首先是保证公正和公平。例如，我曾是国家自然科学基金会神经科学与心理科学组的评委和召集人；我刚进组的时候，心理学每年能够获得的基金不到 10 项；经过几年的努力，后来每年增加到 30 余项。又如，我曾是国务院学位委员会心理学科评议组成员，我和我们组的其他评委一起承认心理学是一个小学科，应该在任期间积极使够条件的单位成为博士点和硕士点，为推动中国心理学的学科发展提供学科建设的重要平台。在参与各种推荐、评审、鉴定、答辩和评奖的活动中，我都坚持了客观的原则，从不滥用学术权力，做到对任何个人或单位都照章办事，是不是自己学生一个样。可能是这个缘故，我在同行中赢得了一定的人缘、人气和人脉，被近 30 所高校聘为义务的兼职教授和客座教授。

三、做廉洁从教的执行者

北京师范大学的校训为"学为人师，行为世范"。我校的校训对高校教师师德建设具有代表性。"人师""世范"的含义是"为人师表、廉洁从教"，具体地讲，它提倡以身作则、团结协作、廉洁从教、依法执教。

第一，坚持廉洁从教，就要顾全大局。党中央一再指出，着力加强反腐倡廉建设，并强调"加强团结，顾全大局"。我国心理学事业发展很快，20 世纪 80 年代初，全国只有 4 个心理系，而今已发展到 187 个心理系。北京师范大学有一批老心理学教授，我们在为全国心理学科建设服务出力。从师德角度来看，我们较自觉地做了四件事。一是为全国心理学界输送人才。到目前为止，全国有心理学的单位，几乎 1/2 的学术带头人是我校的博士生，其中有好几位地方的"长江学者"；这些人才都是可以召回的，但为了顾全大局，我们一个也没有召回。二是为基础薄弱省市培养人才，我们利用"朱智贤基金会"的基金，每个学期邀请 3~5 名边远省份和薄弱地区的心理学教师来北师大免费学习，我们还提供食宿条件。三是支持兄弟院校高质量地建设学科基地，我们是全国唯一的一个心理学一级国家重点学科，但我们并不满足现状，而是积极支持其他单位博士点或硕士点，建设成国家二级甚至一级心理学重点学科。四是在兼职的高校义务地担任兼职教授或客座教授，帮助这些学校心理学科建设，特别是为这些学校的仪器购置、课程设立、招生要求和教师队伍的建设献计献策，连一年应发表多少文章，在哪个级别刊物上发表我们都提出了建议。然而，我们又反对动辄以金钱去衡量自己劳动的价值。我们并不反对许多兄弟院校的盛情并真情邀请聘任兼职教授，但我们不能追求有偿高价的兼职。尽管我们有义务帮助这些学校进行学科建设，但一个人的精力有限，我们应该把自己的主要精力投入自己学校学科的建设上去。这算是看作党对教授反腐倡廉师德的一个要求吧。

第二，坚持廉洁从教，就要甘为人梯。高校的发展需要加大培养选拔优秀年轻的干部和学术带头人，健全创新人才工作体制机制；老教师要激发年轻教师创造力和创新精神，创设有利年轻学者出精品、出效益的有利成长环境，开创人才辈出、一代要比一代强的局面。这里我也举自己的一些例子。1994年，佐治亚大学的一位教授邀请我偕夫人去美国讲学，条件是提供往返机票和一笔相当可观的酬金。我表示感谢的同时提出希望把这笔经费用来资助我的博士生出国深造。那位美国教授临走时说了几句肺腑之言："有孔夫子思想的中国老师，这样对待学生，我深为感动，我回国后必须办成此事，若办不成，也对不起这样的中国老师。"从1986—1996年，我积极创造条件先后送16位研究生到美国深造；他们学成后，有15位学生按时回国，为国效力。有些人为此感到很奇怪，因为当时三分之二的留学生都滞留在国外，"林某人的回收率为什么这么高"？有人问我的学生为什么要放弃国外优越的生活和科研条件，我的学生回答是"我们冲林老师而回来"。他们又问我，你有什么样的魅力能吸引住你的学生？我说：人心换人心，八两换半斤，我仅仅做了一点一个人民教师应做的感情投资。我常常对我的学生说：当我们打开美国心理学论著时，除了引用国际公认的瑞士皮亚杰的资料外，都是他们自己的成果；当我们翻开苏联心理学书籍时，让人感受到俄罗斯的民族自豪感；但再来看看我们目前的研究成果，从设计到结果几乎都是别国的东西，这样下去何时才能建立起具有中国特色的心理学？中国人口众多，心理科学有更大的发展空间，回国能为心理学的中国化发挥更大的作用。我把学术梯队建设视为我学术生命的延续，所以多年来我积极扶植年轻学者。自 1988 年起，先后推荐两位不到 30 岁的年轻人担任副所长。1999 年，我 58 岁时，坚持辞去刚获得首批全国人文社会科学基地主任职务，力荐优秀青年学者担任。年龄大了就要交班，早交班比晚交强，因为早交班还可以看一看，扶一扶，帮一帮，这样才有利梯队成长成熟，并形成"长江后浪推前浪，一浪更比一浪高"的局面。

第三，坚持廉洁从教，就要牢固树立正确的价值观，自觉遵纪守法，努力抵制各种错误思潮，正确处理个人与社会的关系，反对拜金主义、享乐主义。有什么样的教师就有什么样的学生，严格要求学生首先要严格要求自己。老师要积极为学生树立榜样，在学术研究中勇攀高峰，即使取得了成绩，也不居功自傲，应把功劳归功于自己的学术团队。北京师范大学发展心理学团队正是在这种精神的感召下，前仆后继，薪火相传，经过几代人二三十余年的努力，使我们的团队从无到有，从小到大，逐渐成为一个国内一流的、国际上有影响的、拥有团结奋进教师群体的研究机构。老一辈人所传承下来的价值观念深刻地影响着新一辈。在我们团队中间，先后有三代人都是国务院学位委员会学科评议组成员，无论是谁，在申报博士点、硕士点的问题上，都能够严格遵守有关规定，秉公办事，廉洁自律。只有上梁正，下梁才能不歪，也正是基于这样的传统，我们的教师才能多带出一些务实清廉的学生。

四、做严慈相济师爱的开拓者

在教书育人的实践中，我提倡实施"爱的教育"，即爱祖国、爱党、爱教育、爱学生。爱的教育集中地体现在"师爱"上，师爱是教师对学生的爱，它是师德的核心。但师爱不同于父爱、母爱、情爱，这种爱出自教师的职责。在性质上，它是一种只讲付出不计回报的、无私的、广泛的且没有血缘关系的爱；在原则上，它是一种严慈相济的、一视同仁的爱；这种爱是教师教育学生的感情基础，学生一旦体会到这种感情，就会"亲其师"，从而"信其道"。因此，师爱就是"师魂"。

提倡师爱，首先要强调高校教师师爱的特殊性。同样是师爱，对成年期的学生所涉及的内容和表达方式与基础教育有很大的差异。大学生和研究生的经历和生活，在人的一生中具有重要意义，是走上社会之前或成为杰出人才之前，对今后的发展具有举足轻重影响的一段历史。因此，高校教师要处处关心自己学生走向人生成熟的问题、真正意义上"自主学习"的问题、如何热爱专业迈向社会的问题、怎样去准备建功立业的问题。不管是大学生还是研究生，他们在思想上、学习中和生活里有不少困难和困惑，要引起我们的关注。对学生们的各种问题，我们应该从他们的年龄特征实际出发加以考虑，而且，我们不仅在他们求学期间给予关心，即使毕业后仍然可以"跟踪服务"，全面关心学生的成长。社会上有一个"五子登科"说，而我们用坚持关心学生八个"子"来体现高校教师，特别是研究生导师的"师爱"："帽子"，导师为学生获得学位而努力地创造条件；"位子"，导师为学生职务升迁介绍情况，积极推荐；"房子"，导师为解决留校学生的住房而作出努力；"票子"，导师重视学生的经济情况和趋势；"内子"和"外子"，导师为学生的配偶调动多方奔走，为学生的恋爱婚姻劳心费神；"孩子"，导师为解决学生子女的实际困难作出努力；"台子"，即发展学科的平台，导师特别要为各地学生所在单位的学科建设，特别是学术队伍建设而出谋划策。当然，高校教师对学生的师爱更要提倡多一份民主，少一点"师道尊严"。所以我们应对他们有足够的尊重，给予其在学术研究中有一定知情权、参与权和表达权。尽管我的学生对我非常尊敬，但我必须重视他们的自尊、自信、自立和自强品质的发展。

提倡师爱，必须强调严慈相济，教书育人，教育学生要成才得先做人。因为师爱是一种神圣的爱，是一种促使学生成才成人的真情。所以我们应坚持教书育人的做法"严在当严处，爱在细微中"。因为爱，必须严，严是为了爱。所谓"严"，首要的是"做人"，一流人才的基础是砥砺一流品性，发扬理想信念，传承艰苦奋斗、厚德载物的传统美德。我们应注重学生的道德品质和思想政治教育，既教书又育人，全面关心学生进步，积极介绍优秀的学生入党；在遵守学术道德和科学精神方面，我们应要求学生不能随意更改任何数据，更不能抄袭别人的成果；应要求学生从具体小事做起，把做人与学业发展结合起来。这里我举一位导师批评学生的故事。有一个家在外地的博士生，2004 年暑假结婚，结婚不到一个星期就回到北京，导师问这个学生为什么这么快就回来，学生说要参加中国心理学会主办的第 28 届国际心理学大会；其实离心理学大会召开还有一个多星期，对此导师严厉地批评了这个学生，作为一个新婚的丈夫，结婚才七天不该把妻子丢在老家，自己早早回来。事后这个学生对别人说，他原认为自己结婚才七天就马上回到北京，为会议做准备能受到导师的表扬，没有想到导师却劈头盖脸地批评了他。后来这个学生的妻子在电话里对这位导师表示感谢，说导师这样教育她丈夫，相信他俩一定能恩恩爱爱，白头偕老。我们用这个故事来说明什么是严格教育中的师爱。从中我们也可以发现，高校教师应积极全面地贯彻党的教育方针，坚持育人为本、德育为先，尤其是研究生导师，既是学业的指导者，又是思想教育的辅导员。

在教育学生学会做人的同时，又要教育他们立志成才。因为大学要培养出杰出的人才。在强调提高高校质量的今天，高校教师必须在学生业务上下功夫。所以，对待做学问的问题要对研究生有严格要求。因为要为国家培养出优秀人才，严谨治学是前提。我们当研究生导师的应当有一套从招生、入学、论文到答辩等各个环节都有的严格要求。我自己曾提过一个"五不招"的原则，即凡是考我的博士生，我从逆向提出了"五不招"的标准，即考前没有任何成果的不招，面试时发现缺乏创造精神的不招，没有拼搏精神的不招，没有成就动机的不招，有才无德的不招。入门后，导师都应要求研究生过实践关，在此基础上我们应该注意严格抓好知识、科研和论文三个环节。研究生论文预答辩前，我们应给学生提多次的意见，让他们几次改下来就知道了什么是规范、什么是严谨。我想，不少全国百篇优秀博士论文就是这么产生出来的。研究生的论文有时直接反映了学生培养质量。对于研究生的培养质量，导师是第一责任人，导师对自己的研究生绝不能护短，而应当严格把关。对那些因科研成果卓著的可以提前半年进行研究生论文答辩，而对那些论文质量不够的应要求他们推迟一年或几年再答辩。我们要坚信"严师出高徒"的道理。

提倡师爱，在这个感情投入与"回报"的过程中，教育实现了其根本的功能。如果问我"什么是最大的幸福"，我回答："我拥有世界上最伟大的财富——学生"。

截至 2007 年暑假，我已经培养了 61 名博士[①]，近百名硕士，其中已有 39 人被提为正教授。他们有四个特点。一是有道，热爱祖国，坚持以崇尚学术道德为基础，以成为人才为目标，以淡泊名利为行业准则，积极投入教育创新。二是业务上过硬，有的成为特聘教授、优秀学术带头人、国外名牌大学教授，有的成为长江学者或地方的长江学者。2004 年入选国家"百千万人才工程"的专家中，有两名是我带的博士。我的学生北京师范大学校长董奇教授创建了我国第一个心理学国家重点实验室。三是具有综合素质，大多数学生既能做学者专家，又具有较强的行政管理能力，两位已经成为全国人大代表，六分之一的学生已走上校级或厅局级领导岗位。四是做出了突出业绩，他们不仅具有优秀的学术才能，还有的具有创造财富的能力，成为拥有相当资产的企业家。记得 1997 年，我校举行我的日本弟子山本登志哉博士论文答辩会，我再三坚持邀请日本驻华使馆一领导赴会，最终来了总领事松本先生。我的"企图"很简单，和日本的大学培养了中国学者一样，北京师范大学也培养了日本的博士生。山本登志哉回日本后非常努力，10 年后，在 36 名竞争对手中，当上名校早稻田大学心理学教授和学术带头人。受聘后他给我写了一封信，提到"如果您没有给我北京师范大学的博士学位，对我的研究没有给予各种各样的指导和帮助的话，我个人绝对不能得到目前的地位"。年龄大了一般不爱激动，但读了山本登志哉的信，联想学生们的成长与成才，我心潮澎湃，我深深体会到我是世界上最幸福的人。

---

① 截至 2019 年，已培养 89 名博士。

中小学师德修养培训课程指导标准的研制*

　　教师是教育发展的第一资源，是国家富强、民族振兴、人民幸福的重要基石。中共中央、国务院要求各级党委和政府要从战略和全局高度充分认识教师工作的重要性和紧迫性，把全面加强教师队伍建设作为一项重大政治任务和根本性民生工程切实抓紧抓好。为深化中小学教师培训改革，整体提升教师队伍综合素养，建设高素质专业化创新型教师队伍，教育部将制定《中小学幼儿园教师培训课程指导标准》，从师德修养、学科教学、班级管理、学习与发展四个方面建立和完善标准体系。受教育部的委托，我们承担了《中小学师德修养培训课程指导标准》（以下简称《指导标准》）的研制任务。历时近两年时间的协同攻关，初步完成了指导标准的支撑研究和课程内容的遴选。本文重点介绍指导标准研制的背景与价值、总体设计、基本理念与框架内容及其实施建议，为有效推进中小学师德培训与建设提供依据。

一、指导标准研制的背景与价值

（一）落实党对培养高素质教师队伍要突出师德建设的要求

　　人才培养，关键在教师。教师的思想政治素质和师德师风，直接影响到人才培养的方向和目标，关系党和国家的前途命运，关系文化的赓续传承，关系人民的幸福生活。因此，党和国家历来都把提高教师思想政治素质和职业道德水平摆在教师队伍建设的首位。尤其是从党的十八大以来，党和国家多次强调师德建设的问题。党的十八大报告中提出，"加强教师队伍建设，提高师德水平和业务能力，增强教师教书育人的荣誉感和责任感"。党的十九大提出，"加强师德师风建设，培养高素

---

　　* 本文原载于《北京师范大学学报（社会科学版）》2019 年第 1 期。本文其他作者为黄四林、周增为、王文静、刘霞。

质教师队伍，倡导全社会尊师重教"。为落实党的十九大精神，2018 年 1 月国务院颁发的《关于全面深化新时代教师队伍建设改革的意见》明确提出，"把提高教师思想政治素质和职业道德水平摆在首要位置"。2018 年 5 月国家领导人在北京大学师生座谈会上指出，"评价教师队伍素质的第一标准应该是师德师风"。因此，研制和出台指导标准是全面落实党对师德师风建设要求的重要措施。

(二)新时代社会发展对师德赋予了新的内涵与要求

新中国成立后，随着我国经济、政治、文化的发展，特别是教育事业的发展，党和国家及社会各界对师德提出了新的要求，教师职业道德日益法制化、规范化。《中华人民共和国教育法》和《中华人民共和国教师法》确立了教师的责任与权利，并对师德提出了明确要求。另外，我国先后于 1984 年、1991 年、1997 年、2008 年颁布或修订了《中小学教师职业道德规范》。进入 21 世纪，尤其是党的十八大以来，党和国家领导人在对中华民族师德观的继承和创新下，对师德内容有了更为全面的论述，赋予了新的内涵。主要内容可以归纳为两个方面，一方面是师德底线，要求每位教师必须遵守的职业道德行为规范。例如，2018 年 11 月教育部颁布了新时代教师职业行为十项准则，分别为高校、中小学和幼儿园教师明确新时代教师职业规范划定基本底线。这是国家对新时期各层次教师行为规范和行为品德的新规定、新要求。另一方面是崇高师德，教师作为一种特殊的职业，从事的是以心育心、以德育德、以人格育人格的伟大事业，因此这必然要求教师队伍具备崇高师德，每位教师要以具备崇高师德为目标和信念，广大教师应争做"有理想信念、有道德情操、有扎实学识、有仁爱之心"的"四有"好老师，赋予了师德新的时代内涵。

(三)师德是教师素质的核心

加强师德建设并不是说当前我国师德问题太多，而是要进一步确立师德在教师队伍建设中的核心地位。教师素质在结构上至少包括五个成分：职业理想(师德)、教师知识、教师观念(对学生的期望值)、教育教学监控(反思)能力以及教育教学行为。其中，职业理想(师德)是教师奉献于教育工作的根本动力，是教师素质的核心成分(林崇德,2014)。师德的实质就是教育事业的"业"字,师德体现的正是对教育事业、教育岗位及其社会地位的道德规范、道德范畴和道德心理的表现。教师的知识如何传授,要建立怎样的教育信念,反思机制能否形成,外化行为质量高低,这些主要是由职业理想即师德来决定。"才者,德之资也;德者,才之帅也。"弘扬高尚师德就是要引导广大教师把教书育人与自我修养结合起来,做到以德立身、以德立学、以德施教、以德育德。"教师要不断学习,提高自己的人文素养和专业水平。师德实际是反映教师的人文素养和专业水平。"(顾明远,2018)

(四)开展师德建设,培养"四有"好老师

教师是人类灵魂的工程师,是人类文明的传承者,承载着传播知识、传播思想、传播真理,塑造灵魂、塑造生命、塑造新人的时代重任。教师职业的对象是人,教育重在育人,任何教育手段都无法取代教师的品德对学生潜移默化的作用。因此,师德直接关系到教育的质量与未来,这也是我国实行师德"一票否决"制度的重要原因。当前我国教师队伍的师德总体上是好的,绝大多数教师能严格遵守国家法律和教育相关部门的规定,兢兢业业,关爱学生,教书育人,立德树人。在社会转型时期文化多元、价值诉求多样的背景下,极少数教师理想信念不够坚定、育人意识不强,做出了有违师德的事情,损害了教师队伍的整体形象,造成恶劣社会影响。因此,在遵循教育规律、教师成长发展规律和师德建设规律的基础上,制定师德修养课程指导标准,推动师德建设常态化长效化,创新师德建设机制,引导广大教师坚持教书与育人相统一、言传与身教相统一、潜心问道与关注社会相统一、学术自由与学术规范相统一,争做"四有"好老师,全心全意做学生锤炼品格、学习知识、创新思想、奉献祖国的引路人。

二、指导标准研制的总体设计

总结归纳师德形成的内在规律与培养的特殊性,是研制科学的课程指导标准的前提。在前期文献资料梳理过程中,我们发现与学科培训课程指导标准相比,师德修养培训课程指导标准的研制面临着三方面的独特性。首先，具体学科均有明确的课程标准和教学大纲，这使得教师培训具有科学依据与针对性，但是师德没有与之对应的课程标准和教学大纲，甚至师德的内涵与表现在社会和学术领域仍然存在争议，不够统一。其次，具体学科更倾向于知识和技能，可以根据具体情况清晰划分为不同水平并进行有针对性的培训与提升，师德是属于道德品质层面的，是一种道德价值判断，其水平高低的划分极易与品德好坏混淆，对个人或整体造成负面影响。最后，师德的形成与发展具有自身发展规律，既要明确行为规范与失范的标准以保障和促进师德水平提升，更要鼓励教师自我修养，形成自我约束、自我激励的内在机制，以具备崇高师德为追求目标。"从根本上说，师德是做出来的，不是说出来的。"(张志勇，2018)因此，指导标准的研制首先需要梳理师德的内涵与结构，然后才能据此开展课程内容的遴选与实施。

鉴于上述思考，我们确立了以"四有"好老师为指导思想，重点解决三方面的内容：明确师德的内涵，建构师德的框架与指标体系，研制师德修养培训课程指导标准。研制指导标准的思路与方法，主要包括四个环节：①顶层设计，②师德框架研究，③指导标准研究，④整合与验证。四个方面相互衔接、相互支撑，贯穿整个研究过程。其中，顶层设计提供宏观指导，制定研究整体框架与指导思想，协调各部分之间的信息沟通和共享，并组织指导标准的整合与验证。师德框架研究集中解决我国文化背景和国际教师专业标准中师德的内涵与结构、我国中小学教师职业道德规范的政策梳理、教师职业道德内容与培养的国际比较和社会群体对师德的要求与期望四个方面，为指导标准提供直接的理论指导与实证支撑。指导标准研究坚持以"四有"好老师为目标导向和师德发展自身规律，自上而下地细化出师德框架内容。然后，基于师德框架内容，结合师德理论、政策梳理、国际比较和社会调查所提供的具体师德指标与表现，确定指导标准的研制理念，具体化培训目标，遴选研修主题与课程内容，提炼标准实施建议。最后，针对指导标准的有效性与合理性，邀请了相关课程与领域专家、一线教师、教师培训专家与教育管理人员等进行研讨与意见征询，并根据其建议进行了修改与完善。

三、指导标准的基本理念与框架内容

坚持以"四有"好老师指标体系为标准，制定目标导向和实践导向相结合的框架内容，遵循师德发展规律，注重教师成长需求，分层、分类设置有针对性的研修主题。

(一)基本理念

1. 价值引领，确保方向

培育教师树立正确的历史观、民族观、国家观和文化观，将社会主义核心价值观的认同与践行贯穿于师德养成的全过程。引领教师坚定中国特色社会主义道路自信、理论自信、制度自信和文化自信，引导教师增强政治意识、大局意识、核心意识和看齐意识，推动教师成为先进思想文化的传播者和中国共产党执政的坚定支持者，确保教师以"德"为核心的正确发展方向。关注教师职业生活品质，发扬教师的人格魅力、学识魅力和职业魅力，使教师切实成为学生的"四个引路人"。

2. 遵循规律，培育师德

师德修养应坚持以人为本，心中有教师，注重师德养成的规律以及不同教师发展的特点。个人品德的发展是师德的基础，师德是超越个人品德的更高境界。新时代教师不仅需要具备作为一个公民应当具备的良好个人品德，更应当对自己的身份、职责、能力有清醒认识，加强师德的自我修炼，形成一种自我约束、自我激励的内在机制，并作为主体积极参与师德教育的全过程，在道德认知、道德情感、道德意志和道德行为四个方面提升自我。师德教育应遵循教师整体发展基础上的师德养成规律和内在逻辑，引导教师以德立身、以德立学、以德施教、以德育德，启发教师不断提升道德修养和道德智慧，并践行于教育和生活之中，贯穿于教师职业生涯的始终。

3. 学生为本，立德树人

师德发展的最终落点在于促进学生的全面发展和健康成长，以"立德树人"为根本任务,更好地担当起学生健康成长指导者和引路人的责任。"教育学生是教师的首要任务"。确立高尚师德是教师育人能力发展的关键,提升教师育德能力是促进师德发展的内在引擎,也是教师专业能力全面要求的内在意义。师德培训旨在帮助全体教师深刻认识、科学把握学校各项工作的育人功能和育德价值。学科教学是师德对学生产生影响的重要途径,科学引导教师以学科本体认识为突破口,合理挖掘教学内容和载体所蕴含的德育元素,实现学科教学中的德智融合,做到以树人为核心,以立德为根本。

4. 学思践悟,知行合一

师德教育应当符合教师成长规律和教师培训工作特点,坚持"四个相统一"。师德培训应当讲究方法的科学性、形式的多元性以及教师的主体性,不应成为一种"灌输",不应是搬弄概念、照本宣科。应当准确把握不同教师群体的特点,包括年龄差异、教龄长短、学科差异、区域差异和层次差异等,强调案例培训、实践体验、浸润式研修,培育教师的自主学习、合作学习和研究性学习的能力和创造性,启发教师要"学出来、悟出来",更要"做出来、传下去",引导教师知行合一。"师者,人之模范也。"通过课程修养,激发教师道德自觉,坚持自我约束与崇高追求,成为年轻教师和学生的榜样。

5. 系统设计,分类实施

师德培训的对象为全体在职在岗中小学教师,师德培训应当做到学科全覆盖,岗位全覆盖,构建一个师德全员培训体系。根据教师群体的整体特性,系统规划和设计"线上—线下"融合的师德培训课程;根据不同教师群体的特点和岗位等实际情况,分层、分类开展有针对性的师德培训;基于跟踪、调研、观察和分析,按照培训过程中教师学习的积极性、深入性和实际获得情况等,设计能够满足不同层次需求的课程,增强培训的针对性,促进不同教师群体职业道德素养的整体提升。

(二) 框架内容

在师德理论、政策研究、国际比较和社会调查研究的基础上,我们提炼出了中小学师德培训课程的内容框架。以"有理想信念、有道德情操、有扎实学识、有仁爱之心"的"四有"好老师为目标导向，结合国内外中小学教师师德理论与调查研究成果，分别提出 12 个二级指标。其中，有理想信念包括爱国爱党、爱岗敬业、乐于奉献；有道德情操包括为人师表、团结协作、廉洁自律；有扎实学识包括严谨治学、科学施教、与时俱进；有仁爱之心包括以人为本、关爱学生、公平公正。从二级指标分别或交叉细化出 31 个研修主题，围绕各研修主题设计相应的课程专题(见表 1)。

围绕每个研修主题，我们构建了包含 A、B、C 三个层级的师德培训课程。其中，A 类层级，是必修的通识性、基础性课程；B 类层级，是基于教学资源综合运用的拓展性、体验性课程；C 类层级，是以问题探究为出发点的专题化、特色化课程，有利于发挥教师在某一领域的专业特长和创造性。三个层级的课程尤其是 B 类和 C 类课程的建设，各地可结合本地实际，自行设计，互相借鉴，资源共享，同时充分发挥教师个人的经验与优势，鼓励师德教学改革与经验分享。

表 1 指导标准的框架内容与研修主题

一级指标	二级指标	研修主题
理想信念	爱国爱党	国家认同
		价值观念
		中华文化
		国际视野
	爱岗敬业	教育理想
		守护生命
	乐于奉献	诲人不倦
		生涯规划
道德情操	为人师表	道德榜样
		行为示范
		人文素养
		人格魅力

一级指标	二级指标	研修主题
道德情操	团结协作	集体意识
		师生平等
		同伴合作
		家校协同
	廉洁自律	遵纪守法
		诚实守信
		严于律己
扎实学识	严谨治学	实事求是
		精益求精
	科学施教	遵循规律
		因材施教
	与时俱进	勤于反思
		实践创新
仁爱之心	以人为本	尊重学生
		理解学生
	关爱学生	严慈相济
		关怀入微
	公平公正	一视同仁
		处事公正

四、指导标准实施建议

为充分发挥指导标准的有效作用，需要各培训单位有效地指导教师制定符合个人实际的师德修养规划，不断提升教师的精神品格与道德智慧，促进教师生命成长和终身发展，成为"四有"好老师。

(一)统筹规划师德培训

师德培训工作的顶层设计和精细指导是实施师德培训工作的首要任务。根据教师专业发展规划，在充分、扎实调研的基础上，培训单位要宏观研究制定满足不同教龄和水平层次教师(新任教师、一般教师和骨干教师)发展需求的师德培训方案，整体架构师德培训内容，注重课程的系统设计和前后衔接，把师德培训工作全面纳入教师职务培训、骨干教师培训、名师名校长培训、培训者培训等各项培训之中，把师德培训纳入教师专业发展的全过程。此外，各地区教师培训机构要基于本地区已有师德培训的成功经验和研究成果，自主开发和细化师德培训课程，尤其要体现地区、学校特色，要落实培训课程的各类课程，进行自主探究和创新。

根据教师培训主题及专题设置需要，各教师培训机构有必要组建风气正、水平高、能力强、结构优化的培训师资团队，广泛吸收教育行政管理者、高校教师、专业培训者、中小学一线教师及社会多方优质资源，努力打造一支理念先进、视野开阔、业务精湛、具有现代培训意识和较强管理能力的培训者师资队伍。

(二)优化培训实施方法

在师德培训过程中，要针对不同发展阶段教师的个体差异，且兼顾我国中小学教师教育和教师的区域差异，因地制宜地采用多样化的培训组织形式，优化培训过程的方法。要开展多途径培训，注重以"学科育德"为有力抓手，帮助各学科教师科学挖掘、有效落实各学科课程标准和教材中的育德内容，逐步形成中小学纵贯横通、分层递进的学科育德培训系列。需要充分挖掘各类优秀案例，如中外历史名人、当代优秀人物、教师以及学生中的优秀个体等，建立并不断丰富师德培训和自主研修的资源库和师资库，在汇集全社会有形和隐形优质师资力量的基础上，实现资源共享，全面提高本地区中小学教师师德培训工作效果。

倡导自主学习、合作学习、体验性学习、研究性学习和创新性学习，运用专家讲授、案例研究、经典阅读、发掘师德典型、讲好师德故事等多种教学方法，确保培训实施的效果。

师德存在于教师工作和生活的整体，是基于家庭、学校和社会真实情境，体现在师生关系、同事关系和家庭关系等具体的实践中。鼓励"教师要持续进行学习，反思自身教学实践，不断调整自身教学以适应每一个学生的需要"(InTASC，2013)。教师自身要不断加强依据自身特点选择适宜性培训课程的能力，以及将培训课程内容转化为教育教学实践、日常行为习惯的能力，不断督促自身形成关于专业教师身份的新认知、新行为、新习惯和新品行。

（三）创新完善评价机制

培训效果要与学生身心健康水平提升相联系，重点考察教师在认识自我与建构和谐师生关系、同事关系、家庭关系以及家校关系等方面的成长状态。在现有的师德培训经验和工作模式的基础上，不断创新完善评价机制，增强教师对师德的体悟，促进教师对师德的践行，全面提升教师的职业道德素养。各地、各培训机构要采用定性评价与定量评价、即时评价与后续评价、阶段性评价与整体性评价、自评与他评相结合等多元评价方式。

针对师德培训项目本身和具体培训课程设计与实施有效性的评估，鼓励以各级各类教育行政部门为主导，在加强师德及师德培训课程建设标准研究的基础上，引入社会专业评估机构等第三方协同评估，协力形成由专业培训机构自我评价、同行评价、专家评价和社会评价和教师自我评价等多维度、多主体参与的立体评价机制，促进教师成为"四有"好老师，当好学生的"四个引路人"。

参考文献

[1] 中共中央 国务院关于全面深化新时期教师队伍建设改革的意见[EB/OL].（2018 - 01 - 31）[2020 - 07 - 15］. http：//www.gov.cn/zhengce/2018-01/31/content_5262659.htm.

[2] 教育部关于印发《新时代高校教师职业行为十项准则》《新时代中小学教师职业行为十项准则》《新时代幼儿园教师职业行为十项准则》的通知[EB/OL].（2018-11 - 15）[2020 - 07 - 15］.http：//www.moe.gov.cn/srcsite/A10/s7002/201811/t20181115_354921.html.

图书在版编目（CIP）数据

林崇德文集：全十二卷 ／ 林崇德著. —北京：北京师范大学出版社，2020.10

ISBN 978-7-303-26290-8

Ⅰ．①林… Ⅱ．①林… Ⅲ．①教育学-文集 Ⅳ．①G40-53

中国版本图书馆 CIP 数据核字（2020）第 154509 号

营　销　中　心　电　话　010-58807651

北师大出版社高等教育分社微信公众号　新外大街拾玖号

林崇德文集（全十二卷）第一卷：林崇德心理学文选（上）

LIN CHONGDE WENJI：QUAN SHI'ER JUAN

出版发行：北京师范大学出版社　www.bnup.com

　　　　　北京市西城区新街口外大街 12-3 号

　　　　　邮政编码：100088

印　　刷：北京盛通印刷股份有限公司

经　　销：全国新华书店

开　　本：787 mm×1092 mm　1/16

印　　张：49.5（本卷）

字　　数：710 千字（本卷）

版　　次：2020 年 10 月第 1 版

印　　次：2020 年 10 月第 1 次印刷

定　　价：2300.00 元（全十二卷）

策划编辑：关雪菁　周雪梅　　　　　责任编辑：齐　琳

美术编辑：王齐云　　　　　　　　　装帧设计：王齐云

责任校对：段立超　　　　　　　　　责任印制：马　洁